SOURCES CLASSIQUES
Collection dirigée par Philippe Sellier et Dominique Descotes
122

L'IMAGE INFIGURABLE
DE LA SCIENCE
SACRO-SAINTE

Démètre CANTEMIR

L'IMAGE INFIGURABLE
DE LA SCIENCE
SACRO-SAINTE

Ouvrage publié sous la direction de Vlad ALEXANDRESCU

Édition critique de Dan SLUȘANSCHI et Liviu STROIA

Traduction, introduction, glossaire, notes, index et
bibliographie de Vlad ALEXANDRESCU

PARIS
HONORE CHAMPION EDITEUR
2016
www.honorechampion.com

Diffusion hors France : Editions Slatkine, Genève

www.slatkine.com

© 2016. Editions Champion, Paris.
ISBN : 978-2-7453-2957-8   ISSN : 1169-2936

INTRODUCTION

Démètre Cantemir[1] est connu en Europe pour sa longue familiarité avec les Ottomans, dont est sortie l'*Histoire de la grandeur et de la décadence de l'Empire Ottoman* publiée à titre posthume en 1743 à Paris. Formé dans son adolescence à Iaşi en Moldavie à la cour de son père Constantin Cantemir, Démètre Cantemir (1675-1723) arriva très jeune (1688, à l'âge de 13 ans) à Constantinople, où il demeura, avec quelques interruptions dont l'une de trois ans (1691-1693) jusqu'en 1710, tour à tour en qualité d'otage des Ottomans à l'époque où son père régna en Moldavie (1688-1691), d'ambassadeur de son frère aîné Antioche Cantemir, durant les années où celui-ci occupa le trône de Moldavie (1695-1700 ; 1705-1707), ou bien de simple particulier. Avoir vécu à Istanbul pour presque vingt ans, de 1688 à 1710, lui a permis plus tard, lorsqu'il était devenu conseiller privé de Pierre le Grand, d'écrire un *Bref système de la foi mahométane* (1722), une synopsis des

---

[1] L'équipe du Centre de recherches «Fondements de la Modernité européenne» de l'Université de Bucarest, et notamment Sorana Corneanu, Dana Jalobeanu, Lucian Petrescu, ont accompagné ce projet depuis ses débuts. J'ai expliqué dans la *Note sur l'établissement du texte* tout ce qu'il doit à la mémoire de celui qui fut Dan Sluşanschi (1943-2008), qui, par son immense savoir et son énergie, a fait énormément avancer les études cantémiriennes. C'est Liviu Stroia (Bucarest) qui a éclairé en premier mes perplexités devant le texte de *Sacro-sanctae...*, durant des conversations passionnantes dont je garde un merveilleux souvenir. Igor Agostini (Lecce) a été, plus tard, un interlocuteur privilégié dans des problèmes difficiles que la traduction de cet ouvrage m'a posés. Andrei Pippidi (Bucarest), Luc Deitz et Thomas Falmagne (Luxembourg), Daniel Garber (Princeton), Andrei Sturza (Bruxelles) ont répondu à mes questions avec autant de compétence que d'amitié. Pour ce travail j'ai bénéficié d'un *Mellon Fellowship* en 2005 au Warburg Institute de Londres. Une première version de cette étude, augmentée d'un essai historique sur la tradition manuscrite de Cantemir en Roumanie et en Russie, a paru à Bucarest, dans mon livre, *Croisées de la Modernité. Hypostases de l'esprit et de l'individu au XVIIe siècle*, Zeta Books, 2012. Le lecteur y trouvera aussi des reproductions digitales du manuscrit, de ses précieuses couvertures en cuir estampé et du magnifique dessin de Cantemir. Le dernier stade de ma recherche a été financé par le Conseil National de la Recherche Scientifique de l'Enseignement Supérieur de Roumanie (contrat PN-II-ID-PCE-2011-3-0998).

croyances et des coutumes islamiques à l'usage du quartier général de
l'armée russe dans son expédition au Caucase.

Cantemir est resté dans l'histoire comme le prince de la Moldavie qui,
après son avènement au trône en 1710, a essayé de briser la suzeraineté
de la Porte sur la Principauté de Moldavie, signant un traité avec Pierre le
Grand qui stipulait des conditions avantageuses pour la Moldavie et des
droits héréditaires sur le trône. Le traité prévoyait l'intervention de
l'armée moldave aux côtés de l'armée russe, dans une grande bataille
contre l'armée turque. Cette bataille, livrée en 1711 à Stănileşti en
Moldavie, fut une victoire des Ottomans et se solda par la déposition de
Cantemir, qui trouva asile pour le reste de sa vie à la cour de Pierre.

En tant qu'homme de lettres, Cantemir a développé un éventail
d'intérêts qui le recommande comme un grand érudit, à la manière des
savants occidentaux du XVIIᵉ siècle. L'axe de son activité est éminemment philosophique, ainsi qu'en témoignent ses premiers ouvrages, *Le
Divan ou la querelle du Sage avec le Monde*, *L'image infigurable de la
science sacrée*, le *Précis de logique* et deux de ses écrits, dont les
manuscrits ont circulé en Russie, *l'Examen physique des monarchies* et
la lettre au comte Golovkine sur la conscience. Cependant, la curiosité
du prince s'est également exercée dans le domaine des *realia*, car il a
donné la première monographie historique, géographique et politique
sur la Moldavie (*Descriptio Moldaviae*), écrite vers 1716 pour
l'Académie de Berlin, dont Leibniz était le président, ainsi que plusieurs
textes qui, d'une façon ou d'une autre, portent sur l'histoire et la civilisa-
tion des Roumains, entre autres un roman baroque à clé, qui met en
scène des personnages des principales familles de l'aristocratie moldave
et valaque du XVIIᵉ siècle. Tous ces textes développent, de façon plus ou
moins accessoire, une réflexion politique qui ne cessera de s'enrichir,
durant toute la vie de l'auteur. Enfin sa connaissance de l'Islam l'a
conduit à écrire, ainsi que nous avons vu, différents textes sur le monde
musulman, y compris un Traité de musique turque, malheureusement
perdu aujourd'hui, et un recueil de musique ottomane[2].

En 1723, Démètre Cantemir est mort en Russie, mais ses enfants
jouèrent un rôle de premier rang dans la vie mondaine de Saint-
Pétersbourg au XVIIIᵉ siècle. Maria, sa fille (1700-1754), devint la

---

[2] Ayant fait l'objet d'une édition récente : Demetrius Cantemir, *The Collection of
Notations*, volume 1 : Text, transcribed and annotated by O. Wright, School of Oriental
and African Studies, University of London, 1992 ; volume 2 : Commentary by Owe
Wright, Aldershot, Ashgate, 2000.

maîtresse en titre de Pierre le Grand[3] et conçut de lui un enfant, qui, s'il avait vécu, aurait eu, par les Cantacuzène dont il descendait par sa grand-mère maternelle, un droit de succession sur Byzance, susceptible de donner une nouvelle impulsion à la politique orientale des tsars russes[4]. Antiochus (1708-1744), que son père Démètre avait présenté à Pierre le Grand «comme celui de ses enfants qui était le plus propre à le remplacer auprès de ce prince»[5], poète, philosophe et traducteur[6], rendit d'insignes services à la tsarine Anne Ire de Russie, qui lui valurent le poste de ministre à Londres (1732) et puis d'ambassadeur à Paris (1736-1744). Un autre fils, Constantin (1703-1747), fut impliqué dans la conspiration du prince Dimitri Mikhaïlovitch Galitzine contre la tsarine Anne, exilé en Sibérie et finalement empoisonné[7]. Enfin, la fille la plus jeune, Smaragda (1720-1761), épouse du même Prince Dimitri Mikhailovitch Galitzine, fut une amie intime de la tsarine Elizabeth et une grande beauté de son temps.

---

[3] Prince Augustin Galitzin, *La Russie au XVIIIe siècle. Mémoires inédits sur les règnes de Pierre le Grand, Catherine Ire et Pierre II*, Paris, Didier et Cie, 1863, p. 251 : «Cependant aucune de toutes ses [=Pierre le Grand] maîtresses ne fut plus à craindre pour Catherine [= son épouse] que la jeune princesse Cantemir. Le conseiller privé Tolstoï en était l'entremetteur, et promit de donner son nom à tout ce qui pourrait en résulter, faisant semblant d'avoir envie de l'épouser. Il fit accroire, au contraire, à Catherine que c'était de cette manière qu'il voulait dégoûter le zar de la princesse. Le zar l'aimait tant, qu'il fut fort embarrassé de ce qu'il devait faire. Il ne voulait point répudier Catherine pour ne pas détruire le sort des filles qu'il avait eues d'elle. Il se résolut donc de se faire donner la bénédiction nuptiale avec elle, comme avec une épouse de la main gauche ou du second rang, à condition toutefois que, si elle accouchait d'un fils, car elle était enceinte, il déclarerait son successeur. Malheureusement l'expédition en Perse survint : la princesse fit une fausse couche à Astrakan, fut éloignée par là de l'empereur, et Catherine l'accompagna dans toute cette campagne, se remit entièrement dans ses bonnes grâces, et fut à son retour récompensée par la couronne, convenant qu'elle régne-rait conjointement avec lui, pour assurer par là un sort stable à ses filles.»

[4] De l'avis des juristes de la Cour impériale, cf. Hans Uebersberger, *Russlands Orientpolitik in den letzten zwei Jahrhunderten*, Band 1, *Bis zum Frieden von Jassy*, Stuttgart, Deutsche Verlagsanstalt, 1913, p. 119, apud Dan Bădărău, *Filozofia lui Dimitrie Cantemir*, p. 105.

[5] J.C.F. Hoefer (éd.), *Nouvelle biographie générale*, Paris, Firmin Didot, 1855, *s.v.* Cantemir, p. 524.

[6] Ce n'est que récemment que l'on a découvert qu'il était aussi l'auteur du premier dictionnaire russe-français, resté en manuscrit et publié seulement en 2004 : Antioh Kantemir, *Russko-francuzskij slovar' Antioha Kantemira*, t. 1 : A-O, t. 2 : P-U, introduction et édition par Elizaveta Babaeva, Moscou, Jazyki slavjanskoj kul'tury, 2004, LII + 1309 p.

[7] *Procès-verbal de l'ouverture du cadavre du prince Constantin Cantemir* (1747), dressé par les médecins chirurgiens P. Condoidi, C. van Mellen et E.C. Egydy, Papiers du dr. Antoine Ribeiro Sanchès, Paris, Bibliothèque interuniversitaire de médecine, ms. n° 2018, tome VII, f° 114r-115v : «*mortuus haustus venenato fauces comburente*».

1. LE TEXTE

1.1 LA TRACE DU LIVRE *SACRO-SANCTAE SCIENTIAE INDEPINGIBILIS IMAGO*

Les efforts des érudits roumains pour restituer les divers ouvrages inédits laissés par Démètre Cantemir à sa mort, et dont la grande majorité se trouve dans les bibliothèques et les archives de Russie, s'échelonnent sur presque deux siècles. Les tentatives de les identifier et d'en faire des copies remontent au Métropolite Veniamin Costachi, qui, en 1833, priait le général Pavel Kisseleff de faire jouer son prestige de gouverneur de la Moldavie afin d'obtenir des autorités russes une copie de la *Chronique de l'ancienneté des Romano-Moldo-Valaques*[8]. Bientôt après, le Consulat russe à Iași reçoit non une copie mais les manuscrits originaux roumain et latin. Copie sera prise du premier. En 1869, un comité de la Société Académique Roumaine nouvellement créée, fort du nouveau commencement qu'avaient pris les affaires du jeune État roumain, écrivait aux autorités russes afin d'obtenir le manuscrit de la *Descriptio Moldaviae* que l'on pensait retrouver, ainsi que l'évêque Melchisédech de la ville de Roman l'avait annoncé, dans la Bibliothèque de l'Académie de Théologie de Moscou, à la laure de la Trinité-Saint-Serge à Serguiev Possad. En 1870, le Président de l'Académie des Sciences de Saint-Pétersbourg envoyait à la délégation roumaine non pas un, mais deux manuscrits de l'ouvrage souhaité, du fonds du Musée Asiatique de cette Académie, que le philologue Ioan C. Massim et l'historien Alexandru Papiu-Ilarian copièrent dans la chancellerie du consulat russe à Bucarest[9]. Ils furent les derniers Roumains à les avoir vus. Comme Gr. Tocilescu ne retrouva en 1877 aucun manuscrit de la *Descriptio* à Serguiev Possad, soit l'information était fausse et il n'y en avait jamais eu[10], soit un troisième manuscrit avait déjà disparu de la bibliothèque de la laure de la Trinité-Saint-Serge[11].

---

[8] Gr. G. Tocilescu, *Avant-propos* au volume VIII des *Œuvres* de Cantemir, publiées par les soins de la Société Académique Roumaine, Bucarest, 1901, p. XLVI.

[9] Al. Papiu-Ilarian, *Préface* au volume I des *Œuvres* de Cantemir, dans l'édition citée, Bucarest, 1872, p. VIII. D'après la description, il s'agissait de deux copies, dont l'une, incomplète, avait, en marge, des annotations de l'auteur. Les copies prises par les savants roumains se trouvent à la Bibliothèque de l'Académie Roumaine, Cabinet des manuscrits, n° 5312.

[10] Gr. Tocilescu, *Rapport (final) du 10 avril 1878*, in *Analele Societății Academice Române*, tome XI, 1878, Bucarest, p. 63.

[11] Nous y reviendrons ci-après, sous B. Peut-être était-ce la copie X, égarée aujourd'hui, du manuscrit définitif de la *Descriptio Moldaviae*, qui aurait servi de source complémentaire au copiste qui en a recopié, dans les années 1850-1860, la copie C se trouvant aujourd'hui au Musée régional d'Odessa, cf. Dan Slușanschi, Préface de l'éditeur, *Descriptio antiqui et hodierni status Moldaviae*, 2006, p. 12.

Enhardie par le succès de ces différentes tentatives, la Société Académique décida en 1876 d'envoyer en Russie le jeune Grigore Tocilescu, avec un ordre de mission qui précisait ses différents objectifs. En Roumanie, on ignorait quasiment tout du traité de théologo-physique *Sacro-sanctae scientiae indepingibilis imago*, que nous publions ici, voire jusqu'à l'existence même. En effet, le Président de la Délégation de la Société Académique Roumaine, Ion Ghica, et son Secrétaire général, G. Sion, attirèrent l'attention de Tocilescu sur d'autres manuscrits, dont l'existence avait été établie à Moscou et à Saint-Pétersbourg, ainsi que sur des manuscrits dont on ignorait l'emplacement, mais dont on connaissait l'existence, grâce à des sources anciennes[12]. Parmi ces derniers, il convient de citer la *Monarchiarum physica*, que Tocilescu ne put retrouver en Russie et qui ne refit surface qu'en 1950[13]. Il semble que la Société Académique avait puisé ses informations, pour ce qui regardait les manuscrits dont on n'avait pas identifié l'emplacement, dans la *Vita Principis Demetrii Cantemirii*, rédigée en latin, à ce qu'il paraît, vers 1726, par G.S. Bayer[14]

Dans l'aide-mémoire que Tocilescu prit avec lui en Russie, il lui était recommandé de « se renseigner si quelque part en Russie se trouverait : a) le manuscrit *Theologo-Physica* ou *Monarchiarum physica examinatio* »[15].

---

[12] Dans une lettre officielle du 4 octobre 1877 (Bibliothèque de l'Académie roumaine, Cabinet des manuscrits, mss. roumains 5.148, I, f. 1r.-2r.), publiée dans *Analele Societăţii Academice Române*, tome XI, 1878, Bucarest, p. 44.

[13] Gh. Haupt, *Studiu asupra naturii monarhiilor. Un document inedit al lui D. Cantemir*, in *Studii*, Bucarest, IV, 1951, n° 1, p. 218-222, pour l'explication de la découverte du manuscrit et une première version roumaine censurée ; I. Sulea-Firu en donne le texte latin et une version roumaine remaniée dans l'article « O scriere inedită a lui Dimitrie Cantemir – *Monarchiarum physica examinatio* », in *Studii şi cercetări de bibliologie*, Bucarest, V, 1963, p. 267-275.

[14] Pour l'attribution de cette *Vita Principis Demetrii Cantemyrii* à l'historien allemand Gottlob Siegfried Bayer (ou Théophile Siegfried Bayer, du nom sous lequel il était connu en Russie) se sont prononcés successivement : P.P. Panaitescu, *Dimitrie Cantemir. Viaţa şi opera*, Bucarest, Éditions de l'Académie de la R. S. de Roumanie, 1958, p. 14-15 ; Andrei Pippidi, avec des informations nouvelles sur Bayer, dans l'*Introduction* à l'édition de la *Vita Constantini Cantemyrii*, Œuvres complètes, vol. VI, tome I, Bucarest, Éditions de l'Académie Roumaine, 1996, p. 39-43 ; Dan Sluşanschi, dans sa *Notă asupra ediţiei* au même volume, p. 63. La rédaction de la *Vita* de Bayer est antérieure à l'envoi du texte, corrigé par Ivan Ilinski, à l'Académie de Berlin, qui a eu lieu en 1727 : voir E. Pop, « Dimitrie Cantemir şi Academia din Berlin », *Studii*, tome 22, n° 5, 1969, p. 835-836 ; P.P. Panaitescu, *ibidem* ; Maria Holban, l'*Introduction* à l'édition de la *Descriptio Moldaviae*, Bucarest, Éditions de l'Académie de la R.S. de Roumanie, 1973, p. 11-12 ; Andrei Pippidi, *ibidem*, p. 42, note 100.

[15] *Annalile Societatei Academice Romane*, tom. XI, sessiunea anului 1878, Bucuresci, Typographia Societatei Academice Romane, 1878, p. 44.

La formulation ne permet pas de savoir si le comité de la récente Société Académique Roumaine croyait que les deux titres étaient des noms différents du même ouvrage ou bien deux manuscrits différents. La *Monarchiarum physica examinatio* n'est pas signalée par l'inventaire de la première *Vita Demetrii Cantemyrii*, ni par la *Vita* de Berlin. Dans sa version remaniée, Antiochus mentionne pour la première fois le titre de l'ouvrage, mais en l'agglutinant avec *Sacro-sanctae…*, jusqu'à le rendre méconnaissable : «*Histoire de la création* avec remarque physique écrite en latin sous le titre *Theologophysica*»[16]. Faut-il en déduire que celui-ci n'avait jamais eu entre les mains les manuscrits des deux ouvrages ? La *Monarchiarum physica examinatio* n'apparaît vraiment que dans la version remaniée par Bantysz-Kamenski[17]. C'est donc cette source, ou les sources qui en dérivent, qui, renseignant les érudits roumains sur l'existence du manuscrit intitulé *Monarchiarum physica examinatio*, les auront informés aussi sur l'existence du premier, à savoir les *Theologophysices Principia sacra*. Une chose cependant semble assez claire : les Roumains ne mettait qu'un simple nom sur ces deux ouvrages de Cantemir, et rien ne donne à penser que quiconque en Europe savait davantage à ce sujet.

1.2 La première découverte

Grigore Tocilescu demeura quatre mois en Russie. Il consacra la plupart de ce temps à identifier et à copier, ou à faire copier, des manuscrits susceptibles de retracer le long séjour de Cantemir en Ukraine et en Russie (1711-1723). De cette mission, deux rapports subsistent. Le premier, rédigé à Moscou le lendemain de Noël 1876, documente, entre autres, la prise de contact avec la Bibliothèque de la laure de la Trinité-Saint-Serge[18], qu'il trouve en grand désordre[19]. Néanmoins c'est ici qu'il repère un lot de manuscrits de Cantemir. Nous avons vu que le manuscrit

---

[16] Sous le sous le n° 6 de son inventaire, cf. Virgil Cândea, «La vie du Prince Dimitrie Cantemir…», p. 221.

[17] Sous le n° 9, comme «*Recherche physique sur les monarchies, écrite en latin*».

[18] *Rapport du 26 décembre 1877*, in *Analele Societăţii Academice Române*, Bucarest, tome XI, 1878.

[19] «*Biblioteca foarte în neregulă ; manuscripte aruncate unele peste altela. Nu scia nimeni nimic despre acest manuscript*», description du manuscrit *Loca obscura in Catechisi*, Bibliothèque de l'Académie Roumaine, Cabinet des manuscrits, mss. roum. 5.148, I, f. 188.

de la *Descriptio Moldaviae*, pour lequel il y était venu, ne s'y trouvait pas. Mais quatre autres manuscrits, en revanche, l'attendaient. Tocilescu ne réussit pas à retrouver des informations sur la façon dont ces manuscrits étaient parvenus dans les collections de la laure de la Trinité-Saint-Serge, dans une bibliothèque qui, depuis, avait été élevée au rang de Bibliothèque de l'Académie de Théologie de Moscou. Il s'agit, dans l'ordre des numéros de catalogue, des manuscrits suivants :

a) *Loca obscura in Catechisi*, sous le n° 3001[20] et, selon un inventaire différent inscrit sur la page blanche collée sur l'intérieur de la reliure, sous le n° 141. Toutefois ces numéros étaient déjà périmés en 1877, le n° de catalogue en vigueur étant 277/568[21]. Un autre numérotage, rayé, sur la page blanche collée sur l'intérieur de la reliure portait 139 ;

b) Van Helmont, *Physices universalis doctrina*, sous le n° 3004, ou bien n° 144, et plus récemment, sous le n° 312/567[22]. Un autre numérotage rayé portait 136 ;

c) *Sacro-sanctae scientiae indepingibilis imago*, sous le n° 3005, ou bien 145, et plus récemment 256/569[23]. Un autre numérotage rayé portait 137 ;

d) *Institutiones logices* (ouvrage de Jérémie Cacavélas), sous le n° 3006, ou bien 146, et plus récemment 308/567[24]. Un autre numérotage rayé portait 138 ;

Étudiant les numéros de catalogue des quatre manuscrits (dans deux des numérotations anciennes), Gr. Tocilescu remarqua deux lacunes entre les numéros d'inventaire du premier et du second manuscrit et en déduisit que la bibliothèque du séminaire aurait jadis possédé deux autres manuscrits de Cantemir[25]. Même si elle a frappé les exégètes

---

[20] Sur la page de titre du manuscrit original, il n'est pas clair si le n° de catalogue est 3001, corrigé en 3011, ou l'inverse.

[21] Bibliothèque de l'Académie Roumaine, Cabinet des manuscrits, manuscrit roumain 5.148, I, f. 188r.

[22] *Ibidem*, f. 182r.

[23] *Ibidem*, f. 180r.

[24] *Ibidem*, f. 184r. Le numéro 567, donné par Tocilescu est le même que celui du manuscrit Van Helmont. Il est difficile de dire si c'est une erreur de Tocilescu. Sur les pages de ces quatre manuscrits, la série des numéros 567-569 n'apparaît pas. Etaient-ce des étiquettes collées contre le dos de chaque volume ?

[25] *Ibidem*, f. 180r («*deci în mod cert se poate zice că în Bibliotheca Seminariului au fost încă 2 manuscripte Cantemiriane*») et f. 188r. («*se vede dar că lipsesc încă două manuscripte Cantemiriane, 3002 şi 3003, sau 142 şi 143*»). Il avait donc déduit une lacune de deux numéros à partir de la numérotation inscrite sur la page blanche collée sur l'intérieur de la reliure : 141,..., 144, 145, 146, ainsi que de celle se trouvant en haut des pages de titre : 3001,..., 3004, 3005, 3006.

roumains[26], cette hypothèse n'a jamais été confirmée. Néanmoins, on doit la conserver jusqu'à ce que sera complètement élucidée la question épineuse de l'identification, de l'emplacement et de l'état des manuscrits de Cantemir.

1.3 UN MYSTÈRE : L'EMPLACEMENT DU LOT

Gr. Tocilescu n'a pu éclaircir en Russie la provenance des manuscrits de Cantemir[27]. Cependant, il semble évident qu'ils forment un lot; on peut se poser la question de savoir selon quel critère le traité *Sacro-sanctae scientiae inedepingibilis imago* fut regroupé avec les trois autres manuscrits. Leur contenu philosophique et théologique pourrait en être l'explication. Mais les manuscrits ne sont pas d'importance égale. Les *Excerpta* de Van Helmont sont probablement une œuvre d'école, datant sans doute de l'époque où Cantemir suivait des cours privés avec le «iatrophilosophe» Mélétios de Ioannina, évêque d'Arta (1660-1714), futur métropolite d'Athènes, annonçant la rédaction d'un ouvrage personnel de philosophie. Il s'agit d'une copie autographe fragmentaire des *Opera omnia* de Jean Baptiste van Helmont, dans l'édition de Francfort de 1682. Les *Institutions logiques* de Cacavélas sont la copie, de la main de Cantemir, d'un ouvrage à but didactique de son maître, qu'il avait consulté sans doute à l'époque où il se trouvait à Iași, auquel il joignit une introduction à la logique écrite par un auteur inconnu. Cantemir a pu recopier les *Institutions* soit dans la période où il avait eu Cacavélas pour professeur (1691-1693)[28], soit plus

---

[26] A titre d'exemple, Al. Surdu, dans son étude introductive à la version roumaine du *Compendiolum universae logices institutionis*, 1995, p. 11 : «*Acest lucru este demn de reținut*».

[27] «*Cestiunea proveninței acestor patru manuscripte Cantemiriane m-a preocupat îndestul : dar, lipsind indicațiuni sigure, nu i se poate da o soluțiune certă. Tot ce se scia este că înainte de transformarea Seminarului Theologicu de la Lavra Sf. Sergiu în actuala Academie Teologică (pe la începutul secolului nostru), manuscriptele aparținuse bibliothecei Seminarului, după cum rezultă din însemnările de pe fiecare din ele*», Gr. Tocilescu, *Rapport...*

[28] Ariadna Camariano-Cioran, «Jérémie Cacavela et ses relations avec les Principautés Roumaines», in *Revue des études sud-est européennes*, n° 1-2, 1965, p. 166. Cacavélas, selon cet article, était encore en Valachie en 1688, comme supérieur du monastère de Plăviceni. Il y était toujours en 1689, d'après un autre document : voir N. Iorga, *Oameni cari au fost*, I, Bucarest, 1934, p. 335-336, apud Andrei Pippidi, *Hommes et idées du Sud-Est européen à l'aube de l'âge moderne*, Bucarest, Paris, Éditions de l'Académie, Éditions du C.N.R.S., 1980, p. 196, note 39. En 1693, après la mort de son père et son très bref passage sur le trône de la Moldavie, Cantemir est obligé de retourner à Constantinople. Son séjour à Iași aura duré moins de deux ans.

tard, comme pour le cas des *Excerpta* de Van Helmont, dans le but de rédiger son ouvrage propre de logique, le *Compendiolum universae logices institutionis*. Ce fut au cours du même voyage que Gr. Tocilescu découvrit aussi le manuscrit de cette logique propre, le *Compendiolum universae logices institutionis*, très redevable à celle de son maître, dans les Archives principales du Ministère des Affaires Étrangères de Moscou[29]. Il note la ressemblance des couvertures des deux manuscrits, celui de Moscou et celui de Serguiev Possad[30]. Pourtant, ni le format, ni la taille du manuscrit ne sont les mêmes. Enfin, le manuscrit des *Loca obscura in Catechisi*, un écrit polémique datant des années 1720 contre un catéchisme à tendance protestante publié par Théophane Prokopovitch en 1720 à Saint-Pétersbourg, est l'intervention d'un laïc orthodoxe dans un débat théologique qui opposait le courant théologique orthodoxe de Kiev, dont le chef de file était Théophilacte Lopatinski, et un courant réformiste tourné vers le luthéranisme et prônant la subordination de l'Église à l'État. Par la vigueur de ses critiques, ainsi que par sa position de laïc au service d'un camp théologique, Cantemir rappelle Pascal écrivant, sous le manteau, ses fameuses *Lettres à un Provincial*.

Dans ces circonstances, deux hypothèses sont permises. On sait qu'Antiochus Cantemir, en 1732, lors de son départ comme ministre résident à Londres, avait pris avec lui quelques manuscrits de son père, avec l'intention de les faire imprimer en Occident. Parmi ces manuscrits, il y avait les versions les plus achevées de deux ouvrages fondamentaux, grâce auxquels le nom de Cantemir sera connu en Occident : *Incrementorum atque decrementorum aulae Othmannicae* et la *Descriptio*

---

[29] Le texte latin en est publié dans l'édition des ouvrages de Démètre Cantemir, tome VI, Bucarest, 1883, p. 415-468. Une version roumaine, due à Dan Slușanschi, et précédée d'une introduction de Alexandru Surdu, sans le texte latin, dans le volume : Dimitrie Cantemir, *Mic compendiu asupra întregii învățături a logicii*, Bucarest, Éditions Scientifiques, 1995.

[30] Pour le manuscrit de Serguiev Possad, Tocilescu note : «*1 vol. in 4° scris de Cantemir tot.* [...] *Legătura e-ntocmai cu a Logicei de la Moscova; câte un cocoș de fiecare colț al legaturei; e-n pelle verde; bogat înflorată; marginele toate aurite și înflorate; are încheietori de mătase. Pagini peste tot 287 + 3 foi nepaginate, ce conțin Tabla de materii* [...] *Scriere întocmai ca cea a Logicei de la Moscova*» (mss. roum. 5148, I, f. 184 r.). Pour celui de Moscou, il avait noté «*Un manuscript in 16°, scris pe hârtie, 21 de rânduri pe pagină, scriere măruntă, foi 44 sau pagini 88.* [...] *Legătura este în pelle, cu frumoase flori aurite ambele pagini și înfățișează niște păsări (kokoși?); pe margini manuscriptul este aurit.* [...] *Manuscriptul este scris de propria mână a principelui. Scriere frumoasă*» (*Ibidem*, f. 184 r.). A noter que Tocilescu avait déjà travaillé dans les Archives du Ministère des Affaires Étrangères de Moscou, avant de découvrir le lot de la laure de la Trinité-Saint-Serge.

Moldaviae. Aucun des deux ne retourna en Russie. Ayant entrepris les démarches pour leur publication, Antiochus s'en dessaisit. Voilà pourquoi leur nom était signalé par un catalogue de la bibliothèque du comte Friedrich von Thoms, dressé à Leyde après la mort de celui-ci en 1746, en vue de la vente[31]. Malgré une légende ayant cours dans l'historiographie roumaine, selon laquelle les papiers, les tableaux et les manuscrits d'Antiochus furent rapatriés en Russie, après la mort de celui-ci à Paris, en 1744[32], il est certain qu'il n'en fut pas ainsi. Virgil Cândea découvrit le manuscrit original de *l'Histoire de l'Empire Ottoman* dans la collection de manuscrits de la *Houghton Library* de Harvard.

En Russie demeurèrent par conséquent seuls les manuscrits qu'Antiochus y avait laissés et ceux qu'il n'avait jamais eus en sa possession. Compte tenu de la diffusion des papiers de Démètre Cantemir, que peut-on conclure au sujet des quatre manuscrits de la laure de la Trinité-Saint-Serge? Ce qui frappe d'emblée c'est que le saint patron de la laure est le même que celui du général Serge Cantemir. Ce dernier aurait-il déposé à laure de la Trinité-Saint Serge de Serguiev Possad les manuscrits dont il aura jugé qu'ils présentaient un intérêt théologique? La supposition est vraisemblable et elle le devient davantage si l'on prête attention au fait qu'Athanasios Kondoïdis (1677-1735), un érudit grec, interprète des textes sacrés, réputé classiciste, que Démètre Cantemir avait fait venir de Constantinople à Iaşi en 1710 pour donner des cours de grec, de latin et d'italien à ses enfants et qui avait accompagné les Cantemir en exil en continuant de leur servir de précepteur jusqu'en 1720, avait accepté de faire partie du Synode russe (1721) et d'enseigner à l'Académie de Théologie de Moscou (1724)[33]. Kondoïdis aurait joué aussi un certain rôle dans la rédaction du texte grec du *Panégyrique de Pierre Ier*, que Démètre Cantemir fit prononcer par son fils Şerban en présence du tsar le dimanche de Pâques de l'année 1714, alors que

---

[31] *Bibliotheca Exquisitissima Thomsiana*, 1749, Lugduni Batavorum, Luchtmans, apud V. Cândea, *The Original Manuscript of the History of the Ottoman Empire by Dimitrie Cantemir*, in Demetrius Cantemir, *The Grow and Decay of the Ottoman Empire. Original Latin Text of the Final Version Revised by the author*, Facsimile edition of the Manuscript Lat-124 at Houghton Library, Harvard University, Cambridge, Mass., with an Introduction by Virgil Cândea, Roza Vânturilor, Bucharest, 1999, p. XCIV.

[32] Voir, par exemple, Valerian Ciofu, «Iconografia lui Dimitrie Cantemir în artele secolelor XVII-XIX», *Cercetări istorice* (nouvelle série), édité par le Musée d'Histoire de Moldavie, Iaşi, IX-X, 1978-1979, p. 338.

[33] A.E. Karathananis, «Contributions à la connaissance de la vie et de l'œuvre de deux Grecs de la diaspora: Athanasios Kondoïtis et Athanasios Skiadas», *Balkan Studies*, 19 (1978), 1, p. 159-171.

Şerban n'avait que sept ans[34]. Si Kondoïdis avait gagné la confiance de Démètre Cantemir à tel point que celui-ci le comptait parmi les lettrés les plus remarquables qu'il eût connus à Constantinople[35], il n'est peut-être pas téméraire de croire que cette confiance se fût transmise aussi à son fils, et que, revêtu de ses dignités ecclésiastiques (il finit par devenir archevêque de Vologda), Kondoïdis eût obtenu avant sa mort le don des manuscrits jugés «théologiques» de l'illustre père de Şerban, pour la bibliothèque du prestigieux séminaire de Serguiev Possad, qui allait devenir plus tard l'Académie de Théologie de Moscou.

1.4 LA SECONDE DÉCOUVERTE

Gr. Tocilescu passa à Serguiev Possad quelques semaines au mois de décembre 1877 et de janvier 1878, pour recopier une partie des manuscrits qu'il y avait découverts. Nous savons qu'il passa le réveillon du Nouvel An 1878 à recopier le manuscrit de Cantemir, *Loca obscura in catechisi*[36]. De ce travail assidu subsistent les copies se trouvant actuellement au Cabinet de manuscrits de la Bibliothèque de l'Académie Roumaine. Du traité *Sacro-Sanctae Scientiae Indepingibilis Imago*, il prit une copie figurée, c'est-à-dire une copie qui respectait fidèlement, non seulement le texte de l'original, mais aussi la disposition, la mise en page, les détails paléographiques de celui-ci. De par ce caractère, cette copie est extrêmement précieuse, car c'est à la fois une reproduction et une lecture de l'original dues à un brillant latiniste de vingt-sept ans. Cette première copie du manuscrit original de Cantemir reste d'un grand intérêt pour l'établissement du texte. La copie Tocilescu (T)[37] figure :

a) la page de titre (1 p. : f° 241r) ;

b) la Lettre de Démètre Cantemir à Jérémie Cacavélas (7 p. : f° 241v – 244v) ;

c) le contenu du Traité (299 p. : 245r – 465v[38]) ;

d) un feuillet blanc (466r+v).

---

[34] Paul Cernovodeanu, *ibidem*, p. 110.

[35] Démètre Cantemir, *Incrementorum atque decrementorum Aulae Othmanicae*, critice edidit Dan Sluşanschi, Amarcord, Timişoara, 2002, p. 336 (*Annotationes*, mss. 87).

[36] Il notait lui-même en décrivant le manuscrit qu'il l'avait recopié du 29 décembre 1877 au 1er janvier 1878.

[37] Bibliothèque de l'Académie Roumaine, Cabinet des manuscrits, manuscrit latin n° 76.

[38] Sur les f° 353r – 366v, un cahier est intercalé, où Tocilescu avait recopié autre chose.

Les deux premiers éléments ne sont pas numérotés, le traité l'est en revanche, à partir de la seconde page jusqu'à la dernière (299)[39]. Si Tocilescu ne recopia pas le dessin de Cantemir, situé entre la Lettre et le Traité, au verso duquel il y a un *ex libris* de la Bibliothèque de la laure de la Trinité-Saint-Serge, c'est parce qu'il en fit exécuter un fac-similé, qu'il déposa au retour de sa mission au Cabinet de manuscrits de la Bibliothèque de l'Académie Roumaine[40].

La description que Tocilescu donne du manuscrit consulté à Serguiev Possad est la suivante :

> «Manuscrit in 4°, 299 pages + 4 feuillets et I.R., écrit de la propre main de Cantemir, belle écriture, les titres en lettres d'or, relié en cuir, au premier plat le Christ en croix et, à ses pieds, une figure (la Vierge Marie) ; au dernier plat, La Vierge, l'enfant Jésus dans ses bras. Numérotage actuel : 256/569. Sur la page [de titre] *Sacro-Sanctae Scient.*, etc. on lit : *Ex Bibliteca Seminarii Ad Lauram SStae Triados Sancti Thaumaturgi Sergij*, et en haut sur la même page, n° 3005 ; au dos de la reliure on voit : n° 145. Au verso du dessin on lit : *Ex Biblioteca Seminarii Ad Lauram SStae Triados S. Thaumaturgi Sergej.*»

Après cette description, en bas de la même page, Tocilescu ajoute l'addition suivante :

$$\begin{array}{r} 299 \\ 8 \\ \underline{30} \\ 337 \end{array}$$

Dans cette description, plusieurs éléments frappent. D'abord, dans la composition du manuscrit, la mention «4 feuillets et I.R.». Ensuite, l'addition, où l'on peut facilement associer le chiffre 299 au nombre de pages du texte du traité, le chiffre 8 à la page de titre et à la Lettre de Démètre Cantemir à Jérémie Cacavélas (1 + 7 p.), mais on ne voit pas à quoi peut bien correspondre le chiffre 30. Il semble que le manuscrit comportait également un autre élément. A en juger d'après l'abréviation I.R., il est légitime de supposer que cet élément pourrait être un *Index*

---

[39] En réalité, le traité ne comporte que 293 pages, car les pages 70, 107, 133, 141, 266, 277 manquent dans la pagination. Néanmoins, le manuscrit ne comporte pas de lacunes, le texte continuant sans interruption.

[40] Comme il ressort des notes de Tocilescu, Bibliothèque de l'Académie Roumaine, Cabinet des manuscrits, manuscrit roumain 5.148, I, f. 160r. Ce fac-similé est aujourd'hui égaré.

Rerum. Mais cet index ne se trouve pas sur les prises de vue du manuscrit de Moscou, telles qu'en témoigne le microfilm de 1956, ni sur les copies digitales que j'ai pu consulter[41].

Après plusieurs semaines de recherches en 2003 au Cabinet des manuscrits de la Bibliothèque de l'Académie Roumaine, j'ai fini par retrouver la partie manquante parmi les papiers personnels de Tocilescu[42]. En effet, il s'agit bien d'un *Index Rerum Notabilium* du traité, rédigé par Cantemir lui-même, et dont Tocilescu n'avait copié que la première page[43]. Cet *Index*, aux feuillets non numérotés, comprend 24 pages[44], écrites de la propre main de Démètre Cantemir. Le texte commence au recto du premier feuillet et finit au verso du dernier. Les feuillets ont les dimensions de 16 cm x 21,2 cm. Le texte est écrit à l'encre noire sur deux colonnes séparées par une ligne verticale rouge dans un rectangle imaginaire dont les dimensions sont de 9 cm x 15,5 cm. Les annotations marginales augmentent ce rectangle imaginaire jusqu'à 11,5 cm x 15,5 cm. Le titre principal est écrit à l'encre rouge foncé en haut au centre. Il y a 46 lignes à la page. A partir du feuillet 138r, Cantemir a changé d'encre, et les deux colonnes de chaque page ne sont plus séparées par la ligne verticale rouge. L'index est alphabétique et il comporte des termes-clef apparaissant dans l'ouvrage. Les renvois correspondent aux pages numérotées du traité, dans le numérotage du manuscrit autographe. Certains termes ont été rajoutés en marge, à la hauteur de l'endroit où ils auraient dû figurer dans le corpus de l'Index.

L'immense surprise de retrouver un texte autographe de Démètre Cantemir, le premier à avoir été identifié en Roumanie, fut doublée d'une autre, à savoir la découverte d'une *Épître dédicatoire* du même livre, composée de quatre pages manuscrites[45]. Le texte commence sur le verso du premier feuillet, le recto en étant blanc, et finit sur le recto du dernier, le verso en étant blanc. Les dimensions des feuillets sont les mêmes, le titre est écrit en lettres d'or, de même que l'initiale *P* du premier mot du texte : *Pater*. Il y a 23 lignes à la page, soit deux fois moins que sur les pages de l'*Index*. Le texte est écrit dans un rectangle

---

[41] Bibliothèque de l'Académie Roumaine, Cabinet des manuscrits, Mm 3.

[42] Cf. Vlad Alexandrescu, « Un manuscrit inédit et inconnu de Démètre Cantemir », in *ARCHAEVS, Études d'histoire des religions*, Bucarest, VII (2003), 3-4, pp. 245-269.

[43] Bibliothèque de l'Académie Roumaine, Cabinet des manuscrits, manuscrit roumain 5.148, I, f. 197r.

[44] Archives Tocilescu, II varia 3, feuillets 131r-138v et 140r-143v.

[45] Archives Tocilescu, II varia 3, feuillets 144v-145v et 139r.

imaginaire de 9 cm x 15,5 cm. Il y a un ajout marginal qui augmente la largeur du texte à 11,5 cm. L'épître dédicatoire finit par quelques lignes centrées, disposées selon une longueur décroissante. A la fin du texte, après le mot « *Amen* », il y a une croix grecque à ornements.

Le papier laisse voir des vergeures verticales et des pontuseaux horizontaux à distance d'environ 2,5 cm. Certaines pages laissent voir en filigrane, à la hauteur de la reliure, une forme en U et une grappe de raisin. Aussi bien les U que les rayures sont les mêmes pour les feuillets de l'*Index* et ceux de l'*Épître dédicatoire*.

Enfin, dans ce même recueil, j'ai retrouvé un feuillet isolé du manuscrit *Loca obscura in catechisi*[46]. Il s'agit de la page 42 du manuscrit. Ce feuillet est légèrement plus petit que les autres. Il y a 19 lignes à la page. Le papier laisse voir en filigrane les mêmes pontuseaux horizontaux à 2,5 cm d'intervalle. En plus, on peut y distinguer en filigrane le nom de MARCHAIX. On en conclut aisément que le papier est différent de celui de Sacro-*Sanctae*.

L'histoire de ces papiers est facile à retracer. Ils proviennent tous de la laure de la Trinité-Saint-Serge de Serguiev Possad. L'*Épître dédica-toire* et l'*Index rerum* font partie de *Sacro-sanctae scientiae indepingi-bilis imago*. Au sujet de l'*Index* retrouvé, qu'il suffise de rappeler ici que c'était une habitude de Cantemir de munir certains de ses livres d'un catalogue, qui pût faciliter la recherche de certains termes-clef ou nom de personnes. C'est le cas de l'*Histoire hiéroglyphique*, aussi bien que de la *Chronique de l'ancienneté des Romano-Moldo-Valaques*. L'existence d'un tel *Index rerum* pour un ouvrage conceptuel tel *Sacro-sanctae* ne doit pas étonner. Son auteur a souhaité ainsi doter le lecteur d'un instrument supplémentaire pour lui faciliter l'accès à cette œuvre difficile.

Au sujet du feuillet isolé du manuscrit *Loca obscura in catechisi*, remarquons enfin que la traduction en roumain due au P. Teodor Bodogae, publiée en 1973, est faite d'après le microfilm réalisé à Moscou dans les années 1950, se trouvant à la Bibliothèque de l'Académie Roumaine, sauf pour la page 41 manquante, pour laquelle le traducteur roumain prend comme texte la copie que Tocilescu avait déposée à la Bibliothèque de l'Académie Roumaine, mss. lat. 76[47]. Il est

---

[46] Archives Tocilescu, II varia 3, feuillet 130r.
[47] « *Locuri obscure în catehismul tipărit în slavoneşte de un autor anonim sub titlul "Prima învăţătură pentru prunci", iar acum clarificate de Principele Dimitrie Cantemir* », traduction et commentaire par T. Bodogae, in *Biserica Română Ortodoxă*, XCI, 9-10, septembre-octobre 1973, p. 1063-1111, cf. p. VII du commentaire.

évident que cette page ne pouvait pas se trouver à Moscou lors de la prise des images pour le microfilm, puisqu'elle se trouvait depuis plus de cent ans à Bucarest!

Quant à Tocilescu, le fait qu'il n'ait pas recopié l'*Index* et l'*Épître dédicatoire* dans l'exemplaire de *Sacro-sanctae scientiae indepingibilis imago* qu'il a déposé à la Bibliothèque de l'Académie Roumaine, le fait qu'il n'en ait dit mot dans son *Rapport final* de 1878 témoignent d'un malaise à ce sujet. C'est d'ailleurs par un concours de circonstances que ces documents se trouvent au Cabinet des manuscrits de la Bibliothèque de l'Académie Roumaine. Ils portent en marge la mention: «Documents provenant de Gr. Tocilescu, don à l'Académie Roumaine par la Faculté des Lettres, Bucarest». On sait que Tocilescu, professeur à l'Université de Bucarest, titulaire de la chaire d'histoire ancienne, d'antiquités gréco-romaines et d'épigraphie, mourut en 1909, à 59 ans, d'une maladie cardiaque, sans avoir jamais fini la monographie sur Cantemir qu'il projetait et laissant de nombreux autres manuscrits inédits[48]. Les feuillets manuscrits de Cantemir seront restés en sa possession dans l'attente de cette publication. Ils furent légués à l'Université, qui, sans en soupçonner l'importance, les livra en vrac à l'Académie. C'est là qu'ils attendirent patiemment qu'ils fussent découverts en 2003.

La découverte de ces feuillets manuscrits à Bucarest est d'une importance exceptionnelle pour le progrès des études sur Cantemir. Signalons, à titre d'argument, que c'est le seul document qui permette en Roumanie l'étude de l'écriture de Cantemir à partir d'un manuscrit mis au net; alors que presque la totalité des philologues roumains qui ont publié des ouvrages de Cantemir a dû se contenter de travailler sur des microfilms, ou sur des copies de seconde main, portant dans le meilleur des cas des révisions autographes de Cantemir.

1.5 Le premier manuscrit redevient accessible

Grâce au concours des bibliothécaires russes, mes efforts pour retrouver le manuscrit de *Sacro-sanctae...* furent couronnés de succès. Dans les milieux érudits roumains, l'on croyait que, avec le démantèlement de l'Académie Théologique de Moscou en 1918, le fonds de la

---

[48] Radu Vulpe, «Un pionnier des sciences archéologiques en Roumanie: Gr. G. Tocilescu (1850-1909)», *Dacia*, N.S., III, 1959, Bucarest, p. 607-612.

Bibliothèque de la laure de la Trinité-Saint-Serge de Zagorsk (le nom
attribué par les autorités soviétiques à la ville de Serguiev Possad de
1930 à 1991) avait été transféré dans la section Seghievski du Musée
Rumyantsev et puis, qu'il avait été déplacé de nouveau en 1933 à la
Bibliothèque « V.I. Lénine » de Moscou. Comme le microfilm noir et
blanc communiqué par les autorités soviétiques en 1956 ne comportait
aucune indication de provenance, l'on a toujours estimé à Bucarest que
le manuscrit de Cantemir se trouvait à Moscou, à l'actuelle
Bibliothèque Russe d'Etat. Une démarche que j'ai faite en mars 2003
auprès de la direction de cette institution s'est heurtée à un refus, du
fait de l'impossibilité d'identifier le manuscrit. Avec le développement
du réseau informatique en Russie, j'ai pu m'adresser en 2008 à
l'Académie Théologique de Moscou. L'Académie avait réintégré en
1949 son ancien bâtiment et continuait de former des générations
nouvelles de théologiens. Mon courrier n'est pas resté sans réponse et
j'ai été aimablement redirigé vers la la Laure de la Trinité-Saint-Serge,
située dans la ville de Serguiev Possad, à environ 90 km à Nord-Est de
Moscou, le véritable endroit où Gr. Tocilescu avait découvert le
manuscrit de Cantemir. Par l'extrême gentillesse des érudits de cette
ancienne bibliothèque j'ai pu entrer en possession de copies
numériques en couleur de toutes les pages du manuscrit y compris de
sa couverture.

Une longue boucle de l'histoire se fermait ainsi. Après les
recherches de Gr. Tocilescu en 1877, je devenais le premier chercheur
roumain à avoir sous les yeux une reproduction de haute qualité du
manuscrit. Des générations entières d'érudits roumains avaient déploré
le manque de renseignements matériels concernant les manuscrits de
Cantemir[49].

1.6 DESCRIPTION DU MANUSCRIT

Le manuscrit se trouve dans la section des manuscrits slaves de la
Bibliothèque Russe d'Etat, et plus précisément dans la collection fonda-
mentale de livres manuscrits de l'Académie théologique de Moscou
« Собрание рукописных книг Московской духовной академии

---

[49] Récemment encore, le regretté Dan Sluşanschi, dans son travail de corroboration
des trois manuscrits de la *Descriptio Moldaviae*, Bucarest, Institutul Cultural Român,
2006, p. 16.

(фундаментальное) ». Il est décrit dans un Supplément à la description imprimée du catalogue des manuscrits du monastère[50].

1.6.1 Composition du manuscrit

Le manuscrit comporte 168 feuillets, dont 16 blancs, répartis de la façon suivante : il commence par 8 feuillets blancs recto-verso non numérotés (dont le premier est collé contre la première couverture du manuscrit). Le 9ᵉ feuillet porte sur son recto la page de titre du manuscrit, avec le nom de l'ouvrage, l'indication du tome, un bref sommaire et le nom de l'auteur. Cette même page porte deux cachets, en haut celui de la Bibliothèque de l'Académie Théologique de Moscou et le second, très récent, en bas, est celui du Département des manuscrits de la Bibliothèque d'État de Russie[51]. Un premier *Ex libris* est inscrit en marge de la page. Sur le verso de ce même feuillet commence la Lettre à Cacavélas, dont les pages ne sont pas numérotées et qui finit au verso du 12ᵉ feuillet. Suivent 5 nouveaux feuillets blancs. Le 18ᵉ feuillet comporte au recto un *Ex libris* de la Bibliothèque de la Laure de la Trinité-Saint-Serge, ajouté sans doute au moment où le précieux manuscrit a été confié à la bibliothèque du saint monastère russe. Le verso de ce même feuillet porte l'admirable dessin tracé sans nul doute par la main même de l'auteur, qui avait l'habitude de décorer ses manuscrits de quelques rares dessins.

Le 19ᵉ feuillet porte au recto la première page du Livre I. Le titre en est inscrit, successivement, à l'encre or, rouge (à base de minium) et noire. Le sous-titre « *Liber Primus* » est de nouveau marqué en or. Le nombre du

---

[50] Дополнения к печатным описаниям, Леонид архим. Сведения о славянских рукописях, поступивших из книгохранилища св. Троицкой Сергиевой лавры в библиотеку Троицкой духовной семинарии в 1747 г. (ныне находящихся в библиотеке Московской духовной академии). Вып. 1-2. М., 1887 (Leonid, archimandrite. Détails de manuscrits slaves des livres saints. Laure de la Trinité Serge dans la bibliothèque du Séminaire de la Trinité en 1747 - maintenant situé dans la bibliothèque de l'Académie Théologique de Moscou. Vol. 1-2, Moscou, 1887), p. 116-117, n° 256 (In. 2105), « *Sacro-sanctae...* ». Voir aussi Ухова Т. Б., Каталог миниатюр, орнамента и гравюр собраний Троице-Сергиевой лавры и Московской духовной академии. - "Записки отдела рукописей" ГБЛ, вып. 22. М., 1960 (Uhova B. T., *Catalogue de miniatures, de gravures et de l'ornementation de la Laure St. Trinité-St. Serge et de l'Académie théologique de Moscou*. – « Notes du département des manuscrits » GBL, n° 22, Moscou, 1960). Je n'ai pas eu accès à ces deux publications.

[51] Il ne figurait pas sur le microfilm de 1956. L'ancienne Bibliothèque d'État « V.I. Lénine » de l'U.R.S.S. a changé de nom en 1992.

chapitre, le lemme et le corps du texte sont à l'encre noire. La première lettrine est en or. C'est avec cette page que le numérotage de Cantemir commence, en chiffres arabes, à l'encre noire, par le numéro 1. Les chapitres se suivent sans saut de page jusqu'à la fin du Livre I, au recto du 33ᵉ feuillet, ayant les lemmes inscrits en marge de la page à la hauteur des premières lignes de chaque chapitre. Les initiales de chaque chapitre sont des majuscules. Le premier mot de la page suivante est anticipé en bas de page, à droite. La dernière page du Livre I, ainsi que celle des livres suivants, finit par des lignes centrées, de plus en plus courtes.

Le Livre II commence au verso du 33ᵉ feuillet. Le titre en est inscrit en or, le sous-titre à l'encre rouge, le numéro du premier chapitre à l'encre noire et la lettrine du premier chapitre en or. Le Livre II continue de la même façon que le Livre I jusqu'au recto du 62ᵉ feuillet. Au verso de ce même feuillet commence le Livre III. Le titre en est inscrit en or et en noir, le sous-titre à l'encre rouge, le numéro du premier chapitre à l'encre noire et la lettrine du premier chapitre en or. Au verso du 64ᵉ feuillet, une note manuscrite au sujet de l'hérésie de Matthias Flacius Illyricus est inscrite en marge de la page, de façon légèrement irrégulière. Le Livre III finit au verso du 96ᵉ feuillet. Au recto du 97ᵉ feuillet commence le Livre IV, de la même façon que le Livre III, et continue jusqu'au verso du 122ᵉ feuillet. Le Livre V commence au recto du 123ᵉ feuillet, de la même façon que les précédents, et finit au recto du 138ᵉ feuillet. Le Livre VI commence au verso de ce dernier feuillet et finit au verso du 165ᵉ feuillet, par la même disposition décroissante des lignes que les autres livres, en bas de laquelle on peut lire les mots : «*Finis Primi Tomi*». Les 166ᵉ, 167ᵉ et 168ᵉ feuillets sont blancs. Le dernier est collé contre la couverture du manuscrit. La dernière page numérotée par Cantemir, du nombre 299, est le verso du 165ᵉ feuillet. Un autre numérotage, au crayon, de tous les feuillets, en chiffres arabes pour les feuillets écrits et en chiffres romains pour les feuillets blancs est le fait, très récent, d'un bibliothécaire. En effet, ce numérotage au crayon n'existait pas encore en 1956, lorsqu'a été réalisé le microfilm noir et blanc envoyé à Bucarest[52].

Cantemir a assigné des lettres minuscules, allant de *a* à *t*, aux cahiers du manuscrits, sans doute pour en faciliter la reliure. Le principe est d'attribuer, en bas de la dernière ligne de la page, au milieu, deux lettres voisines, par exemple *a* et *b*, au verso du dernier feuillet d'un cahier et au

---

[52] Bibliothèque de l'Académie Roumaine, Cabinet des manuscrits, MM 3.

recto du premier feuillet du cahier suivant. Sont ainsi marquées la page 12 de la lettre *a*, la page 13 de la lettre *b*, la page 28 de la lettre *b*, la page 29 de la lettre *c*, la page 44 de la lettre *c*, la page 45 de la lettre *d*, la page 60 de la lettre *d*, la page 61 de la lettre *e*, la page 76 de la lettre *e*, la page 77 de la lettre *f*, la page 92 de la lettre *f*, la page 93 de la lettre *g*, la page 109 de la lettre *g*, la page 110 de la lettre *h*, la page 125 de la lettre *h*, la page 126 de la lettre *i*, la page 143 de la lettre *i*, la page 144 de la lettre *k*, la page 159 de la lettre *k*, la page 160 de la lettre *l*, la page 175 de la lettre *l*, la page 176 de la lettre *m*, la page 191 de la lettre *m*, la page 192 de la lettre *n*, la page 207 de la lettre *n*, la page 208 de la lettre *o*, la page 223 de la lettre *o*, la page 224 de la lettre *p*, la page 239 de la lettre *p*, la page 240 de la lettre *q*, la page 255 de la lettre *q*, la page 256 de la lettre *r*, la page 272 de la lettre *r*, la page 273 de la lettre *s*, la page 289 de la lettre *s*, la page 290 de la lettre *t*. Un cahier comporte donc à chaque fois 16 pages. Le cahier *g* semble comporter 17 pages (de la page 93 à la page 109), mais il n'en possède que 16, car la page 107 manque (ce numéro n'étant pas attribué) Le cahier *r* semble également comporter 17 pages (de la page 256 à la page 272), mais il n'en possède que 16, car la page 266 manque. Le cahier *s* semble comporter 17 pages (de la page 273 à la page 289), mais il n'en possède que 16, car la page 277 manque. Le cahier *i* semble comporter 18 pages (de la page 126 à la page 143), mais lui non plus n'a que 16 pages, car les pages 133 et 141 manquent. Le premier cahier du manuscrit relié n'était pas le cahier *a*. Il y en a quatre avant celui-ci, non marqués de lettres, comme nous allons le voir. Le premier, appelons-le conventionnellement *α*, va depuis le début du manuscrit jusqu'au verso du 8ᵉ feuillet y compris, couvrant 7 feuillets blancs plus le feuillet collé contre la première couverture du manuscrit, au total 16 pages blanches. Le deuxième cahier, *β*, va depuis la page de titre, au recto du 9ᵉ feuillet, jusqu'au verso du 16ᵉ feuillet et comprend la Lettre à Cacavélas et 8 pages blanches. Le cahier *a* commence au recto du 17ᵉ feuillet de Serguiev Possad et va jusqu'au verso du 24ᵉ feuillet, où il est marqué, en bas de page, et comprend un feuillet blanc, l'*Ex libris*, le dessin, et le commencement du Livre I jusqu'à la page 12 numérotée. Deux autres cahiers se plaçaient à cet endroit, comme nous allons le voir. Le dernier cahier du manuscrit relié, le cahier *t*, va depuis le recto du 161ᵉ feuillet (page 290 numérotée) jusqu'à la fin du texte (page 299 numérotée) et comprend aussi trois feuillets blancs dont le dernier est collé contre la seconde couverture du manuscrit. Les 168 feuillets du manuscrit correspondent à 21 cahiers complets.

1.6.2 Le papier

Selon la fiche de catalogue qui accompagne le manuscrit, les feuillets auraient les dimensions de 21 x 16 cm. Les dimensions des feuillets du manuscrit de Bucarest, que j'ai mesurées moi-même, sont de 21,2 x 16 cm. Si l'on accepte ces dernières pour dimensions des feuillets de Moscou également, on estimera que la feuille était de format 64 x 42,4 cm et qu'elle a été pliée en trois, pour obtenir des cahiers *in-octavo* (8 feuillets, 16 pages). La fiche de catalogue russe du manuscrit note aussi que le filigrane du papier représente une grappe de raisin. C'est donc le même papier que celui de Bucarest, utilisé pour l'Epître dédicatoire et l'*Index rerum notabilium*. Nous avons vu que le papier a des pontuseaux horizontaux séparés par une distance d'environ 2,5 cm. Certaines pages laissent voir en filigrane, à la hauteur de la reliure, une forme en U et une grappe de raisin. Comme cependant, dans la plupart des cas, les pontuseaux sont parallèles au petit côté de la feuille[53], il faudrait supposer que le plano plié trois fois était en réalité une demi-feuille, et que le format de la feuille intégrale était d'environ 85 x 64 cm.

Pour ce qui est du filigrane, le raisin est une marque très répandue aux XVIIe-XVIIIe siècles, de provenance généralement française[54]. Les papetiers français exportaient beaucoup de papier portant cette marque, qui arrivait un peu partout en Europe, jusqu'en Russie[55]. Pour identifier l'origine précise d'un papier à raisin, il faudrait pouvoir identifier la contremarque du fabricant, apposée sur le même folio ou sur le folio opposé de la feuille, indiquant soit le nom complet soit les initiales du nom du papetier[56]. A titre d'exemple, le feuillet retrouvé de *Loca obscura in catechisi* porte la contremarque MARCHAIX, qui figure le nom d'un fabricant de papier français ayant travaillé pour le marché néerlandais[57]. Malheureusement, on peut mal déchiffrer cette contremarque, dont la seule chose qu'on puisse dire est qu'elle ne donne pas de

---

[53] Raymond Gaudriault, *Filigranes et autres caractéristiques des papiers fabriqués en France aux XVIIe et XVIIIe siècles*, CNRS éditions, J. Telford, 1995, p. 42.

[54] W.A. Churchill, *Watermarks in Paper in Holland, England, France, etc. in the XVII and XVIII Centuries and Their Interconnection*, Amsterdam, Menno Hertzberg & Co, 1935, p. 7.

[55] A.A. Geraklitov, *Watermarks of the XVIIth Century in Paper of Manuscripts and Printed Documents of Russian Origin*, Moscow, The Academie of Sciences, 1963, p. 16.

[56] R. Gaudriault, *ibidem*, p. 151.

[57] Attesté en 1736, avec les armes d'Amsterdam, cf. W.A. Churchill, n° 53, p. XXXIV. R. Gaudriault, à la suite de A. Nicolaï, le situe dans le Sud-Ouest de la France, *ibidem*, p. 240.

nom entier. Le manuscrit des *Excerpta* de Van Helmont semble porter le même filigrane. Mais là non plus on ne distingue pas clairement le tracé qui accompagne le raisin. Il s'agit peut-être d'une couronne, mais il n'est pas exclu que des initiales y soient également présentes. Même si le papier à raisin à été fabriqué surtout en France, on le retrouve aussi au Piémont[58]. Enfin, le format du papier ne nous aide pas non plus, car 64 x 42,4 cm n'est pas un format courant pour les papetiers français. Ceux-ci utilisent en général soit le «Grand raisin», en 612 x 459 mm, soit le «Carré au raisin», en 540 x 419 mm, soit le «Petit raisin», en 432 x 324 mm[59]. Ces dimensions sont, cela va sans dire, données à titre indicatif, les mesures pouvant varier légèrement avec les régions et les époques. Entre ces trois formats, seul le dernier conviendrait pour notre manuscrit, à condition de supposer que la feuille ait été pliée deux fois, *in-quarto*. Cela correspondrait également avec le sens des vergeures, perpendiculaires aux petits côtés, mais non avec les 16 pages de chaque cahier, à la place des 8 que supposerait un format in-quarto.

1.6.3 La couverture

Reliure d'époque, basane mouchetée, dos à trois nerfs rehaussés, pièce de titre sur le dos, roulette à froid autour des plats, fleurons et palmettes divers.

Au centre du plat supérieur, entourée d'un double filet : une crucifixion estampée et dorée, avec Marie-Madeleine aux cheveux longs et dénouées, auréolée, agenouillée à gauche embrassant le pied de la croix et un encensoir (ou ostensoir) à droite. Sous la croix sont figurés le crâne et les ossements d'Adam. Le *titulus* fixé sur la croix porte l'inscription "INRI". Le Christ, nimbé, porte un *perizonium* de style baroque, dont les bouts latéraux semblent flotter dans le vent. Les mains sont transpercées par deux clous, au niveau des paumes. Les jambes sont légèrement repliées à la hauteur des genoux, les deux pieds réunis et transpercés par un seul clou.

Au centre du plat inférieur, également entourée d'un double filet, estampée : une Vierge à l'Enfant, portant peut-être un sceptre, les pieds appuyés sur un croissant de lune servant d'escabeau, sur lequel s'enroule un serpent.

---

[58] G. Eineder, *The Ancient Paper-Mills of the Former Austro-Hungarian Empire and their Watermarks*, Hilversum, The Paper Publications Society, coll. «Monumenta Chartae Papyraceae Historiam Illustrantia», 1960, p. 177-178.

[59] *Ibidem*, p. 151.

L'examen de cette reliure montre clairement qu'elle fait le pendant de
la reliure du manuscrit des *Excerpta* de Van Helmont, dont nous connaissons
également le premier et le dernier plat. La reliure de ce second
manuscrit est exécutée dans la même basane mouchetée, dos à trois nerfs
rehaussés, roulette à froid autour du plat, mêmes fleurons et palmettes,
aux mêmes endroits. Au centre du plat supérieur, entouré d'un double
filet, un *supralibros* aux armes de Cantemir, estampées et dorées. On y
distingue, à l'intérieur d'une bordure composée de fleurs et de rubans, le
rencontre d'aurochs, un anneau passé dans le nez, accompagné d'une
étoile à six rais, entre ses cornes, à dextre d'un soleil, à sénestre d'un
croissant tourné et figuré, dans les cantons du chef, ainsi que d'une épée
en bande et d'une masse d'armes en barre, passées en sautoir, en pointe,
le tout sommé d'une couronne princière ouverte, constituée d'un cercle
et de rayons, peut-être surmontée d'une sphère ou «monde», rehaussée
d'une croix.

Au centre du plat inférieur, également entouré d'un double filet : un
écu écartelé en croix, sommé d'une palmette, estampé. Au 1 au Saint-
Georges, monté sur un cheval galopant, terrassant un dragon ailé,
renversé sous les pieds du cheval, le tout contourné ; au 2 au chevalier
armé de toutes pièces, brandissant une épée ; au 3 à une flèche
(*rogacina*) en chef, le pied terminé en cornière en demi-cercle, concave
vers le bas, une étoile à six rais en abîme et un croissant en pointe ; au 4
à la flèche (*rogacina*) recroisettée, le pied terminé en cornière en demi-
cercle concave vers le haut. J'identifie ces armoiries comme étant celles
de la famille polono-lituanienne Ostrogski[60].

Cette ressemblance des deux reliures appelle quelques remarques.
Tout d'abord, il est probable que les manuscrits ont été reliés en même
temps, un élément qui va peser dans leur datation respective. Les reliures
utilisent le même matériau, la basane mouchetée, la même reliure au dos
et la même technique de décoration, l'estampage à froid et la dorure. Qui
plus est, les éléments secondaires de décoration, les fleurons et palmettes
divers, exécutés à la roulette, sont identiques sur les deux reliures.
Néanmoins, les éléments principaux servent à donner un caractère différent aux deux reliures. Les *Excerpta* de Van Helmont portent les armes
des Cantemir et des Ostrogski, ce qui confère au manuscrit un caractère
nobiliaire et dynastique. En revanche, les deux représentations
religieuses de *Sacro-sanctae...* placent ce dernier dans une tout autre

---

[60] Voir la discussion ci-après.

sphère, celle de la spiritualité chrétienne, le soustrayant au jeu politique des prétentions dynastiques et territoriales et le réservant à la seule contemplation.

Penchons-nous davantage sur la crucifixion estampée au premier plat de *Sacro-sanctae*... Même si, à première vue, la croix semble une croix orthodoxe (ou «croix à huit pointes»), formée d'un pal alésé chargé de trois traverses, la première et la troisième plus étroites, et la troisième versant à sénestre, cette analogie doit être vite abandonnée. Dans ce type de représentations, la traverse intermédiaire, la plus longue, est réservée aux bras étendus du Crucifié. La traverse supérieure figure le *titulus* et la traverse inférieure sert d'appui aux pieds du Crucifié. Contrairement à la tradition catholique qui représente les pieds du Christ cloué d'un seul clou, l'iconographie orthodoxe suit la tradition selon laquelle les pieds du Christ ont été cloués séparément. Un examen attentif de la couverture montre que les pieds du Christ ne reposent pas sur une traverse et que ce que l'on pourrait prendre pour la troisième traverse de la croix est en réalité le pagne déroulé du Christ. Les pieds sont cloués d'un seul clou. Cherchant des analogies, je n'ai nulle part trouvé de représentations de croix orthodoxes, où Marie ou d'autres personnages soit agenouillés. Ils sont toujours debout.

D'autres analogies, plus proches, se présentent cependant, dans l'univers de l'iconographie catholique. Pour la Crucifixion et pour la Vierge à l'Enfant, j'ai trouvé une analogie intéressante sur les reliures estampées à froid et dorées de plusieurs volumes d'un *Menaion* grec, se trouvant dans les collections de la Bibliothèque Sainte-Geneviève[61], à Paris, datant de 1642 à 1664, publié à Venise et dont les couvertures auraient été réalisées en Italie, à Mantoue, dans l'atelier du Ghetto, au XVIIe siècle. Ce qui est intéressant dans cette Crucifixion, c'est le *perizonium* du Christ, de style baroque, dont les bouts latéraux semblent flotter dans le vent, donnant l'impression d'une troisième traverse inclinée, comme sur la reliure de *Sacro-sanctae*... Mais l'analogie n'est pas totalement satisfaisante, car il n'y a nul personnage et nul objet à côté de la Croix. Sur le dernier plat de quelques-uns des volumes de ce *Menaion*, il y a également une Vierge à l'Enfant debout sur un croissant de lune, qui rappelle le dernier plat de *Sacro-sanctae*...

Néanmoins, un exemplaire de la Liturgie de l'Eglise uniate ruthène, publié à Lviv en 1721 et relié en Pologne, se trouvant dans les collections

---

[61] Fol BB 30 inv 34 RES.

de la British Library[62], fournit une analogie beaucoup plus poussée. Le Christ y est représenté, deux fois sur le même plat, dans la même attitude que sur le *Menaion* relié à Mantoue, veillé, au pied de la Croix, par Marie ou Marie-Madeleine. A droite de la Croix, il y a un objet, dont il est difficile d'indiquer la fonction sans avoir examiné la couverture, mais toutefois différent de celui de *Sacro-sanctae*... Cette reliure, très riche, exécutée en maroquin, comporte, en outre, une Crucifixion de tradition iconographique orthodoxe, avec une « croix à huit pointes » et les personnages debout, marquant un véritable programme iconographique interconfessionnel à l'intérieur d'une même composition.

Enfin, une troisième analogie est non seulement presque parfaite, mais aussi très pertinente pour la suite de notre propos. Il s'agit d'un exemplaire du *Tomos agapes kata Latinon* de Dosithée II, Patriarche de Jérusalem, publié à Iaşi, en 1698, par Jérémie Cacavélas, conservé dans les collections de la Bibliothèque de l'Académie Roumaine[63]. Le premier plat de la reliure figure une Crucifixion du même type que celle que nous cherchons à encadrer, avec, au pied de la Croix, Nicodème ou Saint-Jean, assis en prière à droite de la Croix et un encensoir (ostensoir) à gauche. Le dernier plat donne à voir une Vierge à l'Enfant, estampée et dorée, portant un sceptre, auréolée et couronnée, les pieds appuyés sur un croissant de lune lui servant d'escabeau, sur lequel s'enroule un serpent.

Comme les représentations des deux volumes sont quasi identiques, à l'exception d'un personnage (Marie-Madeleine/Nicodème) et de la position de celui-ci par rapport à la Croix (gauche-droite), ce qui peut s'expliquer par des variations d'un même modèle, et, d'autre part, comme la date de la rédaction de *Sacro-Sanctae*... et celle de la publication du *Tomos Agapes kata Latinon* (1698) sont très rapprochées, il est assez naturel de penser que les deux volumes ont été reliés en même temps et, très probablement, par le même maître. Observons que dans l'histoire de l'apparition de chacun, Jérémie Cacavélas a joué un rôle important, de mentor pour le premier et de rédacteur pour le second. Ce dernier se trouvait encore à Iaşi en 1700. Posons donc par hypothèse que c'est dans cette ville et avant le 14 septembre 1700, lorsque Antioche dut céder le trône de la Moldavie et Démètre quitta vraisemblablement Iaşi pour Constantinople, que les deux manuscrits de Démètre (*Sacro-sanctae*... et les *Excerpta* de Van Helmont) ainsi que le *Tomos Agapes* furent reliés.

---

[62] Davis 697.
[63] CRV 112, doublet 3.

Avant d'essayer d'approcher la figure de l'artisan relieur, cernons de plus près les problèmes que soulèvent les illustrations de la couverture des *Excerpta*. Au premier plat, comme nous l'avons vu, les armes princières des Cantemir. Si l'on regarde ces armes dans la perspective de l'histoire des armoiries de Démètre Cantemir[64], plusieurs éléments sont à remarquer. Tout d'abord, l'anneau passé dans le nez de l'aurochs, élément qui ne figure pas dans d'autres représentations des armoiries des Cantemir et qui rappelle des prétentions d'autorité suzeraine du Royaume de Pologne sur la Principauté de Moldavie[65]. D'autre part la position de l'épée en bande et de la masse d'armes en barre est inverse à celle de toutes les armoiries connues des Cantemir, à l'exception de celle du frontispice imprimé du *Divan* (1698)[66]. Sur le *supralibros*, l'épée est orientée la pointe vers le bas et le manche vers le haut, contrairement à toutes les armoiries connues des Cantemir, à l'exception du frontispice du *Divan* et de celui d'un autre livre publié à Iaşi en 1697, sous le règne du même Antioche Cantemir, *Învăţătură Sfântă, adecă sfântă şi Dumnezeiască Liturghie*, traduit en roumain par le même Jérémie Cacavélas. Remarquons enfin que la couronne princière en chef du *supralibros* semble une couronne ouverte, à l'encontre des armoiries connues de Cantemir, qui ont une couronne fermée[67]. Ces différentes caractéristiques plaident en faveur d'une datation du *supralibros* avant le refuge en Russie, et plus particulièrement en rapport avec le travail de Jérémie Cacavélas à Iaşi, qui ne fut peut-être pas étranger aux différentes recherches armoriales dont témoignent les éléments que nous décrivons. Remarquons que c'est sur les frontispices des deux volumes de 1697 et 1698 qu'une croix surmonte pour la première fois la couronne princière des Cantemir, un élément qui sera repris dans toutes leurs armoiries ultérieures et qui pourrait bien avoir pour origine l'ambition de Cacavélas de faire

---

[64] Ioan N. Mănescu, « Stemele lui Dimitrie Cantemir şi locul lor în heraldica Ţărilor Române », *Revista arhivelor*, 35, 3, 1973, p. 465-480 ; Dan Cernovodeanu, « Stema Moldovei în armele Cantemireştilor », *Buletinul Societăţii Numismatice Române*, LXVII-LXIX, 1973-1975, p. 277-294.

[65] Ilona Czamanska, « Stemele Moldovei şi Ţării Româneşti în iconografia poloneză (secolele XV-XVII) », *Arhiva genealogică*, V (X), 1998, 3-4, p. 275-318.

[66] Observons cependant que sur le frontispice imprimé du *Divan*, la place de la masse d'armes est occupée par un cimeterre.

[67] A l'exception des sceaux de Constantin et d'Antioch Cantemir et aussi du frontispice de 1697 mentionné ci-dessus, qui donnent à voir une couronne ouverte (cf. Cernovodeanu, *op. cit.*).

rayonner le nom de la jeune dynastie princière moldave du prestige chrétien le plus pur.

Les couvertures seraient-elles plus anciennes que les manuscrits qu'elles protègent? Remarquons que les armoiries dynastiques des Cantemir se retrouvent aussi sur le verso de la page de titre du *Divan*, imprimé en 1698, lors du règne d'Antioche Cantemir, au-dessus des vers célébrant ce dernier. Prince de Moldavie lui-même pour trois semaines en 1693, fils et frère de Prince de Moldavie, Démètre se considérait comme «premier prince du sang» et, par conséquent, autorisé à utiliser les armes dynastiques de la Principauté. Si les armes de Moldavie sur un ouvrage imprimé étaient aussi un apanage du prince régnant, en l'occurrence un tribut payé à Antioche, l'apposition sur le propre ouvrage manuscrit de Démètre en était-elle un signe d'appartenance à la famille princière ou bien la marque d'une vocation à succéder à la Couronne? Il y a peut-être là une ambiguïté voulue, de même que dans le titre par lequel il signe le Divan, «Ioan Dimitrie Constantin Voïévode», où il garde à la fois l'attribut théocratique du nom de Ioannes, élu du Seigneur[68], et le titre de Prince régnant (Voïévode). *Sacro-sanctae* est signé du titre de *Princeps Moldavus* (mais non pas *Princeps Moldaviae*, ce qui aurait été une déclaration de guerre contre son frère Antioche). Démètre Cantemir continuera durant toute sa vie à faire apposer des *supralibros* sur la reliure de ses propres manuscrits. Mentionnons ici deux manuscrits rédigés et reliés en Russie, *Loca obscura in catechisi* (env. 1720) et *Hronicul româno-moldo-vlahilor* (1719-1722), qui ont chacun un *supralibros* au premier plat de leur reliure[69], figurant des armoiries privées, composées au gré du Prince, mais intégrant à chaque fois les armes de Moldavie.

---

[68] Emil Vîrtosu, *Titulatura Domnilor şi asocierea la domnie în Ţara Românească şi Moldova (până în secolul al XVI-lea)*, Bucureşti, 1960, p. 98-99.

[69] Pour le premier, voir le décalque fait par Gr. Tocilescu à Serguiev Possad, en 1878, Bibliothèque de l'Académie Roumaine, Cabinet des manuscrits, manuscrit roumain 325, f. 17. Il s'agit toujours d'une variante des armoiries dynastiques de Moldavie, mais magnifiées des nouvelles prétentions du Prince. Devenu conseiller de Pierre le Grand, celui-ci avait adjoint aux éléments déjà utilisés dans les armes de Moldavie deux palmes, deux dragons ailés passés en sautoir et une fraternité. L'écu est flanqué de deux lions soutenant une couronne royale. Le second *supralibros*, une variante du premier, est reproduit sur l'édition imprimée en Roumanie, D. Cantemir, *Hronicul Româno-Moldo-Vlahilor*, Iaşi, 1835-1836. Une étude comparative des armoiries connues des Cantemir, par Ioan N. Mănescu, *art. cit.*

L'examen de ces reliures ne saurait être complet sans une discussion sur les armoiries Ostrogski, figurant sur le dernier plat de la couverture des *Excerpta* de Van Helmont. Notons d'abord qu'il existe deux armoiries Ostrogski. Les plus anciennes, «Ostrog», forment le noyau dur du blason et accompagnent la famille depuis son apparition, au XIVᵉ siècle, jusqu'au dernier héritier, le Prince Janusz Aleksander Sangusko (1712-1775). Il s'agit en fait d'une composition de deux figures de l'héraldique polonaise : *Ogończyk*, formé de «*poluduga*» avec une flèche sous la forme d'un arc-en-ciel de couleur or ou argent «*W polu czerwonym pół srebrnej strzały, żeleźcem w górę, wspartej na półpierścieniu*» et «*Leliwa*» : étoile d'or sur le croissant de lune tourné sur un fond bleu «*W polu błękitnym półksiężyc złoty rogami do góry obrócony, nad nim sześciopromienna gwiazda złota*», symbolisant, semble-t-il, l'aube de la victoire sur l'expansion musulmane.

Les secondes armoiries apparaissent par exemple au-dessus du portail du château d'Ostrog, ainsi que chez le Prince Konstanty-Wasyl Ostrogski (1527-1608) et sa nièce, la Princesse Elzbieta (Halska) (1539-1582). Elles remontent peut-être au Prince Konstanty Ostrogski (cca 1460/3 - 1530), qui a fait agrandir le château de Doubno, où elles apparaissent également. Elles sont composées de quatre quartiers et c'est le blason que j'ai retrouvé sur le dos de la couverture du manuscrit des *Excerpta* de Van Helmont. Outre l'élément 3. «Ostrog» : une flèche (*rogacina*) en chef, le pied terminé en cornière en demi-cercle, concave vers le bas, une étoile à six rais en abîme et un croissant en pointe, elles réunissent : 1. le «Saint-Georges terrassant le dragon», 2. le «*Pogon*» (chevalier armé d'argent sur un cheval d'argent brandissant une épée d'argent dans la main droite), et 4. la flèche (*rogacina*) recroisettée, le pied terminé en cornière en demi-cercle concave vers le haut.

Quelle pourrait bien être l'explication de la présence des armoiries des Ostrogski, faisant pendant aux armoiries de Moldavie sur la reliure des *Excerpta* de Van Helmont recopiées par Démètre Cantemir ?

L'histoire de la famille et de l'immense ordinat Ostrogski est assez compliquée, avant la deuxième partition de la Pologne en 1793 et le passage de la région d'Ostrog à la Russie. Après la mort, en 1673, d'Aleksander Janusz Zasławski, le dernier des Princes Ostrogski de la branche cadette, l'héritage, y compris le château de Doubno, passa, en 1683, à Józef Karol Lubomirski (1667-1702), par son mariage avec Teofilia Ludwika Zasławska (cca 1655-1709), sœur de Aleksander Janusz Zasławski. Józef Karol Lubomirski était Grand Ecuyer du Roi de

Pologne après 1683, Maréchal de la Couronne après 1692 et Grand
Maréchal de la Couronne en 1702. De ce mariage, trois enfants virent le
jour : 1. Prince Aleksander Dominik, mort en 1720, sans postérité ; 2. la
Princesse Teresa Katharina, héritière d'Ostrog, (1685-1712), mariée à
Cracovie en 1701 au Pfalzgraf Karl III Philipp von Rhein (1661-1742),
ayant eu deux enfants morts en bas âge 3. la Princesse Mariana, héritière
d'Ostrog, (1693-1729) mariée au Prince Pawel Karol Sanguszko (1682-
1750), ayant pour enfant le Prince Janusz Aleksander Sangusko, (1712-
1775) marié en 1731 à Konstanza von Dönhoff (cca 1716-1791). Ce
dernier fut le dernier ordinat Ostrogski (dignité héréditaire créée en 1609
par Janusz Ostrogski, abolie en 1766 par la Diète polonaise).

Il semble que la présence conjointe des armes Ostrogski et des armes
de Moldavie sur la couverture du manuscrit des *Excerpta* de Van
Helmont pourrait faire songer à un projet matrimonial. Un mariage de
Démètre Cantemir et de Teresa Katharina Lubomirski, fille de Jozef
Karol Lubomirski, aurait pu ainsi être envisagé avant que ne fût conclu
le mariage de celui-ci avec Cassandra Cantacuzène[70]. Nous savons que,
durant l'automne et l'hiver 1698-1699, Démètre se trouvait à Timişoara,
où il observait, du côté turc, les pourparlers pour le traité qui allait être
signé à Karlowitz le 26 janvier 1699[71]. Plusieurs sources parlent du fait
que, avant que le trône de Moldavie n'échût à Antioche Cantemir, en
1695, il avait été proposé à Démètre, qui l'avait cédé à son frère[72].
Démètre pensait certainement à recevoir une compensation.

D'autre part, durant le premier règne d'Antioche Cantemir, de 1695 à
1700, les deux frères agirent toujours de concert et donnèrent l'impression d'être très unis. C'est en effet à Iaşi, à la cour d'Antioche, qu'auront
lieu les noces de Démètre avec Cassandra Cantacuzène, la fille de
Şerban Cantacuzène, feu le prince de Valachie (1678-1688), alliance qui
lui fera confirmer ses prétentions au trône de Valachie, empoisonnant
davantage, s'il en était besoin, ses rapports avec Constantin Brancovan.

---

[70] Le 28 mai 1699, voir discussion ci-après, sous 3, à propos de la datation de *Sacro-
sanctae*… Teresa Katharina Lubomirski épousa, le 15 décembre 1701 à Cracovie, le
Prince Charles Philippe, frère de l'Électeur Palatin.

[71] « *În anul 7207, fiind Dimitrie-Vodă cu turcii în oaste la Timişvar, au venit din
oaste de olac în Iaşi la frate-său om cu trebile sale, ori cu porunca împărătească, şi iară
s-au întors* », *Letopiseţul Ţării Moldovei de la Istratie Dabija până la domnia a doua a
lui Antioh Cantemir, 1661-1705*, éd. C. Giurescu, Bucureşti, Socec, 1913, p. 91.

[72] Selon le nonce papal à Vienne, cf. I.C. Filitti, *Din arhivele Vaticanului*, II,
Bucureşti, 1914, p. 148.

Ce dernier s'était d'ailleurs vivement opposé à ce mariage[73], au point d'engager le général commandant de la cité de Braşov, en Transylvanie, pour empêcher la veuve de Şerban Cantacuzène de marier sa fille au prince moldave. La complicité avec son frère semble avoir été parfaite, puisque Antioche avait envoyé un homme de confiance à Braşov, qui, au su du général et avec l'accord de Maria Cantacuzène, la veuve de Şerban, avait conduit Cassandra à Iaşi[74].

Ces années furent une période où les deux frères Cantemir caressèrent différents projets matrimoniaux. Antioche, écrit Ion Neculce, avait été fiancé à Maria, la sœur de Constantin Duca, depuis le temps où il était à Constantinople, mais il reçut un jour la nouvelle que celle-ci venait de mourir[75]. C'est dans ces circonstances qu'il demanda à Constantin Brancovan la main de l'une de ses filles[76]. Le Prince valaque exigea des conditions qui, à Iaşi, furent jugées inacceptables. Antioche finira par épouser en 1697 Catherine, la fille du noble moldave Dumitraşcu Ceaurul[77].

Le mariage de Démètre avec Cassandra Cantacuzène a une préhistoire, racontée par Démètre dans la *Vita Constantini Cantemyrii*. Şerban Cantacuzène aurait formulé tout d'abord le souhait, lors d'un moment particulièrement important dans ses rapports avec Constantin Cantemir, vers 1684, de fiancer sa seconde fille, Cassandra, à l'un des deux fils de

---

[73] «*Logodise Dumitraşco beizăde cu o fat-a lui Şerban-vodă, din Ţara Ungurească, cu taină. Şi prinsără munteni de veste şi-i sta pedică despre nemţi, că nu lăsa pe doamna lui Şerban-vodă să i-o dè. Şi-ncă mai mare vrajbă dintr-acee se făcè*», Neculce, *ibidem*.

[74] «*Antăiohi-vodă atunce, tot într-acea iarnă, triimis-au pe Vasilie Pureci, vornicul dinspre doamna, cu taină, în Ţara Ungurească, la doamna lui Şerban-vodă, de au dat doamna pe fiică-să, domniţa Căsandra, de o au adus-o să o iè frate-său Dumitraşco beizăde, că era logodită cu dânsul. Era cu ştirea ghenărarului de Braşov, numai ghenărarul să feriè, că să temè de Brâncovanul. Că Brâncovanul avè mare cinste şi trecere la împăratul nemţescu, şi nu era cu voia Brâncovanului să o iè Dumitraşco beizădè*», Ion Neculce, *Letopiseţul*, Bucureşti, Editura de Stat pentru Literatură şi Artă, 1955, p. 212.

[75] Cf. I. Neculce, *Letopiseţul*…, in *Opere*, ed. G. Ştrempel, 1982, p. 381-382, et *Vita Constantini Cantemyrii*, ed. cit., p. 173. Maria Duca est morte vers 1695, cf. Andrei Pippidi, note 274, p. 245.

[76] I. Neculce, *Letopiseţul, ibid.*; N. Costin (?), *Letopiseţul Ţării Moldovei*, éd. cit., p. 90.

[77] Nicolae Costin, *Cronica anonimă a Moldovei 1661-1729*, ed. Dan Simonescu, Bucureşti, 1975: «*Aşijderea, într' acest an şi într' aceastǎ iarnǎ, în câşlegile Crǎciunului s-au cǎsǎtorit Antioh Vodǎ, de au luat sie doamnǎ de ţarǎ, pe Catrina, fata lui Dumitraşcu Ceaur de Valea Seacǎ, ce au fost logofǎt mare*». Neculce situe cet événement dans la deuxième année du règne d'Antioche, ce qui date ce mariage de la période allant de Noël 1696 au Carême 1697.

Constantin[78]. Deux ans plus tard, au printemps 1686, lors du passage de Şerban Cantacuzène à Iaşi avant de rejoindre Constantin au nord de la Moldavie, le premier aurait rencontré le jeune Démètre, lui aurait prodigué des compliments et aurait formulé le souhait que ce fût lui qui épouserait sa fille[79]. Enfin, troisième moment, après la mort de Şerban Cantacuzène, la veuve de celui-ci, Maria, réfugiée en Transylvanie, aurait envoyé en 1690 un homme de confiance à la cour de Constantin Cantemir, afin de confirmer les fiançailles de sa fille Cassandra avec Démètre. Cantemir lui aurait opposé l'impossibilité du moment, arguant du protectorat impérial sous lequel elle se trouvait (et qui rendait difficile une union avec un prince allié au Sultan) et du départ prochain de Démètre à Constantinople[80]. On connaît la suite : l'enlèvement de la princesse Cassandra et son arrivée à Iaşi, à l'insu de Constantin Brancovan et avec la complicité du général de Braşov.

Néanmoins, cette version est racontée par Démètre, *pro domo*, de nombreuses années après les événements, car le prince avait remis à jour le manuscrit de la *Vita Constantini Cantemyrii* vers 1714-1715[81]. Elle fait office non seulement de mythe fondateur de sa propre famille, mais elle a aussi le rôle d'ancrer ses prétentions dynastiques au trône de Valachie, par son alliance aux Cantacuzène. Si toutefois l'on remonte dans le temps avant l'arrangement de ce mariage, aux pourparlers qui ont précédé la signature du traité de Karlowitz, et si l'on garde en tête le fait que Démètre visait une compensation du fait d'avoir cédé le trône de Moldavie à son frère Antioche, il n'est pas exclu que Démètre ait formulé un projet matrimonial qui l'unît à l'une des filles du prince Lubomirski, Maréchal de la Cour de Pologne, et le fît prendre part, de ce fait, à l'ordinat Ostrogski. Certes, sur ce terrain sablonneux, l'historien doit prendre toutes ses précautions et manifester de la prudence dans les conjectures.

---

[78] «*Ego te ut Moldaviae Principem meumque fratrem agnosco ; in cuius confirmationis pignore filiam meam natu secundam alterutri filio tuo desponsatam esse volo*», *Vita Constantini Cantemyrii, cognomento Senis, Moldaviae Principis*, ed. cit., p. 100.

[79] «*Addebat etiam quod omnino hic erit ille gener illius, quem parens, antequam Principatum acciperet tribus ante annis, illius filiam ducendam promiserat*», *ibidem*, p. 122.

[80] «*Quod Cantemyr non recusat quidem, sed rei impossibilitatem proponit : eam nempe sub protectione Caesarea existentem, filium autem suum Constantinopolim mittendum paratum habere. Caeterum, cum aetas utriusque adhuc tempus postulet (erat enim Demetrius 12 annorum et filia septem), Deum procuraturum ut possibilitatis quoque modus inveniatur*», *ibidem*, p. 152.

[81] Voir Andrei Pippidi, *Introduction, Vita Constantini Cantemyrii*, 1996, p. 33-38.

Andrei Pippidi a formulé l'hypothèse que la *Vita Constantini Cantemyrii* a connu une première rédaction, entre les années 1698 et 1705, dans le contexte d'une alliance moldo-polonnaise à laquelle Démètre Cantemir aurait été favorable[82]. L'hypothèse est fondée sur le fait que Démètre présente la biographie de son père à la lumière du passage de la Moldavie de la zone d'influence ottomane vers celle de l'Europe centrale. Si notre propre hypothèse s'avérait juste, il est possible que cette rédaction ait coïncidé avec le projet de ce mariage. Si l'on cherche une date où ce projet aurait pu se situer, l'on doit forcément penser à la seconde moitié de l'année 1698, après que les armées ottomanes avaient essuyé la défaite de Zenta, en septembre 1697, et avaient commencé à vivre dans l'attente de la conclusion de la paix. En 1698, le Sultan Mustafa II s'était installé à Adrianople le 31 mai, en attente des négociations. Le 10 juillet, il avait envoyé des pleins pouvoirs au Reïs-efendi Rami et au Grand Drogman Alexandre Mavrocordat afin de négocier la paix avec les Autrichiens. Alexandre Mavrocordat connaissait bien Cantemir. Vers 1692, il aurait même envoyé une lettre à Constantin Cantemir, lui demandant de fiancer Démètre à sa fille Hélène. A l'époque, par prudence, Cantemir père aurait repoussé les fiançailles, en prétextant l'âge trop tendre de son fils et l'éloignement de Mavrocordat, qui se trouvait dans une longue mission diplomatique à Vienne[83]. Le Grand Drogman avait très certaine-ment appuyé Démètre, plus tard, dans les années où celui-ci représentait les intérêts de son frère Antioche à Constantinople.

Durant les pourparlers pour la paix, Démètre Cantemir se trouvait aussi dans les parages[84]. C'est peut-être dans ces circonstances que l'on aurait à un certain moment posé comme une condition que le frère du Prince de Moldavie prît pour épouse l'une des filles du Prince Lubomirski, Maréchal de la Cour de Pologne, et administrateur de la fortune Ostrogski par son mariage avec Teofilia Ludwika Zasławska. Je

---

[82] Andrei Pippidi, *ibidem*, p. 34.

[83] Cf. *Vita Constantini Cantemyrii*, ed. cit., p. 173. Nestor Camariano, *Alexandre Mavrocordato, le grand drogman : son activite diplomatique, 1673-1709*, Thessaloniki, Institute for Balkan Studies, 1970.

[84] Ainsi que le note Pseudo Nicolae Costin : «În anul 7207, fiind Dimitrie Vodă cu Turcii în oaste la Tîmişvar, au venit din oaste de olac în Iaşi la frate-său om cu trebile sale, ori cu porunca împărătească, şi iară s-au întors», *Letopiseţul Ţării Moldovei de la Istratie Dabija pînă la domnia a doua a lui Antioh Cantemir, 1661-1705*, éd. C. Giurescu, Bucureşti, Socec, 1913, p. 91.

n'ai trouvé cependant pas de trace de cette stipulation. Il y a, dans la période qui précède les négociations de Karlowitz, des mouvements intéressants. En juin 1698, Antioche avait dépêché un envoyé à Varsovie, afin de proposer aux Polonais d'envoyer des troupes en Moldavie afin de préparer la libération de Camenicza[85]. Les frères Cantemir projetaient-ils un passage de la Moldavie du côté des Polonais ? Il est probable. Parmi les obstacles que les Polonais voyaient à conclure la paix avec les Turcs, un contemporain souligne que ceux-ci ne se contentaient pas d'une cession de Camenicza et de toute la Podolie, mais ils avaient des prétentions sur la Moldavie[86]. Le Lubomirski avaient embrassé la cause du Prince électeur Auguste de Saxe dans la difficile question de la succession du trône de Pologne après la mort de Sobieski. La Princesse Lubomirska, épouse du Grand Maréchal de la Couronne, avait prêté vingt mille ducats d'or et quatre-vingt mille rixdales, afin de subvenir aux besoins de l'armée[87]. Antioche avait plusieurs fois assuré le nouveau roi de Pologne de son soutien dans l'opération qu'il préparait pour enlever Camenicze aux Turcs.[88] La paix de Karlowitz conserve cependant une trace intéressante : « Le vaivode de Moldavie demeurera en bonne amitié et intelligence avec la Pologne, qui ne donnera aucun asile aux fugitifs de cette province », ni la Moldavie aux fugitifs polonais »[89].

Revenons-en aux reliures des deux manuscrits. Si les hypothèses avancées jusqu'à présent sont justes, il faudrait les dater toutes les deux de l'année 1698. Elles seraient légèrement plus anciennes que les manus-

---

[85] *La Gazette*, du 12 juillet 1698, Dépêche de Varsovie, le 17 juin 1698 : « On avait proposé de remettre le siège de Kaminietz à l'année prochaine, & cependant de faire entrer l'armée en Moldavie, sur ce qu'un envoyé du Hospodar nouvellement arrivé en cette ville a témoigné que les peuples ont toujours beaucoup de disposition à secouer le joug de l'Empire Othoman : outre qu'on y trouveroit des vivres en abondance, & qu'on priveroit la garnison de Kaminietz des commoditez qu'elle tire de ce païs là », *Recueil des nouvelles ordinaires et extraordinaires, Relations et récits des choses avenues tant en ce royaume qu'ailleurs, pendant l'année mil six cent quatre-vingt dix-huit*, Paris, 1699, p. 325.

[86] *La Gazette*, du 2 août 1698, Dépêche de Varsovie, le 7 Juillet 1698, *ibidem*, p. 361. Voir aussi *La Gazette*, du 4 octobre 1698, Dépêche de Warsovie, le 5 septembre 1698, p. 570.

[87] *Ibidem*.

[88] Une autre mission fut envoyée en août, Dépêche de Varsovie, le 14 août 1698, *ibidem*, p. 422 : « Les députes que les Hospodars de Moldavie & de Walaquie ont envoyés au Roy l'ont assuré qu'ils leur en feroient fournir une quantité suffisante [des vivres]. Sa Majesté les a fort bien reçus, & les a renvoyé avec des présents ».

[89] Art. 10 des *Articles de Paix de Karlowitz de 1699 entre la Pologne et la Porte*, J. Dumont, *Corps universel diplomatique du droit des gens*, Amsterdam, 1726, tome VII, partie II, p. 452.

crits. Comme les reliures estampées étaient un produit de luxe dans les Principautés roumaines au XVIIᵉ siècle, réservées en général aux familles princières et aux princes de l'Eglise, il serait assez tentant de dire que l'artisan auteur de l'estampage des couvertures de *Sacro-sanctae* était étranger et qu'il était peut-être de passage à la cour de Iaşi au moment où ces deux couvertures lui ont été commandées. Il était peut-être d'origine polonaise. Du fait qu'il a figuré, sur les *Excerpta* de Van Helmont, l'aurochs moldave un anneau passé dans le museau, il semble extrême-ment proche de la tradition polonaise plus ancienne qui associait l'aurochs à l'héraldique polonaise. Néanmoins, il semble avoir travaillé à Iaşi même, ou en tout cas ayant sous la main quelques produits de l'art héraldique de cette cour, dont notamment l'édition imprimée en 1698 du *Divan*. Il aura apporté avec lui ses outils lui permettant d'exécuter l'estampage à froid et la dorure, mais aussi et surtout les modèles d'après lesquels il aura imprimé dans le cuir les représentations du Christ et de la Vierge. C'est toujours lui qui aura réalisé, quoique dans un ensemble moins riche, la couverture de l'exemplaire du *Tomos Agapes kata Latinon* (1698) de Dosithée II, ouvrage qui venait de sortir cette année-là des Presses de la Principauté, par les soins de Jérémie Cacavélas[90]. Les deux *supralibros*, de sensibilité uniate, sinon catholique, en sont des variantes des mêmes modèles utilisé pour *Sacro-Sanctae...* Observons que dans l'histoire de l'apparition de chacun, Jérémie Cacavélas a joué un rôle important, de mentor pour le premier et de rédacteur pour le second. Ce dernier se trouvait encore à Iaşi en 1700. Posons donc par hypothèse que c'est dans cette ville et avant le 14 septembre 1700, lorsque Antioche dut céder le trône de la Moldavie et Démètre quitta vraisemblablement Iaşi pour Constantinople, que les deux manuscrits de Démètre (*Sacro-sanctae...* et les *Excerpta* de Van Helmont) rejoignirent les couvertures qui avaient sans doute été fabriquées expressément pour eux.

1.6.4 Le dessin

La copie numérique fournie par la Laure de la Sainte Trinité-Saint-Serge ne permet pas de dire si le dessin est découpé dans un autre feuillet et collé contre celui-ci ou bien s'il est réalisé directement sur le verso de ce feuillet. Quoi qu'il en soit, il semble exécuté au crayon et à l'encre, en

---

[90] Le fait est qu'après la publication du *Divan* (1698), les presses princières de Iaşi ont dû attendre 1714 avant de fonctionner à nouveau, cf. V. Cândea, édition critique du *Divan*, 1974, p. 411, note 10.

tonalités de gris, et avec de l'or, le même qui orne les titres et lettrines du manuscrit. Le dessin, ayant la forme d'une fenêtre surmontée d'un arc plein-cintre, figure deux personnages qui sortent d'un paysage qui pourrait bien être celui d'une mer aux vagues plutôt calmes ou bien d'une terre labourée, l'un tout nu, l'autre, ailé et couronné, drapé dans un vêtement doré, tenant un sceptre à la main droite et une balance à la main gauche. Les deux figures se tournent le dos. Le personnage nu porte une longue plume dans ses cheveux, qui semblent noués par derrière à la façon d'une perruque dix-septième siècle. Il tient des deux mains une pierre lourde qui est, de plus, accrochée à son cou, par une corde dorée. Le regard tourné vers cette pierre et vers la terre, ses rides au front témoignent d'un tourment dont il serait victime. Le personnage ailé a les cheveux longs et bouclés, qui lui tombent jusqu'aux épaules. Ses ailes sont relevées vers le ciel. La couronne impériale est composée d'un cercle orné de pierreries, de fleurons et d'un globe, surmonté à son tour par une petite boule. Les fleurons sont surplombés de gemmes. La balance est en équilibre à l'horizontale. Le sceptre est légèrement incliné vers le haut. Le visage du personnage est tourné vers le haut, le regard fixé au loin. A l'arrière des personnages se profilent des hauteurs, peut-être des montagnes. Les deux figures se détachent sur des cercles concentriques et des lignes en zigzag, alternativement gris et or, suggérant une présence sanctifiant toute la scène.

La désignation exacte semble celle de « scène figurée », car il est clair que ce dessin a le statut d'une enluminure du manuscrit. Son rapport au manuscrit est assez étroit puisqu'il semble l'illustration d'un chapitre précis, à savoir du dernier chapitre (17) du premier Livre, qui décrit l'apparence extraordinaire du vieillard figurant la Science Sacrée. Certes, deux éléments manquent dans l'enluminure, à savoir l'arc et la flèche que le vieillard est dit tenir de sa main gauche, d'autres apparaissent qui ne sont pas décrits par l'auteur, comme les ailes et la balance. Le second personnage ne peut être que le jeune apprenti-philosophe, dont la nudité et l'expression tourmentée correspondent exactement aux affres qu'il est dit éprouver, état moral que le dessinateur renforce par la suggestion de la grosse pierre attachée à son cou. La plume fichée dans sa coiffure semble un attribut de son métier, qui est celui d'écrire, mais aussi de dessiner et notamment de représenter par une image le personnage du vieillard, un effort retracé tout au long du premier Livre de *Sacro-sanctae*. Le paysage de la scène figurée fait revivre quelques éléments du chapitre 8 du premier Livre, à savoir les « eaux sans bornes de l'océan » et leurs flots se heurtant pêle-mêle contre les côtes, ainsi que des «montagnes d'une hauteur effrayante», éléments composant un paysage contrasté voué à faire sentir l'inanité de la connaissance par les sens.

1.6.5 La place des feuillets de Bucarest dans le manuscrit original

Comme malheureusement, pas plus que d'autres historiens roumains après Gr. Tocilescu, je n'ai pu avoir entre les mains le manuscrit de Moscou, je suis obligé à conjecturer la place de ces pages à l'intérieur du manuscrit.

Les feuillets de Bucarest sont reliés sous une couverture commune avec de nombreux feuillets des archives de Gr. Tocilescu. Ainsi que je l'ai précisé ci-dessus, ils occupent, dans le volume respectif, les feuillets 131r-138v et 140r-143v, pour l'*Index rerum*, et 144r-145v et 139r+v, pour l'épître dédicatoire. Comme les feuillets sont reliés de façon très serrée, l'on ne voit pas directement la composition des cahiers. Ce que l'on observe, cependant, c'est qu'entre la page 8 et la page 9 de l'*Index*, passe la marge d'un feuillet étranger au manuscrit. Entre la page 16 et la page 17 du même *Index*, se trouve la page 4 de l'épître dédicatoire. Comme l'*Index* est composé de 24 pages écrites et qu'il commence au recto d'un feuillet, il est facile de deviner que le premier cahier s'arrêtait après la page 16. Les 8 dernières pages font donc partie d'un second cahier, qui aurait dû avoir 4 autres feuillets. Quels sont ces derniers ? Une hypothèse plausible est qu'ils sont l'Épître dédicatoire elle-même. Celle-ci commence, cependant, non au recto, mais au verso d'un feuillet, en en laissant le recto blanc. Pourquoi ? Sans doute parce que le verso du feuillet antérieur était écrit et que l'écrivain ne souhaitait pas l'associer à l'épître dédicatoire pour Dieu. Cela correspond bien avec l'*Index rerum*, dont la dernière page écrite se trouve bien au verso d'un feuillet. Si, par conséquent, le cinquième feuillet de ce dernier cahier de l'index était notre 144r+v, alors le sixième serait formé par les pages 2 et 3 de l'épître (feuillet 145r+v), le septième par la page 4 et son verso blanc (feuillet 139r+v). Le huitième feuillet aurait été blanc. Comme entre la page 8 et la page 9 de l'*Index* la marge d'un feuillet et relié et comme, d'autre part, l'épître est séparée de l'*Index*, on doit penser que les deux cahiers à 8 feuillets chacun qui se trouvent à Bucarest ont été arrachés à la reliure en étant coupés par leur milieu, c'est-à-dire par la séparation dans chacun des cahiers du quatrième et du cinquième feuillet, afin de laisser intacts les fils reliant le manuscrit. Où ces deux cahiers se trouvaient-ils dans le manuscrit original ? Et bien, tout naturellement entre le cahier β et le cahier *a*, c'est-à-dire après la page de titre et la Lettre à Cacavélas, mais avant le dessin et le début du Livre I, où, dans la copie numérique, l'on remarque un écart bien visible dans la reliure, entre les deux cahiers. Les 16 premières pages de l'*Index* composaient par conséquent le cahier γ et les 8 dernières ainsi que l'épître dédicatoire et un feuillet blanc, aujourd'hui disparu, le cahier δ. La numérotation par Cantemir, en chiffres arabes, ne commence qu'après, avec la première page du Livre I.

De surcroît, une note de Tocilescu sur la seule page recopiée de l'*Index* indique elle aussi l'emplacement de ce dernier à l'intérieur du manuscrit : « vient après *atque transmitte vale*, 4 feuillets blancs, puis I.R., puis un feuillet blanc, et ensuite un dessin »[91]. Les mots « *atque transmitte vale* » désignent la fin de la Lettre à Cacavélas. Les « 4 feuillets blancs » devraient correspondre aux 8 pages blanches qui ferment le cahier β. « I.R. », c'est naturellement l'*Index Rerum*. Le feuillet blanc est alors celui qui ouvre le cahier *a*, avant la page sur laquelle a été apposé l'*ex-libris* de la laure Saint-Serge. Le dessin, c'est la scène figurée qui précède le début du Livre I[92].

La place de l'Index avant le début de l'ouvrage proprement dit pourrait surprendre. Dans le *Divan*, une table des matières est placée à la fin du livre. Dans *Descriptio Moldaviae*, également, même si la table n'est pas de la main de l'auteur[93]. Le *Compendiolum universae logices institutionis* comporte aussi une tables des chapitres, placée à la fin. *Sacro-sanctae...* n'a pas de table des matières, ce qui aurait été d'ailleurs difficile à réaliser, faute de reprendre les lemmes de tous les chapitres. Cantemir avait cependant coutume de dresser un catalogue à la fin de quelques-uns de ses livres, qui pût faciliter la recherche de certains termes-clef ou nom de personnes. Il l'avait fait dans l'*Histoire hiéroglyphique* et dans la *Chronique de l'ancienneté des Romano-Moldo-Valaques*. Dans l'*Histoire hiéroglyphique*, l'« échelle expliquant

---

[91] Bibliothèque de l'Académie Roumaine, Cabinet des manuscrits, manuscrit roumain 5.148, I, f° 197r.

[92] Dans le décompte fait par Tocilescu, le manuscrit serait composé des pages (écrites) suivantes : page de titre : 1 ; Lettre à Cacavélas : 7 pages ; Épître dédicatoire : 4 pages ; *Index Rerum* : 24 pages ; *ex-libris* : 1 page ; dessin : 1 page ; corps du traité : 299, soit, au total, 337 pages, exactement le nombre indiqué par l'addition manuscrite de Tocilescu.

[93] Cf. note de Dan Sluşanchi, in *Descriptio antiqui et hodierni status Moldaviae*, 2006, p. 369, apparat critique.

les nombres et les mots étrangers » est placée après le salut et l'avertissement aux lecteurs et avant la première partie du livre.

1.6.6 La signature du manuscrit

Le manuscrit de *Sacro-sanctae scientiae indepingibilis imago* est
signé deux fois. La première fois, sur la page de titre : *authore Demetrio
Principe Moldavo*, la seconde fois sur la première page de la Lettre à
Jérémie Cacavélas : *Demetrius Kantemyrius Princeps Moldavus*. Cette
signature appelle quelques commentaires.

L'édition imprimée du *Divan* (1698) était signée plusieurs fois, en
grec et en roumain, du nom de Ἰωάννεσ Δημήτριοσ Κονσταντίν
Βοεβόδα, respectivement de *Ioan Dimitrie Constantin-Voievod*. Le
Prince y utilisait le titre de voïévode, qu'il portait en qualité de membre
mâle de la famille princière régnante (fils et frère de prince régnant),
mais aussi en qualité d'ancien prince régnant (1693) de Moldavie. Il y
utilisait aussi son prénom dynastique, *Ioan*, ainsi que son nom patronymique, *Constantin*, qui indiquait son lignage princier. Cette signature
avait certainement reçu l'agrément de son frère Antioche, prince régnant
de Moldavie à cette époque, sous le patronage duquel le volume du
Divan était sorti des imprimeries de Iaşi et qui y était qualifié expressément de « seigneur et souverain de toute la Moldavie » ou, en grec, de
« αὐθέντης καὶ ἡγεμόνας πάσης Μολδαβίας ».

Les *Excerpta* de Van Helmont, manuscrit autographe portant une
reliure jumelle de celle de *Sacro-sanctae*, sont signés quatre fois.
D'abord, à la fin de l'*Encomium in authorem et virtutem doctrinae eius*,
en latin et en roumain, *Ioannes Demetrius, C[onstantini] K[antemyrius,]
P[alatinum] T[errarum] M[oldaviae]*, respectivement *Ioan Dimitrie
K[onstantin] K[antemir] V[oievoda,] G[ospodar] Z[emli] Mold[avskoi]* ;
une fois en bas de l'avant-propos *Lectori Amico : Ioannes Demetrius
Constantini Vayv[oda],* enfin une fois sur le dessin qui recopie le frontispice de l'édition des *Œuvres* de J.B. Helmont publiée à Francfort en
1682, *Ioan[nes] Demetrius, C[onstan]tini Vayvo[da] pinxit.*

Le *Précis de logique*, est également signé, à la fin de la *Lettre au
lecteur,* des mêmes initiales : *Ioannes Demetrius, C[onstantini]
K[antemyrius,] V[ayvoda] Terrarum Moldaviae*. Le manuscrit de
l'*Histoire Hiéroglyphique*, composé dans les années 1705-1706, est
signé d'un double cryptogramme, ce qui s'explique sans doute par son
caractère de roman à clef. Sur la page de titre, sous le mot arabe *ta'lif*
(« composé par »), se trouvent, en vignette, des arabesques végétaux

formant le nom *Dimitri bek Khantimir* et des chiffres arabes qui, lus selon la table de correspondance des chiffres et des lettres de l'alphabet cyrillique, donnent *Dimitriu Cantemir*[94]. La copie du manuscrit de la *Vita Constantini Cantemyrii, cognomento Senis, Moldaviae Principis*, rédigé vers 1714-1715[95], ne porte pas de signature.

Cette série donne à voir que, au moment de la rédaction de *Sacro-sanctae*, Cantemir change brusquement de signature. Il abandonne son premier prénom dynastique, *Ioan*, ainsi que son prénom patronymique, *Constantin*, et il assume directement la qualité de prince de Moldavie, et non plus par le truchement de son père. Ce fait plaide en faveur d'une datation postérieure de *Sacro-sanctae*, par rapport aux trois autres ouvrages, y compris le *Précis de logique*. J'y reviendrai, sous la section 3. Hasardons aussi la remarque que dans tous les ouvrages latins mentionnés, Cantemir orthographie son nom de famille avec *y*. Ce sera aussi le cas du *Salut au lecteur* de la première forme du manuscrit *Curanus*, rédigée vers 1718-1719[96] : *Demetrius Cantemyr lectori charissimo salutem*[97].

Pour ce qui est de la *Descriptio Moldaviae*, dont le manuscrit original autographe fait défaut, le seul indice de la signature du Prince se trouve sur la copie dite *A*, qui porte en marge de la première page, probablement de la main de Gottlob Siegfried Bayer, *Demetrii Cantemiri Principis Moldaviae Historia Moldavica*, et sur la copie dite *B* : *Demetrii Cantemirii Principis Moldaviae Historia Moldaviae*[98]. Il semble que le même Bayer « signe » la *Vita Constantini Cantemyrii*, en marge de la première page : *Auctore Demetrio Cantemiro Principe Mold(aviae)*[99]. La signature des *Loca obscura in Catechisi, autore Principe Demetrio Cantemirio*, n'est pas non plus de la main du Prince. Il semble par conséquent, que l'abandon de l'*y* en faveur d'un simple *i*, sans doute sous la

---

[94] Virgil Cândea et Abdurrahman El-Said Ismail, « Semnătura lui Dimitrie Cantemir în arabă », *Luceafărul*, 16 (1973), 45, 10 novembre, p. 1.

[95] Andrei Pippidi, *Introduction* à l'édition de *Vita Constantini Cantemyrii*, Bucarest, 1996, p. 46.

[96] V. Cândea, *Introduction* à l'édition de *Sistemul sau întocmirea religiei muhammedane*, 1987, p. IX.

[97] *Descriptio antiqui et hodierni statu Moldaviae*, édition critique de Dan Slușanschi, vol. 1, 2006, illustrations p. 51 et 81.

[98] *Descriptio antiqui et hodierni statu Moldaviae*, édition critique de Dan Slușanschi, vol. 1, 2006, illustrations p. 51 et 81.

[99] *Vita Constantini Cantemyrii, cognomento Senis, Moldaviae Principis*, 1996, illustration, p. 17.

pression de l'orthographe russe, où l'opposition *y/i* ne fait pas sens, n'est pas le fait du Prince, mais bien celui de ses continuateurs. En revanche, l'abandon de la terminaison latine savante en *-ius* de son nom apparaît, comme je viens de le montrer, dès 1718-1719, avec la première version de *Curanus*.

1.6.7. Conclusion

Le manuscrit de *Sacro-sanctae scientiae indepingibilis imago* est la forme manuscrite autographe définitive de l'ouvrage, recopiée en vue de la publication. En étudiant la genèse d'autres ouvrages de Cantemir, les historiens ont montré que le Prince commençait à travailler en rédigeant un premier jet sur des feuilles grand format, laissant le tiers ou la moitié verticale de chaque feuille libre. C'est dans cet espace marginal qu'il développait la première version, en y rédigeant, d'une écriture fine, des passages supplémentaires. Une troisième étape consistait à recopier le texte à neuf, toujours sur une moitié ou deux tiers de chaque feuille, et d'obtenir ainsi une nouvelle version, propre, sujette à d'autres ajouts. Nous connaissons le premier jet et la copie à neuf du *Curanus*[100]. Pour la *Descriptio Moldaviae*, nous possédons une copie d'Ivan Ilinski (manuscrit *A*), d'après le premier concept, qui respecte le même partage de la feuille, signe que le Prince avait l'intention d'y intégrer d'autres notes marginales. Les manuscrits *B* et *C* de cet ouvrage sont des copies posthumes. La version définitive *α* est aujourd'hui perdue[101]. Pour le manuscrit le plus célèbre du Prince, *Incrementa atque Decrementa Aulae Othmannicae*, Dan Sluşanschi en a pu établir l'édition critique à partir de la forme manuscrite définitive de l'ouvrage, recopiée, sans doute d'après la première version, par deux copistes. Le Prince avait revu cette copie en vue de la publication[102]. Le seul manuscrit connu de la *Chronique de l'ancienneté des Romano-Moldo-Valaques* est aussi le fruit de la collaboration du Prince et d'un copiste[103].

En fait, quels sont les ouvrages de Cantemir dont nous connaissons la version manuscrite autographe définitive? A part *Sacro-sanctae*, je ne

---

[100] V. Cândea, *Introduction* citée, p. XVI.

[101] D. Sluşanschi, *Préface* à l'éditon de la *Descriptio antiqui et hodierni status Moldaviae*, 2006, p. 6-12.

[102] V. Cândea, *Préface* à l'éditon de la *Incrementa atque Decrementa Aulae Othmannicae*, 2002, p. 9.

[103] Gr. Tocilescu, *Préface* à son édition du *Hronicul...*, p. XX; Stela Toma, *Introduction, Hronicul...*, 1999, p. XXVIII-XXIX.

vois que les *Loca obscura in Catechisi*, l'*Histoire Hiéroglyphique*, l'*Historia Moldo-Vlachica* et le *Curanus*, si toutefois l'on excepte les *Excerpta* de Van Helmont, les *Institutiones Logices* et le *Compendiolum universae logices institutionis*, qui semblent destinés à une circulation restreinte.

Par rapport à ces manuscrits, celui de *Sacro-sanctae* se présente non seulement comme un manuscrit définitif, mais aussi comme une œuvre d'art, dans la tradition calligraphique de l'Orient : écriture belle et soignée, mise en page rigoureuse, polychromie des titres, lettrines en or, dessin en frontispice de la première page du texte, page de titre résumant les titres des livres, fins de livres aux lignes en disposition décroissante selon la tradition orientale (la dernière page du Livre IV, traitant du Temps, figure une clepsydre ou un sablier), lemmes au début de chaque chapitre donnant le plus souvent une clef d'accès au contenu de celui-ci, index sur deux colonnes reprenant les pages de l'ouvrage, bref tout un inventaire de moyens au service du lecteur qui rendent le manuscrit non seulement beau à voir, mais utile à consulter, dans l'attente d'une impression qui aura peut-être semblé incertaine dès la rédaction de l'ouvrage.

2. LE MILIEU INTELLECTUEL

La longue familiarité du prince Cantemir avec les Ottomans recouvre une formation intellectuelle privée, dans une communauté de foi et d'idées avec les chefs de file de la pensée chrétienne orthodoxe d'Istanbul. Les vecteurs de cette communauté, ce sont quelques moines grecs, ayant différents statuts sociaux, qui sillonnent le monde balkanique, politiquement occupé ou, du moins, fidélisé par l'Empire Ottoman.

A une époque où l'Église orthodoxe se confrontait avec des problèmes de légitimité politique, les tentatives de rapprochement à l'intérieur de la «tunique déchirée du Christ» ne cessèrent de se multiplier. Ainsi l'on doit noter une certaine fascination du protestantisme à l'intérieur de la réflexion orthodoxe. Cette fascination s'explique, certes, par un adversaire commun, le catholicisme, mais aussi par des liens entre les cercles orthodoxes et les pays de la Réforme. D'autre part, il y a, au début du XVIIe siècle, l'épisode de l'avènement au Patriarcat de Constantinople de Cyrille Loukaris, et les tentatives de celui-ci de rapprocher la confession de foi orthodoxe du calvinisme, qui, même si elles ont fini dans un bain de sang, ont laissé des traces durables dans la conscience des deux églises. C'est ainsi qu'il faut expliquer, semble-t-il, les voyages en Angleterre de Jérémie Cacavélas, un moine grec né en 1643, à l'île de Crète[104], que le Prince Constantin Cantemir choisit comme précepteur de son fils, et avec lequel celui-ci commença ses études de philosophie et de grec, à Iași, très probablement de 1691 à 1693[105]. Cacavélas, qui avait étudié à Leipzig avec le théologien protestant Johann Olearius (1639-1713), fit quelques séjours à Londres, à Oxford et à Cambridge, de 1667 à 1669, pendant lesquels il expliqua aux coryphées de la théologie anglicane les différences principales entre l'église grecque et l'église romaine et les dogmes de l'église d'Orient[106]. Isaac Barrow (1630-1677), classiciste, mathématicien, professeur d'Isaac Newton, John Pearson (1613-1686), grammairien et théologien anglican, Benjamin Woodroffe (1638-1711), chanoine du Christ Church d'Oxford, et John Covel (1638-1722), clerc et scientifique, l'écoutaient avec grande attention, réfléchissant certainement à la possibilité d'une réunion des deux églises[107].

Les contacts des théologiens anglais et de Cacavélas n'ont pas cessé après le départ de ce dernier pour Constantinople. Lorsqu'il s'embarqua pour Istanbul, à la fin de 1670, afin de revêtir les fonctions d'aumônier de l'ambassade britannique, Covel, de son propre témoignage, prit avec lui dans son bateau quelques livres que Benjamin Woodroffe offrait à Cacavélas[108]. Ce dernier se préparait à exercer à Istanbul les fonctions de prédicateur de la Grande Église[109]. Il entendait certainement garder l'amitié de ses frères anglais, puisque les papiers personnels de Covel

---

[104] Ariadna Camariano-Cioran, «Jérémie Cacavela et ses relations avec les Principautés Roumaines», in *Revue des Études Sud-Est Européennes*, III, 1965, n° 1-2, p. 165-190.

[105] *Ibidem*.

[106] Paul Cernovodeanu, «Jérémie Cacavela et le protestantisme», in *Revue des Études Sud-Est Européennes*, XVII, 1980, n° 2, avril-juin, p. 293-310.

[107] Par exemple pour ce qui est des doctrines eucharistiques : «*...and I remember that about the year 1668, 1669, there was one Jeremias Germanus, here in England, at Oxford (well known to Dr. Woodroof) and elsewhere, who told every Body that the Greeks believed no such thing, but that they own'd the Elements to remain after Consecration, as our Church doth, still meer and true Bread and Wine*», John Covel, D.D. and Master of Christ College in Cambridge, *Some Account of the Present Greek Church, with reflections on their present Doctrine and Discipline, particularly in the Eucharist*, Cambridge, Printed for Cornelius Crownfield, 1722, p. I (j.s.).

[108] «*Dr. Woodroof sent out, by the ship which carried me, a present of Books to the abovesaid Jeremias Germanus, which I delivered to him*», *ibidem*.

[109] Ariadna Camariano-Cioran, *ibidem*. Sur la période pendant laquelle Cacavélas exerça ces fonctions à Constantinople, il n'y a pas encore suffisamment d'informations.

conservent des lettres envoyées par Cacavélas jusqu'en 1680 à ses amis, qui font état de livres envoyés de part et d'autre[110].

Cantemir s'installa pour la deuxième fois à Istanbul en 1693 et il y continua ses études. Pour comprendre la formation qu'il y reçut, il convient d'évoquer d'abord la figure de Théophile Corydalée (1570-1646), qui avait réorganisé et dirigé (1625-1641) l'Académie Patriarcale de Constantinople. Corydalée avait fait des études à Padoue, sous la direction de Cesare Cremonini, et avait initié à Constantinople un courant néo-aristotélicien de première importance, dont il faut penser qu'il s'inscrivait parmi les aristotélismes radicaux ou séculiers, engagés dans l'explication du texte d'Aristote et se tournant pieusement vers la révélation divine pour les articles de foi (tels l'immortalité de l'âme). Ses commentaires à l'œuvre d'Aristote ont servi pour plus d'un siècle dans les écoles du Sud-Est de l'Europe, d'Istanbul jusqu'à Bucarest et Iaşi[111]. Corydalée s'était tellement engagé dans la diffusion de l'aristotélisme que l'adjectif «corydaléen» était devenu synonyme de «scolastique»[112]. Visiblement, Corydalée a entrepris à lui seul pour les pays du Sud-Est européen le travail que les jésuites ont assumé en équipe pour les écoles d'Occident.

Certes, Cantemir n'a pas connu Corydalée, mais ce dernier avait laissé des traces profondes dans l'enseignement philosophique à Constantinople. De son propre aveu, le jeune prince roumain avait étudié la philosophie avec un certain Jacomi, le secrétaire, dans lequel un exégète a reconnu le philosophe Jacob Manos d'Argos (env. 1650 – env. 1725), un professeur de philosophie néo-aristotélicien de l'Académie de Constantinople, élève de Corydalée, qui avait été paré du titre de «prince des philosophes de la Grande Église du Christ»[113]. Son élève, Démètre Procopios, le caractérisait comme «*Aristotelicorumque dogmatum doctor et interpres optimus defensorque acer*»[114]. Constantinople continuait

---

[110] British Library, Section des Manuscrits, fond Harley 6943, folios 10-22.

[111] Cléobule Tsourkas, *Les débuts de l'enseignement philosophique et de la libre pensée dans les Balkans. La vie et l'oeuvre de Théophyle Corydalée (1570-1646)*, deuxième édition révisée et complétée, Institute for Balkan Studies, Thessalonique, 1967, p. 211-216.

[112] E. P. Papanoutsos (ed.), *Neoellenike Philosophia*, Athens, 1953, *apud* G.P. Henderson, «Greek Philosophy from 1600 to 1800», *The Philosophical Quarterly*, 5, 1955, 19, p. 157-165.

[113] Petru Vaida, *Dimitrie Cantemir şi Umanismul*, Bucarest, éd. Minerva, 1972, p. 220, selon une suggestion oubliée de N. Iorga, *Byzance après Byzance*, Bucarest, 1935, p. 208.

[114] Demetrius Procopius, *Succinta recensio eruditorum Graecorum*, in Johann Albert Fabricius, *Bibliotheca graeca*, IX, Hamburg, 1721, p. 798.

d'ailleurs à être dominée par l'enseignement que l'on donnait à Padoue. Alexandre Mavrocordato l'Exaporite (1641-1709) y avait soutenu une thèse, portant sur la circulation du sang[115]. De 1665 à 1671, il dirigeait lui-même l'Académie de Constantinople, avant qu'il ne prît les fonctions de drogman de la Sublime Porte. Après Corydalée, l'Académie Patriarcale fut dirigée successivement par Jean Caryophile (1641-1665), Alexandre Mavrocordato l'Exaporite (1665-1671), Sevastos Kimenitis (1671-1681), Jacob Manos d'Argos (1707-1720), qui ont continué à y exercer l'esprit introduit par Corydalée.

Néanmoins ce n'est pas cette direction, néo-aristotélicienne, que choisit Cantemir[116]. Pour des raisons qu'il faut déchiffrer, il allait prendre une autre voie, beaucoup plus proche de l'attitude philosophique que les philosophes allemands avaient préconisée au début du XVIIᵉ siècle[117]. Il tentera en fait une harmonisation de l'enthousiasme d'origine allemande et de la théologie apophatique chrétienne. Les deux affirment ceci de commun que Dieu ne peut être connu dans son être, que les catégories ne valent rien, mais qu'il y a une façon d'avoir accès à Dieu, par l'intellect (νοῦς) et la contemplation.

Cantemir avait étudié à Istanbul avec Mélétios de Ioaninna (1661-1714), pendant huit mois, la philosophie de Johan Baptista van Helmont[118]. Auteur d'une *Géographie*, publiée à titre posthume à Venise en 1728, Mélétios était un personnage remarquable[119]. Né vers 1661 à

---

[115] *Pneumaticum instrumentum circulandi sanguinis, sive De motu et usu pulmonum dissertatio philosophico-medica, Bononiae, ex typographia Ferroniana, 1664*; reprint Firenze, Leo S. Olschki, a cura di L. Guerrieri, 1965.

[116] Dan Bădărău va jusqu'à dire que le Prince Cantemir ignore systématiquement le néo-aristotélisme de Corydalée, «qu'il s'en tient bien loin, ne l'utilise, ni ne le combat», *Filozofia lui Dimitrie Cantemir*, p. 56, v. aussi p. 223. Contredite par Petru Vaida (*Dimitrie Cantemir şi umanismul*, p. 218-242), cette position sera discutée plus loin.

[117] Pour la connaissance des «illuminés» allemands, je dois beaucoup au livre d'Édouard Mehl, *Descartes en Allemagne. 1619-1620*, Strasbourg, Presses universitaires de Strabourg, 2001.

[118] D. Cantemir, *Incrementorum atque decrementorum...*, 2002, p. 336: «*Meletius, primo Artae, post Athenarum Archiepiscopus, vir in omni scientiarum genere exercitatissimus, alioquin Helmontiarum, sive Thaletis principiorum studiosus quae etiam nobis per octo menses explicavit*» «Mélétios, métropolite d'Arta, puis d'Athènes, homme versé dans toutes les sciences, et notamment dans les principes de Van Helmont, ou encore de Thales, qu'il nous a expliqués à nous aussi durant huit mois». Cf. aussi *Histoire de l'Empire Ottoman*, trad. roumaine Hodosiu, 1876, vol. I, p. 136, note. Cette phrase manque dans la traduction française de Joncquières.

[119] Pour des éléments biographiques, voir K.N. Sathas, Νεοελληνική φιλολογία, Athènes, 1868, p. 390-391 et la thèse de Konstantinos Th. Kyriakopoulos, *Meletios (Metros) Athenon, ho Geographos (1661-1714)*, Athens, 1990, 2 vol.

Ioannina, sous le nom de Michael Metros, il étudia dans sa cité natale avec Bessarion Makris. Ordonné prêtre par Clément, le métropolite de Ioannina, il prit le nom de Mélétios. Mû par le désir d'accroître son savoir, il partit à Venise et à Padoue, comme de nombreux jeunes clercs grecs à l'époque, où il y fit des études de médecine et de philosophie, moissonnant apparemment le bouillonnement anti-aristotélicien qui y régnait. «Iatrophilosophe» diplômé et bon connaisseur du latin, il rentra à Ioannina en 1687 comme directeur de l'école d'Épiphanios. Ordonné évêque d'Arta en novembre 1692 par le patriarche Callinique II de Constantinople, il demeura à Arta jusqu'en 1696, lorsqu'en raison d'une insurrection, il dut s'enfuir et se cacher à Ioannina. Sa vie, publiée en tête de son *Histoire ecclésiastique*, parue à titre posthume à Vienne, en 1783, est plus explicite. Cette insurrection, menée par Limberakis Gerakaris (env. 1644-1710), pirate et aventurier grec, qui se trouvait en conflit avec les Turcs et avait rejoint les Vénitiens en 1696, semble avoir été fomentée par ces derniers, qui tenaient à l'époque le Péloponnèse et plusieurs autres territoires en Grèce. Mélétios fut dénoncé aux gouvernants turcs comme étant impliqué dans ce soulèvement. Après s'être caché à Ioannina pour deux mois, il se réfugia à Naupacte, ville forteresse occupée par les Vénitiens depuis 1678. Comme il avait fait ses études à Padoue et à Venise, ses rapports de date ancienne avec les Vénitiens ne faisaient plus de doute. Ceux-ci lui valurent le statut de *persona non grata* auprès des autorités turques et, en 1697, l'infirmation de sa prêtrise par le Patriarcat de Constantinople, obédient aux Turcs. Ce fut à Naupacte qu'il rédigea sa *Géographie*[120]. Après la signature du traité de Karlowitz (26 janvier 1699), qui consacra la paix entre Vénitiens et Turcs, ses amis de Constantinople, parmi lesquels Alexandre Mavrocordate et Chrysanthos Notaras, obtinrent pour lui en 1701 le pardon du Patriarche Callinique, qui ne fut accordé sans doute qu'après la grâce des autorités turques[121]. Mélétios fut appelé par le même Callinique à Constantinople, où il servit le Patriarcat jusqu'en 1703, lorsqu'il fut intronisé évêque d'Athènes. Signalons, parmi ses ouvrages, un *De l'Astronomie*, écrit à l'époque où il était professeur à Ioannina, et un livre de médecine *Sur divers enseignements*, rédigé lorsque Mélétios se cachait à Ioannina. Ses

---

[120] *Βιος τοῦ Μακαρίτου, καὶ Α ὁιδίμοῦ Μελετίου Συγγραφέως τῆς Βίβλοῦ (Bios tou Makaritou kai A oidimou Meletiou Suggrapheos tes parouses Biblou)*, in Meletios, *Εκκλησιαστική Ιστορία*, Βιέννη, 1783.

[121] Konstantinos Th. Kyriakopoulos, *op. cit.*, vol. 1, p. 115.

ouvrages de philosophie, sur lesquels nous avons malheureusement peu de renseignements, traitaient de la philosophie selon le christianisme.

3. La date de la rédaction de *Sacro-sanctae scientiae indepingibilis imago*

Pour dater le traité philosophique de Démètre Cantemir, les historiens se sont appuyés principalement sur la lettre de Cantemir à Jérémie Cacavélas qui accompagne le manuscrit. Dans cet envoi, Cantemir esquisse une petite autobiographie dans un style très métaphorique, qui, interprétée correctement, pourrait permettre une datation de la lettre. Ainsi, il évoque la mort de son père, survenue comme on le sait le 27 mars 1693, et son séjour «dans les terres du Bosphore», qu'il impute à la «perfidie de ses amis» et qu'il appelle «une vraie captivité», expression où il est permis de voir une allusion aux intrigues de Constantin Brancovan, qui avait réussi à annuler à la Porte son élection au trône de Moldavie et à lui substituer, le 23 avril 1693, Constantin Duca, un ancien élève, lui aussi, de l'Académie Patriarcale. Après un règne d'un mois, Démètre fut en effet limogé de son trône et conduit sous escorte à Constantinople. Dans cette lettre, il évoque dans des paroles très amères son exil, durant lequel il fut privé de ses frères et sœurs, de ses amis et domestiques, de tous ses biens, du conseil de son précepteur Cacavélas, en le situant à l'époque où il «venait à peine d'entrer dans l'âge de l'adolescence». On sait que, chez les Anciens, l'âge de l'adolescence (*pubertas*) commençait chez les garçons à 14 ans et la *pubertas plena* à 18 ans. Dans *Le Divan* (1698), Cantemir affirmait lui aussi que même si l'adolescence commence à 14 ans, on doit dire que jusqu'à 17 ans l'homme n'est toujours qu'un enfant[122], ce qui, selon le contexte décrit par l'auteur laisse entendre que la vraie adolescence (*pubertas*) ne commençait pour lui qu'à 18 ans.

Ce texte soulève de nouveau le problème de la date de naissance de Démètre Cantemir. Si l'on accepte comme vraie la biographie qui circule dans les éditions occidentales posthumes de l'*Histoire de l'Empire*

---

[122] «*Întâia [vârstă] iaste cătărigiia, carea de la 14 ani pănă la 21 să suie, însă, după a mea socotială, pănă la 17 ani tot de a copilăriei fire să ține, și așéși, pănă a agiunge omul la vârsta de 17 ani, adecă pănă încépe (cum să dzice) a înfiera mustiață, tot copil să chiamă (căci după limba lătiniască aceasta vârstă pubertas să chiamă; adecă pubes să chiamă perii carii întâi la mustiață sau la barbă răsar)*», 40v, in D. Cantemir, *Divanul*, éd. V. Cândea, 1974, p. 187.

Ottoman, biographie qui remonte, comme il a été montré, au récit de la vie de Cantemir dû à G.S. Bayer et à Antiochus Cantemir, Démètre était né le 26 octobre 1673. Le cas échéant, au moment de son départ en exil, en mai 1693, il se serait apprêté à franchir le seuil de sa vingtième année. Pour une exagération rhétorique, le fait de dire qu'il «venait à peine d'entrer dans l'âge de l'adolescence» en aurait été vraiment une.

Cependant, pour des raisons indépendantes, certains historiens ont avancé comme date ne naissance de Cantemir le 26 octobre 1675, soit deux ans plus tard que ne l'indique la *Vita*[123]. Ces raisons sont confirmées par la remarque de Cantemir lui-même dans sa lettre : en effet, né en 1675, Cantemir aurait pu y écrire qu'à la date où il quittait la Moldavie il venait à peine («*vix*») d'entrer dans l'âge de l'adolescence, puisqu'il se préparait à fêter ses 18 ans.

En continuant le fil de son histoire, Démètre écrit : «Par le clémence de Dieu, avant que trois années ne se soient passées (*iam nondum tribus confectis annis*) on nous rend à tous l'honneur paternel, et à mon frère germain la principauté.» En effet, après le décès du sultan Ahmed II, l'équilibre politique à Constantinople connut un remous. Mustafa II, le nouveau sultan, fit étrangler son grand vizir Surmeli Ali-Pasha et Constantin Brancovan perdit un appui précieux. Le 18 décembre 1695, Antioche, le frère aîné de Démètre, des mêmes père et mère, monta sur le trône de la Moldavie. Démètre rentra au pays pour une brève période, puis il prit les fonctions d'ambassadeur de son frère à Constantinople. L'exil aura duré du 23 avril 1693 au 18 décembre 1695, soit 2 ans et presque 10 mois[124].

---

[123] A ce sujet, voir Ariadna Camariano-Cioran, «Jérémie Cacavela et ses relations avec les Principautés roumaines», in *Revue des Études Sud-Est Européennes*, 1965, p. 170, note 2, qui avance deux raisons, les deux tirées des propres déclarations de Démètre dans la *Vita Constantini Cantemyrii, cognomeno senis, Moldaviae Principis.* En effet, il y affirme : (a) être parti pour Constantinople en 1688 à l'âge de douze ans, «*duodecimum annum*» ; (b) que sur son lit de mort, Constantin, son père, aurait dit : «Démètre, que voici à mes côtés, a à peine dix-sept ans». Andrei Pippidi ajoute un autre argument, tiré de la date du baptême de Démètre, *Notes et commentaires*, in Dimitrie Cantemir, *Vita Constantini Cantemyrii, cognomeno senis, Moldaviae Principis*, 1996, p. 228, note 68.

[124] Ce qui justifie l'expression utilisée dans la lettre : *iam nondum tribus confectis annis*. Si l'on voyait dans le *iam* un déictique, comme par exemple dans : «*iam tertium annum regnat* : c'est déjà la troisième année qu'il règne», on devrait traduire par : «cela ne fait pas encore trois ans révolus que l'on nous rend à tous l'honneur paternel, et à mon frère germain la principauté». Cette hypothèse ferait dater la lettre à Cacavélas de l'automne de l'année 1698, une époque qui ne convient pas pour d'autres raisons.

Enfin, Démètre poursuit: «Grâce à son aide affectueuse et fraternelle, je rentre dans mon pays bien aimé et on me rend mes propriétés. Toutefois je suis en même temps assailli par des tâches pressantes, à savoir, pour notre malheureuse patrie, l'assistance loyale et stricte à la Porte; pour mon frère très chéri, la vigilance sans repos en temps de paix et en temps de guerre; pour les amis, des soucis non moindres; et pour tous, et chacun en particulier, des tracas continuels et accaparants. Et après tant de grosses tâches épuisantes, je suis lié par le lien conjugal, et me voilà distrait continuellement par les soins de ma maison, je suis accablé d'obligations familiales en privé et en public. Et pourquoi vous en compter davantage, puisque je vous ai eu presque dans tout cela pour témoin oculaire?» Il semble que pour cette période, Cantemir retienne surtout des épisodes qui se sont passés à Iaşi, à la cour de son frère Antioche, puisqu'il y mentionne Cacavélas comme témoin oculaire.

De quelles tâches pressantes s'agissait-il? Selon le chroniqueur Ion Neculce, après son avènement au trône, Antioche choisit pour représentant diplomatique à la Porte Mihalache Ruset, assisté par Démètre Cantemir, son propre frère. Les rapports des deux princes Cantemir semblent avoir été très serrés à cette époque, puisque selon le nonce papal à Vienne, le trône de la Moldavie avait échu à Démètre, qui l'aurait cédé à son frère Antioche[125]. Démètre croyait avoir conquis un certain droit de régner, du fait d'avoir été désigné comme successeur de son père Constantin et d'avoir régné *de facto* durant trois semaines en 1693[126]. Aussi n'est-il pas déraisonnable de voir dans cette cession la résolution de Démètre de briguer à la Porte le trône de Valachie[127]. Neculce donne certaines suggestions dans ce sens[128]. Le 7 novembre 1696, Antioche

---

[125] I.C. Filitti, *Din arhivele Vaticanului*, II, Bucureşti, 1914, p. 148.

[126] Un récit *pro domo* dans *Vita Constantini Cantemyrii*, version A, p. 178-179, version B, p. 256-260.

[127] Voir aussi dans la *Vie du prince Demetrius Cantemir, écrite de la main propre d'Antiochus Cantemir, son fils cadet* (version A): «en effet, celui-ci souhaitait ardemment d'obtenir la Principauté de Valachie; en conséquence il a deux fois refusé celle de Moldavie, laquelle toutes les deux fois fut donnée par sa recommandation à son frère aîné Antioche», *Revue des études sud-est européennes*, XXIII, 3, p. 212.

[128] «*Brâncovanul, vădzindu pe Antăiiohie-vodă că-i mărgu lucrurili cu-ntemeiere bună, începu în sfaturi cu boieri pribegi şi cu Constantin Duca-vodă a mesteca pe Antiohi-vodă şi pe Cupăreşti pre mult la Poartă. Aşijdere şi Dumitraşco, frate-său beizadè, şi cu Cupăreştii depreună, pe de altă parte amesteca şi ei pe munteni; cum place turcilor. Aşè făcè ei, îmbe părţile, şi nu-ş puté străca unul altuia nemic, fără cât cheltuiè sute de pungi de bani la Poartă... Dumitraşcu-vodă beizadè, vădzind neaşădzarea muntenilor asupra frăţine-său, începu şi el a mesteca prè tari pe munteni, să iè domnia în Ţara Muntenească*», *Letopiseţul Ţării Moldovei*, cap. XIII.

informait Scarlatache Ruset avoir découvert le plan des Brancovan et des Cantacuzène de Valachie d'empoisonner Démètre et allait jusqu'à affirmer qu'ils avaient envoyé un homme à Constantinople pour accomplir cette tâche[129]. Ce dessein suggère aussi que Brancovan avait des raisons bien fondées pour craindre Démètre Cantemir.

Peu de documents nous sont parvenus de cette époque. Parmi eux, une lettre de Démètre à Ralaki Caryophile, Grand Chartophylax du Patriarchat de Constantinople, par laquelle il l'informait lui avoir restitué une partie d'une dette contractée par son frère Antioche[130]. Datée d'Adrianople, du 6 février [1696], elle signale le déplacement de Démètre avec la cour du Sultan, qui suivait de près la guerre du Banat. Ce fut en août et septembre 1696 que Mustafa II, le vainqueur de Caransebeş, de Lugoj et de Lipova, intervint pour sauvegarder la domination ottomane des cités de Belgrade et de Timişoara. En octobre celui-ci rentra établir son quartier général à Adrianople[131]. L'année suivante, le Sultan donna rendez-vous à Adrianople à toutes les forces de son empire le 23 avril[132]. C'est vers ce moment-là que Démètre rentra pour quelques jours à Iaşi[133]. En s'arrêtant deux semaines à Sofia, la Cour repartit le 10 août vers Belgrade[134] et ce fut le 11 septembre qu'eut lieu le désastre militaire de Zenta, où Démètre Cantemir, de son propre témoignage, était présent[135].

La rédaction du premier ouvrage imprimé du Prince daterait de la période qui suit la victoire remportée par Eugène de Savoie à Zenta[136].

---

[129] P. Cernovodeanu, A. Lazea, M. Carataşu, «Din corespondenţa inedită a lui Dimitrie Cantemir», *Studii*, 1973, tome 26, n° 5, p. 1025.

[130] *Ibidem*, p. 1029-1030. Caryophile fut un créancier attitré du Prince Antioche tout au long des années du premier règne de celui-ci, cf. *ibidem*, p. 1024, note 7.

[131] J. de Hammer, *Histoire de l'Empire Ottoman depuis son origine jusqu'à nos jours*, tome XII, Paris, 1838, p. 404.

[132] *Incrementorum atque decrementorum...*, 2002, p. 259; *Histoire de l'Empire Ottoman*, traduction française, tome II, p. 243.

[133] «*Numai, pân-a purcede împărăţia de la Udriiu, iar el au vinit în cai de olac de la-mpărăţie aice în Ieşi, la frate-său, cu trebi împărăteşti. Ş-au şedzut aice în Ieşi numai 4, 5 dzile şi iar s-au întorsu în cai de olac înapoi, de-au purcesu cu împăratul la oaste. Iar Brâncovanul cădzusă în mare grijă pentru acel olac a lui.*» Neculce, *ibidem*, 1955, p. 209.

[134] J. de Hammer, *ibidem*, p. 416.

[135] *Incrementorum atque decrementorum...*, 2002, p. 491-492; *Histoire de l'Empire Ottoman*, traduction française, tome II, p. 272-273: «Je parlerai donc ici comme témoin oculaire»; p. 274: «Je me sauvai comme les autres, et malgré la déroute générale, j'emportai mon bagage et mes tentes à Temeswar, où je campai dans un vignoble...», etc.

[136] Car son premier ouvrage non publié fut très vraisemblablement le *Précis de logique*. Voir ci-dessous.

Partie de Belgrade le 30 septembre 1697, l'armée ottomane retourna à Adrianople, où l'hiver se passa dans l'attente d'une paix prochaine[137]. L'année suivante, en 1698, Le Sultan et «les seigneurs de sa Cour» avaient déjà établi leur résidence à Adrianople le 31 mai[138], date où le grand-vizir part avec toute l'armée à Belgrade. Cantemir note que le Sultan «reste lui-même pendant tout l'été dans le village d'Akbunar, proche d'Adrianople, dans l'attente du succès des négociations»[139]. Ce fut de là qu'il envoya, le 10 juillet, les pleins-pouvoirs au Reïs-efendi Rami et au Grand Drogman Alexandre Mavrocordato pour négocier la paix avec les Autrichiens[140]. Ce fut de là également que le prince envoya le manuscrit du *Divan* à Iaşi, pour y être imprimé, puisqu'il y date la lettre à Antioche, son frère, qui sera imprimée en tête du volume. V. Cândea date cet envoi de juin 1698[141]. Compte tenu des informations fournies par J. Hammer, il aurait pu avoir lieu même en mai 1698, car la Cour se trouvait déjà à Adrianople. Si l'on admet que le Prince avait rendu son manuscrit en mai, ceci rallonge l'intervalle disponible pour le travail d'édition et de traduction en grec du *Divan*, confié à Cacavélas ou à l'un de ses collaborateurs[142].

Contrairement à d'autres exégètes, je pense qu'à cette date, Cantemir avait déjà rédigé son *Précis de logique*, qu'il faut considérer par consé-quent comme son premier ouvrage. Quelques chapitres de *Sacro-sanctae...* (par exemple, les ch. 2 et 6 du Livre I) s'appuient sur la rédaction de ce dernier[143]. Il avait donc recopié aussi les deux ouvrages de logique, dont celui de Cacavélas, formant le manuscrit de l'*Institutio Logices* qui se trouvait dans le même lot que *Sacro-sanctae...* au monas-tère de Serguiev Possad. La notice bibliographique établie par les biblio-thécaires russes constate que les feuillets de ce dernier manuscrit ont 16 x 21,2 cm, soit exactement les mêmes dimensions que les feuillets de *Sacro-sanctae...* et des *Excerpta* de Van Helmont. Les copies digitales du manuscrit ne permettent pas de voir le filigrane du papier, mais il s'agit de papier vergé au même titre que dans les deux autres cas. Un examen

---

[137] J. de Hammer, *ibidem*, p. 428, p. 435.

[138] *Ibidem*, p. 437.

[139] D. Cantemir, *Incrementorum atque decrementorum...*, 2002, p. 272; *Histoire de l'Empire Ottoman*, traduction française, tome II, p. 255.

[140] J. de Hammer, *ibidem*, p. 438.

[141] V. Cândea, *Introduction* à l'édition du Divan, 1974, p. 27.

[142] Cf. V. Cândea, Introduction à *Divanul*, ed. cit., p. 39-46. Le 30 août 1698, le *Divan* sort de l'imprimerie de Iaşi.

[143] *Contra* P. P. Panaitescu, *op. cit.*, p. 62.

autoscopique du papier pourrait bien confirmer la présence de la grappe de raisin en filigrane. J'ai déjà montré que le *Précis de logique* est signé du nom *Ioannes Demetrius, C[onstantini] K[antemyrius,] V[ayvoda] Terrarum Moldaviae*, faisant intervenir le prénom dynastique Ioannes et le prénom patronymique Constantin. Le manuscrit des *Excerpta* de Van Helmont et le *Divan* imprimé sont signés de la même façon. Dans *Sacrosanctae*, Cantemir abandonne ces deux prénoms. Ce dernier fait suffirait pour montrer que le *Précis de logique* est antérieur à *Sacro-sanctae*[144].

Parmi la liste d'événements perturbateurs qu'indique le Prince dans sa lettre à Cacavélas, l'indication de son mariage attire l'attention tout naturellement. Nous avons déjà vu ci-dessus l'histoire «de cape et d'épée» liée à mariage. Durant son séjour au Banat, lié aux pourparlers pour le traité de paix qui allait être signé le 26 janvier 1699 à Karlowitz, Démetre avait fait avancer son projet[145]. Antioche envoya un homme de confiance à Braşov, qui, au su du général et avec l'accord de Maria Cantacuzène, la veuve de Şerban, conduisit Cassandra à Iaşi[146]. C'est là que Démetre l'épousa avec des réjouissances princières[147]. Quand cet événement se produisit-il? La source que les historiens prennent en

---

[144] A partir d'une intuition de D. Bădărau, Ariadna Camariano-Cioran, *op. cit.*, p. 188, avançait une date plus ancienne pour le *Précis de logique*. V. Cândea, dans son *Introduction*, p. 47-48, remarquait l'utilisation de certains éléments de logique dans le *Divan*. Alexandru Surdu, tout en connaissant les remarques de ces historiens, ne put se résoudre à proposer ni une chronologie absolue, ni une chronologie relative des deux ouvrages, *Compendiolum, Introduction*, p. 66.

[145] «*În anul 7207, fiind Dimitrie-Vodă cu turcii în oaste la Timişvar, au venit din oaste de olac în Iaşi la frate-său om cu trebile sale, ori cu porunca împărătească, şi iară s-au întors*», *Letopiseţul Ţării Moldovei de la Istratie Dabija până la domnia a doua a lui Antioh Cantemir, 1661-1705*, éd. C. Giurescu, Bucureşti, Socec, 1913, p. 91.

[146] «*Antăiohi-vodă atunce, tot într-acea iarnă, triimis-au pe Vasilie Pureci, vornicul dinspre doamna, cu taină, în Ţara Ungurească, la doamna lui Şerban-vodă, de au dat doamna pe fiică-să, domniţa Căsandra, de o au adus-o să o iè frate-său Dumitraşco beizăde, că era logodită cu dânsul. Era cu ştirea ghenărarului de Braşov, numai ghenărarul să feriè, că să temè de Brâncovanul. Că Brâncovanul avè mare cinste şi trecere la împăratul nemţescu, şi nu era cu voia Brâncovanului să o iè Dumitraşco beizădè*», Ion Neculce, *Letopiseţul*, Bucureşti, Editura de Stat pentru Literatură şi artă, 1955, p. 212.

[147] «*Şi după Ispas atunce, în al patrulea an a domniei lui Antohi-vodă, la velet 7208, au făcut nuntă, în târgu în Eşi, domnească, după obiceiul domnilor. Şi şedea în Ieşi în nişte curţi a lor, ce le cumpărase tată-său Cantemir-vodă [...] pân s-au dus mai pe urmă la Ţarigrad, cu doamna lui cu tot*», «Et ce fut alors, après l'Ascension, dans la quatrième année du règne du Prince Antioche, *anno mundi* 7208, qu'il célébra ses noces, dans la ville de Iaşi, à la manière des princes. Il logeait dans un palais que son père, le Prince Cantemir, lui avait acheté [...] jusqu'à ce qu'il s'en fût à Constantinople, avec son épouse», Ion Neculce, *ibidem*, p. 212.

compte pour le dater est le passage reproduit de Ion Neculce[148]. L'on n'a pas cependant remarqué qu'il était contradictoire. En effet, pour dater l'Ascension, il faut se référer à Pâques. L'*Anno Mundi* 7208 avait commencé le 1er septembre 1699 et la Pâque orthodoxe de cette année fut celle de l'*Anno Domini* 1700, célébrée, suivant le calendrier julien, le 31 mars. L'Ascension tomba cette année le 10 mai, or, ce jour-là, la Moldavie se trouvait déjà dans la cinquième année du règne d'Antioche Cantemir, commencée le 8 décembre 1695. La datation de Neculce est par conséquent inconsistante. Il faut se référer au journal intime de Constantin Brancovan, qui situe en 1699 le jour où lui-même fut invité au mariage de son adversaire et celui où il lui envoya un messager et des cadeaux[149]. Comme la Pâque orthodoxe fut célébrée le 9 avril, la fête de l'Ascension eut lieu cette année le 18 mai. Les noces de Démètre eurent donc lieu autour du 28 mai 1699, A.M. 7207.

C'est de 1700 que date la relation du comte Raphaël Leszczynski[150], émissaire que le roi de Pologne Auguste II avait envoyé à Istanbul et qui, de passage à la cour d'Antioche, mentionne la présence à Iaşi, aux côtés de son frère, de Démètre, « un homme érudit dans la langue latine et ayant une éducation distinguée, comme s'il avait été élevé en Pologne »[151]. Raphaël Leszczynski quitta la ville de Iaşi le 2 mars 1700 pour faire son entrée à Constantinople le 18 avril. Après avoir mené à bien son ambassade, il repassa par Iaşi, à son retour en Pologne (le 26 août, il était parti

---

[148] Quelques historiens datent le mariage de Démètre de 1699, tels I. Minea, *Despre Dimitrie Cantemir*, Iaşi, 1926, p. 13 ; P.P. Panaitescu, *Dimitrie Cantemir. Viaţa şi opera*, Bucureşti, Editura Academiei R.P.R., 1958, p. 45, quelques autres, de 1700, D. Velciu, *Ion Neculce*, Bucureşti, 1968, p. 52-53 ; G. Ştrempel, *Introduction* à l'édition critique de Ion Neculce, *Opere. Letopiseţul Ţării Moldovei şi O samă de cuvinte*, Bucureşti, 1982, p. 21 et p. 80-81.

[149] Emil Vîrtosu, *Foletul novel. Calendarul lui Constantin Vodă Brâncoveanu*, Bucureşti, 1942, p. 188 : « *Mai 20 dni, sâmbătă, au venit sol de la Moldova, pohtindu-ne la nunta lu Boczade Dumitraşco* », puis : « *mai 25 dni, joi, am trimis pe Ianache Văcărescul aga sol, şi cu daruri, la nunta lu Boczade Dumitraşco* ». La forme *Boczade*, au lieu de *Beizadé* est une injure. Ces dates sont à compter naturellement selon le calendrier julien, qui fut en vigueur dans les Principautés Roumaines jusqu'en 1919.

[150] Raphaël Leszczynski descendait de Stanislas Leszczynski, défenseur de Jean Huss au concile de Cosntance, et était le père du futur roi Stanislas de Pologne (1704-1709, 1733), duc de Lorraine (1737-1766). La fille de ce dernier épousa Louis XV, roi de France.

[151] *Poselstwo Rafała Leszczyńskiego do Turcji w 1700 roku. Diarusze i inne materiały*, Przygotowała Ilona Czamańska przy współpracy Danuty Zydorek, Wstęp i komentarze Ilona Czamańska, Leszno, 1988, p. 55 ; P.P. Panaitescu, *Călători poloni în ţările române*, Bucureşti, 1930, p. 103.

de Constantinople et le 28 octobre 1700, il était arrivé à Lviv). Ce ne fut qu'après, affirme Ion Neculce, que Démètre[152] alla de nouveau s'installer à Constantinople avec son épouse.

Ce fut précisément ce départ qui troubla de nouveau Constantin Brancovan à Bucarest. Selon Neculce, les raisons de l'inquiétude de celui-ci tenaient aux rapports étroits qu'il entretenait avec la cour de Vienne et aux sommes d'argent qu'il avait soutirées à feu Şerban Cantacuzène, le père de Cassandra. Il craignait que Démètre ne révélât à la Porte ces deux méfaits et que, par là, le jeune prince n'obtînt le trône de Valachie[153].

Suite à des intrigues conduites à Istanbul par Mihai Cantacuzène, sur ordre de Brancovan, Antioche est renversé du trône, le 14 septembre 1700, et remplacé par le même Constantin Duca, gendre de Brancovan, qui avait pris la place de Démètre en 1693. Antioche devra attendre, pour revenir à son tour au trône, le revirement de la politique ottomane, qui lui sera de nouveau favorable, à partir de 1705, cette fois-ci avec le consentement de Constantin Brancovan.

De cette nouvelle période de privations pour les frères Cantemir, la lettre de Démètre à Cacavélas ne souffle mot. Il est exclu que la lettre soit postérieure au renversement d'Antioche, même si, selon certains exégètes, les rapports des deux frères se sont peu à peu refroidis. Démètre l'appelle dans la lettre « mon frère très chéri ». Et le ton général de ce paragraphe est celui d'un homme tellement occupé dans ses fonctions et dans ses affaires privées qu'il s'en veut à lui-même de ne pas donner suffisamment de son temps au commerce des lettres. L'ouvrage qu'il envoie à son précepteur est présenté comme une victoire sur cet état d'esprit, mélange d'agitation extérieure, de désordre intérieur et de paresse spirituelle. Le fil qui lui permet de sortir de cet « intéressement », c'est précisément le souvenir de Cacavélas, qui l'avait « imprégné des premiers éléments des lettres » et avait semé en lui « les fondements de

---

[152] « *Atunce, după aceste după toate, s-au rădicat şi Dumitraşco beizădè din Iaşi cu doamnă-ş şi cu tot agarlâcul său, şi s-au dus la Ţarigrad, să trăiască acolo* », Neculce, *ibidem*. Le chroniqueur semble dire que le Prince avait passé à Iaşi tout l'intervalle depuis son mariage jusqu'au printemps 1700, ce que je serai amené à mettre en doute ci-dessous.

[153] « *Iară Brâncoveanul-vodă, după ce au vădzut că au mărsu Dumitraşco beizădè la Ţarigrad, s-au umplut de grije şi de frică că-l va pârî, pentru că ştie doamna lui, din Ţara Ungurească, toate tainele ce avè Brâncoveanul-vodă cu nemţii, a doa, pentru mulţi bani ce luasă Brâncoveanul-vodă a lui Şerban-vodă. Şi-i era aminte că-l smintească şi din domnie, cu prietinul său, Cerghez Mehmet-paşe, cu Cuciuc imbrihor, musaipul împăratului. Că Dumitraşco beizădè ştie bine rândul Porţii şi avè cinste mare la turci.* »

l'étude». Le sens de cet envoi est par conséquent non seulement un hommage rendu à son maître, mais aussi celui d'une conversion spirituelle, que le reste de la lettre décrit dans des termes très forts.

Cette mise en perspective des faits historiques permet de dater la lettre-envoi de *Sacro-sanctae*... de l'année 1700 et plus particulièrement de la période allant du 2 mars 1700, quand l'envoyé polonais Raphaël Leszczynski avait quitté Démétrius Cantemir à Iaşi, au 14 septembre 1700, date de la déposition du prince Antioche[154]. La lettre ne saurait être ni plus ancienne ni plus récente. Elle fait penser que jusqu'à la date ou elle fut écrite, Cacavélas se trouvait encore à Iaşi, où il pouvait s'occuper de la publication du livre, un peu dans les mêmes conditions qu'il l'avait fait, en 1698, pour le premier ouvrage imprimé du prince, *Le Divan*. Cependant, il est malaisé de croire qu'un ouvrage tel que *Sacro-sanctae*... ait pu être écrit en six mois, comme l'affirme Panaitescu[155]. Malgré le fait que, dans sa lettre, le Prince se plaint de l'occupation dans lequel l'avait jeté son mariage, il désigne une occupation qui s'en ajoutait à d'autres, pensant donner un argument supplémentaire qui décrive une situation en évolution («*post autem tot tantosque exantlatos labores*») et non indiquer un moment précis du temps[156]. Sans anticiper sur les conclusions de cette introduction, disons seulement qu'une vision aussi élaborée sur ce que devait être une philosophie chrétienne, supposant une connaissance approfondie des courants néo-aristotéliciens et des réactions anti-aristotéliciennes occidentales, n'aurait pu prendre forme dans un intervalle aussi bref. D'autre part, il n'y a aucune raison pour laquelle Cantemir n'ait pu se mettre au métier beaucoup plus tôt. Rappelons qu'en mai 1698 il avait envoyé le *Divan* pour publication. Il se trouvait très probablement encore à Adrianople, avec la cour de Moustafa II, mais il était libre de travailler à autre chose.

---

[154] P.P. Panaitescu datait la lettre-envoi aussi de la même période. Il situait la fin de la rédaction de *Sacro-sanctae*... après le mariage de Cantemir et lors de sa mission comme ambassadeur à Constantinople de son frère Antioche : *Dimitrie Cantemir. Viaţa şi opera*, Bucureşti, Editura Academiei R.P.R., 1958, p. 55.

[155] Cf. A. Camariano-Cioran : «cet intervalle paraît trop court», «Jérémie Cacavela et les Principautés roumaines», p. 187.

[156] *Contra*, *vide* Petru Vaida, *Dimitrie Cantemir şi Umanismul*, p. 182 : «Sacrosanctae *este scris, după cum rezultă din scrisoarea-prefaţă către Cacavela, după căsătoria lui Cantemir, deci după 1699*»; Alexandru Surdu, *Studiu introductiv*, in D. Cantemir, *Mic compendiu asupra întregii învăţături a logicii*, p. 62 : «*Tot înainte de* Istoria ieroglifică, *însă în mod cert după 1698, când ia lecţii cu Meletie, şi chiar după 1699, când îşi extrage pasaje din opera lui Van Helmont (tocmai în vederea ei), Cantemir mai scrie o lucrare, [...]* Sacrosanctae scientiae indepingibilis imago».

Il est néanmoins impossible de couper la rédaction de *Sacro-sanctae*... des notes préparatoires prises par Cantemir sur l'édition des œuvres complètes de J.B. van Helmont. Le gros manuscrit, intitulé *Ioannis Baptistae van Helmont physices universalis doctrina et christianae fidei congrua et necessaria philosophia*, est précédé d'un éloge de Van Helmont et d'un avant-propos au lecteur. Le choix de textes est suivi d'un *Index tractatuum ex operibus Vanhelmontii excerptorum, solummodo ad physicam pertinentium*. Même s'ils se sont peu occupés de cet ouvrage, les exégètes roumains ont tous remarqué qu'il constituait une base de départ pour *Sacro-sanctae*[157]. J'ai montré que les deux manuscrits furent reliés en même temps.

Dan Bădărău remarque aussi que le groupement des extraits des *Œuvres* de Van Helmont ne respecte pas l'ordre de l'édition de Francfort de 1682[158]. Le choix de textes recopié par Cantemir semble progresser, au fil des chapitres et des trois livres qui le composent, du simple au composé. Le premier livre traite successivement des éléments (l'eau, l'air, la terre, les archées, le blas, le vide); le second, des astres, des météores, de la matière et de la vie; et le troisième, de l'homme, de son âme, de la connaissance et de l'immortalité de l'âme.

Cet ordre est totalement différent de l'organisation des traités de Van Helmont dans les éditions imprimées. Il suggère celui d'un enseignement philosophique, et plus particulièrement l'ordre des physiques scolastiques du XVIIe siècle. Dans les universités occidentales, la philosophie de la nature ou *physica* comme on l'appelait alors, formait une

---

[157] Dan Bădărău, *Filozofia lui Dimitrie Cantemir*, p. 125-129; Petru Vaida, *Dimitrie Cantemir şi Umanismul*, p. 171: «*Aceste excerpte au servit ulterior lui Cantemir la scrierea lui* Sacrosanctae, *unde a folosit pe larg natur-filozofia van-helmontiană. Van Helmont* Physices *şi* Encomium *au fost deci scrise puţin înainte de* Sacrosanctae, *desigur în timpul celor 8 luni cât a studiat Cantemir filozofia lui Van Helmont cu cărturarul grec Meletie de Arta, şi constituie un fel de anexă la* Sacrosanctae»; Alexandru Surdu, *Studiu introductiv* in D. Cantemir, *Mic compendiu asupra întregii învăţături a logicii*, p. 62.

[158] «*Dacă consultăm tabla mai îndeaproape constatăm că materiile sunt trecute de Cantemir în altă ordine decât aceea din operele lui Van Helmont tipărite la Frankfurt în 1682; ele apar împărţite în trei categorii, adică în trei cărţi, cea dintâi fiind consacrată elementelor din fizica helmontiană (cauze, apa, aerul, pământul, arheii, blasul, vidul), cea de-a doua întrunind opusculele despre aştri, fenomenele meteorologice, materie şi viaţă, iar cea de-a treia referindu-se la om, la sufletul omenesc, la cunoaşterea pe care o are şi la destinul lui, adică la nemurire. Cartea a doua foloseşte teoriile din cartea întâi, iar cartea a treia se bizuie pe unele părţi din primele două cărţi. Fizica elementară are ca obiect să explice nemurirea sufletului*», Dan Bădărău, *Filozofia lui Dimitrie Cantemir*, p. 192.

partie importante du *curriculum* et occupait les premières années d'apprentissage de l'étudiant. A titre d'exemple, la troisième partie de la *Summa philosophiae quadripartite* d'Eustache de Saint-Paul définit la *physica* comme l'étude du «corps naturel en tant qu'il est naturel». Eustache y traite, dans la première partie, du corps naturel en général, s'occupant des principes des choses naturelles (la matière, la forme, la privation), de leurs causes et de leurs propriétés communes (telles que la quantité et l'infini, le lieu et le vide, le temps, le mouvement). Dans la seconde partie, consacrée au corps naturel inanimé, il traite du monde et du ciel (matière, forme du ciel, les astres, les étoiles, la sphère), des éléments (feu, air, eau, terre), des corps mixtes ou météores (ignés : comètes, éclairs, foudres, tourbillons, couronnes, parhélies, parasélènes, de l'arc-en-ciel et du halo ; humides : nuages, pluie, neige, grêle, salaison des mers, flux et reflux, origines des sources et des fleuves ; secs : tremblements de terre, vents). La troisième partie, consacrée au corps animé, s'occupe de l'âme en général, de l'âme végétative (faculté *alendi* : nutrition, la vie et la mort, la faim et la soif, les dents et les cheveux, la santé et la maladie, la respiration ; de la faculté de croissance, de la faculté de génération), de l'âme sensitive (sens commun, sens externes : vue, ouïe, odorat, goût, toucher ; sens internes : le sommeil et la veille, l'imagination, les rêves, la mémoire, du mouvement des animaux, et enfin de l'âme intellectuelle et des âmes séparées[159].

Une autre physique, réformatrice par rapport au *curriculum* scolastique, celle de Scipion Dupleix, adoptait un ordre semblable. Après avoir discouru sur la création du monde, les anges, la science de la physique et la perfection de la nature (livre I), Dupleix traitait des principes (livre II), du mouvement (livre III), du lieu, du vide et du temps (livre IV), du monde, des cieux, des planètes, des étoiles (livre V), des quatre éléments (livre VI), des météores, des minéraux et des monstres (livre VII), de l'âme (facultés, sens, âme intellectuelle) (livre VIII)[160].

Au vu de ces exemples, l'on peut rapprocher le découpage et la disposition des textes de Van Helmont dans le manuscrit de Cantemir et l'ordre normal d'une physique au XVIIᵉ siècle. Cette ressemblance est corroborée par l'expression utilisée dans le titre de l'index de l'ouvrage : *solummodo*

---

[159] Fr. Eustachio a Sancto Paolo, *Summa Philosophiae Quadripartita de rebus dialecticis, ethicis, physicis et metaphysicis*, Cantabrigiae, 1648.

[160] Scipion Dupleix, *La physique*, reproduction en fac-similé de l'édition de Rouen, Louys du Mesnil, 1640, texte revu par Roger Ariew, Paris, Fayard, coll. «Corpus des Œuvres de philosophie en langue française», 1990.

ad physicam pertinentium. Seuls les écrits se rapportant à la physique ont été extraits des œuvres de Van Helmont. Certes, une comparaison s'impose avec l'ordre de la propre théologo-physique de Cantemir. Je vais l'établir plus loin dans ce chapitre. Ici cependant, où je m'occupe de la chronologie des ouvrages de Cantemir, il est très tentant de dire que les *Excerpta* de Van Helmont sont la seule trace qui reste de l'enseignement dispensé par Mélétios de Ioannina sur Van Helmont. Mélétios, qui avait étudié médecine et philosophie à Venise et à Padoue, avait certainement en tête la division et l'ordre traditionnels des matières en physique. Pour expliquer à son jeune disciple la pensée de Van Helmont, il aura entrepris de l'*ordonner*, à la manière des Écoles, et lui aura fait même recopier les textes qu'il aura jugés importants. C'est, me semble-t-il, la raison d'être de ce manuscrit de 820 pages, que le Prince moldave aura garni après coup d'un éloge du philosophe flamand et d'une préface au lecteur.

Si cette hypothèse s'avérait juste, l'on doit admettre que l'influence de Mélétios sur Cantemir a été double. Il a eu tout d'abord le rôle de lui avoir fait connaître la pensée du médecin de Wilworde et de placer ainsi d'emblée le jeune prince dans la tradition de Paracelse. Mais, en mettant la matière du «philosophe par le feu» dans le carcan d'une physique scolastique, il aura en quelque sorte poussé le Prince à donner une physique à lui, qui rende compte précisément de l'écart entre la forme choisie et le fonds anti-aristotélicien qui lui avait été enseigné.

Pour dater le manuscrit réunissant les textes de Van Helmont, il faut s'interroger sur l'époque des cours dispensés par Mélétios, car il est tout à fait raisonnable de croire que cette anthologie est contemporaine, ou de peu postérieure, aux cours suivis par Cantemir avec Mélétios[161]. Selon la biographie anonyme insérée dans l'*Histoire ecclésiastique* de Mélétios publiée à Vienne et selon Constantin Sathas[162], Mélétios ne regagna Constantinople qu'après le traité de Karlowitz. Comme il était considéré, ainsi que nous venons de le voir ci-dessus, comme un agent vénitien en Grèce, il est évident qu'il ne pouvait pas quitter plus tôt la forteresse de Naupacte. On peut imaginer même que la reddition de Naupacte par les Vénitiens aux Turcs en 1699 aurait pu lui causer des inconvénients majeurs. Ce fut son protecteur Callinique II qui le tira d'affaire, l'appelant à Constantinople en 1699, avant de l'envoyer de nouveau en mission en

---

[161] C'est aussi l'opinion de Petru Vaida, *ibidem*, p. 171.

[162] Constantin Sathas, *Νεοελληνικὴ φιλολογία*, Athènes, 1868, p. 390. Ariadna Camariano-Cioran cite également G.I. Zaviras, *Νέα Ἑλλάς*, Athènes, 1872, p. 379-380, *in art. cit.*, p. 172.

1703, toujours en terre vénitienne, puisqu'il le chargea de collecter les impôts dans le Péloponnèse. C'est de cet intervalle que doit dater son activité d'enseignement, très probablement à l'Académie Patriarcale.

Ni Cantemir, ni Mélétios ne se trouvaient à Constantinople avant le traité de Karlowitz, c'est-à-dire avant le 26 janvier 1699[163]. C'est donc bien de cette année que datent les leçons que Démètre a prises avec Mélétios et les extraits qu'il a recopiés, *manu propria*, de l'édition des Œuvres complètes de Van Helmont. Comme le Prince affirmait lui-même que ces leçons avaient duré huit mois, cet intervalle ne saurait être situé avant son mariage, donc pas avant la fin du mois de mai 1699. Mais, d'après Ion Neculce et le comte Raphaël Leszczynski, Cantemir était de nouveau à Iaşi à la fin de février 1700. Ceci ne laisse pour la période des cours avec Mélétios que l'intervalle de juin 1699 à janvier 1700, période où il faut par conséquent croire que le Prince s'était déjà installé avec son épouse à Constantinople.

Compte tenu des efforts qu'il avait entrepris pour mener à bien le recueil de textes Van Helmont en 1699, il semble tout à fait raisonnable de croire qu'il continua par travailler à la *Théologo-physique*, qu'il avait déjà commencée en 1698. Comme il était à Iaşi en février-mars 1700, il aura continué de travailler à son manuscrit. L'ouvrage était-il déjà prêt avant son départ de Iaşi? Aura-t-il écrit sa lettre pour Cacavélas à Iaşi même, en donnant une forme rhétorique à cette conversion spirituelle dont j'ai déjà parlé, dans l'intention que cette lettre-préface fût imprimée avec l'ouvrage? On ne saurait exclure cette hypothèse[164]. Ou bien, s'il ne réussit pas à terminer l'ouvrage alors qu'il se trouvait encore à Iaşi, l'aura-t-il repris avec lui à Constantinople pour l'y achever au cours de l'été? Les troubles politiques en Moldavie l'auront empêché de l'expédier à Iaşi, même s'il avait rédigé, sous forme de lettre, cette confession intime destinée à celui qui lui avait servi de directeur spirituel pour tant d'années de sa jeunesse agitée. Quoi qu'il en fût, après que Antioche eut

---

[163] Conjecture de V. Cândea, *ibidem*, p. 27, d'après l'*Histoire de l'Empire Ottoman*, (éd. latine de Dan Sluşanschi, Amarcord, 2001, p. 272; trad. fr. de Joncquières, Despilly, 1743, tome II, p. 255). La cour de Mustafa II s'était installée à Adrianople au printemps de 1698, pour suivre l'évolution des opérations militaires de Belgrade et les pourparlers du traité de Karlowitz. Cantemir, envoyé diplomatique de son frère, devrait s'y trouver lui-aussi, jusqu'à la conclusion de la paix.

[164] Lucian Blaga l'avait aussi compris de cette façon: «*Se desprinde suficient de lămurit din rândurile adresate profesorului său că Dimitrie îi scrie de la curtea fratelui său, din Moldova*», «Dimitrie Cantemir», in *Izvoade*, Bucureşti, Humanitas, 2002, p. 249.

perdu son trône, Démètre récupéra son manuscrit pour le garder précieusement par devers soi jusqu'à la fin de sa vie. Antioche même le lui aura rapporté de Iaşi en s'établissant à Constantinople pour attendre son second règne. A ce moment, Démètre Cantemir avait vingt-cinq ans.

4. LA FORTUNE DU TEXTE

Campant sur des positions positivistes, les grands historiens roumains de la fin du XIXe et du début du XXe siècle jetèrent le discrédit sur le traité de Cantemir. A leurs yeux, bien qu'ayant traversé une étape mystique et obscurantiste dans sa jeunesse sous l'influence de Jérémias Cacavélas et, par là, des cercles mystiques orthodoxes, Cantemir aurait évolué vers l'écriture de l'histoire et vers des ambitions politiques plus conformes pour un prince des Lumières. Cette vue, explicitement formulée par P.P. Panaitescu en 1926[165], s'appuyait sur des avis exprimés par Gr. Tocilescu et par N. Iorga.

Il est vrai que la découverte de *Sacro-sanctae...* en 1878 avait semé la stupeur dans les milieux académiques de Bucarest. L'on avait envoyé Tocilescu en Russie pour trouver *Descriptio Moldaviae*, et il en était rentré avec *Sacro-sanctae...*! La quête identitaire romantique du jeune état roumain se voyait déboutée, du moins pour ce qui était de ses aspirations nationales. Même si son talent et ses connaissances de classiciste avaient permis à Tocilescu de recopier tout le manuscrit, une fois de retour à Bucarest, il ne sut pas vraiment quoi en faire. Ses notes au sujet de *Sacro-sanctae...*[166], prises en vue de la rédaction d'une monographie consacrée à Cantemir, oscillent entre l'analyse de l'ouvrage au fil de l'herbe et l'exaspération que lui provoque celui-ci. Le sentiment de ses collègues n'en est pas très différent. Face à cet accueil plutôt frais, l'on décida de s'adresser à l'étranger. Deux des ouvrages de Cantemir recopiés par Tocilescu, le *Compendiolum universae logices institutionis* et *Sacro-sanctae scientiae indepingibilis imago*, furent envoyés pour expertise à Richard Wahle, professeur à l'Université de Tchernowitz. Élève d'Ernst Mach, ami de Sigmund Freud, Wahle était un philosophe de l'école positiviste. Formé à Vienne, il rejetait la métaphysique, car il

---

[165] P.P. Panaitescu, «Le Prince Démètre Cantemir et le mouvement intellectuel russe sous Pierre le Grand», in *Revue des études slaves*, VI, 1926, p. 225-262.

[166] Bibliothèque de l'Académie Roumaine, Cabinet des manuscrits, mss. roum. 5148-II, feuillets 433-453.

ne croyait pas à l'existence d'une vérité certaine. Toute connaissance était pour lui la présence d'une représentation dans sa dépendance du je. Il réduisait la psychologie à son substrat physiologique. De 1895 à 1917, professeur de philosophie à l'Université de Tchernowitz, il enseigna de 1917 à 1933 à l'Université de Vienne[167]. Les comptes rendus de Wahle se trouvent parmi les papiers de Gr. Tocilescu, à la Bibliothèque de l'Académie Roumaine[168]. Son rapport sur *Sacro-sanctae...* est assez décevant. A part une analyse de l'ouvrage, qui démontre qu'il l'a bien lu, Richard Wahle donne deux pages de remarques générales. Tout en s'excusant de son manque de temps et de bibliographie[169], il n'hésite pas à ranger le traité de Cantemir parmi les ouvrages usuels de la « spéculation chrétienne », même s'il reconnaît que l'auteur se distancie par rapport aux expressions devenues habituelles dans la tradition inaugurée par saint Thomas d'Aquin[170]. Il remarque les caractéristiques littéraires de l'ouvrage, tels que les jeux de mots, une certaine longueur de l'expression[171], un goût pour l'accumulation d'adjectifs et de compléments de nom, une prédilection pour l'antithèse et la contradiction qu'il rapproche de celle de saint Augustin. Pour ce qui est de la généalogie des idées,

---

[167] Ouvrages : *Gehirn und Bewusstsein*, 1884 ; *Die geometrische Methode des Spinoza*, 1888 ; *Das Ganze der Philosophie und ihr Ende*, 1894 ; *Kurze Erklärung der Ethik von Spinoza*, 1899 ; *Über den Mechanismus des geistigen Lebens*, 1906 ; *Josua*, 1912 ; *Die Tragikomödie der Weisheit*, 1915 ; *Entstehung der Charaktere*, 1928 ; *Grundlagen einer neuen Psychiatrie*, 1931 ; *Fröhliches Register der paar philosophischen Wahrheiten*, 1934.

[168] Son rapport sur *Sacro-sanctae...*, non signé, contient, en 29 pages, un résumé chapitre par chapitre, une évaluation générale de l'ouvrage (*Bemerkungen*) et quelques propositions pour en retrouver les sources intellectuelles (*Literatur*), Cabinet des manuscrits, mss. roum., N. II varia 3, feuillets 80r – 95v.

[169] «*Auch wollen obige Äusserungen natürlich kein abschliessendes Urtheil geben, da es bei der kürzen Zeit, in der ich mich mit Cantemir beschäftigen konnte, natürlich nicht möglich war, ausführlichere Vergleichungen anzustellen. Dazu gehört ausserdem eine bedeutend grössere Literaturkentnnis der älteren Kirchenschriftsteller als ich sie besitze*», Rapport Wahle, *folio 94v.*

[170] «*Das Verständnis des Werkes hängt zum grössten Theile ab von dem Verständnis des späten Latein und besonders der* termini technici, *die in der christlichen Speculation usuell geworden. Cantemir weicht allerdings in manchen Punkten wie z.B. Definition der Natur,* respective Wesenheit, *die er als* lumen formale *bezeichnet (cf. l. V. c. 7) von den wenigstens in der Zeit nach Thomas Aquinas üblich gewordenen Ausdrücken zum Theile ab, meist aber sind die von ihm gewählten Worte in Anbetracht der eigenthümlichen Art seines Werkes leicht als gleichwertig mit denen der sonstigen Schriftsteller zu erkennen*», ibidem, *folio 94r.*

[171] «*...eine gewisse Breite des Ausdrucks infolge deren ein Gedanke in mehreren Wendungen wiederkehrt oder an mehreren Beispielen durchgeführt wird*», ibidem, *folio 94v.*

Wahle demeure assez embarrassé et, même s'il avance plusieurs fois le
nom de saint Augustin, il reconnaît lui-même que l'on ne saurait parler
d'un lien de dépendance de Cantemir par rapport à celui-ci[172]. Enfin,
pour ce qui est du rapport de Cantemir à Van Helmont, il avoue ne pas
avoir pu le mettre à l'épreuve, faute de temps et de moyens.

Les érudits roumains n'étaient sans doute pas préparés à lire les
ouvrages philosophiques de Cantemir. Aux yeux de Nicolae Iorga, ceux-
ci étaient des «compilations illisibles»[173]. Ilie Minea, l'un des premiers
biographes de Cantemir, ne connaît purement et simplement pas *Sacro-
sanctae,* mais seulement l'*Encomium* que le prince consacre à Van
Helmont pour introduire le lecteur aux *Excerpta* du philosophe flamand
recopiés de sa propre main[174].

Dans un ouvrage collectif, intitulé *Histoire de la philosophie moderne*
et édité par la Société roumaine de Philosophie, N. Bagdasar déplorait le
fait que les historiens de la culture roumaine ignoraient ou minimisaient
le travail philosophique de Cantemir[175]. Il avait déjà salué la traduction en
roumain de *Sacro-sanctae* par N. Locusteanu[176]. C'est d'ailleurs cette
seule traduction qu'il utilise pour rendre compte de l'ouvrage de
Cantemir[177]. Il est bizarre cependant de voir N. Bagdasar juger que, dans
Sacro-sanctae, Cantemir «s'élève à une conception moins orthodoxe du
monde et de la vie, du fait qu'il subit l'influence de la secte théosophique
dont le représentant le plus important est Van Helmont». Même s'il
dresse un compte-rendu des thèses principales de *Sacro-sanctae*,
Bagdasar affirme que, chez Cantemir, l'on ne saurait parler d'originalité
dans le vrai sens du terme[178]. La conclusion est surprenante, car, dans ces
pages de présentation, il n'y a aucun travail d'histoire des idées.

---

[172] «*Was sein Verhältnis zu anderen Schriftstellern betrifft, so müsste man eine
genaue Vergleichung mit den einschlägigen Materien behandelnden Kirchenvätern
anstellen. Er selbst führt, wie in der Inhaltsangabe bemerkt wurde, den hl. Augustinus
an, den er öfters lobend erwähnt, aber auch an dieser betreffenden Stelle selbst lässt sich
kaum eine besondere Abhängigkeit annehmen, im Gegentheil sucht er dessen Gedanken
weiterzuführen und über das von ihm Gebotene hinauszusehen*», ibidem, folio 94v.

[173] N. Iorga, *Istoria literaturii românești. Introducere sintetică*, București, 1929, p. 311.

[174] Ilie Minea, *Despre Dimitrie Cantemir. Omul, scriitorul, domnitorul*, Iași,
Institutul de arte grafice și Editura «Viața Românească», 1926, p. 24-25.

[175] N. Bagdasar, chap. *Dimitrie Cantemir*, in N. Bagdasar, Traian Herseni, S. S.
Bârsănescu, *Istoria filosofiei moderne*, București, 1941, vol. V, *Filosofia românească de
la origini până astăzi*, p. 3-20.

[176] Compte rendu dans *Revista de filosofie*, 16, 1931, p. 91-92.

[177] N. Bagdasar, chap. *Dimitrie Cantemir*, in *Istoria filosofiei moderne*, vol. V, p. 9.

[178] *Ibidem*, p. 6.

D'autres historiens de la culture roumaines font au passage des mentions guère plus obligeantes à l'égard du Prince moldave : « D. Cantemir pratique une philosophie théologique rudimentaire et il est un érudit aux multiples connaissances », note par exemple, Pompiliu Constantinescu[179].

C'est Lucian Blaga qui change totalement de ton, dans un article rédigé vers 1948, mais non publié de son vivant[180]. En effet, selon Blaga, *Sacro-sanctae* est l'ouvrage de Cantemir « le moins connu, mais le plus concluant », lorsqu'on tente de situer cet auteur « sur un plan spirituel ». Tout en annonçant une évaluation qui n'est pas toujours en accord avec l'opinion courante, L. Blaga compare *Sacro-sanctae* à un mémoire de maîtrise ou à une thèse de doctorat d'un étudiant de nos jours. En effet, comme l'auteur était très jeune à l'époque où il l'écrivait, d'autant plus remarquables sont « la maturité de son style, l'assurance dont il manie les notions métaphysiques et l'audace avec laquelle il s'attaque aux problèmes les plus graves et les plus abstraits ». Après avoir rejeté énergiquement la qualification de « théosophique », Blaga affirme que l'ouvrage de Cantemir représente « purement et simplement la doctrine chrétienne orthodoxe ». Tout en admirant « les subtilités d'un raffinement ultime que l'auteur développe en abordant les problèmes philosophiques », parmi lesquelles il cite la connaissance simple, attribuée à l'esprit divin, et la connaissance composée, attribuée à l'homme, Blaga déplore le traitement « d'une désolante naïveté » par Cantemir des questions scientifiques. A titre d'exemple, il cite les explications « surnaturelles et bigotes de l'éclair et du tremblement de terre, par l'intervention directe de la puissance divine » et regrette que les connaissances de Cantemir sur la nature n'emboîtent pas le pas de Galilée, de Descartes et de Newton, qui se fondaient sur les mathématiques et l'expérimentation. Mais, affirme Blaga, à l'époque de Cantemir, la rivalité de la science de la nature cultivée par nombre de philosophes naturels d'orientation mystique et de la philosophie naturelle mathématique-expérimentale n'était pas encore décidée. « Jean Baptiste van Helmont descend de la science de Paracelse et, par là-même, de la mystique du Moyen Âge, qui, à son tour, avait ses précurseurs parmi les gnostiques de l'Antiquité et les philosophes présocratiques ». Sur cette base, Blaga défend l'adoption

---

[179] Pompiliu Constantinescu, «Umanism erudit şi estetic», in *Vremea*, VII, 1934, nos 352, 353, 354.

[180] Lucian Blaga, «*Dimitrie Cantemir*», in *Izvoade (eseuri, conferinţe, articole)*, Bucureşti, ediţie îngrijită de Dorli Blaga şi Petre Nicolau, prefaţă de George Gană, Minerva, 1972, p. 142-168.

par Cantemir des archées de Van Helmont, des «facteurs secrets» œuvrant dans la nature, qui ne portent pas atteinte à l'unité de la métaphysique orthodoxe. Cantemir aurait combattu d'autres idées de Van Helmont qui périclitaient la doctrine orthodoxe, telle la croyance que les puissances astrales pourraient influencer le destin des hommes, en défendant la thèse du libre arbitre conformément à la conception des Pères de l'Eglise. D'autre part, affirme Blaga, il ne faut pas oublier que Newton regardait l'espace comme «*sensorium Dei*» et qu'il s'adonnait aussi à des commentaires alambiqués de l'Apocalypse de Jean. Blaga termine son évaluation en rappelant que, cent ans plus tard, les romantiques allemands se nourrissaient d'une philosophie naturelle aux mêmes origines mystiques et que Lamarck, agitait, autour de 1820, contre la chimie scientifique naissante, des idées dans le même sillage que celles de Cantemir. Enfin, conclut Blaga, Schelling aurait attaché un grand prix, tout au moins dans la dernière phase de son activité, à la métaphysique de Cantemir et, s'il avait découvert le manuscrit latin de *Sacrosanctae*, Vladimir Soloviov aurait reconnu Démètre Cantemir pour le premier et non le moindre de ses précurseurs ayant vécu sur le sol russe.

Dans la période communiste, les préjugés du XIXe siècle positiviste furent, hélas!, quintuplés par l'idéologie marxiste. Même s'ils se sont arrêtés sur le contenu de *Sacro-sanctae scientiae*, ces savants ont essayé de forger de toutes pièces des points sur lesquels Cantemir aurait été en désaccord avec la doctrine de l'Église orthodoxe, en le qualifiant tantôt de déiste[181], tantôt d'hérétique[182], tantôt d'animiste[183], tantôt de négateur du principe chrétien de la création *ex nihilo*[184].

---

[181] P.P. Panaitescu, *Dimitrie Cantemir. Viaţa şi opera*, Bucureşti, Editura Academiei R.P.R., 1958, p. 56.

[182] P.P. Panaitescu, *ibidem*, p. 57, repris par Petru Vaida, «Dimitrie Cantemir», in D. Ghişe, N. Gogoneaţă (éds.), *Istoria filozofiei româneşti*, vol. I, seconde édition, Bucarest, Editions de l'Académie de la R. S. de Roumanie, 1985, p. 192.

[183] Dan Bădărău, *Filozofia lui Dimitrie Cantemir*, Bucarest, Editions de l'Académie de la République Populaire de Roumanie, 1964, p. 282: «o amorsare de orientare animistă care este departe de a corespunde exigenţelor ortodoxiei», à propos de la théorie des formes quadruples, qui investit d'une forme élémentaire et, partant, d'un certain seuil de vie des corps inanimés, tels la pierre, la gemme, le métal, etc. Notons que si Cantemir était animiste en 1700, Leibniz le sera aussi en 1714 avec la *Monadologie*!

[184] Dan Bădărău, *Filozofia lui Dimitrie Cantemir*, p. 250-255: la Création se ferait à partir d'éléments préexistants, tels l'eau. Cette conclusion est simplement fausse. La succession de l'apparition des images dans le miroir figure le temps de la création. D'autre part, Cantemir appelle l'eau un être créé, voir *Sacro-sanctae scientiae indepingibilis imago*, II, 4 et attaque souvent le principe grec *ex nihilo nihil*.

Le ton en fut donné par P.P. Panaitescu, qui rangea *Sacro-sanctae*... parmi les ouvrages de «mystique orthodoxe»[185]. Tout en saluant les quelques «éléments scientifiques» intégrés dans l'ouvrage, il qualifia la position de Cantemir de «mystique». Il en mit en partie la responsabilité sur les épaules de Cacavélas et de Mélétios, qui auraient dirigé la pensée du jeune Cantemir dans une voie étrangère à ses propres tendances spirituelles et à sa formation sociale[186]. Mais, afin de donner aussi une explication psychologique de l'apparition de *Sacro-sanctae*..., il parla de la crise morale qu'aurait traversée Cantemir à cette époque, qui l'aurait conduit à se retirer de la vie sociale et à avoir des moments de faiblesse et de renonciation. *Sacro-sanctae*... aurait été l'expression de cette retraite de la vie sociale[187]. Comme toute explication marxiste devait aussi avoir un volet de société, Panaitescu forgea une hypothèse complémentaire, selon laquelle l'ouvrage de Cantemir aurait été vivement attendu par les milieux intellectuels chrétiens, et en particulier grecs, de l'Empire Ottoman, qui l'auraient accueilli comme un instrument de leur affirmation philosophique, leur permettant de récupérer les idéaux d'indépendance et de gloire de la Grèce ancienne et byzantine et de trouver une expression à leur désir d'émancipation du joug turc[188]. Panaitescu sculpta ainsi une effigie de Cantemir qui est demeurée plus ou moins canonique durant le régime communiste. En effet, en raison des contraintes idéologiques liées à sa constitution, celui-ci préféra véhiculer l'image d'un Cantemir au visage tourné vers les idéaux de progrès des Lumières et s'éloignant de ses lectures de jeunesse en théologie apophatique et en alchimie paracelsienne et helmontienne[189].

---

[185] P.P. Panaitescu, *Dimitrie Cantemir*, p. 55. Je passe sous silence les cris de ralliement du marxisme communiste, dépourvus de tout autre intérêt que celui de déclencher la chasse aux sorcières ; voir, à titre d'exemple, l'article de C.I. Gulian, «Dimitrie Cantemir, un mare patriot şi cărturar», in *Lupta de clasă*, Vᵉ série, XXXIIIᵉ année, nᵒ 9, septembre 1953, qui traçait l'exigence d'examiner l'œuvre de Cantemir du point de vue de l'émancipation de la pensée de la tutelle de la théologie.

[186] *Ibidem*, p. 59.

[187] *Ibidem*, p. 60.

[188] *Ibidem*.

[189] Dans la conclusion du chapitre consacré à *Sacro-sanctae*..., Panaitescu parle de l'oubli progressif de ces préoccupations dans la carrière de Cantemir : «*Interesul său pentru ştiinţele umanistice străbate deci şi în lucrarea în care declarase că se leapădă de ele şi se va închina numai ştiinţei sacre, pe care urma în curînd s-o lase în mare parte în uitare*», p. 61.

La maturité lui aurait apporté en partage de cultiver la discipline rigoureuse de l'histoire[190].

Dan Bădărău, un philosophe professionnel, éditeur de la métaphysique d'Aristote en roumain, articula cependant quelques années plus tard une position plus nuancée. Même s'il devait sacrifier largement à la pression idéologique du temps, il reconnaissait d'emblée *Sacrosanctae...* comme «l'une des œuvres majeures» de Cantemir[191]. Pour Bădărău, le but de cet ouvrage était «de consolider la foi religieuse, tout en s'assurant l'aide de la science nouvelle de son époque, et de la soustraire à l'influence de la scolastique vétuste et stérile»[192]. Même si, dans la préface de son ouvrage sur Cantemir, il déclare ne pas partager l'«illusion» d'un «développement de l'esprit» de Cantemir, au sens où «le mystique naïf de la jeunesse fût devenu à l'époque de la maturité un historien consommé»[193], la fin du chapitre consacré à *Sacro-sanctae...* le surprend tombant dans le même poncif[194].

I.D. Lăudat, dan son livre consacré à Cantemir, témoigne de l'obédience à la «vulgate» marxiste, considérant que, dans sa jeunesse, le Prince était sous l'influence de la pensée mystique de Cacavélas et se situait «encore plus à droite» que les idéalistes, lorsqu'il pense, au Livre I de *Sacro-sanctae*, que l'origine de la connaissance se trouve dans la révélation divine[195].

Petru Vaida, un chercheur en philosophie de la génération suivante, tenta de recentrer le regard sur ce qu'il appelait l'«humanisme» de Cantemir. Tout en laissant de côté la question de savoir si l'on peut situer

---

[190] Une opinion contre ce préjugé est exprimée, de façon significative, par Dan Bădărău: «*Presiunea unor evenimente în cursul cărora Cantemir a jucat un rol important este la baza lucrărilor sale din ultima vreme în domeniul istoriei; din ce în ce mai frecvente şi mai importante, aceste lucrări au putut crea iluzia unei vocaţii tardive a lui Cantemir şi a unei dezvoltări a spiritului său în sensul că misticul naiv din tinereţe ar fi devenit în epoca maturităţii un istoric încercat. Pe noi, care nu sîntem stăpîniţi de o asemenea iluzie, Dimitrie Cantemir ne pune în prezenţa unei minţi luminate cu vederi înaintate...*», op. cit., p. 8. Malheuresuement, les contraintes idéologiques du marxisme de même que l'autocensure pratiquée par le traducteur en roumain de la *Métaphysique* d'Aristote eurent pour résultat des distorsions majeures dans l'interprétation des idées philosophiques de Cantemir.

[191] Dan Bădărău, *Filozofia lui Dimitrie Cantemir*, p. 130.

[192] *Ibidem*, p. 135.

[193] *Ibidem, Avant-propos*, p. 8.

[194] «Les préoccupations métaphysiques et théosophiques de circonstance relatives à la science sacrée ne représentaient rien d'autre qu'un ajournement de recherches sur un plan profane, qui répondaient à sa vraie vocation», *ibidem*, p. 136.

[195] I.D. Lăudat, *Dimitrie Cantemir. Viaţa şi opera*, Iaşi, ed. Junimea, 1973, p. 69-73.

Cantemir dans le courant humaniste, observons simplement que, pour l'analyse de *Sacro-sanctae*, cette entreprise ressemble davantage à un carcan qu'à une mise en perspective naturelle. «*L'image de la science sacrée* (1700), écrit Petru Vaida, [...] marque de plusieurs points de vue, y compris de ce celui de la conception de l'homme, un regrès par rapport au *Divan*. L'anthropologie et l'éthique de l'*Image de la science*, construites sur les problèmes du péché et du salut, des rapports du libre-arbitre et de la grâce, développent les thèmes classiques de la conception chrétienne, avec une nuance mystique due, en partie, à l'influence de l'hermétisme de Van Helmont. La raison (*ratio*) y est rejetée comme une source d'erreur et de péché et il lui est opposé l'intellect (*intellectus*) comme faculté de l'intuition mystique. La définition aristotélicienne de l'homme comme animal raisonnable y est combattue avec véhémence, comme d'ailleurs tout ce qui tient à la culture et à la philosophie antiques»[196]. P. Vaida met ce changement d'attitude par rapport aux valeurs de l'antiquité classique sur le compte d'une polémique contre le courant humaniste et profane néo-grec du XVIIᵉ siècle et d'une prise de position en faveur du courant traditionaliste orthodoxe[197]. Cantemir se serait opposé au néo-aristotélisme des adeptes de Théophyle Corydalée, sans forcément pencher définitivement du côté du courant conservateur des traditionalistes orthodoxes, qui auraient, eux, incliné vers le catholicisme et la philosophie scolastique[198]. Quoi qu'il en soit, l'auteur conclut que, à ses débuts, dans *Sacro-sanctae*, Cantemir rejetait la théorie de la double vérité, qui avait été jadis professée par Th. Corydalée, «essayant d'absorber la science et la philosophie dans la théologie, respectivement dans la théosophie». Ce n'est qu'après, affirme-t-il prolongeant le même stéréotype que ces prédécesseurs, que «la nécessité de séparer le domaine de la science de celui de la foi s'est imposée, progressivement, dans la pensée de Cantemir, en étroite liaison avec le progrès de ses préoccupations scientifiques, d'histoire, de géographie, d'études orientales, etc.»[199]

C'est ici qu'il faut mentionner la position de Virgil Cândea, un grand promoteur des études sur Cantemir en Roumanie, qui, en intellectuel

---

[196] Petru Vaida, *Dimitrie Cantemir şi Umanismul*, p. 77-78.
[197] *Ibidem*, p. 183.
[198] *Ibidem*, p. 228. Pour le combat des deux courants à Constantinople et dans le monde grec en général, P. Vaida cite l'article de Victor Papacostea, «Originile învăţă-mântului superior în Ţara Românească», in *Studii*, 5, 1961.
[199] *Ibidem*, p. 242.

raffiné et grand connaisseur de l'ambiance intellectuelle du XVIIe siècle dans les pays du Sud-Est européen[200], avait émis certaines réserves contre ceux qui tenaient à tout prix à constater une «évolution progressiste» de la pensée de Cantemir. «La division même de son œuvre en phases – mystique et rationaliste – n'est d'ailleurs pas convaincante», notait-il dans l'étude introductive du *Divan*[201]. Cependant, comme il n'eut pas à s'occuper particulièrement de *Sacro-sanctae*, V. Cândea en resta là. L'appréciation qu'il fit, au passage, de cet ouvrage demeura dans la lignée de l'évaluation d'avant-guerre[202]. Ce n'est qu'en 1993 qu'il détailla sa pensée, dans un petit essai à caractère plus général[203].

---

[200] Voir, à titre d'exemple, son article «Les intellectuels du Sud-Est européen au XVIIe siecle», in *Revue des Études Sud-Est Européennes*, VIII, 1970, n° 2, p. 181 - 230 et n° 4, p. 623 – 668.

[201] D. Cantemir, *Divanul*, 1974, p. 23.

[202] «Dans *Sacrosanctae scientiae indepingibilis imago*, son [i.e. de Cantemir] attitude théosophique, à la manière de Van Helmont, le disciple de Paracelse, Cantemir tente une réconciliation entre la théologie et les sciences naturelles, où l'hermétisme et le symbolisme médiéval tiennent un rôle majeur. C'est là, sans doute, la plus nette affirmation de Cantemir en faveur de l'ésoterisme, de l'initiation, de l'illumination – ce qui le sépare en égale mesure de la pureté doctrinaire chrétienne et de la science sensorielle du néoaristotélisme», V. Cândea, «Quelques notes sur la pensée de Démètre Cantemir», in *Dacoromania. Jahrbuch für östliche Latinität*, 2 (1974) p. 18.

[203] «Cantemir n'aurait pu être un rationaliste, à son époque, et dans le climat culturel où il travaillait: en Moldavie, au Levant ou en Russie. Car, fondamentalement, on ne peut distinguer dans l'histoire du christianisme oriental les deux courants (idéaliste et rationaliste) dont on a tellement fait état dans l'histoire de la culture russe à l'époque communiste. Pour les historiens communistes de l'ancienne culture russe, chercher le «combat de l'ancien et du nouveau» dans la culture de l'Europe Orientale et du Levant n'était qu'une façon de sauver son poste d'enseignant d'Université ou de chercheur dans un institut de recherches. La philosophie ou la pensée chrétienne orientale est, ainsi que l'a montré Vladimir Lossky dans un livre remarquable paru en 1944, *Essai sur la Théologie mystique de l'Église d'Orient*, une pensée mystique. Quoi que l'on fasse, il est impossible d'y trouver un combat des mystiques et des rationalistes; il n'y a pas de rationalistes dans la théologie, du moins pas de rationalistes au sens des communistes ou au sens de la pensée contemporaine.

Cantemir, ce Cantemir qui écrivit le *Divan* et qui fit un tour de force en utilisant des sources catholiques telles que Bersuire ou des sources unitariennes telles que Wissowatius pour en arriver tout de même aux conclusions d'un livre orthodoxe, d'un manuel de réalisation intérieure pour ses orthodoxes de l'Orient, un tel savant ne pouvait être un rationaliste. L'homme qui se dressa contre l'attitude de Théophane Prokopovitch, un agent du modernisme dans la pensée russe à l'époque de Pierre le Grand, et contre l'opuscule de celui-ci sur l'éducation des enfants ne pouvait être un rationaliste. On ne peut penser Cantemir sous cette catégorie, et sa curiosité pour une certaine philosophie occidentale, dont celle de Van Helmont, ou pour d'autres courants de pensée contemporains doivent être considérés en rapport avec une attitude orthodoxe inébranlable.», Virgil Cândea, «Dimitrie Cantemir – evoluția interpretărilor», in *Vieața nouă*, nouvelle série, IIe année (1993), tome VII, p. 19 (ma traduction).

Malheureusement, il n'avait pu développer ce programme de recherche durant son activité créatrice et la question de l'interprétation de la philosophie de Cantemir demeure entière jusqu'à nos jours.

5. QUELQUES MOTS SUR LA PREMIÈRE TRADUCTION EN ROUMAIN

Malgré quelques échos favorables, parmi lesquels il convient de signaler l'appréciation positive de Lucian Blaga[204], la première traduction du traité de Cantemir[205] fut sévèrement jugée par plusieurs exégètes. Dan Bădărău, par exemple, le premier à avoir consacré un livre à la philosophie de Cantemir, regrette de ne pas avoir disposé d'une version roumaine satisfaisante de l'écrit latin du prince et déplore « le vocabulaire imprécis de la seule traduction qui existe »[206]. Petru Vaida critique plusieurs fois dans son livre la qualité de cette traduction[207].

Nicodim Locusteanu, professeur de latin au Lycée « Spiru Haret » de Bucarest, traducteur de Tite-Live et exégète de Plaute, fut cependant une figure intéressante des années 1920. Professeur de Mircea Eliade et d'Arşavir Acterian, il s'était forgé la réputation d'un connaisseur de l'anthroposophie de Rudolf Steiner, de la Kabbale et de la magie et, s'il fallait en croire d'aucuns, il était aussi un praticien des sciences occultes[208]. Sa version roumaine de *Sacrosanctae scientiae...* a avant tout le mérite d'avoir mis en circulation le texte philosophique principal de Cantemir, qui, pour plus de deux cents ans, était resté inconnu. Outre l'imprécision terminologique de sa traduction, il convient de remarquer deux manques qui limitaient *a priori* la possibilité d'aboutir à une traduction satisfaisante du texte de Cantemir : premièrement, l'absence

---

[204] « Din nenorocire, *Ştiinţa sacrosanctă*, adică, *Metafizica* sa, scrisă latineşte, *a rămas necunoscută* până mai acum vreo două decenii, când ea a apărut în buna traducere a lui Nicodim Locusteanu şi cu o seamă de note introductive mai puţin fericite ale lui Em. Grigoraş », Lucian Blaga, « Dimitrie Cantemir » [texte écrit en 1948], in *Izvoade (eseuri, conferinţe, articole)*, éd. cit., p. 142-168.

[205] Dimitrie Cantemir, *Metafizica*, din latineşte de Nicodim Locusteanu, cu o prefaţă de Em. C. Grigoraş, Bucureşti, Editura Ancora, S. Benvenisti & Co., col. « Biblioteca universală » [1928].

[206] « *...în ce priveşte scrierea de mare întindere* Sacrosanctae scientiae indepingibilis imago *ne-am văzut nevoiţi să ne mulţumim cu versiunea românească cu totul nesatisfăcătoare a lui Grigoraş tipărită sub titlul fantezist de* Metafizica... », Dan Bădărău, *Filosofia lui Dimitrie Cantemir*, Bucureşti, Editura Academiei R.P.R., 1964, *Cuvînt înainte*, p. 5-7.

[207] Petru Vaida, *Dimitrie Cantemir şi Umanismul*, p. 116, note 1 ; p. 173, note 1 ; p. 221, p. 225, note 1.

[208] A propos du personnage de Nicodim Locusteanu, voir aussi Florin Ţurcanu, *Mircea Eliade. Le prisonnier de l'histoire*, Paris, La découverte, 2003, p. 41-42.

d'une édition du texte latin du traité qui, jusqu'à l'édition critique qu'en donnent dans ce volume le regretté Professeur Dan Sluşanschi et Liviu Stroia, entravait les études sur Cantemir. Locusteanu dut traduire en roumain d'après la copie manuscrite de Grigore Tocilescu. Deuxièmement, le manque d'une préparation philosophique systématique du traducteur, qui abordait le texte plutôt en philologue, sensible à la beauté littéraire de celui-ci et moins attentif à la rigueur de l'idée que celui-ci s'efforce de communiquer sous le drapage codifié du latin savant, tel qu'on l'écrivait à Constantinople vers 1700[209].

6. Lectures de Cantemir

Sacro-sanctae scientiae indepingibilis imago a une structure hétéroclite, sous laquelle on peut reconstruire en gros le projet d'une physique anti-aristotélicienne[210]. Une partie introductive traite des conditions dans lesquelles on peut arriver à la connaissance des principes du monde et figure une belle allégorie de la connaissance par les sens, vouée à l'échec. Une seconde partie, sous la forme d'une explication de la Création en six jours (Hexaéméron), est en fait une cosmogonie selon le modèle des physiques mosaïques, dont le premier auteur fut Jean Philopon à Alexandrie, au VIe siècle[211], mais qui est pleinement représenté au XVIIe siècle, par Jean Comenius, Jakob Böhme, Robert Fludd et d'autres[212]. Une histoire du péché originel retrace à la fois la dignité ontologique avec laquelle l'homme fut créé et la science simple qu'il possédait au Paradis. La chute est vue comme un passage de l'état de

---

[209] Deux manques bien sentis par les chercheurs : « Une édition scientifique des Œuvres de Cantemir se fait encore attendre... Il est à croire que ceux qui recommenceront à l'avenir à étudier la pensée philosophique de Cantemir jouiront, pour ce qui est des documents mis à leur disposition, de conditions dont nous n'avons pu bénéficier. En tout premier lieu, nous espérons que dans l'édition projetée, la soi-disant *Métaphysique* sera traduite à nouveau frais par un chercheur particulièrement sérieux, bon latiniste et en même temps compétent dans les questions de philosophie médiévale, qui puisse passer judicieusement et soigneusement en revue tout le texte, même si cela lui coûtait un grand sacrifice de temps. Il ne fait aucun doute que, dans de telles conditions, cet important ouvrage de Cantemir pourrait dévoiler certains de ses aspects pas encore étudiés, peut-être pas même encore soupçonnés... », Dan Bădărău, *Filosofia lui Dimitrie Cantemir*, Bucureşti, Editura Academiei R.P.R., 1964, *Avant-propos*, p. 5-7, ma traduction.

[210] C'est aussi l'avis de P. Vaida, *Dimitrie Cantemir şi Umanismul*, p. 222.

[211] Pierre Duhem, *Le système du monde*, Hermann, Paris, tome II, pp. 494-501.

[212] Pour les physiques mosaïques de 1550 à 1650, voir l'article de Ann Blair, « Mosaic Physics and the Search for a Pious Natural Philosophy in the Late Renaissance », *Isis*, 91, 2000, pp. 32-58.

savoir à celui d'ignorance, un oubli du Dieu Créateur, un assujettisse-ment de l'immatériel au matériel[213], un culte de la science sensitive que l'on acquiert par l'examen des sens[214]. Un livre sur le temps, un autre sur les formes et enfin le dernier livre qui esquisse une éthique chrétienne, en traitant du libre arbitre, complètent l'ouvrage.

A la différence d'autres travaux, tels le *Divan*, Cantemir n'y dévoile pas trop ses sources intellectuelles. A part Aristote, qu'il semble citer d'après la *translatio nova* de Guillaume de Mœrbeke[215], et Augustin qu'il évoque par deux fois au Livre IV, à propos de la question du temps, l'auteur reste très elliptique sur ses références. Certes, l'utilisation du latin pour écrire cet essai de philosophie orthodoxe peut paraître surpre-nante. Écrite à l'issue d'un cursus intellectuel entièrement suivi en grec, ayant pour référence incontournable la théologie mystique du Pseudo-Denys l'Aréopagite, *Sacro-sanctae* semble viser, de par le choix du latin, un public occidental. C'est ainsi que s'explique l'utilisation systéma-tique du texte de la Vulgate et non de la Bible des Septante, la mention du dictionnaire d'Ambrogio Calepino (V, 4), l'appel au renfort des passages de la *Consolatio philosophiae* de Boèce (V, 18-19). Certes, Cantemir écrit une partie de *Sacro-sanctae*, ayant à côté de lui, les *Opera omnia* de Van Helmont, dans l'édition de 1682. Les Livres II, III et IV lui sont redevables à fortes doses. Mais l'on ne saurait comprendre le recours au philosophe flamand si l'on n'envisage pas l'utilisation que le Prince moldave en fait. Les éléments de cosmologie et de physique qu'il reprend servent à Cantemir pour attaquer un certain néo-aristotélisme, que l'on pourrait identifier comme étant celui qu'on avait professé à l'Université de Padoue pendant un siècle. C'est de Padoue qu'avaient rapporté ce néo-aristotélisme les fondateurs de l'Académie Patriarcale de Constantinople et de l'enseignement orthodoxe grec. Corydalée en avait fait la base de ses cours, dont quelques-uns nous furent transmis[216].

---

[213] *Sacro-sanctae scientiae indepingibilis imago* [cité ci-après SSII], II, 28.
[214] SSII, II, 22.
[215] Voir SSII II, 4 ; IV, 10. Toutefois, dans IV, 12, Cantemir semble préférer un équivalent latin tiré d'une autre traduction.
[216] Voir, en édition bilingue, Théophile Corydalée, *Introduction à la logique*, texte grec établi par Athanase Papadopoulos, traduit et présenté par Constantin Noica, précédé par une étude de Cléobule Tsourkas, Association Internationale d'Etudes du Sud-Est Européen. Comité National Roumain, Bucarest, 1970, et *Commentaires à la métaphy-sique*, texte établi par T. Iliopoulos, introduction et traduction [partielle] de Constantin Noica, Association Internationale d'Études du Sud-Est Européen. Comité National Roumain, Bucarest, 1973.

Or, nous trouvons chez Cantemir une attitude philosophique contraire au néo-aristotélisme et, dans une certaine mesure, à l'aristotélisme en général. Cette attitude justifie, à ses yeux, le programme d'une «théologo-physique», construite sur la révélation que le philosophe, arrivé au comble de la désolation de ne rien pouvoir trouver de lui-même, aura de la bouche d'un vénérable vieillard qui apparaît pour le secourir[217]. A commencer par son nom, cette théologo-physique est en contradiction avec la méthode de Th. Corydalée. Ce dernier reprochait aux commentateurs arabes et latins d'Aristote de méconnaître la philoso-phie péripatéticienne du fait qu'ils confondaient «des théories qui n'ont rien de commun, en faisant un vrai mélange philosophico-théologique et en s'éloignant également de la vraie foi et de l'exacte pensée philoso-phique»[218]. En ceci, Corydalée suivait la méthode et les principes de son maître Cesare Cremonini et du courant «naturaliste» italien, qui se proposait de donner un commentaire rigoureux des œuvres d'Aristote sans se soucier des conflits possibles avec des points de la doctrine chrétienne. Cantemir, au contraire, «ne cherche rien de plus, ne désire rien de mieux, mais, s'y tenant avec simplicité, cultive intellectuelle-ment et vénère spirituellement la vérité très simple». Petru Vaida a vu dans cette formule un manifeste contre la théorie de la double vérité défendue par Siger de Brabant et interdite en 1277 par Étienne Tempier, qui aurait été remise à l'honneur par les naturalistes italiens et partagée par Th. Corydalée[219].

En réalité, le projet de Cantemir est bien plus radical. La vérité dont il parle n'est pas la vérité des philosophes scolastiques, fussent-ils adeptes ou adversaires de la théorie de la double vérité. C'est la vérité, simple, à valence sotériologique de l'Évangile de Jean, que seul l'intellect, νοῦς, éclairé par la lumière divine, peut saisir, en se séparant de la raison discursive et des sens. Cantemir se trouve dans une rupture totale avec la scolastique et les aristotélismes du XVIIe siècle, mais aussi avec l'ensei-gnement d'Aristote. L'approfondissement de cette crise permettra à

---

[217] L'utilisation de l'expression théologo-physique au chap. 6 du Livre I, dans le contexte «*Theologo-Physices Indepingibilis Imago*», comme synonyme de «*Sacro-sanctae*» montre bien que l'ouvrage en entier traite bien de la théologo-physique.

[218] Théophile Corydalée, *Épître dogmatique* et *De la génération et de la corruption*, *apud* Cléobule Tsourkas, *Les débuts de l'enseignement philosophique et de la libre pensée dans les Balkans. La vie et l'œuvre de Théophile Corydalée (1570-1646)*, deuxième édition révisée et complétée, Institute for Balkan Studies, Thessalonique, 1967, p. 198, 268.

[219] Petru Vaida, *Dimitrie Cantemir şi Umanismul*, p. 224-234.

Cantemir de jeter le discrédit sur les grands principes de la physique, contribuant de son autorité à ce que Pierre Duhem allait appeler «une révolution théologique»[220]. L'intellect, pour autant qu'il a accès à cette vérité, s'efforce de reconstituer la science simple de Dieu, en prenant comme base les Écritures. Cette *simplex scientia*, probablement γνῶσις dans l'idiome grec de Constantinople, doit beaucoup à la tradition contemplative orientale, d'Évagre le Pontique et Grégoire de Nysse jusqu'à Maxime le Confesseur.

Le fait que la physique de Cantemir se place explicitement dans la tradition de l'enseignement testamentaire marque son indépendance vis-à-vis des sources de la physique antique. Moïse, ce «Philosophe Suprême» et ce «Théologien de la Vérité», surpasse la doctrine des Grecs, non seulement par son ancienneté, mais aussi par sa piété et par son exactitude[221]. Son enseignement évite à la fois les «fictions païennes», les non-êtres comme principes constitutifs des choses, comme le sont pour Aristote la forme, la matière et la privation, et «les métaphores dans l'enchaînement de l'Univers». Cantemir s'en prend particulièrement à la privation, dans laquelle il voit une méthode d'origine mathématique indûment étendue à la métaphysique, notamment dans la représentation du temps comme réunion de points mathématiques indivisibles. Le temps est pour lui, dans une tradition qui remonte à Plotin, une émanation de l'éternité divine, ce qui le fait parler davantage de durée que de temps. De cette perspective, doublée d'une vision diony-sienne, les choses individuelles s'inscrivent par leur durée dans l'éter-nelle durée divine, de même que par leur vie particulière elles participent de la Vie Universelle, sans pour autant que cette dernière soit affectée de quelque manière que ce soit par la première. C'est cette même attitude, dont l'origine est néo-platonicienne, qui autorise Cantemir, me semble-t-il, à défendre le principe chrétien de la création *ex nihilo* : il affirme en effet qu'au début de la Genèse, Dieu a posé autour de soi les ténèbres «de façon positive et non privative»[222] et aussi que «Dieu le Tout-Puissant a créé toutes les choses visibles et invisibles à partir du rien, et non par la privation du rien, mais par la position de sa Toute-Puissance»[223]. Posant explicitement que la Création n'a aucune relation à la privation,

---

[220] Pierre Duhem, *Le Système du monde*, t. IV, Paris, Hermann, nouveau tirage, 1973, p. 317.
[221] SSII, IV, 18.
[222] *Ibid.*, II, 4.
[223] *Ibid.*, IV, 8.

Cantemir attaque très précisément le principe grec de l'éternité de la matière première, qui en même temps que d'autres principes, tels la domination des astres sur la vie sublunaire ou le caractère cyclique de la temporalité du monde, fondaient pour la science antique la compréhension de l'Univers. De par cette position critique, il est tout à fait légitime de situer Cantemir dans la descendance des Pères de l'Église, qui, selon la vision de Pierre Duhem, en ruinant par leurs attaques les cosmologies anciennes, font place nette à la science moderne[224].

Mettant à profit sa définition de l'homme, créé à l'image de Dieu, Cantemir construit une allégorie de l'image infigurable (*indepingibilis imago*), qui est d'abord image de l'homme lui-même. Le jeune novice est rapidement entraîné, dans sa soif de connaître, à peindre aussi l'image du vieillard, qui incarne la Science Sacrée. Figurer l'image n'est pas donc seulement un projet métaphysique de connaissance de soi, mais aussi un projet théologique de connaître Dieu. Tout le Livre I élabore sur ce projet d'«auto-portrait», un thème qui avait préoccupé bien des peintres au XVIIe siècle, mais sans perdre de vue le côté sacré de cette problématique. Toute image est placée dans la tradition à la fois critique et symbolique raffermie par le Pseudo-Denys[225]. C'est dans ce contexte que le Prince fait appel à des ressources de la spiritualité chrétienne, qui lui permettent de projeter la recherche du personnage narrateur dans deux types différents de visions, la vision onirique et la vision de l'intellect.

La cosmogonie et les quelques éléments de physique de *Sacrosanctae* sont très redevables à J. B. van Helmont. Cantemir utilise aussi la métaphysique des formes de ce dernier selon laquelle Dieu suscite les formes à l'intérieur de la matière, à la faveur d'éléments matériels spécifiques, que le Prince roumain appelle, dans la tradition de Paracelse, archées et qu'il tient pour auto-moteurs[226]. Chez Paracelse, l'archée est le propre de l'espèce et de l'individuel. Il rend chaque chose plus parfaite en augmentant toujours son individuation[227]. Chez

---

[224] Pierre Duhem, *Le Système du monde*, t. II, 1965, p. 408.

[225] *Hiérarchie céleste*, II, 1 : «C'est de la façon la plus simple, en effet, que la Parole de Dieu a usé de très saintes fictions poétiques pour les appliquer aux esprits sans figure, etc.» (trad. M. de Gandillac).

[226] SSII, III, 19.

[227] «Toutes les choses sont ainsi créées pour avoir leur propre archée, par lequel elles sont amenées à leur sommet», Paracelsus, *Ursprung, Ursach und Heylung der Frantzosen*, IV. Buch, cap. 4, *Chirurgische Bücher und Schriften*, éd. Huser, Strassburg, Lazarus Zezner, 1605, p. 216. «L'archée dirige n'importe quoi vers son essence.», Paracelsus, *Liber Meteororum*, cap. 4, ed. Huser, Basel, Conrad Waldkirch, vol. VIII, p. 206.

Cantemir, de même que chez Van Helmont, les archées ont un rôle d'individuation des espèces à partir de l'élément originel, qui est l'eau, mais les formes, purement immatérielles[228], synonymes de la lumière (ou de l'âme), et de la vie, viennent directement de Dieu, qui détient ainsi un rôle permanent dans la création continuée. Les vies particulières sont de ce fait dépendantes de la Vie Universelle ou Lumière Universelle. Au-delà de Van Helmont, l'idée vient du Pseudo-Denys qui élabore en même temps l'idée de l'analogie de l'être et de la lumière, « selon le mode de sa propre capacité »[229], et l'idée d'une hiérarchie des formes et des êtres dépendant directement de Dieu. Cantemir se trouvait donc dans la situation de comprendre à la fois Van Helmont et ses sources orientales, sans passer nécessairement par la médiation augustinienne, selon laquelle Dieu jette « au coup par coup » chaque âme dans chaque corps[230]. Toujours avec Van Helmont, Cantemir distingue quatre types de formes, depuis la plus simple, la forme essentielle, caractérisant les espèces qui semblent vivre à peine, comme les pierres, les gemmes, les métaux jusqu'à la plus lumineuse, la substance formelle, créée, mais non périssable, qui est donnée à l'homme[231]. On voit la façon dont Cantemir s'appuie sur Van Helmont pour fonder une métaphysique de la connaissance, un peu comme Leibniz le faisait à la même époque. L'idée d'une hiérarchie des êtres selon la « lumière » de leurs formes et, j'ajoute, selon leur possibilité de connaître l'univers et Dieu est tout à fait leibnizienne ; elle provient cependant non de l'édifice restauré de la tradition métaphysique aristotélicienne, comme chez le fondateur de l'Académie de Berlin, mais d'une théologie orientale pour laquelle la contemplation de Dieu se double d'une divinisation de l'homme. Pourvu qu'il reconnaisse et qu'il saisisse la vérité simple, celui-ci trouvera dans la contemplation de la Création la Vie Éternelle.[232]

---

[228] « La vie des choses n'est ni la matière, ou matérielle, ni un élément ou élémentale (comme l'enseigne de façon perverse le philosophe), ni non plus substance de la chose, mais la forme lumineuse elle-même de l'être », SSII, V, 6.

[229] Cantemir, *ibidem*. Pour l'analogie dionysienne, voir Vladimir Lossky, « La notion des *analogies* chez Denys le Pseudo-Aréopagite », in *Archives d'histoire doctrinale et littéraire du Moyen Age*, 5, 1930, pp. 279-309.

[230] Augustin, *De genesi ad litteram*, in *Œuvres de saint Augustin*, Tournai, Desclée de Brouwer, 1972, tome 2, p. 155.

[231] SSII, V, 8.

[232] SSII, V, 1.

7. STRUCTURE ET ANALYSE DE L'OUVRAGE

7.1 LIVRE I

7.1.1 Prologue (I, 1-3)

Le livre s'ouvre sur le tourment intérieur d'un jeune philosophe, qui, «arpentant de long en large la galerie», se débat en proie à une crise du savoir. Pour autant que le texte le précise, les «angoisses» et le «gouffre de l'ignorance» que le jeune novice traverse sont un effet de l'attachement aux choses matérielles et à la connaissance par les sens. Incarnant le personnage du disciple à la recherche de la vérité, ce jeune philosophe aura tout au long de l'ouvrage un double statut: il est à la fois un personnage exemplaire qui se pose par rapport au maître qui l'initie au savoir dans un rapport canonique pour la pratique chrétienne orientale[233], mais il est aussi un homme, qui, dans la simplicité de son désir de connaître, il résume en lui les efforts que l'humanité n'a jamais cessé d'entreprendre pour atteindre au même but. Cette ambivalence de statut, qui fait jouer à l'unisson individuel et universel, n'est pas sans rappeler le personnage des *Méditations* de Descartes, qui, de par un itinéraire exemplaire mais en tous points retraçable, prétend fonder toute la connaissance humaine. L'ambiance de ce premier chapitre est empreinte d'une tension qui oppose le corporel au spirituel, annonçant le but de l'ouvrage. Le fait que le novice se prépare à parler de l'«Incréé», de l'«Éternel», de l'«Être», de l'«Immortel» et de la «Vie» l'identifie à l'auteur de l'ouvrage et fait de ce premier chapitre à la fois une *captatio benevolentiae* et une «mise en abîme» de l'ouvrage. Alors même qu'il explicite l'aporie dans laquelle il se trouve, «un ami sincère et compagnon fidèle» lui apparaît, qui, à en juger d'après son intervention, est une voix de l'intellect pour l'aider dans cette épreuve. La figure sera explicitée au ch. 6, où l'auteur dévoile que c'est l'intellect qui parle par prosopopée.

Les conseils qu'il lui donne sont d'ordre méthodologique. Le novice doit apprendre à distinguer non pas entre les contraires (ce qui est à la fois banal et ne mène à rien), mais entre «les choses ayant la même dénomination», c'est là que surgit la «splendeur de la vérité». Il apprendra aussi que les créatures ont été créées dans des degrés ontologiques différents et qu'elles y demeurent ou non, conservant le même bien, c'est le choix de leur libre arbitre. Les replacer dans leur vrai ordre

---

[233] André Scrima, «Le maître spirituel selon les traditions d'Occident et d'Orient», in *Hermès*, 3, Paris, 1983.

métaphysique, leur restituant leur véritable dignité ontologique, relève l'intellect et humilie les sens, permettant à l'homme de participer dans une certaine mesure de la connaissance que Dieu a lui-même du monde qu'il a créé.

Ce cadre méthodologique situe l'entreprise de Cantemir dans un sillage néo-platonicien et, particulièrement, dionysien. «Recevant à notre façon les mystères divins, enclos comme nous le sommes dans le cercle familier des réalités sensibles, ramenant les mystères divins à la norme humaine, écrivait Pseudo-Denys l'Aréopagite, nous nous égarons quand nous rapetissons à la mesure des apparences la divine et secrète raison, et pourtant nous ne devrions pas perdre de vue que, si notre intelligence possède une puissance intellective qui lui permet d'apercevoir les intelligibles, l'union par quoi elle atteint aux réalités qui sont situées au delà d'elle-même dépasse la nature de l'intelligence»[234]. La seule faculté par laquelle l'homme accède à la connaissance vraie est l'intellect, et s'y fier signifie revêtir une dignité proprement divine: «C'est cette union seule qui nous ouvre l'intellection des mystères divins, non pas selon nos modes humains, mais en sortant tout entiers de nous-mêmes pour appartenir tout entiers à Dieu...»[235]

Les conseils de cette créature spirituelle plongent l'apprenti philosophe dans une agitation confinant à l'angoisse: inquiétude, larmes, sanglots signalent la difficulté qu'il éprouve de passer d'un savoir acquis, désormais inutile («néant», «indigence»), à la découverte d'un territoire inconnu («flèche céleste», «éclair»). A la faveur d'une allégorie de la lumière intellectuelle susceptible d'embraser et d'animer le corps sensitif, l'auteur présente son ouvrage comme une entreprise cathartique. Ses tourments se cristallisent rapidement dans une amertume qu'il ressent intellectuellement et physiquement et l'amènent, dans un projet à la fois cognitif et thérapeutique, à essayer de peindre l'homme. Est-ce lui-même qu'il veut peindre ou l'homme en général? La réponse est tout aussi ambivalente que le personnage même du jeune philosophe. Disons qu'en se peignant lui-même, il souhaite peindre l'homme, de même qu'en faisant des efforts pour se connaître lui-même, il aspire à connaître l'homme en général. Certes il est conscient qu'il aura à peindre avec «les couleurs noires de la science humaine» sur «le tableau sombre de son esprit» et, par conséquent, que le portrait qui en

---

[234] *Des Noms divins*, VII, 1, traduction Maurice de Gandillac, Aubier, Paris, 1941.
[235] *Ibidem.*

résultera sera celui d'un «Africain», figure du désespoir dans ce
contexte intellectuel entièrement dominé par la métaphore de la lumière
de l'intellect divin dont seule l'épiphanie est la «*veritatis splendor*».

7.1.2 Inanité du savoir appris (I, 4-7)

Dans cette tentative désespérée de peindre l'homme, ou encore de
peindre la «Science Sacrée», qui figure, par une sorte de mise en abîme,
l'écriture même de l'ouvrage, le jeune philosophe convoque toutes les
connaissances auxquelles il est habitué. Quelles sont-elles? On s'en
doute: «le tableau platonicien», «les couleurs aristotéliciennes»[236]. En
vain. Sous l'effet du désenchantement, les outils philosophiques
canoniques lui semblent inappropriés et creux, «matière platonicienne
confuse», «forme aristotélicienne privée de toute forme», «idées insensées et délirantes». La science humaine, elle même sombre, n'est ainsi
capable de fournir qu'une image sombre. Les catégories les plus décriées
sont la matière, la forme et la privation. A travers cette narration, mi-
désabusée, mi-ironique, Cantemir prend une attitude décidée par rapport
à la philosophie, qu'il perçoit d'emblée comme un héritage d'Aristote, et
que, à ce titre, il n'hésite pas à rejeter en bloc: «Par là, toutes les choses
que je croyais avoir été, dans l'Antiquité, élevées au rang de règle la
vérité, tout cela me semblait être maintenant appris et enseigné de façon
pervertie, vague et inutile»[237]. Rendant responsables les catégories-
maîtresses de Platon et d'Aristote de l'échec de la représentation de la
vérité, le ch. 4 projette pour la première fois le sentiment de vanité sur la
science des Anciens et annonce le pénible travail du Moderne. Est-ce
qu'il rejette Aristote ou l'usage qu'en font les Modernes? Sans doute, ce
problème n'est pas le sien, car il rejette toute une tradition, qu'il traite de
«science sensitive». Au ch. 5, l'échec de la connaissance est assimilé à
un véritable oubli de soi, qui survient au bout de quelques fausses pistes,
dans lesquelles l'esprit est engagé par des mirages de la raison humaine.
Le projet même de peindre, ou de figurer, par de modestes moyens, le
portrait de l'homme ou de la science tient du sensitif. C'est l'effort même

---

[236] Aussi ne puis-je être d'accord avec Lucian Blaga, qui parlait d'une «liberté
adamique de tout repenser», Lucian Blaga, «Dimitrie Cantemir», in *Izvoade*, Bucureşti,
Humanitas, 2002, p. 253. («*El îşi reia oarecum libertatea adamică de a regândi totul,
aspirând să ajungă singur la descoperirea adevărului*»). Le repli sur soi du novice est,
comme c'est aussi également le cas pour Faust, un repli sur le savoir acquis.

[237] SSII, I, 4.

de l'apprenti-philosophe de pointer vers un savoir positif qui se heurte à des fins de non-recevoir, que lui oppose son propre intellect, dans un dialogue intime. Sera-ce le portrait d'un homme ou d'une femme? La figure sera-t-elle parée de vêtements magnifiques? Le ch. 6 introduit l'oxymore de l'image irreprésentable de la science sacrée, un paradoxe qui permettra à l'auteur de soutenir tout au long de l'ouvrage la tension de la quête spirituelle, tout en refusant les catégories néo-aristotéliciennes. Ce chapitre est construit à partir d'éléments de logique que l'on aura du profit à comparer à ceux que l'auteur lui-même avait exposés dans son *Précis de logique*. A l'encontre de ces différentes propositions, l'intellect propose au novice un itinéraire apophatique, selon lequel celui-ci doit se débarrasser, progressivement, de la connaissance par les sens, qui est, comme on le verra, une conséquence du péché originel, et qui lui fournit un tableau extrêmement varié, multiforme et coloré du monde. «Nue et simple doit être l'image de cette science [...] Tu dois donc d'abord préparer les divers vêtements de la nudité et les couleurs variées de la simplicité, et n'entreprends qu'après de peindre l'image infigurable (*indepingibilis*) de cette science.»[238] Le disciple doit se disposer à parcourir l'apophase, à renoncer à tout ce qui parle aux sens, et, en éliminant les attraits de la diversité, à retrouver la simplicité de la connaissance spirituelle. Néanmoins, il ne comprend pas immédiatement le sens de ces oxymores. Y réfléchissant sans arrêt, il est pris par une peur panique. Paralysé par l'angoisse de perdre son esprit, il tombe de son siège à la façon d'un ivrogne, sans s'en rendre compte. Libéré enfin des sens, car envahi par une torpeur symbolisant sans doute l'abandon total des moyens appris, il verse des larmes amères sur son échec et déplore que toutes les couleurs qu'il avait rassemblées au prix d'efforts assidus s'étaient répandues par terre et mélangées les unes aux autres.

7.1.3 Vision onirique I (8-9)

La torpeur physique n'est cependant pas de l'hébétude. Il se révèle que ces différents états que le novice vient de traverser sont les signes avant-coureurs d'une *visio somnialis*, d'une vision onirique, où, selon les théoriciens de l'imagination, «l'intellect peut progresser davantage par figures, images et visions oniriques de l'imagination, que par les procédés discursifs de la raison»[239]. L'hébètement des sens accroît donc

---

[238] I, 6.
[239] J. B. van Helmont, *Venatio scientiarum*, 40, in *Opera omnia*, éd. cit.

la réceptivité de l'intellect, qui, à travers des songes baroques, se repaît de vérité. «*Nox nocti indicat scientiam*», «une nuit en donne connaissance à une autre nuit», figure Cantemir, avec les paroles du Psalmiste, cet état de réceptivité qui ouvre un autre type de communication, le troisième, après le dialogue avec la créature intellectuelle et avec son propre intellect. Le premier tableau qui s'offre à l'imagination est celui d'un océan sans bornes, sur lequel une flotte de navires, livrée à une tempête déchaînée, est chassée, au milieu des cris des matelots et du mugissement des vagues, vers les quatre points cardinaux. Un second tableau montre au novice un paysage composé de montagnes inaccessibles et d'abîmes sans fond, qui servent de décor à une foule innombrable de gens se livrant à toutes sortes de luttes et de combats, faisant entendre le bruit des armes. Cette scène de conflit est rehaussée d'une scène apocalyptique de troupeaux d'animaux mugissant, de légions de reptiles rampant et de nuées d'oiseaux et d'insectes empêchant la lumière du Soleil de passer (ch. 8). Que signifie ce «spectacle» (ou *théorème*, ainsi que l'appelle Cantemir utilisant un hellénisme) ou, mieux, ce «simulacre»? Selon le lemme du chapitre respectif, ce serait une «mise à l'épreuve de l'intellect par la science sensitive». Obnubilé par la diversité et le dramatisme des impressions des sens, l'intellect risque d'abdiquer. De telles épreuves auraient le rôle de fortifier l'intellect et de le rendre indépendant des impressions des sens. La dignité de l'intellect est infinie, car celui-ci contient le «Prototype de la Charité éternelle», ou, comme le révèlera plus tard l'auteur, «le prototype de l'Image divine», «le Christ, le Verbe de Dieu fait homme»[240]. Après les sens, c'est l'imagination qui échoue, laissant l'apprenti «au milieu de l'épreuve».

7.1.4 Vision de l'intellect (I, 10-17)

Arrivé au paroxysme de la crise du savoir, dans un état où la «pâle mort» le menace et où il croit vivre ainsi «son dernier souffle», un vénérable et aimable vieillard lui apparaît, «d'un physique plein de grâce, la taille haute, les yeux brillants et débordant de gaieté, ayant un visage animé et beau, la voix douce, le parler plaisant et la conversation très agréable et diserte»[241]. Ce que le personnage-narrateur vit ici, c'est une *visio intellectualis*, une vision de l'intellect, à travers laquelle il

---

[240] V, 13.
[241] I, 10.

aperçoit et communique avec le Divin. Saint Augustin précise que l'homme ne peut avoir ce type de vision que « s'il meurt dans une certaine mesure dans cette vie, soit qu'il quitte définitivement son corps, soit qu'il est tellement détourné et aliéné de ses sens charnels, qu'il ne sache pas, comme le dit l'Apôtre, s'il se trouve encore dans le corps ou déjà hors du corps, lorsqu'il est saisi et ravi par cette vision »[242]. C'est le même type d'expérience que l'extase de saint Pierre[243]. J. B. van Helmont illustre également la vision intellectuelle, rapportant un épisode la vie de saint Ambroise[244].

Dans le personnage qui lui apparaît, le novice devine le Père même des temps, mais la suite du texte donne à comprendre que l'auteur y personnifie la Science Sacrée. Le vieillard révèlera lui-même son identité, en parlant au féminin, au ch. 2 du Livre IV : « sache que Moi, tel que tu me vois, pourvue de cette forme, je suis et je m'appelle la Science Sacrée de la Vérité éternelle »[245]. De son côté, scrutant le plus profond de son intellect, le novice distingue dans le vieillard une voix autorisée, qui lui délivre un savoir absolu. Cette voix, selon une suggestion du texte, est celle du Saint Esprit, à travers le Christ, crucifié dans l'homme[246]. Le dialogue qui s'ensuit, construit selon le modèle d'une progression commune d'un maître spirituel et de son disciple, sert de cadre au reste de l'ouvrage[247]. Ce cadre recevra une confirmation dans le dernier chapitre du Livre III, où le maître cesse d'appeler le novice « mon fils (*filius*) » pour le nommer désormais « mon disciple (*alumnus*) ».

---

[242] *De Genesi ad litteram*, XII, 27, 55, PL 34, 477-478.

[243] *Actes*, 10, 11 *sq.*

[244] *De magnetica vulnerum curatione*, 85.

[245] Néanmoins, dans l'*Index rerum*, écrit de sa propre main, Cantemir réfère au personnage allégorique comme à l'Écriture Sainte.

[246] « Mon Esprit (dit le Seigneur) ne demeurera pas avec l'homme, parce qu'il est chair, [mais] avec l'âme de l'homme, parce qu'elle est Esprit. »

[247] Une belle synthèse chez L. Blaga : « *Disperând de posibilitățile firești de a descoperi adevărul, Cantemir se vede dintr-o dată ajutat spre ținta către care râvnește de un Mag care-i apare. Acest Mag îl va « iniția » întru adevărurile științei sacre. Pe acest Mag trebuie să-l socotim ca o întrupare alegorică a Științei Sacre. Cantemir se va sili să asculte și să însemne « adevărurile » ce i se comunică prin grație divină, în măsura în care el, ca om, e în stare să le vadă, « în oglindă ». Faptul că e adus în starea vizionară de a vedea adevărul « în oglindă » este pentru Cantemir o împrejurare ce ține de condescendența divină care vrea să-l scoată din îndoială și disperare. Cantemir nu va avea pretenția de a expune rezultatele la care ar fi ajuns propria sa gândire ; el notează doar smerit ceea ce i se împărtășește. Cantemir ne apare tot timpul conștient de insuficiența mijloacelor ce-i stau la dispoziție pentru a reda imaginea, în definitiv, de nedescris a științei sacre* », « Dimitrie Cantemir », in *Izvoade*, București, Humanitas, 2002, p. 254.

Le vieillard apparaît cependant accompagné de quelques attributs. De sa main droite il tient un sceptre, de sa gauche un arc et une flèche ; son vêtement, bien ajusté, recouvre tout son corps et n'est pas d'une couleur précise, mais toutes les couleurs y sont représentées dans chacun de ses points de teinture. Sur la tête il porte un diadème en or, serti de pierreries très précieuses et diverses (ch. 10). Ces attributs s'avèreront redoutables par la suite, lorsque le disciple s'apprêtera à peindre l'effigie du vieillard. En effet, ce dernier semble infigurable à plus d'un titre, du fait de la diversité et du changement de ses apparences.

Cette épiphanie engendre chez le disciple un état de respect mêlé d'effroi (*reverentia tremebunda*), qui l'empêche d'accorder son comportement extérieur à la joie qu'il sent monter dans son âme. Le vieillard commence son enseignement par une exhortation « Soit confiant, espère et crois ! ». La foi dans une réalité suprasensible rend plus aisé d'accepter le changement perpétuel des choses sensibles. Soumis à une nouvelle épreuve, le disciple est amené à contempler un troisième tableau, où les matelots sont devenus des soldats et les montagnes un abîme. Le champ de bataille d'auparavant est rempli maintenant de convives d'un banquet se chérissant les uns les autres et se disposant à participer à des réjouissances et à des cérémonies sacrées. Les cris de tout à l'heure se sont métamorphosés dans des poèmes et des chants (ch. 11).

Traversant les différentes étapes de cette initiation au savoir, le disciple en arrive à estimer davantage le fonctionnement de son intellect et de se défier de la connaissance par les sens. Au son du Psaume 41 : « Un abîme appelle et attire un autre abîme » et comme évoquant entre les lignes le mythe platonicien de la caverne, il accepte avec son maître de révoquer en doute comme des simulacres les tableaux qu'il vient de contempler. La relation des deux se fortifie à la fois de la confiance et de l'obéissance du disciple et de l'intervention salvatrice du maître. Les deux en arrivent ensemble à identifier la « langueur immémoriale » dont le novice souffre. C'est bien une maladie du savoir, provenant de l'ignorance des principes des choses naturelles, entretenue par le rythme des choses contingentes et aggravée par le traitement aristotélicien de la réalité et de la connaissance. La gravité de l'état du malade exige de mettre à nu la plaie (ch. 12).

Cette purification entraîne chez le novice un rejet de l'art de la peinture, entendu comme représentant d'une certaine manière la science profane, comme entraînant la glorification du peintre par le fait de participer de la gloire d'événements auxquels il n'a aucun mérite (ch. 13). Le vieillard confirme cette sanction morale, faisant défiler devant les yeux du disciple l'orgueil et la présomption des hommes qui, se livrant une guerre perpétuelle pour une gloire vaine, n'ont eu de cesse d'assombrir la splendeur primitive de la vraie sagesse et de la remplacer par les principes indémontrables de la science sensitive. L'unique remède en est de se tourner vers l'intellect vivifiant et d'essayer d'y retrouver la science pure et simple du commandement d'avant la chute (ch. 14).

Sur injonction du vieillard, le novice se dispose à peindre le portrait de celui-ci : il prépare de nouvelles couleurs, il les compare au modèle, à la façon des peintres, pour voir si elles lui ressemblent. C'est la recherche d'une voie par laquelle la science sacrée se laisserait rechercher par la science sacrée (ch. 15). En vain ! Les couleurs du modèle se dérobent sans arrêt à la figuration, car le visage du vieillard change d'un moment à l'autre (ch. 16). De même, le vêtement multicolore s'avère impossible à peindre, du fait de la composition et de l'aspect de son tissu. Selon une suggestion de l'*Index*, le tissu du vêtement figure la vérité. Il n'a pas de bord, car la vérité est infinie. Il est agglutiné au corps du vieillard, car la vérité et la science font un seul corps. La science sacrée demeure incompréhensible aux sens et les forces de la raison en sont incapables. Tout ce que le novice peut figurer, ce sont des formes, des ombres, des figures qui expriment, selon les conventions appropriées, la noblesse du modèle (ch. 17).

7.2. Livre II

7.2.1 Un préambule épistémologique (II, 1-2)

Au Livre I, il était devenu clair que l'homme ne peut obtenir la connaissance par soi : « plus tu suivras ta curiosité, plus tu tomberas dans des difficultés grandes et désagréables » (I, 16) La révélation divine avait ouvert à l'apprenti philosophe le chemin de la vérité, à acquérir « non par les sens mortifères, mais par l'intellect vivifiant » (I, 14), unique faculté susceptible de fournir au philosophe l'accès à la vérité simple (*simplex veritas*). Prolongeant les conclusions du Livre I, Cantemir met le lecteur en garde que l'homme ne pourra pas atteindre à la connaissance des vérités premières. Il utilise plusieurs arguments. Certains sont *a posteriori*, ou à partir des effets. Quoique l'apprenti philosophe essaie, en utilisant des couleurs appropriées, de figurer le portrait du vénérable vieillard qui lui est apparu, il y échoue. La raison pour laquelle la connaissance par les sens est vouée à l'échec, c'est qu'elle opère sur la substance et l'accident. L'image du vieillard appartient toutefois à la monarchie d'une « essence neutre », que les philosophes païens n'ont pas reconnu. Par conséquent, l'école ne pourra pas l'aider : « tu ne connais d'autres couleurs que celles que tu as appris chez ton maître, lequel te les a livrées, à toi plus jeune, exactement de la même façon dont les plus anciens les lui avaient enseignées » (II, 1).

D'autres sont *a priori*, ou à partir des causes. Quoi qu'elle fasse, la créature ne peut espérer acquérir une connaissance simple et pure d'une chose créée, telle que le créateur la possède, tout d'abord en raison de la différence ontologique (« pour autant qu'elle est créée », II, 2)[248] et ensuite parce qu'elle est elle-même composée d'intellect et de sens. L'homme doit se contenter d'espérer une connaissance, par la simplicité de son intellect, du Créateur lui-même, dans lequel il puisse connaître par présence toutes les choses qui sont (II, 2), retrouvant ainsi une science innée (*infusa scientia*), qui, corroborée au texte des Écritures, conduise à la Science sacrée (*Sacro-sancta Scientia*).

7.2.2 Le commentaire des six jours de la Genèse (II, 3-19)

Le miroir que le vieillard semblait avoir contre sa poitrine, comme s'il lui était agglutiné et connaturel, est, selon la révélation du chapitre 2 du Livre IV, « la Sainte Écriture et l'indication du temps » et figure la méthode des Livres II et III, à savoir une théologie biblique, offrant à la fois une histoire et une explication de la création dans l'ordre exposé par la Genèse. Dirigeant donc le regard de son esprit vers ce miroir, ce qui fait participer le récit de Cantemir de la dignité d'une vision en Dieu, le narrateur y voit se succéder le spectacle des six jours, selon le modèle des Hexaémérons. Le Livre II contient des éléments de cosmogonie, de cosmologie et de physique. Cette dernière sera enrichie dans les livres suivants.

La Création de l'Univers se fait à partir de deux éléments considérés comme premiers (*primigenia elementa*), l'eau et l'air, qui sont contemporains et très simples (*coaetanea et simplicissima*) (ms. 33), et précèdent le premier mouvement de l'Univers. Cantemir nomme l'eau, d'un terme de J.B. Van Helmont, Gaz aquatique (*Gas aquae*), pour en souligner peut-être la composition corpusculaire, et aussi eau élémentale (*aqua elementalis*), pour la distinguer de l'eau commune, *spissa atque*

---

[248] L'argument se prolonge par la limitation de la puissance divine : « quelque chose de créé, pour autant qu'il est créé, non seulement ne peut avoir une science simple et pure d'une autre chose créée, mais le Créateur Lui-même ne peut non plus élever une chose créée à une telle science », II, 2.

condensata (ms. 33). Elle correspond à l'abîme de la *Genèse*, 1, 2 et au chaos des cosmogonies grecques, telle celle d'Hésiode[249]. L'air est appelé aussi Esprit d'après la *Genèse*, 2, 2 ou Blas, du terme inventé par Van Helmont, pour désigner un souffle astral. Entre ces deux éléments, Cantemir considère que l'eau est passive, et que l'air, pour autant qu'il sépare les eaux supérieures et les eaux inférieures et soutient les premières, comme firmament, est actif (ms. 34). Cependant, pour se distancier des catégories scolastiques, Cantemir affirme que l'eau élémentale ne doit pas être prise pour la « matière sans principe, une chimère vouée à un appétit indifférent » (II, 4), ce qui rappelle la matière première ($\dot{\eta}$ πρώτη ὕλη), dont Aristote avait nié l'existence en tant que telle, en s'opposant à la théorie platonicienne du réceptacle universel (χώρα), mais bien pour un être créé, le corps le plus simple et premier entre tous.

Dans ce paysage primordial, Dieu se manifeste par une préexistence éternelle : ce sont les ténèbres originelles qui, selon Cantemir, procèdent de Dieu. Ces ténèbres, que l'auteur s'attache à distinguer des ténèbres sensitives, dépendent de l'Incirconscrit, de la Lumière Incréée, autant de noms divins. Cantemir associe les ténèbres éternelles à l'Esprit de Dieu (chap. 5). Par ténèbres, il ne faut pas comprendre la privation des païens (sans doute, une nouvelle flèche dirigée contre Aristote), par conséquent pas le manque de lumière, mais bien la splendeur ineffable et inaccessible de l'Existence Divine éternelle (*sempiternae Divinae Existentiae ineffabilis inaccessibilisque splendor*). L'oxymore fait écho à une figure largement utilisé dans la première partie, épistémologique, mais aussi à une tradition de spiritualité apophatique caractéristique du christianisme oriental. Le lieu, cependant, semble pris dans le sens d'Aristote, comme endroit auquel chaque chose créée est destinée nécessairement, et certainement pas au sens de l'espace absolu, qu'il avait reçu à partir de la publication en 1687 des *Principes mathématiques de la philosophie naturelle* de Newton.

Cantemir considère la création de la lumière (*lux*) du néant comme la cause seconde proprement dite du mouvement dans l'Univers, puisque par la création de la lumière les ténèbres ont été divisées et les rayons lumineux ont délimité le premier jour de la Création, introduisant dans l'éternité des ténèbres la première distinction du temps. La lumière fut

---

[249] « Bien avant toutes choses fut le Chaos, / Puis ensuite la Terre aux larges flancs… », Hésiode, *Théogonie*, v. 116-117.

créée par une Force incréée, engendrée éternellement de Dieu, qui jouera dans le reste de la cosmogonie le rôle du démiurge du *Timée* de Platon. C'est cette Force incréée qui, sur ordre de Dieu et dans son infinie sagesse et pleine puissance absolue, a créé le principe du mouvement (chap. 6).

La lumière premièrement créée est donc antérieure au Soleil, qui a été créé par l'agrégation (*congregatio*) de la lumière dans le disque solaire, ce qui eut pour conséquence la lumière terrestre (*lumen*), qui éclaire par le mouvement circulaire des corps lumineux, engendrant aussi la mesure du temps cosmique. L'antériorité de la lumière créée (*lux*) par rapport à la lumière terrestre (*lumen*) fournit l'occasion à Cantemir de dresser une belle comparaison typologique de Jésus, en tant que Soleil de la Justice, éclairant les justes comme fils de la lumière (*filii lucis*), et du soleil en tant que source de la lumière terrestre. Tout comme la lumière (*lux*) fut la première des créatures qui allaient venir après et qui en seront éclairées, Jésus, Fils seul né du Père, *unigenitus*, a bien voulu prendre un corps sensitif, où il demeura sans péché tout en l'éclairant de la splendeur de sa divinité, de même que la lumière s'est rassemblée dans un corps lumineux, le soleil, qui éclaira les autres corps célestes. La même comparaison permet à Cantemir d'expliquer l'éclipse de soleil de trois heures qui s'est produite lors de la crucifixion de Jésus, en faisant l'analogie entre la mort de Jésus durant trois jours et la création du soleil trois jours après la création de la lumière (*lux*). L'on retrouve quelques éléments de cette comparaison aussi dans la liturgie de Pâques de Saint Jean Damascène, ce qui montre que la comparaison du Soleil de la Justice au Soleil d'avant le soleil était une figure répandue dans la littérature byzantine (chap. 7).

De l'action séparatrice de l'air sur les eaux, prend naissance le ciel et l'eau condensée sous forme de globe aquatique (chap. 8). Toujours par action surnaturelle de la Force Incréée, sous la forme d'une « compression égale de toutes parts », les eaux se serrent dans une unité, se mettant en boule au centre du globe. Cette compression extraordinaire engendra une phénomène apparu une seule fois, une interpénétration des atomes ou corpuscules d'eau, qui, par une espèce de condensation, produisirent la terre d'une part, et le vide d'autre part (ch. 9). Suite à la diminution de matière occasionnée par la compression de la matière, la terre ferme se coagula de l'eau, « comme le fromage se forme du lait ». La terre vierge n'est donc pas un élément premier, comme chez Aristote, mais elle est dérivée de l'eau (*fructus aquae*), une opinion que Démètre Cantemir tient de Van Helmont[250]. Remarquons aussi que chez Cantemir ni le feu ni l'éther (ms. 41) ne sont des éléments premiers, une opinion en quoi il s'oppose aussi à Aristote, tout comme lorsqu'il admet le vide dans la nature.

Le vide apparut donc, selon l'ordre naturel, par suite du phénomène unique de l'interpénétration des atomes d'eau (qui, lui, avait pour cause l'action surnaturelle de la Force Incréée) et de la diminution de quantité générale de matière de l'univers, dans l'espace libéré dans le plein par cette interpénétration. Dans les pores apparus dans la terre par cette diminution de la quantité de matière, où il y eut par conséquent du vide, l'air pénétra jusqu'aux entrailles les plus intimes de la terre (*usque ad terrae intima penetralia*), en délogea le vide, qui se répandit par la masse de l'air, en y ouvrant des pores et le rendant plus raréfié et plus étendu (chap. 10).

C'est l'existence du vide dans la nature qui rend possible, pour Cantemir, le mouvement, car, s'il n'y avait pas de vide répandu par la matière, le mouvement d'un seul corps provoquerait le mouvement solidaire et uniforme de tous les autres, puisqu'on ne peut rien ajouter au plein (*pleno nihil addi potest*). L'argument est intéressant est c'est exactement celui qu'Aristote met dans la bouche des adeptes de l'existence du vide : « Leur premier argument est que le mouvement local, à savoir le déplacement et l'augmentation, n'existerait pas ; en effet, d'après ce qu'il semblerait, il n'y a pas de mouvement sans le vide, car il est impossible au plein de recevoir quoi que ce soit »[251].

Une place importante dans la cosmogonie de Cantemir est occupée par les archées, une notion introduite par Paracelse et dont la signification fut réélaborée par Van Helmont. L'archée est chez Cantemir le principe biologique porteur de l'espèce. Apparaissant toujours par l'action de la Force Incréée, l'archée est défini comme « l'artisan des espèces, le protecteur et le multiplicateur des semences ». Dès qu'il sent l'humidité, l'archée, commence à transformer l'eau élémentale dans des substances solides, c'est-à-dire dans « les espèces, les figures et les formes » des vivants (ch. 11), qui, une fois dotées de vie, commencent à parcourir leurs cycles selon les périodes déterminés de leur durée propre. Les archées ont ainsi le rôle de spécifier les êtres vivants, selon des formes différentes, et de leur faire parcourir leurs cycles jusqu'à leurs fins prédéfinies, en

---

[250] Walter Pagel, *Joan Baptista Van Helmont Reformer of Science and Medicine*, Cambridge, Cambridge University Press, 1982, p. 49-50.

[251] « τὸ γὰρ πλῆρες ἀδύνατον εἶναι δέξασθαί τι », *Physique*, IV, 8, 213 b 5.

conservant leurs formes intactes (ch. 15). Les archées travaillent sous la poussée des ferments, dont le rôle est de recevoir et de transférer la chaleur et, par là même, de mouvoir et de vivifier les espèces animales.

Cependant la terre vierge enfante cette «progéniture très riche et race très féconde» (ch. 16) sous l'action du chaud et du froid distribué par les deux corps célestes principaux, le Soleil et la Lune. Le quatrième jour, la Force Incréée avait créé les corps célestes par condensation de l'élément de l'air «dans une forme cristalline» et par rassemblement de la lumière universelle dans un seul disque, qui était celui du Soleil (ch. 12). En effet, pour Cantemir, les astres ne sont faits ni de feu, car le feu n'est pas un élément, ni d'éther (ch. 8 et 12). Ils ne sont donc pas éternels. Tous les corps supralunaires furent créés d'air, alors que les sublunaires sont créés d'eau (et de terre, qui elle-même est un fruit de l'eau) (ch. 12). Parmi ces corps célestes, le corps le plus grand, le Soleil, qui rassemblait toute la lumière qui avait été répandue, reçut l'office de séparer le jour de la nuit, d'éclairer les autres étoiles, d'exciter les archées au mouvement en les réchauffant et aussi de maintenir la chaleur dans les ferments qui avaient été mis dans la terre le troisième jour de la Création. En revanche, le corps céleste plus petit, la Lune, reçut pour fonction de régir la nuit, de purifier, par son mouvement, l'eau élémentale, qui autrement pourrirait, en raison de la puissance des ferments locaux, de la maintenir dans son état fécond initial et aussi de présider aux archées des êtres vivants aquatiques (ch. 13).

Cantemir semble adopter un système cosmologique géocentrique. Plusieurs endroits concordent dans cette assomption. Tout d'abord, l'affirmation que les corps célestes font leur course «continuellement, infatigablement et sans relâche» (ch. 12). En effet, croit Cantemir, les astres exécutent un même mouvement circulaire, même si leurs mouvements sont dissemblables. «L'année solaire s'accomplit par l'ascension et la descente du Soleil entre les Tropiques et par l'éloignement et le rapprochement de la ligne même de l'Équateur, et par l'entrée successive dans les douze signes, et, enfin, par le retour au même point après avoir dénombré les 365 jours et 6 heures» (ch. 14). Les mouvements des corps célestes sont donc les causes des saisons, ou altérations quadripartites des météores, produisant aussi les changements des météores, la succession des signes, des années et des jours (ch. 14), selon des mouvements circulaires de rotation et de révolution et selon des cycles différents, engendrant les différentes mesures du temps et «conservant et continuant l'Univers d'après la règle de la Création» (ch. 16). Les phases de la Lune sont décrites par le mouvement de rotation de la Lune en rapport avec la position du Soleil et expliquent aussi les éclipses de Lune et de Soleil.

Le cinquième jour, le ferment confié à la terre excite les archées spécifiques, à travers son double pouvoir, externe et interne, à produire les reptiles dans les eaux et les oiseaux dans l'air. Toutes ces espèces se multiplient par des œufs. Alors cependant que les reptiles et les poissons se forment au froid, les oiseaux ont besoin de chaleur (ch. 15). Le sixième jour, le ferment réveille d'autres archées, qui produisent à leur tour, dans la terre, les métaux et les minéraux et, sur la terre, les animaux qui marchent et les animaux qui rampent (ch. 16). Tous ces vivants ne sont pas des corps naturels mixtes, comme les aristotéliciens les considéraient, mais furent produits essentiellement du même élément de l'eau.

Ce fut ce même sixième jour que les archées reçurent la bénédiction divine «croissez et multipliez-vous», qui équivaut à recevoir, dans une chaîne continuelle et ininterrompue, des formes parfaites et de les imprimer, à l'intérieur d'une semence propre, dans l'eau, comme sujet d'inhérence. Même s'ils ont le pouvoir de parachever les formes, les archées ne peuvent pas les initier: le seul auteur en est Dieu (ch. 17). Une fois posés l'eau comme sujet de chaque vivant, le ferment local, comme catalyseur de son développement et l'archée comme facteur de son espèce, il n'est plus nécessaire d'avoir d'autres principes à la base du monde biologique. Cantemir a des ironies cinglantes à l'adresse des trois principes explicatifs d'Aristote, la matière, la forme et la privation, épinglant au passage, sans la nommer, l'interprétation matérialiste de la métaphysique d'Aristote par Alexandre d'Aphrodisias et, à Padoue, par Pomponazzi. Dieu crée les formes à neuf et les infuse sans arrêt dans le monde, continuant, après avoir créé le monde à partir de rien, d'agir jusqu'à présent (ch. 18).

Le même sixième jour, par dessein de Dieu le Père, par l'action du Fils et par la vivification de l'Esprit Saint, furent créés l'homme et la femme, surpassant toutes les autres créatures par la noblesse de leur condition. En effet, ils furent créés sur un mot différent des autres créatures, à savoir «Faisons», «comme si le conseil de la Trinité s'était réuni», constitués de l'homme extérieur, ou corps matériel, formé du fruit de l'eau, c'est-à-dire de la terre (promesse de résurrection), et de l'homme intérieur, ou l'âme, qui est l'infigurable Image Divine, substance immatérielle et formelle (ch. 19), créée dans le temps, mais qui ne périra jamais (ch. 8, Livre V). C'est à travers la contemplation de la forme adamique et de l'Image divine, qu'il semble au disciple apercevoir de façon énigmatique, mais non moins réellement, la Face de Dieu (ch. 19). Dans la nature adamique, la femme partage la même Image et forme immatérielle que l'homme et participe donc de la même immortalité que lui, n'étant ni moins noble ni plus ignorante.

7.2.3 Le péché originel (II, 20-28)

Dieu s'établit par la création de l'homme au milieu du monde par l'image et la ressemblance qu'il leur a communiquées. Le parfait éclat de l'image de Dieu rayonnait et exerçait une maîtrise sur toute la Création, comportant justice, sagesse et compréhension. L'histoire du péché originel commence avec Lucifer, «prince des ordres célestes», qui, mené par l'envie intellectuelle, se révolte dans son cœur spirituel contre Dieu et, proférant des paroles terribles tirées d'Isaïe, de Job et d'Ézéchiel, se propose de conquérir Adam et d'y établir sa demeure, en oblitérant la ressemblance de Dieu dans l'homme par sa propre ressemblance (ch. 20). Après être tombé du ciel dans les ténèbres des régions inférieures, Lucifer entreprend de tenter Ève, utilisant l'arsenal de la logique dialectique (ch. 21). Cantemir interprète le dialogue d'Ève et du serpent de façon très pointue, en posant plusieurs distinctions très fines. Ce dernier tente Ève précisément parce qu'au moment où Dieu avait donné le commandement de l'arbre interdit, Ève n'avait pas été créée. Ève cependant participe de la même science intellectuelle que son époux (ch. 24). Elle participe de la même Image Divine qui brille dans sa chair, comme dans celle de son époux. Le serpent prend pour but d'obscurcir cette Image dans la femme, afin qu'elle s'obscurcisse aussi dans l'homme, de la même façon que lui-même, condamné pour apostasie, à entraîné la chute de tous les anges qui lui étaient connaturels. En effet, dès qu'Ève eut mangé du fruit de l'arbre, Adam fut envahi par la corruption des sens, l'Image de Dieu s'obscurcit en lui, il crut qu'il allait devenir Dieu et en mangea aussi (ch. 25). La tentation d'Ève s'avère avoir été une tentation non pas des sens, puisqu'elle n'avait pas encore acquis la science sensitive, mais une tentation de l'intellect, car elle pensait pouvoir devenir Dieu et semblable à Dieu. Ce n'est qu'après avoir péché qu'elle sentit être entrée dans le chemin irréversible de la mort corporelle et qu'elle distingua ce qui lui était arrivé auparavant de bien de ce qui lui est arrivé par la suite de mal (ch. 26). Bien que tous les anges eussent pu être entraînés dans la ruine de Lucifer, Dieu en protégea une partie par sa grâce; alors qu'aux autres, en retirant sa grâce, Il les condamna à vouloir toujours le mal. Pour l'homme, Dieu usa d'un plan merveilleux, à savoir de pouvoir disposer se sa libre volonté, afin de devenir plus illustre et plus noble que les anges mêmes qui persévèrent dans le bien. C'est ce que la Bible appelle « manger le fruit de sa voie » (ch. 27).

7.2.4 La possibilité du salut de l'homme par l'esprit (II, 29-33)

Après avoir présenté à Adam la possibilité de la confession, Dieu l'amène, par l'infusion de la grâce, à reconnaître son péché et à s'engager dans les voies de la miséricorde divine (ch. 29). C'est ainsi que l'homme peut aspirer à devenir comme l'une des personnes de la Trinité (ch. 30). C'est l'Esprit qui rend l'homme, déjà mort par le péché, immortel et semblable à une Personne de la Trinité, à savoir au Fils. C'est le fondement de la doctrine orthodoxe de la déification de l'homme (ch. 31).

7.3 LIVRE III

7.3.1 Prélude : l'école sensitive de Satan (III, 1-7)

Satan avait accueilli avec tristesse les paroles prononcées par Dieu au sujet d'Adam, qui faisaient d'Adam comme l'une des personnes de la Trinité. Loin de s'incliner devant cette annonce de la Providence, il continuait de travailler à faire de l'homme son sujet, en lui faisant approfondir davantage la science sensitive. En fait, il avait déjà conçu un doute au sujet de la domination qu'il exerçait sur le monde. Même s'il avait entrepris de soumettre l'homme aux épreuves de la douleur (annonce de la Passion du Christ), même s'il était témoin des épreuves que l'homme, et en particulier la femme, devaient subir, telles que les peines de la grossesse, les souffrances accompagnant l'enfantement, les fatigues éprouvées à nourrir et à veiller le nouveau-né, les peines du vieillissement, il n'était pas sûr que tous ces malheurs n'étaient pas plutôt dus à la malédiction divine plutôt qu'à sa propre emprise (ch. 1).

Des deux fils d'Adam choisissant Caïn, Satan essaie de le soumettre à l'enseignement païen, qui pour Cantemir semble être résumé par la philosophie d'Aristote. Les vertus principales de l'*Éthique à Nicomaque*, la magnificence, la magnanimité et le courage, sont ravalées au titre de superbe, envie et colère. Les sens et la raison sont définis comme les facultés maîtresses du scientifique et du sage aristotélicien (ch. 2). Caïn est décrit comme incarnant parfaitement cet idéal. Voyant la complexion furieuse dans laquelle Caïn était tombé, Dieu lui propose d'en sortir par la pénitence et par l'exercice de son libre arbitre. Néanmoins Caïn, suivant la loi de Satan, selon laquelle il faut se venger de celui qui est agréable à Dieu, faute de quoi il prendra votre place, tue Abel. Préférant à la voie de la pénitence celle du désespoir, il ment à Dieu et déclare avoir perdu la ressemblance de l'image divine et acquis celle de son précepteur (ch. 2). Prenant pour exemples les deux fils d'Adam, Cantemir énonce une double définition théologique de l'homme, qui recoupe la distinction paulinienne de l'homme intérieur et de l'homme extérieur.

Suite à l'entrée de l'homme dans la voie de la corruption et à l'injustice de Caïn, « le visage très florissant de la terre se flétrit », préfigurant le Déluge universel (ch. 3). La race d'Abel se réduit à quelques individus, qui croient à la résurrection et l'attendent, alors que pour la race de Caïn, les choses deviennent ennemies, méchantes et adversaires (ch. 4). Toutefois, cette corruption des choses n'est pas générale, et, même si les choses semblent, selon les sens, se diriger vers leur destruction, il faut admettre, selon l'intellect, qu'elles se parachèvent et obtiennent leur perfection (ch. 5). De même, dans l'homme, la cause corruptive est l'âme sensitive et la faculté raisonneuse, qu'il ne possédait pas avant la chute. C'est cette âme sensitive qui introduisit la corruption dans la nature humaine. Puisque « les choses corruptibles assujettissent le corruptible et le modifient selon leur propre nature sensible », Dieu maudit la terre et la force universelle, la même qui avait créé le monde, se replie aux choses supralunaires, les conservant indemnes de toute altération (ch. 6).

Se confrontant à la nouveauté de l'altération, l'homme mortel dut inventer un nouveau régime de vie, en faisant usage de la science du bien et du mal qu'il venait d'apprendre. L'âme intellectuelle, porteuse de l'Image Divine, se replia sur elle-même et abandonna les choses corporelles à l'âme sensitive, en lui remettant également la faculté de gouverner. C'est la loi diabolique, qui parvient ainsi à s'insurger dans l'homme contre la loi divine et à répandre les vices et les dépravations, en poussant toute la chair à emprunter un chemin corrompu. C'est par cette extension du mal qu'est apparue la race des géants (chap. 7).

7.3.2 L'augmentation de la chair et la vieillesse du monde (III, 8-10)

A partir de la seconde fable d'Esdras[252], le Moyen Âge occidental avait développé le topos de la dégénérescence du monde. En effet, le texte apocryphe de l'Ancien Testament affirmait clairement que les enfants nés à l'époque de la jeunesse de leurs parents sont différents de ceux qui voient le jour lorsque le sein de la même mère est flétri et que

---

[252] *4 Esdras*, 5, 52-55.

par conséquent il n'y a pas à douter que la Création avance en âge et qu'elle perd la force de la jeunesse. La tradition médiévale associait souvent cette sénescence actuelle avec le thème de la vigueur et de la longévité des patriarches, qui ne se répète plus chez les hommes des temps modernes.

Cantemir approche la question en commentant un chapitre de la Genèse, qui traite des géants apparus sur terre avant le déluge[253]. Ce qu'il se propose d'expliquer, c'est la raison pour laquelle à cette époque il y avait des géants et après il n'y en a plus eu, une question où il voit une résurgence du thème de la vieillesse du monde. « Les sages plus récents, écrit-il, rejetteront la faute soit sur la vieillesse du monde soit sur l'épuisement de la vigueur naturelle. » (ch. 8) La stratégie de Cantemir consiste à rejeter dos à dos l'argument de la sénescence et celui de l'infinité du monde, embrassé par certains philosophes du XVIIᵉ siècle[254]. « S'il te plaît, le sot s'embarrasse dans ses propres subtilités. Car la sagesse païenne suppose une Nature (qu'elle connaît) infinie : si celle-ci est infinie, la vigueur aussi en sera infinie – en effet, les parties de l'infini sont infinies. » Au-delà de la polémique, Cantemir rejette, on le voit, le thème de la vieillesse du monde, au nom d'une action de Dieu dans l'Univers continuelle et infatigable. Les archées, par exemple, qui sont chez Cantemir, à l'instar de Van Helmont, des principes de vie et d'individuation qui animent la matière, lui donnant les formes des créatures vivantes, sont l'un des moyens de la création continuée (II, 11). Outre ce rôle créateur des archées, qui infusent à la matière des formes, ou, selon la métaphore de Denys l'Aréopagite reprise plusieurs fois par Cantemir, des lumières, il y a un rôle conservateur de la nature, qui, du fait même des lois de son fonctionnement régulier, maintient les conditions qui rendent possible la vie. Pour Cantemir donc, la vieillesse de la Terre est une notion vide de contenu, puisque de toute façon le principe de vie des créatures vient de l'extérieur sous la forme de lumière ou de vie particulière, dépendant du Dieu des Lumières ou de la Vie Universelle.

En fait, la vraie cause de l'apparition des géants est, pour Cantemir, la tyrannie exercée sur le monde par l'esprit impur, qui essayait de se faire adorer « dans la chair et dans la vigueur du corps ». Dieu prend alors la

---

[253] Cf. *Genèse*, 6, 1-2, 4-6.

[254] Le premier à avoir explicitement affirmé l'infinité du monde fut Giordano Bruno, et l'idée se répandit chez quelques-uns des philosophes les plus importants du XVIIᵉ siècle, tels Galilée, Descartes (qui gardèrent toutefois une certaine prudence), Gilbert, More, Newton.

décision de détruire la terre par l'eau, de même qu'il l'avait produit de l'eau. C'est par le Déluge universel que Dieu extirpa toutes les âmes impures et qu'il purifia sa vigne (ch. 9), de sorte que l'esprit impur ne s'incarna plus dans les hommes (ch. 10).

7.3.3 Le Déluge (11-12)

L'arc-en-ciel est une créature nouvelle, un gage donné par Dieu de son alliance avec les hommes selon laquelle il n'y aurait plus de déluge universel. Cantemir s'attache à réfuter l'explication de l'arc-en-ciel donnée par Aristote dans ses *Météorologiques*. Même si l'arc-en-ciel a une cause naturelle, à savoir le Soleil, le lieu, l'air et le nuage, il est lui-même surnaturel et manifeste la Promesse divine (ch. 11).

Pendant le déluge, toutes les espèces végétales furent conservées dans leurs archées internes, qui ou bien furent fortifiés surnaturellement par une faculté merveilleuse, ou bien furent rappelés à la vie par un ferment nouveau introduit dans la terre sur un mode créateur (ch. 12).

7.3.4 Le système des eaux (13-17)

Mais d'où venait une quantité si énorme d'eau pour recouvrir toute la terre jusqu'aux sommets des montagnes ? Et où s'est-elle retirée après le déluge ? A ces questions que poseraient les Scolastiques, il faut répondre par un examen du système de la nature. Selon ces derniers, l'Univers est rempli des quatre éléments et il n'y a pas de vide. Les lieux naturels sont définis en rapport avec la nature des éléments. Mais l'espace entre la sphère de la Lune et l'extrémité du firmament de quoi est-il rempli ? Ce ne peut être de l'un des quatre éléments, qui sont conditionnés par leur lieu naturel. Ce ne peut être non plus l'éther, car, selon eux, il compose les corps célestes. Enfin, ils n'admettent pas le vide (ch. 13). Force est donc de changer d'explication et de se fonder davantage sur les «axiomes sacrés». Il convient ainsi de rappeler l'excellence de la Création. Le monde fut créé à partir du rien. Mais, Dieu n'a pas seulement décidé la Création, mais aussi la Conservation des choses. Une fois créée, la nature demeure la même en genres et espèces, dans une quantité égale, selon un principe de conservation (ch. 14). Pour revenir au circuit de l'eau, l'on doit distinguer différentes transformations de l'eau, selon la structure et l'agrégation des atomes d'eau. Ainsi, l'on distingue selon l'altitude : les mers et les rivières, les nuages, la rosée, le gaz (ch. 15). Après le déluge, les eaux sont donc revenues à leurs limites, mais la Terre changea d'aspect, au sens où les eaux se sont diversifiées, des quatre rivières qui arrosaient la Terre avant le déluge, à la géographie aquatique que l'on connaît aujourd'hui (ch. 16).

La recherche au sujet des eaux continue par la question de l'origine de la saveur salée des mers et de la saveur douce de sources et des rivières. La salure des mers ne provient ni de la chaleur solaire ni des exhalaisons sèches de la Terre, comme le soutient l'École péripatéticienne d'après l'enseignement d'Aristote dans les *Météorologiques*, mais bien des «sédiments des eaux marines», pourvus d'un «ferment salin naturel». La salure préserve les eaux moins mobiles des effets de la chaleur du Soleil et des ferments irréguliers, les conservant non corrompues et inaltérables. Cette salure marine date de l'époque de la Création, elle est inhérente aux fonds de la terre et elle y demeure afin que celle-ci ne dégénère pas sous l'effet des ferments et de la chaleur. C'est aussi pour cela que les sources qui traversent le corps de la terre par des veines profondes et étroites, ressortent insipides et douces, alors que celles dont le chemin est large et court jaillissent salées et amères, n'étant pas bien filtrées, mais seulement à moitié distillées (ch. 17).

7.3.5 Le système des météores (18-23)

Après le retrait des eaux du Déluge, Dieu répète sa bénédiction sur la Terre renouvelée. Les changements successifs du temps, l'alternance des saisons, le cortège des météores ne s'arrêtent pas. Leur matière est le Gaz, et les étoiles à travers leur *blas*, en produisent toute la variété. Il faut abandonner l'explication aristotélicienne naïve des météores par les exhalaisons (ch. 18). Le blas des étoiles est double, moteur et altératif. Le blas moteur des étoiles est «une force pulsante des étoiles, selon les phases de celles-ci, qui, à raison de leur chemin, causent les premières qualités» dans les choses sublunaires et les passions de l'âme dans les hommes (Cantemir donne l'exemple de la honte, la crainte, la colère, la joie, la tristesse). Le blas altératif consiste dans «la production du froid et de la chaleur» et dans «les changements des vents». En effet, le mouvement des astres est «comme un chambellan, qui, se mouvant, ouvre ou ferme les strates de l'air», faisant apparaître «les chaleurs et les froids irréguliers». L'air est donc mû par le blas. Selon les différents mouvements de l'air, et à partir d'une explication atomiste, de même qu'il l'avait fait pour les eaux, Cantemir distingue les météores, tels que les averses, les pluies qui durent longtemps, la rosée, la gelée blanche, la neige, les orages, la grêle, le vent, la tempête, le brouillard rare et sec, les nuages (ch. 19).

Pour bien comprendre la matière des météores, il faut examiner plus à loisir la structure du gaz et le comparer à l'exhalaison. La matière du gaz et de l'exhalaison est la même (l'eau), mais le premier la contient sous la forme la plus pure, alors que l'exhalaison se compose d'un mélange de matière sèche, huileuse et de gaz, imprégné de ferments. L'air sépare ce composé, le convertit dans du gaz, libérant la matière épaisse, qui est le sel et le soufre, dans les fonds de l'air. Contrairement aux aristotéliciens, il ne faut pas croire que le feu est un élément ; il est simplement un prolongement de la lumière du Soleil. Les matières huileuses et sulfureuses sont un effet des ferments locaux agissant dans le gaz. De même, les fonds de l'air possèdent aussi un ferment propre, connu sous le nom de *Peroledus*, qui a un effet plus ou moins coagulant sur les exhalaisons, ce qui permet de distinguer d'autres météores, tels le feu libre, la scintillation, l'éclair, le tonnerre, ou les pluies d'animalcules (ch. 20). De même cependant que l'arc-en-ciel est un effet prodigieux et irrégulier, il en est de même du tonnerre extraordinaire (ch. 21) et du tremblement de terre (ch. 22-23).

7.3.6 L'origine et la confusion des langues (24-28)

Cantemir évoque aussi l'épisode de la Tour de Babel, afin d'examiner l'origine des langues. La science profane soutient que chaque nation aurait composé sa propre langue. Du consentement de tous, les dénominations, les déclinaisons et les prononciations auraient été choisies et, après, les différents groupes d'hommes, selon leur culture et leur raffinement, auraient imposé des niveaux de langue qui leur étaient adaptés (ch. 25). A l'encontre de cet enseignement, il faut soutenir la tradition sacrée, selon laquelle toutes les langues et tous les éléments de celles-ci furent l'ouvrage de la Toute-puissance de Dieu (ch. 26-27). Mais pour en revenir à la Tour de Babel, ouvrages des hommes de l'Orient, la confusion des langues fut un « grand mystère » qui tend à « parachever le langage spirituel ». Les hommes ne pourront monter, ainsi qu'ils le pensaient, par eux-mêmes dans le Ciel. Jésus-Christ, le Fils de l'Homme et Premier Né Éternel du Dieu Éternel, a rendu possible par sa mort et sa résurrection, la venue du Paraclet, qui, par des langues spirituelles, a produit « non de la confusion, mais une communauté » d'esprit. C'est par l'ouvrage de l'Esprit Saint que le « dialecte incompris du prochain » est compris et que les choses qui étaient diffuses se sont rassemblées. C'est par là que la confusion des langues symbolisait mystérieusement d'avance la communauté dans l'Église et l'union de la Charité (ch. 28).

7.3.7 Annonce de la Théologo-Éthique et de la Théologo-Métaphysique (III, 29-30)

Cantemir annonce une étude de l'homme, à travers la Théologo-Éthique. Il faut oublier les disciplines récentes, bâties sur l'oubli des principes de la Sagesse dispensés par Moïse, qui ne sont que des fictions et des fables poétiques aux titres présomptueux. Cette théologie profane et cette abominable théogonie ne sont que des formes d'idolâtrie, nourries par l'ambition humaine. Les inventeurs de tant d'Apollons feints tombèrent du trépied qu'ils s'étaient forgé eux-mêmes (ch. 29).

Ce moment de la recherche est accompagné de deux changements dans le cheminement commun de l'apprenti philosophe et du maître spirituel. Tout d'abord, un sentiment d'impuissance de la part du premier, qui, « destitué de toute vigueur de la perceptibilité », sent s'écrouler « dans l'infini ». Il n'en est pas au premier aveu d'impuissance. Ce sont les forces de son intellect qu'il faut accroître. Mais, ici, le maître annonce un changement de statut de son apprenti. Désormais, ce dernier n'est plus « son fils » (*filius*), mais « son disciple » (*alumnus*), car il est « allaité » (*lactans*) et, à son tour, pourra lui-même « instruire ses disciples ».

L'Ancien de Jours annonce que la recherche au sujet de « la genèse de la nature et de son cours » a pris fin. Il faut se retourner vers le « miroir énigmatique », dans lequel se sont succédées les étapes de cet enseignement. Eh bien, ce miroir a aussi « une autre face », « recouverte de difficultés plus vastes et plus pénibles que celles-ci, telles que l'œil humain ne peut les voir, l'oreille ne peut les entendre et l'esprit de l'homme ne peut les saisir ». L'enseignement passe dans une autre phase, qui exige une autre méthode. Aussi faut-il suspendre la « pénible recherche » à laquelle l'apprenti s'est astreint jusqu'ici et poursuivre par un enseignement oral (faut-il dire « une dictée » ?), pour un tome suivant, que le disciple se doit d'écouter, d'apprendre et de mémoriser. C'est la Théologo-métaphysique. Il s'agit, précise le Vieillard, de « dévoiler et éclaircir certaines des choses qui sont entre les choses antérieures et postérieures » (ch. 30).

7.4 LIVRE IV

Le Livre IV apporte un recentrage de la perspective philosophique, à partir du changement thématique annoncé à la fin du livre précédent.

7.4.1 Aperçu de la question du temps (1-3)

Si toutes les choses créées se soumettent à l'homme, il y en a deux qui restent en dehors de son pouvoir, à savoir le temps et la vie. Cantemir en donne une première approche, en affirmant que toutes les choses se réalisent dans le temps, alors que le temps ne se réalise que dans l'Éternité; la vie, quant à elle, comprend toutes les choses et n'est comprise que par la Vie Universelle.

Les choses créées sont, de ce fait, postérieures et comprises dans l'Éternité, comme des accidents. Elles ne peuvent toutefois apparaître que dans le miroir du temps. C'est ici que l'allégorie du miroir agglutiné à la poitrine du Vieillard prend toute sa signification. «Le temps, affirme la Science sacrée, est le Miroir de la Créature, dans lequel certaines choses sont représentées comme ayant été, certaines comme étant et d'autres comme pouvant être»[255]. Mais les créatures doivent aussi apparaître dans une vie particulière, qui en comprend «certaines comme ayant existé, certaines comme existant et d'autres comme pouvant exister». Le temps et la vie sont soumis à la seule Providence Divine (ch. 1).

Tout en révélant en partie la signification allégorique de ces divers attributs, l'Ancien de Jours annonce une polémique sans merci contre les doctrines philosophiques au sujet du temps et de la vie (ch. 2). En citant la déclaration prudente de saint Augustin, qui avoue savoir que le temps est quelque chose, mais ignorer ce qu'il est, il invoque les paroles que Dieu adresse à Moïse: «Je suis celui qui est», comme source universelle d'être et de vie.

La question qui se pose ici est si le temps, qui précède toutes les créatures, est lui-même créé et pourquoi il n'est pas fait mention de cette création dans le livre de la Genèse. Une chose est claire: l'assignation du rôle des étoiles, dans *Genèse* (1, 14), de marquer «les temps et les saisons, les jours et les années» ne saurait valoir pour la création du temps, car les jours, les années, les saisons ne font pas le temps, elles ne sont pas du temps, elle n'en indiquent pas l'essence, mais seulement la révolution du Ciel et le mouvement des astres. Il n'est cependant pas permis de croire que l'Esprit Saint ait omis de faire mention de la création du temps (ch. 3).

7.4.2 Guerre ouverte contre Aristote (4-13)

Parmi toutes les polémiques avec Aristote dont le volume est parsemé, celle-ci est la plus acerbe, menée sur un ton moqueur. Cantemir fait état de la définition aristotélicienne de la nature comme principe du

---

[255] Voir aussi dans l'*Index rerum*, l'entrée: «Avec le temps, la vie est représentative des êtres».

mouvement et du repos (*Physique*, livre II) et lui oppose une définition du temps au *definiens* identique, reconstruite d'après celle que le Stagirite utilise au livre IV la *Physique*. Cette identité du *definiens* permet à Cantemir de conclure à l'interchangeabilité des *definienda*, et à d'autres paradoxes (ch. 4).

En fait, à propos de la définition aristotélicienne du temps, il semble plus sûr de dire l'inverse, à savoir que c'est le mouvement qui est la mesure du temps, position que l'auteur tiendra tout au long de ce livre. Puisque, selon Aristote, le mouvement se trouve dans la définition du temps, on en conclut facilement qu'il y aurait une antériorité du mouvement sur le temps, ce qu'il convient de rejeter, car c'est le mouvement qui se fait dans le temps et non l'inverse (ch. 5).

Ensuite Cantemir s'occupe de postuler une différence radicale entre le temps et le mouvement et même entre le temps et les attributs du temps, que l'on a pris parfois par crédulité pour du temps. Comme il y a cette différence radicale, le temps ne peut générer du mouvement ni l'inverse. Ainsi les saisons de l'année ne sont pas du temps, mais seulement des changements successifs des météores, qui sont accidentellement dans le temps. Les âges de l'homme, de la première enfance à la vieillesse, ne sont pas non plus du temps, mais des successions de la vie particulière d'un homme. Il en est de même pour le siècle, le lustre, l'an, l'instant, etc., qui n'ont, eux non plus, rien de commun avec le temps (ch. 6).

Ce dernier exemple amène Cantemir à parler de l'instant et à déplorer la conception qu'il attribue à Aristote, selon laquelle le temps et les parties de celui-ci seraient composés de points mathématiques indivisibles. Selon Cantemir, l'indivisible est un rien privatif et négatif qui ne saurait s'agréger et s'enchaîner dans un quelconque être réel et actuel. Il rejoint ainsi une opinion métaphysique générale qu'il avait annoncée au Livre I. Des inventions humaines, telles le cadran solaire ou l'horloge mécanique, ne sauraient renfermer dans leur espace limité le mystère du temps. En effet, l'acier tordu de l'horloge qui se détord par la force mécanique de la fusée ne génère pas le temps et n'en indique pas non plus l'essence, mais il accomplit tout simplement le travail de sa propre nature, qui est la résistance. De même, l'ombre du Soleil ne génère et ne décrit pas le temps sur le cadran solaire ; elle n'en divise pas non plus les points indivisibles, car alors elle produirait à partir de l'indivisible du divisible, à partir du non être de l'être. Le Soleil a pour seul travail de parcourir de son mouvement circulaire l'Univers, de l'éclairer et de le chauffer (ch. 7).

Tombant dans ce type d'erreur, les Péripatéticiens ont divisé le temps dans des points innombrables et indivisibles, allant jusqu'à dire que les parties les plus petites en sont finies. En réalité, ces points indivisibles physiques sont des fictions et les intervalles de l'espace selon lesquels on mesure le temps ne sont que « des accidents étrangers, externes, postérieurs et adventices par rapport au temps » (ch. 8).

L'impossibilité d'établir l'antériorité entre le temps et le mouvement conduisit certains philosophes à imaginer un mouvement sans commencement, ἄναρχος, qui les amena à postuler une nature infinie, un mouvement infini, une mesure infinie, un monde infini et coéternel à Dieu et d'autres fictions extravagantes. Cantemir range dans la même catégorie l'hypothèse d'un premier moteur immobile, principe de tous les mouvements naturels, qui ferait ainsi concurrence au concept même de nature, principe du mouvement selon Aristote. De ce double emploi, plusieurs absurdités s'ensuivent. Celles-ci amènent Cantemir à dire qu'il ne faut pas mêler les arts mathématiques à l'étude de la nature mais au contraire veiller à bien distinguer les deux ordres (ch. 9).

Dans la suite, Cantemir affirme qu'Aristote a défini le lieu en fonction du mouvement, comme s'il n'y eût pas de lieu s'il n'y avait pas auparavant de mouvement. Ceci entraînerait que ce qui est en repos serait « hors et au-delà du lieu », ce qui mène à des conséquences absurdes. L'aigle, qui s'immobilise dans le ciel, ou bien les Pôles de la Terre, immobiles, n'en sont pas moins dans un lieu. Aristote exige du mouvement pour qu'il y ait un lieu et du temps. Par conséquent, le lieu et le temps n'existeraient pas en dehors du Ciel. Cantemir est l'adepte d'une représentation du monde, dans laquelle, si l'on enlève tous les corps naturels (partant le mouvement), le temps, le lieu et les relations de position continuent d'exister et demeurent les mêmes. Le temps n'a aucun rapport avec la chose mue, ni avec le mouvement, mais c'est un être en soi (ch. 10). D'autres absurdités sont décrites qui s'ensuivraient de la définition relative du temps et du lieu par rapport au mouvement, si on introduisait la considération du plus ou du moins (ch. 11). Ensuite Cantemir formalise la conception aristotélicienne du temps dans dix-neuf affirmations (ch. 12), qu'il réfute au moyen de dix-neuf autres propositions (ch. 13).

7.4.3 Fausses conceptions de l'Éternité (14-15)

Certains Anciens ont néanmoins compris le temps comme « continu et non discret » l'appelant « Éternité ». Pervertissant cette intuition de l'Antiquité, quelques philosophes modernes ont cependant enseigné que l'éternité pourrait être divisée, portionnée et distribuée dans du plus ou du moins. Selon les mêmes, l'éternité ne peut être désignée par nulle quantité ou mesure de temps, mais elle contient la perpétuité (*omne aevum*).

Cantemir applique ici un argument dilemmatique : est-ce que cette définition de l'éternité se réfère au Créateur ou à la créature ? Dans le premier cas, elle est fausse, car il n'y a qu'une connaissance négative du Créateur. Dans le second cas, elle est blasphématoire, care elle établit un attribut du Créateur comme genre et différence constitutive de la créature. Ensuite, Cantemir donne une définition de l'Éternité, en la situant dans les région des choses intermédiaires dont il parlait à la fin du Livre III (antérieure aux choses postérieures et postérieure aux choses antérieures) : « l'Éternité est celle qui comprend toutes les choses dans le Créateur et est comprise par l'Un ». Il admet, toutefois, des descriptions métaphoriques, telles que « le point de l'existence Divine, le Rayon de la Splendeur plus qu'éternelle, les Ténèbres enveloppantes, la Lumière inaccessible » (ch. 14).

Les philosophes ont beau distinguer sempiternel et éternel pour distinguer Dieu et les créatures intellectuelles. Ils errent aussi lorsqu'ils affirment que, puisque toutes les choses se trouvant sous le Ciel sont temporaires, le temps, après avoir produit le changement et le renouvellement des choses, périt totalement. Cantemir compare ici le temps à la robe sans couture du Christ (ch. 15).

7.4.4 Approches vraies de l'Éternité (16-17)

Reprenant l'argument dilemmatique du chapitre 14, Cantemir tente d'éclairer davantage l'Éternité. Est-ce le Créateur même ou une créature ? Dans le premier cas, elle est incompréhensible et il n'y en a pas de définition. Dans le second cas, elle devrait pouvoir être saisie au moyen des catégories. Mais les philosophes affirment qu'elle comprend tout et n'est comprise par rien. Elle n'est donc ni substance, ni accident, ni une autre catégorie. Il semble que les philosophes païens ont transféré à cette notion un nom de Dieu (« ce qui est dit de l'Éternel et qui est autour de l'Éternel »). A qui cette notion s'applique-t-elle au juste ? Si c'est à Dieu seul, pourquoi appellent-ils de ce nom certaines créatures intellectuelles ? L'Éternité s'appliquerait-elle de façon univoque au Créateur et à la créature ? Il n'y a aucune analogie entre les anges et Dieu, comme il n'y en a entre le rien et le Tout. Cantemir évoque de nouveau Saint Augustin, qui, pour avoir retiré du temps tout accident (l'avant et l'après, le long et le bref, etc.), « savait, dans son ignorance, que l'Éternité et le temps sont une et la même chose». Mais, en Dieu, le temps est Éternité, car il existe de façon indépendante, alors que dans les créatures l'Éternité est temps, car il existe de façon dépendante (ch. 16).

Les Scolastiques prétendent que la Sphère céleste, ou premier mobile, serait éternelle. C'est se fondant sur cette éternité qu'ils déduisent les genres les plus généraux et l'Univers, ou universalité, qui embrasse toutes les choses particulières comme accidents successifs et corruptibles. Ils pensent donc que des choses de vérité éternelle constituent la substance des particuliers corruptibles. Cette affirmation est fausse, car il s'ensuivrait, par l'identité d'espèce du producteur et du produit, que les particuliers seraient aussi éternels, ce qui est absurde. Par conséquent, l'Univers, pour autant qu'il est «sensible et le tout d'une partie», ne peut être une substance éternelle.

Pour les aristotéliciens, l'unique cause de l'éternité de la Sphère céleste en est le mouvement circulaire. Mais en fait, le mouvement circulaire est éternel non en tant qu'il est circulaire, mais en tant qu'il est mû sans cesse par le moteur immobile. Et donc, ce qui est éternel n'est pas le mouvement mais l'immobile. Et, affirme Cantemir en adoptant le langage du Pseudo-Denys l'Aréopagite, l'Éternel Immobile n'est pas dans la nature, mais «au-dessus de la nature», il n'est pas substance, mais «au-dessus de la substance», il n'est pas naturel et essentiel, mais «surnaturel et suressentiel» (ch. 17).

7.4.5 Retour sur le temps (18-24)

Pour parler de l'Éternité, il convient en fait de refonder la connaissance sur les «vrais principes», tels qu'ils ont été transmis par Moïse, «le Philosophe Suprême et en même temps Théologien de la Vérité». Le premier en est la création par Dieu *ex nihilo*. Le second c'est la création non pas par privation, mais par position de sa Toute-Puissance, car en Dieu, «être quelque chose ou ne pas être sont une seule chose». De nouveau, il est affirmé que le temps, entendu en Dieu, est l'Éternité même. Mais Cantemir affirme ici que le temps et compris, dans son être, après Dieu et avant toute créature. On comprend donc qu'il fait partie de la région des choses intermédiaires dont il était question à la fin du Livre III, «entre les choses antérieures et les choses postérieures». De là on déduit qu'il n'a pas de condition créaturale (ch. 18).

Cantemir continue, en faisant écho à Van Helmont, par donner une définition concurrente de la nature : «la Nature est l'ordre de Dieu, par lequel la chose est ce qu'elle et elle fait ce qu'il lui fut ordonné de faire».

Cet ordre de Dieu peut être double, il a pour but soit la création, soit la conservation des choses. Le mouvement naturel d'une chose, par conséquent, n'a pas comme but de générer du temps, mais d'obéir à cet ordre et, partant, de faire en sorte que la chose se génère elle-même ou génère une espèce semblable à elle et conserve ainsi son genre. L'Éternité et le temps viennent immédiatement après le Créateur et, de ce fait, le temps n'a besoin du mouvement d'aucun autre être afin d'obtenir la perfection de son essence. De même nul être en mouvement n'a besoin depuis son commencement comme archée jusqu'au terme de sa perfection ni du temps ni d'un autre être afin d'obtenir la perfection de son essence (ch. 19).

Il faut se mettre en mémoire que le temps est un être réel, existant en acte, qui ne dépend pas du mouvement, de la succession des choses mobiles, et qui ne dépend pas non plus de l'intellect, de l'âme, du nombre et de la mensuration, qui n'est pas compris uniquement sous l'orbite du Ciel et qui n'est pas défini par le premier mobile, ni par quelque autre mouvement. Le récit de la Genèse décompte des jours, partant du temps, dès le commencement de la Création. En effet, toutes les choses doivent arriver dans le temps et dire de quelque chose de créé qu'il ait été avant le temps, c'est un blasphème. Il y a des exemples, dans la tradition sacrée de l'Ancien Testament, mais aussi dans des traditions autres, comme celle de Mithras, de corps célestes qui ont arrête leur mouvement et sont demeurés immobiles. Le temps ne s'arrêtait pas pour autant. De façon analogique, on doit penser que le temps a existé avant tout mouvement (ch. 20).

Suivant sa méthode, qui est celle de l'enlèvement des accidents, Cantemir affirme que le temps n'est «ni long, ni bref, ni avant, ni après, partant, ni mesure, ni mesurable», en fait qu'il ne doit pas être compris en termes de quantité. Plus généralement, il n'est pas dans la sphère des catégories. La suite du texte établit une analogie entre la façon dont la Bonté, la Vérité, la Vie, l'Essence représentent Dieu dans les créatures, sans que pour autant les créatures soient Dieu, et la façon dont la durée représente, dans les créatures, l'Éternité et l'Illimitation. La durée est, par conséquent, «très intime aux choses mêmes, mais cependant elle n'est pas affectée, enfermée ou appréhendée par les choses». Dans ce sens, tout en étant distribuée dans les choses «dans la mesure où elles reçoivent et participent de l'existence», la durée est «entièrement divine et très éminente», elle est l'Éternité même (ch. 21).

Par abstraction de tous les corps, mouvements, successions, changements, avant et après, l'on parvient à concevoir le temps comme un être pur (*impermistum*), immutable. Pour la faculté humaine de percevoir cependant, il y a, par accident, une durée relative au mouvement et un mouvement relatif à la durée. La proportion des mobiles caducs, dans l'ordre de leur mouvement local, est, en effet, une qualité accidentelle (*in quod*), mais non dans l'ordre de leur être réel, comme qualité essentielle (*in quid*). Le temps en lui-même n'a pas de succession et ne peut servir à mesurer. Il n'est pas un être successif, mais il est «voisin, semblable et intime» à l'Éternité, dont il dépend de façon émanative (ch. 22).

Reprenant son argument dilemmatique, Cantemir affirme que le temps n'est ni substance, ni accident. En effet, le temps est un être. Mais il n'est pas la substance du Créateur, car il ne peut être entendu avant, mais seulement après le Créateur. Il n'est pas non plus la substance de la créature, car il n'apparaît pas dans le genre, il ne diffère pas dans l'espèce, il est extra-catégoriel. Par conséquent, le temps n'est pas substance. S'il était un accident, on devrait pouvoir décrire pour lui et seulement pour lui un sujet d'inhérence. Ce substrat, ce n'est pas le Ciel, car alors les autres mobiles n'auraient pas une durée propre de leur temps. Si chaque chose caduque participait du temps du Ciel, comme d'un accident qui lui serait propre, la chose voisine ne jouirait plus du temps. Il faudrait alors dire que les choses créées n'ont pas de durée propre et différente de temps, mais elles demeureraient de façon participative dans la même durée céleste extérieure. Si le temps était un accident des choses créées, il y aurait autant d'espèces différentes de temps que de choses individuées, partant le temps serait divisé en acte à l'infini.

Selon la vérité, il y a dans le temps une universalité singulière et singularité universelle, qui est propre aux choses individuelles. Elles ont toutes une durée délimitée (*praecisa*), particulière, insaisissable, incoercible et impassible. Pour résumer, l'on peut décrire le temps comme un être neutre (c'est-à-dire ni substance, ni accident) qui donne et distribue à toutes choses, de façon présentative, une certaine durée délimitée, selon leur participation à l'existence. En Dieu, le temps est éternel, éminemment et essentiellement. Dans les créatures, il est délimité, de façon durative, subjective, dépendante, émanative et périodique (ch. 23).

Pour expliquer l'expression «au commencement (*in principio*)», de *Genèse*, 1, 1: «Au commencement, Dieu créa le ciel et la terre», il convient de se rappeler que le temps ne peut être divisé. Le moment primordial de la Création était compris dans le temps éternel «comme dans la Splendeur préexistante émanant de la Divinité». «Au commencement» vaut pour la créature, non pour le Créateur, car la décision de Dieu de créer le monde, selon sa Providence, remonte à l'éternité.

L'avant et l'après dans la Création doivent s'entendre relativement à ce qui est après Dieu. Les philosophes païens blasphèment lorsqu'ils affirment soit que l'Univers est incréé soit qu'il est créé, mais co-perpétuel et coéternel au Créateur. Il faut par conséquent comprendre « au commencement de la création des créatures », et non « au commencement du temps éternel », car ce dernier est non discret, ainsi qu'il a été montré. Néanmoins dans l'acte de la création, le temps est distribué à la créature, de façon émanative et participative. Et selon les *Proverbes* (8, 29-30) : « Alors qu'il a créé le monde, j'étais avec Lui ». Cette phrase montre le fait que la créature avait commencé à exister et que dès lors elle a une certaine participation intellectuelle aux actes de Dieu. En contemplant la Création, l'intellect créé est entraîné d'une façon ineffable vers la Connaissance du Créateur, de « Celui qui est tout l'être de tous les êtres ». Et, précisément, il l'envisage comme infini, « premier, supérieur et antérieur à l'éternité, au temps, au commencement, à l'être et à l'essence », selon le nom divin de l'*Exode*, « Je suis celui qui est », enveloppant tout être et toute essence (ch. 24).

7.5. LIVRE V

Le Livre V, qui traite de la vie, commence par une invocation de la grâce de Dieu, sans le concours de laquelle l'intellect ne saurait s'élever au-dessus des choses sensibles vers leur universalité. Dans cette entreprise, l'intellect s'appuie sur les particularités des choses « successives dans le temps », mais doit arriver aux formes qui en rendent possible l'existence et qui, de ce fait, en sont la vraie vie. Mais là aussi la bonne démarche est de réunir la physique et la théologie dans une seule approche, ce qui vaut de nouveau une apostrophe aux partisans de la double vérité. La justification d'une approche unique se trouve dans la simplicité des Évangiles et de la Vérité même. Considérer l'univers d'un regard multiple est le fait de la créature, qui, de par son caractère composé (union d'une âme et d'un corps), est attirée par le multiple et le compliqué (le fonctionnement de la raison humaine sera expliqué au chapitre 11). Néanmoins, la Science sacrée enseigne la bonne façon de connaître simplement le Dieu Un, connaissance qui fait l'homme participer de la vie éternelle. Le chapitre 1 se termine par une version abrégée du symbole de Nicée à la façon de l'Église orthodoxe.

Cette voie unique, selon la Science sacrée, consiste à tenir que toutes les choses de l'Univers se produisent dans le temps et dans la vie. L'inscription des choses dans la durée marque à la fois leur « vie périodique » et leur participation de la vie universelle. La vie périodique de chaque chose équivaut, selon un autre lexique, au temps dans lequel (*in quo*) elle se trouve, à la vie par laquelle (*qua*) elle vit, à l'acte d'informer qui en produit l'existence et l'essence. Mais, du fait même de leur inscription dans une vie particulière, les choses participent de la vie universelle et en reçoivent l'être, le mouvement et l'entendement. Une fois cette distinction posée entre particulier et universel, il devient possible de distinguer à l'intérieur du même concept (temps, vie, etc.) une acception particulière, déterminée, et une autre, universelle, selon le conseil qu'une voix de l'intellect avait dispensé au disciple au chapitre 1 du Livre I («distinguer entre les choses ayant la même dénomination»). Ne pas prendre les accidents successifs de la chose particulière pour l'essence même de la réalité universelle dont elle participe nous évite, par exemple, de parler de «temps bon ou mauvais» ou de «vie bonne ou mauvaise» et, par là, de commettre un blasphème (chap. 2).

Cette problématique amène naturellement le propos vers les arts divinatoires et plus particulièrement vers l'astrologie. Le saint personnage fustige impitoyablement tant les Anciens que les Modernes qui en ont consacré la fiction, les traitant d'athées. A ses yeux, l'origine de la croyance à la divination par les «facultés qualitatives des étoiles fixes et errantes» se trouve dans l'idée d'un enracinement de la vie particulière dans le temps, d'un soi-disant moment physique (*temporis punctum physicum*), dans lequel tous les événements heureux ou malheureux qui arrivent dans la vie d'un homme seraient déjà tracés et à partir duquel ils s'enchaîneraient indissolublement (chap. 3).

Se proposant de réfuter les arts divinatoires, en particulier les astrologues qui se disent chrétiens, le saint personnage propose comme défi (chap. 4) un dilemme qu'il considère comme étant insoluble, car entraînant des conséquences absurdes. Les astrologues doivent admettre que leur divination concerne ou bien le corps uniquement de l'homme, ou bien le corps et l'âme à la fois. Dans le premier cas de figure, la divination a une portée réduite, car elle ne porte que sur le «cadavre» de l'homme. Dans le second, elle nie la Providence divine et le libre arbitre de l'homme et, ce faisant, elle obscurcit l'Image Divine dans l'homme. Par le fait de nier la volonté libre de l'homme, l'astrologie contredit non seulement le christianisme, mais toutes les traditions sacrées qui enseignent à l'homme d'aspirer vers la vie heureuse de l'au-delà. Nous ne serions plus voués au paradis ou à l'enfer selon notre foi et nos bonnes œuvres, mais bien «selon la seule détermination des astres». En réalité (chap. 5), les événements qui arrivent dans la vie ne doivent rien aux astres ou à un moment quelconque du temps, mais relèvent de la Providence divine et de la libre volonté de l'homme. Si toutefois les corps célestes avaient un rôle quelconque à jouer sur les êtres humains, ce ne serait en aucun cas celui de les déterminer (*inclinare*), mais tout au plus de les influencer (*necessitare*) à suivre leur propre liberté et le Plan Divin. Le même raisonnement doit être appliqué aux autres arts divinatoires, consistant à prédire l'avenir dans le vol des oiseaux ou dans les entrailles des moutons.

Fermant cette parenthèse, le saint personnage en revient (chapitre 6) à la vie universelle, annonçant à ce sujet quelques «vérités capitales». La vie universelle donne tout à tous, cependant elle ne s'unit pas substantiellement aux choses, ne s'en laisse pas appréhender et enfin n'en pâtit rien. Toutes les choses particulières qui existent au monde sont soit des suppôts (*subiecta*) qu'elle vivifie, soit des êtres (*entia*) qu'elle informe, sans pour autant qu'elle même change de quelque façon que ce soit. Car ce qui est est et, de ce fait, est posé intellectuellement comme «demeurant à jamais le même, impénétrable, immuable, inaltérable, pur, dans sa persistance et identité éternelles». Le contexte philosophique de cette «donation» de vie me semble d'origine dionysienne. Denys l'Aréopagite enseignait en effet dans les *Noms divins*: «Comme nous avons dit de l'Être qu'il est l'être en soi des durées perpétuelles, il faut redire ici que cette Vie divine, qui est au-dessus de toute vie, vivifie et conserve la vie en soi et que toute vie, comme tout mouvement vital, procèdent de cette Vie qui transcende toute vie et tout principe de toute vie.»[256] Au-delà de l'Aréopagite, l'on peut y reconnaître la substance primitive de Philon d'Alexandrie, dont émanent les existences secondaires sans que la première en soit diminuée pour autant[257]. Le modèle originel semble être l'épiphanie du Buisson Ardent, qui brûle sans se consumer[258].

Dieu a la vie universelle ou, autrement dit, la lumière universelle, qui «éclaire tout homme venant en ce monde» (*Jean* 1, 9). Cette vie universelle «fait don à tout un chacun, à la mesure de sa propre capacité, d'une forme plus ou moins lumineuse»[259] (il expliquera au chapitre 8 qu'il y en a quatre espèces, formant, respectivement, les êtres inanimés, végétatifs, sensitifs et intellectifs), qui en constitue l'âme ou la vie particulière.

---

[256] VI, 1, 856 B.

[257] Cf. Emile Bréhier, *Les idées philosophiques et religieuses de Philon d'Alexandrie*, 1924.

[258] *Exode*, III, 12-14.

[259] SSII, VI, 22. L'expression *iuxta propriae capacitatis modum* a son origine chez Pseudo-Denys l'Aréopagite, *Hiérarchie céleste*, 3, 2.

Cependant, même si Dieu, vie universelle, donne les formes à toutes les choses, il ne s'ensuit pas pour autant que Dieu soit la forme de toutes choses, et encore moins que tel ou tel vivant en tant que suppôt soit Dieu, de même que le souverain bien est dans tout ce qui est bon et parfait sans pour autant que l'un ou l'autre bon qui servent de suppôt soit Dieu.

La vie particulière, quant à elle (chap. 7), est la lumière formelle, infuse dans toutes les choses, donnée par Dieu, le Père des lumières, en un seul instant, et distribuée distinctement par genres et espèces, «par quoi la chose est ce qu'elle est et agit de la façon où il lui a été ordonné d'agir». Avant d'en entamer la classification, l'exposé s'arrête sur la doctrine aristotélicienne de l'âme. Même s'ils considèrent que l'âme est triple, certains commentateurs d'Aristote tiennent qu'il y a une seule forme, qu'ils appellent substantielle, et qui procède du giron de la matière[260]. D'autres professeurs, plus pieux, furent d'avis que l'âme de l'homme est créée par Dieu dans l'instant, *ex nihilo*, et qu'elle est rattachée surnaturellement à la matière, afin de régir le corps animal. Même si, à l'égard de l'âme immatérielle de l'homme, ils furent plus justes, ils continuèrent d'enseigner que les autres formes ont une origine matérielle. Or, la matière, désordonnée et dépourvue d'âme, ne saurait donner à nulle chose la vie, la forme ou la lumière. Tout produit neuf, en tant qu'il est amené du non être à l'être, est une création nouvelle qui, de ce fait, ne peut être accomplie que par Dieu le Créateur et Père des lumières, qui agit jusqu'à présent. En effet, pour ne pas contredire à la Toute-Puissance divine, l'on doit tenir que Dieu n'a délégué aucune créature pour créer, conserver et accomplir à sa place, et par conséquent ni la matière ni nul autre être créé ne saurait produire aucune forme par eux-mêmes.

Même si le substrat matériel des corps est l'eau, ainsi qu'il est apparu dans le miroir énigmatique (II, 5), et bien que celle-ci soit vouée à recevoir les formes, qu'elle incorpore au moyen de l'organe de l'archée et qu'elle porte à maturité par la puissance des ferments spécifiques, l'eau n'est absolument pas le réservoir des formes. Dieu seul produit éminemment les formes, les infuse surnaturellement dans la matière réceptive, les fait persévérer conjointement d'être une et la même chose, leur insufflant une force vitale qui les fait coexister, selon l'ordre naturel, jusqu'au terme de leur période prédéterminé.

Par la première des deux positions esquissées ci-dessus, le saint personnage explique (chap. 8) qu'il vient de décrire la doctrine des aristotéli-

---

[260] L'on reconnaît ici l'interprétation d'Alexandre d'Aphrodise, reprise par Pomponazzi à Padoue à la fin du XVᵉ et au début du XVIᵉ siècle.

ciens païens et, par la seconde, celle des aristotéliciens «chrétiens et des autres» (il désigne vraisemblablement par là les commentateurs arabes d'Aristote). Il donnera cependant une position propre, avançant une classification quadruple des formes, dont on trouve les origines chez Pseudo-Denis l'Aréopagite[261] et une formulation très proche chez Van Helmont[262]. Cette classification semble avoir comme critère le degré de lumière et d'expression des êtres. La première forme, «presque muette et entièrement obscure», la *forme essentielle*, concerne les êtres en apparence inanimés, tels les roches, les pierres, les gemmes, les métaux, mais aussi les végétaux desséchés, et tout ce qui est réduit par art à n'importe quelle forme spécifique. Sous cette dernière catégorie, il semble que l'auteur comprend des produits d'opérations chimiques ou alchimiques (choses qui «relèvent de la transformation de la matière»). La deuxième forme, «un peu plus explicite et plus claire», la *forme vitale*, concerne les semences des choses. Celles-ci, se nourrissant et s'imbibant d'humidité, développent leurs espèces, grâce à la force des ferments, ce qui semble correspondre à l'Archée vital[263]. La troisième forme «vivante, motrice et sensitive», la *forme substantielle*, concerne les animaux, où elle se manifeste pour un certain temps par le «mouvement arbitral des sens» et par «un certain langage imaginatif», tout en n'étant cependant pas permanente comme la substance. La quatrième forme, «véritablement substance», la *substance formelle*, créée, indestructible, portant expressément l'image de la Vie Universelle, est, selon Van Helmont, le propre de l'intellect humain.

Si les deux premières formes «intéressent plutôt les philosophes naturels» (chap. 9), il faut comprendre que l'homme participe des deux dernières et, de ce fait, manifeste un «mélange mystérieux de mortalité et d'immortalité». La première (c'est-à-dire le troisième type de forme), que les aristotéliciens désignent par le titre de «rationalité», la forme substantielle, est la vie de l'homme extérieur ou la forme corporelle, «sensitive», «soumise aux affects», «assujettie aux passions», mortelle, se révoltant contre Dieu, sur laquelle le diable exerce sa tyrannie par la permission de Dieu. La seconde, la substance formelle, est la forme de l'homme intérieur (chap. 10), «créature immatérielle», «esprit intellectuel», «Image Divine», éternelle, impassible, immutable et inaltérable, immortelle, chérie par Dieu.

---

[261] *Noms divins*, 4, 4, PG 3, 700 B.
[262] *Formarum ortus*, 68, éd. cit., p. 138.
[263] Van Helmont donne pour exemple de ce type des formes les plantes.

Armé de ces distinctions, il s'attaque à la définition de l'homme d'inspiration aristotélicienne qui en fait « un animal raisonnable, mortel, capable d'intelligence et de science », où l'on reconnaît certains manuels médiévaux de logique reprenant une formule d'Aristote. Usant de sa distinction entre intellect et raison, Cantemir avance de nouveau que l'âme, seule partie immortelle de l'homme, possède en propre l'intellect, comme sa puissance, substantiellement uni à celle-ci, par conséquent immortel, alors que la raison en est un instrument corporel, destiné uniquement à gérer le rapport au corps que l'âme a en partage. L'âme de l'homme, entend intellectuellement, par une fulguration éclatante, aussi bien dans l'état de séparation d'avec le corps, dans le corps restauré par la résurrection, que dans celui d'union avec le corps. De ce fait, continue Cantemir, la définition de l'homme comme animal raisonnable, convient à merveille uniquement à la partie corporelle de l'homme, ou, comme le dit Cantemir de façon métaphorique, à « l'homme cadavérique », car, puisque la raison n'a aucune participation à l'entendement de l'âme séparée, à celui de l'âme dans le corps glorieux, ou bien à l'entendement des autres esprits séparés, elle ne saurait participer non plus du processus d'intellection de l'homme vivant. Selon la vraie définition, l'homme est « une créature vivant dans un corps, par une âme immortelle, et marquée du sceau de la Grâce de Dieu, selon [ce qu'elle a de] Lumière, et de l'Image du Verbe du Premier Modèle » (chap. 10).

La connaissance du bien et du mal tire son origine de l'enseignement du serpent. Si l'homme, en vertu de la connaissance par les sens est incliné au mal, sa nature intellectuelle le protège contre une chute complète. Mais plus il s'adonne à la sensualité, plus faible devient sa nature intellectuelle (chap. 11). Dans ce contexte où l'âme de l'homme est conçue uniquement en rapport avec l'image de Dieu, le thème de la définition de l'homme intérieur ou de l'âme immortelle se double de celui de la connaissance de Dieu. Là aussi, me semble-t-il, Cantemir suit le Pseudo-Denys, qui pose explicitement que l'homme ne saurait avoir de connaissance de l'essence de Dieu, mais seulement parcourir un itinéraire anagogique conduisant son esprit à la connaissance de Dieu comme cause de toutes les choses qui sont et aussi à la non-connaissance de Dieu comme n'étant rien de tout ce que les choses sont[264]. Dans cet

---

[264] *Noms divins*, VII, 3. Sur l'anthropologie apophatique contenue dans le Livre V de *Sacro-sanctae*, voir ci-après, au chapitre 11.

itinéraire de la connaissance, fidèle au principe platonicien, l'homme doit dépasser d'abord la diversité des idées. La présence du multiple dans l'unité d'un seul intellect est due au travail des sens, fournissant des «images variées et multiformes»[265]. La «faculté étonnante de composer, diviser, trier, comparer et discerner les choses»[266] que possède l'homme – Cantemir définit la raison – est, partant, un effet de l'union de l'âme et du corps et ne saurait être investie d'un haut crédit métaphysique (chap. 11). «Il convient de te souvenir, mon disciple, que ce qui t'était apparu dans le miroir énigmatique[267] est l'Image Divine, pour autant qu'elle ne t'était pas connue, et ne l'est pas, pour autant qu'elle te l'était» (chap. 12). Par là, Cantemir reprend très exactement la démarche anagogique de Denys l'Aréopagite: «Dieu est connu en toutes choses et est différent de toutes choses. Dieu est connu par la connaissance et par la non-connaissance»[268]. En parcourant le catalogue de la Création, l'intellect saisit «Dieu non pas par Sa nature, mais par l'ordre de toutes celles qui sont en tant qu'elles sont projetées de Lui et ayant les images et les ressemblances de leurs Modèles divins»[269]. «Aussi est-il utile et nécessaire à mon avis de savoir sainte-ment toutes celles que Dieu le Trois Fois Glorieux a produit dans leur être, depuis le commencement même de la Création jusqu'à maintenant, à savoir les Célestes, Supracélestes, subcélestes, sublunaires, terrestres, supraterrestres, souterraines, abyssales et les autres qui sont comprises dans le Catalogue de la Création; de même, les Esprits Immatériels séparés, les Anges, les Archanges, les Chérubins, les Séraphins, les Trônes, les Puissances, les Intelligences et tous les Ordres et les Chœurs de l'Hiérarchie Céleste – la Science Sacrée les appelle toutes universel-lement, en les considérant comme des créatures, postérieures à Dieu» (chap. 12). Voici pour le côté positif de la connaissance («Dieu est connu en toutes choses»). Mais en même temps, note Denys, «Dieu est différent de toutes choses». Quelle que soit la créature à laquelle l'esprit s'arrête dans son examen du catalogue de la Création, Dieu se

---

[265] V, 11, 234.

[266] Ibidem.

[267] Le miroir énigmatique est celui que le Vieux Ancien de Jours montre sur sa poitrine (II, 1) et qui reprend, en abîme, l'entreprise échouée de Cantemir de représenter ou peindre l'image de la science sacrée (I, 13).

[268] Noms divins, VII, 3.

[269] Ibidem.

trouve bien au-delà : « il n'est rien des choses qui sont »[270]. Or, ce miroir
dans lequel le disciple de la Science sacrée contemple la Création
permet à ce dernier d'avoir une image de sa propre connaissance : quel
que soit l'objet qu'il y contemple, Dieu s'y trouve d'une certaine
manière et en même temps il n'y est pas : « Il est tout en tout et Il n'est
rien en rien »[271].

Dans la suite, Cantemir met la théologie négative de Denys
l'Aréopagite au service d'une réflexion sur la pensée du sujet qui
contemple Dieu dans sa création. Pourquoi les sens de l'homme ne
peuvent-ils saisir l'esprit, ni en imaginer une idée ? L'immatériel dépasse
toutes les limites de la connaissance par les sens. L'esprit ne peut se
connaître lui-même qu'à travers la science infuse. L'itinéraire philosophique qu'il esquisse aboutit à définir l'esprit ou pensée (*mens*), au
terme d'une tentative de l'apprenti-philosophe de connaître Dieu. « Dès
lors, des contraires négatifs, resplendit un rayon de l'affirmation vraie,
de sorte que la pensée n'hésite pas à se persuader qu'elle est elle-même
quelque chose de tel, de réel et d'existant en acte. » (chap. 12) Ce rayon
suffit pour garantir la réalité et l'effectivité de la pensée.

La noblesse et l'éminence de l'âme de l'homme se trouvent dans cela
même qu'elle fut créée à la ressemblance de Dieu, mais aussi dans le fait
que Dieu a choisi de s'incarner dans la chair de l'homme, de l'assumer
en son entier, hormis le péché, et de la rétablir dans son illustre dignité
originelle par la Croix et la Résurrection (ch. 12). L'esprit de l'homme
est, ainsi, appelé à monter sur le Thabor spirituel, afin de regarder « de
beaucoup plus près », selon ce qui lui sera concédé par la Grâce, les
choses antérieures de Dieu, ou bien même « Sa Face invisible, resplendissante et fulgurante » (ch. 13). Ceci cependant ne se passera pas du
vivant de l'homme, du fait de sa communion avec les choses sensibles.
Dans un dialogue avec Pierre, le plus vieux des Apôtres, l'on apprend
cependant que, depuis la venue du Paraclet, l'homme a compris qu'il
vivait « non en lui-même, mais dans le Christ » et que l'Image de Dieu
est, dans l'homme, crucifiée par le Christ. Par conséquent, l'Esprit du
Seigneur « ne demeurera pas avec l'homme, parce qu'il est chair »[272],
mais, continue Cantemir, avec l'âme de l'homme, parce qu'elle est
Esprit (ch. 13).

[270] « Il n'est rien de ce qui est », *Noms divins*, VII, 3.
[271] *Ibidem*.
[272] *Genèse*, 6, 3.

L'âme de l'homme est, partant, infigurable (*indepingibilis*); en outre, elle relève du simple et exclut toute appréhension catégorielle, ce qui la fait échapper complètement à la raison. La forme extérieure, cependant, de l'homme apparaît toujours diverse, à chaque instant et dans chaque individu. De la première c'est la Théologo-métaphysique qui traite, alors que la Théologo-éthique s'occupe de la seconde. C'est dans ce contexte que l'auteur annonce un second tome consacré à la Théologo-éthique[273], tout en réservant pour le Livre VI, « à titre de prélude, quelques éléments de Théologo-métaphysique et de Théologo-éthique » (ch. 14).

7.6 Livre VI

7.6.1 Préambule

Les livres précédents ont levé le voile sur quelques indices allégoriques de la Science sacrée, mais il s'agit maintenant d'en expliquer et d'en éclairer davantage tout le système en montrant les « harmonies contingentes » de la Providence divine, mais aussi le libre arbitre de l'homme. C'est cette double approche qui justifie le titre de Théologo-éthique, annoncé à la fin du livre précédent.

Toutes les choses parfaites ou qui se perfectionnent dans le temps sont en effet créées, ordonnées et destinées par Dieu de façon à concourir, être et devenir selon Sa volonté, relativement au Souverain Bien. Il en est différemment des choses qui dégénèrent de cette origine et s'appliquent au mal : elles ne se rapportent plus au bien ou au parfait, mais seulement à elles-mêmes, et, par là, elles ne conservent plus le plan de Dieu, mais sont à elles, vivent pour elles, travaillent pour elles et mangent le fruit de leur voie (ch. 1).

---

[273] Ce tome n'a jamais été retrouvé et les exégètes de Cantemir s'accordent à dire qu'il ne fut pas composé. On peut se demander toutefois, en faisant un exercice d'imagination, si Cantemir ne pensait, en l'annonçant, non pas à un ouvrage à venir, mais bien à un ouvrage qu'il avait déjà écrit. Le cas échéant, il semble assez naturel de dire que la *Théologo-éthique* de Cantemir est simplement le *Divan*, qu'il avait déjà fait paraître en 1698, deux ans avant d'envoyer *Sacro-sanctae* à Cacavélas, en roumain avec une traduction grecque due très probablement à ce dernier. En effet, quel est le sujet du *Divan* sinon une tentative de convaincre « la loi diabolique d'obéir à la Loi Divine » ? Quel autre canevas a-t-il que de peindre « les changements accidentels qui arrivent dans la forme extérieure de l'homme » et qui le font « apparaître toujours autre, à chaque instant et dans chaque individu » ? Cantemir avait-il pour projet de donner une traduction latine du *Divan* et de le publier comme second tome de *Sacro-sanctae* ? *A priori*, je ne vois pas d'objection à cette hypothèse.

7.6.2 Explication détaillée des attributs de l'image infigurable de la Science sacrée (2-4)

Les choses ou œuvres parfaites de Dieu, symbolisées par le diadème (et, selon IV, 2, par ses gemmes), sont la création du monde, la conservation de l'Univers, la propagation des genres dans les espèces et les mystères divins surnaturels, prédestinés depuis l'éternité, mais qui arrivent dans le temps universel et dans la vie particulière de certains. La libre volonté bonne de l'homme, ou *appetitus bonus*, regarde et veut ces choses. Afin de parvenir à la jouissance du Souverain Bien, elle n'est cependant pas suffisante, il faut aussi le concours de la grâce. Si Dieu accorde sa grâce, il advient l'union mystique des bons et leur communion, dans laquelle Dieu est dans les délices avec les fils des hommes. Cantemir compare les rapports de communication, participation et union du Soleil et de ses rayons, du centre, des rayons et de la circonférence du cercle avec la voie et le cours par lesquels les hommes s'unissent à Dieu, afin de parachever la jouissance du Souverain Bien (ch. 2).

La prescience ou préconnaissance divine demeure pure de tout mal et de toute imperfection. Le sceptre symbolise la majesté divine (ou, selon IV, 2, la disposition des choses) (ch. 4). L'arc est soit tendu, et alors il symbolise la toute-puissance absolue de Dieu et les actes de sa volonté immuable, soit distendu et relâché, et alors il montre la volonté humaine libre et la procession des désirs du propre arbitre de l'homme. La flèche représente le but, le terme ou la fin à atteindre (IV, 2) et ses mouvements marquent les allées et venues des choses qui arrivent dans le temps et dans la vie et qui acquièrent toutes leur perfection, qu'elles procèdent de la prédestination divine ou du libre arbitre de l'homme. Le vêtement, d'une matière inconnue et sans couture, symbolise la vie humaine, par le côté extérieur, matérielle et soumise à la mort, par le côté intérieur, immatérielle et immortelle. La teinture du vêtement consistant dans des couleurs multiformes et variées, apparaissant dans un même point et dans tous les points, symbolise tout le vécu de l'homme, irréductible et infigurable (ch. 3). Cette coïncidence des couleurs dans le même point marque aussi l'union indivisible et non morcelable du point, du temps, de l'éternité et de la vie universelle qui composent les événements particuliers de la vie de tous les hommes. Toutes les choses arrivent, par des causes subsistantes et concurrentes, soit par la disposition de la Divine Providence, soit par l'inclination de la libre volonté, les deux seules « monarchies » qui existent réellement, à l'exclusion d'autres monarchies fictives (ch. 4).

7.6.3 La Providence de Dieu (5-7)

La Providence divine se donne à voir par ses effets (symbolisés par les gemmes), ou choses parfaites. Entre celles-ci, il y a les choses antérieures, précédant la Création, telles, ainsi qu'il en a été révélé par le miroir énigmatique, l'abîme des eaux, l'esprit qui se portait sur les eaux, les ténèbres originelles. Ces dernières sont comme une cachette et une tente dressée autour de l'essence de Dieu, invisible, inscrutable et inaccessible. Et il y a aussi les choses postérieures, ou créatures de Dieu, que la Providence a disposées, par la prédestination, dans le temps et que la toute-puissance a produites selon les catégories du combien, du quel et du quand. Par le combien, Cantemir entend un monde unique, comprenant tous les genres, les espèces et les individus. Par le quel, il comprend les spécifications diverses et la lumière propre de chaque créature, qualifiée à travers sa forme. Par le quand, il figure le commencement du monde à un certain moment, par rapport aux créatures, sans doute au sens où il l'expliquait dans le dernier chapitre du Livre IV, ce qui consacre la priorité infinie et éternelle du Créateur sur les créatures, de laquelle brille la splendeur de la Face de Dieu.

Lorsqu'il est droit, le sceptre est l'indice de la disposition de la Providence divine, et lorsqu'il est oblique, il figure la Prescience, ou Préconnaissance divine, qui ne nécessite, n'impose et ne cause pas, mais qui préconnaît les choses qui arriveront librement par la liberté, à travers le libre arbitre accordé à l'homme (ch. 5). Selon la disposition divine, se font la création, la conservation, la direction et la continuation de toute créature. A titre d'exemple, la disposition soutient la faculté de l'eau et de la terre de propager dans une lignée ininterrompue les espèces végétales. D'autres exemples étendent la disposition à la cosmogonie et à la cosmologie. Elle est également responsable du lien ineffable de l'âme immatérielle au corps matériel. Elle conserve toutes les créatures intellectuelles en dehors du péché et les maintient toutes dans l'immortalité. Par sa miséricorde et sa bonté, elle a relevé Adam, ruiné par son libre arbitre, à la vie. Elle accorde gratuitement tout don parfait à celui qui en est digne et en prive celui qui en est indigne (ch. 6).

Les choses arrêtées par la Providence divine sont immobiles, inaltérables et inéluctables. Le libre arbitre de l'homme ne peut contredire, différer ou changer les effets prédéterminés par la Volonté de Dieu. Dieu accorde par sa grâce des dons parfaits, qui lui sont connaturels, mais ne s'unit cependant essentiellement ni aux hommes ni aux créatures intellectuelles; tout ce qui est donc bon l'est par la grâce et se conserve éternellement dans ceux que Dieu a connus d'avance comme capables et dignes et pour un ministère seulement dans ceux qui ne sont que des organes médiateurs pour un certain temps (ch. 7).

7.6.4 La Prescience de Dieu (8-10)

La Préconnaissance, ou Prescience, de Dieu est comme médiatrice entre la Providence et les effets du libre arbitre. Ce dernier penche ou bien vers le bien, pour autant qu'il est aidé par la grâce, ou bien vers le mal, pour autant que, par la méchanceté de sa libre volonté, privé de la grâce, veut, désire et accomplit par soi le mal. Le malin génie ne peut tyranniser l'homme contre la libre volonté de celui-ci, si ce n'est que cette dernière cède à la tentation et s'y soumet de son gré. Le mal est donc, dans le diable, privatif du bien, pour autant que celui-là est privé de toute bonne grâce. Mais dans l'homme, le mal est à la fois privatif et positif: il est privatif, pour autant que l'homme ne fait pas ce qui relève du Souverain Bien, il est positif pour autant qu'il fait ce qui relève de son penchant pour le mal. En effet, le mal, en tant que tel, est privatif du bien, mais le penchant mauvais de la libre volonté est positif du mal (ch. 8). Tout ce qui n'est pas de Dieu, par Dieu et pour Dieu est mauvais et, réciproquement, tout ce qui est mauvais par soi n'est pas de Dieu, mais étranger à Dieu et contre Dieu. Dieu ne commet et ne peut commettre le mal. En outre, il y a trois choses qui sont impossibles à Dieu: un Dieu second, c'est-à-dire une créature aussi puissante que lui; un mal quelconque relativement à lui; s'empêcher de faire ce qu'il a fait ou ce qu'il a prédestiné d'être fait, car ceci contredirait sa Sagesse et sa Prudence (ch. 9).

Dieu connaît d'avance, par sa Prescience, toutes les choses qui arriveront et distingue les choses futures comme si elles étaient présentes; toutefois, sa Prescience se comporte de façon indifférente par rapport au penchant du libre arbitre de l'homme. Ainsi, selon le détournement (*aversatio*), Dieu connaît d'avance que les volontés mauvaises inclinent et penchent vers le mal et qu'elles persévèrent dans le mal. Mais, selon la permission (*permissio*), Dieu connaît d'avance que les mêmes peuvent se convertir et obtenir la miséricorde. Selon la Prédestination, il destine les bonnes volontés au bien et les mauvaises au mal. La Prescience de Dieu est tout aussi indifférente que le libre arbitre dont il a doué l'homme. Elle connaît la bonne volonté de l'homme en tant que sienne et la mauvaise en tant que propre au malin génie ou à l'homme méchant (ch. 10).

7.6.5 La liberté humaine et le mal (11-17)

Au moment du péché originel, la volonté humaine s'est séparée du gouvernement de Dieu et de sa grâce. C'est comme une conséquence de cet éloignement et de la déchéance vers le pire que l'Antiquité inventa des arts nouveaux et des sciences sensitives (ch. 11). Les expériences assidues, les mécaniques merveilleuses, les jeux variés, les spectacles de théâtre et de musique, les Olympiades, les merveilles du monde (entre lesquelles Cantemir fait allusion au colosse de Rhodes, à la pyramide de Khéops et aux jardins suspendus de Babylone) demeurèrent admirables pour les siècles à venir. Ces occupations qui passaient pour vertueuses chez les Anciens stimulèrent certains hommes, avides de renommée et de célébrité, à forger « de nouveaux dieux, des demi-dieux et des malins génies ». Ces idoles ont cédé la place à des noms abstraits, tels que « Nécessité, Fortune, Hasard, Destin, Parques, Néréides », et les Athéniens ont érigé même un temple qu'ils ont consacré « Au Dieu Inconnu » (ch. 12).

Le Diable, qui depuis le commencement de son apostasie poursuivait le même but, à savoir effacer de la mémoire des hommes la crainte du Pouvoir suprême de Dieu, se proposa de suivre deux voies particulières, à savoir de conduire les volontés méchantes à l'athéisme et de proposer aux hommes de cultiver plusieurs dieux, et même des créatures, à la place du Créateur. Si le polythéisme fut assigné aux païens de l'Antiquité, l'athéisme fut accordé aux libertins modernes (ch. 13). En fait, l'impiété prend trois formes, que l'auteur compare aux trois têtes d'un monstre. La première est précisément l'athéisme, qui forge, à partir d'un nom négatif, des images sombres de l'ignorance, qui n'entend pas la voix de la vérité et qui, en contemplant le Soleil, ne comprend pas intellectuellement la sagesse, la puissance et l'excellence de Dieu (ch. 14). La seconde est l'hérésie, une « tyrannie multiple », qui consiste à juger mal de la vérité (ch. 15). La troisième, la plus sacrilège, est une forme manichéenne d'idolâtrie qui consiste à enseigner qu'il y a dans les Cieux une double source et deux causes de Divinité, et sur la Terre il y en aurait une troisième. Les deux premières personnes soutiennent certes les choses célestes, mais ce Dieu céleste est « invisible, incompréhensible et inaccessible » et ses actes sont « imperceptibles et insensibles aux mortels et aux créatures terrestres ». La troisième personne de la Divinité procèderait, comme un effet procède de sa cause, des deux premières. Ce troisième chef, vicaire de Dieu sur la Terre, « visible, terrestre, mortel, humain », est le « lieutenant de l'efficacité divine » et

c'est à son bon gré que «le Ciel, la terre, les créatures Célestes et
terrestres obéissent, les choses cachées se révèlent, les mystères s'éclaircissent». Il régit les lois par sa volonté, échappe au péché et outrepasse
les limites naturelles (ch. 16).

Par métaphore, Cantemir associe aux trois têtes de l'impiété trois
queues: la fortune, le hasard et le destin. Sous ces trois noms, les
personnes cultivées continuent d'adorer des idoles très anciennes
(ch. 17).

7.6.6 Le hasard (18-19)

La notion de hasard est un «liquide empoisonné» dont la source se
trouve chez les Anciens, mais qui a été adopté également par les
Modernes. En reprenant la formulation de Boèce, Cantemir affirme que
les uns ainsi que les autres ont compris le hasard comme «un événement
produit par un mouvement accidentel et non par quelque enchaînement
de causes». Cette définition est vide. Il n'y a pas en fait de mouvement
accidentel, ni de hasard. Tout ce qui devient, c'est à dire progresse dans
son être, devient par des causes nécessaires et concordantes (ch. 18). La
confrontation avec la notion de hasard doit partir de la *Physique*
d'Aristote, dont Cantemir fait au passage un éloge. Ce qui semble arriver
de manière fortuite n'est en réalité pas un hasard, car il arrive par des
causes préordinées et concordantes. L'événement inopiné représente un
hasard pour celui qui ne le connaît pas d'avance, mais pas en soi. On
peut donc en proposer la contre-définition, valide aussi bien pour le
physicien que pour le théologien: «le hasard est un événement inopiné
et imprévu, provenant de causes convergentes, qui surgit dans des
actions faites dans un but différent, mais qui ont été préparées par la
Disposition Divine pour un autre bien nécessaire». En effet, cette définition regarde à la fois vers l'ordre qui dirige et conduit, par un enchaînement indissoluble, toutes les choses qui procèdent de la Providence
divine vers la perfection et vers celles qui proviennent de la libre volonté
de l'homme, outre son intention, par erreur, inexpérience, ignorance et
sottise, causes efficientes du mal inconsidéré que l'homme se produit à
soi-même et aux autres (ch. 19).

7.6.7 Retour sur la Prescience et la Providence de Dieu (20-24)

L'enseignement dispensé jusqu'ici renferme soigneusement des
principes et des éléments de la «doctrine très cachée» dont se composent les syllabes, les mots et les discours de la science sacrée. Il est faux

de dire, comme Aristote, que «la sagesse est avant tout la science que l'on recherche en vue d'elle-même et pour elle-même, et non en vue d'autre chose». En fait, les adeptes doivent suivre la science sacrée en vue d'autres que d'eux-mêmes. Cantemir propose une méditation sur la Création, la Providence et la Prescience divines (ch. 20).

Afin d'essayer de dire quelque chose au sujet de Dieu à partir des créatures, Cantemir dresse une comparaison, qu'il appelle orthodoxe, des attributs de Dieu et des effets du Soleil. Considérant dans le Soleil le mouvement, la chaleur et la lumière, il semble adéquat de comparer le mouvement, par lequel le Soleil, accomplissant sa révolution tout autour du monde, parcourt toutes les choses, à la Providence; la chaleur, par laquelle il maintient toutes les choses, à la Prédestination; et la lumière, par laquelle il éclaire toutes les choses, à la Prescience (ch. 21). Cantemir développe, en contrepoint, cette triple comparaison aux chapitres 22 et 23.

La Prescience divine est pure de tous les excès du libre arbitre. Armé de cet enseignement, le disciple est capable de philosopher, de combattre pour la cause de Dieu, de vivre vertueusement, de distinguer entre mort et mort, entre vie et vie, de parvenir à la béatitude et d'en jouir, de célébrer Dieu (ch. 24).

NOTE SUR L'ÉTABLISSEMENT
DU TEXTE

Ainsi que je l'ai montré dans l'*Introduction*, l'établissement du texte du manuscrit de *Sacro-sanctae scientiae indepingibilis imago* est un projet qui remonte au séjour de Grigore Tocilescu à la laure Saint Serge, pendant l'hiver de 1877/1878. De ces jours de labeur, le manuscrit latin n° 76 de la Bibliothèque de l'Académie Roumaine, subsiste à Bucarest, un *in folio* qui comprend la Lettre de Démètre Cantemir à Jérémie Cacavélas et les six Livres de l'ouvrage. N'y sont pas recopiés l'*Épître dédicatoire* ni l'*Index rerum*, que Tocilescu avait très probablement rapportés avec lui de son séjour en Russie. Environ cent ans plus tard, prenant comme base le microfilm noir et blanc envoyé par la Bibliothèque d'Etat «Lénine» de Moscou, le P. Teodor Bodogae a dactylographié une transcription du texte, en trois exemplaires, en indiquant au bas des pages les variantes qu'il a pu déchiffrer d'après le microfilm.

En 2002, lorsque je lui ai parlé du projet d'éditer et de traduire le manuscrit de Cantemir, le regretté Professeur Dan Sluşanschi a mis à ma disposition l'un des trois exemplaires du texte dactylographié par le P. Bodogae. Mais il a fait aussi beaucoup mieux : il a bien voulu prendre sur lui-même la responsabilité de l'édition du texte. Le chantier de *Sacro-sanctae* pouvait ainsi bénéficier du vaste savoir de l'éditeur le plus qualifié des textes latins de Cantemir ! Au bout de quelques mois de travail, dans le cadre du projet de recherche 1355 financé par le *Centre National pour la Recherche Scientifique de l'Enseignement Supérieur*, le Professeur Sluşanschi m'a remis le texte latin avec l'apparat critique, en version électronique. Le manuscrit autographe étant à l'époque tout aussi inaccessible que trente ans auparavant, il avait dû par conséquent travailler sur le même microfilm, et plus particulièrement sur un tirage photo en grand format conservé à la Bibliothèque de l'Académie Roumaine.

En 2003, je découvris au Cabinet des manuscrits de la Bibliothèque de l'Académie Roumaine les compléments du manuscrit du Prince, à savoir l'*Épître dédicatoire* et l'*Index rerum*. Une édition du premier de ces deux textes a vu le jour dans la revue *Archaeus*, celle du second ne fut publiée que dans l'édition italienne de l'ouvrage (2012) et, aujourd'hui, dans l'édition française de ce volume.

Le travail de traduction pouvait enfin commencer. Nombreux furent ceux que j'ai consultés dans cette vaste et difficile entreprise, à commencer par Liviu Stroia, qui fut à mes côtés dès la première heure, mais aussi Édouard Chiricat et Igor Agostini, qui ont contribué de manière décisive à éclaircir certains de mes doutes sur les formulations latines de Cantemir. Tout ce travail a maintes fois rendu nécessaire le retour au manuscrit, dont certaines leçons ou émendations ont dû être changées, parfois même à plusieurs reprises. En décembre 2008, j'ai réussi à avoir accès à des copies digitales du manuscrit de Moscou. Hélas, le Professeur Sluşanschi nous avait quittés en juillet de cette même année. Il ne pouvait plus avoir sous les yeux les reproductions de haute qualité du manuscrit autographe. Un autre étape du travail commença, non moins ardue, à savoir la confrontation du texte déjà établi avec le nouveau support, qui offrait une qualité de lecture incomparable par rapport à celui sur lequel D. Sluşanschi avait travaillé. La plupart de ses leçons s'avérèrent justes, mais d'autres ont dû être modifiées ou corrigées. Le texte qui voit le jour aujourd'hui voudrait être un hommage à sa mémoire !

V. A.

CONSPECTVS NOTARVM SIGLORVMQVE

SYMBOLES CRITIQUES ET ABRÉVIATIONS

( )   Cantemirii abbreviationis expansio
Expansion d'une abréviation de Cantemir

< >   Litterae vel litterarum ab auctore oblitarum suppletio
Ajout d'un ou plusieurs caractères omis par l'auteur

[ ]   Litterae vel litterarum ab auctore secus insertarum deletio
Élimination d'un ou plusieurs caractères mal insérés par l'auteur

[[ ]]   Litterarum, verborum, paragraphorum ab auctore vel ab emendatore expunctio
Effacement de caractères, mots, paragraphes de l'auteur

{ }   Additamentum ab auctore inter vel infra lineas factum
Addition de l'auteur entre les lignes

{{ }}   Verborum, notarum, paragrapharum ab auctore in margine insertio
Insertion de l'auteur de mots, notes, paragraphes en marge

…   Litterae nullo modo legibiles (puncti litterarum numerum indicare conantur)
Caractères illisibles (le nombre de points essaient d'indiquer le nombre de caractères)

vere Litterae verbave non sine dubio lecta
⁪⁪⁪⁪ Caractères ou mots incertains

enim (?) Litterae verbave maximo cum dubio lecta
⁪⁪⁪⁪ Caractères ou mots très incertains

(*sic*) Errorum peculiari sensu praeditorum nota
Signalement d'erreurs douées d'une signification particulière

NT *Novum Testamentum*
VT *Vetus Testamentum*
M *Manuscriptum*
DC *Demetrius Cantemyrius*

SACRO-SANCTAE
SCIENTIAE
INDEPINGIBILIS
IMAGO

Le texte et sa traduction

ms. <I> SACRO-SANCTAE

SCIENTIAE
Indepingibilis Imago

TOM(VS) PRI(MVS)[1]

Quo comprehenduntur The<o>logo-physices Principia Sacra, Sacra
Hexaimeron Creatio, Progressus Creaturae. Item de Tempore atque
Aeternitate, de Vita et quadruplici rerum forma tractatur. Denique
Habitus S(acrae) Scientiae, in quo Divina Providentia, Rerum naturalium
Conservatio et Animae Intellectualis libera inclinatio declarantur,

AVTHORE
Demetrio, Principe Moldavo.

---

[1] *In margine* Ex Bibliotheca Seminarii Ad Lauram S(acro-) S(anc)tae Triados
S(anc)ti Thaumaturgi Sergii *scriptum, necnon sigillum Bibliothecae Ecclesiasticae
Moscuensis Academiae appositum extant.*

L'Image infigurable

de la

Science sacro-sainte

Tome Premier

Où sont compris les Principes Sacrés de la Théologo-physique, la Création Sacrée des Six Jours, le Cours de la Créature. En outre, il y est traité du Temps et de l'Éternité, de la Vie et de la forme quadruple des choses. Enfin, l'apparence de la Science sacrée, où sont éclaircies la Providence Divine, la Conservation des choses naturelles et l'inclination libre de l'Âme Intellectuelle,

par

Démètre [Cantemir],
Prince Moldave

‹II› DEMETRIVS KANTEMYRIVS, PRI(NCEPS) MOLDAVVS,

Ieremiae Cacavelae, Praeceptori Suo, Salutem

Meministi, ni fallor, P(ater) R(everende), cum adhuc primis, a Te literarum imbuerer rudimentis, quando, nempe, piae memoriae Parens de Te quidem ad docendum, de me autem ad discendum usque adeo sollicitabatur, ut, si ausim dicere, in ipsa etiam profundissima quiete animi flagrantissimo haud quiesceret desiderio, et singulis fere diebus ter quaterque Musaeum nostrum (vitatis illius tempestatis, ut novisti, gravissimis et pene innumeris urgentibus curis) visitare non gravaretur (nosti enim quo utrumque nostrum plus quam paterno prosequebatur amore).

Heus tandem! Divina ita disponente Providentia, Iacobus meus (liceat, pro Principe Piissimo atque Christianissimo, piorum adferre comparationem) ad Caelestes Aeternos transfertur principatus, Iosephus autem suus, non quidem fratrum, sed amicorum perfidia, Bosphorinae, non minus quam Aegy/*III*/ptiae longi‹n›quitati, non minus quam captivitati traditur.

Laevia adhuc tamen haec (quod enim lex naturae imperat omni a naturalia obtemperant), ideoque graviora et multo intol[l]erabilia

DÉMÈTRE

CANTEMIR, PRINCE MOLDAVE,

envoie son salut à son précepteur, Jérémie Cacavélas

Vous vous rappelez, mon Révérend Père, si je ne me trompe, l'époque où, par vos soins, je m'imprégnais des premiers éléments des lettres, à savoir les jours où mon père de pieuse mémoire nous pressait tellement, vous de m'enseigner, moi d'apprendre, que ce désir ardent de son cœur ne lui laissait de repos, si j'ose dire, pas même dans le sommeil le plus profond de son âme et qu'il n'hésitait pas à nous rendre visite dans notre salle d'étude presque tous les jours trois et même quatre fois, malgré les préoccupations, comme vous le savez, très graves et presque innombrables qui le harcelaient à cette époque (vous savez en effet quel amour plus que paternel il nous témoignait à tous les deux).

Hélas, puisque la Providence divine en disposa ainsi, mon Jacob (qu'il me soit permis de comparer aux Justes un Prince pieux et chrétien entre tous) fut transporté au Royaume éternel des cieux alors que son Joseph à lui fut envoyé, par la perfidie, non de ses frères, certes, mais de ses amis[1], dans les terres du Bosphore, non moins lointaines que l'Égypte[2] et dans une captivité non moindre.

Ceci aurait été encore bien léger (car toutes les choses naturelles se soumettent à ce que la loi naturelle ordonne), mais des ennuis plus

---

[1] Les Turcs n'ont pas accepté en 1693 l'avènement au trône de Moldavie du très jeune Démètre Cantemir aussi du fait de l'intervention de Constantin Brancovan, prince régnant de la Valachie, qui avait obtenu le trône de la Moldavie pour Constantin Duca.

[2] Démètre a gardé en tête cette métaphore de l'Égypte pour la ville de Constantinople, puisqu'il l'utilise de nouveau dans l'Histoire de l'Empire Ottoman: «*Cantemirius… avertit a Turcis animum, satiusque arbitratus cum Christo pati, quam Aegypti fallaces expectare thesauros*», III, V, in *Incrementorum…*, 2002, p. 289.

sequuntur incommoda. Privor fratribus et suroribus *(sic)*, privor necessariis et domesticis, privor denique paternis possessionibus et omnibus, ut dici solent, bonis et, quod omnium ponderosissimum et, quo gravius nihil considerari poterat, privor Te praeceptore et destituor Institutore, et quidem aetate maxime lubrica ac periculose vac<c>illante (sed, mi R(everende) P(ater), ne epistulae excedam modum, breviter quasi transactarum vicissitudinum exarem compendiolum), vix enim pubertatis ingressus fueram aetatem. Itaque tam interne, quam externe contraria, acerba, effr[a]ena atque indomita discrimina in meae nihilitatis irruunt villulam. Depopulor, spolior et extremis discriminibus periclitor.

Ad quid haec: Supremus Iudex iustam dabit sententiam. Cuius annuente Clementia, iam nondum tribus confectis annis, Paternus quidem honor communis, Principatus autem Germano restituitur Fratri. Quo benigne fraterneque mediante, fit gratissimae Patriae revisitatio, posse/*IV*/ssionum restitutio. Verum enim cum hisce simul supe{r}fluunt assidui labores, pro misera nempe Patria in Porta sedula intentaque assistentia, pro dul{c}issimo fratre non minus domi, quam militiae inquieta vigilantia, pro amicis non mediocris solicitatio et pro omnibus et singulis diuturna et turbulenta animi exagitatio. Post autem tot tantosque exaltatos labores, vinculo obstringor coniu[n]gali, oeconomicis continuo distrahor curis, domesticis privatim vulgatimque opprimor necessitatibus. Et quid plura Tibi connumerem, cum Te fere in omnibus testem habuerim oculatum?

Sero tandem, ruptim raptimque vix a Te eiectorum studii olim reminiscor fundamentorum, disquiro, et, iuxta tritum 'ex partibus aliquid, ex toto ferme nihil', comperio Grammatices, ut vides,

graves et plus intolérables s'ensuivirent. On me prive de mes frères et sœurs, on me prive de mes amis intimes et de mes domestiques, on me prive enfin des propriétés paternelles et, comme on a coutume de dire, de tous les biens ; et, ce qui peut être considéré comme le plus pénible et dont il n'y a rien de plus grave, on me prive de vous, mon précepteur, on me démet de mon maître et encore à l'âge le plus instable et le plus dangereusement vacillant (mais, mon Révérend Père, pour ne pas excéder la limite convenable d'une lettre, j'abrégerai la liste des vicissitudes que j'ai vécues), car je venais à peine d'entrer dans l'âge de l'adolescence[1]. Ainsi de rudes épreuves, hostiles, déchaînées et sauvages, secouent-elles mon abri de fortune, aussi bien du dedans que du dehors. Je suis pillé, dépouillé, et je cours des dangers extrêmes.

Assez de tout cela : le Juge suprême y prononcera la sentence juste. Par sa clémence, avant que trois années ne soient passées on nous rend à tous l'honneur paternel, et à mon frère germain[2] la principauté. Grâce à son aide affectueuse et fraternelle, je rentre dans mon pays bien aimé et on me rend mes propriétés. Toutefois, je suis en même temps assailli par des tâches pressantes, à savoir, pour notre malheureuse patrie, l'assistance loyale et stricte à la Porte ; pour mon frère très chéri, la vigilance sans repos en temps de paix et en temps de guerre ; pour les amis, des soucis non moindres ; et pour tous et chacun en particulier, des tracas continuels et accaparants. Et après tant de grosses tâches épuisantes, je me lie du lien conjugal et me voilà distrait continuellement par les soins de ma maison, accablé d'obligations familiales en privé et en public. Mais à quoi bon vous en compter davantage, puisque je vous ai eu presque dans tout cela pour témoin oculaire ?

Tard enfin, par moments et à la hâte, je commence à me ressouvenir des fondements de l'étude que vous avez jadis semés, je recherche, et, selon la sentence : « des parties, quelque chose, du tout, presque rien », je

---

[1] Lat. *pubertas*. Constantin Cantemir mourut au mois d'avril 1693. Après un règne d'un mois, Démètre fut limogé de son trône et conduit sous escorte à Constantinople. Comme, selon une opinion des Antiques, attestée aussi chez Cantemir (*Divanul*, 40v, éd. V. Cândea, 1974, p. 187), l'âge de l'adolescence (*pubertas*) commençait chez les garçons à 14 ans et la *pubertas plena* à 18 ans (voir aussi la note du chapitre 24 du Livre III), le contexte de cette lettre laisse entendre que l'exil à Constantinople avait commencé pour Démètre à 18 ans. Concernant la date de naissance de Démètre Cantemir, que nous croyons avoir été le 23 octobre 1675, voir notre *Introduction*.

[2] Lat. *frater germanus*. En 1695, Antioch, le frère aîné de Démètre, issu des mêmes père et mère, monte sur le trône de la Moldavie. Démètre revient au pays pour une période, puis il représente son frère à la cour de Constantinople.

soloecismos mixtos barbarismo, qui quasi in Scythia Latium exulantem repraesentent; Rhetorices inconditas cumulationes et calcem arenae expertem; Logices rudera minutim contusa et Physices nulla apparere vestigia; de tota autem liberali arte et Vniversali Scientia, ut mea fatetur conscientia, nihil nisi phantastica quaedam somnia et imaginaria /V/ spectra in animi veniunt conspectum. Caeterum unica tantum utriusque partis consensu recepta sententia in memoriae residebat adytis: Diversarum, scilicet, scientiarum eandem esse simplicem et uniformem veritatem. Quo calcare percitus, pulverosi denuo discutiuntur codices, aranearum telis obductae iterum absterguntur paginae, Ethnicae Scientiae de novo prae manibus resumuntur authores et placita philosophorum titulo decoratorum enixa retractantur diligentia. Quid plus ultra? Apud ipsos (fateor veritatem) Scientiarum titulum et veritatis nomen mire celebrari et blande adulari comperio quidem, scientiae autem simplicem veritatem et veram simplicitatem minime. Quin imo omnia ab ipsis dissidiis plena contrarietatibus conferta et larva nefandi mendacii contecta disci atque doceri observo. Ad haec obstupesco. Cuius patrocinio me subdem contremisco. Quem mihi protectorem conciliem indiscrete haesito: ad quemve aspirem fautorem ac confugiam opitulatorem anxiis perplexor dubitationibus. Quamobrem sensitiva confundor sagacitate et intellectivam erubesco facultatem; attamen utri daemonum natura /VI/ tam disparium obediendum sit discernere minime valeo. Qua de re, ab absurdo ad absurdiora deiectus, artis pictoriae cum nec semilineam delineare cognoscerem, pictoriam exercere minus prudenter totis prae[s]sumo viribus, et veritatis effigiem, quae, nullibi nusquamve apparuisset, ut indepingibilem videor videre, at nihilominus ut indepingibilem depingere enormi non desisto audacitate.

retrouve des solécismes de Grammaire, mélangés, comme vous le voyez, de barbarismes, représentant pour ainsi dire l'exil du Latium en Scythie ; des accumulations de Rhétorique en désordre et du ciment sans sable ; des gravats de Logique broyés en miettes ; et nulle trace de Physique ; de tous les arts libéraux et de la science universelle, aux yeux de mon esprit, me disait ma conscience, il ne se présente plus que des songes fantastiques et des fantômes imaginaires. Pour le reste, l'unique opinion reçue par consensus dans chacune des disciplines subsistait dans les profondeurs de ma mémoire : à savoir que la vérité des diverses sciences est la même, simple et uniforme. Mû par cet aiguillon, je secoue une nouvelle fois la poussière de mes livres, j'en essuie de nouveau les pages recouvertes de toiles d'araignée, je reprends en main à neuf les auteurs de la science profane[1] et je révise diligemment les préceptes des philosophes renommés. Qu'en reste-t-il ? Je découvre que chez eux (à dire vrai), c'est le titre des sciences et le nom de la vérité qui sont étonnamment célébrés et flattés avec douceur, alors que la vérité simple de la science et la vraie simplicité ne le sont nullement. Bien plus, je remarque que tout ce que l'on apprend et l'on enseigne chez eux est rempli de désaccords, bourré de contradictions et recouvert du masque d'un mensonge abominable. J'en reste stupéfait. Je ne sais pas sous le patronage de qui je dois me mettre. J'hésite à décider qui je dois m'associer comme protecteur. Et je suis en proie à des doutes pénibles : vers qui me diriger pour trouver du soutien et chez qui me réfugier pour avoir du secours ? Ainsi, je suis troublé par la finesse de mes sens et je rougis de ma faculté intellective ; pourtant auquel des deux génies[2] dont la nature est si dissemblable faut-il obéir, c'est ce que je n'arrive guère à distinguer. Aussi, étant rejeté de l'absurde au plus absurde, bien que de l'art de la peinture je ne sache pas même tracer une demi-ligne, je prends le risque de m'y adonner de toutes mes forces et sans la moindre précaution ; et il me semble voir, bien qu'infigurable, l'effigie de la vérité, qui n'était jamais et nulle part apparue et que, néanmoins, je ne résiste pas, avec une énorme audace, à ne pas dépeindre en tant qu'infigurable.

---

[1] Lat. *ethnicae scientiae authores*, littéralement les auteurs de la science païenne. Par cette expression Cantemir désigne naturellement les Grecs, mais au cours de l'ouvrage il étendra cette catégorie aux philosophes néo-aristotéliciens.

[2] Lat. *daemones* ; il s'agit des sens et de la raison, que l'auteur va rejeter pour ne se fier qu'à l'intellect.

Quid sequitur? Frustratus, ut patet, labor. Quid consequor? Inscitiae impervium labyrinthum. Quo in casu Intellectus receptui canit. Cui ratio statim, sese ut adamantinum obiiciens murum, infert: De una eademque {simplici} veritate Theologos quidem theologice, Physicos autem physice distincte tractare et simplicem veritatem in composita arte, vel scientia profiteri[1] solitos esse, nec obstant eorum discrepantia axiomata et longe distantes sententiae.

Ad haec, mi R(everende) P(ater), tranquillissimus conturbatur intellectus, improbam reprobat sententiam, rationis obhor<r>escit blandimenta, et simplex simplici cohaerescit veritati. Vnde decretalem puri iudicii audit sententiam: 'Scientiae sensitivae valedicendum; sensitivos scientificos au/VII/fugiendos; rationales adinventiones repellendas; cerebro partas Minervas, ut abortivas, humi sepeliendas, ut intellectus degeneres, veritatis possessione exhaeredandas, et omni verae scientiae habitu expoli*a*ndas[2] esse.'

Expedite quidem haec, ut apparebant. Sed amor acrius intima intellectus penetralia torquet, charitas fortius pulsat, desiderium flagrantius affectat, et ipsa simplicissima mens, {ut} sese ad semetipsam convertat ferventissime orat. Verum enim, obstante sensuum debilitate, desunt vires, absunt facultates, et, si quae sunt, obsunt, instantibus rationalitatis impedimentis, et impedientibus sensualitatis opacitatibus. In arena huiuscemodi monomachiae, tandem iubar veritatis intellectuales vibrat lance<a>s, et sensui profundissimas infligit compunctiones, quem non per se, non ex se, non denique a se quicquam verum, bonum atque perfectum inquirere, acquirere ac obtinere posse[3] docent. Itaque Intellectus in arcem infusae scientiae sese confert, totum se Sacrosanctae Literae dedicat, superbam sensus cervicem ad genua Sacrae Scientiae humillime inclinat, et tam Theo/VIII/logos, quam Physicos eandem debere anhelare veritatem devote discit, ubi profanos devios exorbitantesque, Sacros autem Professores ad veram veritatis viam recta petentes invenit, quibuscum et in quibus iucunde quiescit, nil ultra quaerit, nihil melius appetit, sed simplicissimam veritatem simpliciter amplectendo intellectualiter colit, et spiritualiter adorat.

---

[1] profiteri *ex* profitere *corr.* M.
[2] expoli*a*ndas *scr.*: expoliundas M.
[3] [[minime]] posse M.

Que s'ensuit-il? Vain labeur, à l'évidence. Qu'est-ce que j'obtiens?
Un labyrinthe inextricable de l'ignorance. Défait, l'intellect sonne la
retraite. La raison, aussitôt, s'y heurtant comme contre un mur d'acier,
dit: d'une seule et même vérité simple, les théologiens ont l'habitude de
traiter théologiquement, les physiciens, en revanche, en distinguant,
physiquement, et de professer la vérité simple dans une science ou un art
composé, ne trouvant d'inconvénient ni dans leurs axiomes contradictoires ni dans leurs opinions fort éloignées.

Devant ce spectacle, mon Révérend Père, l'intellect le plus calme se
trouble, blâme l'opinion condamnable, s'effraie des flatteries de la
raison, et adhère, lui qui est simple, à la vérité simple. Là, il entend l'opinion définitive du jugement pur, qui dit qu'il faut dire adieu à la science
sensitive; fuir les adeptes de celle-ci; chasser les inventions de la raison;
ensevelir sous terre comme des avortons les Minerves enfantées dans le
cerveau; les déshériter de la possession de la vérité comme des filles
bâtardes de l'intellect; et les dépouiller de toute apparence de la vraie
science.

Cela semblait facile à faire. Mais l'amour tourmente plus âprement
le fond le plus intime de l'intellect, la charité le presse plus fortement, le
désir le saisit plus ardemment, et l'esprit même, le plus simple, prie avec
ferveur pour qu'il se tourne vers lui-même. Toutefois, comme la
faiblesse des sens fait obstacle, les forces lui manquent, les facultés lui
font défaut et, s'il y en a, elles s'y opposent, sous l'empire des entraves
de la rationalité et des obscurités de la sensualité. Dans l'arène d'un tel
combat à un seul combattant, l'astre de la vérité darde enfin les lances
de l'intellect et inflige au sens des piqûres très profondes, qui lui enseignent qu'il ne peut, par soi, de soi et enfin à partir de soi, chercher,
acquérir et maintenir rien de vrai, de bon ou de parfait. Et ainsi l'intellect se réfugie dans la forteresse de la science infuse, se consacre entièrement à l'Écriture sacro-sainte, incline humblement la nuque superbe
aux genoux de la Science sacrée et enseigne avec dévotion à la fois aux
théologiens et aux physiciens qu'ils doivent aspirer à la même vérité; en
quoi il trouve les profanes égarés et dévoyés, mais les saints professeurs
se dirigeant dans la vraie voie de la vérité vers les choses justes, il se
repose agréablement avec eux et en eux, ne cherche rien au-delà, ne
désire rien de mieux, mais, embrassant la vérité très simple avec simplicité, il la cultive intellectuellement et la vénère spirituellement.

Hanc animi mei sententiam, Mi R(everende) P(ater),
Tibi explicandam habui, ideoque Primum hunc
Sacrae Scientiae Tomum {p(rae)}mitto, legas
perlegasque admitto, iudices submitto,
sententiam feras permitto, quod Tibi,
idem mihi ratum fore promitto,
quod omitto demitte, et, si in
totum errorem comitto,
dimitte, et correctum
quantocyus remitte,
atque transmitte!
Vale!

J'ai voulu, mon Révérend Père, vous dévoiler cette opinion de mon âme
et je vous remets donc ce premier tome de la Science Sacrée,
j'admets que vous le lisiez et relisiez, je le soumets à votre
jugement, je vous permets d'exprimer votre opinion, je
vous promets que ce que vous déciderez sera décidé
aussi de ma part, excusez ce que j'y omets, et, si
je commets une erreur dans quoi que ce soit,
oubliez-la, remettez-le et transmettez-le
moi corrigé le plus vite !
Portez-vous
bien !

/IX/ DEO PATRI

- Dedicatoria -

Pater Caelestis et Noster, Fons incomprehensibilis divinitatis, Unica et Prima omnium Causa, Ens entium et Principium principii exper<s>, Deus Omnipotens Creator, Omnitenens et Sapientissime Gubernator, Dominantium Domine et Cordium Scrutator Clementissime, Radium Supraquamaeterni et inaccesibilis Tui Splendoris e Supracaelesti Maiestatis Tuae Throno demitte et tenebricosam obscuramque inutilis famuli tui Intellectus scintillam illuminato! Talentum a Te misericordiarum Domino mihi gratis concreditum, sed a me, ut nequissimo servo, sensuum limo obrutum et nequiter absque lucri ac faenerationis emolumento neglectum, in laudem inexhausti thesauri miserationum Tuarum, in tempore non suo, ne repetito! Immo potius aperiens Tu manum, omnia, quibuscum et me pravum nego*r*iatorem[1] et inaestimabilis margaritae contemptorem, superabundantia bonitatum

---

[1] nego*r*iatorem *scr.* : negociatorem M.

À Dieu le Père

Épître dédicatoire

Père Céleste et le nôtre, Source incompréhensible de divinité, Unique et Première Cause de toutes choses[1], Être des êtres et Principe sans principe, Dieu Créateur Tout-puissant, Conservateur de toutes choses et Gouverneur Très Sage, Seigneur des seigneurs[2] et Scrutateur Très Clément des Cœurs[3], fais descendre le rayon de Ta Splendeur plus qu'éternelle et inaccessible du Trône de Ta Majesté qui se trouve au-delà des Cieux et éclaire l'étincelle enveloppée de ténèbres et obscure de l'intellect de ton serviteur inutile[4]. Ne reprends pas, avant son temps, auprès de la gloire du trésor inépuisable de Tes pitiés le talent que Toi, Seigneur des miséricordes, m'as confié gratuitement,[5] mais que moi, comme un esclave bon à rien, j'ai enseveli dans la fange des sens et j'ai négligé de façon misérable, le soutirant au bénéfice du gain et de l'intérêt. Toi, au contraire, ouvrant la main, remplis de la surabondance de Tes bontés toutes les choses, et avec elles moi aussi, commerçant mauvais et contempteur de la perle inestimable[6], et restitue une

---

[1] Lat. *omnium Causa*. L'expression est chez Pseudo-Denys l'Aréopagite : « la Bonté qui est cause et source universelle... », *Noms divins*, 4, 2, PG 3, 696 B.

[2] Cf. *Deutéronome*, 10, 17 ; 1 *Tim.*, 6, 15 ; *Apoc.*, 19, 17.

[3] « Et celui qui pénètre le fond du cœur entend bien quel est le désir de l'esprit », *Romains*, 8, 27. Les citations bibliques sont indiquées, pour la plupart, d'après la Bible dite « de Port-Royal », traduite au XVIIe siècle par un groupe proche de Port-Royal, sous la direction de Lemaître de Sacy, seconde édition, 1700. Cf. la réédition de Philippe Sellier, Paris, Laffont, 1990.

[4] « Et qu'on jette ce serviteur inutile dans les ténèbres extérieures », *Matthieu*, 25, 30.

[5] « Mais celui qui n'en avait reçu qu'un [talent] alla creuser dans la terre, et y cacha l'argent de son maître », *ibidem*, 25, 18.

[6] « Le royaume des cieux est semblable à un trésor caché dans un champ, qu'un homme trouve et qu'il cache ; et dans la joie qu'il ressent il va vendre tout ce qu'il a, et achète ce champ », *Matthieu*, 13, 45.

Tuarum, repleto: et principalis illius gratiae portiunculam propter Te, in proximi mei commodum restituito /X/ Heu!

Fac, Clementissime et mitissime Domine, ut in lumine Tuo, caecae inscitiae meae tenebrae videant lumen; obstupefacti et lethali sensualitatis sopore mortificati atque enervati Intelligentiae nervi, ad pure {Te} spiritualiterque colendum atque adorandum suscitentur; rigidi et congelati simplicis desiderii[1] vigores, ad veritatis fervorem concipiendum, ad charitatis calorem participandum et ad quid inter verum et mendacium pure discernendum efficacissimo semper bonae Tuae Voluntatis {{adiu<v>amine}}, concalefiant. Insuper vacillantia inconstantiae meae vestigia in via aeternae Tuae Veritatis confirmentur. Tu enim solus es Vita, Via et Veritas, mortificatos sensus ad vitam restituens, errabundam rationem ad amplam rectamque viam reducens, et captivatum intellectum a mendacii subactione fortissime liberans et potentissime recuperans.

Indulge igitur, Sempiterne Pater, ut me externe quidem vermem et non hominem, interne autem ad Imaginem Tuae Similitudinis Creatum et abundantissi{ma} Spiritus Sancti Tui gratia condecoratum atque circumseptum dignoscam. Homousium ante omnia saecula a Te genitum Filium tuum, Dominum /XI/ et Deum, Normam et exemplar,

---

[1] desiderii *scr.*: desideris (*post simplicis*) DC.

petite part de cette grâce en Toi[1] originaire à l'avantage de mon pauvre prochain !

Seigneur Très Clément et Très Doux, fais en sorte que les ténèbres aveugles de mon ignorance voient la lumière dans Ta lumière ; que la vigueur de l'intelligence, engourdie et abaissée par la torpeur de la sensualité stupéfiante et meurtrière, se ranime pour T'honorer et T'adorer purement et spirituellement ; que les forces raides et gelées du désir simple se réchauffent, par le secours très efficace de Ta volonté toujours bonne, afin de recevoir la flamme de la vérité, de participer à la chaleur de la charité et de discerner clairement la vérité du mensonge. En outre, fais que les traces hésitantes de mon inconstance restent gravées dans la voie de Ta Vérité éternelle[2]. Car Toi seul Tu es la Vie, la Voie et la Vérité[3], Toi qui rends à la vie les sens mortifiés[4], ramènes la raison errante dans la voie large et droite, délivres courageusement l'intellect captif de l'action sournoise du mensonge[5] et le recouvres très efficacement.

Accorde-moi donc, Père éternel, de me reconnaître moi-même, par le dehors, certes, un ver de terre et pas un homme, mais par le dedans créé à l'image de Ta ressemblance[6] et paré et fortifié de la grâce surabondante de Ton Esprit Saint. Que j'aie comme Seigneur et Dieu, comme Règle et Modèle, comme Pédagogue et Précepteur Ton Fils consubstantiel[7] engendré par Toi[8] avant tous les siècles. Que je sois en Lui ; que je vive

---

[1] « Pour faire éclater dans les siècles à venir les richesses surabondantes de sa grâce par la bonté qu'il nous a témoignée en Jésus-Christ », *Éphésiens*, 2, 7.

[2] « Vos paroles ont affermi ceux qui étaient ébranlés, et vous avez fortifié les genoux tremblants », *Job*, 4, 4.

[3] « Jésus lui dit : Je suis la voie, la vérité et la vie », *Jean*, 14, 6.

[4] « Ainsi, mes frères, vous êtes vous-mêmes morts à la loi par le corps de Jésus-Christ, pour être à un autre qui est ressuscité d'entre les morts ; afin que nous produisions des fruits pour Dieu », *Romains*, 7, 4.

[5] « Jésus dit donc aux Juifs qui croyaient en lui : Si vous demeurez dans l'observation de ma parole, vous serez véritablement disciples, et vous connaîtrez la vérité, et la vérité vus rendra libres », *Évangile selon saint Jean*, 8, 31-32.

[6] « Il dit ensuite : Faisons l'homme à notre image et à notre ressemblance », *Genèse*, 1, 26.

[7] « ...ὁμοούσιν τῷ Πατρί » est la formule même du Symbole de Nicée (325) cf. H. Detzinger, A. Schönmetzer, *Enchiridion symbolorum definitionum et declarationum de rebus fidei et morum*, Herder, Barcinonae, Friburgi Brisgoviae, Romae, Neo-Eboraci, 1965³ (=ES), n. 125.

[8] « ... ἐκ τοῦ Πατρός γεννηθέντα », ES, n. 125.

P<a>edagogum Praeceptoremque meum habeam. In Ipso sim, in Spiritu eius vivam, in praeceptis Trishypostati Dei movear et[1] in lege Unius ac simplicissimae naturae Deitatis intelligam et diu noctuque ipsa sit meditatio mea. Ubi Te Exercituum Deum et Opitulatorem fortissimum[2] advocem, Te spem meam firmissimam expectem, Te Dominum et Deum meum constantissime credam. Te – Abba Pater! – in filiali adoptione, devotissime clamare audeam. Vnde quamvis indignissime, attamen ineffabili Tua fretus charitate, me nihilum et hanc meam vili pre*t*ii[3] drachmam in tutelam invictissimarum Thesauri Tui portarum offeram prosternamque.

Agedum, Infiniti Imperii Imperator, contritum cor et submissae animae precatiunculam ne despicias, scabellum pedum Tuorum ne reicias et profugum servum prodigumque filium in Sacro-Sanctarum potentiarum Tuarum praesentia ne confundas, ne tam in praeterito, quam in futuro, aeternus inimicus supra me, ut despectum et deperditum, gaudeat.

---

[1] movear et *ex* moveatur *in rasura corr.* DC.
[2] *Ps., 45, 8.*
[3] pre*t*ii *scr.* : precii M.

dans son Esprit[1], que je me meuve dans les préceptes du Dieu en Trois Hypostases, et que j'entende dans la loi de la nature une et très simple de la Déité[2] et que celle-ci soit ma méditation jour et nuit. Et que je T'y invoque Toi, Dieu des Armées et Secours très robuste[3]. Que je T'attende, mon espoir le plus ferme[4]. Que je croie en Toi, mon Seigneur et mon Dieu, de façon très constante[5]. Que j'ose T'appeler, Abba! Père! très pieusement, dans une adoption filiale[6]. Là, indigne autant que l'on veut, mais cependant fort de Ta charité qu'on ne peut exprimer, que je m'offre moi-même, un rien, et mon drachme de vil prix dans la garde des portes infranchissables de Ton Trésor et que je m'y prosterne.

Empereur de l'Empire infini, ne détourne pas ton regard d'un cœur contrit et de la prière humble d'une âme soumise[7]. Ne rejette pas ton marche-pied[8] et ne confonds pas l'esclave enfui et le fils prodigue par la présence de tes puissances sacro-saintes[9], pour que ni dans le passé, ni dans le futur l'ennemi éternel ne se réjouisse de ce que j'ai été perdu et méprisé. Car j'ai été appelé par Toi et dans Ton Nom, c'est pourquoi je suis à Toi et je Te soumets entièrement ma tête, je T'honore Toi, le Créateur et le Fondateur[10], par le culte de latrie,

---

[1] «Que si quelqu'un n'a point l'esprit de Jésus-Christ, il n'est point à lui. Mais si Jésus-Christ est en vous, quoique le corps soit mort à cause du péché, l'esprit est vivant à cause de la justice», *Romains*, 8, 8-9.

[2] «...quoique j'en eusse une [loi] à l'égard de Dieu», *1 Corinthiens*, 9, 21.

[3] «Le Seigneur des armées est avec nous, le Dieu de Jacob est notre défenseur», *Psaumes*, 45, 7.

[4] «...mettre mon espérance dans celui qui est le seigneur mon Dieu», *Psaumes*, 72, 28.

[5] «Voici ce que dit votre dominateur, votre Seigneur et votre Dieu qui combattra pour son peuple», *Isaïe*, 51, 22.

[6] «...vous avez reçu l'esprit de l'adoption des enfants par lequel nous crions: Mon Père, mon Père!», *Romains*, 8, 15; «nous ayant prédestinés par un pur effet de sa bonne volonté, pour nous rendre ses enfants adoptifs par Jésus-Christ», *Éphésiens*, 1, 5.

[7] «Vous ne mépriserez pas, ô mon Dieu, un cœur contrit et humilié», *Psaumes*, 50, 18.

[8] «Le Seigneur a dit à mon Seigneur: Asseyez-vous à ma droite, jusqu'à ce que je réduise vos ennemis à vous servir de marche-pied», *Psaumes*, 109, 1-2; «Comment a-t-il fait tomber du ciel en terre la fille d'Israël qui était si éclatante, et ne s'est-il point souvenu au jour de sa fureur de celle où il avait mis son marche-pied?», *Lamentations*, 2, 1.

[9] «C'est pourquoi l'Écriture dit: Tous ceux qui croient en lui ne seront point confondus», *Romains*, 10, 11.

[10] «Car il attendait cette cité bâtie sur un ferme fondement, de laquelle Dieu même est le fondateur et l'architecte», *Hébreux*, 11, 10.

A Te enim et in */XII/* Nomine Tuo vocatus sum, itaque Tuus sum,
Tibi utramque cervicem submitto, Te Creatorem
et Conditorem latria colo, Tibi dabo
gloriam, Tuam expectabo
misericordiam, Tibi canam
victoriam, Tuam exaltabo
Maiestatem, per Filium
in
Spiritu Sancto,
per
Saecula Saeculorum
in
Aeternum!
Amen!

à Toi je donnerai la gloire[1],
Ta miséricorde j'attendrai[2],
Ta victoire je chanterai,
Ta Majesté
j'exalterai[3]
par le Fils
dans
le Saint-Esprit[4],
pour
le Siècle des Siècles
éternellement
Amen.

---

[1] «Ne nous en donnez point, Seigneur, ne nous en donnez point la gloire, donnez-la à votre nom», *Psaumes*, 115 (selon les Hébreux), 1.

[2] «Le Seigneur met son plaisir en ceux qui le craignent, et en ceux qui espèrent en sa miséricorde», *ibidem*, 146, 12.

[3] «Vous êtes mon Dieu, et je vous rendrai mes actions de grâces; vous êtes mon Dieu, et je relèverai votre gloire», *ibidem*, 117, 27.

[4] Formule liturgique: «Gloire au Père par [διά] le Fils dans [ἐν] le Saint-Esprit».

THEOLOGO-PHYSICES

PRINCIPIA SACRA

PRAEFIGVRATIO SCIENTIAE[1] SACRAE

LIBER PRIMVS

Cap(ut) 1

{{Ad sacram scientiam qua via procedendum sit, sensus ab intellectu aenigmatice docetur, et modum inveniendae veritatis tradit.}}

In valle miseriarum, in cacumine contribulationum, atque in caligine rerum ignorabilium occupatus misellus humanus intellectus[2]. Immateriale lumen materialibus corporeitatis crassi*t*iebus[3] obrutum, indissolubilibus sensuum vinculis obstrictum, atque in ignorantiae barathrum p<a>ene totaliter corrutum pessumdatumque, ut Creatum[4] de Increato, ut momentaneum[5] de Aeterno, ut nihil de Ente, ut mortale[6] de Immortali, et, ut audacius quid dicam, ut mortu{um}[7] de vita verba facturum luminisque proprii ad cognoscibilium apprehensionem radios vibraturum, undenam inchoaturum, /2/ et quorsum finem directurum[8] sit,

---

[1] SCIENTIAE, cf. DC ad 22 (I, 13) *emendationem scr.* : STIENTIAE M.
[2] humanus intellectus {et} Immateriale lumen *perperam add.* M.
[3] crassi*t*iebus *scr.* : -ciebus M.
[4] creatum *ex* -tura *mut.* M.
[5] momentaneum *ex* -taneus *corr.* M.
[6] mortale *ex* mortales *corr.* M.
[7] mortu{um} *ex* mors *corr.* M.
[8] directurum *ex* dirigendum *corr.* M.

Principes sacrés de la Théologo-physique

Préfiguration de la Science sacrée

LIVRE PREMIER

CHAPITRE PREMIER

L'intellect enseigne aux sens[1] de façon énigmatique par quelle voie l'on doit avancer vers la science sacrée et leur transmet le mode de découvrir la vérité

Mon pauvre intellect humain était accaparé dans la vallée de misère, au sommet des angoisses et dans l'obscurité des choses inconnues[2]. Comme je m'apprêtais à décider, dans mes doutes inquiets et anxieux, de quelle façon la lumière immatérielle, étouffée par les épaisseurs matérielles de la corporéité, liée par les chaînes des sens impossibles à rompre, et presque totalement précipitée et engloutie dans le gouffre de l'ignorance, devait parler, en tant que créature, de l'Incréé, en tant qu'éphémère de l'Éternel, en tant que rien de l'Être, en tant que mortelle de l'Immortel et, pour le dire de façon plus audacieuse, en tant que morte de la Vie, et lancer les rayons de sa clarté propre afin de faire

---

[1] Lat. *sensus*. Cantemir comprend par *sensus* la connaissance des sens, mais parfois aussi la connaissance de la raison, pour autant qu'il oppose cette dernière à la connaissance par l'intellect. «La raison, ou plutôt, abstraitement, la rationalité, note-t-il, est adventice, servante et instrument sensible de l'intellect, propre à modérer seulement les appétits corporels et, en tant que telle, simplement, non nécessaire à l'âme» (SSII, V, 10).

[2] Le vocabulaire de cette description de l'errance de l'intellect et de la clarté spirituelle est vétéro-testamentaire, et plus particulièrement tiré du poème *Dies irae*, compris dans *Sophonie*, 1, 14-18, dont s'est inspiré l'auteur médiéval du *Dies irae*: «*dies irae dies illa dies* tribulationis *et angustiae dies calamitatis et* miseriae *dies tenebrarum et* caliginis *dies nebulae et turbinis dies tubae et clangoris*», etc. Notons que, ici comme partout dans *Sacro-sanctae*, c'est bien la Vulgate et non la Septuaginta qu'utilise et cite Cantemir.

solicite et anxie dubitanti mihi, a creatura ad Creatorem, a nunc ad aeternitatem, ab accidente ad essentiam, a nihilo ad Ens, a mortali ad Immortalem, et a morte ad vitam ascendendum atque progrediendum esse iamiam deliberaturo, amicus syncerus fidusque sodalis obviam factus, postque modestam congratulationem: "Quid usque adeo cogitabundus deambulatorium teris?" inquit.

Quem ego, honorifice resalutatum, comitem perambulationis et participem mearum dubitationum facio et, succincte recommendatis ipsi mearum haesitationum disquisitionibus: "Bona quidem, infit, comparatio, sed indigna (ut mea fert opinio) est talis prompta deliberatio (deliberamus enim ea[1], quae exacte cognoscimus, non ea, de quibus <a>egre dubitamus), siquidem dubitatio signum discriminis est, discrimen autem ultimi ignorationem praesupponit.

Quamobrem, primo necessum est simplicissimam purissimam facere differentiam inter creaturam et Creaturam, inter nunc et nunc, inter tempus et Tempus, inter aeternitatem et aeternitatem, inter accidens et accidens, inter essentiam et essentiam, /3/ inter nihilum et nihilum, inter ens et ens, inter mortalem et mortalem, inter immortalem et Immortalem, inter vitam et vitam, et inter mortem et mortem. Differentia enim contrariorum, cum, ut plurimum, per se pateat, nec demonstratione indiget, nec denique tute ad viam ducit verae cognitionis. Quid enim adeo magni aestimandum novisse corpus sensitivis subiectum esse mortale[2], animam autem intellectualem esse immortalem? De istis namque fere nullus mentis compos dubitare solet. Differentiam autem, quae eiusdem est nomenclaturae, pure discernere intellectualiter intelligentis opus est, unde ille veritatis coruscat splendor.

---

[1] Sane Deliberamus ... <de> iis, ... non <de> iis ... *nobis quidem praeferendum videri possit.*
[2] mortale *ex* mortalem *corr.* M.

comprendre les choses cognoscibles, où elle devait commencer et vers quel but elle devait se diriger[1] et s'élever, et avancer de la créature au Créateur, du maintenant à l'Éternité, de l'accident à l'essence, du rien à l'Être, du mortel à l'Immortel et de la mort à la Vie[2], il m'apparut sur mon chemin un ami sincère et compagnon fidèle, qui, après m'avoir respectueusement salué, me dit : «pourquoi arpentes-tu de long en large la galerie, aussi absorbé dans tes réflexions?»

Moi, le saluant avec déférence à mon tour, je le prends pour compagnon de ma déambulation et confident de mes doutes. Et après que je lui eus brièvement partagé les recherches dont j'étais incertain, il me dit : «La comparaison est bonne, certes ; mais, selon moi, une décision aussi prompte n'est pas convenable (décidons en effet des choses que nous connaissons exactement, non de celles au sujet desquelles nous doutons sérieusement), car si le doute est vraiment le signe d'une différence, cette dernière suppose l'ignorance des choses ultimes.

C'est pourquoi il est, en premier lieu, nécessaire de faire une distinction très simple et très pure entre créature et Créature, entre maintenant et maintenant, entre temps et Temps, entre éternité et Éternité, entre accident et accident, entre essence et essence, entre rien et rien, entre être et être, entre mortel et mortel, entre Immortel et immortel, entre vie et vie et entre mort et mort[3]. Car la différence entre les contraires, étant, dans la plupart des cas, évidente par elle-même, elle n'a pas besoin de démonstration et ne conduit pas non plus en sûreté à la connaissance vraie. En effet, qu'y a-t-il tant à estimer dans le fait de savoir que le corps assujetti aux sens est mortel et que l'âme intellectuelle est immortelle? Car nul homme sain d'esprit ne saurait en douter. En revanche, c'est à celui qui juge par l'intellect de distinguer nettement, afin que brille la splendeur de la vérité, la différence qui est entre les choses ayant la même dénomination[4].

---

[1] Pour saint Maxime le Confesseur, l'abîme (χάσμα) qui sépare la nature créée de l'Incréé ne peut être franchi que par un acte créateur volontaire de Dieu.

[2] La démarche est très semblable à celle qu'annonce le *Prœmiolum* au *Compendiolum* de Logique : «*...vestrum naturale lumen, illoque utentes a minoribus ad majora, ab inferioribus ad superiora, et a terrestribus ad cœlestia, usque etiam ad ipsam verae sapientiae cognitionem perveniatis*», *Compendiolum Universae Logices institutiones*, in *Operele Principelui Demetriu Cantemiru*, tipărite de Societatea Academică Română, Bucuresci, Tip. Academiei Române, vol. VI, 1883, p. 412, trad. roumaine de Dan Sluşanschi, 1995, p. 94. La logique se fonde sur la lumière naturelle inextinguible dans l'homme.

[3] Cette différence ne s'éclaircira qu'aux Livres V et VI.

[4] Le thème reviendra dans la conclusion du Livre VI.

Secundo, debent attente secerni Creaturarum gradus, dignitates, praerogativae[1], atque, ut[2] ita dici fas sit, nobilitates, et haec non solum simpliciter, quatenus Creatione omnia bona, sed potissimum in eodem bono quatenus permanentia, aut non permanentia.

Tertio, regradatione facta a bono permanente, a Creatura completa, ab opere perfecto, a dignitate concessa, a praerogativa antecipativa, a nobilitate praecellentibus titulis decorata, et ab infimo ad supremum eorundem gradum, per sensus[3] humiliatum intellectum sublimandum, ac tandem /4/ hoc et hoc tale quid esse, aut tale quid posse esse, non tam[4] scite quam pie deliberare possimus, atque in via verae Cognitionis sistere vestigia faciamus nostra." Et cum hisce amicus, facta commendatio ne, non ita sensitive secessit, quam spiritualiter disparuit.

Cap(ut) 2

{{Per lumen intellectuale sensitiva scientia mortifera[5] esse deprehenditur.}}

His ita ab illo syncero amico auditis, non absque turbulentissimis cogitationibus in nihilitatis meae hypocaustulum secessi, ubi, large fusis

---

[1] praerogativae *ex* -ves *corr.* M.
[2] *Denuo si ita naturaliter mallemus.*
[3] sensus *supra* -sum M.
[4] tam *ex* ita *mut.* M.
[5] mortifera *ex* mortiferam corr. M.

En deuxième lieu, on doit soigneusement discerner les degrés[1], les dignités, les privilèges et, si on peut le dire ainsi, les noblesses des créatures, et celles-ci non seulement simplement, en tant que, par le fait d'avoir été créées, elles sont toutes bonnes, mais surtout en tant qu'elles demeurent, ou non, dans le même bien[2].

En troisième lieu, une fois que nous revenons en arrière à partir de ce qui demeure bon, de la créature complète, de l'œuvre parfaite, de la dignité octroyée, du privilège anticipatif[3], de la noblesse parée des titres les plus éminents, et que nous parcourons leurs degrés du plus bas vers le plus haut[4], nous pouvons décider, non tant à travers la science, mais à travers la piété, de relever l'intellect humilié par les sens[5] jusqu'à ce qu'il soit ou qu'il puisse être tel ou tel, et de graver ainsi l'empreinte de nos pas dans la voie de la connaissance vraie. » Une fois qu'il eut fait cette recommandation, l'ami ne se retira pas physiquement, mais disparut spirituellement.

CHAPITRE 2

Par la lumière intellectuelle on découvre que la science sensitive provoque la mort

Après avoir écouté ces paroles de cet ami sincère, je me retirai, ruminant des pensées des plus agitées, dans mon poêle[6] de rien, où, versant

---

[1] Lat. *gradus*, qui évoque les hiérachies des êtres des néoplatoniciens. Proclus, par exemple, distingue les êtres qui participent à l'Un, selon leur degré : le corps, l'âme, l'intellect, la vie, l'être, cf. *Théologie platonicienne*, III, 6, p. 25, 11.

[2] L'annonce d'une double problématique, métaphysique et morale. L'homme a été créé bon, mais du fait du péché originel, il est tombé. Après l'Incarnation, son libre arbitre lui permet, s'il reçoit et conserve la grâce, de s'unir à la volonté de Dieu et d'y demeurer. D'autres créatures demeurent bonnes, comme les anges, ou se damnent définitivement, comme les anges transgresseurs. Cette problématique annonce le Livre VI, qui traite du libre arbitre de l'homme.

[3] Lat *praerogativa antecipativa*, au sens d'une supériorité accordée d'avance.

[4] Par la logique fondée sur la lumière naturelle (voir ci-dessus).

[5] La méthode ressemble à celle de la connaissance apophatique, décrite par Denys l'Aréopagite dans *Les Noms divins*, VII.

[6] Lat. *hypocaustulum*, pièce chauffée par un poêle (cf. R. Hoven, *Dictionnaire de la prose latine de la Renaissance*), précisément dans le sens où Descartes utilise le terme : «je demeurais tout le jour enfermé seul dans un poêle…», *Discours de la méthode*, 2, AT, VI, 11. Le mot utilisé dans la traduction latine du *Discours* dans les *Specimina philosophiae* de 1644 est précisément *hypocaustum*, cf. AT VI, 545.

oculorum sudoribus, humanam miseram pauperemque scientiam, sensitivam, inconditam, volubilemve sapientiam miserrime canendam, aut amare deplorandam esse vehementer admirabar. Nam si canendam, utrum concinnis versibus, an prosis insulsisque orationibus lamentandam? Vel, si deplorandam, utrum per lumina solum fontes copiosarum erumpant aquarum, an per totum corpus stillicidia sanguinearum effluant guttarum?

Haec hocce modo non parvo interval<l>o, mutis labiis, suspirosis spiritibus crebrisque singultibus anxie ab intimo dubitabam pectore. Sero tandem, 'per varios casus perque tot discrimina rerum'[1], punctum intellectuale, aequora mentis discurrendo, et momentum τοῦ intellectua/5/liter intelligere, nescio quo modo, tangendo, quo{d} {{utrum}} caelesti sagittae, an fulguri per obscuras fulgenti nebulas assimilarem, p<a>ene inscius haesitabam attonitus. Quandoquidem sagittae illius superlativa velocitas et micantis fulguris impetuosus improvisusque strepitus, an aliquam mediate in loco, aut tempore effecerint moram, annotare minime valebam. Quo casu statum meae nihilitatis et scientiarum mearum pauperiem diligentius mentalibus perspiciendo oculis, quandam amaritudinem comperio, quae, per intimam ossium cognitionis meae medullam diffusa (non secus ac in terrae visceribus aquarum scaturigines, per naturales canales hinc indeque delabentes, atque inferiorum vi et ebul<l>itione coactae, velint nolint, in terrae tandem superficiem egurgitantes), quam immanissimo viru, postquam cuncta ipsius penetraverit membra, extemplo in linguae apice cumulatim sese aggregaverat. Quod deinde (ad instar fontium in montium cacuminibus undas eructantium) hinc necessario aliquam in partem illud delapsurum iam conspexerim, qualitativam figuram illius

---

[1] *Verg., Aen., I, 204.*

des larmes intarissables, je me demandais instamment si la science humaine, misérable et indigente – cette sagesse sensitive, privée de fondement et versatile – devait être chantée avec compassion ou pleurée amèrement. Car, pour la chanter, fallait-il se lamenter dans des vers bien tournés ou dans d'insipides discours en prose? Ou pour la pleurer, des yeux devaient jaillir seulement des fontaines abondantes d'eau ou bien des filets de sang devaient aussi s'écouler goutte à goutte par tout le corps?

Je n'arrêtais pas de m'interroger à propos de tout cela, avec inquiétude, dans le secret de mon cœur, les lèvres serrées, le souffle entrecoupé de nombreux sanglots. Lorsque, enfin, trop tard, «à travers bien des hasards, par tant de passes critiques»[1], j'atteignis je ne sais comment, l'instant (*punctum*) intellectuel, parcourant les plaines de l'esprit et le moment de la compréhension intellectuelle[2], que je comparais soit à une flèche céleste, soit à l'éclair qui brille dans les nuages sombres, j'hésitai, presqu'inconscient, comme frappé de la foudre[3]. En effet, je n'arrivais guère à remarquer si la vitesse extrême de cette flèche et le bruit violent de la foudre éclatant à l'improviste occupaient effectivement un intervalle soit dans l'espace soit dans le temps. Ainsi, contemplant avec les yeux de l'esprit l'état de mon néant et l'indigence de mes connaissances, je découvris une certaine amertume, qui, répandue dans la moelle la plus secrète des os de ma connaissance (pareillement aux eaux qui sourdent dans les entrailles de la terre, s'engagent, ici et là, dans des canaux naturels et, contraintes par la force et le bouillonnement de celles d'en dessous, finissent, bon gré mal gré, par rejaillir à la surface de la terre) à la façon d'un suc monstrueux, après avoir pénétré tous mes membres, s'était aussitôt réunie abondamment sur la pointe de ma langue. Puis quand je me fus rendu compte que de là elle se jetterait nécessairement quelque part (à l'instar des sources dont les ondes se répandent sur les sommets des montagnes), je décidai de distiller sur du papier la figure

---

[1] Virgile, *Énéide*, I, 204, traduction de Jacques Perret, Paris, Les Belles Lettres, coll. «Guillaume Budé», 1981.

[2] Lat. τοῦ *intellectualiter intelligere*. Pour Cantemir, la logique dirige l'intellect de façon à ce qu'il ne se trompe pas dans ses opérations; mais l'intellect se dirige aussi lui-même, au fur et à mesure qu'il opère en acte, car il se reflète lui-même pour se modeler lui-même en vue d'accomplir la chose. L'objet vrai de tout art est celui par l'obtention duquel cet art demeure en repos et ne continue plus d'opérer. La logique, une fois que l'intellect opère correctement selon la deuxième et la troisième opération de l'esprit, demeure en repos. *Compendiolum*, mss. 20, in *Operele Principelui Demetriu Cantemiru*, vol. 6, 1883, p. 428, trad. roumaine, éd. citée, p. 110.

[3] Lat. *attonitus*, frappé de la foudre, de stupeur, mais le mot marque aussi l'état d'exaltation précédant une extase ou une inspiration divine.

fere ineffabilis atrocissimique amaroris in album distillare, */6/*
literarumque perstringere vinculis decrevi, ne forte, retrocessione facta,
insperatam toti inferat corruptionem.

Cap(ut) 3

{{Ab obscura humana scientia obscura evadet veritatis imago.}}

Itaque, linguae calamo intellectus aciei adaptato, viru nigredinem,
amarori autem atrum comparando colorem — tali enim Imagine dignum
esset quid est, nigredine supra nigrorem aliquid depingere — elegans
simul atque conveniens aliquod opus fore statui. Quandoquidem cunctis
ex coloribus, quotquot humanus iudicat visus, nihilitati nullus est
propior, aut nihilo similior, quique omnibus citius mortales praeterfugiat
oculos visivamque fallat facultatem, imo ipsis tenebris non longe
absimilis — quae (prout veteribus placet), cum essentia careant, statim ac
orbis communi face, Planetarum parente, ac Vniversi oculo privantur,
Sole, diametraliter suarum nihilitatum obscurissima circumfunditur
atritas. Proh dolor! Humanae scientiae nigri colores, atque meae
capacitatis atra tabula cum inter se nihil differant, immo, quod aptius
dicam, cum tabula meae capacitatis tenebrae, et tenebrae ipsae eadem
mea sint tabula, istis supra istam quid, quaeso, depingendum? O,
calamitatem intolera/*7/*bilem! Nihilitatis tenebris, ac scientiae humanae
nocte combinatis, qualem tincturam ipsas producturas existimandum?
Nonne nigram? Item, atramento miserrimae sensitivae sapientiae et
inveterato linguae meae viru permixtis, et super aterrimam superfusis
tabulam, qualem effigiem depingere posse putandum? Nonne
Ethiopicam? Imo maxime, quod etiam quotidiana docet experientia et
commune affirmat axioma: propter quod unumquodque est tale, illud
magis tale (erit)[1].

---

[1] *Parentheseos signa* s.m. *add.* M.

qualitative de cette amertume presque indicible et très dangereuse et de la resserrer dans les chaînes de l'écriture, pour empêcher que, rebroussant chemin, elle n'apporte dans tout mon corps une altération importune.

CHAPITRE 3

D'une science humaine obscure sortira une obscure image de la vérité

Et ainsi, après avoir ajusté la plume de ma langue à la pénétration de mon intellect, appariant la noirceur au venin et la couleur sombre à l'amertume – car qu'y a-t-il de plus digne d'une telle image que de figurer quelque chose avec du noir sur la noirceur? – je décidai de faire un travail élégant et à la fois approprié. De fait, de toutes les couleurs que le regard de l'homme puisse considérer, nulle n'est plus près du néant, ou plus semblable au rien, car elle[1] s'efface plus rapidement que tout autre chose devant les yeux des mortels et trompe la faculté de la vue, ou plutôt elle est assez semblable aux ténèbres mêmes; et puisque (ainsi que les Anciens le pensent) ces dernières manquent d'essence propre, dès qu'elles sont privées du flambeau du monde, du père des planètes et de l'œil de l'Univers, à savoir du Soleil, la sombre obscurité de leur néant se répand de part en part. Oh, douleur! Puisque les couleurs noires de la science humaine, d'une part, et la table sombre de mon esprit, d'autre part, ne diffèrent en rien, mais au contraire, pour le dire mieux, puisque la table de mon esprit est ténèbres et les ténèbres sont la table même de mon esprit, qu'est-ce que je figurerai, voyons! au moyen des unes sur l'autre? Oh, quel gâchis insupportable! Une fois combinées les ténèbres du néant et la nuit de la science humaine, quelle teinture en sortira-t-il? Ne sera-t-elle pas noire? Et de même, une fois que j'aurai mélangé l'encre sombre de la misérable sagesse sensitive et le venin vieilli de ma langue et que je les aurai répandus sur ce tableau très sombre, quelle effigie pourrais-je y figurer? Ne sera-t-elle pas celle d'un Africain? Bien évidemment, car comme l'expérience de tous les jours nous l'apprend et un axiome commun l'affirme: «ce par quoi une chose est telle l'est soi-même davantage»[2].

---

[1] Le noir, lat. *nigredo*, que l'auteur contraste avec *atrum* ou *nigror*.

[2] Axiome de l'École, tiré d'Aristote (*Analytiques secondes*, 72 a 29: «Toujours, la cause en vertu de laquelle un attribut appartient à un sujet appartient elle-même au sujet plus que cet attribut», trad. J. Tricot).

Cap(ut) 4

{{Per Ethnicas institutiones normam veritatis non dari, eo quod extra principia aggrediantur.}}

Haec ita quidem, verumtamen vetus perversaque consuetudo, in constantia inconstantis perversitatis perseverans, instar noctuae ad lumen caecutientis perque medias noctes huc illucque oberrantis, Platonica nigerrima prae manibus accepta tabula, Aristotelicis atris deliniebam coloribus; verum enimvero, postquam non paucam necnon aeternis expi*a*ndam[1] lacrymis navaverim operam, scientiae humanae staturae altitudinem, formae pulchritudinem, habitusque ornamentum cum tyran<n>ice obsignasse opinarer, illico meam flocci pendendam deprehendo opinionem. Quandoquidem apparens opus, mate/*8*/riae praeparationem, firmae per artem adinventionem ridicule fefellisse, atque per privationem tot tantosque sudoriferos labores in vanum me amisisse edocuit. Nigror enim atque nigredo, cum eiusdem essent speciei, invicem sese couniverant, quae non solum materiam Platonicam inconditam, non solum formam Aristotelicam omni forma privatam effecerant, sed etiam omnes Ideas dementes atque delirantes et longissime a scopo veritatis effigiei oberrantes esse ostenderant. Quo casu cuncta, quae ab ipsis antiquitus ad normam veritatis exprimi credebam, omnia nunc perverse, indefinite, atque inutiliter disci, atque doceri videbam. Itaque, cum operis principium a fine mei desiderii quanto longe distet conspexerim, errabundam rationis vacationem in vagabundam mentis agitationem tali transmutavi modo.

---

[1] expi*a*ndam *scr.* : expiendam *hic* M.

Chapitre 4

Les doctrines païennes ne fournissent pas de norme de la vérité, parce qu'elles procèdent hors principes.

Certes, il en est ainsi, mais, comme l'habitude ancienne et vicieuse persévérait dans la constance d'une perversion inconstante, moi, à l'instar d'une chouette qui, tout en voyant trouble à la lumière du jour, n'arrête pas pour autant d'errer çà et là au milieu de la nuit, m'étant procuré un tableau platonicien tout noir, j'y dessinais au moyen des couleurs sombres aristotéliciennes; mais, après avoir achevé mon long travail, que j'avais arrosé sans arrêt de mes larmes, pensant avoir enfin apposé, en tyran, mon sceau sur la hauteur de la taille de la science humaine, sur la beauté de sa forme et sur la parure de sa mise[1], je découvris d'un coup que mon opinion ne pesait pas plus lourd qu'un flocon de laine. En effet, l'ouvrage que j'avais devant moi m'apprit que je m'étais trompé de façon ridicule dans la préparation de la matière, dans l'invention artistique de la forme et que, par privation, j'avais vainement perdu ma peine dans d'aussi importants et nombreux labeurs épuisants[2]. Car la noirceur de la toile et les couleurs noires étant d'une même espèce, elles s'étaient entremêlées et avaient rendu non seulement la matière platonicienne dépourvue de fondement et la forme aristotélicienne privée de toute forme, mais elles avaient aussi montré que toutes les idées étaient insensées et délirantes et qu'elles erraient très loin du but, qui était de montrer l'effigie de la vérité. De cette façon, toutes les choses que je croyais avoir été, dès l'Antiquité, élevées par Platon et Aristote au rang de norme la vérité, me semblaient être maintenant apprises et enseignées de façon pervertie, indéfinie et inutile[3]. Et ainsi, ayant remarqué combien lointain était le commencement de mon ouvrage de la fin que je désirais, je métamorphosai la défaillance de ma raison errante dans une agitation de mon esprit vagabond, de la façon que l'on verra.

---

[1] Lat. *statura, forma, habitus* : éléments par lesquels le narrateur espère pouvoir rendre l'image de la science humaine, sensitive. Ils réapparaîtront bientôt dans l'image de la science sacrée et l'explication n'en sera donnée intégralement qu'aux ch. 1-4 du livre VI.

[2] Cantemir tourne en dérision les concepts métaphysiques principaux d'Aristote : la matière, la forme et la privation. Dans son *Compendiolum* de logique, il définissait la privation comme « le manque de la forme ou de la figure dans un sujet apte pour une telle forme », *Compendiolum*, mss. 18, éd. citée, p. 426, trad. roumaine, p. 108. Le novice perd sa peine du fait du manque de science sacrée, dont il est apte, mais qui ne lui est donnée que par grâce.

[3] Séparation d'avec les Anciens et commencement du travail pénible d'un Moderne.

Cap(ut) 5.

{{Per sacram scientiam non statim illuminari sensitivae labyrinthos, ideo assidue insistendum.}}

"O, mortalium miserrime (ipse mihi inquio), quousque impervios habitabis labyrinthos? Quam ob causam rem praeter tuam capacitatem humanamque solertiam aggredi conaris? Qua, denique, ratione effigiem Ethiopis albore, Europaei autem nigrore pingere putas? Ideo aut artem, aut artis materiam, */9/* vel, aut scientiam, aut scientiae formam permuta, vel, denique, si mavis a tali, ludis puerilibus consentanea omnique cachinno digna, prorsus abstine pictura! Alioquin in pertinacia perseverare non solum indomabilis belluae, sed etiam perversi hominis proprium est." His itaque mecum reputatis, paulatim quodammodo mentis discussa caligine, cum pusillum quoddam lumen ad inchoandae rei cognitionem illustrandam coruscasse videretur (o, ponderosam humanam levitatem!) de repente lumen illud, quasi densissimas per tenebras in modum fulgentis fulguris, intellectualis visus fere totam hebetaverat aciem, ita ut quod prius cognitionis oculo transpici apparebat, tunc idem totaliter eundem effugeret; post talem enim subitaneam momentaneamque coruscationem ignorantiae extremae tenebrae, veluti aeneus paries, ob conspectum protendeba<n>tur meum (o, procellosam tranquillitatem!), et quod mihi iam consolationi{s} levaminisque fore sperabam, id omnis infortunii praesagium {{capiti}} totamque Olympi intolerabilem molem dorso imponebat meo. Quoniam autem tabula, coloribus, penicillis caeterisque instrumentis, quibus pictores uti solent, permutatis, singulisque in aptis collo*/10/*catis locis, ac tandem, penicillo colore tincto et manu ad tabulam, desideratam effigiem depingendi gratia, protensa, ut fulmen caelitus iniectum, totam mentis meae apprehensivam occupavit circuitionem, et perversa quaedam atque indissolubilis haesitatio ad invincibilem ignorantiam adigens[1], quasi sempiterne duraturam sibi sedem fixisse existimabam. Qua de re non tam ad inchoatae rei desperandam conceptionem, quam ad mei ipsius irrevertibilem compellebar oblivionem.

---

[1] adigens *ex* adagens *corr.* M.

Chapitre 5

Les labyrinthes de la science sensitive ne s'éclairent pas immédiatement par la science sacrée, aussi faut-il persévérer inlassablement.

« Ô le plus malheureux des mortels (me dis-je à moi-même), jusqu'à quand fréquenteras-tu ces labyrinthes inextricables ? Pourquoi tentes-tu une chose qui est au-delà de ta capacité et de l'ingéniosité humaine ? De quelle façon, enfin, penses-tu figurer de blanc l'effigie d'un Africain, et de noir celui d'un Européen ? Change plutôt soit l'art, soit la matière de l'art ; soit la science, soit la forme de la science ; ou enfin, si tu préfères, renonce complètement à une telle peinture, qui ne sied qu'aux jeux enfantins et digne de la risée de tout le monde. Du reste, persévérer dans l'opiniâtreté est le propre non seulement d'une bête indomptable, mais aussi de l'homme pervers ». Et, tandis que je réfléchissais à ces choses et les ténèbres de mon esprit se dissipaient quelque peu, et comme il me semblait qu'un filet de lumière s'était allumé pour éclairer dans mon for intérieur la voie pour les connaître (ô pesante légèreté de l'homme !), voici que, tout d'un coup, cette lumière, telle un éclair qui brille dans les ténèbres les plus denses, avait hébété presque totalement la vue de mon intellect, de sorte que ce qui auparavant semblait visible à l'œil de la connaissance, s'y refusait à présent complètement. En effet, après une telle étincelle subite et passagère, les ténèbres extrêmes de l'ignorance se dressaient devant mes yeux comme un mur d'airain (ô tranquillité orageuse !) et cela même dont j'attendais ma consolation et mon soulagement déposait sur ma tête le présage de tout malheur et sur mon dos le fardeau insupportable de l'Olympe entier. Mais, après que j'eus disposé autrement le tableau, les couleurs, les pinceaux ainsi que les autres instruments que les peintres utilisent d'ordinaire et que j'en eus mis chacun à sa place, ayant enfin trempé le pinceau dans la couleur et tendu la main vers le tableau pour figurer l'effigie désirée, quelque chose comme une foudre lancée du ciel s'empara de la sphère appréhensive de mon esprit et une hésitation perverse et irrésistible me poussait à tel point vers une invincible ignorance, que je pensais que celle-ci y avait établi son siège pour toujours. Aussi étais-je contraint non seulement de laisser de côté tout espoir quant à concevoir la chose commencée, mais aussi de m'oublier moi-même sans possibilité de retour.

Cap(ut) 6

{{Ad sacrae scientiae imaginem depingendam non profanis, sed sacris utendum coloribus, hoc est veritatem in Sacris Scripturis latitare.}}

Ratio autem obstrusae atque indissolubilis illius haesitationis erat talis: "Heus, tu, hominum infelicissime, iuxta libelli intitulationem 'Theologophysices indepingibilem Imaginem', Imagini dedicare moliris? Quae res non tam verbo, quam sensu sibi contradicere manifestum est. Nae? Sed qua adeo impudibunda audacia penicillum ad colorem et manum ad tabulam protendisti? An concepisti prius, in tua phantasia, quae qualisque sit propositae speculationis imago? (Scientia enim de scibilibus et ars de iis, quae sub arte cadunt, praedicatur.) Alioquin tertia mentis operatio se/11/cundam et primam antecederet, quod nemo mortalium concedet (quanquam immortalis homo nec componat nec dividat in suis intellectualibus exercitationibus). Imo quod maxime tuo obiicitur conatui est tabula, quam tibi proposuisti et colores, quos ex perversitatis officinis comparasti, quae ultimo materiam vanam et formam informem tibi reddere et per privationem ad negativum nihil te deducere minime dubitandum. Sed iocando (per prosopopoeiam[1] inferebat intellectus) concedamus, inquit, te omnium pictorum esse facile

---

[1] prosopopoaeiam *caudata* e *perperam* M.

CHAPITRE 6

Afin de figurer l'image de la science sacrée, il faut utiliser des couleurs sacrées et non profanes, ce qui signifie que la vérité vit cachée dans les Saintes Écritures

La raison de cette hésitation[1] forcée et irrésistible de l'intellect était la suivante : « Hé toi ! le plus infortuné d'entre les hommes, tu entreprends, selon le titre de ton petit livre, *L'image infigurable de la Théologophysique*, de consacrer ta recherche à une image ? De façon évidente, cela est une contradiction non seulement dans les mots, mais aussi dans le sens. N'est-ce pas vrai ? Mais par quelle audace éhontée as-tu tendu le pinceau vers la couleur et la main vers le tableau ? N'as-tu pas d'abord conçu dans ton imagination laquelle et de quelle façon serait l'image de la recherche que tu te proposes ? (Car la science traite de ce qui peut être connu et l'art de ce qui relève de l'art.) Autrement la troisième opération de l'esprit précéderait la deuxième et la première, ce qu'aucun des mortels ne pardonnerait[2] (alors qu'un homme immortel, lui, ni ne compose ni ne divise dans ses exercices intellectuels[3]). Ou plutôt, ce qui s'oppose le plus à ton entreprise, c'est la toile que tu t'es mise devant toi et les couleurs que tu t'es procurées des boutiques de la perversité, qui finiront sans nul doute par te donner en retour une matière vaine et une forme dénuée de forme et t'amener, par la privation, au rien négatif[4]. Mais concédons pour jouer (continua l'intellect, par prosopopée) que tu

---

[1] Cf. I, 2 : «*haesitabam attonitus*».

[2] Selon Cantemir, les trois opérations de l'esprit sont : 1° concevoir simplement et abstraitement les concepts ; 2° composer ou diviser (former des jugements) ; 3° raisonner (former des syllogismes), *Compendiolum*, mss. 3, éd. citée, p. 417. Cantemir procède par réduction à l'absurde. Pour représenter le portrait de la science sacrée, il faut d'abord en concevoir la notion et l'inclure dans le raisonnement, ce qui est manifestement impossible.

[3] «L'on doit savoir que Dieu et les anges [ne] s'expriment [pas] discursivement, c'est-à-dire ni ne composent ni ne divisent les termes, car leur mode de connaissance non seulement des simples mais aussi des composés est simple, et ils entendent toutes choses de façon simple. En revanche, l'expression discursive n'est nécessaire qu'à l'homme», *Compendiolum*, mss. 5, éd. citée, p. 418.

[4] Cantemir tourne une fois de plus en dérision la matière, la forme et la privation, introduisant ici le thème du rien négatif, qui à la différence du rien privatif, ne possède aucune virtualité créatrice (cf. aussi Livre II, ch. 18, Livre IV, ch. 7 et surtout Livre VI, ch. 20). La connaissance sensitive (partir des couleurs et du tableau) aboutit à une impasse.

principem, qui istius intitulationis effigiem miro artificio aut virili, aut muliebri generi vel speciei dedices et alterutrius clientelae subiicias. Item tali imagine dignos idoneosque adaptes colores, insuper superbo licet exornes habitu. Verumtamen, ut mihi videtur, et veritati consentaneum est, nuda et simplex debet esse scientiae istius imago. 'Nudam' dico, quoad suam simplicitatem et 'simplicem' quoad ipsam veritatem. Quamobrem, prius nuditatis varia vestimenta et simplicitatis multiformes colores praeparare debes, et postea scientiae istius indepingibilem imaginem depingere aggrediaris, quae non alibi, nisi in veritatis officinis reperiri possunt."

/12/ Cap(ut) 7.

{{Per sensuum scientiam pessumdatum intellectum, ruinae casum non percipere posse, ideo per gratiam a sensitivis liberari.}}

His hoccemodo iteratis vicibus a me diu varieque revolutis, inopinato quodam symptomate, me quasi extra me essem existimabam, ita ut quis, qualis et ubi sim prorsus non sentirem. Interim, pavor istius intellectivae facultatis alienationis utramque mei partem obstupefaciens in paralysi laborantem me reddiderat. Quo casu tam internis, quam externis sensuum labefactatis viribus, e sedile, in quo, pingendi gratia, compositus eram, supra conchylia, quibus colores inera<n>t, instar crapula dementati, praeceps in miserandum corrui modum, et quod omnem transcendebat

es sans peine le premier de tous les peintres qui, par un art merveilleux, offres l'effigie ayant ce titre au genre ou à l'espèce ou bien masculine ou bien féminine, la soumettant à la protection de l'un ou de l'autre[1]. Admettons aussi que tu combines pour une telle image des couleurs dignes et assorties, et qu'en outre tu l'embellisses d'une mise[2] magnifique. Et pourtant, à ce qu'il me paraît – et c'est conforme à la vérité –, nue et simple doit être l'image de cette science. Je dis « nue » en considération de sa simplicité et « simple » pour autant que c'est la vérité même. Voilà pourquoi tu dois d'abord préparer les vêtements variés de la nudité et les couleurs multiformes de la simplicité et n'entreprends qu'après de figurer l'image infigurable[3] de cette science ; ces choses, tu ne pourras les trouver nulle part ailleurs que dans les réserves de la vérité. »[4]

CHAPITRE 7

L'intellect, ruiné par la science des sens, ne peut percevoir le malheur de son effondrement, aussi est-ce par la grâce qu'il se libère du sensitif.

Après que j'eus ainsi, longtemps et diversement, réfléchi à tout cela, je pensai, par une quelconque coïncidence insoupçonnée, être comme hors de moi, de sorte que je ne sentais plus du tout qui, comment et où j'étais. Pour l'instant, la peur de cette aliénation de la faculté intellectuelle, frappant de stupeur mes deux côtés, m'avait paralysé dans mon travail[5]. C'est pour cela que, mes forces aussi bien internes qu'externes affaiblies, je m'écroulai du siège sur lequel je m'étais installé pour peindre, la tête en avant, au-dessus des coquillages dans lesquels se trouvaient les couleurs, tel un individu rendu fou par l'ivresse, d'une

---

[1] Le portrait de la science sacrée figurera-t-il un homme ou une femme ? Autre figure de la réduction à l'absurde.

[2] Lat. *habitus*, aspect extérieur, cf. ci-devant, ch. 4.

[3] Lat. *indepingibilem imaginem depingere*, l'oxymore qui donne le titre de l'ouvrage entier.

[4] Le disciple doit se disposer à parcourir l'apophase, à renoncer à tout ce qui parle aux sens, et, en éliminant l'attirail de l'imagination, à retrouver la simplicité de la connaissance spirituelle.

[5] Ne pouvant supporter l'imminence de l'apophase, le renoncement à toutes les certitudes positives de la raison, le disciple est saisi par une peur panique.

commiserationis modum. Siquidem, cum ipsemet essem, ipsamet ruina me nondum cecidisse sentiebam! Imo nunquam cadere fore possibile arbitrabar. Et adhuc per sensitivam ratiocinationem colores assidue permiscere et ultimum intentum obtinere in propinquis esse opinabar.

Tandem non per me, sed per ipsum Qui creavit me quasi a corporali ratiocinatione liberatus et ad intellectualiter intelligere abstractus, forte 'ut nox nocti aliquod intelligentiae suppeditet genus'[1], pene exanimis terrae iacebam prostratus. Tali insensibili absorptus sopore et in aeternae desperationis abysso submersus, /13/ fusis ferventissimisque lacrymis (et his insensibilibus) amare meam lamentabar nihilitatem, potissimum quod colores, quos, ab ipsa balbutiente aetate, per longos labores assiduosque conatus iam acquisivisse opinabar, omnes diffusos et in invicem promiscue confusos, quo{s}que amplius nullius fore utilitatis plane desperaveram.

Cap(ut) 8.

{{Periclitatio intellectus per sensitivam[2] confusam scientiam describitur.}}

Cum autem in tali sensuum abalienatione animique consternatione obrutus iacerem, ecce, quasi per quietem ('quasi' dico, quia sensuum iacula me stimulandi nondum finem fecerant), veluti Oceani pelagus, ob conspectus sese protendere, et feroci turbulentoque turbine undas, collibus non absimiles, confuse ad littora arietare apparebant; cuius humeris innumera navium supernatantium multitudo perferebatur,

---

[1] *Cf. Ps., 18, 3.*
[2] sensitiva*m scr.* : -vae M.

façon digne de pitié, mais qui dépassait toute possibilité de commisération. Néanmoins, encore que je fusse moi-même, je ne m'apercevais pas encore que j'étais tombé dans un tel effondrement ! Bien au contraire, je pensais n'y pouvoir jamais tomber. Et même, je pensais, par le raisonnement sensitif, mélanger assidûment les couleurs et atteindre l'objet final de ma recherche.

En fin de compte, comme libéré, non par moi-même, mais par celui même qui m'avait créé, du raisonnement corporel et détaché pour entendre intellectuellement, peut-être puisque *la nuit à la nuit fournit un certain genre d'intelligence*[1], je gisais prostré à terre, presque inanimé. Envahi par une telle torpeur insensible et plongé dans un abîme de désespoir éternel, je me lamentais amèrement sur mon néant, versant des larmes brûlantes (tout aussi insensibles), d'autant plus que les couleurs, que je croyais avoir déjà acquises, au prix de longs travaux et d'efforts assidus, depuis mon âge le plus tendre, étaient toutes répandues et indistinctement mélangées les unes aux autres et que j'avais désespéré complètement d'en faire jamais quelque usage que ce fût.

CHAPITRE 8

L'on décrit la mise à l'épreuve de l'intellect par l'œuvre de la science sensitive confuse.

Alors que je gisais en proie à un tel égarement des sens et une telle agitation de l'âme, voici que, dans une espèce de repos, (je dis 'une espèce', car les aiguillons des sens n'avaient cessé de me piquer), il m'apparaissait[2] comme si les eaux sans bornes d'Océan s'étendaient devant mes yeux et les flots, semblables à des collines, se heurtaient pêle-mêle contre les côtes, dans un tourbillon rapide et orageux ; ses épaules portaient une multitude innombrable de navires flottants, dont

---

[1] Lat. « *nox nocti aliquod intelligentiae suppeditet genus* », cf. *Ps.*, 19 (18), 3, « *nox nocti indicat scientiam* » (Vulgate) ; « une nuit en donne la connaissance à une autre nuit » (Bible de Port-Royal).

[2] C'est une *visio somnialis*, une vision onirique. Selon J. B. van Helmont, *Venatio scientiarum*, 40, « l'intellect peut progresser davantage par figures, images et visions oniriques de l'imagination, que par les procédés discursifs de la raison. » Pour le rôle de l'imagination dans la connaissance chez Van Helmont, voir Guido Giglioni, *Immaginazione e malattia*, p. 26-41.

quarum quaedam quidem ab Oriente ad Occidentem, quaedam autem ab Occidente ad Orientem, item, quaedam ab Austro ad Aquilonem, quaedam autem ab Aquilone ad Austrum, procellosa tempestate velas compellente, et miseriarum fortuna clavim gubernante, a singulis ad singulos mundi angulos protrudebantur. Vbi navigantium ululatus, inconditarum vocum vociferatus, exporrectorum[1] rostrorum aequora proscinden/*14*/tium strepitus, fluctuum refractio, interque sese collisio, totius cataclismatis illius inundatio imminentisque periculi eminentia, et (ut brev*ius*[2] dicam infinitas calamitates) omnem commiserandam superare speculationem videba<n>tur.

Hoc terribili theoremate perculsus, prospectum in respectum transmutare fui coactus. A retro autem amoenissimi campi spatiosaque prospiciebatur planities, a dextris montes prae altitudine horribiles (quorum cacumina vix, at nevix quidem spectabilia), a sinistris autem abyssus, profunditate adeo terribilis videbatur, ut ipsam fundo carere opinarer. Hinc porro longinquius aspectum dirigens, innumera variorum mortalium apparebat frequentia, quorum plur[r]imi (ut mea tremebunda ferebat existimatio) in invicem altercantes rixas litesque ex<c>itare moliebantur, insuper alterutrisque bellum, stragem, cruentamque minitabantur mortem; ad haec, non modo hominum murmur armorumque stridor, sed etiam equorum hinnitus caeterorumque quadrupedum mugitus, inconditum quidem, et pene inarticulatum, sed tamen horrendum atque expavendum edebant strepitum; his haud absimile ex montibus pecudum greges omnisque generis animalium agmina, mugien/*15*/tium, rugientium atque voci{fe}rantium, ex abysso autem venenatorum reptilium copiae maximae, ascendentium atque descendentium, quacunque currebant atque reptabant. Coetus denique innumerabilium avium caeterorumve alatorum animalculorum, volitantium, stridentium atque susurrantium, in spississimae nubis speciem, Telluris superficiem non solum calefacere, sed etiam saltem illuminare radios cohibebat solares.

---

[1] exporre*ctorum scr.* : exporritorum M.
[2] brev*ius scr.* : breves M.

certains étaient poussés d'orient en occident, et d'autres d'occident en orient, et de même, certains du midi au septentrion, et d'autres du septentrion au midi, d'un recoin du monde vers un autre recoin, la tempête déchaînée pressant leurs voiles et la Fortune tenant le gouvernail de leurs malheurs. Là, les cris des matelots, les hurlements des voix désordonnées, les craquements des proues saillantes fendant les ondes, le brisement des flots, le choc des vagues et (pour résumer ces désastres infinis) le déversement de tout ce déluge[1] et l'ampleur du danger menaçant semblaient l'emporter sur tout élan de commisération.

Bouleversé par ce spectacle[2] terrible, je fus obligé de tourner mon regard de l'avant vers l'arrière. Au fond, on apercevait, cependant, des champs merveilleux et de vastes plaines, à droite – des montagnes d'une hauteur effrayante (dont les sommets étaient à peine visibles ou même invisibles), à gauche on voyait un abîme d'une profondeur tellement épouvantable qu'il me semblait sans fond. Comme mon regard se portait plus loin, une foule innombrable de gens de toutes sortes apparaissait, dont la plupart (selon qu'il semblait à mon jugement tremblant), se disputant les uns avec les autres, complotaient de façon à provoquer des différends et des querelles et, en outre, se menaçaient sans cesse de guerre, de carnage et de mort ensanglantée ; à côté de cela, le murmure des voix et le cliquetis des armes, mais aussi le hennissement des chevaux et le mugissement des autres quadrupèdes produisaient un vacarme sourd, certes, et presque informe, mais non moins effroyable et épouvantable pour autant. De même, des troupeaux de moutons et des convois d'animaux de toutes espèces descendaient des montagnes en courant, mugissant, rugissant et poussant leurs cris de tous côtés, alors que des légions de reptiles venimeuses montaient de l'abîme en rampant. Enfin, une volée d'oiseaux et d'autres petites bêtes ailées, voltigeant, grésillant et bourdonnant, ayant l'aspect d'une nuée très dense, empêchait les rayons solaires non seulement d'échauffer la surface de la Terre, mais même de l'éclairer.

---

[1] Τὸ κατάκλυσμα utilisé pour ὁ κατακλυσμός, le déluge.
[2] Τὸ θεώρημα, spectacle.

Cap(ut) 9.

{{Ad evadendum scientiae sensitivae periculum per sensus inquirere est in eodem perma<ne>re periculo.}}

Haec quidem hoc modo circumcirca et undequ{a}que in gyro non tam admiranda spectacula, quam expavenda spectra quum ipsum etiam minimum τοῦ intellectualiter intelligere punctum fere opprimerent, et aeternae Charitatis Prototypi ineffabile lumen pene extinguerent — hei mihi vermulo! — mei oblitus, semimortuus, huiuscemodi inenarrabilis speculationi{s} finis quis, et exitus qualis esset anxie expectabam. Verum enimvero ingens periculum quod imminebat non nisi cytissimae (*sic*) fugae me commendabat, nec tamen alibi asylum animam salvandi, aut modum evadendi agnoscere permittebat, nisi in media permanere periclitatione, quandoquidem <in> omnes partes nihil aliud praeter pallidam minitabantur mortem, et, si evadere speran/*16*/dum nullibi, nisi in i<n>teritus pernicieique arcem erat aspirandum, quam locum in quo prostratus iacebam esse infallibiliter pernoscebam.

Cap(ut) 10

{{In extrema profanae aut sensitivae abiectione scientiae sacrorum veritatis praefiguratur imago.}}

Itaque cum iam extremum vitae agitarem spiraculum et mortalitati valediceret immortalitas, Charitas, Quae ab ipso Aeterno mortales aeterno prosequitur amore, illico apparuit. Senex enim quidam <erat>

CHAPITRE 9

Examiner par les sens afin d'échapper au danger de la science sensitive, c'est encourir le même danger

Néanmoins toutes ces choses, tout à l'entour et aussi loin que je pusse voir, – non tant d'admirables spectacles que des simulacres redoutables – étouffaient presque mon brin de compréhension intellectuelle[1] et étaient sur le point d'éteindre la lumière ineffable du Prototype de la Charité éternelle[2]. Hélas pour moi, vermisseau ! – m'oubliant moi-même, à demi mort, j'attendais avec anxiété quels seraient la fin et le dénouement d'un tel spectacle inénarrable. Mais l'immense danger imminent, qui me poussait à la fuite la plus rapide, de fait ne me permettait de découvrir un autre refuge pour sauver mon âme, ni une autre façon de m'échapper que de demeurer au milieu de l'épreuve, puisque tout ce qu'il y avait autour ne menaçait de rien de moins que de la pâle mort[3] et, s'il y avait à espérer un salut, ce n'était que d'aspirer à la forteresse de la destruction et de l'effondrement que je reconnaissais infailliblement être le lieu même où je gisais abattu.

CHAPITRE 10

Dans l'humiliation ultime de la science profane ou sensitive, l'image de la vérité des choses sacrées est préfigurée

Et ainsi, tandis que je vivais ainsi mon dernier souffle[4] et que l'immortalité disait adieu à ma condition mortelle, la Charité apparut, Elle qui, de la part de l'Éternel, accompagne les mortels d'un éternel

---

[1] Lat. τοῦ *intellectualiter intelligere*, même expression que ci-dessus, au ch. 2.
[2] Le Christ, le Verbe de Dieu fait homme, cf. Livre V, ch. 13.
[3] Lat. *pallida mors*, écho d'Horace, *Odes*, Livre I, 4 (*A Sestius*).
[4] Lat. *spiraculum*, attesté chez L. Valla, Pic de la Mirandole et M. Ficin, avec le sens de souffle (cf. Hoven).

profundae venerandaeque aetatis adeoque dierum vetustissimus, ut ipsum temporum Parentem esse divinarer, forma venustus, statura procerus, luminosis hilaritatemque scaturientibus oculis, vivace decoraque praeditus facie, voce dulcis, sermone suavis atque colloquio iucundissimus facundissimusque, qui dextra quidem sceptrum, sinistra autem arcum, simul et sagittam tenebat, vestimentum, quod sibi circumpusuerat (sic)[1], ita modeste erat oblongum, ut ipso manus pedesque cooperirentur, et totum corpus contegeretur. Color autem vestimenti non ad aliquem specificum spectabat colorem, sed quotquot naturales, aut artificiales possunt considerari colores, simul ac semel in eodem tincturae puncto repraesentari videbantur. Caput ipsi aureum contegebat diadema, in quo omnes artis /17/ artium vires omnesque Arabiae Faelicis (sic) divitiae large diligenterque erant expensae. Insuper gemmarum praetiosissimarum[2] radiis pallescens aurum transparenter

---

[1] *Formam in* M *extantem, Daco-Romanicae similem (*pusese*) similem (cf.* Praef., <III> suroribus*) talem qualem relinquere statui.*
[2] praetiosissimarum, *solitum DC morem sequens, scr.*: praeciosissimarum *hic* M.

amour. C'était un vieillard[1], d'un âge très avancé et vénérable, tellement ancien de jours[2], que je devinais qu'il était le Père même des temps, d'un physique plein de grâce, la taille haute, les yeux brillants et débordant de gaieté, ayant un visage animé et beau, la voix douce, le parler plaisant et la conversation très agréable et diserte. Il tenait un sceptre à sa main droite, à sa gauche un arc et aussi une flèche ; le vêtement dans lequel il s'était enveloppé était tellement bien ajusté qu'il recouvrait complètement ses bras et ses jambes et cachait tout son corps. Ce vêtement n'était pas d'une couleur précise, mais toutes les couleurs possibles, tant naturelles qu'artificielles, semblaient représenter, en même temps et une seule fois, un même point de teinture. Sa tête était recouverte d'un diadème en or, dans lequel étaient dépensées généreusement et scrupuleusement toutes les forces de l'art des arts et toutes les richesses de l'heureuse Arabie[3]. En outre, comme les pierreries très précieuses

---

[1] C'est la Science Sacrée elle-même, ainsi qu'il sera précisé au Livre IV, ch. 2, qui apparaît au novice, déjà représentée, en lui offrant gratuitement par grâce ce qu'il avait cherché vainement lui-même à obtenir par son travail. Ce que le personnage-narrateur vit ici, c'est une *visio intellectualis*, une vision de l'intellect, à travers laquelle il aperçoit et communique avec le Divin. St. Augustin, qui a consacré à la question des différents types de visions le Livre XII du *De Genesi ad litteram*, précise (XII, 17, 55), en donnant quelques exemples de la *visio intellectualis*, parmi lesquelles l'extase de Pierre (*Actes*, 10, 11 *sq.*), que l'homme ne peut avoir ce type de vision que « s'il meurt dans une certaine mesure dans cette vie, soit qu'il quitte définitivement son corps, soit qu'il est tellement détourné et aliéné de ses sens charnels, qu'il ne sache pas, comme le dit l'Apôtre, s'il se trouve encore dans le corps ou déjà hors du corps, lorsqu'il est saisi et ravi par cette vision. » Selon J. B. van Helmont, la vision intellectuelle apparaît comme effet d'une séparation de l'homme intérieur et de l'homme extérieur (pour ces deux notions, voir la note du Livre II, ch. 19) : « c'est ainsi que saint Ambroise fut visiblement présent aux obsèques de saint Martin, bien qu'il se trouvât par son corps à une grande distance de là. Il fut spirituellement présent aux obsèques, par l'esprit de l'homme extérieur visible et non autrement. Car lorsque dans cette extase qui arrive à l'homme intérieur, la plupart des saints voient beacoup de choses qui ne sont pas là, cela se passe en dehors de tout temps et en dehors de tout lieu, par une unité et un rassemblement des forces supérieures et par une vision intellectuelle, et non par une présence visible », *De magnetica vulnerum curatione*, 85.

[2] C'est un nom divin, qui reprend une vision du prophète Daniel (*Daniel*, 7, 22) : « Dieu est célébré aussi comme Ancien des jours, parce qu'il est la durée perpétuelle et le temps de toutes choses et qu'il précède à la fois et la perpétuité et le temps », Denys l'Aréopagite, *Noms divins*, 2, PG 3, 937 B.

[3] Lat. *felix Arabia*, topos gréco-latin (εὐδαίμων), désignant l'Arabie du Sud (l'actuel Yémen), terre semi-fabuleuse, où habitait le phénix et d'où provenait l'encens, ainsi que d'autres épices. On le trouve cité chez Pline l'Ancien, *Histoire naturelle*, livre XII, chap. 30 et 41. Sur l'originde de ce surnom, peut-être issu d'une étymologie populaire, v. Pietschmann, in Pauly-Wissowa, *Real-Encyclopädie...*, II, 1, 345.

illustrantibus seseque virescentes cum rutilantibus, caerulei cum flavescentibus mire permiscentibus, non solum artificis sapientiam miram atque admirabilem, sed etiam opus rei esse inaestimabile[m] indicabant.

Cap(ut) 11

{{Pavida scientia sensitiva contremiscit veritatem salutare sacrorum. Quae, in ipso introitu, tranquillas reddit conturbationes, eo quod per fidem, spem atque confidentiam appareat.}}

Hunc ego dum tali, omni veneratione digna, conspexissem forma, pavida laetitia tremebundaque reverentia totum me invasit misellum. Quo casu, cum ipsi honorificam supplicationem debitamque animi submissionem litare conarer, rerum quidem indiscretus stupor me impediebat, pavor autem convenientis congratulationis modum confundebat. Interne gaudebam quidem, gradus tamen ad procedendum, aut corporis gestum ad internum patefaciendum iubilum accommodandum minime valebam.

Magnanimus autem senex, cum me in tot tantaque speculationum confusione et in ignorantiae perturbatione misere periclitari[1] observasset, dulci, et quasi vivifica voce : "Quamobrem, inquit, fili, praesens rerum status usque adeo te contremiscere fecit? Confide, spera, */18/* et crede! Hoc enim pacto omnia ista accidentia et in tempore subiecta mutantia esse comperies. Respice, igitur, et vide an perdurent illa, quae prius extare speculatus es?"

Tum ego, sublevato intuitu (terrib*i*lia[2] namque illa spectra illum defixerant terrae), statim vidi quod cuncta in alium transmutata fuerint statum. Siquidem, ubi prius naves cum navigantibus, ibi nunc campus cum militantibus, et ubi horribiles montes praeruptaeque rupes, ibi

---

[1] periclitari *ex* periclitare *mut.* M.
[2] terr*i*bilia *scr.* : terrebilia M.

illuminaient de leurs rayons d'une lueur transparente l'or pâlissant devant elles, les verdâtres se mélangeaient étonnamment aux rutilantes, les bleus d'azur aux flavescentes, elles révélaient non seulement le savoir merveilleux et admirable de l'artisan, mais aussi le prix inestimable de l'ouvrage.

CHAPITRE 11

La science sensitive éperdue salue en tremblant la vérité des choses sacrées. Celle-ci, d'emblée, apaise les agitations, en se manifestant par la foi, l'espérance et la confiance.

L'ayant vu sous une telle forme, digne de toute vénération, je fus, pauvre de moi, envahi par une allégresse éperdue et un respect mêlé d'effroi. Ainsi, pendant que j'essayais de lui offrir en sacrifice mon action de grâce pleine de considération et la soumission respectueuse de mon âme, une stupeur indistincte me faisait obstacle et la crainte m'empêchait de le saluer de façon convenable. Certes, dans mon for intérieur je me réjouissais de sa présence, mais je n'étais absolument pas en état d'avancer le moindre pas, ni d'ajuster l'attitude de mon corps pour libérer ma joie intérieure.

Cependant, ayant remarqué le danger auquel j'étais exposé du fait de la confusion de tant de recherches et du trouble dû à l'ignorance[1], le vieillard magnanime me dit d'une voix douce et comme vivifiante : "Pourquoi, mon fils, cet état des choses t'a-t-il fait trembler à tel point ? Soit confiant, espère et crois ! Car c'est ainsi que tu découvriras que toutes les choses sont changeantes, fortuites et soumises au temps. Regarde donc en arrière et vois : perdurent-elles, les choses que tu y as observées plus tôt ?

Moi, alors, levant le regard (car ces simulacres épouvantables me l'avaient cloué à terre), je vis d'un coup que l'état de toutes ces choses avait complètement changé. En effet, les navires et les matelots d'auparavant s'étaient transformés à présent dans un champ de bataille et des soldats et là où il y avait des montagnes effrayantes et des parois

---

[1] Lat. *perturbatio ignorantiae* : l'on mesure combien l'état du disciple est une affaire de connaissance, ou encore de passage de la science sensitive, composée, à la science sacrée, simple.

formidabilis illa et profundissima abyssus transpositae videbantur. Item, quos antea ad bellum maciemque[1] concitatos, eosdem postea ad convivia epulasque accinctos aspiciebam: quidam quippe quasi fraternis amplexibus sese mutuo exosculabantur, quidam autem plagiferis abiectis instrumentis sedatisque contrariis litigationibus, ad sacrificia, iubila sacrasque caeremonias destinabantur; ululatus denique illi tumultuosi atque inconcinni in compositos versus suavisonoraque carmina lepide transformabantur.

Cap(ut) 12

{{Abyssum abyssum[2] vocare, veritatem per sacram scientiam intellectum accersire, cui statim subii/19/citur, et pollicitationem sanationis morbi sensitivi adipiscitur : hoc est in sacris vitam aeternam reperiri.}}

/18/His a me diligenter observatis, et quodammodo audaciuscule intuitis, pristini illius obscurati luminis, quasi per aliquod satis quidem crassum, crystallinum /19/ tamen corpus, radios transmittentis, in cono intellectualitatis reassumere occ[a]epi, et 'abyssus' abysssum vocare[3], quid sit veluti aenigmatice percipere mihi videbar, verum enim, obstante adhuc sensitiva pinguedine, splendidae intellectualitati opacas superinducebat umbras, quae, per metamorphosim rerum in puncto transfiguratarum, capacitatis meae totas enervabant vires, unde intelligentiae passus sistiturus vestigiaque stabiliturus, procedendo a perceptione recedebam, et cognoscendo revera ignorabam id quod me cognoscere existimabam.

Tunc tandem senex honorificus: "Aude, inquit, fili, neque metuas id quod metuendum non est, quandoquidem non aliam ob causam tibi subveni, nisi quod te {e} praesentibus liberem spectrorum periculis!"

---

[1] *DC* maciem *pro* 'caede' *vel* 'clade' *saepius scribit.*
[2] abyssum *secunda vice corr.* : abissum *hic* M.
[3] *Ps., 40, 8, cf. et Capitis titulum.*

escarpées, on voyait un abîme terrible et extrêmement profond. De même, ceux qui étaient auparavant sur pied de guerre et prêts au carnage, je les regardais maintenant se disposer aux banquets et aux festins : certains se chérissaient les uns les autres se serrant dans leurs bras comme des frères, d'autres, ayant abandonné leurs instruments meurtrissants et calmé leurs allégations contradictoires, se préparaient à des sacrifices, des réjouissances et des cérémonies sacrées. Enfin, ces cris désordonnés et discordants se transformaient agréablement dans des vers tournés avec art et des chants au son mélodieux.

CHAPITRE 12

L'abîme appelle l'abîme[1], l'intellect accède à la vérité par la science sacrée, à laquelle il se soumet aussitôt et en obtient la promesse de la guérison de la maladie sensitive ; c'est-à-dire que la vie éternelle se trouve dans les Écritures saintes.

Après avoir attentivement observé et regardé d'une façon plus audacieuse tout cela, je commençai à rassembler dans le faisceau de ma compréhension intellectuelle quelque chose de cette lumière primitive obscurcie, qui renvoyait ses rayons comme par un corps assez épais mais tout de même transparent[2], et j'avais le sentiment de percevoir, même si de façon énigmatique, ce que signifie que « l'abîme appelle l'abîme ». Car en effet, comme la graisse sensitive s'interposait encore, cette lumière jetait sur la faculté brillante de mon intellect des ombres opaques, qui, par le fait de métamorphoser les choses transfigurées dans un point, affaiblissaient toutes les forces dont j'étais capable. C'est pour cela que moi, qui me disposais à marquer les pas de l'intelligence et d'en laisser les traces, en procédant à partir de la perception, je faisais en réalité marche arrière, et en connaissant, j'ignorais, en fait, ce que je croyais connaître.

Alors, enfin, l'honorable vieillard dit : « Ose, mon fils, et ne crains pas ce qu'il n'est pas besoin de craindre. Si je te suis venu en aide, c'est bien pour te délivrer des dangers présents de ces simulacres ! »

---

[1] *Psaume* 41, 8 : « Un abîme appelle et attire un autre abîme au bruit des tempêtes et des eaux que vous envoyez ».

[2] Le corps de la sensibilité.

Ad haec ego, quasi rore vitali aspersus, et vocis organis ad verba proferenda compositis, et his balbutiendi infantulo non absimilibus: "Pater venerande, inquio, Summae Tuae Clementiae summas ago gratias, qui in debitis pro beneficiis, in me gratis allatis, offerendis atque referendis remunerationibus, utpote indignus, meam nihili aestimandam pusillitatem in Tui favorem suscipere digneris enixe obsecro. Promitto me namque Tibi, inclinata animi cervice, nun/*20*/quam tuum transgressurum mandatum, sed ad omnia promptum alacriterque fore pariturum."

At ille: "Video, inquit, te animo tabescentem, et in modum veneno corruptorum intestinis cruciatibus distorqueri. Sed, mi fili, confortatis spiritibus, strenue tuum insensibilem examina dolorem, et vetustissimum mihi expone languorem, ad hoc, ut medicinam huiuscemodi {{morbi}} sanatricem tibi exhibere movear! ('Morbum enim occultatum periculosum' omnes praedicant medicantes.)"

Cui ego: "Perfecte hoc Tibi innotuit, suavissime Pater, ignoratio enim principiorum rerum naturalium ita me Cyrceo (*sic*) potavit poculo, ut non solum ex intellectuali creatura[m] in inintellectualem, sed etiam, ut ita dicam, ex ente in non ens pene transmutaverit."

Ille autem: "Haec sunt, infit, rerum momentaliter in tempore accidentium, et gentilismi veneno infecta tela, a quibus qui{s} afficitur, quod affectus fuerit quodammodo sentit quidem, unde autem, a quo, et quam ob causam id sibi evenerit nec sentit, nec ipsa, callo perversae consuetudinis obducta, sensualitas ipsum sentire sinit. Qua de re vulnus detegere ne procrastines, a vulneris enim qualitate tum teli quantitatem, tum veneni immanitatem cognosci, tum denique prognosticum aliquod, /*21*/ fortassis, boni ominis praedici speratur.

Entendant ces paroles, moi, comme aspergé par la rosée de la vie, composant ma voix pour proférer des paroles, encore qu'elles fussent très semblables au balbutiement d'un petit enfant: «Vénérable Père, dis-je, je te rends mille grâces de ta grande clémence, toi qui, dans mes dettes, m'apportes gratuitement des bénéfices, m'offres et me restitues des récompenses, je te supplie de toutes mes forces, indigne comme je le suis, de daigner accueillir en ta faveur ma petitesse dépourvue de tout prix. Car je te promets, inclinant mon âme, de ne jamais transgresser ton ordre, mais de m'acquitter de tout, promptement et vivement.»

«Je te vois, dit-il alors, te consumer dans ton âme et te tourmenter de douleurs internes, à la façon des gens intoxiqués de venin. Mais, mon fils, une fois que tu auras repris tes esprits, examine diligemment ta douleur insensible et expose devant moi ta langueur immémoriale, de façon à ce que je puisse te fournir le remède efficace pour une telle maladie (car tous les médecins disent qu'une maladie cachée est dangereuse).»

A quoi je répondis: «Ô mon aimable Père, tu as parfaitement reconnu cela, car l'ignorance des principes des choses naturelles m'a tellement fait boire de la coupe de Circé qu'elle m'a transformé non seulement d'une créature intellectuelle en non intellectuelle, mais aussi, pour ainsi dire, d'un être presque en un non-être.»

Et lui me dit alors: «Ce sont les flèches de choses advenant momentanément, dans le temps, trempées dans le venin païen[1]; celui qui en est blessé sent, d'une certaine manière, d'avoir été blessé, sans savoir en revanche d'où, par qui et pour quelle raison il lui est arrivé cela et sans que la sensibilité, couverte de la croûte de l'habitude pervertie, ne lui permette non plus de le sentir. Aussi ne remets pas au lendemain de découvrir la plaie, car à partir de la qualité de celle-ci, il y a l'espoir de connaître, d'une part, la grandeur de la flèche, d'autre part, la violence du venin, et de prédire enfin un pronostic, peut-être de bon augure.

---

[1] Lat. *gentilismi*. La forme de superlatif *gentilissimi* de l'adjectif *gentilis* se rencontre chez Jérôme, *Commentariorum in Ieremiam libri VI*, 4, 22, PL 24, 817A. Cantemir emploie indifféremment *gentilismi*, *gentilismo*, *gentiliter*, etc. comme adjectifs ou adverbes invariables.

Cap(ut) 13

{{Falsae sensitivae, aut profanae scientiae imago describitur, extra quam aliam dari interdicunt sophi.}}

Cui ego: "Ars mihi pictoria erat, qua in arte leporem iam auribus tenere stupide opinabar, et assidue varias variarum historiarum depingere imagines conabar, quondam autem tale tentamen volubile ingenium agitabat meum, me nempe per otium contingentia in tempore recogitante, et saecula elapsa in memoriam revertente, quibus acta praedecessorum mortalium commemorantur, atque a vetustissimis celeberrimisque pictoribus designata in magnificis superbisque Regum Imperatorumve palatiis ostentantur, ut sunt deorum, heroum, ducum, principum, Imperatorumque nobilium simulacra. Item famosa facinora bellorum, pacis, dissidiorum, confoederationum, victoriarum, triumphorum, terra stragum, mari naufragiorum. Insuper artium, scientiarum, mechanicarum, orbis terrarum, partium, situum locorum, plagarum, montium, planiti<er>um, oceanorum, fretorum, sinuum, Insularum, promontoriorum, structurarum mirabilium, Civitatum Metropolium, caeterorumque mundi miraculorum Imagines, quae, quasi portenta mirabilia nomine aeterna et fama nunquam interitura, vagi admirantur /22/ mortales.

Haec atque his similia saepe saepius in depingendo {me} vanam peragente vitam, olim Horatii memoriae occurrit sententia, qui 'Pictoribus, inquit, atque poëtis quidlibet audendi semper eandem fuisse potestatem'[1]. Quam, inquam, sententiam, quasi cuspidatissimo compunctus stimulo, mihimet ipsi in hunc persuadeo modum: "Quousque, homullule, aliorum sanguiferos sudores falso nomini subiges tuo? Et ea, quae antiqui revera actu perfecerunt (si fabulis fides praestanda sit), tu eodem[2] linearum tractu et colorum varia variegatione reficere autumas? Quid sibi vult haec in te insulsa existimatio

---

[1] *Hor., A.P., 9-10.*
[2] eodem *scr.* : eadem *ante* variegatione M.

CHAPITRE 13

Il est décrit l'image de la science fausse - sensitive ou profane - en dehors de laquelle les sages païens n'en admettent pas d'autre

Je lui dis : « Je m'étais confié à la peinture, un art dans lequel, stupidement, je pensais tenir le lièvre par les oreilles et je m'efforçais assidûment de figurer différentes images de différentes histoires, quand, un jour, mon esprit versatile fut assailli par une tentation : je pensai à loisir aux choses contingentes dans le temps et rappelai dans ma mémoire les siècles écoulés dont l'on commémore les faits accomplis par les gens qui nous ont précédés ; une fois représentés par les peintres les plus anciens et les plus illustres, ces actions sont exposées dans les palais magnifiques et glorieux des Rois et des Empereurs, au même titre que les portraits des dieux, des héros, des généraux, des princes, des Empereurs fameux. De même, les hauts faits de guerre, les paix, les divisions, les confédérations, les victoires, les triomphes, les massacres sur terre, les naufrages en mer. En outre, les images des arts libéraux, des sciences, des arts mécaniques, du globe terrestre, des régions, du site des localités, des étendues, des montagnes, des plaines, des océans, des détroits, des golfes, des îles, des promontoires, des constructions admirables, des grandes métropoles et des autres merveilles du monde, images que les mortels errants admirent comme des merveilles étonnantes au nom éternel et à la renommée impérissable.

Comme c'était une vie vaine que je menais, en figurant toujours plus souvent ces choses et d'autres semblables, me vint un jour à l'esprit la sentence d'Horace, disant que « *Pictoribus atque poëtis quidlibet audendi semper eandem fuisse potestatem* »[1]. Piqué par cette sentence, comme par un aiguillon pointu, je me persuadai moi-même de la façon suivante : « Jusqu'à quand, petit bonhomme, signeras-tu faussement de ton nom les travaux dus à la sueur et au sang des autres ? Et tu prétends reconstruire par le trait des lignes et par une variation abondante de couleurs les choses que les anciens ont accompli réellement par leurs faits (si l'on devait faire foi au récit mythique) ? Pourquoi cette opinion

---

[1] Horace, *Art Poétique*, 9-10. La référence exacte est : « *Pictoribus atque poetis / Quidlibet audendi semper fuit aequa potestas.* » « Peintres et poètes ont toujours eu un égal pouvoir d'oser n'importe quoi », trad. Léon Herrmann, in Horace, *Art poétique*, Bruxelles, Latomus, 1951.

audacissimaque ambitio? Igitur nunc talibus frivolis occupationibus valedicito, et rem talem inch<o>ato, quae solum tuo ascribatur nomini, quaeque te solum autorem, inventorem, vel saltem reparatorem agnoscat."

Hoc pacto (perseverante adhuc in me Gentilismi arrogantia, superbiae tantum mutata specie), antiquas amplius desii discutere ceras, et ad Libelli intitulationis 'Imaginem depingendam' unice laborandum decrevi. Itaque paradoxum quid et modernis pene insolitum saeculis (prout superius fatebar) mente concepi quidem, sed, proh malum!, ars inepta, scientia[1] igna/23/ra, indagatio ignava, et non plus ultra, sententia pagana, tam gravi ponderosaque me oppreserunt sarcina, ut, ad instar iumenti[s] prae nimia oneris aggravatione succumbentis, in hoc discriminosae desperationis voluter caeno.

Cap(ut) 14.

{{Sacra Scriptura patefacit authorem adhuc profanae scientiae morbo et calamitate originali laborare.}}

Senex autem (prout indicia extrinsecus arguebant) cogitatione varias in partes velificans, et Oceanum sapientiae cognitionis trireme tute adnatans (faciei enim assidua diversaque transfiguratio, frontis superciliorumve crebra combinatio, ac totius vultus momentaliter successiva transformatio gravem quandam sublimemve doctrinam ipsum portendebat prolaturum), tandem orationem in hunc exorsus est modum: "Ars tua, inquit, mi fili, patefacit te quoque e coetu veterum frustra militantium esse. Qui, pro vana ambitiosaque gloria mutuo digladiantes, caedentes, caesi, vulnerantes, vulnerati, vincentes et victi[2] extitere, unde verum est lancea, qua ipsi sautiati occubuere, tu quoque eadem sautiatum laborare. Verum enimvero hoc fuit originalis superbae terrae intumescentisque ipsius arrogantiae praemium. Quae, sua non contenta

---

[1] scientia *ex* stientia *corr. DC, cf. 1 (I, 1) et n.*
[2] vincentes et victi *scr.* : et vincentes, victi M.

niaise de toi-même et cette ambition trop audacieuse ? Dis donc adieu maintenant à d'aussi frivoles occupations et commence une chose que tu puisses seul inscrire sous ton nom et qui ne reconnaisse que toi pour auteur, inventeur ou, du moins, restaurateur. »

De cette façon (car en moi persistait encore l'arrogance du paganisme et juste l'apparence de ma superbe avait changé), j'arrêtai d'examiner plus longtemps les anciennes tablettes de cire[1] et décidai de ne travailler qu'au petit livre intitulé « Figurer l'image »[2]. Et ainsi je conçus dans mon esprit quelque chose de paradoxal et de presque insolite pour les temps modernes (ainsi que je le confessais plus haut), mais, ô malheur, l'art inapproprié, la science ignorante, la recherche paresseuse, et la sentence païenne *« pas au-delà »*[3] m'accablèrent d'un fardeau si lourd et pesant que, tel une bête de somme succombant sous l'excès de sa charge, je roule dans la fange d'un périlleux désespoir.

Chapitre 14

L'Écriture Sainte montre que l'auteur souffre encore de la maladie de la science profane et du désastre originel

Le vieillard, cependant (d'après ce que les indices montraient de l'extérieur), faisant voile de sa pensée vers des endroits différents et flottant sans danger dans le navire de la connaissance vers l'Océan de la sagesse (car la métamorphose continuelle et diverse de son visage, le froncement fréquent des sourcils ainsi que la transformation soudaine de toute sa physionomie annonçaient qu'il allait révéler un enseignement grave et sublime), commença enfin à parler de la façon suivante :

« Ton art, mon fils, montre que tu es toi aussi de la troupe des vieux combattants pour rien, qui se sont illustrés en luttant les uns contre les autres pour une gloire vaine et ambitieuse, en se tuant et se faisant tuer, en blessant et se faisant blesser, en vainquant et se faisant vaincre ; d'où il est manifeste que tu souffres d'une blessure faite par la même lance par laquelle, ayant été blessés, eux gisent morts. Mais ce fut, à coup sûr, la récompense originelle donnée à la terre orgueilleuse et à sa présomption

---

[1] Cf. *Lettre*, « j'examine une nouvelle fois les livres poussiéreux », p. V.
[2] Rappel de la séparation d'avec les Anciens et de la responsabilité d'un Moderne.
[3] Au sujet de le « sentence d'Hercule », voir Livre IV, 17.

conditione, se superiora pertingere, se ampliora ambi/*24*/re, et quod fieri non poterat fieri posse prave credidit, et flagitiose cupivit, re autem ipsa, antequam elatione exaltaretur, sibimet ipsi gravissimam vindicavit ruinam. Itaque originalem illum verae sapientiae splendorem offuscatum et pene obscurum reddens, ad absurda indemon<s>trabiliaque sensitivae scientiae principia sese recepit. (Omnem enim mortalium scientiam a sensibus et indemonstrabilibus principiis progredi omnes saeculi istius sapientes largo fatentur ore.) Alioquin, <si> ante lapsum puram simplicemque praecepti scientiam (quod unum et solum <esse> poterat), ut par est, tenuisset, crede mihi, lethale hoc vulnus in ipsam usque adeo non saevisset, vel, dum vulnerata fuit, veritatis medicamentum non per mortiferum sensum, sed per vivificum intellectum inquirere, orare, pulsare, aperire atque invenire deberet: hac enim, et non alia via datur intellectus!"

Cap(ut) 15

{{Quodammodo Sacra Scientia per profanam scrutari concedit, cuius tamen methodo tradi<ti>ones non bene quadrant ad veritatem.}}

"Nunc igitur, siquidem in pingendi arte non paucos, ut dicis, perdidisti labores, morae nil indulgens, festinanter ad opus te cinge, et effigiem meam ad insta{r} quod vides diligenti summoque studio depinge! Quam etiamsi omnis fere gentilitas ad unguem depinxisse falso arbitrata sit, nunquam tamen aliquis, nisi fu/*25*/catum falsificatumve exemplar sibi adeptus est. Quam ob causam, latente

grandissante. Non contente de sa condition, elle a cru stupidement et a désiré de manière infâme pouvoir atteindre des choses plus hautes, saisir des choses plus vastes et faire ce qu'elle ne pouvait faire, mais par cela même, avant de s'élever avec arrogance, elle a mérité l'effondrement le plus pénible. C'est pourquoi, assombrissant la splendeur primitive de la vraie sagesse et la rendant presque obscure, elle se renferma dans les principes absurdes et indémontrables de la science sensitive (tous les sages de ce siècle proclament en effet à cor et à cri que toute la science procède des sens et des principes indémontrables[1]), faute de quoi elle eût conservé, comme il se doit, la science pure et simple du commandement d'avant la chute (ce qui pouvait être une seule et même chose). Crois-moi : cette blessure mortelle ne l'aurait pas torturée à tel point, ou plutôt, une fois blessée, elle aurait dû chercher, prier, poursuivre, mettre à découvert et acquérir le remède de la vérité, non par les sens mortifères, mais par l'intellect vivifiant : car c'est dans ce but et non dans un autre que l'intellect nous est donné !

CHAPITRE 15

De quelle façon la Science Sacrée concède de se laisser rechercher par la science profane, bien que d'après la méthode de cette dernière les traditions ne s'accordent pas bien à la vérité

« Et maintenant, si tu as vraiment perdu ta peine à t'essayer, comme tu dis, maintes fois, dans l'art de la peinture[2], sans épargner du temps, mets-toi au travail à la hâte et figure mon effigie à la ressemblance de ce que tu vois, avec le zèle le plus grand et diligent ! Car, même si presque tous les païens ont faussement pensé l'avoir figurée à la perfection, nul n'est jamais arrivé à en faire qu'un portrait feint ou faux. Pour cette raison, comme le prototype de la vérité demeure encore caché, ils errent

---

[1] C'est la position des néo-aristotéliciens naturalistes de Padoue, tels J. Zabarella et C. Cremonini, et aussi celle de Th. Corydalée. Cf. Charles B. Schmitt, *Aristotle and the Renaissance*, Cambridge (Mss.), London, Harvard University Press, 1983, p. 31 ; Cléobule Tsourkas, *Les débuts de l'enseignement philosophique et de la libre pensée dans les Balkans. La vie et l'œuvre de Théophyle Corydalée (1570-1646)*, p. 244-247.

[2] Cf. ci-dessus, chap. 4 : « j'avais vainement perdu ma peine dans d'aussi importants et nombreux labeurs épuisants ».

adhuc veritatis prototypo, spissa Minerva salebrosas in vias obliquosque tramites errabundi vagantur."

Ego laetus ad haec, attamen, collectis ostriis, colores adeo promiscue video confusos, ut, iuxta normam consuetae artis, semilineam quidem ipsis trahi posse. Qua de re, denuo maestitia, denuo maerore denuoque animi tabe obsessus[1], quo tenderem, quidque prius capesserem[2] prorsus ignorabam.

Tandem seni: "Pater humanissime, inquio, meae aeterne deplorandae condole calamitati, infortuniique miserere mei! Casus enim, qui mihi, duce superbia, evenit, hac etiam me depauperavit gratia. Ideo, si apud Te, utcumque indigne, {{aliqualem}} meruerim gratiam, paulisper ad reparandos colores mihi compatiaris obtestor."

Sene autem hoc nutu concedente, ego, nulla intermissa temporis dilatione, de integro novos conficere colores festinavi; quibus (utpote temporis angustia coactus) ad perfectionem deductis, iuxta regulam iam usitatae artis ipsum delineare, et, quo artificiosius esse posset, depingere incepi.

Cap(ut) 16.

{{Per modum profanae scientiae veritatem /26/ sacrorum quaerere est in eadem profana scientia permanere, veritas enim Ethnicis non subiicitur dogmatibus.}}

/25/ Primo itaque delineata proceritatis mensura, colores saepissime (ut pictoribus mos est) ad faciem senis appro/26/pinquabam, anque ipsi assimilarentur assidue tentabam: qui aliquando nimis albescentes, aliquando valde rubescentes, aliquando plane flavescentes, aliquando tandem prorsus subpallescentes, totaliterque dissimilantes apparebant.

---

[1] tabe obsessus *in rasura corr.* M.
[2] capesserem *scr.*: capasserem M.

çà et là avec leur bon sens épais[1], dans des routes défoncées et des chemins de traverse.»

Je me réjouis en entendant cela, mais néanmoins, une fois que j'eus rassemblé mes coquillages, je vis les couleurs mélangées de façon tellement indistincte qu'il était impossible, d'après les règles de l'art commun, d'en tracer ne fût-ce qu'une demi-ligne. C'est pourquoi, assiégé de nouveau par la tristesse, par l'affliction et par la langueur d'âme, j'ignorais absolument où me diriger et que tenter d'abord.

Finalement, je dis au vieillard : «Très charitable Père, aie de la compassion pour ma calamité éternellement misérable, prends pitié de mon infortune! Car ma chute m'a dépourvu de cette grâce, me laissant en proie à la superbe[2]. Aussi, si j'ai mérité une quelconque grâce de toi, d'une manière quelque indigne que ce fût, je te conjure d'avoir quelques instants de patience, pour que je puisse préparer de nouveau mes couleurs.»

Comme le vieillard y consentit par un signe de tête, moi, sans plus différer un instant, je me hâtai à composer derechef de nouvelles couleurs ; et celles-ci une fois portées à la perfection (autant que j'en étais capable, pressé par les limites étroites du temps), j'ai commencé à le dessiner lui-même d'après les règles de l'art en usage et à le figurer avec le plus d'habileté possible.

Chapitre 16

Rechercher la vérité des choses sacrées selon le mode de la science profane, c'est demeurer dans la même science profane, car la vérité ne se soumet pas aux doctrines païennes

Et ainsi, après avoir tracé la mesure de sa taille, j'approchais très souvent les couleurs du visage du vieillard (d'après la coutume des peintres) et j'essayais à chaque fois si elles lui ressemblaient : mais tantôt elles viraient trop au blanc, tantôt beaucoup vers le rouge, tantôt entièrement vers le jaune, tantôt, enfin, elles pâlissaient tout à fait, de sorte

---

[1] *Spissa Minerva* – une réminiscence d'Horace, *Satires* 2, 2, 3 : *crassa Minerva* ; Cantemir utilisera ce dernier syntagme au chapitre 18 du Livre III.

[2] Au Livre VI, Cantemir montrera que ce vocabulaire («infortune», «hasard», etc.) est un masque de l'impiété.

Senex autem, cum me in adaptandis coloribus plurimum frustra perdidisse laboris observasset, modesta gravitate leniter subrisit, attamen, honeste simulato silentio, occultiorem frustrationis causam pulchre celabat. Ego quidem festinam me confundere properationem existimabam, ille autem vultus ipsius assiduam metamorphosim artem deludere, meosque irritos efficere labores penitissime sciebat.

Sero tandem, ex silentii dissimulatione, ac risus indictione, me quasi praesagii cuiusdam ansam capiente (nimis enim pudor in vatem me reddiderat), dissimulationem silentii causae non fore expertem quodammodo hariolatus sum. Qua de re ultro colores in vanum permiscere destiti, et animo deficiens proprio tantum perfundebar rubore.

Ille autem: "Ne animo deficias, inquit, filiole, sed tu quoque largo passu vestigia reliquorum sequere praedecessorum! Quo enim diutius curiositati vacabis, eo in grandiores molestioresque incides laborum difficultates. Ideo, quoad tuae tibi subministraverint vires, atque iuxta capacitatis tuae possi/27/bilitatem, vultus mei characterem et vestimenti designa colores!"

Hinc ego nil mihi, nil laboribus, nil sudoribus, nil denique coloribus parcens (siquidem innormis stupor ingenii hebetudinem iamiam revelare nutabat), quo exactius potui, vultus formam obumbravi. Verum enim, quid prodest illi, qui turbulentas Nili evadit undas, et in voraces crocodili incidit fauces? Converso enim ad vestimentum aspectu, subito, non secus ac cordis palpitatione correptus, penicillum quo prius macularem colore, aut cui tincturae potius assimilarem haesitans, misere insaniebam: sensitivis enim oculis nunquam nusquamve {visum} tale existebat opus.

qu'elles en paraissaient totalement dissemblables. Le vieillard, ayant vu que je perdais inutilement ma peine essayant d'ajuster les couleurs, sourit doucement avec une sobre dignité tout en cachant soigneusement, sous un silence vertueusement simulé, la cause plus secrète de mon échec. Je pensais, moi, que c'était ma précipitation hâtive qui me brouillait l'esprit, tandis que lui il savait très bien que c'était la transformation continuelle de son propre visage qui abusait l'art et rendait mes peines inutiles.

Tard enfin, saisissant l'occasion d'une espèce de présage (car ma très grande timidité m'avait rendu prophète), je devinai, en quelque sorte, d'après son silence ironique, mais aussi d'après son rire équivoque, que sa dissimulation n'était pas sans raison. Aussi arrêtai-je de mélanger vainement les couleurs et, découragé, je ne fis que plonger dans la rougeur de ma propre honte.

Alors il me dit : « Ne perds pas courage, mon petit fils, mais suis avec confiance les traces de tous tes prédécesseurs ! Car plus tu suivras ta curiosité, plus tu tomberas dans des difficultés grandes et désagréables. C'est pourquoi, aussi longtemps que tes forces te le permettent, et à la mesure de tes capacités, représente le caractère de mon visage et les couleurs de mon vêtement ! »

Moi, à partir de cet instant, ne ménageant ni ma personne, ni mes labeurs, ni mes fatigues et ni, enfin, mes couleurs (car la stupeur hors du commun de mon esprit révélait déjà un état d'hébétude), je distribuai le plus exactement que je pus les ombres sur la forme du visage. Toutefois, à quoi bon échapper aux flots agités du Nil si l'on doit tomber entre les mâchoires du crocodile ? Car tournant de nouveau mon regard vers son vêtement, subitement et comme envahi par les palpitations de mon cœur, je perdais misérablement la tête, hésitant dans quelle couleur tremper d'abord le pinceau ou par quelle nuance le représenter plutôt : car jamais et nulle part des yeux sensitifs n'avaient vu un tel ouvrage[1].

---

[1] La méthode dont il est question dans le lemme est une méthode empirique, consistant à partir de l'observation de l'objet matériel, à travers les sens, et d'en donner une représentation, également matérielle (par la peinture).

Cap(ut) 17

{{Sacram Scientiam quoad sensus esse incomprehensibilem, et vires
rationis ei<u>sdem incapaces esse, quod tamen mortales fore possibile
putant.}}

Panni materia serica, an lanea, bambacina, an linea esset discerni
minime poterat, texturae fila nusquam apparebant, sed ad modum
membranae lucida nitiditate, ac si aureo, aut argenteo fulgebat splendore;
in qua quotquot colores, qui visui obiici possunt, omnes in eodem
repraesentabantur puncto, et eodem circumstantiae loco omnes
tincturarum comprehendebantur varietates. Ita quidem erat opus
texturae. Sed, quod mirabilius est, expers erat artis suturae, nec denique
oras al[l]icubi habere videbatur, sed veluti ipsi seni congenita, perque
/28/ totum corpus naturaliter circumposita coaluerit, simulque
concreverit, non secus ac arborum cortices, quae a tenellis virgul[l]ulis
usque ad maturam corpulentiam una concrescunt, una durescunt, et
invicem naturali ferruminatione cohaerescunt. His hunc in modum a me
enixe perspectis, quasi per mero<s> suffocatos spiritus, de sensationis
vigore quadamtenus aliqualem libarim notitiam, unde mihi praesentire
videbar debiles artis meae vires enervatasque intentiones ad
sustol<l>endum huius operis gravissimum onus non val*i*turas[1], imo nec
proprio Marte in aliquid profecturas. Quamobrem silentii larva inscitiae
contecta turpitudine, piscinae me dedidi taciturnitati. Caeterum,
quantumcumque libuerit indiscrete permixtis coloribus, figuram
cuiuspiam variegatae vestis delineavi (licet, sene, mea vana molimina
exacte pernoscente, clementer tamen compatiente). Deinde {{ad
diadema}} quod ipsi caput tegebat adque sceptrum quod dextra et ad
arcum ac sagit<t>am quae sinistra tenebat aspiciens, prorsus ardua
inimitabilisque res esse apparebat. Diadema enim instar Solis splendebat
meridiani (ad quem si quis intueri conaretur, tum maior, tum minor
inquieteque saltitans apparet, deinde subvirescens rutilansque flavescit,

---

[1] val*i*turas *scr.* : valeturas M.

CHAPITRE 17

La Science Sacrée est incompréhensible pour les sens et les forces de la raison sont incapables de ce que les mortels pensent être tout de même possible

On ne pouvait pas du tout distinguer si la pièce d'étoffe était en soie, en laine, en coton ou en lin, les fils du tissu n'apparaissaient nulle part, mais elle brillait de l'éclat de l'or ou de l'argent, à la façon d'une membrane à l'éclat lumineux, où toutes les couleurs qui pussent se présenter à la vue étaient représentées dans un même point et comprises au même endroit dans les variétés des teintures qu'il y avait tout autour[1]. Tel était l'ouvrage de ce tissu. Mais – ce qui était plus étonnant – il était sans couture et il ne semblait pas non plus avoir de bord quelque part, mais, comme s'il était aussi vieux que le vieillard même, tout en l'enveloppant, il faisait, de façon naturelle, un seul corps avec lui et s'était durci avec lui, à la façon des écorces des arbres qui, depuis qu'ils ne sont que de petits rameaux, croissent ensemble jusqu'à ce qu'ils atteignent la corpulence mûre, durcissent ensemble et s'attachent l'un à l'autre par une soudure naturelle. Après avoir péniblement considéré toutes ces choses, comme si au dedans je perdais mes esprits, je constatai combien était forte la sensation qui me faisait pressentir que les forces débiles de mon art et mes labeurs sans énergie ne seraient pas assez puissants pour soutenir le très lourd fardeau de ce travail et que, en outre, je n'obtiendrais aucun résultat par mes propres moyens. C'est pourquoi, le masque du silence recouvrant la honte de l'ignorance, je restai muet comme un poisson. Du reste, mélangeant les couleurs à volonté, je traçai la forme du vêtement aux nuances changeantes du vieillard (qui, connaissant avec précision mes grands efforts inutiles, compâtissait avec clémence à ma souffrance). Puis, lorsque je regardai le diadème qui couvrait sa tête, le sceptre qu'il tenait dans la main droite et l'arc et la flèche dans sa gauche, ces choses me paraissaient tout à fait difficiles et inimitables. Car le diadème étincelait comme le Soleil de midi (si quelqu'un essayait de le fixer du regard, il paraissait tantôt plus gros, tantôt plus petit et

---

[1] Cf. ci-dessus, I, 10 : « Quant à la couleur de son vêtement, ce n'était pas une couleur précise, mais toutes les couleurs, tant naturelles qu'artificielles, que l'on pût considérer par la pensée semblaient être en même temps et une seule fois rendues effectives dans le même point de teinture ».

ita ut oculus prius visiva privetur facultate, quam ipsum videat). */29/* Cuius gemmarum pellucidarum micantibus radiis, ac transparens lapillorum corpus perplexe penetrantibus, visus aciem obtundebat obscurabatque. Sceptrum denique interdum satis lo<n>gum, interdum breviusculum, item aliquando nimis subtile, aliquando abunde crassum, insuper alias serpentum in modum sicubi curvatum, alias autem ad normam rectificatum apparebat. Similiter arcum tum intensum et retractum, tum distensum et relaxatum: ita sagit<t>am modo auricula<rio>, modo medio, modo tandem prope lanceam comprehensam putabam. Et, quod captu difficillimum erat, omnia haec non intermisso temporis, aut loci spatio, nec denique puncti differente distantia, sed cuncta simul in hoc nunc ostentari videbantur.

Caeterum, me omnes hasce praetergrediente transfigurationes,
staturae proceritatem ad humanam symmetriam, caniciei[1]
venustatem ad convenientiam, vestem varie quidem,
sed honeste tinctam, Diadema Imperiale,
Sceptrum regale, arcum intensum,
sagittam chordae inditam, quo
operosius artificiosiusque
fieri potuerit
depinxi.

---

[1] caniciei *ex* canicies *corr.* DC.

palpitant sans arrêt, puis, après être passé au verdâtre et au rutilant, il jaunissait, de sorte que l'œil était privé de la faculté de la vue avant même de le voir), et les rayons scintillants de ses gemmes, projettant leur éclat et pénétrant par reflets dans le corps diaphane des pierreries, émoussait ma vue et l'obscurcissait. Enfin, le sceptre paraissait parfois assez long, parfois plutôt court et, de même, tantôt trop fin, tantôt suffisamment épais et, de plus, si une portion semblait recourbée comme un serpent, une autre en revanche paraissait rigoureusement droite. De la même façon, l'arc semblait tantôt tendu et tiré vers l'arrière, tantôt distendu et relâché : ainsi je croyais que la flèche était attachée soit par l'oreille, soit par le centre, soit enfin près de la pointe. Et – ce qui était le plus difficile à saisir – toutes ces choses semblaient se montrer non dans un intervalle de temps ou dans l'espace d'un lieu ou bien à une différence de distances, mais toutes à la fois au même endroit.

Toutefois, après avoir mis de côté de toutes ces transformations, je
figurai, le plus efficacement et habilement que je pus, la haute
taille du vieillard selon la proportion de l'homme, la
noblesse de la chevelure blanche de façon
appropriée, le vêtement teint, certes, de
différentes nuances, mais seyant,
le Diadème impérial, le sceptre
royal, l'arc bandé et la
flèche encochée
sur la
corde[1].

---

[1] Cantemir donnera la signification des divers éléments de ce portrait allégorique au chapitre 1 du Livre IV, et au Livre VI.

/30/ SACRA VNIVERSI CREATIO

LIBER SECVNDVS

Cap(ut) 1

{{Sensus fingitur posse noscere Sacram Scientiam, non tamen scit.
Cuius Imago quadantenus inter sensum et intellectum refulget.}}

Porro, perfecte (quatenus mihi, mea dictabat methodus) depicta senis imagine (quamquam intima conscientia rei defectum acerrime arguebat), finem ad quem theorematis istius intentio tendebat cupide anhelabam.

Hoccemodo mihi varie haesitanti, Senex ille nunquam satis colendus: "Inspiciamus, inquit, fili, et probationem istius speculi consulemus (speculum enim in pectore, quasi conglutinatum, atque sibi congenitum haberet, videbatur), et, an a te expressa mihi assimiletur effigies, doceamur. Qua studiose diligenterque considerata effigiebus, profert, meis, iamdudum non ita pictis, quam potius fictis assimilatur quidem, mihi autem nequaquam. Causam autem dissimilitudinis, si doceri velis, imprimis scire te oportet te alios non novisse colores, nisi eos, quos a magistro didicisti tuo; qui quidem, quemadmodum a vetustioribus fuit imbutus, tali modo tibi propinavit recentiori. Insuper, quod deterrimum est, Gentilitii colores dixerunt accidens, substratam autem materiam /31/ substantiam, nec ulterius inter substantiam et accidens aliam neutram cognoverunt essentiam. Ad cuius Monarchiam meam quoque pertinere Imaginem scire te vellem."

La Création sacrée de l'Univers

LIVRE SECOND

CHAPITRE PREMIER

Les sens s'imaginent, à tort, pouvoir connaître la Science Sacrée. L'image de celle-ci brille dans une certaine mesure entre les sens et l'intellect.

Puis, ayant figuré à la perfection (pour autant que ma méthode me le dictait) l'image du vieillard (bien que ma conscience intime m'indiquât crûment le défaut de l'ouvrage), j'aspirais avidement à voir à quelle fin tendait l'intention de ce spectacle.

Le vieillard, que l'on ne pourra jamais vénérer assez, me dit, à moi qui hésitais de diverses façons : « Regardons, mon fils, et examinons le témoignage de ce miroir (car c'était un miroir qu'il semblait avoir contre sa poitrine, comme s'il lui était aggluliné et connaturel) et apprenons si l'effigie dépeinte par toi me ressemble. Si on la considère scrupuleusement et avec application, poursuivit-il, elle ressemble à d'autres portraits de moi – qui, à vrai dire, ne sont pas figurés, mais plutôt feints – tandis qu'à moi elle ne me ressemble nullement. Et, si tu veux apprendre la cause de la dissemblance, sache avant tout que tu ne connais d'autres couleurs que celles que tu as apprises chez ton maître, lequel te les a livrées, lorsque tu étais jeune, exactement de la même façon dont les anciens les lui avaient enseignées. En plus, et c'est le pire, les païens ont considéré les couleurs comme accident et la matière qui en est le substrat comme substance, sans reconnaître, de plus, entre la substance et l'accident une essence neutre[1]. Et de même, je voudrais que tu saches que c'est à la monarchie de cette dernière qu'appartient mon image ».

---

[1] Cf. aussi l'*Index rerum* : « *Inter sensum et intellectum neutra substantia* / Entre le sens et l'intellect, il y a une substance neutre, 31 ». Le temps est également de cette esence neutre, ni substance, ni accident (SSII, IV, 23).

Ad haec ego (utpote sensu detento, et prave insanienti omnia insulsa disconvenientiaque videbantur) obstupui quidem, talium tamen rerum percipiendarum desiderio captus, quorsum pergeret discere tacite expectabam.

Cap(ut) 2

{{Quicquid per sensum cognoscitur nondum est simplex rei cognitio, unde quod vere cognoscendum per Deum et in Deo cognoscendum.}}

Senex iterum[1]: "Primo obtutu, inquit, fili, exemplo depictae im{a}ginis, quatenus mihi non assimilaretur, quadamtenus ad perceptionem artis tuae defectum accessisti. Nunc autem, iterata speculatione, quicquid per idem speculatus fueris coëxistentium partium mearum figurales esse scias umbras. 'Figurales' dico 'umbras', quandoquidem purae et essentiales[2] earum imagines, non quatenus mysterio sui Initii praefigurantur[3], sed quatenus a vobis capi atque percipi possunt. Alioquin sola simplex Sapientia de sola et simplici veritate, iuxta suum beneplacitum, praedicare dignisque patefacere potest.

Item aliquod creatum de alterius[4], etiam minimi, creati simplicissima essentia, ut Increatus, scire praesumere apertissima blasphemia et nefaria obtrectatio est in /32/ Creatorem, et, ut, veritate fretus, aliquid profundius dicam, creatum, ut creatum, non solum quod alterius creati non possit simplicem puramque {habere} scientiam, sed etiam Ipse Creator ad talem scientiam aliquod creatum elevare {non} potest. 'Non potest', inquam, 'creatum de aliquo creato simpliciter scire', quia ipsum non simplex, sed ex intellectu et sensu compositum est. Item Creator non potest elevare creaturam ut aliquid cognoscat[5] simpliciter, ut {Ipse}[6] cognoscit[7], quia hoc modo creatum Increato simile evaderet, quod implicat Divinae Simplicitati {{et Sapientiae}}.

---

[1] *Hinc ad finem Tomi usque Senex loquitur.*

[2] purae et essentiales earum imagines *ex* puram et essentialem earum imaginem *mut.* M.

[3] praefigurantur, *fors DC marginalis nota, post* percipi possunt *habet* M.

[4] alterius *ex* alterium *corr.* M.

[5] ut aliquid cognoscat *ex* ut id cognoscit *corr.* M.

[6] ut {Ipse} *multo maiori in albo ulterius add.* M.

[7] cognoscit *ex* cognoscat *corr.* M.

Entendant cela, je demeurai stupéfait (comme il est naturel de la part d'un homme, ayant perdu la tête et sur le point de devenir fou, à qui tout lui semble insipide et indésirable), mais néanmoins, poussé par le désir d'apprendre des choses aussi importantes, j'attendais en silence de voir dans quel sens il allait continuer.

CHAPITRE 2

Tout ce que l'on connaît par les sens n'est pas encore la connaissance simple de la chose ; il s'ensuit que ce que l'on doit connaître véritablement, on doit le connaître par Dieu et en Dieu.

Le vieillard reprit : « A première vue, mon fils, tu as réussi à entr'apercevoir, dans le portrait de l'image que tu as figurée, le défaut de ton art : en effet, il ne me ressemblait pas. Maintenant, si nous y regardons de nouveau, sache que tout ce que tu y avais contemplé, ce sont des ombres figurées de mes parties coexistantes. Je parle d'ombres figurées, parce que leurs images pures et essentielles sont préfigurées non tant par le mystère de leur commencement, mais plutôt dans la mesure où elles peuvent être saisies et perçues par vous. Par ailleurs, seule la Sagesse simple, suivant son bon plaisir, peut prédire et dévoiler à ceux qui en sont dignes ce qui relève de la vérité unique et simple.

De même, le blasphème le plus manifeste et l'offense la plus impie contre le Créateur est que quelque chose de créé présume savoir, de la même façon que l'Incréé, quelque chose de l'essence la plus simple d'une autre chose créée, ne fût-ce que la plus petite. Et, pour que je dise quelque chose de plus profond, ayant foi dans la vérité, quelque chose de créé, pour autant qu'il est créé, non seulement ne peut avoir une science simple et pure d'une autre chose créée, mais le Créateur Lui-même ne peut élever quelque chose de créé à une telle science. Je dis que quelque chose de créé ne peut avoir une science simple d'une autre chose créée, parce que lui même n'est pas simple, mais composé d'intellect et de sens. De même, le Créateur ne peut élever la créature de sorte qu'elle connaisse quelque chose simplement, de la façon où Lui-même la connaît, car autrement le créé finirait par devenir semblable à l'Incréé, ce qui contredit à la Divine Simplicité et la Divine Sagesse.

Ergo hic colligitur, siquidem p{er} composituram {{sens*u*um[1]}} ad simplicem rerum cognitionem {{ascendere}} est impossibile, restat ut per simplicitatem intellectus quondam creatum videat Creatorem, ut est itaque in eo omnia praesentative cognoscat ut sunt.

Cap(ut) 3

{{Aquae et aër primigenia Elementa, aqua quidem patiens, aër autem efficiens organum, quod Gas ad specificam formam reduxit.}}

Ad {haec} obedienter, simul et alacriter animae inclinato capite et intellectus intuitu attente in speculi theorema directo, primo quidem densissimae atque obscurissimae apparebant tenebrae, quibus aëris spiraculum deesse, atque quasi principio carentes nullam altitudinis, profunditatis, aut latitudinis haberent dimensionem. Post autem istas[2], aquae elementalis abyssum illam inscrutabilem vidi. Quae, praeter puram insi/*33*/pidamque aquam, nihil aliud significabat, imo speciali forma privatam, quasi corpus aliquod incorporeum esset. 'Aquam' dico 'abyssalem', non hanc spis<s>am atque condensatam (siquidem carentia mensurabilitatis Corporis triummensurabilis omnem specificam excludebat formam). 'Elementalem' dico, ut omnium corporum primam, undequaque diffusam, quantitatis, qualitatis situsque localis expertem;

---

[1] sens*u*um *scr.* : sensium *marginalis nota in* M *habet.*
[2] istas *ex* istam *mut.* M.

Ainsi donc il faut conclure que, puisque en raison de la composition des sens il est impossible de s'élever à la connaissance simple des choses, celui qui est créé verra un jour par la simplicité de l'intellect le Créateur tel qu'Il est et qu'il connaîtra ainsi en Lui par présence[1] toutes les choses qui sont.

CHAPITRE 3

Les eaux et l'air sont les éléments premiers, l'eau comme organe passif et l'air comme organe efficient, que le Gaz a ramené à sa forme spécifique.

Dans mon for intérieur, j'inclinai respectueusement ma tête, acceptant ses paroles, et dirigeai attentivement le regard de mon intellect vers le spectacle du miroir. Voici que des ténèbres m'apparaissaient d'abord, fort épaisses et fort obscures, où il n'y avait aucun souffle d'air, et qui, pour autant qu'elles n'avaient pas de commencement, n'avaient aucune dimension en hauteur, profondeur et largeur[2]. Après celles-ci, cependant, je vis l'abîme inscrutable d'eau élémentale, qui ne signifiait rien d'autre que de l'eau claire et insipide, voire dénuée de forme particulière, comme si c'était un corps incorporel[3]. Je parle de l'eau abyssale, et non de l'eau épaisse et condensée (en effet, le manque de mensurabilité du corps à trois dimensions excluait toute forme spécifique). Et je dis élémentale, pour autant qu'elle est la première entre tous les corps, répandue partout, dénuée de quantité, de qualité et de

---

[1] Lat. *praesentative*, sans la médiation d'une représentation (d'une espèce).

[2] Cantemir figure, dans la succession chronologique de sa cosmogonie, le néant primordial. La vision dans le miroir des ténèbres originelles semble se rapprocher des conditions exigées par Plotin pour penser la matière première : «L'obscurité est la matière de toute couleur visible : or, que l'âme enlève les objets sensibles toutes les formes qui y sont comme une lumière ; ce qui reste est impossible à déterminer pour elle ; la voilà comme l'œil dans l'obscurité, devenu identique à cette espèce d'obscurité dont il a comme une espèce de vision», Plotin, *Ennéades*, II, 4, 10, *Des deux matières*, trad. E. Bréhier.

[3] Dan Bădărau tire de cet exposé la conclusion que l'eau n'est pas créée chez Cantemir et qu'elle serait par conséquent là de toute éternité, contredisant ainsi la doctrine chrétienne de la création *ex nihilo*, *Filozofia lui Dimitrie Cantemir*, p. 250-255. Cette conclusion est simplement fausse. La succession de l'apparition des images dans le miroir figure le temps de la création. D'autre part, Cantemir appelle l'eau un être créé, voir II, 4 et attaque souvent l'application du principe grec *ex nihilo nihil* à la Création.

quae ideo non pure aqua, sed in Sacris 'abyssus', in nostratibus 'Gas aquae' (Ethnicis autem, vocabuli penuria, 'chaos') dici solet.

Porro, Gas aquae, aut aquas abyssales, Spiritus ipsi<s> intime permixtus separando uniebat, et uniendo in invicem separabat. Itaque Spiritus ille separatoris tam titulo, quam officio functus, Gas illud subtilissimum non solum quod in spissae aquae formam reddiderit, sed etiam ipse, semper aquarum separator manens, iam divisis aquis sese interposuit — qui, postea 'aër' cognominatus, Blas tum motivum, tum alterativum extitit. Quod aquas partim se superius, partim se inferius dividens, non tam separator, quam sustentator evasit ipsarum.

position locale[1] et que, pour cette raison, on a coutume d'appeler non simplement eau, mais, dans les Écritures Saintes, « abîme »[2], et, dans les nôtres, « Gaz de l'eau[3] » (et dans les païennes, par manque de termes, « chaos »)[4].

Puis, intimement mélangé au Gaz de l'eau, ou aux eaux abyssales, l'Esprit les unissait en les séparant et les séparait en les unissant les unes aux autres. Et ainsi, agissant comme séparateur, tant de nom que par sa fonction, non seulement il ramena ce Gaz très subtil à la forme d'une eau épaisse, mais aussi, demeurant toujours le séparateur des eaux, il s'interposa entre les eaux divisées et, prenant aussi le nom d'air, se manifesta comme Blas, tantôt moteur, tantôt altératif[5]. Divisant les eaux dans une partie au-dessus de lui et une autre au-dessous, il finit par devenir non tant leur séparateur que leur sustenteur[6].

---

[1] lat. *situs localis*, l'une des catégories. Dans l'*Organon*, elle est désignée comme τὸ κεῖσθαι, *Catégories*, 9, 11b.

[2] *Genèse*, 1, 2 : « La terre était informe et toute nue, les ténèbres couvraient la face de l'abîme : et l'Esprit de Dieu était porté sur les eaux. »

[3] Van Helmont est l'inventeur du gaz, auquel il donne aussi une fonction individuante. Le gaz est pour lui une forme particulièrement subtile de vapeurs d'eau, renfermant aussi le caractère particulier de la chose qu'il individue. Cf. W. Pagel, *Van Helmont*, p. 60-70. Cantemir en a retenu ici seulement la forme d'agrégation de l'eau, et non sa valeur métaphysique.

[4] Dans cette description, l'eau se rapproche de la matière première d'Aristote. Au chapitre 18 de ce même livre, Cantemir, tout en niant l'existence de cette dernière, la désigne comme un corps incorporel (*corpus incorporeum*) utilisant la même métaphore qu'ici. Cette eau élémentale, élément premier de toute la création, est, à ce stade de la cosmogonie, dénuée de toute qualité, privée de toute catégorie. Dans l'ordre physique, son assimilation au gaz (*gaz aquae*) confirme à la fois son ubiquité et son manque de forme. Les équivalents donnés, l'abîme et le chaos, suggèrent la même idée. La différence d'avec la matière première semble consister dans le fait que l'eau élémentale est un être créé, et non une « matière vierge », la ὕλη aristotélicienne. L'équivalent du chaos est avancé par Van Helmont, *Progymnasma meteori*, 29.

[5] Chez Van Helmont, le *blas* est une force générale et astrale-cosmique, responsable de tous les mouvements et les changements de l'univers. Le *blas* est tout d'abord mouvement dirigé et déterminé : c'est le *blas motivum*. Mais il peut aussi être facteur de changement, et alors il est *blas alterativum*. L'idée vient du *phora* de Platon, qui embrassait l'idée de mouvement (*kinesis*) et de changement (*alloiosis*). Mais Van Helmont rapproche le blas à l'ἐνόρμον de Hippocrate (*Des vents*), un impetus intrinsèque opérant dans l'organisme de même que le vent opère dans l'univers, partant une force spirituelle gouvernante. Cf. Walter Pagel, *Joan Baptista Van Helmont*, p. 87-95. Le mot de ἐνόρμον lui-même n'apparaît pas chez Hippocrate, mais dans les traités de Galène, en référence à Hippocrate, voir par exemple *De differentis febrium*, in *Opera omnia*, tome VII, 1965, p. 278 et 597.

[6] Ce passage superpose dans le même concept l'Esprit (*Spiritus*) de la Genèse, l'air comme second élément qui apparaît dans la création, et le *blas* en tant que force spirituelle gouvernante, agent de mouvement et de changement dans l'univers.

Ideoque haec solum duo, primigenia, coaetanea et simplicissima elementa esse atque credi debent — et unum quidem passivum, alterum autem activum, non tamen commiscibile corpus intelligendum.

/34/ Vnde statim memini Libro Sacrae Creationis harum duarum creaturarum nullam fieri mentionem (heus, Vera Sapientia vere philosophata est!), eo quod omnium creaturarum anticiparint praerogativam, quae, utpote causae secundariae, aut organa primaria, reliquarum mox creandarum creaturarum forent, Aeterna praeparavit Sapientia.

Cap(ut) 4

{{*Primum motum antecipantes creaturae quae? Et de eis quid sentiat Sacra Scientia?*}}

Itaque haec indefinita adhuc atque indeterminata, non motum, non denique quietem efficere apparebant, sed potius ineffabile quoddam silentium denotabant (hoc enim quies atque silentium differunt, quia quies post motum, silentium autem ante ipsum motum intelligitur). Haec, inquam, primigenia Elementa ad terminum indeterminatum expans[s]a[1] et veluti alicubi centraliter iam collocata, loci indescriptam circumferentiam praesupponere videbantur. Quae tandem sphaerica circumferentia, mox, a Creatione, loco determinata, novo nomine

---

[1] expanssa M, *incertum tamen an potius pro* expansa, *aut pro* expassa.

Voici pourquoi ces deux seuls éléments doivent être, et doivent être tenus, pour premiers, contemporains et très simples – et l'un doit être entendu comme un corps passif et l'autre comme un corps actif, qui pourtant ne peut se mêler à quelque chose d'autre.

Cela me rappelle aussitôt que dans le Livre de la Création Sacrée il n'est fait nulle mention d'aucune de ces deux créatures (hé oui ! la Vraie Sagesse a philosophé conformément à la vérité !), du fait que les choses que la Sagesse Éternelle a préparées ont précédé le privilège de toutes les créatures, en tant qu'elles seront des causes secondes ou organes premiers de toutes les autres créatures qui seront bientôt créées[1].

CHAPITRE 4

Quelles sont les créatures ayant précédé le premier mouvement ? Et qu'enseigne la Science Sacrée à leur sujet ?

Et ainsi, ces choses non encore définies et déterminées ne semblaient pas produire de mouvement et, par suite, de repos, mais indiquaient plutôt un certain silence ineffable (car le repos et le silence se distinguent en ce que le repos est entendu après le mouvement, le silence, en revanche, avant tout mouvement). Ces éléments premiers, dis-je, étendus jusqu'à une limite indéterminée et, pourtant, placés, pour ainsi dire, quelque part dans une position centrale, semblaient présupposer une circonférence[2] non délimitée du lieu. Alors que, par la Création, elle fut déterminée à un lieu, cette circonférence sphérique fut en fin de compte appelée, d'un nouveau nom, «firmament»[3]. Par conséquent,

---

[1] L'eau et l'air sont donc créés, mais ils ne sont pas mentionnés dans le catalogue des créatures que constituent les premiers chapitres de la *Genèse*. Cantemir appelle toutes les créatures *posteriora Dei*, les choses postérieures à Dieu, pour les distinguer des *anteriora Dei*, dont il sera question au Livre V. L'eau et l'air sont présentés ici comme des causes secondes ou organes premiers des autres créatures. Van Helmont avait remarqué lui aussi l'absence de l'eau et de l'air dans la *Genèse*, mais il l'expliquait par leur présence dans l'étymon du mot «ciel», *Elementa*, 7. C'est la raison pour laquelle il les considérait comme premiers (*primigenia*) par rapport à la terre.

[2] Cette annonce d'une circonférence indique que l'univers sera organisé sous la forme d'une sphère, selon la cosmologie ptolémaïque christianisée.

[3] *Genèse*, 1, 6-7 : «Dieu dit aussi : Que le firmament soit fait au milieu des eaux, et qu'il sépare les eaux d'avec les eaux. Et Dieu fit le firmament : et il sépara les eaux qui étaient sous le firmament de celles qui étaient au-dessus du firmament. Et cela se fit ainsi.» Le firmament sphérique occupe un lieu déterminé.

'firmamentum' appellata est. Ergo docente Sacrae Scientiae veritate, ante primum motum Tenebrae, Aquarum Gas, Aër Locusque creantur.

Hic memoriae occurrit Gentilismi fabula, quae, duo Sacrae Scientiae vocabula suffurata, omnium Deorum primos, Noctem et Chaos /35/ fuisse fabulatur. Sed talia sensitivis philosophi{s}, fabularum amatoribus (ut ipsemet Stagirita fatetur), relinquentes ad propositam speculationem revertamur.

'Tenebras' hic, non Ethnicam privationem, nec denique luminis carentiam intelligebam, sed sempiternae Divinae Existentiae ineffabilem

ainsi que nous l'enseigne la vérité de la Science Sacrée, les ténèbres, le Gaz des eaux, l'air et le lieu sont créés avant le premier mouvement[1].

Il me vient ici en mémoire une fable païenne qui raconte, avec deux mots furtivement dérobés à la Science Sacrée, que les premiers de tous les dieux furent la Nuit et le Chaos[2]. Mais, laissant de telles choses aux philosophes sensitifs, amateurs de fables (comme le Stagirite lui-même le confesse)[3], retournons à la recherche que nous nous sommes proposée.

Par ténèbres je n'entendais pas ici la privation des païens et, par conséquent, le manque de lumière (*lumen*) non plus[4], mais bien la splendeur ineffable et inaccessible de l'Existence divine éternelle ; ténèbres,

---

[1] Le premier mouvement apparaît une fois la lumière créée. Van Helmont indiquait comme premiers, le ciel la terre et l'eau. Cantemir voit la terre comme un produit de l'eau, donc pas même comme un élément, situant son apparition au troisième jour de la création, mais il ajoute à cette liste les ténèbres, l'air et le lieu. En fait, au Livre IV, il y ajoutera aussi le temps.

[2] Une citation approximative de la *Métaphysique* d'Aristote, « Cependant, soit qu'on suive l'opinion des théologiens, qui font naître toutes choses de la Nuit, soit qu'à l'exemple des physiciens, on dise que *toutes choses étaient confondues*, c'est bien la même impossibilité qu'on retrouve », XII (Lambda), 6, 1071b 27. Sous le nom de théologiens, Aristote vise plusieurs philosophes présocratiques, dont Orphée, Musée, Épiménide, Hésiode et sous celui de Physiciens surtout Anaxagore. Pour la Nuit et le Chaos en tant que divinités des origines, voir XIV (N), 4, 1091b. Cf. Aristote, *Metafisica*, éd. Reale, vol. III, 1993, p. 579. Dans ce contexte, Aristote reproche aux présocratiques d'avoir posé comme principe un élément qui est pure puissance, et d'avoir raté ainsi l'explication du passage de la puissance à l'acte. Ce reproche ne peut être fait à Cantemir, qui conçoit l'Esprit ou l'air comme quelque chose d'actif, ainsi qu'il vient de le préciser au chapitre antérieur.

[3] L'expression latine *amatores fabularum* se retrouve dans plusieurs traductions latines de l'*Éthique à Nicomaque*, III, 13, 1117b, telles que celles de Burgundius de Pise (av. 1150), R. Grosseteste (1246), Guillaume de Mœrbeke (cca 1260).

[4] Voir, par exemple, chez François Bernier, *Abrégé de la philosophie de Gassendi*, seconde édition, Lyon, Anisson, Posuel & Rigaud, 1684, tome II, p. 13 : « ...personne ne nie que les ténèbres ne se conçoivent négativement, ou plutôt exclusivement, comme lorsqu'on dit, il n'y a pas de lumière dans l'air... ». Ce refus d'identifier les ténèbres primitives avec le manque de lumière répond d'emblée aux prétentions des manichéens, selon lesquels les ténèbres, comme manque de lumière, auraient le statut d'un principe du monde. Une autre solution chez Basile le Grand : « Toutefois la raison se demande si les ténèbres ont été formées avec le monde, si elles sont antérieures à la lumière, et pourquoi le pire aurait un droit d'ancienneté. Nous répondons que même ces ténèbres n'ont pas d'existence substantielle : elles sont un état de l'air, dû à l'absence de lumière », *Homélies sur l'Hexaéméron*, II, 17B, et chez Jean Philopon, *De Mundi Creatione*, II, 18, p. 80 : « Les ténèbres qu'il y avait avant la lumière ne sont pas de la même espèce que la nuit, car elles existaient de façon indivisible, alors que celles qui ont existé après le coucher de la lumière sont de la façon où le jour précède la nuit. »

inaccessibilemque splendorem, quas, inquam, tenebras, positive et non privative[1], in circuitu suo Deum posuisse Sacra docet Scientia.

Item 'Gas aquarum', non materiam illam imprincipiatam, chimeram indifferentis appetitus titulo decoratam, sed ens creatum, corpus simplicissimum atque omnium primum, ex quo materialiter et subiective (Divino informante Iussu) reliquae cunctae sublunares producantur creaturae.

Denique 'Aërem', non illum inconstantem, transmutabilem caeterisque corporibus commiscibilem (quem sic se habere sensitiva profitetur schola), sed aquarum separatorem, constantem, intransmutabilem, incommiscibilem semperque sui similem, et quem in suprema circumferentia Caelum (vel potius, lingua originali, 'Schamaijm', quod, "ubi sunt aquae" sonat) pertingat, in infima autem medietate aridam humidamque comprehendat <terram>.

Ac tandem 'Locum', non quatenus caeli orbita circumscribitur, sed quatenus creatura /36/ post Creatorem necesse est alicubi debere esse.

---

[1] privativè *ex* privativae *corr.* M.

dis-je, que la Science Sacrée nous enseigne que Dieu a posées autour de soi de façon positive et non privative[1].

De même, j'entendais le Gaz des eaux non comme la fameuse matière sans principe, une chimère vouée à un appétit indifférent[2], mais bien comme un être créé, un corps très simple et premier entre tous, duquel sont produites, de façon matérielle et subjective[3], (après que l'ordre divin leur donne forme) toutes les autres créatures sublunaires[4].

Et par Air je n'entendais pas l'air inconstant, transmutable et susceptible de se mélanger aux autres corps (celui dont parle, dans ces termes, l'école sensitive), mais l'air séparateur des eaux, constant, intransmutable, non susceptible de se mélanger et toujours semblable à soi, qui, dans sa circonférence la plus haute, atteint le Ciel (ou plutôt, comme dans la langue originelle, «*Schamaïm*», ce qui signifie «là où il y a des eaux»)[5] et, dans la moitié inférieure, comprend la terre ferme et la mer.

Et enfin, j'entendais le Lieu, non en tant qu'il est circonscrit par l'orbite du Ciel[6], mais pour autant qu'il est nécessaire que la créature,

---

[1] Cf. *Psaumes*, 17, 12 : *posuit tenebras latibulum suum in circuitu eius tabernaculum eius tenebrosas aquas in nubibus aetheris.* «Il fit des ténèbres son voile, sa tente ténèbre d'eau, née sur nuée» (Jérusalem). Ces ténèbres ne sont donc pas un manque ou une privation de lumière (*lumen*), au sens où par exemple la nuit le sera, une fois créés les «corps de lumière» qui règlent le jour et la nuit. Elles sont une manifestation positive de la Divinité, dans le sillage de Saint Grégoire de Nysse. La ténèbre, associée souvent par Saint Grégoire avec l'expérience de Moïse sur le Mont Sinaï, figure «la radicale transcendance de Dieu à l'égard de toute nature, de toute possibilité de l'intelligence. Dieu à cet égard est vraiment environné par l'incompréhensibilité comme par une ténèbre». Mais cette ténèbre, selon une formule de Saint Grégoire que reprendra Pseudo-Denys l'Aréopagite, est «une ténèbre lumineuse : c'est une réalité souverainement positive que l'homme naturel ne connaît pas, parce que ses yeux ne sont pas faits pour elle, mais où Dieu peut l'introduire mystérieusement», Jean Daniélou, *Platonisme et théologie mystique*, p. 206.

[2] Pour Aristote, la matière n'existe pas sans forme. Elle a une prédisposition spécifique, un «appétit» des formes. En tant que telle, elle est pure puissance ; dans l'Univers sensible elle est toujours informée.

[3] Lat. *materialiter et subjective* : pour ce qui est de leur matière et du sujet de leur inhérence, les créatures sont produites d'eau.

[4] Selon la même cosmologie aristotélicienne christianisée, Cantemir distingue le monde sublunaire et le monde supralunaire. Toutefois, il n'admettra pas l'éther comme élément des supralunaires, qui sont constitués uniquement d'eau, voir ci-après, chapitre XII.

[5] Etymologie donnée aussi par Van Helmont, *Elementa*, 4.

[6] Les aristotéliciens définissent le lieu comme la surface première, ou immédiate, du corps environnant. Dès lors, l'un des problèmes classiques était de savoir si le ciel des étoiles fixes, ou premier mobile, est dans le lieu, puisque au-delà il n'y a plus rien et, partant, pas de corps environnant. La définition aristotélicienne du lieu posait ainsi conjointement la question de la finitude du monde et de l'existence du vide.

Siquidem Creatoris incircumscriptio creaturae circumscriptionem circumscribit ipsique proprium determinat locum.

Cap(ut) 5

{{Inter tenebras et tenebras qualis differentia? Et Spiritus Domini quid?}}

Cum autem sensitivarum tenebrarum obiecta pro aeternis tenebris sacer intellectus per sensus confundatur, non inutile fore puto eandem iterare speculationem. Apparebant igitur aeternae illae tenebrae ut dependentes ab independente, ut circumdantes ab incircumda{to} procedere atque infinitam inanitatem replere, atque in his et cum his Spiritus Domini (Qui est ipsa efficax divina virtus atque omnipotentia) super aquarum abyssum ferri[1]. Hoc est informem Gas materiam sua immensitate cooperire, in qua terra inanis, invisibilis et incomposita potestative latitasse in Sacris perhibetur[2]. Ergo, quemadmodum ante conditam lucem sensitivas subintelligimus tenebras, sic, ante conditionem omnis creaturae, solam aeternam, divinam praeexistentiam quamdamtenus intelligendam supponimus. Propter quod autem ad

---

[1] *Gen., 1, 2.*
[2] *Cf. n. ant.*

qui vient après le Créateur, soit quelque part. En fait, l'être incirconscrit du Créateur circonscrit l'être circonscrit de la créature et en détermine le lieu propre[1].

CHAPITRE 5

Quelle différence y a-t-il entre ténèbres et ténèbres ? Et qu'est-ce que l'Esprit du Seigneur ?

Comme cependant, à cause des sens, l'intellect sacré prend les obstacles des ténèbres sensitives pour des ténèbres éternelles, je crois qu'il ne sera pas inutile de répéter la recherche. Ces ténèbres éternelles semblaient donc procéder, en tant que dépendantes, de quelque chose d'indépendant, en tant que circonscrivantes de quelque chose d'incirconscrit et paraissaient remplir la vacuité infinie. Et en elles et avec elles, l'Esprit du Seigneur (qui est précisément la force divine efficace et la toute-puissance) semblait être porté sur les eaux de l'abîme[2], autrement dit, le Gaz semblait recouvrir de son immensité la matière informe, dans laquelle, ainsi que les Livres Sacrés le rapportent, se cachait potentiellement la terre, déserte, invisible et sans ordre. Par conséquent, de même que nous sous-entendons que, avant la création de la lumière, s'étendaient des ténèbres sensitives[3], de même nous supposons que, avant que toute créature fût créée, l'on doit admettre, d'une certaine façon, une seule, éternelle, divine préexistence. Mais pour pouvoir référer les ténèbres au catalogue des créatures, il faut admettre ce qui suit. Au moment où, dans les ténèbres éternelles, la lumière fut créée, premièrement, en dehors du mouvement de révolution[4], les ténèbres

---

[1] Cantemir reprend la notion aristotélicienne du lieu comme lieu propre d'un corps, opposée à la fois à la notion cartésienne d'étendue et à la notion gassendiste et newtonienne d'espace. Il retrouve dans l'opposition espace/lieu l'opposition infini/fini et Créateur/créature.

[2] *Genèse*, 1, 2 : « La terre était informe et toute nue, les ténèbres couvraient la face de l'abîme : et l'Esprit de Dieu était porté sur les eaux. »

[3] Il y a deux espèces de ténèbres, les ténèbres éternelles, dont l'auteur a affirmé au chapitre antérieur qu'elles sont investies d'une dignité métaphysique éminente, et les ténèbres « sensitives », comprises comme privation de lumière, au sens où, lorsqu'il n'y avait pas encore de lumière, il faisait sombre.

[4] Lat. *extra motus gyrationem* ; la lumière (*lux*) fut créée avant les « *luminaria* » ou « corps de lumière », elle précède donc le mouvement circulaire des planètes, et, comme on le verra, *a fortiori* la lumière (*lumen*) que donne le Soleil.

catalogum referantur creaturarum[1], hoc intelligendum. Quandoquidem in aeternis tenebris primum lux creata extra motus gyrationem, {{tenebrae}} ab ipsa dependere luce apparuerunt. Ergo tenebrae, quae a Luce Increata dependent /37/ aliquid post ipsam Increatam lucem esse intelligimus; tenebrae autem, quae a creata dependent luce, aliquid ante creatam lucem esse percipimus.

Hoc modo, dempta omni creatura, permanent aeternae tenebrae aeternae divinae Existentiae[2]. Dempta autem omni creata luce, permanent sensibiles tenebrae, prout erant ante creatam lucem. His itaque primum motum anticipantibus creaturis, in speculo aenigmatice apparentibus, in ipso silentio sine motus, quietis, aut temporis successivi consignatione, omnia simul, ac semel facta fuisse videbantur.

Cap(ut) 6

{{Primae diei creatio, in qua lux creatur, tenebrae dividuntur, tempus in aeternitate apparet, et primus motus per aequalem divisionem fit.}}

Ineffabile a{u}tem silentium illud quantum fuerit, aut durarit, a mea longe distabat perceptione. Siquidem cuncta, ut dictum est, nullam successionis, puncti, spatii, aut loci differentem distantiam efficienti*a*[3], aeterne intelligebantur. In Principio tandem (id est in prima primae motivae creaturae inchoatione) Virtus Increata, ab Aeterno Deo aeterne

---

[1] creaturarum *ex* -ae *corr.* M.
[2] aeternae divinae Existentiae *scr.* {post} aeternam divinam Existentiam *perperam ex* aeternae divinae Existentiae *corr.* M.
[3] efficienti*a scr.* : efficientes M.

semblaient dépendre de cette même lumière[1]. Donc admettons que les ténèbres qui dépendent de la Lumière Incréée sont bien quelque chose de postérieur à cette même Lumière Incréée[2]; et comprenons que les ténèbres qui dépendent de la lumière créée sont bien quelque chose d'antérieur à la lumière créée[3].

De cette façon, si toute créature disparaît, demeureront les ténèbres éternelles de l'Existence divine éternelle[4]. Mais, si toute la lumière créée disparaît, demeureront les ténèbres sensibles, telles qu'elles étaient avant que la lumière ne fût créée. Et ainsi, puisque ces créatures ont précédé le premier mouvement, apparaissant de façon énigmatique dans le miroir, dans le même silence, sans nul signe de mouvement, de repos, ou de temps[5] successif, elles semblaient toutes avoir été faites ensemble et en une seule fois.

CHAPITRE 6

La création du premier jour, dans lequel la lumière est créée, les ténèbres sont divisées, le temps apparaît dans l'éternité et a lieu le premier mouvement par une division égale.

J'étais néanmoins loin de percevoir la quantité et la durée de ce silence ineffable, parce que, comme il a été dit, toutes ces choses étaient éternellement entendues comme s'il ne se produisait aucun intervalle distinct de succession, de point, d'espace ou de lieu[6]. Enfin, au commencement (c'est-à-dire au premier commencement de la première créature mouvante), la Force Incréée, engendrée éternellement par Dieu l'éternel,

---

[1] Une fois la lumière créée, les ténèbres sont comprises comme dépendant de celle-ci, ou plus exactement comme une privation de celle-ci. L'antériorité chronologique (qui n'est qu'apparente) se transforme dans une postériorité métaphysique.

[2] La Lumière Incréée fait partie des *anteriora Dei*. Dans ce sens, les ténèbres divines ne sont pas une privation de Dieu, mais une autre forme positive de manifestation. Elles ne sont cependant pas une créature, mais leur rapport de dépendance à Dieu est d'un autre type.

[3] Ce sont les ténèbres sensitives, au sens où pour avoir de la lumière, il faut d'abord qu'il fasse sombre.

[4] Parce qu'elles en dépendent (sur le mode émanatif des *anteriora Dei*). Je traduis d'après une version primitive du manuscrit, corrigée après par inadvertance, me semble-t-il : *permanent aeternae tenebrae aeternae Divinae Existentiae*.

[5] Il n'y avait nul signe de temps, mais le temps existait déjà, comme dépendant de façon émanative de l'Éternité, voir ci-après, Livre IV, chap. 22.

[6] Dans les ténèbres primordiales, il n'y avait pas de division, et par conséquent, pas de mouvement non plus.

genita, Sapientia Infinita et Absoluta Plenipotentia, Iussu Suo, i(d) e(st) verbo "FIAT!" (quod verbum postea 'Naturam' sensitiva nominavit scientia) primario, et per se, principium motus (et non amplius quietis) creavit. (Deus enim non creavit quietem, ut nec etiam mortem, alioquin Creator non entium in/*38*/telligeretur, quod iuxta Sacram Scientiam absurdissimum est.) Huius, inquam, Verbi efficacissimo iussu, ex nihilo Creata Luce, abyssales tenebras a se excludere, atque in invicem separare iussa est.

Divisio autem illa primi successivi motus causa extitit secundaria: haec[1] tempus in aeternitate significans primum definivit diem. Definivit quidem diem, sed non per modum motus universalis, nondum enim actualis apparebat sphaera. Porro, Lux, post momentaneam divisionem, in loco apto potentialiter saltem sphaerice circumfusa, super indeterminatum abyssalem globum aequales vibrat radios. Primo Lux quidem creata est, non autem lumen, lumen enim postmodum ex lucis congregatione factum est. Quo tandem in rerum archaeis, calor (qui iam

---

[1] haec *ex* hoc *corr.* M.

dans Son Infinie Sagesse et Sa pleine puissance absolue[1], a créé, sur Son Ordre, c'est-à-dire à son premier verbe « Que cela soit ! » (verbe par lequel la science sensitive a, ensuite, désigné la Nature[2]), et par soi, le principe du mouvement (mais non du repos). (Dieu, en effet, n'a pas créé le repos, de même qu'il n'a pas non plus créé la mort, autrement on devrait le considérer comme le Créateur des non-êtres, ce qui, d'après la Science Sacrée, est complètement absurde[3].) Sur l'ordre très efficace de ce Verbe, la lumière fut créée du rien et il lui fut ordonné de chasser de soi les ténèbres abyssales et de les séparer les unes des autres[4].

Et cette division fut une cause secondaire du premier mouvement successif : indiquant le temps dans l'éternité, elle délimita le premier jour[5]. Elle le délimita, certes, mais non à la façon du mouvement universel, car la Sphère actuelle n'existait pas encore[6]. Puis, la Lumière (*Lux*), après qu'elle eut instantanément divisé les ténèbres, répandue tout autour dans le lieu approprié, au moins potentiellement sphérique, lance ses rayons égaux au-dessus du globe abyssal indéterminé. D'abord c'est la lumière qui fut créée, mais non la lumière des astres (*lumen*), car celle-ci a été faite après, par agrégation (*congregatio*)[7] de la lumière (*lux*).

---

[1] Cantemir situe exactement sur le même plan l'Intellect et la Volonté de Dieu dans l'acte de la Création.

[2] Cantemir situe donc la nature dans la dépendance de la volonté divine, même si Dieu crée le monde à travers la Force incréée, un souvenir peut-être du démiurge du *Timée* platonicien. La science de la nature est ainsi subordonnée à la Science qui traite de Dieu, désignée sous le nom de Science Sacrée.

[3] La Création est une œuvre essentiellement positive, parce que Dieu est source d'actes ontologiquement riches.

[4] Cf. *Genèse*, 1, 3-5 : « Or, Dieu dit : Que la lumière soit faite ; et la lumière fut faite. Dieu vit que la lumière était bonne, et il sépara la lumière d'avec les ténèbres. Il donna à la lumière le nom de Jour, et aux ténèbres le nom de Nuit ; et du soir et du matin se fit le premier jour. » La création de la lumière (*lux*) est l'origine du premier mouvement, car c'est à elle que revient de chasser les ténèbres et de s'en séparer, introduisant ainsi la première distinction dans un monde qui, après la séparation des eaux, se trouvait de nouveau immobile.

[5] Le rapport entre le temps et l'éternité ne s'éclairera qu'au Livre IV. Bornons-nous de remarquer ici que le premier mouvement indique (*significat*) seulement le temps, qui n'est pas pour autant créé.

[6] Le jour et la nuit du verset 1, 5 de la *Genèse* ne sont pas encore le jour et la nuit de la révolution du Soleil, appelée ici mouvement universel, qui sont obtenus par division du temps, une fois les « corps de lumière » créés : « Dieu dit aussi : Que des corps de lumière soient faits dans le firmament du ciel, afin qu'ils séparent le jour d'avec la nuit… » 1, 14.

[7] *Congregatio* est le mot que la Vulgate utilise pour désigner le rassemblement des eaux, à partir duquel la terre et les mers sont créées (1, 9-10).

'naturalis' dici solet) excitatus, proprias<que> percurrere periodos iussi sunt, prout in sequentibus patebit.

Cap(ut) 7

{{Prioritas Lucis ante solem et omnes creaturas, typicum mysterium Solis Iustitiae tertia die, resur<r>ectionem et animarum per peccatum demortuarum regenerationem, et fidei splendorem significat.}}

Hinc, per speculi aenigma, profundiusculae intellectualis scientiae Veritatis repetitur oraculum. Lucem primo creatam causam divisionis tenebrarum extitisse sensitivarum docet Sacra Scientia. Et quidem non sine magno mysterio lucis (ut mea ferebat speculatio), quae in Sole Iustitiae apparitura, et omnem */39/* hominem in hunc mundum venientem illuminatura erat, quaeque primogenita resur<r>ecturae Creationis extitit, hoc est in tenebricosa natura Sol apparens Iustitiae omnem patefaciat luminis veritatem arguatque mendacii obscuritatem.

Enfin, une fois que la chaleur (que l'on appelle désormais «naturelle») a été excitée dans les archées des choses, il fut ordonné à ces derniers de parcourir des périodes, ainsi que l'on verra dans ce qui suit.

CHAPITRE 7

L'antériorité de la lumière par rapport au Soleil et à toutes les créatures signifie le mystère typologique du Soleil de Justice, le troisième jour, la résurrection et la régénération des âmes mortes par suite du péché et la splendeur de la foi.

A partir de là, par l'énigme du miroir, l'oracle de la Vérité s'adresse de nouveau à la science intellectuelle plus profonde. La Science Sacrée enseigne que la lumière (*lux*), créée la première, a été la cause de la division des ténèbres sensitives, et cela, non sans le grand mystère de la lumière (comme ma recherche le découvrait) qui allait apparaître dans le Soleil de Justice et illuminer tout homme venant dans ce monde[1] et qui s'était montrée la première-née d'une création destinée à ressusciter, c'est-à-dire que le Soleil de Justice qui apparaît dans la nature enveloppée de ténèbres montre toute la vérité de la lumière et dévoile l'obscurité du mensonge[2].

---

[1] Cf. *Jean*, I, 9 : «Celui-là était la vraie lumière qui illumine tout homme venant dans le monde.» L'origine lointaine de cette comparaison se trouve dans le Psaume 19 qui célèbre Dieu le soleil de justice. La liturgie de Noël l'applique au Verbe de Dieu. Voir *Malachie*, 3, 20 ; *Luc*, 1, 78. Grégoire de Nysse développe cette comparaison, *Les trois jours de la mort à la résurrection de notre Seigneur Jésus-Christ*, 278-280.

[2] Le chapitre construit une allégorie du Christ, sous la métaphore du Soleil de Justice, et en dresse une comparaison avec la lumière, comme première créature de l'univers. Si la lumière est *primogenita*, dans l'ordre de la création, le Christ est *unigenitus*, selon la formule de l'*Évangile de Jean*, 1, 18, et du *Symbole* de Nicée. De même que la lumière primordiale a divisé les ténèbres, de même la lumière du Christ délivre les hommes du péché ; de même que l'agrégation de la lumière eut pour résultat les étoiles les plus brillantes, de même les hommes justifiés par le Christ resplendissent entre leurs semblables. La comparaison du Soleil créé au quatrième jour de la Création et du Christ, Soleil de Justice, est classique dans les Hexaémerons. Cf. st. Basile de Césarée, *Homélies sur l'Hexaéméron*, sixième homélie, PG 29, 120 B : «Si le soleil périssable est si beau, si grand, si rapide dans son mouvement, et cependant régulier dans ses révolutions, d'une grandeur à ce point proportionnée à l'univers qu'il ne s'écarte jamais d'un juste rapport avec l'ensemble des êtres, et d'une beauté qui fait de lui comme l'œil brillant de la nature étincelant au milieu de la création ; si nul ne se rassasie de sa vue, quelle sera donc la beauté du Soleil de Justice ?» ; voir aussi Saint Ambroise de Milan, *Hexaemeron*, IV, 2, PL 14, 189 D.

Quemadmodum enim Lux, omnium creaturarum visibilium prima, quae autem secuturae erant creaturae in ipsa luce, diem definiente, atque determinante apparere debebant, tali modo lux, quam tenebrae non comprehendunt, hoc est Vnigenitus Patris Filius, sensitivum suscipere corpus dignatus, et ipsum Divinitatis suae splendore illuminans, extra labis maculam in se quidem servavit, in aliis autem, post se venientibus, purgavit, et, non secus ac de novo creati perque suum splendorem a peccati tenebris liberati, eos in pristinum, sed nobiliorem splendoris statum restituit, hoc est, lumen solis occasus experti participantes, quemadmodum sol inter caeteras stellas, ita isti inter reliquas creaturas[1] splendeant. Illuminantur, inquam, a sole sensitivo omnes luminis susceptivae creaturae, illuminantur et iusti a Sole Iustitiae, utpote, potestatem accipientes, filios lucis, et consequenter et Dei esse posse.

Insuper, patet primam lucem non fuisse lumen iuxta modum luminis in sole apparentis (quandoquidem aequalem */40/* diei et noctis faciebat divisionem), sed proprie et simpliciter lux, a qua solaris discus (id est immortalis anima), quarto Creationis die, splendorem suscepit, quemadmodum, post tertiam diem occasus Solis Iustitiae, anima, in umb{r}a mortis degentes lumine, mutuat[a]e resplenduerunt.

Adhuc, secundum hoc prototypicum mysterium, patet in occasu Solis Iustitiae (qui hora sexta diei in Cruce contigit) mysterio consentaneum aliud contingere non potuisse miraculum, praeter solis sensitivi obscuritatem: quod ideo et contigit.

---

[1] *cr*eaturas *scr.* : recaturas *hic* M.

Car, de la même façon que la lumière (*lux*) était la première de toutes les créatures visibles[1], les créatures à venir devaient apparaître dans la même lumière qui délimite et détermine le jour ; de cette façon, la Lumière que les ténèbres ne comprennent pas[2], c'est-à-dire le Fils seul-engendré du Père, a bien voulu se charger d'un corps sensitif et, l'illuminant de la splendeur de sa divinité, elle l'a préservé, en soi, de la souillure du péché ; dans les autres, en revanche, qui venaient après elle, elle l'a purifié et, comme s'ils étaient créés de nouveau et délivrés par sa splendeur des ténèbres du péché, elle les restaura dans leur splendeur première, mais encore plus noble, c'est-à-dire participant de la lumière (*lumen*) du soleil sans coucher, de façon à ce qu'ils resplendissent entre les autres créatures de même que le soleil resplendit entre les autres étoiles. De même que toutes les créatures qui reçoivent la lumière, dis-je, sont éclairées par le soleil sensitif, de même les justes sont aussi éclairés par le Soleil de Justice et, en tant que tels, reçoivent le pouvoir d'être enfants de la lumière (*filii lucis*)[3] et, par conséquent, de Dieu.

En plus, il est évident que la première lumière (*lux*) n'était pas lumière des astres (*lumen*), à la façon de la lumière qui apparaît dans le Soleil (puisque cette dernière divisait de façon égale le jour et la nuit), mais lumière (*lux*) au sens propre et simple, de laquelle a pris sa splendeur, le quatrième jour de la Création, le disque solaire (c'est-à-dire l'âme immortelle), de même que, après le troisième jour du coucher du Soleil de Justice, les âmes qui attendaient dans l'ombre de la mort ont resplendi d'une lumière empruntée.

En outre, selon ce mystère prototypique, il est clair que, lors du coucher du Soleil de Justice (qui est arrivé à la sixième heure du jour sur la Croix[4]), il n'aurait pu arriver d'autre miracle qui fût approprié au mystère que l'obscurcissement du Soleil sensitif : ce qui, de ce fait, est réellement arrivé.

---

[1] La lumière est la première des créatures *visibles* et, partant, pas la première créature tout court. La Création commence par les créatures d'avant la lumière, comme Cantemir le précise dans les chapitres 3 et 4 de ce livre.

[2] *Jean*, I, 4-5 : « dans lui était la vie, et la vie était la lumière des hommes, et la lumière luit dans les ténèbres et les ténèbres ne l'ont point comprise. »

[3] *Jean*, 12, 35-36 : « Jésus leur répondit : la lumière est encore avec vous pour un peu de temps. Marchez pendant que vous avez la lumière, de peur que les ténèbres ne vous surprennent : celui qui marche dans les ténèbres ne sait où il va. Pendant que vous avez la lumière, croyez en la lumière, afin que vous soyez des enfants de lumière. »

[4] Cf. *Matthieu*, 27, 45 : « Or depuis la sixième heure du jour jusqu'à la neuvième toute la terre fut couverte de ténèbres. »

Item, Sol Iustitiae pos{t} tertiam diem illuminavit animas suum splendorem expectantes. Sol autem sensitivus post tertiam horam suo restitutus est splendori, quemadmodum et post tertiam Creationis diem in disco sese congregavit, et illuminavit omnem creaturam in mundo habitantem.

Finaliter tandem (quod totius speculationis complementum erat), inter mysteria mysteriorumque Authorem nulla lux cognitionis, praeter de Deo, fidem, quae omnes praecedere atque transcendere sensuum opacitates debet, quam soli assequuntur qui non ex carne, sed a Deo geniti sunt, et qua Sacram ad*i*pisci[1] Scientiam possunt.

Cap(ut) 8

{{Secundo Creationis /41/ die, aëre separatore, abyssales dividuntur aquae et sub 'aëris' nomenclatura stabilitur firmamentum.}}

Secundo autem, apparebat Sempiternam illam potentiam /**41**/ aërem aquis praeposuisse eumque aquas ab aquis dividendi atque separandi facultate ditasse; qui, statim ad iussum praestans, sphaerice sese ipsis interposuit, unde actualis firmamenti apparuit sphaera, quam Deus 'Caelum' appellavit; aquas autem, quae sub firmamenti concavo congregatae sunt, hoc {est} aqueum globum, 'maria' nominavit; supercaelestes autem, utpote abyssales, indefinitas, innominatas et solo sibi cognitas, a consortio inferiorum retraxit, eo quo{d} supremae

---

[1] ad*i*pisci scr. adepisci M.

De même, le Soleil de Justice, après le troisième jour, a éclairé les âmes qui attendaient sa splendeur. Mais après la troisième heure, le Soleil sensitif fut rétabli dans sa splendeur, de même qu'après le troisième jour de la création il s'agrégea dans un disque et éclaira toutes les créatures habitant dans le monde[1].

Finalement, enfin (ce qui complétait toute la recherche), entre les mystères et l'auteur des mystères il n'y avait nulle autre lumière de la connaissance que la foi en Dieu, laquelle doit précéder et transcender toutes les épaisseurs des sens et à laquelle seuls parviennent ceux qui sont nés non de la chair, mais de Dieu, et par laquelle ils peuvent atteindre la Science Sacrée[2].

CHAPITRE 8

Le deuxième jour de la Création, au moyen de l'air séparateur, les eaux abyssales se divisent et s'établit le firmament sous le nom d'air.

Le deuxième jour, il était manifeste que cette Puissance éternelle[3] avait placé l'air avant les eaux et qu'elle l'avait enrichi de la faculté de diviser et de séparer les eaux d'avec les eaux ; celui-ci, se soumettant sans plus tarder à l'ordre, s'interposa entre elles de façon sphérique, d'où est apparue la Sphère actuelle du firmament, que Dieu appela «Ciel» ; les eaux, ou globe aquatique[4], qui furent agrégées sous le firmament concave, Il les appela «Mers» ; alors que les eaux supra-célestes, en tant qu'abyssales, indéfinies, sans nom, et connues uniquement par Lui, Il les retira de celles de plus bas avec lesquelles elles étaient ensemble, pour

---

[1] *Genèse*, 1, 14-15 : «Dieu dit aussi [au quatrième jour] : que des corps de lumière soient faits dans le firmament du ciel afin qu'ils séparent le jour d'avec la nuit, et qu'ils servent de signes pour marquer les temps et les saisons, les jours et les années ; qu'ils luisent dans le firmament du ciel, et qu'ils éclairent la terre.»

[2] L'intellect de l'homme ne peut voir en Dieu sans la foi.

[3] La force dont il est question au chapitre 6 : «la Force Incréée, engendrée éternellement du Dieu éternel, par son Infinie Sagesse et sa pleine puissance absolue». Là elle était désignée par *virtus*, ici elle l'est par *potentia*.

[4] Le globe de la terre était, selon Cantemir, ce deuxième jour, composé uniquement d'eau.

simplicissimi aëris circumferentiae, quae idem firmamentum[1] est suffulcirent testudine. Quamobrem (ut superius dictum est) originali idiomate, etymologice, 'Caelum' "ubi aquae" interpretatur.

Itaque, a globo aquarum inferiorum usque ad firmamentalem circumferentiam, hac Creationis die, nullum corpus, aut creaturam, praeter ipsum aërem, observare potui, non ignem, {non} aetherem, non denique quicquam aëre purius simpliciusque[2] alicubi apparebat, fortasse quia nec necessarium fuisset, quemadmodum in sequentium dierum Creatione speculabitur.

---

[1] (quae idem firmamentum est) *perperam* M.
[2] purius simpliciusque *ex* puriores simplicioresque *mut.* M.

que, par leur voûte, elles soutiennent la circonférence la plus haute de l'air le plus simple, qui est le firmament même[1]. C'est pour cela que (ainsi qu'il a été dit ci-dessus), dans la langue originelle, on traduit «Ciel» de façon étymologique par «là où il y a des eaux»[2].

Et ainsi, en ce jour de la Création, je ne pus observer, du globe des eaux inférieures jusqu'à la circonférence du firmament, nul corps ou créature, outre l'air même, ni feu[3], ni éther[4]; et, enfin, rien de plus pur et de plus simple que l'air n'existait nulle part, peut-être bien parce que cela n'eût même pas été nécessaire, ainsi que l'on verra dans la Création des autres jours.

---

[1] Cantemir est donc l'adepte d'une interprétation littérale du verset de la Genèse, avec st. Jérome, st. Basile, st. Grégoire de Nysse et contre Origène et st. Augustin, selon laquelle le firmament est un orbe solide, à l'intérieur duquel se trouvent des eaux inférieures, celles qui recouvrent une partie de la terre, et à l'extérieur il y a d'autres eaux. Voir à ce sujet, P. Duhem, *Le système du monde*, vol. 2, p. 487-501. De plus, Cantemir semble donner aux eaux supra-célestes le rôle de remplir l'espace entre le firmament et le ciel supérieur, comme le faisait Jean Philopon: «Il y a deux cieux qui diffèrent l'un de l'autre par les lieux qu'ils occupent... Ils ne sont pas immédiatement contigus l'un à l'autre, bien que les diverses sphères du second ciel soient, dit-on, contiguës entre elles, à titre de parties d'un même tout. D'autre part, il est nécessaire que l'espace intermédiaire entre les deux cieux ne soit pas vide, car rien de ce qui existe ne peut êre vide d'aucune manière. Il y a donc un corps qui remplit [ce vide]; ce corps, Moïse lui a donné le nom d'eau... parce qu'il est fluide, coulant et diaphane». Joannis Philoponi, *In cap. I Geneseos, de Mundi Creatione libri VII*, III, XV, trad. P. Duhem.

[2] *Genèse*, 1, 6-8: «Dieu dit aussi: Que le firmament soit fait au milieu des eaux, et qu'il sépare les eaux d'avec les eaux. Et Dieu fit le firmament: et il sépara les eux qui étaient sous le firmament de celles qui étaient au-dessus du firmament. Et cela se fit ainsi. Et Dieu donna au firmament le nom de Ciel; et du soir et du matin se fit le deuxième jour.» *Ibidem*, 1, 9-10: «Dieu dit encore: Que les eaux qui sont sous le ciel se rassemblent en un seul lieu, et que l'élément aride paraisse. Et cela se fit ainsi. Dieu donna à l'élément aride le nom de Terre, et il appela Mers toutes ces eaux rassemblés. Et il vit que cela était bon.»

[3] De même que pour Van Helmont, le feu n'est pas un élément pour Cantemir: «Nulle part on ne trouve quoi que ce soit au sujet de la création du feu: aussi je ne le reconnais pas comme étant parmi les éléments», *Elementa*, 8.

[4] L'éther, qui composait pour Aristote le monde supralunaire, n'existe pas. Néanmoins pour Catemir l'univers n'est pas homogène, car le monde sublunaire est formé d'eau uniquement et les corps célestes d'air uniquement, cf. ci-dessous, chapitre 12.

Cap(ut) 9

{{Tertia die, fructus aquae creatur terra, et <in> unum congregatur, et fit terraqueus globus.}}

Tertio, vidi subaëreas, aut subcaelestes illas aquas eiusdem virtutis mandato in unum constringi, atque undique aequipollenti compressione in medio, aut centro globi conglobari, cui comp<r>essioni aqueus globus, /42/ sese opponere impotens, aqua atomorum concessit penetrationem suscepitque condensationem (siquidem virtus illa adhuc supernaturaliter operabatur).

Itaque, facta corpusculorum aqueorum penetratione, necessario pristinae sphaerae magnitudinis subsecuta est minoratio, quae in Vniversum Ethnicis incognitum patefecit vacuum (de quo in sequenti speculabitur). Tandem, arida ex humida, non secus ac caseus ex lacte coagulari, et in medio sui apparere incepit. Postremo, quasi simplicitatis propriae oblita (disponente Coagulatrice Virtute) in substantiam siccam (vel, ut dici solet) in 'virginis terrae' qualitatem transmutata est. Quam ob causam originalis terra necessario aquae fructus (utpote creatura mediate creata) esse atque credi debet. Quae, deinceps, archaealibus rerum spiritibus veluti impregnata, atque aëreum spiritum per patentes innumerosque poros recipiens, non secus ac onusta navis, ad stateram praeponderata, inter et super aquas fluitans stetit, et quidem e diametro opposita.

CHAPITRE 9

Le troisième jour est créée et agrégée en un lieu la terre, fruit de l'eau, et apparaît le globe composé de terre et d'eau.

Le troisième jour, je vis ces eaux au-dessous de l'air, ou du ciel[1], se serrer en un lieu, sur commande de la même force, et, au moyen d'une compression égale de toutes parts, se mettre en boule au milieu, ou centre, du globe ; et, comme le globe aquatique ne put s'opposer à une telle compression, l'eau céda à la pénétration des atomes[2] et se soumit à la condensation (puisque cette force opérait encore de façon surnaturelle[3]).

Et ainsi, une fois les corpuscules d'eau pénétrés, il s'ensuivit nécessairement la diminution de la grandeur de la Sphère ancienne, qui ouvrit dans l'Univers le vide inconnu aux païens (au sujet de quoi il sera recherché dans le chapitre suivant). Enfin, la terre ferme commença à se coaguler de la mer, non autrement que le fromage se forme du lait, et à apparaître au milieu. Finalement, oubliant sa simplicité propre (sur disposition de la force formatrice), elle se transforma en substance sèche[4], ou (comme on le dit d'habitude) en terre vierge. Pour cette raison, la terre primitive doit nécessairement être un fruit de l'eau[5] et doit être considérée comme telle (en tant que créature médiatement créée). Elle, comme à son tour fécondée par les esprits archées des choses[6] et recevant le souffle de l'air par d'innombrables pores ouverts, non autrement qu'un navire dont les cargaisons ont été équilibrées, se maintint stable, flottant mi-à l'intérieur, mi-au-dessus des eaux, mais diamétralement opposée.

---

[1] Les eaux sub-célestes qui vont composer les mers.

[2] L'eau est donc composée d'atomes. La notion d'atome réapparaîtra souvent, à partir du Livre III.

[3] Ce qui est surnaturel dans cette opération, c'est la pénétrabilité de la matière. Selon l'opinion de Cantemir au chapitre suivant, elle eut lieu une seule fois, au moment de la Création, et ne s'est plus jamais reproduite. De par cette pénétration, la terre est apparue de l'eau, comme une matière plus dense d'un élément plus subtil. La formation de la terre à partir de l'eau a lieu par condensation, une hypothèse anti-aristotélicienne, voir *Du ciel*, III, 5.

[4] Elle passe donc de l'humide au sec. Aristote définissait les éléments par des paires de qualités élémentaires : le feu chaud et sec, l'air chaud et humide, l'eau froide et humide, la terre froide et sèche, *De la génération et de la corruption*, II, 330b.

[5] Chez Van Helmont la terre est également dérivée de l'eau, *Elementa*, 12, éd. cit., p. 51, *Terra*, 2, p. 52.

[6] Pour les archées, voir ci-après au chapitre 11.

Sacra enim Scientia aquas in unum congregatas docet, ergo et aridam in unum separatam intelligendum; alioquin totus orbis terrarum, qui uno rigandus erat fonte (prout apto tractabitur loco), nullo modo aequaliter de humore /43/ eiusdem fontis parti{ci}pare potuisset, ergo ad aliquam caeli plagam (et, fortasse, ad septemtrionalem) ver*t*isse[1] minime dubitandum.

Cap(ut) 10

{{Eadem tertia die apparet vacuum, in natura necessarissimum.}}

Quasi per parent<h>esim, speculationem de vacuo, naturae apprime necessario, in hac tertia Creationis die interseramus. Mediante apparitio[2] vacui (vel potius, ut Sacrae Scientiae vocabulo utar, 'Inanitatis')[3] globaquei minoratione[m] extitisse, et quidem iam naturali, ut dici solet, ordine. Cum enim aër, qui post conditum in Sole calorem, a quo terrae exhalatus extractos intra sese recipere debebat, tot tantaque nubium quantitatem, sparsim per universum discurrituram, ut advenam hospitio suscipere necessum erat, his adaequatum locum Divina praeparavit effectrix Sapientia.

---

[1] ver*t*isse *scr.* : versisse *secus* M.
[2] Mediante apparitio scr. : Mediatam apparentis M.
[3] utar, 'Inanitatis') *scr.* : utar) Inanitatis M.

Car la Science Sacrée enseigne que les eaux furent agrégées en un lieu[1], donc il faut comprendre que la terre ferme aussi fut séparée dans un seul lieu ; sans quoi tout le globe de la terre, arrosé par une seule source (ce dont quoi il sera traité à l'endroit approprié), n'aurait pu bénéficier de façon égale de l'humidité de la même source, de sorte qu'il faut tenir pour sûr qu'il se serait tourné vers une quelconque région du Ciel (et, peut-être, vers la septentrionale)[2].

CHAPITRE 10

Le même troisième jour apparaît le vide, hautement nécessaire dans la nature.

Insérons, comme par parenthèse, en ce troisième jour de la Création, l'examen du vide de la nature, extrêmement nécessaire[3]. A la faveur de la diminution du globe aquatique, le vide (ou plutôt, pour utiliser un mot de la Science Sacrée, la vacuité[4]) apparut, et ceci selon l'ordre naturel[5], comme on a coutume de le dire. Car, puisque l'air devait, une fois que la chaleur fut établie dans le Soleil, recevoir à l'intérieur de lui-même les exhalaisons que celle-ci tirait de la Terre et comme il devait accueillir, tel un étranger dans le gîte, une quantité assez grande de nuages qui allaient s'éparpillant çà et là dans l'univers, la Sagesse divine effectrice leur prépara un lieu adéquat.

---

[1] Cf. *Genèse*, I, 9 : « Dieu dit encore : Que les eaux qui sont sous le ciel se rassemblent en un seul lieu, et que l'élément aride paraisse. Et cela se fit ainsi. »

[2] Chez Van Helmont, l'endroit du milieu d'où la source unique irrigue la terre est situé légèrement plus haut que le reste de la terre : autrement l'eau ne se serait pas écoulée vers la mer par tous les rayons du cercle qui formait la terre, mais elle serait restée et y aurait formé un lac. La géographie actuelle, comportant plusieurs mers et plusieurs continents est l'effet du déluge, *Aqua*, 1. Le livre *Bahir* (env. 1180), premier texte de la Kabbale, associe le septentrion au mal : « tout le mal vient du nord », apud G. Scholem, *Cabala*, Bucureşti, Humanitas, 1960, p. 105. L'idée se trouve déjà chez *Jérémie*, 1, 14 : « Le mal se répandra sur tous les habitants de la terre à partir du septentrion ».

[3] Cantemir polémique à la fois avec Aristote et la tradition scolastique qui n'acceptent pas l'existence du vide dans la nature. Cf. *Physique*, IV, 6-9.

[4] « La terre était informe et toute nue » (Port-Royal) ; « vide et vague » (Jérusalem) ; « *inanis et vacua* » (Vulgate) ; « ἀόρατος καὶ ἀκατασκεύαστος » (Septuaginta).

[5] Lat. *naturalis ordo* ; l'apparition du vide n'est pas un miracle de Dieu, elle peut se produire selon le cours régulier des choses, selon les lois de la nature.

Impossibile namque erat Creaturae, imposterum naturaliter operaturae, corporum concedere penetrationem (quae res semel et immediate et ratione creationis facta est, nec amplius materiali creaturae concessa) et locus, qui antea Gas aqueo et simplici aëre usque ad supremam circumferentiam plenus erat, aliam de novo adventitiam creaturam, qualisqualis foret ea, capere possit.

Ideo, per supernaturalem et creatricem /44/ potentiam aquarum facta penetratione, et subsequente globi minoratione, aër usque ad globi superficiem, et, si alicubi pori aperti apparuerint, usque ad terrae intima penetralia sese demisit, unde, necessario, Inanitas per totum et intra totum aëris corpus distribui atque dispergi debuit.

Itaque, veluti poros in aëre aperiens, ipsum rariorem atque patentiorem reddidit, alioquin, negato vacuo, natura subsequens corporum penetrationem concedere cogeretur, et, si hoc minime concessisset (prout nec concedit), nec motus naturalis fieri potuisset; vel, si unius creaturae motus possibilis fuisset, uno mot$u$[1] (causan{te}[2] universalis plenitudinis continuatione) omnia simul et eodem moverentur modo; item nec calor, aut calefactus aër in terrae funda sese infundere, nec exhalationes in sublime {se} sublevare ullo modo valuisset, quandoquidem nec aër in terra, nec exhalationes terrae in aëre habitationis locum et vacuam sedem habuissent; pleno enim nihil addi, aut indi potest.

Itaque quod Ethnicis ἐκ τῶν ἀδυνάτων esse naturae maxime necessarium fuisse apparebat.

---

[1] mot$u$ scr.: moto M /
[2] causante ex causa corr. M /

Car il était impossible à la créature, qui, par la suite, allait agir naturellement, d'accueillir la pénétration des corps (chose qui fut faite une seule fois, et instantanément, et en vue de la Création, mais ne fut plus jamais consentie à la créature matérielle). Quant au lieu qui était auparavant plein de Gaz aquatique et d'air simple jusqu'à la circonférence la plus haute, il put de nouveau recueillir une autre créature de l'extérieur, quelle qu'elle fût[1]. Et donc, une fois que, par la puissance surnaturelle et créatrice, eut lieu la pénétration des eaux, et, puis après, la diminution du globe, l'air se laissa tomber jusqu'à la surface du globe et, là où des pores ouverts apparaissaient, descendit jusqu'aux entrailles les plus profondes de la terre, d'où, nécessairement, la vacuité dut se répartir et se répandre par et dans tout le corps de l'air. Et ainsi, comme ouvrant des pores dans l'air, il rendit celui-ci plus raréfié et plus accessible.

Autrement, si on niait le vide, la nature serait par suite obligée de supporter la pénétration des corps, et, si elle avait accepté cela le moins du monde (mais elle ne l'accepte pas), nul mouvement naturel ne pourrait avoir lieu ; ou, si le mouvement d'une seule créature même était possible, alors tout se mouvrait ensemble et de la même façon d'un seul mouvement (à cause de la continuité de la plénitude universelle) ; de même, ni la chaleur ni l'air chauffé n'auraient la capacité de s'enfoncer dans les tréfonds de la terre et ni les exhalaisons de se lever en haut, parce que ni l'air dans la terre ni les exhalaisons de la terre dans l'air n'auraient eu de lieu et de siège pour demeurer ; car au plein on ne peut rien ajouter ou introduire[2].

Et ainsi ce qui, aux Païens, semblait ἐκ τῶν ἀδυνάτων[3] semblait avoir été hautement nécessaire à la nature.

---

[1] De par l'existence du vide, créé par la pénétration exceptionnelle de la matière au troisième jour, l'air peut donc accueillir les exhalaisons que le Soleil, par la chaleur, tire de la terre et la terre peut accueillir l'air et la chaleur du Soleil. Le vide semble accompagner toute la matière créée.

[2] C'est l'existence du vide dans la nature qui rend possible, pour Cantemir, le mouvement, car, s'il n'y avait pas de vide répandu par la matière, le mouvement d'un seul corps provoquerait le mouvement solidaire et uniforme de tous les autres, puisqu'on ne peut rien ajouter au plein (*pleno nihil addi potest*). L'argument est exactement celui qu'Aristote met dans la bouche des adeptes de l'existence du vide : « Leur premier argument est que le mouvement local, à savoir le déplacement et l'augmentation, n'existerait pas ; en effet, d'après ce qu'il semblerait, il n'y a pas de mouvement sans le vide, car il est impossible au plein de recevoir quoi que ce soit », Aristote, *Physique*, IV, 6, 213b5.

[3] [faire partie] des choses impossibles (gr.), car Aristote avait écrit : « τὸ γὰρ πλῆρες ἀδύνατον εἶναι δέξασθαί τι » (« car il est mpossible au plein de recevoir quoi que ce soit »), *Physique,* IV, 8, 213 b 5.

Cap(ut) 11

{{Eadem tertia die /45/ Archeus creatur, definitur, et modus
productarum specierum vegetativarum praefiguratur.}}

Caeterum vidi virtutem illam glorificam facultatem */45/* quandam, veluti farinae fermentum, in terram virginem iniicientem, quo concepto, intra se fervescens atque ebulliens, per totam terrae massam distribuebatur.

Igitur, efficacia praefatae virtutis, τὸ ἔνορμον, aut Archeus, specierum faber, seminum fautor atque propagator extitit, qui, in intimo nucleo conditus, centraliter in semine collocatus, et extrinsecus, in animalibus quidem, spumosa materia obductus et circumseptus, in vegetativis autem cras<s>iori spissiorique nucleo et siliqua incrustatus, sopitus[1] est.

Tandem, terrenus archeus, in diversis locis diverse distribu{tu}s, et speciali vi atque propria facultate ditatus, statim ac elementalem suscepit humorem, lascivi*ens*[2], quislibet eorum ad sibi propriam obumbrandam speciem resultavit; itaque humorem purum, simplicem, hoc est aquam liquidam, fluidam atque elementalem (Creatrice semper cooperante Virtute) in substantias solidas, concretas atque specialiter vegetativas, hoc est, in species, figuras atque formas herbarum, lignorum, simul atque metallorum transformavit, ac deinceps quodlibet modo creativo productum, archealis illius potentiae particeps factum, iuxta determinatam durationis propriae periodum, gyrationem percurrere */46/* suam aggressum est.

---

[1] sopitus *ex* -ti *corr.* M.
[2] lasciviens *scr.* : -ans M.

CHAPITRE 11

Le même troisième jour est créé et défini l'archée et la façon est préfigurée dont les espèces végétales seront produites.

Ensuite, je vis cette force jeter dans la terre vierge, pareille au ferment de la farine, une sorte de faculté glorieuse, qui une fois reçu, bouillonnant et moussant à l'intérieur, s'y distribue par toute la masse de la terre.

C'est alors que, par l'efficace de la force mentionnée, apparaît τό ἐνορμον, ou archée[1], l'artisan des espèces, le protecteur et le multiplicateur des semences, et s'assoupit, lui qui, fondé dans la profondeur du noyau, fut, dans les animaux, centralement établi dans la semence, et, dans les végétaux, extérieurement couvert et entouré d'une matière écumeuse, incrusté dans un noyau et une cosse plus épais et plus drus.

Enfin, l'archée terrestre, distribué dans différents endroits de façon différente et doté d'une puissance spéciale et d'une faculté propre, à peine eut-il l'humidité élémentale, qu'il se dressa, folâtrant, contre quoi que ce fût, pour protéger sa propre espèce ; et ainsi il transforma l'humidité pure, simple, c'est-à-dire l'eau liquide, fluide et élémentale (la force créatrice continuant de coopérer) en des substances solides, compactes et en particulier végétatives, c'est-à-dire dans les espèces, les figures et les formes des plantes, des arbres et aussi des métaux[2]. Aussitôt après, tout ce qui avait été produit par création, participant de cette puissance archéale, commença à parcourir son cycle[3], suivant le période déterminé de sa durée propre.

---

[1] Le mot *archée* apparaît chez Paracelse, repris du latin des alchimistes : *archeus*, du grec arkhê « principe », *arkhein* « commander » signifiant principe de vie, immatériel, mais différent de l'âme. L'archée est le propre de l'espèce et de l'individuel. Il rend chaque chose plus parfaite en augmentant toujours son individuation. Chez Cantemir, de même que chez Van Helmont, les archées ont un rôle d'individuation des espèces à partir de l'élément originel, qui est l'eau, mais les formes, purement immatérielles, synonymes de la lumière (ou l'âme), et de la vie, viennent directement de Dieu, qui détient ainsi un rôle permanent dans la création continuée. Les vies particulières sont de ce fait dépendantes de la Vie Universelle ou Lumière Universelle qui éclaire tout homme (et toute créature) qui arrive dans ce monde, lui donnant être, vie et mouvement, « selon le mode de sa propre capacité », Livre V, cap. 6. Chez Van Helmont, τό ἐνορμον, une notion tirée du commentaire de Galen du traité d'Hippocrate *Des vents*, est mis en relation avec le blas. Voir ci-avant le chapitre 3.

[2] Les métaux sont créés en même temps que les plantes. Que les premiers soient également vivants, c'est une ancienne idée alchimique, que l'on retrouve aussi chez Van Helmont (*Magnum oportet*, 40), in *Opera omnia*, 1682, p. 151.

[3] Lat. *gyratio* ; en fait sa révolution, de même que les planètes.

Itaque omnia genera atque species vegetativorum, continua atque indefatigata propagativa facultate, superficiem occupaverunt terrae.

Cap(ut) 12

{{Quarto die, corpora caelestia ex aëris elemento creantur universalis lux in disco solari[1] colligitur, et in reliqua iuxta capacitatis modum distribuitur.}}

Quarto, vidi lucem illam universalem et aequalem in maiora et minora corpora, in magis et minus luminosa distribui luminaria. Modus autem compositurae corporum caelestium luminis susceptivorum in hunc apparebat modum :

Im<m>ensa aëris, quae intra caeli concavum comprehendebatur, vastitas[2], Creatrice virtute hinc indeque in unum collecta, et simplex aëreum elementum, vi supernaturali, veluti ad crystallinam spissatum formam, lux universalis, in uno prius, Solis nempe disco, condita atque collecta fuit, unde tandem, per aequalem (iuxta sphaerae competentiam) repercussionem, tam supra se, quam infra se collocata, transparentia illuminavit simplicia simplicis elementi corpora.

Quemadmodum enim ex unico aquae Elemento sublunaria cuncta, quae periodice alterabilia atque mutabilia fore debebant, tali modo supralunaria corpora, usque ad ipsum firmamentum, ex unico aëris elemento, utpote simlicissimo et sine heterogeni[3] fermenti /47/ additamento creari placitum est, eo quod semper immutabilia, inalterabilia atque in eodem modo permanentia esse debebant.

Cespitavit in hoc sensitiva scientia, quae, cum sublunarium composituram ex quatuor elementis esse decreverit, pr<a>ecellentiam corporum caelestium verita, ex incognito, indefinibili, et, ut verius

---

[1] solari *scr.* : solare *hic* M.
[2] vastitas *ex* vastitatem *in rasura s.m., vacuo relicto, corr.* M.
[3] heterogeni *ex* heterogene *corr.* M.

Et ainsi tous les genres et les espèces des végétaux, par une faculté de multiplication continuelle et infatigable, occupèrent la surface de la terre.

Chapitre 12

Le quatrième jour sont créés les corps célestes de l'élément de l'air, la lumière universelle est rassemblée dans le disque solaire et répartie dans les autres corps selon leur capacité.

Le quatrième jour, je vis cette lumière universelle et égale se répartir dans des corps luminaires plus grands et plus petits, dans des plus lumineux et moins lumineux[1]. Et la façon dont étaient composés les corps célestes qui recevaient la lumière était la suivante. L'immense étendue de l'air, qui était comprise dans la concavité du Ciel, fut rassemblée, par la force créatrice, de tous les côtés dans une unité et l'élément de l'air simple fut condensé, par une puissance surnaturelle, comme dans une forme cristalline, tandis que la lumière universelle fut d'abord établie et rassemblée dans un seul disque, qui était celui du Soleil, puis, de là, elle éclaira, par une réflexion égale (selon la symétrie de la Sphère), les corps simples transparents de l'élément simple placés aussi bien au-dessus qu'au-dessous d'elle.

Car, de même qu'il fallait que tous les corps sublunaires, formés du seul élément de l'eau, fussent périodiquement altérables et transformables, il fut décidé aussi que les corps supralunaires, jusqu'au firmament lui-même, fussent créés du seul élément de l'air, comme étant très simple et sans un ferment hétérogène additionnel, parce qu'ils devaient être toujours immutables, inaltérables et demeurer tels quels.

La science sensitive a trébuché sur cette question ; en effet, ayant décidé que les sublunaires étaient composés de quatre éléments, par respect pour l'excellence des corps célestes, elle composa ces derniers

---

[1] Cf. *Genèse*, I, 14-19 : « Dieu dit aussi : Que des corps de lumière soient faits dans le firmament du ciel, afin qu'ils séparent le jour d'avec la nuit, et qu'ils servent de signes pour marquer les temps et les saisons, les jours et les années ; qu'ils luisent dans le firmament du ciel, et qu'ils éclairent la terre. Et cela fut fait ainsi. Dieu fit donc deux grands corps lumineux, l'un plus grand pour présider au jour, et l'autre moindre pour présider à la nuit : il fit aussi des étoiles. Et il les mit dans le firmament du ciel pour luire sur la terre. Pour présider au jour et à la nuit, et pour séparer la lumière d'avec les ténèbres. Dieu vit que cela était bon. Et du soir et du matin se fit le quatrième jour. »

dicam, ex impossibili quinto elemento ea composuit, quasi dicas[1] prae caeteris (praerogativa[2] suae Celsitudinis ergo) nobiliora, feliciora atque excellentiora esse quae novo 'aetheris' nomine (hoc est aëris ipso[3] aëre simplicioris, aut ignis invisibilis et insensibilis) intitulavit[4], postremo tandem haec aliquid divinius aeterniusque esse non sine periculosa cognominavit solicitatione; ad rei autem veritatem, cum Sacra Scientia, per mysticum Creationis modum, nullum agnoscat elementum (hoc est organum primarium), praeter aquam et aërem, veritati consentaneum est sublunaria cuncta ex unico aquae elemento, Caelestia autem visibilia corpora ex unico aëris elemento producta perque creatricem virtutem ad proprias formas reducta fuisse; quae tandem, ut dictum est, iuxta suae capacitatis modum, ab universali lumine magis minusque /48/ illuminata, in ordine admirabili ordinata, ad finem Soli Creatori cognitum destinata, vel, quod ex parte cognosci concessum est, in commodum atque utilitatem creaturae istis excellentiori futurae, continuo, indefatigate atque incessanter concurrere iussa sunt.

Cap(ut) 13

{{Solis et Lunae praefectura et reliquorum astrorum ministerium determinatur, et caloris causa secundaria in Sole indicatur.}}

Inter innumerabilia autem Caelestia Corpora, duo, quae Sacrae Literae, ad sensus captum, 'maiora' voca<n>t 'Luminaria', alioquin caeteris apparentiora atque sensibiliter efficaciora[5], necnon terrestribus effectuum suorum qualitativas imprimentes imagines — et maius

---

[1] dicas *ex* dicam *corr.* M.
[2] praerogativa *ex* praerogativae *corr.* M.
[3] ipso *ex* eo *corr.* M.
[4] intitulavit ... cognominavit *ambo ex* -verit *in rasura s.m., vacuo relicto, corr.* M.
[5] efficaciora *hic scr.* : efficatiora *denuo secus* M.

d'un cinquième élément inconnu, indéfinissable et, à vrai dire, impossible, comme si elle voulait dire que les corps célestes sont (par le privilège de leur hauteur) plus nobles, plus heureux et supérieurs aux autres. Elle leur donna le nouveau nom d'éther[1] (c'est-à-dire un air plus simple que l'air même, ou un feu invisible et insensible), pour leur ajouter, enfin, cédant à une tentation dangereuse, les épithètes de divin[2] et d'éternel[3]. En réalité, cependant, comme la Science Sacrée ne reconnaît dans le mode mystique de la Création nul autre élément (c'est-à-dire organe premier) que l'eau et l'air, il est conforme à la vérité de considérer que tous les corps sublunaires ont été produits du seul élément de l'eau, alors que les corps célestes visibles l'ont été du seul élément de l'air et ont été conduits à leurs formes propres par la force créatrice; ceux-ci, enfin, comme il a été dit, furent éclairés plus ou moins fortement, selon leur capacité[4], par la lumière universelle, disposés dans un ordre admirable, destinés à une fin connue par le seul Créateur ou, mieux, d'après ce qu'il nous fut accordé de savoir, obligés de faire leur course continuellement, infatigablement et sans relâche, au bénéfice et pour l'utilité d'une créature à venir, supérieure à eux.

Chapitre 13

La préfecture du Soleil et de la Lune ainsi que le ministère des autres astres sont déterminés et la cause seconde de la chaleur dans le Soleil est indiquée.

Entre les innombrables corps célestes, il y en a deux que les Lettres Sacrées appellent, selon le sens commun, «les grands luminaires», lesquels par ailleurs sont plus visibles, frappent davantage les sens que les autres et impriment dans les choses terrestres les images qualitatives

---

[1] Cf. Aristote, *De caelo*, A, 3, 270b 20 et B, 7, 289a 20.
[2] Cf. Aristote, *De caelo*, A, 3, 270b 10.
[3] Cf. Aristote, *De caelo*, A, 3, 270b 1 : «Le premier des corps est donc éternel.»
[4] L'expression utilisée ici pour les corps célestes réapparaît au chapitre 6 du Livre V, pour caractériser les hommes : «Cette vie [universelle] donnne à chacun généreusement, selon le mode de sa propre capacité, une forme plus ou moins lumineuse, d'où l'on comprend la lumière particulière (qui est l'âme), la vie et la forme sont en quelque sorte synonymes, et enfin la vie des choses n'est ni la matière, ou matérielle, ni un élément ou élémentale (comme l'enseigne de façon perverse le philosophe), ni non plus substance de la chose, mais la forme lumineuse elle-même de l'être.»

quidem, quod est Sol, ad lucem confusam in se colligendam, diem a nocte dividendam, reliqua sydera lumine universali illuminanda, archeos locales calefaciendo, ad motus excitandos et fermenta specifica terrae concredita fovenda; minus autem, quod est Luna, ad noctem regendam, motu suo aquam elementalem propriae puritati restituendam (alioquin fermentorum localium vi tota fortassis fracesceret et in crassam transm*u*taretur[1] substantiam), inque primo suo geniali statu conservandam, atque archeo, id est vitali animalium facultati, mox ex aquis producendorum, praefuturum constituitur[2]; reliqua autem communiter /49/ accepta caelestia corpora (quae usitato nomine 'astra' vocantur), ut sint in signa, tempora, dies et annos, destinata sunt.

Caeterum ex co[n]nexione late expans[s]ae[3] lucis in solari disco lumen creatum est, in quo, intensissimus calor simul conditus, Sol originaliter per se et, ut dici solet, natura fe<r>ventissimus extitit.

Econtra, minus luminare, id est Luna, vel quia a Sole longissime distet, vel quia compactiori, prae caeteris, corpore existat, vix, et superficietenus, radios solares percipiens, omnibus frigidius (utpote genuinum sibi aëreum frigus tenacissime reservans) evasit, ideoque aëreis motibus, id est tempestatibus, maxime conciliatur, et aquis atque animalium archeis, mox ex aquis conflandorum, praepositum: ipsius ditioni haec omnia subdidit omnium Creator et Sapientissimus Gubernator.

Cap(ut) 14

{{Astrorum ministeria determinantur in signa, tempora, dies et annos. Item haec quomodo intelligenda sunt a Sacris docentur.}}

Itaque, cum omnia astra, ad annuam perficere coronam, ordinarentur, per eandem Creatricem Virtutem, ad determinatum ministerium complendum, una circumgirationis figura, diversos interque se dispares susceperunt motus.

---

[1] transm*u*taretur *scr.* : transmataretur M.
[2] constituitur *scr.* : constituit M/
[3] expans[s]*ae scr.* : expanssi *sane perperam, cf. tamen* 34 (II, 4) M.

de leurs effets. Et le plus grand d'entre eux, qui est le Soleil, fut préposé à rassembler en lui la lumière répandue, à séparer le jour de la nuit, à éclairer les autres étoiles de lumière universelle, à exciter au mouvement les archées locaux en les réchauffant et à maintenir la chaleur dans les ferments spécifiques confiés à la terre ; le plus petit d'entre eux, qui est la Lune, fut préposé à gouverner la nuit, à restituer par son mouvement l'eau élémentale à sa pureté propre (car autrement, en raison de la puissance des ferments locaux, celle-ci pourrirait probablement en entier et se transformerait en une substance épaisse) et à la conserver dans son état fécond initial et archée, ou faculté vitale des êtres vivants, qui allaient bientôt être produits des eaux ; alors que les autres corps célestes généralement acceptés (qui sont appelés, d'un nom usuel, astres) furent destinés à marquer les signes, les saisons, les jours et les années.

Du reste, par l'enchaînement de la lumière (*lux*) largement répandue dans le disque solaire, la lumière des astres (*lumen*) fut créée ; et lorsque dans celle-ci fut établie une chaleur très forte, le Soleil fut produit, bouillonnant de chaleur originairement par soi et, comme on a coutume de le dire, par nature.

Au contraire, le luminaire plus petit, à savoir la Lune, soit qu'il fût à une distance très grande du Soleil, soit qu'il fût formé d'un corps plus compact que les autres, recevant à peine et superficiellement les rayons solaires, finit par devenir le plus froid de tous (conservant très opiniâtrement en soi le froid originel de l'air), raison pour laquelle il s'accorde très bien avec les mouvements de l'air, c'est-à-dire avec les tempêtes, et il fut préposé aux eaux et aux archées des êtres vivants qui allaient bientôt se former des eaux : c'est à l'empire de celle-ci que le Créateur de toutes choses et le Gouverneur Très-Sage a assujetti toutes celles-là.

CHAPITRE 14

Les ministères des astres sont déterminés à marquer les signes, saisons, jours et années. De même les Écritures Saintes nous apprennent de quelle façon ces ministères doivent être entendus.

Et ainsi, puisque tous les astres furent ordonnés à accomplir la couronne de l'année, ils prirent, par la même Force Créatrice, divers mouvements dissemblables entre eux, tout en exécutant le même mouvement circulaire, afin que chacun remplisse son ministère déterminé.

Vnde patet quod non quatenus circulariter moventur, aeterna (quod sensitivae garriunt scholae), sed quatenus diversos sortita sunt motus, principiata, et ab Aeterno Deo creata fuisse. /50/ Ideoque, iuxta Creatoris praeceptum, singula in proprio moventur circulo, determinatam percurrunt periodum, et moderatum, in se, et extra se, effectum[1] efficiunt motum.

Quamobrem, fiunt se inferioribus, hoc est terrestribus et potissimum intellectuali Creaturae in signa, quatenus infinitam Creatoris atque Directoris indicant sapientiam, et, quasi altissima Creaturae Voce, "Caeli enarrant gloriam Dei, et opera manuum eius annuntiant firmamentum. Dies diei eructat verbum et nox nocti indicat scientiam"[2]; vel, saltem quoad sensum, alterationum necessario contingentium praesignant tragoedias; unde fiunt in Tempora, quatenus in tempore rerum alterationes meteoronque vicissitudines, illis mediantibus, fiunt, ut sunt: Immanissima frigora, intensissimi calores, Tempestates naturales (quandoquidem fiunt et anomalae), austeritates, siccitates continuae et

---

[1] effectum *ex* effectuant *mut*. M.
[2] *Ps., 18, 2-3.*

Il en résulte qu'il n'est pas vrai que les astres, en tant qu'ils se meuvent circulairement, soient éternels (ainsi que l'affirment vainement les écoles sensitives)[1]; au contraire, pour autant qu'ils ont reçu divers mouvements, ils ont un commencement et ont été créés par le Dieu Éternel[2]. Aussi, selon le commandement du Créateur, se meuvent-ils chacun dans leur propre cercle, parcourent un période déterminé et produisent un mouvement mesuré, en eux-mêmes et à l'extérieur d'eux-mêmes[3].

La raison, donc, pour laquelle ils marquent les *temps*[4] pour les êtres d'en bas, c'est-à-dire pour les bêtes de la terre et surtout pour la créature douée d'intellect, c'est qu'ils montrent la sagesse infinie du Créateur et de l'Ordonnateur, et, de la voix, pour ainsi dire, la plus haute de la créature, « les Cieux racontent la gloire de Dieu et le firmament publie les ouvrages de ses mains. Le jour annonce cette vérité à un autre jour; et une nuit en donne la connaissance à une autre nuit »[5]; ou bien, s'adressant seulement aux sens, ils marquent d'avance les événements tragiques des changements qui doivent nécessairement arriver[6]; ils marquent les *saisons*, en tant que c'est bien dans les saisons que les astres produisent les changements des choses et les alternances des météores, tels que: les froids épouvantables, les chaleurs très intenses, les tempêtes naturelles (car il arrive aussi qu'elles soient irrégulières), les ouragans, les sécheresses

---

[1] Aristote n'avait pas affirmé que les astres sont éternels parce qu'ils se meuvent circulairement, mais le mouvement circulaire bénéficiait chez lui du prestige du divin, cf. *Physique*, A, 3.

[2] La diversité des mouvements des astres suppose des ordres différents et, partant, un commencement dans le temps.

[3] Ce sont les mouvements de rotation et révolution.

[4] Cf. *Genèse*, 1, 14: «Dieu dit aussi: Que des corps de lumière soient faits dans le firmament du ciel, afin qu'ils séparent le jour et la nuit, et qu'ils servent de signes pour marquer les temps et les saisons, les jours et les années.» Le reste du chapitre est un commentaire littéral de ces mots.

[5] *Ps.* 18, 1-2, trad. de Port-Royal. La perfection du mouvement des astres publie la sagesse du Créateur.

[6] Ce sont des prévisions météorologiques que l'on peut tirer de l'observation des astres. Cantemir est en accord avec Philon d'Alexandrie, *De opificio mundi*, 58: «Les étoiles se trouvent créées, comme Moïse le dit lui-même, non seulement pour envoyer de la lumière sur la terre, mais pour dévoiler les signes de l'avenir. Par leur lever et leur coucher, par leurs éclipses ou encore leurs levers héliaques et leurs occultations, ou par telle autre différenciation de leurs mouvements, l'homme conjecture ce qui va arriver, abondance ou pénurie de récoltes, augmentation ou destruction du cheptel, temps clairs ou nuageux, calme et ouragans, crues et assèchement des cours d'eau, mers d'huile et tempêtes, renversement des saisons: été hivernal, hiver brûlant, printemps automnal ou automne printanier.»

minus utiles pluviae, ut etiam partiales inundationes[1], ipsaque diluvia et caetera temperiei atque intemperiei, sterilitatem, aut fertilitatem germinibus minitantia, insignia, vel toti Vniversi commodum aut incommodum portendentia praescribun{t} tempora. In his enim solum astris necessitare concessum est, alioquin ubi liberae voluntatis actio praesupponitur, Sapiens tum sibi, tum astris dominabitur — cui <quod> astra potius inclinant, /51/ quam necessitent, minime dubitandum. Fiunt in dies, quatenus concurrentibus caelestibus corporibus, spatio unius circuitionis, et a puncto ad idem punctum Horizontis reversionis, tempus[2] in ipsa aeternitate veluti mensuratur; et dies per septem erraticas stellas in hebdomade numerantur; unde, postremo, fiunt in annos, quatenus cursus et recursus syderum, per statutas revolutiones {et} in invicem consessus atque discessus, determinatur; hoc est, ex Solis inter Tropicos ascensione et descensione et ab ipsa Aequatoris lineae elongatione[3], aut appropinquatione, perque duodecim signa seriatim ingressione, ac, tandem, ad idem punctum, per enumerationem 365 dierum et 6 horarum, reversione annus, qui dicitur 'solaris' perficitur.

---

[1] inundationes *ex* -is *corr.* M.
[2] tempus [[veluti]] M.
[3] Aequatoris lineae elongatione *scr.* : Aequotoris lineae elengatione M.

ininterrompues et les pluies indésirables, comme les inondations partielles et même les déluges et autres phénomènes qui relèvent de l'équilibre et du dérèglement du climat, les menaces de stérilité ou de fertilité pesant sur les semailles, les marques ou les saisons qui, en tant que signes annonciateurs, indiquent préalablement à tout l'Univers un état favorable ou défavorable[1].

Car il n'y a que dans ces choses-là qu'il fut accordé aux astres de nécessiter, autrement, là ou l'on présuppose une action de la libre volonté, le Sage serait dominé aussi bien par soi-même, que par les astres ; et, toutefois, il ne faut guère douter que les astres s'inclinent plutôt à lui qu'ils ne le nécessitent. Ils marquent les *jours*, en tant que, les corps célestes accomplissant leur course, le temps se mesure d'une certaine façon dans l'éternité même, par le parcours d'une seule circonférence et par le retour d'un point au même point de l'Horizon ; et les jours se dénombrent en *semaines* par les sept étoiles errantes[2].

Ils marquent en fin de compte les *années*, en tant que les mouvements en avant et en arrière (progrades et rétrogrades) des étoiles[3] ainsi que leur rassemblement et leur séparation sont déterminés par des révolutions établies ; ce qui veut dire que l'année que l'on appelle solaire s'accomplit par l'ascension et la descente du Soleil entre les Tropiques et par son éloignement et rapprochement de la ligne de l'Équateur, de même que par son entrée successive dans les douze signes [du Zodiaque], et, enfin, par son retour au même point après avoir dénombré les 365 jours et 6 heures.

---

[1] Les astres marquent et déterminent le changement des saisons et, par là, ils sont les signes et les causes des changements climatiques. Ce chapitre est un écho de *Astra necessitant, non inclinant, nec significant de vita corpore vel fortunis nati* de Van Helmont. L'auteur belge y soutient, contre les Écoles, l'opinion que, selon les Écritures, les astres influencent (*necessitant*) l'homme (ce qu'il lit dans le *Psaume* 18, 1, cité aussi par Cantemir), mais que l'on ne trouve aucune indication dans le texte sacré qu'ils puissent déterminer (*inclinare*) celui-ci (28, 29). De même, Van Helmont affirme, contre les Écoles, que l'adage « Le sage commande aux astres » ne peut être vrai que dans la mesure où le sage peut effectivement, par sa libre volonté, s'opposer à des méfaits que la position des astres pourrait entraîner, mais en aucun cas au sens où le sage commanderait aux astres (31). Pour la portée polémique anti-paracelsienne de cette position, voir aussi W. Pagel, *J. B. van Helmont*, p. 46-49.

[2] Les jours de la semaine empruntent leurs noms des sept étoiles errantes : Lundi, du nom de la Lune, Mardi, du nom de Mars, Mercredi, du nom de Mercure, Jeudi du nom de Jupiter, Vendredi, du nom de Vénus, Samedi du nom de Saturne, Dimanche (*dies solis*), du nom du Soleil.

[3] Le pluriel semble renvoyer au Soleil et à la Lune, appelés indistinctement « étoiles » (*sydera*).

Item, minus sydus, inter eadem Caelestia signa proprium servans motum, et quatenus a Sole recedit[1], aut Solem accedit, ad centrum terrae, respective, paulatim, vel e diametro oppositum, totum illuminatur, vel, perpendiculariter in ea<n>dem Solis viam ingressum, Eclypsim efficit in Sole, et totum ipsius hemisphaerium, quod ad terram aspicit lumine privatur; et, statim ac a Sole in cursu remearet[2], pars[3], quae Solem spectat, lumine mutuatur, unde effectus novi lunii inferis apparet; cum autem Sol, e diamet<r>o Lunae oppositus, perque rectam centri lineam[4] /52/ radiis terram feriat, terrae umbra pyramidali figura usque ad Lunae corpus protenditur, unde eclypsim Luna patitur. Cum autem, per Solis aspectum, Luna<e> per ... dies et horas ... crescere[5], et per totidem decrescere contingat, et viam, quam Sol per totum annum, ipsa spatio enumeratorum dierum perficiat, sequitur, per duodecim Lunae revolutiones, annum[6], qui dicitur 'lunaris', perfici.

Tandem, per quinqueformem solarem motum, meteoron alterationes quadripartitae, frigoris, caloris[7] eorundemque temperatam metiuntur qualitatem quantitatemque, unde 'Primumver', 'Ver', 'Autumnus' et 'Hyems' nomen adepta sunt suum.

---

[1] recedit *ex* recedat *corr.* M.
[2] remearet *scr.* : remaret M.
[3] pars *ex* part- *mut.* M
[4] lineam, *imae 51 paginae subscriptum, sequenti oblitum est.*
[5] *Numerus dierum et horarum in albo relictus extat.*
[6] annum *ex* annus *corr.* M.
[7] caloris *scr.* : coloris M.

De même, l'étoile plus petite, observant son mouvement propre entre les mêmes signes célestes et en tant qu'elle s'éloigne ou s'approche du Soleil, est éclairée, respectivement, peu à peu vers le centre de la Terre, ou bien en son entier lorsqu'elle est diamétralement opposée ; ou lorsqu'elle s'interpose perpendiculairement à la même voie du Soleil, elle provoque une éclipse du Soleil, et tout l'hémisphère de celui-ci qui regarde vers la Terre est dépourvu de lumière[1] ; et aussitôt que, dans sa course, elle retourne du Soleil, la partie qui regarde le Soleil emprunte à celui-ci sa lumière, d'où apparaît à ceux d'ici-bas l'effet du croissant de lune ; mais lorsque le Soleil est diamétralement opposé à la Lune et frappe de ses rayons en ligne droite le centre de la Terre, l'ombre de la Terre s'étend sous une forme pyramidale jusqu'au corps de la Lune, d'où la Lune souffre une éclipse[2]. Puisque, cependant, la Lune arrive, en regardant vers le Soleil, à croître dans [13] jours et [16] heures[3] et à décroître en tout autant de temps et qu'elle accomplit le chemin que le Soleil parcourt dans toute l'année dans l'intervalle des jours qui viennent d'être dénombrés, il s'ensuit que l'année que l'on appelle « lunaire » est accomplie par douze mouvements de révolution de la Lune[4].

Enfin, c'est par le mouvement solaire à cinq formes[5] que l'on mesure les altérations quadripartites des météores, la quantité et qualité du froid, de la chaleur, et la quantité et qualité modérée des mêmes, et c'est de là qu'ils ont reçu le nom de Printemps, Été, Automne et Hiver[6].

---

[1] Selon l'explication de Cantemir, une éclipse solaire se produirait lorsque le Soleil et la Lune sont en conjonction par rapport à la Terre et la Lune se place devant le Soleil, occultant l'image du Soleil depuis la Terre.

[2] Une éclipse lunaire aurait lieu donc lorsque la Lune, étant en opposition avec le Soleil, se place derrière la Terre et est obscurcie par l'ombre de celle-ci.

[3] Cantemir a laissé en blanc les endroits des chiffres dans le manuscrit, sans doute pour les remplir après avoir vérifié les chiffres dans des ouvrages dont il ne disposait pas au moment de sa rédaction. J'ai indiqué la valeur moyenne d'une demi-révolution siderale de la Lune, à savoir 13 jours, 15 heures, 52 minutes.

[4] L'année lunaire, par laquelle les Juifs et les Musulmans mesurent leur temps, est faite de douze révolutions de la Lune.

[5] L'on trouve chez Pseudo-Denys «*quinqueformis motus solis*» du Soleil, *Lettres*, VII, 2.

[6] Voici la description des saisons dans le *In Sphaeram Ioannis de Sacro Bosco Commentarius* de C. Clavius : «*Sunt enim in anno quatuor vulgatae satis, & praecipue partes, Ver scilicet, Aestas, Autumnus, & Hyems, quae in suis complexionibus, qualitatibusque non eodem modo se habent. Nam Ver humidum est, & calidum ; Aestas calida, & sicca ; Autumnus siccus, & frigidus ; Hyems denique frigida, & humida, ut non solum Philosophi, verum etiam Medici asserunt*», p. 276.

Eo autem quod Sacrae 'annorum' pluralem faciant mentionem, intelligendum, fortasse, vel praefatos 'solares' et 'lunares' annos, vel quia tali †comparata sunt†[1] virtute, ut annos perficiat, quos Ipse Creator usque ad mundi ipsorumque motus finem, ab ipso primo luminis introit*u*[2], enumeraverit atque motivam facultatem definiverit. Nec enim intelligendum apparebat Sacram Scientiam sensitivae fragilitatis inventiones designasse, ut est 'annus omnium Planetarum' ad eundem locum concurrentium, 'annus Saturni', qui quadraginta annos solares complecti dicitur, annus trimestris, annus Arcadum, annus Aegyptius, annus Olympiadum[3], et his similes hu/53/manae flexibilitatis observationes atque denominationes, prout quispiam accidentia quaedam in Caelestibus signis vicissitudumque alterationibus designare maluerit.

Sed nos, haec curiosis reliquentes, ad propositam speculationem revertamur.

---

[1] *Locus desperatus.*
[2] introit*u scr.* : introito M.
[3] Ol*y*mpiadum *scr.* : Olimpiadum *hic* M.

Quant au fait que les Écritures Saintes font mention des « années » au pluriel[1], il faut peut-être comprendre soit les années « solaires » et « lunaires » déjà mentionnées, soit le fait que les astres ont été dotés d'une force telle, qu'ils accomplissent les années que le Créateur même a comptées depuis le commencement de la lumière première jusqu'à la fin du monde et de leurs mouvements et dont il a défini la possibilité de mouvement. Car cela ne signifiait pas que ce fût la Science Sacrée qui eût désigné les inventions de la faiblesse sensitive, telles que « l'année de toutes les Planètes convergeant dans le même lieu »[2], « l'année de Saturne », dont on dit qu'elle comprend quarante années solaires[3], « l'année de trois mois », « l'année des Arcadiens »[4], « l'année égyptienne », « l'année des Olympiades »[5] et autres observations et dénominations de l'inconséquence humaine, pour autant que tout un chacun a préféré désigner quelques accidents dans les signes célestes et les altérations successives.

Mais nous, laissant ces choses-là aux curieux, revenons à la recherche que nous nous sommes proposée.

---

[1] *Genèse*, 1, 15 : « qu'ils servent de signes pour marquer les temps et les saisons, les jours et les années ».

[2] La Grande Année Platonicienne qui doit son nom à un paragraphe célèbre du *Timée* de Platon (39) est la période durant laquelle les sept astres errants reviennent chacun au même point du Ciel tout en regagnant la même position par rapport aux étoiles fixes. Cette Grande Année a une durée différente selon les astronomes. Selon J. Stobée, Aristarque la composait de 2.484 années solaires, Héraclite de 10.800 années, Orphée de 100.020 années. Stobée lui-même la compose de 18.000 ans. Cf. Pierre Duhem, *Le système du monde*, vol. 1, p. 65-85.

[3] Jean Stobée et Christophe Clavius faisaient durer l'année de Saturne, c'est-à-dire la période de temps pendant laquelle Saturne accomplit une révolution entière, trente années solaires, cf. Joannis Stobaei *Eclogarum physicarum lib. I*, cap. VII ; Christophori Clavii, *In Sphaeram Ioannis de Sacro Bosco Comentarius*, p. 57.

[4] L'année des Arcadiens durait trois mois, cf. Pline, *Hist. nat.*, I, VII, 48, Macrobe, *Saturnales*, I, 12.

[5] L'Olympiade était un intervalle de quatre années, après l'écoulement desquelles les Grecs célébraient de nouveau les jeux olympiques ; de là provenait un calendrier chez les Grecs, qui commence par l'an 776 av. J. C.

Cap(ut) 15

{{Quinto die, reptilia in aquis et volatilia in aëre, iuxta specificos archeos producuntur, et differentia fermentorum atque archeorum localium, quae et qualis sit, ostenditur.}}

Quinto vidi fermentum illud, quod iam, nudiusquartus, terrae concreditum erat, nunc aquaticos archeos, per tot dies quasi sopore detentos, ad aquatilium volatiliumque species producendas excitare.

Quemadmodum enim supernaturali vi, compressa aqua, aridam ediderat pro fructu, tali modo eiusdem aquae coagulatione, fermentali vi, iuxta sibi praedestinatos archeos, reptilium genera, simul atque species in aqua, volatilium autem in aëre produxit; quae deinceps, semel accepta naturali dispositione, id est archeorum specificorum promotione, incessanter sese propagaturas iussae sunt.

Hic observandum fermentorum atque archeorum rerum in hoc consistere differentiam — fermenta enim potestatem indifferenter motivam et caloris susceptivam quidem ab extra, suscitativam autem ex se habent, archei autem, a fermentorum potestate moti, rerum figuras specificare, et, usque ad praedefinitae periodi finem incolumes, */54/* observare iussi sunt.

Chapitre 15

Le cinquième jour, sont produits, suivant les archées spécifiques, les reptiles dans les eaux et les oiseaux dans l'air ; il est montré également quelle et de quelle nature est la différence des ferments et des archées locaux.

Le cinquième jour, je vis que ce ferment, qui avait été confié à la terre trois jours auparavant[1], excitait maintenant les archées aquatiques, qui durant tous ces jours avaient été comme plongés dans la torpeur, à produire les espèces aquatiques et volantes.[2]

Car, de même que la puissance surnaturelle, avait, par la compression de l'eau, produit la terre comme un fruit, de même, par la coagulation de la même eau, la puissance de fermentation produisit, suivant les archées qui lui avait été déterminés d'avance, les genres et aussi les espèces des reptiles dans l'eau, et les oiseaux dans l'air ; qui, une fois qu'ils eurent reçu leur disposition naturelle, à savoir le développement de leurs archées spécifiques, reçurent l'ordre de se multiplier sans arrêt.

Il est à observer ici que la différence des ferments et des archées des choses consiste en ceci que les ferments ont un pouvoir, qui certes vient de l'extérieur, de mouvoir et, indifféremment, de recevoir de la chaleur, mais aussi un pouvoir, qui leur vient d'eux-mêmes, vivificateur, alors que les archées, mus par le pouvoir des ferments, ont reçu l'ordre de spécifier les formes des choses et de les conserver intactes jusqu'à la fin de leur période prédéfini[3].

---

[1] Le troisième jour, voir ci-dessus, au capitre 11 : « je vis cette force jeter dans la terre vierge une sorte de faculté glorieuse, pareille au ferment de la farine, qui une fois reçu, bouillonnant et moussant à l'intérieur, s'y distribue par toute la masse de la terre. »

[2] Cf. *Genèse*, 1, 20-21 : « Dieu dit encore : Que les eaux produisent les animaux vivants qui nagent dans l'eau, et des oiseaux qui volent sur la terre sous le firmament du ciel. Dieu créa donc les grands poissons, et tous les animaux qui ont la vie et le mouvement, que les eaux produisirent chacun selon son espèce ; et il créa aussi tous les oiseaux selon leur espèce. Et Dieu vit que cela était bon. »

[3] Chez Van Helmont : « cet esprit, je le nomme Archée ou artisan, appelle-le comme tu voudras. Mais il suffit de savoir que rien de nouveau n'apparaît dans la nature sans une semence. Néanmoins chaque semence agit selon les dispositions qui lui sont utiles, qu'il propage dans la matière selon sa façon et selon son souhait. Les outils cependant moyennant lesquels la semence dispose de sa matière, je les appelle ferments », *De lithiasi*, 5, 5. L'archée est donc l'agent individuant de chaque espèce et aussi celui qui donne aux êtres vivants leur temps ou période de vie, alors que le ferment est un intermédiaire énergétique et nutritif. Néanmoins, ce dernier est aussi créé dès le commencement du monde : « Le ferment est un être créé, formel (*formale*), qui n'est ni substance ni accident, mais neutre, à la façon de la lumière, du feu, du *magnale*, des formes, etc., établi depuis le commencement du monde, dans les lieux de chaque empire (*monarchia*), afin de préparer, réveiller et précéder les semences », *Causae et initia naturalium*, 24.

Item, non minus aquatica fermenta ad aquaticos archeos promovendos indigent frigore, quam terrestra[1] calore, unde patet archeos secundum diversam fermentorum naturam diversae naturae efficere specificationes[2], in aquis {{quidem}} a connaturali frigore mota fermenta archeos[3] aquaticorum reptilium, in terris autem a calore mota fermenta terrestrium specificare[4] figuras, unde harum potestatum maxime[5] divinorum differentia facillime patebit di{li}genter consideranti: imo maxime, quandoquidem, demortuo in particularibus archeo, semper vigens locale permanet fermentum, quo mediante atque promovente, ad vitam revocantur vegetativorum et quorundam animalculorum in terrae fundis, et similiter in aquis, ubi prius nulla reptilium species, tandem fermentorum vis (aquam de se) archeos promovens multa[6] et specie diversa reptilia producere manifestum est.

Insuper, iuxta Sacrae Scientiae veritatem, reptilia in aquis et volatilia in aëre eiusdem esse creaturae conditionis {{patet,}} quia utraque eorum pars non nisi ovis mediantibus suos servant incolumes archeos: hoc tantum secundum specificum differunt archeum, quia aquaticorum a qualitate /55/ frigida, utpote a minore sydere impressa, animalium autem volatilium a qualitate calida, utpote a maiore sydere immissa, ad motum, et tandem ad vitam recipiendam promoventur atque disponuntur.

Cap(ut) 16

{{Sexto die, metalla et mineralia in terra, animalia autem super terram producuntur. Causarum secundarum officium determinatur; et per 'Solem et Lunam rectores' quid intelligatur explicatur.}}

Sexto tandem, Terrae virginis fermentum, per illos quinque dies veluti intra se concoctum, lascivie*ns*[7] erumpit, atque tam {in} terrae stratis[8], quam in eius superficie distributos ad opus excitat archeos.

---

[1] terrestra *scr.*: terrestres *ex* terrestri- *p. m. (sicut ubique in sequentibus) corr.* M.
[2] specificationes *corr.*: specificationi M.
[3] archeos *ex* archei *corr.* M.
[4] specificare *ex* specifican- *corr.* M.
[5] maxime *ex* -ae *corr.* M.
[6] multa ex multas *corr.* M.
[7] lascivie*ns scr.*: lascivias *sine sensu* M.
[8] stratis *ex* strata *et inde* superficie[[m]] *corr.* M.

De même, afin de développer les archées aquatiques, les ferments aquatiques ont besoin de froid, non moins que les ferments terrestres en ont de chaleur; il en ressort que les archées, selon la nature diverse des ferments, produisent des spécifications de nature diverse: c'est-à-dire que, dans les eaux, les archées aquatiques des reptiles spécifient les ferments mus par un froid connaturel; sur terre, en revanche, les figures des terrestres spécifient les ferments mus par la chaleur, d'où apparaîtra très facilement à celui qui examinera attentivement ces choses la différence entre ces puissances grandement divines. Et je dis grandement, puisqu'une fois mort l'archée dans les choses particulières, le ferment local demeure toujours vivant, par la médiation et le développement duquel il est évident que sont rappelés à la vie des espèces végétales et certains animalcules aux tréfonds de la terre; et de même dans les eaux, là où auparavant il n'y avait aucune espèce de reptiles, le pouvoir des ferments (par l'eau, à l'évidence) y développe les archées et produit finalement beaucoup de reptiles d'espèces diverses.

En outre, d'après la vérité de la Science Sacrée, il est clair que les reptiles dans les eaux et les oiseaux dans l'air sont d'une même condition créaturale, parce que et les unes et les autres conservent leurs archées intacts seulement au moyen des œufs; ils diffèrent uniquement selon l'archée spécifique, car les animaux aquatiques sont développés et disposés au mouvement et enfin disposés à recevoir la vie, par la qualité froide, en tant qu'elle est imprimée par l'étoile plus petite, alors que les animaux volants le sont par la qualité chaude, en tant qu'introduite par l'étoile plus grande[1].

CHAPITRE 16

Le sixième jour, sont produits les métaux et les minéraux dans la terre et les animaux sur la terre. L'office des causes secondes est déterminé et il est expliqué ce que l'on comprend par le fait que le Soleil et la Lune commandent.

Le sixième jour, enfin, le ferment de la Terre vierge, qui avait bouillonné en lui-même durant les cinq jours précédents, fait éruption, folâtrant, et met au travail les archées distribués tant dans les couches de la terre que sur la surface de celle-ci. Une fois que ceux-ci eurent recueilli l'humidité bouillonnante, disposant chaque partie en particulier

---

[1] La Lune et, respectivement, le Soleil, ainsi que l'auteur l'a affirmé au chapitre 13.

Qui, statim ac suscepto iam fervescente humore, fermentorum concoctione singulas disponentes partes, Terra virgo, ad instar gravidae nuptae, in profundioribus quidem stratis, mineralia atque metalla, in superficie autem pedestria atque reptilia cuncta, prolem uberrimam atque subolem facundissimam, parturiit. Itaque omnia, quae, adhuc, caeca quadam credulitate et ad morem Gentilismi, naturalia mixta creduntur corpora, non aliunde corpus sumentia, nisi ex puro aquae elemento, excitante fermento et disponente specifico archeo, confici adque pe{r}fectionem deduci apparebant.

Ergo, iuxta veritatem a Sacris petitam, Sol ad illuminando calefaciendum, reliquae Stellae Blas motivum ciendo, terra vegetativorum radices seminaque ab aëris immani frigore /56/ fovendo, aër intensissimum Solis calorem ad temperiem reducendo et rerum archeos in propria atque vitali vigore continendo, exhalationum ingentem quantitatem per porositates atque necessarias vacuitates in se suscipiendo, universum, iuxta Sanctae Creation{i}s normam servare atque continuare iussa sunt.

Cum autem in Sacris Scientiis[1] Sol diem, Luna autem noctem regere praeficiantur, manifestum est quod quotquot animalium, quae a radiis feriuntur solaribus, Soli fautori, quot autem solari calore privantur, ut sunt aquatica omnia, quaeque non minus noctu, quam diu in lunari

---

[1] Scientiis *ex* -es *corr.* M.

par la concoction des ferments, la Terre vierge, à l'instar d'une épouse enceinte, enfanta une progéniture très riche et une race très féconde : dans les couches plus profondes les minéraux et les métaux et, à la surface, tous les animaux qui marchent et qui rampent[1]. Et ainsi, toutes les choses qui, jusqu'à présent, par une crédulité aveugle et selon l'usage des païens, étaient considérées comme des corps naturels mixtes[2], apparaissaient comme prenant corps à partir du seul pur élément de l'eau, constitués et portés à leur perfection sous la poussée du ferment et par la disposition de l'archée spécifique.

Par conséquent, selon la vérité tirée des Écritures Saintes, il fut ordonné de conserver et de continuer l'Univers[3], d'après la règle de la Sainte Création, de la façon suivante : au Soleil il fut enjoint d'éclairer ce qui devait être réchauffé, aux autres Étoiles, de mettre en mouvement le *blas* moteur, à la terre de couver les racines et les graines des végétaux à l'abri du froid prodigieux de l'air, à l'air de tempérer la chaleur très intense du Soleil à la juste proportion et de maintenir les archées des choses dans leur vigueur propre et vitale, recueillant en soi une quantité gigantesque des exhalaisons dans les porosités et les espaces vides[4] nécessaires.

Mais puisque, dans les Sciences Sacrées il a été confié au Soleil de commander au jour et à la Lune de présider à la nuit, il est évident que tous les animaux qui sont balayés par les rayons solaires se trouvent sous le patronage du Soleil, tandis que ceux qui sont privés de la chaleur solaire, tels tous les êtres aquatiques et ceux qui, dans les profondeurs

---

[1] Cf. *Genèse*, 1, 24-25 : « Dieu dit aussi : "Que la terre produise des animaux vivants chacun selon son espèce, les animaux domestiques, les reptiles et les bêtes sauvages de la terre selon leurs différentes espèces". Et cela se fit ainsi. Dieu fit donc les bêtes sauvages de la terre selon leurs espèces, les animaux domestiques et tous les reptiles chacun selon son espèce. Et Dieu vit que cela était bon. »

[2] Lat. *naturalia mixta corpora*, des corps naturels formés par mélange des quatre éléments, selon la doctrine aristotélicienne. Cantemir souligne une nouvelle fois, dans la foulée de Van Helmont, que tous les sublunaires sont dérivées exclusivement de l'eau. La théorie des mixtes réapparaît par exemple chez Ambroise Paré : « À simplement et absolument parler, éléments sont appelés les quatre corps simples, savoir est, le feu, l'air, l'eau et la terre, qui sont la matière de tous les corps naturels, mixtes, parfaits ou imparfaits, étant sous la concavité du ciel, selon l'opinion des bons philosophes naturels », *Introduction, ou voye pour parvenir à la vraye cognoissance de la chirurgie*, p. 5, in *Œuvres*, huitième édition, Paris, 1628.

[3] La nature a le rôle de conservation de l'Univers. Néanmoins, dans cette tâche, elle est secourue par Dieu, cf. SSII, V, 6 et 7 ; VI, 6. Aussi est-il impossible de soutenir un quelconque déisme de Cantemir, comme le faisait P.P. Panaitescu, *Dimitrie Cantemir. Viaţa şi opera*, Bucureşti, Editura Academiei R.P.R., 1958, p. 56.

[4] Cantemir admet, on le voit de nouveau, l'existence du vide non seulement à un moment précis de la cosmogonie, mais aussi dans le cours ordinaire de la nature.

lumine libere profundissima aquarum discurrunt latibula, Lunae rectrici subiecta sint.

Ideoque prima et primigenia Elementa organa primaria quidem, causas autem secundarias, in invicem impermiscibilia, Terram nutricem, Solem et Lunam fautores, et totum Caelestium coetum ad conservandam universi compaginem coadiutorem et, ut uno verbo dicam, omnia haec, ad mandatum Creatoris, servitores, nequaquam autem authores, aut causatores esse evidentissime observavi.

Cap(ut) 17

{{Per divinam benedic/57/tionem rerum archei existentiae propriae formam recipiunt et ad perfectionem deducuntur, et omnis rei formam novam creaturam esse probatur.}}

Porro, a Sacra Scientia vocem illam eficacissimam /57/ atque vivificam "CRESCITE ET MULTIPLICAMINI"[1] audivi (hanc 'Instinctum naturae' — sed quid hoc sibi vult, nullo explicante? — pagana vocitat schola), quae continuo et ininterrupto filo rerum archeos ad formas perfectas recipiendas, et simplici et puro aquae Elemento, prout inhaerentiae subiecto, imprimendas, iuxta periodicam determinationem (quam Platonici oblique 'Ideam' appellitant), in semine proprio obsignandas ordinavit, et in operando plenipotentiaria potestate indefessos atque indefatigatos esse donavit corroboravitque.

Vnde maxime observandum archeos perficere quidem formas, non autem efficere posse. Quandoquidem (ut fusius in libro de vita speculabitur) omne productum naturale, quatenus aquae elemento subiective, locali fermento promotive, et archeo specificative, fieri

---

[1] *Gen., 1, 28 — laudatio maioribus litteris exarata.*

des eaux, errent librement vers leur repaires plutôt de nuit que de jour, dans la lumière lunaire, sont soumis au commandement de la Lune.

Et par conséquent j'observai de façon très évidente que les Éléments premiers et originaires, sont, certes, des organes primaires, mais des causes secondaires, qu'ils ne peuvent se mélanger, que la Terre est nourricière, que le Soleil et la Lune commandent et que tout le cortège des corps célestes contribue afin de conserver cet assemblage de l'univers et, pour le dire d'un seul mot, que tous ceux-là sont des serviteurs soumis à l'ordre du Créateur et en aucun cas auteurs ou causateurs.

CHAPITRE 17

Par la bénédiction divine, les archées des choses reçoivent la forme de leur existence propre et sont portés à leur perfection; il est démontré aussi que la forme de chaque chose est une nouvelle créature.

Ensuite, j'entendis les paroles très efficaces et vivifiantes de la Science Sacrée: «CROISSEZ ET MULTIPLIEZ-VOUS»[1] (l'École païenne appelle cela instinct de la nature – mais y a-t-il quelqu'un pour expliquer ce que cette chose signifie?), à travers lesquelles il fut ordonné aux archées des choses de recevoir, dans une chaîne continuelle et ininterrompue, des formes parfaites, pour qu'ils les impriment dans l'Élément simple et pur de l'eau, en tant que sujet d'inhérence[2], et qu'ils les enferment dans une semence propre, selon la détermination périodique (que les Platoniciens, de manière détournée, appellent souvent «Idée»)[3]; il leur fut accordé, en outre, d'être inlassables et infatigables et furent fortifiés en leur opération d'un pouvoir tout-puissant.

On doit bien remarquer, à partir de là, que les archées sont, certes, capables de perfectionner les formes, mais non pour autant de les produire. Il est, en effet, manifeste (ainsi qu'il sera examiné plus amplement dans le livre sur la vie[4]) que tout produit naturel devient, pour ce qui est du sujet [d'inhérence], de l'élément de l'eau; pour ce qui est du

---

[1] Cf. *Genèse*, I, 22: «Et il les bénit en disant: Croissez et multipliez-vous, et remplissez les eaux de la mer; et que les oiseaux se multiplient sur la terre.»

[2] L'eau joue ici le rôle précisément de la matière dans la métaphysique aristotélicienne, elle est la substance qui reçoit les formes.

[3] La détermination périodique est le temps de vie propre à chaque espèce. De cette façon, on peut dire que les êtres vivants sont individuées jusqu'à l'espèce, ce qui est, d'une certaine façon, équivalent à l'idée platonicienne de l'espèce.

[4] Au Livre V.

quidem manifestum est, perfectam autem essentialem formam de se producere adque praedeterminatam deducere periodum nec habent, nec dare possunt.

Ergo per Omnipotentis licentiam 'crescendi et sese multiplicandi' ab ipsa Creatrice Virtute, singulis aptis momentis, singula proprias percipere formas necessum est. Secundum enim Veritatis doctrina<m>, Vnus formarum Author, Vnus existentiae rei Creator, et Vnus luminum Pater atque vitae Dator, qui nunquam gloriam /58/ Suam alteri dabit — 'Iehovah' nomen eius.

Verum enim, ut veritatis speculum dilucidius elucescat, iterata speculatione, de principiis rerum naturalium constitutivis, a sensitiva schola traditis, in Sacra Scientia quid dicat Spiritus Veritatis diligentius speculemur.

Cap(ut) 18

{{Principia rerum naturalium ab Aristotele tradita refutantur et quaternarium elementorum numerum non dari probatur.}}

His itaque in immaculato illo speculo enixius consideratis, quasi stimulo quodam actus, principiorum rerum naturalium ab Aristotele, per antonomasiam dicto 'philosopho', ethnice traditorum recordatus sum: materiae nempe, formae, et privationis, si forte alicubi in rerum creatione ea, ut talia[1] reperire possim, sed frustra non paucos vane perdidi labores, nec impune postmodum evadet posteritatis indagandi ignavia.

De facto enim huiuscemodi chymerica materia[2], hoc est corpus incorporeum, subiectum non subsistens {et} essentia non existens, nusquam apparebat; nec denique eius metaphoricum inexplebilem sinum, aut meretricio decoratum titulo ad formas recipiendas appetitum

---

[1] talia *ex* tales *corr.* M.
[2] chymerica[[m]] materia[[m]] M.

développement, du ferment local ; et pour ce qui est de sa spécification, de l'archée, tandis que les archées n'ont pas et ne peuvent donner par soi une forme essentielle[1] parfaite, ni la conduire à un période prédéterminé.

Par conséquent, par la permission du Tout-Puissant de croître et de se multiplier, il est nécessaire que, par la Force Créatrice elle-même, telle chose s'empare à tel moment propice de sa forme propre. Car, selon la doctrine de la Vérité, un seul est l'Auteur des formes, un seul le Créateur de l'existence des choses et un seul le Père des lumières[2] et le Donateur de vie, qui ne donnera jamais Sa gloire à quelqu'un d'autre, et son nom est Jéhovah.

Néanmoins, pour que le miroir de la vérité commence à luire de façon plus éclatante, reprenant la recherche, examinons avec plus d'application ce que l'Esprit de la Vérité dit dans la Science Sacrée au sujet des principes constitutifs des choses naturelles, tels qu'ils ont été transmis par l'école sensitive.

CHAPITRE 18

Les principes des choses naturelles enseignés par Aristote sont réfutés et il est prouvé qu'il n'y a pas un nombre de quatre éléments.

Et ainsi, après avoir examiné assidûment toutes ces choses dans un tel miroir sans tache, je me souvins, comme pressé par un aiguillon, des principes des choses naturelles qu'Aristote, en païen, avait enseignés, lui qui fut appelé, par antonomase, « le Philosophe » : à savoir de la matière, de la forme et de la privation, et je me demandai si, par hasard, je ne pourrais les retrouver comme tels quelque part dans la création des choses, mais je perdis beaucoup de peine inutilement, et le jour viendra où la paresse de la recherche ne passera pas impunément devant le tribunal de la postérité.

Car, en fait, il n'y avait nulle part une matière chimérique de cette sorte, c'est-à-dire un corps incorporel, un sujet qui ne subsiste pas et une essence qui n'existe pas ; et, par suite, je ne pus ni remarquer sa coupe métaphorique insatiable ni son appétit à recevoir les formes, paré du titre

---

[1] Lat. *forma essentialis*. Cf. Livre V.

[2] *Pater luminum*, nom divin par lequel Van Helmont souligne le caractère actif de Dieu dans la création de formes nouvelles, à travers laquelle, entre autres, il accomplit son rôle de gouverneur de la nature, de cause totale, persévérant dans la création, cf. *Formarum ortus*, 2, in *Opera omnia*, 1682, p. 125.

observare potui; similiter nec formam exformem, nec habilitatem, aut possibilitatem ad transmutanda (quasi iam fastidio habita) subiecta invenire potui; nec denique causam, ob quam quaedam cytissime derelinquat, quaedam autem, /59/ ut nimis adamata, vix (at nevix quidem 'in quinto', ut dicunt, 'elemento') deserere possit, ut nec materiam e gremio, in quo haud praeconditas habebat, progignere formas videre potui — quod si esset, necessario formae principium in materia, et materiae principium in forma praeexti{ti}sset. Quod est unum et idem supponere principium, et consequenter ruit de istis duobus principiis concepta et creduliter recepta opinio.

Quandoquidem, tam supernaturaliter, de fide Sacrae Scientiae, rerum creatarum formas atque vires ex nihilo creatas (naturaliter enim 'ex nihilo nihil'[1] fit), quam naturaliter pro subiecto inhaerentiae aquae elementum, pro dispositione ad formas suscipiendas atque perficiendas archeos, formas autem, cum sint res de novo creatae, et consequenter novae creatur<a>e, incessanter a Patre luminum, etiam adhuc operante, immit<t>i, et quidem in archeo vitae spiraculum competente animata, in archeo autem animam vegetativam competente plantas caeteraque in terra radicata subcrescentia herbarum arborumque species specificari atque informari evidenter didici.

---

[1] *Latine quidem inde a Lucretio, I, 150 sqq.*

de courtisane; ni, pareillement, en trouver la forme sans forme, ou l'aptitude, ou possibilité de transformer les sujets (qui désormais ne servent
plus à rien); ni enfin la cause pour laquelle telle chose nous abandonne
très vite, tandis que telle autre, très chérie, a beaucoup de peine à nous
quitter (même pour «le cinquième élément», comme ils l'appellent), de
même que je ne pus voir la matière engendrer des formes de son giron,
où elle n'en avait pas de préparées[1]. S'il en avait été ainsi, le principe de
la forme aurait nécessairement préexisté dans la matière et le principe de
la matière dans la forme. Ceci revient à supposer un seul et même
principe, et, par conséquent, l'ancienne opinion, naïvement reçue, au
sujet de ces deux principes s'écroule.

Car j'appris de façon évidente, par la foi dans la Science Sacrée, que les
formes et les forces des choses créées avaient été créées surnaturellement à
partir de rien (*ex nihilo*) (car «de rien rien ne se fait»[2] ne vaut que naturellement). Et j'appris aussi que, naturellement, l'élément de l'eau avait été
spécifié et informé comme sujet de l'inhérence, les archées comme dispositions à accueillir et à perfectionner les formes, tandis que les formes,
pour autant qu'elles sont des choses créées à neuf et, partant, de nouvelles
créatures, sont sans cesse infusées par le Père des lumières qui continue
d'agir jusqu'à présent[3], à savoir les êtres animés dans l'archée correspondant au souffle de la vie, alors que les plantes et les autres espèces
d'herbes et d'arbres qui plongent leurs racines dans la terre, dans l'archée
correspondant à l'âme végétative[4].

---

[1] Cantemir rejette donc l'interprétation matérialiste de l'aristotélisme, telle qu'elle
avait été proposée par Alexandre d'Aphrodisias, reprise à Padoue par Pomponazzi et à
Constantinople par Théophyle Corydalée, selon laquelle les formes apparaissent dans la
matière. Cf. Petru Vaida, *Dimitrie Cantemir şi umanismul*, p. 227, Cléoble Tsourkas, *La
libre pensée...*, p. 241.

[2] Principe qui se fonde sur la doctrine de Parménide et qui se trouve particulièrement
développé chez Lucrèce, *De rerum natura*, I, 149-214: «Le principe que nous poserons pour
débuter, c'est que rien n'est jamais créé de rien par l'effet d'un pouvoir divin.» Cantemir
détourne le sens de la maxime de Lucrèce, selon laquelle les dieux mêmes ne peuvent rien
créer à partir du rien, en posant radicalement la création *ex nihilo*, comme miracle surnaturel.

[3] On voit que l'attitude de certains historiens roumains de la pensée, contraints certainement par la pression idéologique de l'époque, consistant à affirmer un soi-disant déisme
de Cantemir est simplement fausse. Voir notamment P. Panaitescu, *Dimitrie Cantemir.
Viaţa şi opera*, p. 56; Dan Bădărău, *Filozofia lui Dimitrie Cantemir, passim*. En revanche,
Petru Vaida adopte à ce propos une attitude juste, «Dimitrie Cantemir», 1985, p. 200.

[4] Si la création est un miracle perpétuel (Dieu a créé le monde et il crée sans arrêt des
formes nouvelles), la génération a aussi un versant naturel, par l'existence de l'eau,
comme sujet de l'inhérence, équivalent chez Cantemir à la matière première d'Aristote,
et des archées, qui accueillent et portent les formes à la maturité biologique, qu'il
s'agisse de végétaux, ou d'animaux.

De Tertio autem, entis negativi privativo principio, quid plus speculemur[1]? Et quid deliberemus? In promptu habemus — nihil. De nihilo nihil dicitur, nihil speculatur, nihil intelligitur, et quod est /60/ per sui privationem nihil, nullam admittit positivam, aut affirmativam scientiae formam. Hoc, et unum solum affirmare ausim — quisquis naturaliter per privationem nihilitatisque conceptionem aliquid naturale tale et sensibile esse praesumit, is sci{at}[2] se nihil naturale, nihil tale, et nihil sensitivum concepisse, aut cognovisse.

Insuper, nullam quatuor elementorum in corporis naturalis misturam, compositionem, contrarietatem, litem, pugnam, victoriam, mutuam devorationem[3] (Creatione enim 'omnia bona'[4]), imo nec ipsum quaternarium designare potui numerum — siquidem, ut satis patuit, terram non elementum, sed fructum[5] elementi esse. Similiter, Ignem nusquam nunquamque creatum, nisi in Solis disco calorem intensissimum sensi, unde hic culinarius ignis, vel potius artificialis rerum materialium mors, derivatur — siquidem radii solares[6] adaequate, et per se vitae spiraculi sustentaculum atque[7] archeorum specificorum fautores {sunt}, quatenus eos ab immanissimo aëris frigore fovent illaesos, alioqui<n>, per artem in unum collecti, fiunt ignis usitativus,

---

[1] speculemur *ex* speculemus *corr.* M.
[2] sci{at} *ex* scit *corr.* M.
[3] devorationem *ex* devorationes *corr.* M.
[4] *Cf. Gen., 1, 4, inde 10, 12, 17, 21, 25, denique 31.*
[5] fructum *ex* fructus *corr.* M.
[6] sola*r*es *scr.* : solales, *peculiari secunda* -l-, M.
[7] atque atque *dittographice, versuum in marginibus, repetiit* M.

Que rechercher de plus au sujet du troisième principe privatif de l'être négatif? Et qu'en juger? Disons tout de suite: rien. Au sujet du rien, il n'y a rien à dire, rien à rechercher, rien à entendre, et ce qui est rien par privation de soi n'admet aucune forme de connaissance, fût-elle positive ou négative. J'oserais affirmer une seule chose – qu'il sache, celui qui présume que, par privation et saisie du néant, quelque chose de naturel est, de façon naturelle, tel et sensible, qu'il n'a conçu ou connu rien de naturel, rien de tel et rien de sensitif[1].

En plus, je ne pus retrouver, dans le mélange ou composition du corps naturel, nulle contrariété, dispute, lutte, victoire, dévoration mutuelle (car, par Création, toute chose est bonne) des quatre éléments[2], et, bien mieux, pas même le nombre de la quaternité – puisque, comme il a été montré suffisamment, la terre n'est pas un élément, mais le fruit d'un élément[3]. Je ne remarquai le Feu non plus, que l'on prétend n'avoir été nulle part et jamais créé, mais seulement une chaleur très intense dans le disque du Soleil, d'où est dérivé notre feu que nous utilisons dans la cuisine, ou, plutôt, la mort artificielle des choses matérielles. Car les rayons solaires sont, de manière égale et par soi, le soutien du souffle de la vie et les protecteurs des archées spécifiques, pour autant qu'ils les maintiennent indemnes du froid prodigieux de l'air[4]; du reste, réunis par artifice, ils constituent le feu habituel, destructeur du ferment, séparateur

---

[1] L'attitude de Cantemir par rapport à la privation est claire: il n'y a aucune relation de la privation à Dieu ou à ce qu'il a créé. Au chapitre 4 de ce livre, on se le rappelle, Dieu avait posé autour de soi les ténèbres «de façon positive et non privative» et l'on verra au livre IV, chapitre 18, que «Dieu le Tout-Puissant a créé toutes les choses visibles et invisibles à partir du rien, et non par la privation du rien, mais par la position de sa Toute-Puissance». La privation apparaît cependant dans la définition du mal, comme privation du bien, au chapitre 8 du livre VI. Au chapitre 20 du livre VI, Cantemir explique que «en Dieu le Très Parfait il n'y a pas de «rien», de «non», de «nié», de «privé», mais la privation appartient seulement aux êtres et, notamment, par rapport non à l'Être des êtres, mais à l'existence naturelle et essentielle des êtres, pour autant qu'ils n'étaient pas avant qu'ils ne fussent créées, tandis que par rapport à Dieu, pour autant que tous les êtres, avant qu'ils ne fussent, étaient déterminés et parachevés dans tous les détails dans Sa Providence Éternelle».

[2] Selon Aristote, tous les philosophes anciens introduisent la contrariété dans leurs principes (*Physique*, I, 6, 188a 19). Cantemir soutient ici qu'il n'y a pas de principe de haine dans la matière, comme Empédocle l'enseignait, car, de par la création, toutes les choses sont bonnes.

[3] Et par conséquent les dérivés d'un seul élément, l'eau, ne peuvent générer de contrariété.

[4] La conservation de la vie par les rayons du Soleil est un thème des philosophes post-paracelsiens. Voir Allen G. Debus, *The Chemical Philosophy*, p. 88.

fermenti destructor, materiae separator, et totius corporis materialis alterator, atque omnium ad primum elementum reductor.

Et de his succincte satis fore puto: ideo[1] ad filum propositae speculationis[2] nendum properemus.

/61/ Cap(ut) 19

{{Eadem sexta die mysterium creationis utriusque humani sexus describitur, Adamica forma aenigmatice Divina Anteriora praefigurare ostenditur, et ab ordine creationis resur\<r\>ectionem possibilem esse probatur. Item, sopor in sensu intellectivo, somnus autem in corpore sensitivo intelligitur.}}

Tandem, his omnibus (quae in Sacris metaphorice[3] 'Dei Posteriora' dicuntur) finitis adque perfectionem deductis, in mysteriorum complementum, hoc est in utriusque humani sexus creatio{nem}, speculationem direxi meam.

---

[1] ideo *ex* adeo *corr.* M.
[2] speculationís *perperam* M.
[3] metaphorice *scr.* : mataphorice M.

de la matière et altérateur de tout le corps matériel, de même que réducteur de toutes choses à l'élément premier[1].

Et je crois que de tout cela il aura été, même si brièvement, assez parlé : aussi dépêchons-nous de continuer à tisser le fil de la recherche que nous nous sommes proposée.

CHAPITRE 19

Le même sixième jour est décrit le mystère de la création des deux sexes humains, il est montré que la forme adamique préfigure de façon énigmatique la Face de Dieu et il est démontré que, de par la règle de la création, la résurrection est possible. De même la torpeur est entendue dans la compréhension intellective, et le sommeil dans le corps sensitif.

Enfin, une fois que toutes ces choses (appelées métaphoriquement, dans les Saintes Écritures, « Postérieures à Dieu »[2]) furent achevées et portées à leur perfection, je dirigeai ma recherche vers le sommet des mystères, à savoir vers la création des deux sexes humains.

---

[1] C'est la position de Van Helmont : dans la Genèse il n'est fait aucune mention de la création du feu (*Elementa*, 8), le feu n'a rien à voir dans la composition du Soleil ou de la Lune ou des étoiles, et il n'est pas l'élément dont sont faits les corps supralunaires (*ibidem*, 8). Le feu n'est donc pas un élément ou une substance, mais une mort artificielle dans les mains de l'artisan (*Complexionum atque mistionum elementalium figmentum*, 2). Paracelse, mais aussi Jérôme Cardan, avaient eu la même opinion. C'est toujours Paracelse qui avait posé le rôle du feu comme séparateur de la matière, *Philosophia de generationibus et fructibus quatuor elementorum*, 6, éd. Sudhoff, XIII, 12-13.

[2] Cf. le dialogue de Moïse et de Dieu, *Exode*, 33, 18-23 : « Moïse lui dit : "Faites-moi voir votre gloire". Le Seigneur lui répondit : "Je vous ferai voir toutes sortes de biens. Je ferai éclater devant vous le nom du Seigneur. Je ferai miséricorde à qui je voudrai, j'userai de clémence envers qui il me plaira". Dieu dit encore : "Vous ne pourrez voir mon visage ; car nul homme ne me verra sans mourir". Il ajouta : "Il y a un lieu où je suis, où vous vous tiendrez sur la pierre ; et lorsque ma gloire passera, je vous mettrai dans l'ouverture de la pierre, et je vous couvrirai de ma main jusqu'à ce que je sois passé : j'ôterai ensuite ma main, et vous me verrez par derrière ; mais vous ne pourrez voir mon visage"». L'expression τῶν μετὰ θεὸν apparaît chez Saint Maxime le Confesseur, *Ambigua*, PG, 90, 1241C (196a) pour désigner les êtres dont l'intellect doit abandonner toute représentation, image, pensée ou intellection, afin d'arriver à une connaissance directe, surnaturelle de Dieu : « En outre, dit-on, c'est l'ouvrage de toute philosophie pratique d'établir un *noûs* impassible délivré de toute image ; celui de toute contemplation naturelle, révélant au *noûs* la connaissance vraie de la cause de l'existence des êtres ; celui de l'initiation théologique enfin de le faire, par grâce et par disposition, semblable à Dieu, autant qu'il est possible, dès lors que n'ayant plus, par sur-éminence, la moindre pensée d'aucun des êtres qui sont après Dieu. » (trad. E. Ponsoye, p. 248-249).

Quamquam enim omnia creata ratione sui supernaturalis principii mysteria sint, et ordine sui conservationis[1] idem complectantur mysterium, attamen hoc, quasi omnium antesignanum, omnium posterius creatione, omnia antecellat conditionis nobilitate.

Primo quidem in viri creatione non verbum 'fiat' (quod omnia communiter participabant<)>, sed 'faciamus'[2], hoc est, quasi concitato S(acro)S(anctae) Trinitatis consilio, Adamum ad Suam Imaginem atque Similitudinem creare decreverit. Nec denique aquae, aut aëri, vel terrae mandat ut hominem producant, sed Patris consilio (quatenus Solus omnium causa) Filii operatione (quatenus sine quo nihil factum est quod factum est), ac Spiritus S(acro)S(ancti) vivificatione (quatenus eius inspiratione Indepingibilem Divinam Imaginem, substantiam immaterialem atque formalem, limus terrae) partitus est.

---

[1] *Forsan suae conservationis potius scribendum sit.*
[2] *Gen., 1, 26*: *ex* fatiamus *corr.* M.

Car, encore que toutes les choses créées soient des mystères en raison de leur origine surnaturelle et qu'elles soient, par la règle de leur conservation, comprises dans le même mystère, l'homme, néanmoins, pour autant qu'il est désigné avant toutes les autres créatures, même si, par création, il leur est postérieur, les surpasse toutes par la noblesse de sa condition.

Tout d'abord, lors de la création de l'homme, ce n'est pas le mot « Que cela soit » (dont toutes les choses participaient), mais bien celui de « Faisons »[1] qui a décidé de créer Adam d'après Son image et Sa ressemblance, c'est-à-dire, comme si le conseil de la Trinité Sacro-Sainte s'était réuni[2]. Ensuite, il ne fut pas ordonné à l'eau, à l'air ou à la terre de produire l'homme[3], mais celui-ci fut engendré par dessein du Père (en tant que seul il est cause de toutes les choses), par l'action du Fils (en tant que *rien de ce qui a été fait n'a été fait sans Lui*[4]) et par la vivification de l'Esprit Sacro-Saint[5] (en tant que par son inspiration le limon de la terre[6] a engendré l'infigurable Image Divine, la substance immatérielle et formelle[7]).

---

[1] *Genèse*, 1, 26-27 : « Il dit ensuite : "Faisons l'homme à notre image et à notre ressemblance, et qu'il commande aux poissons de la mer, aux oiseaux du ciel, aux bêtes, à toute la terre, et à toutes les reptiles qui se remuent sous le ciel". Dieu créa donc l'homme à son image ; il le créa à l'image de Dieu, et il les créa mâle et femelle. »

[2] Le pluriel du « Faisons » requiert que ce soit la Trinité qui se fût rassemblée. L'idée est chez Saint Basile, *Sur l'origine de l'homme*, I, 4, 260C : « Pourquoi Dieu n'a-t-il pas dit "Crée", mais "Créons l'Homme" ? C'est pour que tu reconnaisses la souveraineté. Il veut qu'en portant ton attention sur le Père, tu n'ailles pas renier le Fils ; il veut que tu saches que le Père a créé par le Fils et que le Fils a créé par la volonté du Père, et que tu glorifies le Père dans le Fils, et le Fils dans le Saint-Esprit ». La même idée chez Jean Philopon, *De Mundi Creatione*, 6, 4, p. 215-217 et chez Saint Jean Chrysostome, *Sermons sur la Genèse*, II, 117 : « Mais alors qui est celui auquel il dit... ? Le Fils unique de Dieu en personne. » Pierre Moghila utilise en 1640 le pluriel comme argument en faveur de la Trinité dans l'Un, *Orthodoxa confessio fidei, qu.* 10, *responsum.*

[3] Selon le texte même de la Genèse, Dieu est dit avoir fait lui-même le ciel et la terre (I, 1), deux grands luminaires (I, 16) et l'homme (I, 26). La création des autres est déléguée. L'homme jouit donc d'un prestige égal au ciel, à la terre, au soleil et à la lune, mais à la différence de ces derniers, Dieu fit l'homme à son image. Origène, *Homélies sur la Genèse*, I, 12, 20 – 13, 10.

[4] Cf. *Jean*, 1, 3 : « Toutes choses ont été faites par lui ; et rien de ce qui a été fait n'a été fait sans lui. »

[5] Cf. *Jean*, 6, 64 : « C'est l'esprit qui vivifie... »

[6] Cf. *Genèse* 2, 7 : « Le Seigneur forma donc l'homme du limon de la terre ».

[7] La substance formelle est l'âme humaine, créée dans le temps, mais qui ne périra jamais, voir Livre V, chap. 8.

Cum autem extrinsecus homo corpore materiali constare debebat, non ex puro elemento, sed ex fructu eius, id est ex limo terrae, et quidem ex parva quantitate, ut apparebat, in manibus Opificis Dei, in magnum Adami corpus */62/* per novam et eteroclitam creationem succrescebat atque creabatur. Quamobrem, {tam} materialis corporis conditione, quam Immaterialis Formae, id est Divinae Imaginis condecoratione, haec huiuscemodi mysticae compositurae Creatura omnes antecelluit creaturas. Imo maxime, quod omnibus praesit atque libere dominetur, constituta, potentia quidem intellectuali superis, actu autem materiali inferis imperare iussa est. Tunc enim sapientissimus Adamus non solum terrestribus animalibus propria imponebat nomina, sed etiam altissimo Lucifero ceterisque dominabatur astris.

Vah mihi misero, quid contemplari audeo? In Adamica enim forma, simul atque divina Imagine, aenigmatice quidem, revera tamen Dei Anteriora perspicere mihi videbar. Erat autem haec talis, qualem non intelligebam, et non erat talis, qualem intelligebam (liceat Gentilismi asseclis meam deridere philosophiam, qui homines ex lapidibus, aut, ad instar vermium murumque, e fracedinibus prodiisse et formas e potentia materiae resultasse[1] profitentur).

---

[1] res-/sultasse *versus in margine* M.

Mais, puisque l'homme extérieur[1] devait être constitué d'un corps matériel, formé non d'un élément pur, mais du fruit de celui-ci, c'est-à-dire du limon de la terre, et, pour préciser, d'après ce qu'il semblait, d'une petite quantité, il grandissait et était créé, dans les mains du Dieu Ouvrier, dans le grand corps d'Adam, par une création nouvelle et hétéroclite. Aussi, tant par la condition de son corps matériel, que par le fait d'avoir été ornée d'une Forme Immatérielle, c'est-à-dire de l'Image Divine, cette créature, d'une telle composition mystique, surpassa-t-elle toutes les créatures. Et, plus même, pour qu'elle leur fût supérieure et leur commandât librement, il lui fut ordonné, une fois constituée, de commander à ceux d'en haut par sa puissance intellectuelle et à ceux d'en bas par son activité matérielle. Ainsi, Adam le très sage non seulement appela-t-il les animaux terrestres d'un nom qui leur était propre[2], mais il commanda aussi à la très haute Étoile du matin (*Lucifer*)[3] et aux autres astres.

Hélas! pauvre de moi, misérable que je suis, qu'osé-je contempler? Car, à travers la forme adamique et, en même temps, à travers l'Image Divine, il me semblait voir, certes de façon énigmatique, mais toutefois réellement, la Face de Dieu[4]. Cette forme, néanmoins, était telle que je ne la comprenais pas et n'était pas telle que je la comprisse (les sectateurs des païens peuvent bien se moquer de ma philosophie, eux qui professent que les hommes sont issus des pierres, ou, à l'instar des vers et des souris, des pourritures et, aussi, que les formes sont issues de la puissance de la matière[5]).

---

[1] La notion d'homme extérieur est forgée par la tradition d'après celle d'homme intérieur, qui remonte aux épîtres de Saint Paul, *Rom.*, 8, 22 et *Éph.*, 3, 16. Elle apparaît, par exemple, chez Origène, *Homélies sur la Genèse*, I, 11, PG 12, 154C. Selon J. B. van Helmont, *De magnetica vulnerum curatione*, 83, éd. cit., p. 719 : « l'homme extérieur est un animal qui se sert de la raison et de la volonté du sang, alors que l'homme intérieur n'est pas un animal, mais vraiment l'image de Dieu. » Pour l'homme intérieur dans la tradition de Paracelse, voir W. Pagel, *The Smiling Spleen*, p. 97-103.

[2] Cf. *Gen.*, 2, 20.

[3] Assimilation entre Lucifer, traduction dans la Vulgate de l'expression « astre brillant » d'*Isaïe*, 14, 12 (« Comment es-tu tombé du ciel, Lucifer, toi qui paraissais si brillant au point du jour? ») et Satan, l'ange rebelle. Cette assimilation remonte aux premiers siècles de l'Eglise. Voir par exemple Origène, *Traité des principes*, I, 5, 5, PG 11, 255.

[4] Lat. *Anteriora Dei*. Voir le lemme de ce chapitre. L'expression semble forgée par Cantemir, comme pendant de « *Posteriora Dei* », citée dans *Exode*, 33, 20. Elle réapparaîtra dans V, 14, avec le sens de « la Face de Dieu ». Cet endroit annonce la problématique de l'homme intérieur, ou âme intellectuelle, développée dans le Livre V.

[5] Nouvelle flèche contre l'école de Pomponazzi et Corydalée, pour la même raison qu'au chapitre antérieur.

In mulieris autem creatione, Divina Omnipotentia, alio[1] mysterii ordine usa, nec de aqua, nec de terra, nec denique de alia aliqua particulari materia concreta aliquid sumsit, sed, immis<s>o in Adamum sopore[m], primo soporem novam quidem, sed neutram esse /63/ creaturam voluit.

Tandem, soporatis intellectualibus ipsius exercitationibus, ex unica viri costa omnium Creaturarum praestantissimam, viro simillimam, totam condidit viraginem. Quam vitam, 'os ossium suorum, et duo in carne una'[2] sapientissimus nominavit Adamus.

Cum autem omnia creata solo Dei Verbo ex aqua et fructu aquae creata fuerint, Adamus vero mediate, e limo terrae, et mulier e viri osse, signum veritatis est quod omnia animalia tandem, ad primum elementum reversa, non amplius hinc repetantur; homo autem cum e limo terrae sumtus sit, usque ad limum tandem revertatur[3], unde etiam aliquando repetatur; mulier denique, cum neque ex aqua, neque e limo terrae, sed ex Adamicae naturae parte condita sit, cum viro suo eiu<s>dem Imaginis immaterialisque formae esset, atque eiusdem immortalitatis particeps, omnes mortales transcendere atque evincere sensus possit, nec viro suo imbecil<l>ior, aut ignobilior, vel rudior existat.

Nec denique Deum frigus in Adamum immit<t>ere observavi, quo somnus in ipso excitaretur (ut sensitiva tradit Schola), sed solum modo soporem (qui, cum nec substantia sit, nec denique accidens, ad neutrarum creaturarum Catalogum relatus est), cuius extemplo necessaria recreatione, quasi alter naturae Polus (siquidem alimento alter /64/ intelligitur), sine quibus iam modernae vitae naturalis forma persistere nequit.

---

[1] alio *ex* alia *corr.* M.
[2] *Gen., 2, 23-24.*
[3] Cf. *Gen., 3, 19.*

Cependant, dans la création de la femme, la Toute-puissance Divine, utilisant une autre règle du mystère, n'a rien tiré, ni de l'eau, ni de la terre, ni, enfin, d'une quelconque autre matière particulière concrète, mais, envoyant à Adam une torpeur, elle voulut d'abord que cette torpeur fût une créature nouvelle, mais neutre.

Enfin, une fois que les facultés intellectuelles de celui-ci furent engourdies, elle composa d'une seule côte de l'homme une femme[1] entière, très semblable à l'homme, la plus noble de toutes les créatures[2]. Adam le très sage appela cette personne chérie «l'os de ses os et la chair de sa chair»[3].

Cependant, alors que toutes les choses qui avaient été créées par le seul Verbe de Dieu l'avait été de l'eau et du fruit de l'eau, Adam, en revanche, le fut, de façon médiate, du limon de la terre et la femme, de l'os de l'homme; ceci est un signe de la vérité que tous les animaux, une fois retournés à l'élément premier, n'en reviennent plus, tandis que l'homme, puisqu'il fut tiré du limon de la terre, retourne jusqu'au limon[4], d'où cependant il revient un jour; et, par suite, la femme, puisqu'elle ne fut créée ni de l'eau, ni du limon de la terre, mais d'une partie de la nature adamique et puisqu'elle a en commun avec son homme la même Image et forme immatérielle et qu'elle participe de la même immortalité, peut s'élever au-dessus et triompher de tous les sens mortels et n'est ni plus faible ni moins noble ni plus ignorante que son homme.

En fin de compte, j'observai que Dieu avait envoyé à Adam le froid pour exciter en lui, non le sommeil (comme l'enseigne l'École sensitive), mais seulement la torpeur (qui, puisqu'elle n'est ni substance ni, en fin de compte, accident, relève du Catalogue des créatures neutres); et, par la réparation sur-le-champ que celle-ci apporte nécessairement, se constitue comme l'un des deux Pôles de la nature (si l'on considère que l'autre est la nourriture), sans lesquels la forme naturelle de la vie actuelle est incapable de subsister.

---

[1] Lat. *virago*, la femme issue de l'homme (pour traduire l'hébreu *hissa*, masc. *his*, et le gr. ἄνδρις; cf. Blaise, 1954).

[2] Cf. *Genèse*, 2, 21-22 : «Le Seigneur Dieu envoya donc à Adam un profond sommeil; et lorsqu'il était endormi, il tira une de ses côtes, et mit de la chair à la place. Et le Seigneur Dieu, de la côte qu'il avait tirée d'Adam, forma la femme, et l'amena à Adam.»

[3] *Genèse*, 2, 23 : «Alors Adam dit: Voilà maintenant l'os de mes os, et la chair de ma chair.»

[4] Cf. *Genèse*, 3, 19 : «Vous mangerez votre pain à la sueur de votre visage, jusqu'à ce que vous retourniez en la terre d'où vous avez été tiré; car vous êtes poudre, et vous retournerez en poudre».

Cap(ut) 20

{{Creatus homo omnibus praeponitur, in paradiso <ad> libere vivendum permit<t> itur, praeceptum vetitae arboris sancitur, eiu<s> dem perfectiones describuntur, Luciferus ob invidiam in hominem et superbam rebellionem in Deum ruinam patitur.}}

Itaque creatus uterque humanus sexus Solis Iustitiae antitypum in medio sui expressit, in quo Deus Tabernaculum Suum tetendit. Igitur, tali forma decoratus homo inque innocentiae statu collocatus, signaculum suae similitudinis, plenus sapientiae et perfectae integritate, in delitii paradiso constitutus, suaviter, vere feliciter et immortaliter vitam peracturus, omnia, tranquilla, unanimia, benevola atque subiecta, ad nutum ipsi praestabant ministerium (quandoquidem omnia ante se condita ad ipsi praestandum servitium praeparata atque praeordinata erant): ut iustus, fulgebat ut Sol; ut sapiens, dominabatur Caelestibus, ut Dei Imago, imperabat omnibus, ut ad similitudinem Dei factus, omnem veritatem intelligebat et omnem iustitiam implebat (hoc enim modo homo dicitur 'Deo similis', quia quod verum sit intelligat atque dicat, et quod iustum est faciat atque operetur).

Verum enimvero multum an parum tale felicissimum exercuerit Imperium, cognitione assequi non mei fuit valoris. Primo quidem ipsum supplicio nuditatis externe et cruciatu pudoris interne affici atque */65/* devexari vidi; cuius rei causa et originalis inclinatio quamquam mihi occulta et incognita remanserit, finalis tamen effectus in hunc apparebat modum: Sol Iustitiae, expresso suo charactere, in Adamica forma et in medio ipsius extenso Suae Maiestatis tentorio sub quo Testamentum

CHAPITRE 20

Une fois créé, l'homme est préposé à toutes les créatures, il lui est consenti de vivre librement au Paradis, il lui est donné le commandement de l'arbre interdit, il en est décrit les perfections ; Lucifer tombe en ruine à cause de son envie envers l'homme et de sa révolte orgueilleuse contre Dieu.

Et ainsi, une fois que l'homme et la femme eurent été créés, l'anti-type du Soleil de Justice se manifesta au milieu d'eux et Dieu y dressa Sa Tente[1]. Par suite, l'homme fut orné de la forme dont il a été question et placé dans l'état d'innocence, marque distinctive de sa ressemblance, plein de sagesse et parfait dans son intégrité, établi dans le Paradis de délices, destiné à mener sa vie doucement et à être véritablement heureux et immortel. Toutes les créatures exerçaient leur ministère selon son gré, tranquilles, unanimes, bienveillantes et soumises (car toutes celles qui avaient été créées avant lui avaient été préparées et disposées à lui être utiles)[2] : en tant que juste, il brillait comme le Soleil ; en tant que sage, il était maître de toutes les créatures Célestes ; en tant qu'Image de Dieu, il leur commandait à toutes ; en tant que fait à la ressemblance de Dieu, il entendait toute la vérité et remplissait toute la justice (car c'est pour cela qu'on dit de l'homme qu'il est semblable à Dieu, parce qu'il est supposé entendre et dire ce qui est vrai et faire et accomplir ce qui est juste).

Toutefois, je ne réussis vraiment pas à savoir s'il exerça peu ou beaucoup cet empire très heureux. Je le vis d'abord châtié et tourmenté de l'extérieur par le supplice de la nudité et de l'intérieur par le tourment de la honte. Quoique la cause et l'inclination originelle de cette chose me restèrent cachées et inconnues, l'effet final m'en apparaissait pourtant de la façon suivante : le Soleil de Justice avait imprimé sa marque dans la forme Adamique et planté au milieu de celle-ci la tente de Sa Majesté,

---

[1] Cf. *Lévitique*, 26, 11 : « J'établirai ma demeure au milieu de vous, et je ne vous rejetterai point ».

[2] Cf. *Genèse*, 2, 8-15 : « Or le Seigneur Dieu avait planté dès le commencement un jardin délicieux, dans lequel il mit l'homme qu'il avait formé. Le Seigneur Dieu avait aussi produit de la terre toutes sortes d'arbres beaux à la vue, et dont le fruit était agréable au goût, et l'arbre de vie au milieu du paradis, avec l'arbre de la science du bien et du mal. Dans ce lieu de délices, il sortait de la terre un fleuve pour arroser le paradis, qui de là se divise en quatre canaux [...] Le Seigneur Dieu prit donc l'homme, et le mit dans le paradis de délices, afin qu'il le cultivât, et qu'il le gardât. »

atque praeceptum suum deposuerat, id est, 'ut esu vetitae arboris fructus abstineat'[1], et modum bonum atque malum cognoscendi ne appetat, ne quandoque efficaciam splendentis in se divinae imaginis obscurando, aliquid se melius atque praestantius fieri posse credat, et ambiguum cognitionis genus sibi nanciscatur (alioquin per simplicem intellectum simplicem agnoscebat veritatem), et consequenter sensitivam compositamque scientiam addiscere patiatur (mors enim in appetitu latebat et in sensitiva perceptione Imperium suum amplificabat).

Hoc in statu, Adamus, quum per Tempus Vni Deo cognitum traditum sibi praeceptum pie servaret, prout Sol inter caeteras stellas, sic ipse inter caeteras splendidissimus apparebat, reliquarum enim creaturarum quaedam Solis Iustitiae radios, secundum magis et minus, aut secundum eminus et com<m>inus, participabant quidem (omnia enim in eius lumine vident lumen), nulla /66/ tamen, ut homo, perfectum Divinae Imaginis gaudebat splendorem.

Quamobrem, Luciferus, Caelestium ordinum Princeps, intellectuali invidia ductus et immateriali honoris ambitione elatus (ideoque et paenitentiae inscius), in spirituali{que} corde rebellis factus : "In caelum, inquit, ascendam, super astra Dei exaltabo solium meum, et sedebo in monte testamenti ! — hoc est 'obsidebo atque possidebo montem, id est 'Adamum', in {{quo}} Deus praeceptum suum servandum posuit — et illum qui Divinam Imaginem gestat, et, ad instar Caeli, thronus Divini Spiritus et habitaculum requiei eius est, faciam meum habitaculum, et in eo solium meae[2] permansionis stabiliam, et Imaginem, quae expresse divinum repraesentat splendorem, me inferiorem atque obscuriorem

---

[1] Cf. *Gen.*, *2, 17 et 3, 1.*
[2] meae *ex* meum *corr.* M.

sous laquelle il avait déposé son Alliance (*Testamentum*) et son commandement, qui était de s'abstenir de manger du fruit de l'arbre interdit[1] et de ne pas désirer de connaître le bien et le mal, afin qu'il ne crût pas, obscurcissant en lui l'efficace de la brillante Image divine, pouvoir devenir meilleur et plus noble et qu'il ne se formât pas en lui un genre ambigu de connaissance[2] (autrement il aurait connu la vérité simple par l'intellect simple), et, par conséquent, qu'il ne souffrît pas d'apprendre, outre ce qu'il savait, la science sensitive et composée (car c'était la mort qui se cachait dans ce désir et elle augmentait son empire sur la perception sensitive).

Se trouvant dans cet état, Adam, aussi longtemps qu'il eut gardé pieusement le commandement transmis à lui et connu par le seul Dieu, apparaissait comme la créature la plus splendide entre toutes, de même que le Soleil entre les autres étoiles, car les autres créatures participaient des rayons du Soleil de Justice, selon le plus et le moins, ou selon qu'elles en étaient plus éloignées ou plus proches (car toutes voient la lumière dans sa lumière[3]), mais aucune ne jouissait, comme l'homme, de la splendeur parfaite de l'Image Divine.

Pour cette raison, Lucifer, le Prince des ordres Célestes, mené par l'envie[4] intellectuelle et emporté par la présomption immatérielle de son rang (et ignorant pour cette raison la pénitence), se révolta dans son cœur spirituel : « Je monterai au ciel, j'établirai mon trône au-dessus des astres de Dieu et je m'assiérai sur le mont de l'Alliance ![5] – c'est-à-dire j'assiégerai et je conquerrai le mont, à savoir Adam, dans lequel Dieu a mis son commandement pour qu'il fût gardé et celui qui porte l'Image Divine et à qui, à l'instar du Ciel, appartient le trône de l'Esprit Divin et la demeure du repos ; j'y ferai ma demeure, j'y établirai le trône de mon séjour et l'Image qui représente expressément la splendeur divine, je la rendrai inférieure et plus obscure que moi ; et je dirai : « Dieu, c'est moi,

---

[1] Cf. *Genèse*, 2, 17 : « Mais ne mangez point du fruit de l'arbre de la science du bien et du mal ; car au même temps que vous en mangerez, vous mourrez très certainement. »

[2] C'est-à-dire, en plus de la connaissance par l'intellect, la connaissance par les sens, que l'auteur n'arrête pas de dénoncer dans cet ouvrage.

[3] Ps. 35, 10 : « Parce que la source de la vie est en vous ; et nous verrons la lumière dans votre lumière même. »

[4] Cf. *Sagesse*, 2, 23-24 : « Dieu a créé l'homme immortel ; il l'a fait pour être une image qui lui ressemblât. Mais la mort est entrée dans le monde par l'envie du diable. »

[5] Cf. *Isaïe*, 14, 13-14 : « Qui disais en ton cœur : Je monterai au ciel, j'établirai mon trône au-dessus des astres de Dieu, je m'assiérai sur la montagne de l'alliance aux côtés de l'aquilon. Je me placerai au-dessus des nuées les plus élevées, et je serai semblable au Très-Haut. »

reddam, et dicam: 'Deus ego sum, (quia) in cathedra Dei sedi!' Itaque: 'Ecce, inter Sanctos eius nemo immutabilis, et caeli non sunt mundi in conspectu eius, ecce, qui serviunt ei non sunt stabiles, et in Angelis eius reperit pravitatem!'"

Cui tandem dicit Omnipotens: "Tu, cherub extensus et protegens, et posui te (hoc est 'permisi tibi') in Monte Sancto meo, in medio lapidum ignitorum ambulasti (hoc est 'inter Deum et Imaginem eius') /67/ perfectus in viis tuis (hoc est 'pie Deum colens'), donec inventa est iniquitas in te" et cae(tera).

Cap(ut) 21

{{Luciferus post casum infensius, sed dolose, ad hominis ruinam accingitur, et dialectice dialogum cum muliere aggreditur.}}

His in mente Luciferis[1] conceptis, atque Connaturali{bus} Spiritibus[2] contagio invidiae, superbiae atque apostasiae eius infectis, (qui, si non per gratiam adiuvarentur, omnes eiusdem ruinae participes facti fuissent) de Caelo cecidit, et, qui mane oriebatur (hoc est 'qui propinquius Divinum participabat splendorem') cum suis corruit in terram, in inferorum extremis tenebris aeterne vesperascens.

Qui, inquam, Luciferus, cum hominem in eodem innocentiae atque gloriae splendore videret, infensius immaniusque sotiam *(sic)* a Deo sibi datam invadit. Verum enim non potentissimi inimici, sed astutissimi dolosique amici prae se fert adulationem (siquidem, cum sciret hominem

---

[1] Luciferi *ex* Luciferis *corr.* M.
[2] Connaturali{bus} Spiritibus *ex* Connaturales Spiritus *mut.* M.

parce que je me suis assis sur son siège». Et aussi : «Vous voyez qu'entre ses saints mêmes nul n'est immuable, et les Cieux ne sont pas purs devant ses yeux[1] ; ceux mêmes qui servent Dieu ne sont pas stables, et il a trouvé du dérèglement jusques dans ses anges !²»

Enfin le Tout-puissant lui dit : «Toi, Chérubin qui étendais tes ailes et qui protégeais les autres, je t'ai établi (c'est-à-dire Je t'ai autorisé) sur ma Montagne Sainte et tu as marché au milieu des pierres brûlantes (c'est-à-dire entre Dieu et son Image), tu étais parfait dans tes voies (parce que tu cultivais pieusement Dieu), jusqu'à ce que l'iniquité a été trouvée en toi»[3], et ainsi de suite.

CHAPITRE 21

Après la chute, Lucifer se dispose plus hostilement, mais avec fourberie, à la ruine de l'homme et entame un dialogue sur le mode dialectique avec la femme.

Ces pensées en tête, et après avoir infecté les esprits connaturels par la contagion de son envie, de sa superbe et de son apostasie (esprits qui, s'ils n'eussent pas été secourus par la grâce, auraient tous partagé la ruine de celui-ci), Lucifer tomba du ciel[4], et celui qui se levait le matin (c'est-à-dire celui qui participait de très près de la splendeur Divine) s'écroula sur la terre avec les siens, s'obscurcissant pour toujours dans les ténèbres extrêmes des régions inférieures.

Ce Lucifer, dis-je, voyant l'homme dans la même splendeur de l'innocence et de la gloire, se rue sur l'épouse que Dieu avait donné à ce dernier, se montrant encore plus hostile et plus monstrueux. Néanmoins, il ne se présente pas à elle en Ennemi très puissant, mais il s'arme de la flatterie

---

[1] Cf. *Job*, 15, 15 : «Vous voyez qu'entre ses saints mêmes nul n'est immuable, et les Cieux ne sont pas purs devant ses yeux.»

[2] Cf. *Job*, 4, 18 : «Ceux mêmes qui servaient Dieu n'ont pas été stables, et il a trouvé du dérèglement jusques dans ses anges.»

[3] *Ezéchiel*, 28, 14-15 : «Vous étiez ce Chérubin qui étendiez vos ailes et qui protégiez les autres ; je vous ai établi sur la montagne sainte de Dieu et vous avez marché au milieu des pierres brûlantes. Vous étiez parfait dans vos voies au jour de votre création, jusqu'à ce que l'iniquité a été trouvée en vous.»

[4] Cf. *Isaïe*, 14, 12 : «Comment es-tu tombé du Ciel, Lucifer, toi qui paraissais si brillant au point du jour ? Comment as-tu été renversé sur la terre, toi qui frappais de plaie les nations ?»

in manu arbitrii sui conditum, violentae ipsius infestationi ipsum praevalere posse compertum habebat), ideoque sensus mortiferos occulte proponit, facultatem bonum et malum discernendi collaudat, conditionem eius quasi vilem vituperat, Deum fieri et Altissimo similem evadere ipsam invitat, Logicam, hoc est 'artem per sensus scientiam invenire' demonstrat, sophisticum syllogismum docet, et, finaliter, casu alterius suum consolare conceptumque obtinere de/*68/*siderium totis conatur viribus.

Itaque, Deum Optimum invidiae crimine culpans, sophisticam (quam nunc mortales 'Dialecticam' dicunt) proponit quaestionem, et, partem pro toto accipiens: "Cur, inquit, Deus praecepit vobis ut non comederetis ex omni ligno paradisi?"

Cui, adhuc sapiens, Heva, per intellectualem et connaturalem scientiam, negativum per affirmativum refutans et partis pro toto non esse bonam consequentiam indicans, dicit: "De fructu lignorum quae sunt in paradiso vescimur. De fructu autem ligni quod est in medio paradisi praecepit nobis Deus ne comederemus et ne tangeremus illud, ne forte moriamur."[1]

Cap(ut) 22

{{Primo quidem Inimicus mulieris constantiam atque sapientiam admiratur, tandem, per duo adverbia, dialectice explicata, Deum fieri suasa, mulier de vetito ligno comedit et virum suum inescat[2].}}

Ad haec obstupescit Sophisticus, et splendorem simplicissimae sapientiae inconcussumque constantiae vigorem admiratur Dialecticus, non tamen cessat (hoc enim est dialecticorum proprium — Veram Sacramque Scientiam nunquam concedere), adhuc infestat fortiusque

---

[1] *Gen., 3, 2-3.*
[2] *inescat scr.*: enescat M.

d'un ami, très rusé et fourbe (car, comme il savait que l'homme avait été doté du libre arbitre, il était convaincu que celui-ci pouvait résister à une attaque violente), et, par conséquent, il lui expose, d'une façon occulte, les sens mortifères, il comble de louanges la faculté de discerner le bien d'avec le mal, il critique la condition de l'homme comme étant vile, l'engage à devenir Dieu et à se rendre semblable au Très-Haut, il lui présente la Logique, c'est-à-dire l'art de trouver la science à travers les sens, lui enseigne le syllogisme sophistique et, finalement, il essaie de toutes ses forces de se consoler de sa propre chute par la chute de l'autre et d'obtenir la satisfaction du désir qu'il avait couvé.

Et ainsi, accusant Dieu le Très-Bon du péché de l'envie, il soumet à la femme une question sophistique (que les mortels appellent maintenant dialectique) et, prenant la partie pour le tout, il dit : « Pourquoi Dieu vous a-t-il commandé de ne pas manger de tous les arbres du paradis ? »[516] Encore sage, Ève, par la science intellectuelle et innée, réfutant le négatif par l'affirmatif et indiquant que la conséquence de la partie au tout n'était pas bonne, lui dit : « nous mangeons du fruit des arbres qui sont dans le Paradis. Mais du fruit de l'arbre qui est au milieu du Paradis, Dieu nous a commandé de ne pas en manger et de ne pas y toucher, de peur que nous ne mourrions. »[517]

CHAPITRE 22

D'abord, l'Ennemi admire la constance et la sagesse de la femme, mais finalement, celle-ci, convaincue, par deux expressions dialectiquement expliquées, de devenir Dieu, mange de l'arbre interdit et en donne à son mari.

Devant cette réponse, le Sophiste reste interdit et le Dialectique admire la splendeur de sa sagesse très simple et la vigueur inébranlable de sa constance, mais, cependant, il ne s'arrête pas (car c'est la caractéristique des dialectiques de ne jamais se ranger à l'avis de la Science

---

[1] *Gen.*, 3, 1 : « Et il dit à la femme : Pourquoi Dieu vous a-t-il commandé de ne pas manger du fruit de tous les arbres du paradis ? » La partie pour le tout, c'est-à-dire un arbre pour tous les arbres.

[2] *Gen.*, 3, 2-3 : « La femme lui répondit : Nous mangeons du fruit des arbres qui sont dans le paradis. Mais pour ce qui est du fruit de l'arbre qui est au milieu du paradis, Dieu nous a commandé de n'en point manger et de n'y point toucher, de peur que nous ne fussions en danger de mourir. »

inculcat, adverbium ('ne forte') astute captat, et dubitativo totaliter negativum obiiciens: "Nequaquam, inquit, morte moriemini." Hinc, obscurum occultans sensum, Veridicum testem pro falso testimonio impie adfert: "Scit enim, inquit, Deus quod, in quocumque die comede/*69*/ritis, aperientur oculi vestri." Deinde, sensitivam scientiam (quae per sensu{u}m explorationem acquiritur) arrogantissimis et rebeliosissimis extollens verbis: "Et eritis, infert, sicut Dii, scientes bonum et malum."[1]

Vah! Aucupatur mulier, non quidem statim, nec per sensus (siquidem nondum erubescebat), sed, primo, per spiritualem, immortalem, immaterialem et angelicum rebellionis appetitum, in simplicissimam veritatem peccans; tandem, per suum adventitium adverbium 'ne forte' (quod Deus non dixerat), Inimici negativum 'nequaquam' concedit — unde non solum non morituram, sed etiam Deum fieri credit.

Itaque, primo intellectuali scientia offuscata, per visus demum fallacem explorationem "vidit bonum esse lignum ad vescendum (viden sensitivam scientiam, quae, ab ipso introitu, non fructum, sed arborem esse bonum ad vescendum dictitat?!) et pulchrum oculis aspectuque[2] delectabile."[3] Cuius delectationis ergo, statim suboritur memoriae *o*blivio[4], et mandati obliviscitur Divini (quod sententiali conditione editum erat: "De ligno scientiae boni et mali ne comedas, in quacumque enim die comederis, ex eo morte morieris!"[5]).

---

[1] *Pro tota Inimici laudatione v. Gen., 3, 3-5.*
[2] aspectúque *secus* M.
[3] *Gen., 3, 6.*
[4] *o*blivio *scr.*: ablivio M.
[5] *Gen., 2, 17.*

Vraie et Sacrée) et continue de la harceler et de s'imposer à elle avec plus d'insistance. Il s'empare avec ruse de l'expression «de peur que», opposant à la forme dubitative une négation totale : «En aucun cas vous ne mourrez.»[1] Puis, cachant le sens obscur de ce qu'il dit, il apporte de manière impie un témoin Véridique pour produire un témoignage faux : «Car Dieu sait qu'aussitôt que vous en aurez mangé vos yeux seront ouverts.»[2] Ensuite, vantant la science sensitive (qui s'acquiert par l'investigation au moyen des sens) par des paroles très arrogantes et séditieuses, il dit : «Et vous serez comme des Dieux, en connaissant le bien et le mal.»[3]

Ah ! la femme est désormais prise au piège, certes non sur-le-champ, ni par les sens (puisqu'elle ne rougissait pas encore)[4], mais, première-ment, par le désir spirituel, immortel, immatériel et angélique de révolte, péchant contre une vérité très simple ; enfin, elle concède l'expression négative «en aucun cas» de l'Ennemi à la place de sa propre expression adventice «de peur que» (que Dieu n'avait pas dit)[5], et, à partir de là, elle croit, non seulement qu'elle ne mourra pas, mais aussi qu'elle deviendra Dieu.

Et ainsi, dès que sa science intellectuelle eut été obscurcie, par la seule observation fallacieuse de la vue, elle vit que *l'arbre était bon à manger* (c'est bien la science sensitive, vois-tu ?, qui d'emblée dit et redit que non le fruit, mais l'arbre est bon à manger !), *beau aux yeux et agréable à la vue.*[6] De cette délectation naît donc sur-le-champ la perte de la mémoire et la femme oublie le commandement divin (qui avait été prononcé sous forme de sentence : «De l'arbre de la science du bien et du mal tu ne mangeras pas, car au même temps que tu en mangeras, tu mourras !»[7]).

---

[1] *Gen.*, 3, 4 : «Le serpent repartit à la femme : Assurément vous ne mourrez point.»

[2] *Gen.*, 3, 5 : «Mais c'est que Dieu sait qu'aussitôt que vous aurez mangé de ce fruit vos yeux seront ouverts...»

[3] *Gen.*, 3, 5 : «...et vous serez comme des dieux, en connaissant le bien et le mal.»

[4] Cf. *Gen.*, 2, 25 : «Adam et sa femme étaient alors tous deux nus, et ils n'en rougis-saient point.»

[5] *Gen.*, 2, 17 : «Mais ne mangez point du fruit de l'arbre de la science du bien et du mal ; car au même temps que vous en mangerez, vous mourrez très certainement.» L'expression avait été ajoutée par Ève dans sa réponse au serpent.

[6] *Gen.*, 3, 6 : «La femme considéra donc que [le fruit de] cet arbre était bon à manger ; qu'il était beau et agréable à la vue.» La Bible de Port-Royal corrige le texte, en ajoutant «le fruit de cet arbre».

[7] *Gen.*, 2, 17 : «Mais ne mangez point [du fruit] de l'arbre de la science du bien et du mal ; car au même temps que vous en mangerez, vous mourrez très certainement.»

Itaque mulier, primo per intellectualem elevationem, secundo per de{i}ficationis fallacem fallacis credulitatem, tertio per visus fraudulentam explora/*70*/tionem, ab Inimico invitata, a se et per se volens et appetens seducta, postremo per esum pomi Deum fieri deliberat, tetigit, tulit, gustavit, comedit, mortiferum deglutivit[1] venenum, et dedit et viro suo, qui (statim) comedit.

Bone Deus! Quae participative praeceptum didicerat[2], quadamtenus opponitur omnium animalium callidissimo, serpenti; qui autem praesentialiter, necnon interiectis gravissimis minis, edoctus erat, non solum quod non arguat delirium[3] passam sociam, non solum quod non timeat praecepti conculcati vindictam, non solum quod non agnoscat peccatum, sed etiam, nulla obiectione, nulla haesitatione proposita, nullo denique elencho opposito, festinanter, inhaesitanter et praecipitanter accepit, comedit, et Deum[4] fieri indubitanter credidit.

Cap(ut) 23

{{Tres propositiones quaestionales ex praecedentibus ordientes.}}

Ex praecedentibus speculationibus tres, et quidem mysticae quaestiones[5] subintelligi apparebant. Et prima quidem: 'Quare Inimicus primo mulierem, et non virum infestaverit[6]?' 'Et unde sibi persuadebat, lapsa muliere, collapsurum etiam virum eius?' Secunda autem: 'Antequam cognoscatur a muliere quid sit bonum et malum, quomodo

---

[1] deglutivit *scr.*: diglutivit M.
[2] didicerat *scr.*: dedicerat M.
[3] delirium *scr.*: dilirium M.
[4] Deum *ex* Deus *mut.* M.
[5] mysticae quaestiones *ex* mysticam quaestionem *mut.* M.
[6] infestaverit *ex* infectaverit *corr.* M.

Et ainsi, la femme, appâtée par l'Ennemi premièrement par l'éléva-
tion intellectuelle, deuxièmement par la foi trompeuse en une déification
fallacieuse, troisièmement par l'examen trompeur de la vue, séduite à
vouloir et à désirer d'elle-même et par elle-même[1], en arriva finalement
à l'opinion que, mangeant du fruit, elle deviendrait Dieu, le toucha, le
prit, le goûta, le mangea, avala le venin mortifère et en donna aussi à son
mari, qui en mangea tout de suite.

Bon Dieu! Celle qui avait, par participation[2], appris Ton commandement s'oppose jusqu'à un certain point au serpent, *le plus fin de tous les
animaux*[3]; en revanche, celui à qui Tu l'avais prononcé en personne, et
même sous les menaces les plus graves, non seulement ne convainc pas
d'erreur sa femme, en proie au délire, non seulement ne craint pas le
châtiment pour le commandement foulé aux pieds, non seulement ne
reconnaît pas le péché, mais il le prit sans nulle objection, sans faire voir
nulle hésitation, sans opposer enfin nul argument, à la hâte, sans réfléchir et précipitamment, en mangea et crut indubitablement qu'il allait
devenir Dieu.

CHAPITRE 23

*Trois propositions interrogatives sont formulées à partir de ce qui
précède.*

Les recherches précédentes semblent renfermer trois questions, et
précisément des questions mystiques. La première : «Pour quelle raison,
l'Ennemi harcela-t-il premièrement la femme et non l'homme?» et
«Comment pouvait-il être persuadé que, la femme une fois tombée, son
mari tomberait aussi?». La deuxième : «Comment, avant de connaître
ce qu'était le bien et le mal, la femme put-elle se représenter par avance

---

[1] Cantemir reprend l'interprétation traditionnelle du péché originel comme transgression du commandement (voir, par exemple, Saint Jean Chrysostome, *Sermons sur la
Genèse*, VII, PG 53, 134 : «Qu'est-ce donc le bien? L'obéissance. Qu'est-ce le mal? La
désobéissance» et, dans le même sens, Saint Augustin, *De Genesi ad litteram*, VIII, 6,
12, PL 34, 377), mais il y ajoute le désir de l'homme de vouloir de soi et par soi, un point
éthique dont il amorcera le développement au Livre VI.

[2] Lat. *participative*. Car le commandement avait été formulé avant que la femme ne
fût créée de la côte d'Adam.

[3] Cf. *Genèse*, 3, 1 : «Or le serpent était le plus fin de tous les animaux que le
Seigneur Dieu avait formé sur la terre.»

praefigurare potuerit repraesentationem boni et mali (sine sensu enim imagina/71/tionem rei dari non posse in confesso est), quae tandem, ad cognitionem deducta, ut bonam nancisci appetat?' Tertia tandem (quae ex secunda resultat): 'Quomodo homo, in statu scientiae simplicis intellectionis, in ipsam simplicem veritatem peccare potuerit, et unde motus ad defectus inclinationem?

Cap(ut) 24

{{Primae quaestionis primi membri solutio.}}

Primae igitur quaestionis resignatio sic apparebat:

Inimicus, cum sciret ante creatam mulierem Deum soli viro pro vetito ligno mandatum dedisse, ipsam rudem et Divini Praecepti inscientem putabat. Ideoque primo ipsam adoritur et, iuxta dialogum antea recitatum, argute 'an hoc sciat?' caute tentat. Cum autem ipsam eiusdem scientiae participem totisque numeris in eadem sapientia perfectam comperiret, illico duo esse in carne una intellexit, et eiusdem Divinae Imaginis[1] participes esse percepit. Ideoque nec viri doctrina, aut institutione de pomo non edendo opus habuisse (alioquin mulier iuste de praecepti ignoratione conqu[a]eri potuisset). Siquidem intellectualis scientia participative in eadem imagine utrosque complectebatur, et uterque eorum aequali pollebant facultate atque libertate, quemadmodum /72/ per divinam maledictionem viro subiici patet, <eodem> ipsam ante

---

[1] Imaginis *ex* Imagines *mut.* M //

le bien et le mal (car il est évident que sans les sens, il ne peut y avoir l'imagination d'aucune chose[1]), de façon à ce que, une fois amenée devant cette connaissance, elle désirât l'obtenir en tant que bonne?» Et enfin la troisième (qui résulte de la deuxième): «Comment l'homme, se trouvant dans l'état où il entendait par science simple, put-il pécher contre cette même vérité simple; et qu'est-ce qui le poussa à incliner vers une telle défaillance?»

CHAPITRE 24

Solution de la première partie de la première question.

Il semblait donc que l'on pût déchiffrer la première question de la façon suivante:

Puisque l'Ennemi savait que Dieu avait donné le commandement de l'arbre interdit au seul homme, avant que la femme n'eût été créée[2], il considérait celle-ci comme inculte et ignorante du commandement divin. C'est pour cette raison qu'il l'assaille la première et, selon le dialogue reproduit auparavant, la tente avec prudence et habileté afin de voir si elle le sait[3]. Mais, découvrant qu'elle participait de la même science et que, pour la sagesse, elle était parfaite à tous les égards, il comprit sur-le-champ qu'ils étaient deux dans la même chair et il connut qu'ils participaient de la même Image Divine et que c'était pour cela qu'elle n'avait eu besoin ni de l'enseignement du mari ni de la règle de ne pas manger du fruit (autrement, la femme eût pu justement se plaindre d'avoir ignoré le commandement). Car la science intellectuelle les embrassait tous les deux en tant que participant de la même Image et chacun d'eux jouissait d'une faculté et d'une liberté égales; et, puisque l'on sait que la femme fut soumise à son mari par la malédiction divine[4],

---

[1] Selon Aristote (*De anima*, III, 3, 427b 17), «l'imagination n'est pas donnée sans la sensation et sans imagination il n'y a pas de croyance». Cantemir imagine Adam et Ève avant le péché comme n'ayant pas de connaissance par les sens. Ce n'est qu'après la chute, par l'union à l'âme sensitive» que «les sens firent éprouver et sentir à l'homme toutes les choses autrement qu'elles n'étaient» (III, 4).

[2] En effet, Dieu donne son commandement en *Genèse*, II, 17, et il crée la femme en *Genèse*, II, 22.

[3] Cf. ci-dessus, livre II, chap. 21: «Pourquoi Dieu vous a-t-il commandé de ne pas manger de tous les arbres du paradis?», question que l'auteur qualifie de «sophistique».

[4] *Genèse*, 3, 16: «Dieu dit aussi à la femme: [...] Vous serez sous la puissance de votre mari, et il vous dominera.»

maledictionem non fuisse ipsi subiectam. Itaque, quamquam ipsi iuxta animi sententiam non contigerit, tamen, in concepta malitia, de viro nihil amplius solicitus, mulieri persuadere, ipsam primam[1] venari aggreditur.

Cap(ut) 25

{{Primae quaestionis membri secundi solutio.}}

Secundum autem[2] quaestionis membrum sic intellegendum apparebat:

Propositis duobus evidentissimis, et recenter factis exemplis, una simul ac semel cum muliere virum etiam collapsurum sibi persuadebat Malevolus.

Et unum quidem erat quod a participativa, per eiusdem Imaginis splendorem, mulieris scien<ti>a sumserat, quandoquidem ipse non carni, sed facultati carnem unienti, id est Divin*ae*[3] Imagini in carne resplendenti, invidebat, supra quam ascendere et solium suum collocare conabatur Apostata. Atqui, cum iam compertum haberet mulierem eandem imaginem atque facultatem possidere, concludebat, obscurato in muliere Divinae Imaginis splendore, necessario, participative etiam in viro obscuratum iri.

Secundum autem exemplum a casu suo et ab intellectuali suorum peccato afferebat. Quemadmodum enim ipse Luciferus solus apostasiae crimine condemnatus et e Caelis ad infera detrusus, connaturali /73/ participatione[4] omnes post se angelicos detrahebat choros, et in tenebris suis (nisi reliquis Divina supervenisset Gratia) omnes Caelestes Intelligentias[5] obscuratas (sic) iri <sciebat>[6], tali modo mulieris lapsu etiam virum ruiturum et, primo intellectualiter in Deum peccando, postea nullo modo a tali connaturali nexu ipsum evasurum, et, {ne} simul collaberetur, sese defensurum (nisi Gratia, quod unice timebat) minime posse certum habebat. Quod et evenit, unde a fructu cognoscitur arbor, a fine principium[7].

---

[1] ipsam primam *ex* ipsamque *corr.* M.
[2] *Post* Secundum autem, *p.m. scriptum, e margine s.m.* {{eiusdem secundae}} *complere volebat DC, dein eadem delens.*
[3] Divinae *scr.*: Divini (*ante* Imagini) M.
[4] participatione *scr.*: partipipatione M.
[5] Intelligentias *ex* -is *corr.* M.
[6] *Verbum principalem, omnino ab auctore oblitum, v.g. complevi.*
[7] *Proverbia aliunde allata, penes Otto et Häussler desunt.*

avant cette malédiction elle ne lui avait pas été soumise. Et ainsi, bien qu'il ne lui en fût pas donné selon le désir de son âme, pourtant, dans la malice qu'il avait conçue, ne s'occupant plus de l'homme, il entreprend de persuader la femme et d'attraper celle-ci la première.

Chapitre 25

Solution de la seconde partie de la première question.

Quant à la seconde partie de la question, il semblait cependant qu'elle dût être comprise de la manière suivante :

Le Malveillant se persuada que l'homme allait tomber en même temps que la femme à travers deux nouveaux exemples très clairs.

Le premier exemple en était celui qu'il avait tiré de la science que la femme possédait en participant de la splendeur de la même Image, puisqu'il enviait non la chair, mais la faculté qui s'unissait à la chair, à savoir l'Image Divine brillant dans la chair[1], au-dessus de laquelle l'Apostat essayait de monter et d'asseoir son trône[2]. Et néanmoins, découvrant que la femme possédait la même image et la même faculté, il en concluait que, si la splendeur de l'Image Divine se fût obscurcie dans la femme, elle se serait nécessairement obscurcie, par participation, aussi dans l'homme.

Le second exemple, il le prenait de sa propre chute et du péché intellectuel des siens. En effet, de même que Lucifer lui-même, condamné seul pour apostasie et chassé des Cieux dans les régions inférieures, avait traîné après lui en bas par participation connaturelle tous les chœurs des anges et (si la Grâce Divine ne fût venue en aide aux autres) il eût obscurci dans ses ténèbres toutes les Intelligences célestes, de même il était certain que, par la chute de la femme, l'homme allait aussi s'écrouler, c'est-à-dire qu'après avoir péché intellectuellement contre Dieu il n'eût pu échapper d'aucune façon à un tel lien connaturel et se garder de tomber en même temps (s'il n'y avait eu la grâce, la seule que le Malveillant craignait). C'est ce qui est arrivé en effet, d'où l'on voit que *c'est au fruit que l'on connaît l'arbre*[3] et c'est à la fin que l'on connaît le commencement.

---

[1] C'est-à-dire l'âme.

[2] Cf. *Isaïe*, 14, 13, cité ci-dessus, chap. 20.

[3] *Luc*, 6, 44 : «Chaque arbre se connaît à son propre fruit» ; *Matthieu*, 12, 33 : «car c'est par le fruit qu'on connaît l'arbre.»

Statim enim ac, pomo mulieris ore eso, sensuum corruptione et Imaginis obscuratione infectus est vir, qui ideo, sine ulla obiectione, sine ulla renuatione, atque sine ulla Divini Praecepti recordatione facta, festinanter Deum fieri credit, pomum edit, scientiam boni et mali sine doctore discit, atque sensus vastatores ac felicissimi regni atroces depopulatores facillime admittit, et connaturali nexu simul collabitur.

Cap(ut) 26

{{Secundae quaestionis solutio.}}

Secundae autem quaestionis solutio in hunc videbatur modum:

Cum Inimici persuasio in sensu occulto fallax, in apparente autem verax esset (verax quidem erat, quatenus Deum, Omniscium, bonum /74/ et malum intime discernentem, verum afferebat[1] testem, fallax autem in occulto, quatenus persuadebat, si crediderit, mulierem fieri quod intellectualiter optime noverat, nempe Deum), Hevam non quod sibi ignotum, sed quod notissimum erat credere po{tui}sse manifestum est.

Item, veritati consentaneum est mulierem non prius credidisse (imo nec credere potuisse) id, quod nunquam antea per sensus acquisiverat, id est se scientiam boni et mali discere posse, sed credidisse id, quod per intellectualem scientiam ad possibilitatem optime noverat, hoc est posse Deum, et Dei similem fieri: unde tandem scientiam incogniti boni et mali subsequi non dubitabat; hoc enim et inimici[2] persuasio pollicebatur, et

---

[1] afferebat *scr.*: afferabat M.
[2] inimici *scr.*: enimici M.

En effet, dès que la bouche de la femme eut mangé le fruit, l'homme fut infecté par la corruption des sens et par l'obscurcissement de l'Image; et par conséquent il croit, sans nulle objection, sans nul refus, et sans nul souvenir du commandement divin qu'il deviendrait Dieu en toute hâte, mange le fruit, apprend sans maître la science du bien et du mal et accueille très facilement les sens ravageurs et les dévastateurs cruels du royaume le plus heureux et, en même temps, tombe par le lien connaturel.

CHAPITRE 26

Solution de la deuxième question.

La solution de la deuxième question[1] semblait être de la manière suivante:

Même si le raisonnement de l'Ennemi était captieux dans son sens caché, en apparence il était véridique (il était en effet véridique pour autant qu'il apportait comme témoin vrai le Dieu Omniscient, qui distingue intérieurement le bien d'avec le mal; il était cependant captieux dans le sens caché, pour autant qu'il essayait de persuader à la femme que, si elle le croyait, elle deviendrait ce qu'elle avait très bien connu intellectuellement, à savoir Dieu). Il est évident qu'Ève ne pouvait croire ce qui lui était inconnu, mais plutôt ce qui lui était très connu.

De même, il est conforme à la vérité que la femme ne crut pas (et même qu'elle ne pouvait pas croire), en première instance, quelque chose qu'elle n'avait jamais auparavant acquis par les sens[2], à savoir qu'elle pût apprendre la science du bien et du mal, mais qu'elle crut en revanche ce que, par la science intellectuelle, elle avait bien considéré comme possible, à savoir qu'elle pût devenir Dieu et semblable à Dieu: aussi ne doutait-elle pas enfin que la science du bien et du mal inconnus allait s'ensuivre. Cela, en effet, lui était à la fois promis par le raisonnement de

---

[1] «Avant de connaître ce qu'était le bien et le mal, comment la femme put-elle se représenter par avance le bien et le mal?» On trouve chez Saint Jean Chrysostome une problématique analogue: «nous avons promis de parler d'abord de l'arbre, pour examiner si c'est de lui que vint à Adam la connaissance du bien et du mal, ou si Adam avait ce discernement même avant d'en avoir consommé.», *Sermons sur la Genèse*, VI, PG 54, 605. La solution de Saint Jean Chrysostome consiste à dire que Adam possédait le discernement du bien et du mal dès sa création. La solution de Cantemir est différente.

[2] Aristote, *De l'âme*, III, 8, 432a 5: «Voilà pourquoi si l'on n'avait aucune sensation, on ne pourrait non plus rien apprendre ni comprendre.»

ordo propositionum eius indicaba[n]t: "Et eritis, inquit, sicut Dii" — tandem suggerit — "scientes bonum et malum"[1] — quod tamen econtra evenit.

Postquam enim Divinum transgressa est Praeceptum, et perfecte tam in anima, quam in corpore perpetravit peccatum: tun{c}[2] demum prius cognovit spiritualiter et intellectualiter in Deum peccasse et per obscuritatem (quae Divini splendoris aversio est) propriae Imaginis animam occidisse; posterius autem, per sensuum acquisitionem, /75/ mortis corporalis viam *i*rrevertibilem[3] ingressam fuisse sensit, unde, quid sibi antea bonum (quod, ut simplex, simpliciter, in simplice veritate, agnoscebat), et quid postea sibi malum (quod, ut composita, composite, in composita boni et mali scientia, hoc est in lege diabolica) contigerit, recognovit.

Itaque manifestum est hominem per intellectualem scientiam in id, quod intellectualiter cognoscebat, peccare contigisse, antequam per sensitivam scientiam, imaginationem boni et mali, sensitive habuisset.

CAP(VT) 27

{{Tertiae quaestionis solutio, per comparationem B(eatae) Virginis et Jesus Domini.}}

Ad solutionem autem Tertiae quaestionis sic aggrediendum apparebat:

De fide Sacrae Scientiae est ante conditum hominem Angelos fuisse a Deo creatos, et quidem libera voluntate dotatos[4] in{que} ministerium gloriae Suae Maiestatis destinatos fuisse; quos tamen (ut Deus 'ante saecula et post saecula', id est res antequam fierent praesciens) praenoverat, invidia in Dei Imaginem et superbiae apostasia in Ipsum Deum peccaturos, et a vero lumine, per liberam voluntatem, defecturos.

---

[1] *Gen., 3, 5.*
[2] tun{c} *ex* tú (= tum) *mut.* M.
[3] *i*rrevertibilem *scr.* : errevertibilem M.
[4] dotatos *ex* dotati *corr.* M.

l'Ennemi et indiqué par l'ordre de ses propositions : «Et vous serez comme des Dieux – et, puis, il ajoute – en connaissant le bien et le mal»[1] ; et, toutefois, ce fut le contraire qui advint.

Car ce ne fut qu'après avoir transgressé le commandement divin et commis le péché, tant dans son âme que dans son corps, qu'elle connut, tout d'abord, avoir péché spirituellement et intellectuellement contre Dieu et avoir fait la perte de son âme par l'obscurcissement (qui est le fait de se détourner de la splendeur Divine) de l'Image qu'elle portait ; cependant, après, par l'acquisition des sens, elle sentit qu'elle était entrée dans le chemin irréversible de la mort corporelle et, à partir de là, elle reconnut ce qui lui était auparavant arrivé de bien (qu'elle connaissait, en tant que simple, de façon simple, dans la vérité simple) et ce qui lui était par la suite arrivé de mal (qu'elle connaissait, en tant que composée, de façon composée, dans la science composée du bien et du mal, c'est-à-dire dans la loi diabolique).

Et ainsi il est évident que l'homme pécha par la science intellectuelle contre ce qu'il connaissait intellectuellement, avant d'avoir de façon sensitive, par la science sensitive, la vision du bien et du mal.

CHAPITRE 27

Solution de la troisième question, à travers la comparaison avec la Sainte Vierge et le Seigneur Jésus.

Pour résoudre la troisième question, il semblait qu'il fallût l'aborder de la manière suivante :

De la foi de la Science Sacrée il résulte que les anges furent créés par Dieu avant la création de l'homme et aussi qu'ils furent dotés d'une libre volonté et destinés au ministère de la gloire de Sa Majesté ; Dieu cependant (en tant que Dieu d'avant les siècles et d'après les siècles[2], c'est-à-dire connaissant avant que les choses n'arrivent) avait su d'avance que ceux-ci allaient pécher, par envie contre l'Image de Dieu et en se révoltant dans leur superbe contre Dieu même, et qu'ils allaient s'éloigner de la vraie lumière par leur libre volonté.

---

[1] *Gen.*, 3, 5 : «...et vous serez comme des dieux, en connaissant le bien et le mal. »
[2] La formule «*ante saecula et post saecula*» apparaît chez le Pseudo-Philon, *Antiquités bibliques*, 21, 4 : « Même si notre fin aboutit à la mort, toi, du moins, tu vis, toi qui existes avant les siècles et après les siècles. »

Tandem, cum hominem eadem liberae voluntatis facultate pollentem creasset, et insuper Sua Indepingibili Imagine condecorasset, ob quam Luciferus, in/*76*/vidia ductus atque superbia correptus, a Deo, Creatore suo, defecit, itaque de Caelo cecidit apostata. Cuius pestilentiae contagio omnes eius connaturales in eandem vergebant ruinam.

Verum enim Pater Luminum Clementissimus et omnium Gubernator Sapientissimus, per gratiae quidem p{r}otectionem[1], partem eorum semper in eodem bonum volendi, partem autem[2] eorum per gratiae retractionem semper in eodem m*a*lum[3] volendi, id est quamlibet in propria inclinatione[4] permansuram, separavit.

Demum, non ad restaurandam deficientium ruinam per se, sed ad praeparandam ruentium repletionem per Imaginem Suam, mira et inaccessibili utitur dispensatione, nimirum, homine in paradiso delitii[5] libere constituto, hanc condi<ti>onem (ut apparebat) interposuit: Si per liberam ipsi concessam voluntatem Praeceptum servaverit, non solum quod casorum Angelorum locum obtineat, sed etiam {{ipsis}} in bono perseverantibus Angelis illustrior atque nobilior evadat; sin minus, etiam[6] ipsis in malo perseverantibus obscurior atque ignobilior fiat. Ita{que}[7], <ut> quamcumque partem maluerit, hanc prosequatur, et fructum viae suae comedat libere <ei> concessum est.

Quod si homo per liberam voluntatem semper in bonum inclinasset, de facto talem felicitatis obtinuisset statum, qualem pro Heva Deipara obtinuit /*77*/ Virgo, et, si voluisset, in eodem innocentiae statu permanere potuisset, in quo Virgo Maria permanere voluit et potuit. Cuius[8] propriam et liberam voluntatem cum Deus semper in bonum inclinaturam praeviderat, per Spiritum S(acro-) Sanctum obumbrata<m> atque ab originali etiam macula purificata<m>, ipsis Caelestibus Thronis atque Intelligentiis ampliorem, sublimiorem atque nobiliorem fecit.

---

[1] p{r}otectionem *ex* potectionis *corr.* M.
[2] autem autem *dittographice* M.
[3] m*a*lum *scr.* : molum hic M.
[4] in propria[[m]] inclinatione[[m]] M.
[5] delitii *ex* dilitii *corr.* M.
[6] etiam *scr.* : et tiam M, *fors* ei, *schedae in margine a DC adiectum, male in textum supra inserens.*
[7] Ita{que} *ex* et *corr.* M.
[8] Cui*u*s *scr.* : Cuium (*ante* propriam) M.

Enfin, parce que Dieu avait créé l'homme fort de cette même faculté de la libre volonté et qu'il l'avait paré en outre de son Image infigurable, Lucifer, conduit par l'envie et corrompu par la superbe, s'éloigna de Dieu, son Créateur, et, ainsi, l'apostat tomba du Ciel. La contagion de cette peste dirigea tous ses connaturels vers la même ruine.

Néanmoins, le Père Très Clément des Lumières et Gouverneur Très Sage de toutes les choses sépara une partie d'eux, qui, par la protection de sa grâce, voulait toujours le bien, et une autre partie, qui, par le retrait de sa grâce, voulait toujours le mal, c'est-à-dire devait demeurer dans sa propre inclination, quelle qu'elle fût.

Finalement, non afin de restaurer par soi la ruine de ceux qui s'éloignaient, mais afin de préparer la nourriture[1], par Son Image, de ceux qui tombaient, il use d'une plan merveilleux et inaccessible ; il posa donc à l'homme, librement établi dans le paradis des délices, la condition (d'après ce qu'il semblait) suivante : s'il observait le commandement par la libre volonté qui lui avait été accordée, non seulement il obtiendrait la place des anges déchus, mais il finirait par devenir plus illustre et plus noble que les anges qui persévéraient dans le bien ; si, toutefois, il ne le faisait pas, il allait devenir plus obscur et plus ignoble même que ceux qui persévéraient dans le mal. Et ainsi il lui fut accordé librement de se diriger dans la direction qu'il préférerait et de manger le fruit de sa voie[2].

Mais si l'homme eût toujours, par sa libre volonté, incliné vers le bien, il eût certainement obtenu un état de félicité tel que la Vierge Mère de Dieu en obtint à la place d'Ève et, s'il l'eût voulu, il eût pu demeurer dans le même état d'innocence dans lequel la Vierge Marie voulut et put demeurer. Comme Dieu avait prévu que la volonté propre et libre de celle-ci allait toujours incliner vers le bien, couverte de l'ombre de l'Esprit Sacro-Saint[3] et même purifiée de la souillure originelle, il la fit plus grande, plus sublime et plus noble que les Trônes et les Intelligences Célestes.

---

[1] Lat. *repletio*, un terme utilisé en général pour le rassasiement par l'Eucharistie, ou bien par l'Esprit, ou par la vision béatifique, cf. Blaise, 1966.

[2] Cf. *Proverbes*, 1, 31 : « Ainsi ils mangeront le fruit de leur voie ».

[3] Lat. *per Spiritum Sanctum obumbrata*. Cf. *Luc*, 1, 35 : « Le saint Esprit surviendra en vous ; et la vertu du Très-haut vous couvrira de son ombre. »

Pro marito autem Hevae, Adamo, Exemplum luculentissimum habemus Jesum Christum, qui etiam 'Filius Davidi, Mariae et hominis' vocatur. Qui, cum perfectus esset homo, corpore, anima et libertate Adamica praeditus, non solum quod {{etiam}} in minimum {non} inclinaverit malum, non solum quod non inventum est in ore eius dolum, sed etiam detrectatoribus, malefactoribus, et, ad summum, occisoribus eius, non solum quod nol[l]uerit malum, sed econtra bonum deprecatus est. Quod si Adamus voluisset, utique et praestitisset, atqui noluit, ergo non praestitit.

Item, cum libera voluntas non corporis, sed animae sit facultas, sequitur hominem, in statu scientiae simplicis veritatis atque intellectionis, per liberam animae voluntatem tam peccare, quam non peccare potuisse.

CAP(VT) 28

{{Exordium mo{r}tis intro /78/ itus in naturam humanam unde sit, animae mors qualis, et corporis quando inceperit ostenditur. Immanissima Inimici tyrannis describitur.}}

/77/Nunc tandem unde egressi sumus reversi, in proposito /78/ speculatione, quid sequatur, consideremus (Intimiorem huiuscemodi mysterii[1] nucleum, per Divinam Gratiam, def<a>ecatioribus pectoribus et fidelioribus Dei servis enucleandum reli<n>quentes):

Homo, id est generis simul atque peccati progenitor Adam, a se falsus, a diabolo delusus, vetitum in medio felicitatis consitum pomum rebelliose comedit, sensitivaeque disciplinae (qui antea omnium praeceptor constitutus erat) fit discipulus, unde mortis introitus in naturam humanam exordium suum ducit.

In illo die, iuxta infallibilem Dei minitantem sententiam, moritur immortalis anima, quatenus divino privatur splendore et obliviscitur verae scientiae, qua Deum et Creatorem cognoscebat (haec enim est mors aeterna, ut creatura Creatorem[2] non cognoscat, et haec est vita aeterna, ut Vnum et Verum Deum cognoscat), et viam mortis ingreditur caro,

---

[1] mysterii *ex* mysterio *corr.* M.
[2] Creatorem *ex* creatura *corr.* M.

Et, à la place du mari d'Ève, Adam, nous avons comme Exemple très clair, Jésus-Christ, que l'on appelle aussi Fils de David, de Marie[1] et de l'homme. Celui-ci, homme parfait, doté d'un corps, d'une âme et de la liberté adamique, n'inclina en rien vers le mal, il n'y eut nulle ruse dans sa bouche, il ne voulut point de mal à ses détracteurs, malfaiteurs et, le comble, à ses meurtriers, mais, bien au contraire, il pria pour leur bien. Et, si Adam l'eût voulu aussi, il y eût certainement réussi ; seulement, il ne le voulut pas et, par conséquent, il n'y réussit pas.

De même, puisque la libre volonté n'est pas une faculté du corps, mais de l'âme, il s'ensuit que, dans l'état de connaissance et de compréhension de la vérité simple, l'homme pouvait, par la libre volonté de son âme, aussi bien pécher que ne pas pécher.

CHAPITRE 28

Il est montré où la mort a commencé à entrer dans la nature humaine, quelle est la mort de l'âme et quand la mort du corps commence. Il est décrit la tyrannie monstrueuse de l'Ennemi.

Maintenant, enfin revenus là d'où nous étions partis, considérons ce qui suit dans la recherche proposée (laissant aux âmes plus pures et aux serviteurs plus fidèles de Dieu la tâche d'éclaircir, par la grâce divine, le fond plus intime d'un tel mystère).

L'homme, c'est-à-dire Adam – l'ancêtre du genre humain et en même temps du péché, s'étant trompé lui-même, abusé par le diable, mange séditieusement le fruit interdit planté au milieu de la félicité et devient le disciple de la doctrine sensitive (lui qui, auparavant, avait été établi précepteur de toutes choses), d'où l'entrée de la mort tire son origine dans la nature humaine.

Ce jour-là, selon l'infaillible sentence de menace de Dieu, l'âme immortelle meurt, en tant qu'elle est privée de la splendeur divine et oublie la science vraie par laquelle elle connaissait Dieu et le Créateur (car la mort éternelle consiste à ce que la créature ne connaisse pas le Créateur et la vie éternelle, à ce qu'elle connaisse le Dieu Un et Vrai), et la chair entre dans le chemin de la mort, en tant que, tourmentée sans

---

[1] Cf. *Marc*, 6, 3.

quatenus, a sensibus continuo devexata, deficiens, ad terram vergit et ad limum, unde sumpta erat, revertitur[1].

Hoc itaque pacto, in Monte Testamenti sedem suam figit Malevolus, totum principatum (divina ad tempus retracta gratia) in naturam humanam obtinet rebelliosus, subigit splendorem tenebris tenebricosus, immaterialem materiali, Intellectualem et Spiritualem sensiti/79/vis et brutal{ibus}[2] subiicit pravissimus, et ineffabilem pulchritudinem formae illius vere substantialis foedissime[3] conspurcat conspurcatissimus, ac, tandem, opacos impaenitentiae superindurescere[4] callos conatur paenitentiae inscientissimus — quibus mediantibus miserum iam Adamum Deum pro dato adiutorio culpare, Hevam serpentem deceptorem accusare, et sese, quasi innocentes, per sensitivam scientiam comprobare, atque Dei Oculum cuncta cernentem praeterfugere impellit Infamis.

CAP(VT) 29

{{Deus Clementissimus servum profugum quaerit, mysterium confessionis largitur, viam ad paenitentiam facilitat, per confessionem mis<er>icordiam consecutos in maledictione benedicit[5]. Veritas, Iustitia, Mis<er>icordia et Pax conciliantur.}}

Proh, dolor! Vocem Dei audiunt (et non amplius Deum vident) in aurora post meridiem (tempus futurae salutis praesignificans)

---

[1] *Cf. Gen., 3, 19.*
[2] brutal{ibus} *s.m. in vacuo relicto adiecit* M.
[3] foedissime *ex* fidissime *corr.* M.
[4] superindurescere *ex* -scit *mut.* M.
[5] benedicit *scr., cf. n 142 ad p. 81* : benedicat M.

arrêt par les sens, affaiblie, elle penche vers la terre et retourne dans la poudre, d'où elle avait été tirée[1].

De cette manière, le Malveillant établit son siège sur le Mont de l'Alliance[2], le Rebelle acquiert l'entière principauté sur la nature humaine (car la grâce divine avait alors été retirée), le Ténébreux subjugue la splendeur aux ténèbres, le très Méchant assujettit l'immatériel au matériel, l'intellectuel et le spirituel aux choses sensitives et brutales et le très Sale souille d'une manière répugnante la beauté ineffable de cette forme vraiment substantielle[3] et, enfin, le très Ignorant de la pénitence ose endurcir davantage les croûtes épaisses de l'impénitence – moyen par lequel l'Infâme pousse le misérable Adam à blâmer Dieu pour l'aide qu'il lui avait donnée[4], Ève à accuser le serpent trompeur[5] et tous les deux à se justifier, par la science sensitive, comme s'ils étaient innocents, et à fuir en se cachant de l'Œil de Dieu qui voit tout.

CHAPITRE 29

Dieu le Très Clément cherche son serviteur fugitif, lui accorde le mystère de la confession, lui facilite le chemin vers la pénitence, bénit ceux qui, dans l'attente du châtiment, ont obtenu la miséricorde par la confession. La Vérité, la Justice, la Miséricorde et la Paix sont conciliées.

Oh, douleur! Ils entendent la voix de Dieu (mais ne voient plus Dieu), qui se promenait dans le vent doux de l'après-midi[6] (préfigurant

---

[1] Cf. *Genèse*, 3, 19 : « Vous mangerez votre pain à la sueur de votre visage, jusqu'à ce que vous retourneriez en la terre d'où vous avez été tiré ; car vous êtes poudre, et vous retourneriez en poudre. »

[2] Cf. *Isaïe*, 14, 13 : « Je monterai au ciel, j'établirai mon trône au-dessus des astres de Dieu, je m'assiérai sur la montagne de l'alliance aux côtés de l'aquilon. »

[3] Lat. *forma substantialis*, l'âme humaine, la première forme entre toutes, cf. Livre V, chap. 8.

[4] Cf. *Genèse*, 3, 12 : « Adam lui répondit : La femme que vous m'avez donnnée pour compagne m'a présenté du fruit de cet arbre ; et j'en ai mangé. » Le terme « aide » (lat. *adiutorium*) est dans *Genèse*, 2, 18 : « Le Seigneur dit aussi : Il n'est pas bon que l'homme soit seul : faisons-lui une aide semblable à lui. »

[5] Cf. *Genèse*, 3, 13 : « Elle répondit : Le serpent m'a trompée ; et j'ai mangé de ce fruit. »

[6] Cf. *Genèse*, 3, 8 : « Et comme ils eurent entendu la voix du Seigneur Dieu qui se promenait dans le paradis après midi ; lorsqu'il se lève un vent doux, ils se retirèrent au milieu des arbres du paradis, pour se cacher de devant sa face. »

deambulantis, et timent, quam antea gaudebant, et fugiunt, ad quam antea aspirabant; erubescunt nuditatem, quae antea ipsis honor simplicitatis et felicitas insensationis mortalitatis. Visitat eos Creator, et non quidem in furore, sed in misericordia. "Vbi es, Adam?" Aeterna vocat Charitas, et, per gratiae infusionem, veluti dissimulata eius praevaricatione, vult quidem, non tamen cogit, perpetratum[1] peccatum per acquisitam iam sensistivam scientiam agnoscere, qui confitetur quidem nuditatem, attamen ficulneis foliis ipsam contegere putabat. Statim Pater Clementissimus aeter/80/na salutis ponit[2] fundamenta, et viam consecuturae mysteriosae confessionis ad aperiendum facilitat: "Quis (inquit) indicavit tibi quod nudus esses?"[3] (et confestim ipsum per charitatis adminiculum ad perfectiorem atque simpliciorem deliquii confessionem attrahit), subiiciens: "nisi quod ex ligno, de quo praeceperam ne comederes, comedisti?"

Dubitative scrutatur Omniscius, ad hoc, ut opaca Adami scientia quodammodo Omniscii praescientiam praesentiret. Qui[4] conscientiae compunctione sentit quidem, attamen in caeca excusatione atque frivola disceptatione instans: "Mulier, inquit, quam mihi sociam dedisti, dedit mihi de ligno!"[5] Ad haec infinitam misericordiam opponit Iustissimus Iudex, charitatis compellenti[6] infundit Spiritum, qui, veluti inscio Adamo, atque, ob mansi pomi amaritudinem, mutefactum os eius

---

[1] perpetratum scr. : perpatratum M.
[2] ponit ex …it s.m. corr. M.
[3] Hic et infra Gen., 3, 11.
[4] qui ex cui corr. M.
[5] Gen., 3, 12.
[6] charitatis compellenti perperam corr. : et charitatis compellentem ex charitatis compellenti M.

le temps du salut futur)[1], craignent ce dont auparavant ils se réjouissaient, et fuient ce qu'ils cherchaient auparavant d'atteindre, rougis-
sant de leur propre nudité, qui, auparavant, était pour eux l'ornement
de la simplicité et le bonheur de ne pas connaître la mort. Le Créateur
leur rend visite, non en colère, mais avec miséricorde. La Charité
éternelle l'appelle : « Où es-tu, Adam ? »[2] et, lui infusant la grâce,
comme s'il passait sous silence la faute de celui-ci, il veut (mais ne l'y
contraint pas pour autant) l'amener à reconnaître le péché commis par
le fait d'avoir désormais acquis la science sensitive. Celui-ci confesse
sa nudité[3], mais il pensait cependant la couvrir par des feuilles de
figuier[4]. Aussitôt, le Père Très Clément jette les fondements éternels du
salut et ouvre généreusement la voie du mystère de la confession qui
allait s'ensuivre, disant : « D'où as-tu su que tu étais nu ? »[5] et l'attire
sur-le-champ par l'assistance de la charité vers une confession plus
parfaite et plus simple de sa faute, en ajoutant : « sinon de ce que tu as
mangé de l'arbre dont je t'avais ordonné de ne pas manger ? »[6]

L'Omniscient le scrute interrogativement, afin que la science opaque
d'Adam en pressente d'une certaine façon la prescience. Adam la sent
en effet, à travers la componction de sa propre conscience, mais
néanmoins, continuant de se justifier aveuglément et de disputer frivo-
lement, il dit : « La femme que Tu m'as donnée pour compagne m'a
présenté de cet arbre ! »[7]. Alors, le Juge Très Juste lui offre sa miséricorde infinie, répand sur l'apostrophé l'Esprit de la charité[8] et, presque

[1] Cf. *Matthieu*, 27, 46-50 : « Et sur la neuvième heure [vers trois heures de l'après-midi] Jésus jeta un grand cri : *Eli, eli, lamma sabachtani* ; c'est-à-dire : Mon Dieu, mon Dieu, pourquoi m'avez-vous abandonné ? [...] Mais Jésus, jetant un grand cri pour la seconde fois, rendit l'esprit. »
[2] Cf. *Genèse*, 3, 9 : « Alors le Seigneur Dieu appela Adam, et lui dit : Où êtes-vous ? »
[3] Cf. *Genèse*, 3, 10 : « Adam lui répondit : J'ai entendu votre voix dans le paradis, et j'ai eu peur, parce que j'étais nu : c'est pourquoi je me suis caché. »
[4] Cf. *Genèse*, 3, 7 : « En même temps leurs yeux furent ouverts à tous deux ; ils reconnurent qu'ils étaient nus ; et ils entrelacèrent des feuilles de figuier, et s'en firent de quoi se couvrir. »
[5] Cf. *Genèse*, 3, 11 : « Le Seigneur lui repartit : Et d'où avez-vous su que vous étiez nu... ? »
[6] Cf. *Genèse*, 3, 11 : « sinon de ce que vous avez mangé du fruit de l'arbre dont je vous avais défendu de manger ? »
[7] Cf. *Genèse*, 3, 12 : « Adam lui répondit : La femme que vous m'avez donnée pour compagne m'a présenté du fruit de cet arbre... »
[8] Je traduis d'après le premier stade du manuscrit, corrigé après par inadvertance, me semble-t-il, *compellenti*.

aperiens, infert: "et comedi"[1], hoc est 'transgressus sum pactum sempiternum, sprevi manda<tu>m et confiteor peccatum, quod semper in conspectu nuditatis meae est'.

Hoc {et} unicum erat quod sibi exigebat misericordiarum Deus, in quo postea Clementiae dilatet immensitatem, per quam Inimici subvertat machinas et Apostatae Draconis[2] caput conterat. Item clementer {{mulierem}} interrogat: "Quare /81/ hoc fecisti?"[3] Quae, utroque pede mariti secuta vestigia, uno quidem serpentem deceptorem accusat, altero autem, per "et comedi"[4], tam peccati, quam {se} mortis ream esse fatetur. (Quemadmodum enim per intellectualem peccatum participative maritum infecerat, tali modo, Divina Gratia[e] adiuvante, ad mariti confessionem attrahitur mulier.)

Vnde manifestum est eos Divinam impetrasse misericordiam — quandoquidem serpentem (cuius paenitentiam Divina non curabat Iustitia) nihil interrogat, nullum excusationis locum dat, nec denique causam, quare hoc fecerit, diiudicandam assumit, sed Iustissimam Sententiam decernit: "Quia hoc fecisti (sciebat enim Deus Ipsum nullam sese iustificandi ansam habere), maledictus es inter omnia animantia"[5] et cae(tera).

Verum enimvero hic Misericordia et Veritas obviaverunt sibi. Iustitia et Pax osculatae sunt. Adamum in maledictione benedicit[6], in sudore vultus comedit panem suum, in terram, unde sumptus est, revertitur[7] —

---

[1] *Gen., 3, 12*: (et comedi) *frustra (hic et infra() parentheseos signis inclusit* M.
[2] draconis *ex* dracones *corr.* M.
[3] *Gen., 3, 13.*
[4] *Cf. n. 137 ad p. ant.*
[5] *Gen.,* 3, 14.
[6] benedic*it ex* benedicat *corr.* M.
[7] Cf. *Gen., 3, 19 et 23.*

sans qu'Adam en soit conscient, lui faisant ouvrir la bouche, privée de parole à cause de l'amertume du fruit mangé, lui fait dire : « et j'en ai mangé », c'est-à-dire « j'ai transgressé l'Alliance éternelle, j'ai méprisé l'ordre et je confesse le péché, qui est toujours sous les yeux de ma nudité »[1].

Le Dieu des miséricordes n'exigeait pas davantage pour y étendre l'immensité de sa Clémence, par laquelle il anéantît les machinations de l'Ennemi et broyât la tête du Serpent Apostat. De même il interroge avec indulgence la femme : « Pourquoi as-tu fait cela ? »[2] Elle, suivant pas à pas les traces de son mari, d'une part accuse le serpent trompeur, d'autre part, cependant, disant : « et j'en ai mangé »[3], reconnaît d'être coupable du péché et de mériter la mort. (Car, de même que la femme avait, de façon participative, infecté son mari du péché intellectuel, de même, avec l'aide de la Grâce Divine, elle est attirée par la confession de son époux.)

D'où l'on voit clairement qu'ils ont obtenu la Miséricorde divine – de fait, Dieu ne demande rien au serpent (de la pénitence duquel la Justice divine ne se souciait guère), ne lui donne nulle occasion de se justifier et, enfin, n'entreprend non plus de juger la raison pour laquelle il avait fait cela, mais prononce la Sentence Très Juste : « Parce que tu as fait cela, tu es maudit entre tous les animaux », et ainsi de suite[4].

Mais ce fut là que la Miséricorde et la Vérité se sont rencontrées, la Justice et la Paix se sont donné le baiser[5]. Il bénit Adam de manger, dans l'attente de son châtiment, son pain à la sueur de son visage et de

---

[1] Cf. *Genèse*, 3, 12 : «...et j'en ai mangé.» La suite, après « c'est-à-dire », n'est pas dans la Genèse ; il convient de la comprendre comme un équivalent, donné par Cantemir, de la fin de la phrase prononcée par Adam : « et j'en ai mangé ».

[2] Cf. *Genèse*, 3, 13 : « Le Seigneur Dieu dit à la femme : Pourquoi avez-vous fait cela ? »

[3] Cf. *Genèse*, 3, 13 : « Elle répondit : Le serpent m'a trompée ; et j'ai mangé de ce fruit. »

[4] Cf. *Genèse*, 3, 14-15 : « Alors le Seigneur Dieu dit au serpent : Parce que tu as fait cela, tu es maudit entre tous les animaux et toutes les bêtes de la terre. Tu ramperas sur le ventre, et tu mangeras la terre tous les jours de ta vie. Je mettrai une inimitié entre toi et la femme, entre sa race et la tienne. Elle te brisera la tête, et tu tâcheras de la mordre par le talon. »

[5] Cf. *Psaume* 84, 11 : « La Miséricorde et la Vérité se sont rencontrées, la Justice et la Paix se sont donné le baiser ». C'est une personnification des attributs divins que la tradition met en rapport avec la venue du Messie.

quia quandoque Veritas de terra exoritura et Iustitia de Caelo prospectura erat.

Quamobrem mactatur ovis innocua et fit a Deo pro Adamo et uxore eius pellicea tunica, qua turpitudinem mortalem cooperirent, et terram operaturus tacita vo/*82*/ce in spei certitudine clamet: "Etenim Deus dabit benignitatem, et terra nostra dabit fructum suum!"[1]

CAP(VT) 30

{{In ipsa mundi creatione Propheta admiratur mysterium dispensationis salutis humanae. In primo S(acro)S(anctae) Trinitatis consilio 'faciamus!', in secundo autem 'ecce, factus est!'}}

Magna opera Domini, exquisita in omnes voluntates eius. Opera manuum eius Veritas et Iudicium, fidelia omnia mandata eius. Redemptionem misit populo suo, mandavit in aeternum Testamentum suum. "Dixit Dominus Domino meo: Sede a dextris meis, donec ponam inimicos tuos scabellum pedum tuorum.[2] Tecum principium {{in die}}

---

[1] Cf. *Gen., 4, 12.*
[2] *Ps. 109, 1.*

retourner dans la terre d'où il fut tiré[1] – parce qu'un jour la Vérité allait sortir de la terre et la Justice regarder du Ciel[2].

Et c'est pour cela qu'une brebis innocente est immolée et que Dieu fait pour Adam et l'épouse de celui-ci une tunique de peau, par laquelle ils couvrent leur turpitude humaine[3] et qu'Adam, se préparant à travailler la terre, dit à voix basse, dans la certitude que lui donne l'espoir : « Car le Seigneur donnera sa bénédiction, et notre terre portera son fruit ! »[4]

CHAPITRE 30

Le Prophète admire dans la création même du monde le mystère de l'économie du salut de l'homme. Au premier conseil de la Trinité Sacro-Sainte, il a été dit « Faisons ! », et au second « Voilà, il est devenu ! »

« Les œuvres du Seigneur sont grandes, et sont réglées selon toutes ses volontés »[5]. « Les œuvres de ses mains ne sont que vérité et que justice. Tous ses préceptes sont fidèles »[6]. « Il a envoyé un Rédempteur à son peuple : il a fait une alliance avec lui pour toute l'éternité »[7]. « Le Seigneur a dit à mon Seigneur : Assieds-toi à ma droite, jusqu'à ce que je réduise tes ennemis à te servir de marche-pied. Tu posséderas la principauté et l'empire au jour de ta puissance et au milieu de l'éclat qui environnera tes saints. Je t'ai engendré de mon sein avant l'étoile du

---

[1] Cf. *Genèse*, 3, 17-19 : « Il dit ensuite à Adam : Parce que vous avez écouté la voix de votre femme, et que vous avez mangé du fruit de l'arbre dont je vous avais défendu de manger, la terre sera maudite à cause de ce que vous avez fait, et vous n'en tirerez de quoi vous nourrir pendant toute votre vie qu'avec beaucoup de travail. Elle vous produira des épines et des ronces, et vous vous nourrirez de l'herbe de la terre. Vous mangerez votre pain à la sueur de votre visage, jusqu'à ce que vous retourniez en la terre d'où vous avez été tiré ; car vous êtes poudre, et vous retournerez en poudre. »

[2] *Psaume*, 84, 12 : « La vérité est sortie de la terre ; et la justice nous a regardé du haut du ciel. »

[3] Cf. *Genèse*, 3, 21 : « Le Seigneur Dieu fit aussi à Adam et à sa femme des habits de peaux dont il les revêtit. »

[4] *Psaume*, 84, 13 : « Car le Seigneur donnera sa bénédiction, et notre terre portera son fruit. »

[5] Cf. *Psaume*, 110, 2 : « Les œuvres du Seigneur sont grandes, et sont réglées selon toutes ses volontés. »

[6] Cf. *Psaume*, 110, 7-8 : « Les œuvres de ses mains ne sont que vérité et que justice. Tous ses préceptes sont fidèles… »

[7] Cf. *Psaume*, 110, 9 : « Il a envoyé un Rédempteur à son peuple : il a fait une alliance avec lui pour toute l'éternité. »

virtutis tuae, in splendoribus Sanctorum ex utero ante Luciferum genui te. Tu es sacerdos in aeternum. Iuravit Dominus et non paenitebit eum."[1]

Vere hae propositiones aeternae veritatis sunt, ex quibus colligi apparebat talia: quandoquidem in Adamica creatione, concitato S(acro)-S(anctae) Trinitatis consilio[2], "Faciamus, inquit, hominem ad Imaginem et Similitudinem nostram".[3] Sequitur <ut>, in eiusdem perfectione*m*[4], repetito S(acro)Sanctae) Trinitatis consilio, quid fecerit, deliberet — hoc tamen Sapientissima Trinitas non post perfectionem creationis, sed post defectum labis eius deliberavit, dicens: "Ecce, Adam factus est quasi unus ex Nobis. Bone Deus, inscrutabilia iudicia Tua, et Sapientiae Tuae non est finis!"

/83/ Et quomodo (per gratiam Tuam rogo explices) Adamus apostata, praecepti transgressor, duplicique[5] morti reus, quomodo, inquam, factus est quasi unus ex vobis? Qui Solus absque peccato, Solus Immortalis, et Solus <a>eterne immutabilis es?

CAP(VT) 31

{{Sacra Scientia docet <ut>, cum Adamum in litera occisum legamus, in spiritu revivificatum intelligamus, et cum Diabolum[6] Adamum mendacio[7] decepisse audiamus, non Adamum, sed semetipsum fefellisse sciamus.}}

Ad haec, sic admonere apparebat, quae per gratiam infusa est, Veritatis Scientia. Hic valedicamus literae, quae in Sacris immortalem

---

[1] *Ibid., 3-4.*
[2] consilio *ex* consilia *corr.* M.
[3] *Gen., 1, 25.*
[4] perfectione*m scr.* : perfectione[[m]] M.
[5] duplicique *scr.* : duplici[[s]]que M.
[6] Diabolum *scr.* : Diabulum *hic* M.
[7] mendacio *scr.* : mendatio M.

jour. Le Seigneur a juré, et son serment demeurera immuable que tu es le prêtre éternel. »[1]

En vérité, celles-ci sont des paroles de vérité éternelle, dont semblaient découler les choses suivantes : lors de la création d'Adam, le conseil de la Trinité Sacro-Sainte, s'étant réuni, a dit : « Faisons l'homme à notre image et à notre ressemblance »[2], puis pour parachever l'homme, le conseil de la Trinité Sacro-Sainte s'est de nouveau réuni pour délibérer ce qu'il y avait à faire. La Trinité Très Sage en délibéra – toutefois, non après avoir fini la création, mais après la souillure du péché – disant : « Voilà, Adam est devenu comme l'un de Nous. »[3] Bon Dieu, que Tes jugements sont impénétrables, et Ta Sagesse n'a pas de fin ![4] Et comment (je t'en prie, explique-moi, par ta Grâce) Adam l'apostat, transgresseur du commandement, passible d'une double mort[5], comment, dis-je, est-il devenu comme l'un de Vous ? Alors que Toi Seul es sans péché, Seul Immortel et Seul éternellement immuable ?

CHAPITRE 31

La Science Sacrée enseigne que, lorsque nous lisons qu'Adam fut tué dans la lettre, il faut comprendre qu'il fut ressuscité dans l'esprit et lorsque nous entendons que le Diable a abusé Adam par le mensonge, il faut savoir que ce n'est pas Adam, mais lui-même qu'il s'est trompé.

C'est de la sorte que la Science de la Vérité, qui avait été répandue par la grâce, semblait m'en avertir. Laissons de côté ici la lettre, qui dans

---

[1] *Psaumes*, 109, 1-2, 4-5 : « Le Seigneur a dit à mon Seigneur : Asseyez-vous à ma droite, jusqu'à ce que je réduise vos ennemis à vous servir de marche-pied. Vous posséderez la principauté et l'empire au jour de votre puissance et au milieu de l'éclat qui environnera vos saints. Je vous ai engendré de mon sein avant l'étoile du jour. Le Seigneur a juré, et son serment demeurera immuable que vous êtes le prêtre éternel selon l'ordre de Melchisédech. »

[2] *Genèse*, 1, 26 : « Il dit ensuite : Faisons l'homme à notre image et à notre ressemblance… »

[3] *Genèse*, 3, 22 : « Et il dit : Voilà Adam devenu comme l'un de nous, sachant le bien et le mal. »

[4] Paraphrase de *Rom.*, 11, 33 : « Ô profondeur des trésors de la sagesse et de la science de Dieu ! Que ses jugements sont impénétrables et ses voies incompréhensibles ! », qui rappelle le *Psaume* 35, 7 : « vos jugements sont un abîme très profond ! »

[5] La mort de son corps, par le fait qu'il était devenu mortel, et la mort de son âme, pour avoir transgressé le commandement de Dieu.

302	SACRO-SANCTAE SCIENTIAE INDEPINGIBILIS IMAGO

occidit Adamum, et ad spiritum accedamus, qui, mortuum a saeculis eadem induens immortalitate, Vni Personae S(acro)S(anctae) Trinitatis, id est Filio similem, et Regni Sui[1] cohaeredem facit; praesupponitur namque Divinam Providentiam iam scopum[2], antequam fieret, attigisse, et Sacro-Sanctam Filii incarnationem iam S(acro)S(anctam) Trinita{tem} consilio[3] decrevisse.

Cuius mysterii Diabolus inscius, quamquam mala intentione, attamen, veluti invitus, veritatem fatetur, nempe Deum scire homines Deos fieri posse, et Altissimo assimilari : quemadmodum idem Inimicus, in regeneratione, invitus eandem fatetur veritatem, nempe se scire Jesum, filium David, esse Filium Dei.

Itaque quod ipse, invidia ductus, in sensu occulto, pro mendacio proponebat, idem Deus per suam Aeternam Charitatem in ve*/84/*rum transmutat, et quod Inimicus pro pessimo malo suadebat, idem Divina Clementia in optimum bonum convertit.

Itaque[4] per mysterium futurae, in tempore, ante s<a>ecula autem praedestinatae, Filii incarnation*is*[5], in futurum Adamica caro deificatur, et immortalitate donatur.

Porro, inimica persuasione homo fit boni et mali sensitivi sciens, sed Paterna Charitas, eandem scientiam obliterans, de qua sibi Inimicus gaudebat (latebat enim ipsum Adamicae regenerationis scientia) futuram spiritualem infuse docet, per quam occisor occiditur, seductor seducitur, et qui in carne mortuus est, is in spiritu et gratia vivificatur atque deificatur.

Sero tandem dialecticus sophista per argumentum, quo Adamum captasse gratulabatur, per idem non Adamum, sed semetipsum strangulasse contristatur. Incredibile enim, simul atque impossibile[6] erat serpentis astutiam Divinam fore victuram Sapientiam.

---

[1] Su*i scr.* : suo M.
[2] scopum *scr.* : scopulum *ex* scopelum, *sed omnino frustra, corrigere temptabat* M.
[3] Trinita{tem} consilio *ex* Trinitatis consiliú *corr.* M.
[4] Itaque *ex et corr.* M.
[5] incarnation*is scr.* : incarnationem M.
[6] Impossibile ... incredibile *prius scripta numeris invicem s.m. mutata.*

les Saintes Écritures tua Adam l'immortel, et approchons-nous de l'esprit, qui, revêtant l'homme mort depuis des siècles de la même immortalité[1], le rend semblable à une Personne de la Trinité Sacro-Sainte, à savoir au Fils, et le fait cohéritier de son Règne ; car il faut admettre que la Providence Divine avait déjà atteint son but, avant que Celui-ci ne vînt et que la Trinité Sacro-Sainte réunie en conseil avait décidé l'Incarnation Sacro-Sainte du Fils.

Ignorant ce mystère, le Diable, bien qu'animé par une intention méchante, avoue cependant, comme sans le vouloir, une vérité, à savoir que Dieu sait que les hommes peuvent devenir des dieux et s'assimiler au Très Haut[2] ; par là même, dans la régénération d'Adam, l'Ennemi avoue sans le vouloir la même vérité, à savoir qu'il sait que Jésus, le fils de David, est le Fils de Dieu.

Et ainsi, ce que le Diable, conduit par l'envie, exposait à l'homme, selon le sens caché, comme mensonge, Dieu, par son éternelle Charité, le transforme en vérité, et le mal suprême, dont l'Ennemi espérait persuader, la Clémence Divine le convertit dans le suprême bien.

Et ainsi, par le mystère de l'Incarnation du Fils à venir dans le temps, mais prédestinée avant les siècles, la chair d'Adam est déifiée dans la vie future et douée d'immortalité.

Persuadé par l'Ennemi, l'homme acquit la science du bien et du mal sensitifs, mais la Charité Paternelle, effaçant cette science dont l'Ennemi se réjouissait (car la science de la régénération d'Adam lui échappait), lui enseigne de façon infuse la science spirituelle future, selon laquelle le meurtrier est tué, le séducteur séduit et celui qui est mort dans la chair est ressuscité et déifié dans l'esprit et la grâce.

Tard, enfin, le Sophiste dialectique s'attriste de voir que, à travers l'argument par lequel il se félicitait d'avoir pris au piège Adam, c'était lui-même et non Adam qu'il avait pris à la gorge. Car il était incroyable, et en même temps impossible, que la finesse du serpent vainquît la Sagesse Divine.

---

[1] Cf. 1 *Cor*, 15, 53 : « car il faut que ce corps corruptible soit revêtu de l'incorruptibilité, et que ce corps mortel soit revêtu de l'immortalité. » Le thème est évoqué aussi par Origène, *Traité des principes*, II, 3, 2, 55.

[2] Cf. *Genèse*, 3, 5 : « Mais c'est que Dieu sait qu'aussitôt que vous aurez mangé de ce fruit, vos yeux seront ouverts, et vous serez comme des Dieux en connaissant le bien et le mal. » Dans cette exégèse allégorique, le Diable anticipe, sans le savoir (*inscius*) et sans le vouloir (*invitus*), la Résurrection.

CAP(VT) 32

{{Proponuntur adverbia 'nunc', 'ne forte' et conditionale praeceptum 'in quacunque die', et explicatur adverbium 'nunc' literale et 'nunc' spirituale.}}

Itaque, inito S(acro) S(anctae) Trinitatis consilio, in "Faciamus", et, perfecto, in "Ecce, factus est", tandem haec sempiterna datur sententia: "Nunc ergo ne forte mittat manum suam et sumat etiam de ligno vitae et co/*85*/medat et vivat in aeternum."[1] Hic diligenter perpendenda et pie intelligenda est literae atque spiritus mysteriosa mistura: et quidem, primo, adverbium 'Nunc' (quod opponitur τῷ 'In quacumque die'); secundo autem, adverbium 'Ne forte, {{verum}}' (quod opponitur adverbio ab Eva excogitato 'Ne forte').

'Nunc' quidem literale successionem in tempore significat. 'Nunc' autem spirituale aeternitatem tam in praeterito, quam in futuro denotat. Igitur 'Nunc' literale secundum Misericordiam iam praesens et perfectum erat. 'Nunc' autem spirituale, secundum Iusti{ti}am, futurum et imperfectum[2] erat, alioquin omnis iustitia in Iordane debe{ba}t impleri, et 'Nunc' literale per 'Nunc' spirituale in fine successionum Temporis (quem Sacrae Paginae "πλήρωμα τοῦ χρόνου"[3] appellare solent), nempe in Cruce Domini, patefieri, et in illo 'Nunc' omnia consum<m>ari Divina praedestinaverat Providentia.

---

[1] Cf. *Gen., 2, 16-17.*
[2] inmperfectum M.
[3] πλήρωμα *scr.*: πληρομα *sine accentu* M: *Gal., 4, 4; cf. et Eph., 1, 10 et 23.*

CHAPITRE 32

Les expressions «maintenant», «de peur que» et l'ordre conditionnel «aussitôt que» sont exposées et l'expression «maintenant» littéral et «maintenant» spirituel est expliquée.

Et ainsi, après que le conseil de la Trinité Sacro-Sainte eut commencé par «Faisons!» et eut fini par «Voilà, il est devenu!», la sentence éternelle est enfin prononcée: «Maintenant donc, de peur qu'il n'étende pas sa main à l'arbre de vie, qu'il ne prenne aussi de son fruit, et qu'en mangeant il ne vive éternellement.»[1] Ici il faut méditer soigneusement et comprendre pieusement le mélange mystérieux de la lettre et de l'esprit; et, tout d'abord, l'expression «maintenant» (qui s'oppose à «aussitôt que»[2]) et ensuite l'expression «de peur que» (qui s'oppose à l'expression inventée par Ève, «de peur que»[3]).

Le «maintenant» littéral signifie la succession dans le temps. En revanche, le «maintenant» spirituel désigne l'éternité, tant dans le passé que dans le futur. Par conséquent, le «maintenant» littéral était, selon la Miséricorde, à la fois présent et achevé. Le «maintenant» spirituel, en revanche, était selon la Justice, futur et inachevé[4]; autrement toute la justice eût dû s'accomplir dans le Jourdain et la Providence Divine avait prédestiné que le «maintenant» littéral se fût révélé par le «maintenant» spirituel au terme de la succession du Temps (que les ouvrages sacrés appellent d'habitude «l'accomplissement des temps»[5]), à savoir dans la Croix du Seigneur, et que toutes les choses se consomment dans ce «maintenant»-là[6].

---

[1] Cf. *Genèse*, 3, 22: «Empêchons donc maintenant qu'il ne porte sa main à l'arbre de vie, qu'il ne prenne aussi de son fruit, et qu'en mangeant il ne vive éternellement.»

[2] Cf. *Genèse*, 3, 5: «Mais c'est que Dieu sait qu'aussitôt que vous aurez mangé de ce fruit vos yeux seront ouverts, et vous serez comme des dieux, en connaissant le bien et le mal.»

[3] Cf. *Genèse*, 3, 3: «Mais pour ce qui est du fruit de l'arbre qui est au milieu du paradis, Dieu nous a commandé de n'en point manger, et de n'y point toucher, de peur que nous ne fussions en danger de mourir.»

[4] Dans le temps de la créature pécheresse, les moments (les maintenant) se succèdent l'un à l'autre, donc lorsqu'un moment est présent, un autre vient de s'achever, mais dans l'éternité de la vie future, il n'y a pas de succession. Cantemir consacrera le Livre IV à la question du temps et de l'éternité.

[5] Cf. *Galates*, 4, 4; *Éphésiens*, 1, 10.

[6] Cf. *Jean*, 19, 30: «Jésus, ayant donc pris le vinaigre, dit: Tout est accompli. Et baissant la tête, il rendit l'esprit.»

Ergo, 'Nunc' literae et 'Nunc' spiritus counitis, quodlibet suum servat proprium. Quamobrem in 'Nunc' literae arcetur Adamus, ne comedat de ligno vitae et vivat in aeternum. In 'Nunc' autem spiritus iam incarnatio salvifica Verbi Salvifici fit; iam Cruci affigitur, iam moritur, iam resurgit Novus Adamus, et iam vincenti datur comedere de fructu arboris vitae, /86/ et, quemadmodum in litera, antequam sensitive moriatur, in anima moritur, tali modo in spiritu, antequam spiritualiter reviviscat, in corpore reviviscit.

CAP(VT) 33

{{Tam Hevae, quam Dei prolatum adverbium 'ne forte', tam literaliter, quam spiritualiter explicatur, et tam literalis, quam spiritualis Divinae Sententiae effectus, tam secundum 'nunc' literale, quam secundum spirituale repraesentantur.}}

De duplici autem adverbio, hoc est tam de Evae, quam de Dei 'Ne forte', sic intelligendum:

Heva quidem protulerat "Ne forte moriamur"[1] (quod Deus non dixerat), et forte mortui sunt (quod malum Summe-Optimus nolebat). Deus autem opponit: 'Ne forte in aeternum vivat'[2], et forte in aeternum vivunt (quod bonum Optimus naturaliter et per se volebat).

Hic admirabar et in spiritu tam Iustitiam, quam Misericordiam Divinam adorabam, quandoquidem Dei Iudicia ab humana longe distent perceptione — quam ob causam[3] in litera contradictoria quidem apparent Divina oracula, in spiritu autem firmiter concordant.

In carne enim creata de arbore vitae non comedit Adamus et moritur, in carne autem regenerata et comedit, et in aeternum vivit. In prima

---

[1] *Gen., 3, 3.*
[2] *Gen., 3, 21.*
[3] causam *scr.* : cása(m) M.

Par conséquent, mis ensemble, le «maintenant» de la lettre et le «maintenant» de l'esprit conserve chacun son sens. Aussi est-ce dans le «maintenant» littéral qu'Adam est empêché de manger de l'arbre de vie et de vivre éternellement. Et c'est dans le «maintenant» de l'esprit que se produit l'Incarnation salvifique du Verbe Sauveur; le Nouvel Adam est cloué à la croix, meurt, ressuscite, et, puis, au vainqueur il est donné à manger du fruit de l'arbre de vie et, de même que [Adam], dans la lettre, avant de mourir sensitivement, était mort dans son âme, de même [Jésus], dans l'esprit, avant de revivre spirituellement, ressuscita dans son corps.

CHAPITRE 33

Il est expliqué l'expression « de peur que » prononcée tant par Ève que par Dieu, aussi bien littéralement que spirituellement, et il est représenté l'effet, tant littéral que spirituel, de la Sentence Divine, aussi bien selon le « maintenant » littéral que selon le « maintenant » spirituel.

Cependant au sujet de l'expression deux fois utilisée, c'est-à-dire au sujet du « de peur que » tant d'Ève que de Dieu, on doit comprendre ce qui suit :

Ève avait prononcé en effet : « de peur que nous ne mourrions »[1] (ce que Dieu n'avait pas dit), et néanmoins ils moururent (un mal que le Souverainement Bon ne voulait pas). Cependant, Dieu lui oppose : « de peur qu'il ne vive éternellement »[2], et néanmoins ils vivent éternellement (ce que le Souverainement Bon voulait naturellement et par soi).

Ici j'admirais et j'adorais dans l'esprit tant la Justice que la Miséricorde Divines, car les Jugements de Dieu sont très éloignés de la connaissance humaine, raison pour laquelle les paroles divines apparaissent contradictoires dans la lettre, mais concordent cependant fermement dans l'esprit.

Adam, en effet, ne mange pas dans la chair créée de l'arbre de vie et meurt, mais il en mange dans la chair ressuscitée et vit éternellement.

---

[1] *Genèse*, 3, 2-3 : «La femme lui répondit : Nous mangeons du fruit des arbres qui sont dans le paradis. Mais pour ce qui est du fruit de l'arbre qui est au milieu du paradis, Dieu nous a commandé de n'en point manger et de n'y point toucher, de peur que nous ne fussions en danger de mourir.»

[2] *Genèse*, 3, 22 : «Empêchons donc maintenant qu'il ne porte sa main à l'arbre de vie, qu'il ne prenne aussi de son fruit, et qu'en mangeant il ne vive éternellement.»

Vindicta et Iustitia, in secunda autem Clementia et Misericordia mire suo
funguntur officio. Itaque per Iustitiam in 'Nunc' literae Adamus ex
paradiso eiicitur, in exilium laborum atque contribulationum
    expellitur, per Cherubim /87/ et flammeum gladium versatilem porta
    paradisi custoditur, via ad ipsum spinis tribolisque persepitur, et
    lignum vitae ipsi negatur. Per Misericordiam autem et 'Nunc'
      spirituale portae aeneae franguntur. Inferni principes portas
        suas tollere iubentur, et "Ecce, Ego mitto Angelum
          Meum ante faciem tuam, qui praeparabit viam
          tuam ante te, et per fidem concrucifixo
          Adamo hodie Mecum eris in
          paradiso et ad patriam
          tuam reverteris!"
Aeterne, Optime, Maxime et Sapientissime Deus, mirabi{li}s facta est
Scientia Tua ex me et, cum non potuero ad eam <me erigi>[1],
      ob fortitudinem eius, in mea imbecillitate,
        dabo Tuae Sapi{en}tiae gloriam, in
          saecula saeculorum.

---

[1] cum non potuero ... <pervenire> DC parvum Daco-Romanicum lapsum (= 'chiar
de nu voi fi putut') *corrigens, v.g. supplere conatus sum: (cum) (perperam parentheseos
signis inclusum)* non putuero, *infinitivum, quo opus erat, oblitus*, M.

Dans la première, ce sont la Vengeance et la Justice qui remplissent merveilleusement leur office, dans la seconde, en revanche, ce sont la Clémence et la Miséricorde. Et ainsi, par la Justice, c'est dans un «maintenant» littéral qu'Adam est chassé du Paradis, est envoyé dans l'exil des travaux et des repentirs, la porte du Paradis est gardée par les *Chérubins* et *l'épée de feu étincelante*[1], le chemin de celui-ci est barré d'épines et de chardons et l'arbre de vie lui est refusé. Par la Miséricorde cependant et le «maintenant»

spirituel, *les portes d'airain sont brisées*[2]. Aux princes de l'enfer
il est ordonné d'*élever leurs portes*[3] et: *Voilà que j'envoie*
devant vous mon ange, qui vous préparera la voie où
vous devez marcher[4] et: par la foi dans l'Adam crucifié
tu seras aujourd'hui avec moi dans le paradis[5]
et tu retourneras à ta patrie!
Dieu Éternel, Très Bon, Très Grand et Très Sage, *Ta science est*
élevée d'une manière merveilleuse au-dessus de moi et,
même si je ne peux jamais y atteindre[6]
pour sa solidité dans ma faiblesse,
je rendrai gloire à Ta Sagesse
dans le siècle des siècles!

---

[1] *Genèse*, 3, 24: «Et l'en ayant chassé, il mit des Chérubins devant le jardin des délices, qui faisaient étinceler une épée de feu, pour garder le chemin qui conduisait à l'arbre de vie.»

[2] *Psaume*, 106, 16: «Parce qu'il a brisé les portes d'airain et rompu les barres de fer.»

[3] Cf. *Psaume*, 23, 7: «Élevez vos portes, ô princes; élevez-vous portes éternelles: et le Roi de gloire entrera.»

[4] *Matthieu*, 11, 10: «Car c'est de lui qui a été écrit: Voilà que j'envoie devant vous mon ange, qui vous préparera la voie où vous devez marcher.»

[5] *Luc*, 23, 43: «Et Jésus lui répondit: Je vous dit en vérité que vous serez aujourd'hui avec moi dans le paradis.»

[6] *Psaume* 138, 6: «Votre science est élevée d'une manière merveilleuse au-dessus de moi: elle me surpasse infiniment, et je ne pourrai jamais y atteindre.» «*Mirabilis facta est scientia tua ex me confortata est non potero ad eam*». Pour les occurrences de ce verset dans la philosophie allemande autour de 1610-1620, voir Édouard Mehl, *Descartes en Allemagne. 1619-1620*, Presses Universitaires de Strasbourg, 2001, p. 30-36.

/88/ PROGRESSVS CREATIONIS,

Id est Operatio Naturalis
LIBER TERTIVS

CAP(VT) 1

{{A Deo datam homini Theologicam definitionem Sathan non intelligens, iuxta physicam definitionem, 'utrum talis sit' multiformiter tentat.}}

Hoc[1] modo Vniversi Creatio e Sacra Scientia considerata et humanae conditionis lapsus, naufragii ipsiusque mortis {figura} speculata, atque eiusdem restaurationis, regenerationis[2] futurique Imperii late profundeque praestabilita fundamenta, atque ab aeterno eius praesignata tempora quadamtenus obumbrata, ad progressum Creationis, hoc est ad opus naturae iam naturaliter operantis, ingressurus[3], adhuc pauca quaedam de homine et aeterno eius Inimico, ad instar consequentium praeludii, proponere non supervacaneum esse, ni fallor, puto.

Igitur ex paradiso iam exulatum Adamum partim sibi congratulatur Sathan, partim autem (utpote sua natura cal<l>idissimus atque acutissimus) non mediocriter contristatur, quandoquidem Vocem Divinam audiverat: "Ecce, Adam factus est, quasi unus ex nobis" dicentem[4], atqui Malevolus flagrabat Ada/89/mum fieri non ut unus ex S(acro)S(ancta) Trinitate, sed ut unus ex multitudine sociorum[5] suorum,

---

[1] Hoc *scr.* : Hoh M.
[2] regaenerationis *perperam* M.
[3] ingressurus *ex* ingressuri-, *ni fallor, corr.* M.
[4] *Gen., 3, 22.*
[5] sociorum *scr.* : sotiorum M.

Le Cours de la Création,

C'est-à-dire l'Ouvrage de la Nature

LIVRE TROISIÈME

CHAPITRE PREMIER

Satan, ne comprenant pas la définition Théologique donnée à l'homme par Dieu, le tente sous plusieurs formes, d'après la définition physique, afin de voir s'il est tel.

Après avoir considéré, selon la Science Sacrée, la Création de l'Univers et contemplé la figure de la chute, de la ruine et aussi de la mort de l'humaine condition, et après avoir dévoilé dans une certaine mesure les fondements amples et profonds de la restauration, de la régénération et du futur empire de l'homme, et aussi les âges désignés depuis l'éternité, étant sur le point de passer au Cours de la Création, c'est-à-dire à l'ouvrage naturel de la nature, je crois, sauf erreur, qu'il n'est pas superflu d'exposer encore quelques éléments au sujet de l'homme et de son Ennemi éternel, comme un prélude à ce qui suivra.

De ce que Adam eut été exilé du Paradis, Satan se félicitait, d'une part, mais de l'autre (en tant que très fin et très rusé par sa nature), il s'attristait beaucoup en entendant la Voix Divine dire : « Voilà, Adam est devenu comme l'un de Nous »[1] ; or, le Malveillant brûlait qu'Adam devînt non comme une Personne de la Trinité Sacro-Sainte, mais comme n'importe qui de la foule de ses compagnons, auquel il eût pu

---

[1] Cf. *Genèse*, 3, 22 : « Et il dit : Voilà Adam devenu comme l'un de nous, sachant le bien et le mal. »

cui libere imperare atque dominari possit; unde colligebat discipulum suum aut non perfecte didicisse scientiam sensitivam, aut in captivo suo aliquid virium libere adhuc remansisse, quod indissolubilibus suis vinculis non perstrinxerit.

Ideoque solicite hominem tentat, omnes abditissimos conscientiae angulos disquirit, prolapsae naturae ad regulam vivendi ingressum diligenter observat, tandem ipsum viam corruptionis ingressum fuisse comperit.

Sed ne{que}[1] hoc modo sibi satisfaciens, petulanter spinas et tribolos terrae, primitiarum vice, nudis ipsius supponit pedibus, cutim laedi carnemque transfodi, sanguinem[2] profluere, atque sensitivos dolores ipsum acre infestare observat. Haec[3] et his similia tentat, experitur, videt atque cognoscit, attamen, cum sciret Deum nequaquam mentiri posse (mysterii mysterium[4] in futurum ignorans) gravibus occupatur dubitationibus.

Quamobrem, mulieris conceptum, uteri aggravationem, virium fatigationem, partus acerrimos cruciatus, infantuli ululatum, difficilem lactationem, calamitosam[5] nutritionem, aetatum mutationem atque per totam vitam supervenientium miseriarum infestationem /90/ observitans, quod in sua insatiabili cupiditate haesitabat, per divinam maledictionem completum esse sibi persuadebat, attamen nondum finem mali ponebat.

---

[1] ne{que} *ex* non *mut.* M.
[2] sa sanguinem *dittographice, versuum in marginibus*, M.
[3] Haec *ex* Hae *corr.* M.
[4] mysterium *ex* misterium *statim corr.* M.
[5] calamitosam *ex* ch- *ref.* M.

commander librement et qu'il eût pu dominer; d'où il déduisait soit que son disciple n'avait pas parfaitement appris la science sensitive, soit que son prisonnier avait encore librement conservé quelques-unes de ses forces qu'il n'avait pas resserrées de ses chaînes indestructibles. Aussi tente-t-il l'homme attentivement, examine-t-il tous les recoins les plus reculés de la conscience de celui-ci, observe-t-il soigneusement l'entrée de la nature déchue dans la règle de la vie et trouve-t-il enfin qu'il était entré dans la voie de la corruption.

Mais n'étant satisfait de cette façon non plus, il met effrontément sous les pieds nus de celui-ci, en guise de prémices, les épines et les ronces de la terre[1], observe que la peau en est blessée et la chair transpercée, que le sang s'en écoule et que les douleurs lui harcèlent violemment les sens. Il le tente par ces choses et par d'autres semblables, il le met à l'épreuve, il l'examine et il le connaît, mais, cependant, puisqu'il savait (tout en ignorant le mystère du mystère dans l'avenir) que Dieu ne pouvait aucunement mentir, il est assailli de lourdes incertitudes. Ainsi, observant soigneusement la grossesse de la femme, l'alourdissement de son ventre, l'épuisement de ses forces, les souffrances atroces de l'accouchement, les vagissements du nouveau-né, l'allaitement pénible, l'alimentation insuffisante, le changement des âges et le ravage des malheurs survenant toute la vie, il se persuadait que, par la malédiction divine, l'homme en était arrivé au bout[2], et, toutefois, parce que, dans son insatiable envie, il hésitait, il ne mettait pas encore fin au mal.

---

[1] Cf. *Genèse*, 3, 18 : «Elle vous produira des épines et des ronces...»
[2] C'est-à-dire à la mort.

CAP(VT) 2

{{Vltimus finis Inimici ad duo mala intendit : Cain suum discipulum
facit, perfecte Ethicam sensitivam discit. Deus vult per paenitentiam
ipsum a schola Inimici recedere. Cain Legi diabolicae obtemperat,
fratrem Abel occidit, denuo ad paenitentiam vocatur ; per
desperationem fit Imago Diaboli, et duplex Theologica hominis definitio
traditur.}}

His itaque ab Inimico perpensis, in putamine suae pessimae
considerationis adhuc duo ingentia residebant mala : et unum quidem
erat, si hominem in omnibus legi[1] suae obedientem, alterum autem, iuxta
execrabile suum iudicium, mortem vitaeque sensitivae finem
accipientem videre posset — ad cuius probationem hoc aggreditur
stratagemate[2] :

Cum Adamus vidisset incolatum suum a se longe recessisse, iuxta
antiquam Domini benedictionem ("Crescite[3] et multiplicamini"[4] et
cae(tera)), quam ab ipso Clementissimus non abstulerat, ad naturae
progressum, Hevam coniu[n]gem cognoscit et filios Cain et Abel
procreat. Abel quidem, natu mi{n}or, pecudum pastor, Cain autem, natu
maior, agri cultor erat ; tandem, uterque eorum ex propriis laboribus
primigenia Deo offerunt munera. Hic Deus, ad praefigurandam in
futurum humanae salutis dispensationem, ad Abel munera, id est ad
innocentem immolatam ovem, respiciens[5], Sathan statim Cain, non secus
ac Iscariotem, a Domini veritatis schola[6] ad suam subducit, et propriae
legis, eth/91/nicaeque Ethices philosophiae discipulum facit, videlicet
apud potentiores superbiam in magnificentiam, animi elationem in
magnanimitatem, ob invidiam proximum iugo subigere in Ius imperiale,

---

[1] legi *scr.* : ligi M.
[2] stratagemate *ex* fraud- *mut.* M.
[3] Crescite *scr.* : Crescete (*sc. a Daco-Romanica forma* 'creşteţi' *impulsus*) DC.
[4] *Gen., 1, 28.*
[5] *Cf. Gen., 4, 2-4 : absolutum Nominativum in statu relinquere malui.*
[6] schola[[m]] M.

CHAPITRE 2

La fin ultime à laquelle l'Ennemi tend, ce sont deux maux : faire de
Caïn son disciple et lui enseigner à la perfection l'Éthique sensitive.
Par la pénitence, Dieu veut éloigner Caïn de l'école de l'Ennemi. Caïn
obtempère à la Loi diabolique, tue son frère Abel, est de nouveau
appelé à la pénitence ; par le désespoir, il devient l'Image du Diable ; il
est enseigné la double définition Théologique de l'homme.

Après que l'Ennemi eut ainsi médité soigneusement ces choses, deux
maux formidables restaient encore dans les pensées de sa réflexion très
nuisible : l'un en était de voir l'homme obéir à tous égards à sa loi, et
l'autre, selon son jugement abominable, de le voir trouver la mort et la
fin de la vie sensitive. Pour le mettre à l'épreuve, il entreprend le stratagème suivant.

Voyant qu'il s'était beaucoup éloigné de sa demeure, Adam, selon
l'ancienne bénédiction du Seigneur (« Croissez et multipliez-vous,
etc. »[1]) que le Très-Clément ne lui avait pas retirée, pour le Cours de la
nature, connut Ève, sa femme, et enfanta ses fils Caïn et Abel. Et Abel, le
cadet, était pasteur de bétail, alors que l'aîné, Caïn, cultivait la terre[2] ;
enfin, chacun d'eux offre à Dieu des présents, premiers fruits de leurs
propres travaux[3]. Alors, tandis que Dieu, pour préfigurer l'économie du
salut des hommes dans l'avenir, regarde favorablement les présents
d'Abel, c'est-à-dire la brebis innocente immolée, Satan retire aussitôt
Caïn, de même qu'il fera de l'Iscariote, de l'école de la vérité de Dieu,
pour l'amener à la sienne, et en fait le disciple de sa propre loi et de la
philosophie morale païenne, c'est-à-dire il lui enseigne que, chez les
plus puissants, la superbe passe pour magnificence, l'arrogance pour
magnanimité, subjuguer par envie son prochain pour Droit impérial, la

---

[1] Cf. *Genèse*, I, 28 : « Dieu les bénit, et il leur dit : Croissez et multipliez-vous,
remplissez la terre, et vous l'assujettissez, et dominez sur les poissons de la mer, sur les
oiseaux du ciel, et sur tous les animaux qui se meuvent sur la terre. »

[2] Cf. *Genèse*, 4, 1-2 : « Or Adam connut Ève, sa femme, et elle conçut et enfanta
Caïn, en disant : Je possède un homme par la grâce de Dieu. Elle enfanta de nouveau, et
mit au monde son frère Abel. Or Abel fut pasteur de brebis, et Caïn s'appliqua à l'agri-
culture. »

[3] Cf. *Genèse*, 4, 3-4 : « Il arriva longtemps après que Caïn offrit au Seigneur des
fruits de la terre. Abel offrit aussi des premiers-nés de son troupeau, et de ce qu'il avait
de plus gras. Et le Seigneur regarda favorablement Abel et ses présents. »

iram in fortitudinem transmutari[1], et ob minimam laesionem vindictam accipere et victoriam potiri, viri per sensus scientifici et per rationem sapientissimi [opus] esse docet.

Prave imperanti prave par*et*[2] pravus discipulus Cain, et iniqui inique latam iniquam legem facillime[3] iniquus admittit {{inique}} subditus.

Primo itaque ἠθικώτατος[4], λογιώτατος et σοφώτατος Cain (praeceptoris vestigia sequutus) superbia, secundo invidia, et tertio ira maniaca laborans, pro accipienda vindicta et iniusta victoria occasionem quaeritat opportunam.

Ad haec Clementissimus Deus furiosum Cain animum leni<bu>s institutionibus paternisque visitationibus pacari, atque ad paenitentiae placabilitatem reduci vult, et: "Quare, inquit, iratus es, et cur concidit facies tua?"[5] Et statim ipsi a se concessam liberam proponit voluntatem: "Nonne, si bene egeris, recipies, sin autem male, statim in foribus peccatum tuum aderit[6]? Sub te (enim) erit appetitus eius, et tu dominaberis illius."[7]

Pessimus autem pessimae[8] legis legislator sensitivo suggerit alumno: "Lex mea non permittit[9] /92/ hominem[10] Verum Deum vere colentem vivere, et, ad cuius munera Deus res*pic*it[11], ab hoc vindictam non sumere {{indignum decernit}}, alioquin is, qui minor te est, maior evadet. (Ad hoc refertur Domini dictum "Minimus in Regno Caelorum maior est Io<h>anne"[12].)

Mala Cain voluntas in malam inclinat legem, et, data occasione, fratrem interficit uterinum. Qua de re, Inimicus non tam Cain occisorem, quam Abel gaudet occisum, et unum quidem quia legi suae obedivisse,

---

[1] transmutari *ex* -re *corr.* M.
[2] par*et scr.*: parit M.
[3] facillime *scr.*: ficillime M.
[4] ἠθικώτατος *ex* ἐθικώτατος *mut.* M.
[5] *Cf. Gen., 4, 6.*
[6] aderit *ex* adierit M.
[7] *Cf., hic et supra, Gen., 4, 6-7.*
[8] pessimae *ex* Legis *corr.* M.
[9] permittit *ex* permisi- *corr.* M.
[10] hominem *ex* himinem *corr.* M.
[11] res*pic*it *scr.* (*cf. Gen., 4, 5*): rescipit M.
[12] *Cf. Mt., 11, 11.*

colère pour courage[1], mais aussi qu'il doit tirer vengeance du moindre tort et qu'un homme de science doit remporter la victoire par les sens et qu'un très sage, par la raison.

A celui qui ordonne de travers, Caïn, mauvais disciple, obéit de travers, et l'injuste admet très facilement l'injuste loi de l'injuste, injustement promulguée et s'y soumet de façon injuste.

Et ainsi Caïn, l'éthique, le raisonnable et le sage[2], cultivant (suivant les traces de son précepteur) d'abord la superbe, puis l'envie et enfin la colère folle, cherche ardemment une occasion favorable pour remporter une victoire vindicative et injuste. Alors, Dieu le Très-Clément veut apaiser la fureur de Caïn par des conseils doux et des remontrances paternelles et le conduire à se laisser fléchir par la pénitence, et lui demande: «Pourquoi es-tu en colère et pourquoi paraît-il un si grand abattement sur ton visage?»[3] Et il lui met aussitôt en avant la libre volonté qu'il lui avait accordée: «Si tu fais bien, n'en seras-tu pas récompensé? Et si tu fais mal, ne porteras-tu pas aussitôt la peine de ton péché? Mais ta concupiscence sera sous toi, et tu la domineras.»[4] Mais le très méchant législateur de la loi très mauvaise suggère à son élève sensitif: «Ma loi ne permet pas que l'homme vive honorant véritablement le Dieu Vrai et juge qu'il est indigne de ne pas tirer vengeance de celui dont Dieu regarde favorablement les présents, autrement celui qui est plus petit que toi finira par devenir plus grand (c'est cela que signifient les paroles du Seigneur: «Le plus petit du Royaume des cieux est plus grand que Jean.»[5]).

La volonté méchante de Caïn incline vers la loi mauvaise et, l'occasion s'en présentant, il tue son propre frère. Aussi l'Ennemi se réjouit-il davantage de ce qu'Abel eût été tué que de ce que Caïn fût le meurtrier;

---

[1] La magnificence, gr. Μεγαλοψυχία (lat. *magnificentia*), la magnanimité, gr. μεγαλοπρέπεια (lat. *magnanimitas*) et le courage, gr. ἀνδρεία (lat. *fortitudo*) sont trois des vertus qui caractérisent l'idéal moral d'Aristote, cf. *Éthique à Nicomaque* IV, 4-6, IV, 7-9, III, 9-12.

[2] Cantemir utilise les adjectifs grecs: ἠθικώτατος, λογιώτατος et σοφώτατος.

[3] Cf. *Genèse*, 4, 6: «Pourquoi êtes-vous en colère et pourquoi paraît-il un si grand abattement sur votre visage?»

[4] Cf. *Genèse*, 4, 7: «Si vous faites bien, n'en serez-vous pas récompensé? Et si vous faites mal, ne porterez-vous pas aussitôt la peine de votre péché? Mais votre concupiscence sera sous vous, et vous la dominerez.»

[5] Cf. *Matthieu*, 11, 11: «Je vous dis en vérité qu'entre ceux qui sont nés de femmes, il n'y en a point eu de plus grand que Jean-Baptiste; mais celui qui est le plus petit dans le royaume des cieux est plus grand que lui.»

alterum autem quia morte occubuisse videret. Itaque, quamquam totum iam in hominem obtinuisse imperium deliberarit[1], attamen eiusdem doctrinae complementum docere et in constitutionibus suis ipsum confirma{re} adhuc molitur.

Deus autem Optimus et Parens misericordiarum, eodem visitationis ordine (quo et prolapsum parentem visitaverat): "Vbi est, inquit, frater tuus, Abel?"[2] Cain apostata negat 'se scire ubi sit frater eius', et dat causam: 'qui{a} nec *custodem*[3] eius esse' respondit. Maledicit ei Deus ob malum facinus, maledicit[4] etiam terrae eius, ob sanguinem, quem susceperat.[5] Hic per desperationem declarat Cain Divinae Imaginis

---

[1] deliberarit *ex* -ret *mut.* M.

[2] *Gen., 4, 5.*

[3] *custodem scr., cf. Gen., 4, 5*: pastorem M.

[4] maledicit *scr., cf. Gen., 4, 11*: meledicit M.

[5] *Hic longam marginalem notam inseruit ipse DC*: {{Cave Mathiae Illyrici haeresim, qui asserebat peccatum originale esse substantiam quandam a Daemone factam, quae sit eius viva et essentialis imago, quam, post peccatum primi hominis, ita impresserit in posteris, ut illam totam substantialiter corruperit et in imaginem suam transformarit, quam nos 'moralem' intelligimus, quatenus paenitentiae inscientem, ut ex definitionibus pie apparet.}}

et de l'un parce qu'il avait trouvé la mort et de l'autre parce qu'il voyait qu'il avait obéi à sa loi. Et ainsi, même s'il pensait qu'il avait obtenu un empire total sur l'homme, il entreprend néanmoins de lui enseigner le complément de sa doctrine et de le raffermir dans ses habitudes. Cependant Dieu le Très-Bon et le Père des miséricordes, dans le même ordre de remontrances (qu'il avait également adressées à son père lors de la chute de celui-ci), lui dit: «Où est ton frère, Abel?» Caïn l'apostat lui répond qu'il ne sait pas où est son frère et lui en donne pour raison qu'il n'est pas le gardien de son frère. Dieu le maudit pour son crime, maudit aussi sa terre pour le sang qu'elle avait reçu[x*1].

Alors, par désespoir, Caïn déclare avoir perdu la ressemblance de l'Image Divine et avoir acquis la ressemblance de son précepteur, et dit

---

[x] Prends garde à l'hérésie de Matthias Illyricus, qui affirmait que le péché originel est une substance faite par le Démon, laquelle serait l'image vivante et essentielle de ce dernier. Le Démon, après le péché du premier homme, l'aurait tellement imprimée dans ceux qui suivirent, qu'il la [sc. l'âme de ceux-ci] corrompit substantiellement en entier et il la transforma dans son image, que nous entendons comme «morale», en tant qu'ignorante de la pénitence, ainsi qu'il apparaît pieusement des définitions (note de l'auteur).

[*] Matthias Flacius Illyricus (ou Matija Vlacich), né à Albona, dans la péninsule d'Istrie, 1520, mort à Francfort sur Main en 1575. Après des études de théologie, il s'installa à Wittenberg, comme professeur d'hébreu (1544), puis à Jena (1557), comme professeur de Nouveau Testament. Fortement influencé par Luther et rejetant l'attitude modérée de Mélanchton, il devint le chef reconnu des luthériens stricts. Matthias Flacius définissait le péché originel comme «l'image du diable, contraire à l'image de Dieu» (L'Essence de l'image de Dieu et du Diable, Bâle, 1570, p. 93-98). «L'âme rationnelle et, en particulier, ses facultés substantielles les plus nobles, à savoir l'intellect et la volonté, qui avaient auparavant été si magnifiquement façonnées qu'elles étaient la véritable image de Dieu, [...] ont maintenant été si complètement inverties par la supercherie du péché, qu'elles sont l'image vraie et vivante de Satan». Le péché originel était devenu la «substance» de la nature humaine et, «comme l'affirment l'Écriture et Luther», n'était pas un simple «accident» qui se serait attaché à l'homme sans changer sa nature essentielle (ibid., p. 143). Selon Flacius, le péché originel représentait la réalité positive d'une «acquisition du mal» (Clavis Scripturae Sacrae, Bâle, [1]1566, [4]1628, II, p. 636) (apud Pelikan, La Tradition chrétienne, IV, p. 140). Dans son traité De peccati originalis et veteris Adami appellationibus et essentia, il affirme que le péché originel est la forme substantielle de l'homme. Avant la chute, la forme substantielle suprême de l'homme était la libre volonté bonne. Par la chute cependant, cette forme aurait été détruite et le rapport des facultés de l'homme serait devenu différent, ce qui les aurait fait dégénérer. Ce rapport modifié des facultés, qui donne à la substance de l'âme sa forme actuelle, est le péché originel.

[1] Cf. Genèse, 4, 9: «Le Seigneur dit ensuite à Caïn: Où est votre frère Abel? Il lui répondit: Je ne sais. Suis-je le gardien de mon frère?

similitudinem deperdidisse et eandem cum suo praeceptore acquisivisse, unde : "Maior, dicit, est iniquitas mea, quam ut veniam merear."[1]

Hinc derivatur /93/ duplicis hominis duplex Theologica et vera definitio et prima quidem est 'Iustus Abel est homo, quasi unus ex Sanctissima Trinitate, Intellectualis scientiae capax, Im<m>ortalis, mandatum divinum servans et sciens paenitentiam'. Secunda autem 'Iniquus Cain[2] est homo, quasi unus ex diabolorum multitudine, rationalis scientiae capax, mortalis, mandatum divinum non servans et paenitentiae inscius'.

Vnde clarescit secundam definitionem complecti fere omnem Adami (quam[3] etiam 'viperinam' vocat Sacra Scientia[4]) progeniem. *Prim*am[5] autem, post Adam, Abel, Enoch atque Noë sortiti sunt, Divina Providentia, non secus ac semen veritatis, usque ad mysteriorum praedestinatorum perfectionem, in purissimis conservante conscientiis.

CAP(VT) 3

{{Deluvii Vniversalis praefiguratio et sensualis vitae figura.}}

Porro, Satan Apostata et paenitentiae inscius Diabolus, de futuro[6] nihil credit, nihil novit, nihil denique curat, et in praesenti omnem tollens dubitationem, Mundi Principatum sibi arrogatum deliberans, more suo tyrannico ipsum exercere aggreditur, et quod per Divinam fiebat aversationem, {id} per sui[7] principatus invincibilem fieri potestatem putabat nebulo.

O, Divinam Longanimitatem![8] /94/ Quamobrem non multum et vultus florentissimae emarcuit terrae et camporum facies concidit

---

[1] *Gen., 4, 14.*
[2] Cain *ex* A- *ref.* M.
[3] quam *ex* quae *corr.* M.
[4] *Mt., 3, 7* ; *cf. Phys., A 10.*
[5] *Prim*am *scr.* : Secundam *iterum* M.
[6] futuro *ex* -ra *corr.* M.
[7] sui *s.m. confirmavit* M.
[8] *Cf. 2 Pt., 3, 15 ; 2 Tim., 3, 10.*

pour cette raison : « mon iniquité est trop grande, pour pouvoir en obtenir le pardon. »[1]

C'est de là qu'est tirée la double définition théologique et vraie de l'homme double. La première est : « L'homme est Abel le Juste, comme une Personne de la Trinité Sacro-Sainte, qui est capable de la science intellectuelle, est Immortel, observe le commandement divin et connaît la pénitence ». Et la seconde : « L'homme est Caïn l'Injuste, comme l'un de la foule des diables, qui est capable de science rationnelle, est mortel, n'observe pas le commandement divin et ignore la pénitence ». D'où il devient clair que la seconde définition embrasse presque toute la race d'Adam (que la Science Sacrée appelle aussi « race de vipères »[2]), alors que, après Adam, Abel, Énoch et Noé furent destinés à la première, et la Providence divine la conserve, pareillement à la semence de la vérité, dans les consciences les plus pures jusqu'à l'accomplissement des mystères prédestinés.

CHAPITRE 3

La préfiguration du Déluge universel et la figure de la vie sensuelle.

Cependant, Satan, l'Apostat et le Diable, ignorant la pénitence, ne croit rien au sujet du futur, ne sait rien, enfin ne s'inquiète de rien, et, écartant pour le moment tout doute, décidant qu'il s'est arrogé la Principauté de ce Monde, commence à l'exercer selon sa coutume tyrannique et, dans sa tête, cet esprit faux pensait que ce qui arrivait par le détournement de Dieu arrivait par le pouvoir invincible de sa propre domination.

Ô Longue Patience Divine![3] Pour cette raison, non longtemps après, le visage très florissant de la terre se flétrit et le paysage très agréable des

---

[1] Cf. *Genèse*, 4, 10-13 : « Le Seigneur lui repartit : Qu'avez-vous fait ? La voix du sang de votre frère crie de la terre jusqu'à moi. Vous serez donc maintenant maudit sur la terre, qui a ouvert sa bouche, et qui a reçu le sang de votre frère lorsque votre main l'a répandu. Quand vous l'aurez cultivée, elle ne vous rendra point son fruit. Vous serez fugitif et vagabond sur la terre. Caïn répondit au Seigneur : Mon iniquité est trop grande pour pouvoir en obtenir le pardon. »

[2] *Matthieu*, 3, 7 : « Mais voyant plusieurs des pharisiens et les sadducéens qui venaient à son baptême, il leur dit : Race de vipères, qui vous a appris à fuir la colère qui doit tomber sur vous ? »

[3] Cf. *2 Pierre*, 3, 15 : « Et croyez que la longue patience dont use notre Seigneur est pour votre bien. »

amoenissimorum, <ut> aequora procellosa turbinosaque commota tempestate, quasi viscera evomere et arenosa funda subvertere concitarentur sua, nimbi desuper depulsi, necnon lateralibus prodigiosisque ventis permixti, arbores quatere[1], frondes discutere, telluris pulchritudinem deformare, pulchellos odoriferosque flores violare, herbas exsiccare, virescentia in favillum palorem transmutare, atque omnia vigentia vegetativa radicitus extirpare, simulque cum homine totum disperdere Vniversum atque in nihilum redigere molirentur.

Horum autem causa, quamquam primordialiter atque originaliter Solo Omnipotenti pateat, attamen secundario perque speculi aenigma (quicquid enim in praesenti statu cognoscimus, id solum umbratice atque aenigmatice cognoscimus) talis apparebat.

CAP(VT) 4

{{Sensus corruptionis dispositor atque mortis praecursor : corruptio non per naturae contrarietatem, sed per modum sensationis fit, id est corrupto corrumpuntur, incorrupto eavel incorrupta essent[2] ; naturae Sabbatismus quis.}}

Status ipse innocentiae, vel ipsa beatitudo, qua[m] homo ante patratum pec{c}atum gaudebat, perfectissima quidem et beatissima erat vita, nec Adamicae conditioni a Divina Iustitia atque Misericordia aliquid plus, aut felicius debebatur.

Verum enim, post praecepti transgressionem, ob eiusdem infinitam misericordiam, /95/ ab aeterno renovando Adamo praedestinatam, spirituali Adamo totus mundus indignus vilissimusque arboris vitae, in terreno Edem consitae, extitit fructus; quamobrem internus homo — id est ineffabilis Divina Imago, sua solum contenta sorte — videlicet

---

[1] quatere *scr.*: quatire M.
[2] *Tituli textus sane ipse corruptus videtur : eum sanare pro viribus conatus sum.*

champs s'assombrit. Les mers orageuses et impétueuses furent agitées par la tempête, comme si elles étaient forcées à vomir leurs entrailles et à soulever leurs fonds sablonneux, les nuages poussés au-dessus, comme mélangés par de prodigieux vents de travers, se mettaient à secouer les arbres, fendre les frondaisons, altérer la beauté de la terre, dévaster les belles fleurs parfumées, sécher les herbes, transformer la verdure dans une pâleur de cendres et arracher tous les végétaux de leurs racines, comme pour détruire et anéantir, en même temps que l'homme, l'Univers entier. La cause de tout cela, bien qu'elle fût connue primor-dialement et originairement au Seul Tout-Puissant, m'apparaissait néanmoins secondairement et par l'énigme du miroir (car tout ce que nous connaissons dans l'état présent, nous le connaissons seulement de façon couverte[1] et énigmatique[2]) de la manière suivante.

CHAPITRE 4

Les sens sont les ordonnateurs de la corruption et les précurseurs de la mort : la corruption ne se produit pas par contrariété à la nature, mais par la sensation, c'est-à-dire les mêmes choses sont corruptibles à raison de ce qui est corrompu, ou incorruptibles à raison de ce qui est non corrompu ; quel est le Sabbat de la nature.

L'état même d'innocence, ou la béatitude même, dont l'homme jouis-sait avant de commettre le péché était la vie la plus parfaite et la plus heureuse ; en effet, la Justice divine et la Miséricorde ne devaient rien de plus ou de plus heureux à la condition Adamique.

Cependant, après la transgression du commandement, par l'infinie miséricorde divine, prédestinée depuis l'éternité à renouveler Adam, le monde en entier devint indigne d'Adam le spirituel, et le fruit de l'arbre de vie planté dans l'Éden terrestre perdit toute valeur ; pour cette raison, l'homme intérieur, c'est-à-dire l'Image Divine ineffable, demeura seul

---

[1] Lat. *umbratice*.

[2] Cf. *1 Corinthiens*, 13, 12 : « Nous ne voyons maintenant que comme en un miroir, et en des énigmes ; mais alors nous verrons Dieu face à face. Je ne connais maintenant Dieu qu'imparfaitement, mais alors je le connaîtrais comme je suis moi-même connu de lui. »

particulares tantum quosdam complectens, nempe regenerationem, et credentes et expectantes reservans —, externus homo morti aeternae reus {et} corruptioni subiectus remansit. Cui, quae antea amica, bona et subdita erant deinceps, per animae sensitivae copulationem, inimica, mala atque adversaria evasere. Sensus quippe, qui corruptionis disposito{rem} et mortis praecursorem sese praebuit, hominem omnia aliter, atqui essent, experiri atque sentire fecit.

Verum enim hic {non} physicam contrarietatem ab Ethnicis traditam intelligi videbatur, quia cum, ratione Creationis, omnia essent bona, sequitur naturam, et consequenter et naturalia, nescire contrarietatem.

Quandoquidem cuncta periodum suam currentia officio, quo iussa sunt, funguntur — et quidem non per contrarietatem ad contrarium respective, sed per propriam et necessariam operationem ad ministerium perficiendum simpliciter satagunt, et, quemadmodum nec ignis per contrarietatem comburit lignum, nec aqua extinguit ignem, tali modo sensationis mo/**96**/dus in homine habetur ad frigus, calorem, dolorem caeteraque ab extra venientia pathemata, quae cum sine ulla contrarietatis intentione proprium exerceant opus, sensitiva facultas haec ita, illa ita sentit.

Vnde manifestum est, cum homo ante lapsum scientiam sensitivam haud haberet, tam tempestatem, quam tranquillitatem eodem modo intellexisse: post autem lapsum, per sensuum capacitatem, in ipsa tranquillitate tempestatem, et in ipsa concordia discordiam perverse sensit.

Itaque, corrupto homine, omnia (quae ad servitium ordinata era\<n\>t) simul corrumpuntur, et rerum[1] inconstantia[2] (quam 'intemperiem elementorum' esse hallucinantur), {i(d) e(st)} omne sublunare atque

---

[1] rerum *scr.* : res *supra* rerum *corr.* M.
[2] inconstantia *scr. :* inconstantiam M.

content de son sort[1], embrassant seulement quelques individus particuliers, à savoir ceux qui à la fois croyaient à la résurrection et l'attendaient, alors que l'homme extérieur demeura condamné à la mort éternelle et sujet à la corruption. Pour ce dernier, les choses qui auparavant étaient amies, bonnes et soumises, finirent par devenir, du fait de l'union à l'âme sensitive, ennemies, méchantes et adversaires. En effet, les sens, qui s'avérèrent les ordonnateurs de la corruption et les précurseurs de la mort, firent éprouver et sentir à l'homme toutes les choses autrement qu'elles n'étaient.

Néanmoins, il semblait qu'il ne fût pas question ici de la contrariété physique transmise par les païens, car à raison de la Création toutes les créatures étaient bonnes et, par conséquent, la nature et, partant, les choses naturelles ne connaissaient pas la contrariété. En effet, tous les êtres qui parcourent leurs périodes remplissent l'office qui leur fut ordonné et, qui plus est, s'efforcent d'accomplir leur ministère non par contrariété à leur contraire respectif, mais simplement par un travail propre et nécessaire et, de même que ni le feu ne brûle le bois par contrariété, ni l'eau n'éteint le feu de cette façon[2], il en est de même pour la façon de l'homme de sentir par rapport au froid, à la chaleur, à la douleur et aux autres sensations venant de l'extérieur, car, comme elles remplissent leur travail propre sans aucune intention de contrariété, de même la faculté sensitive sent les unes de telle façon, les autres de telle autre. Puisqu'avant la chute l'homme ne possédait pas la science sensitive, il est donc manifeste qu'il entendait de la même manière et la tempête et la tranquillité ; après la chute cependant, par la faculté des sens, il sentit de travers la tempête même dans la tranquillité et la discorde dans la concorde même.

Et ainsi, l'homme une fois corrompu, toutes les choses (qui avaient été désignées à le servir) se corrompent également, et l'inconstance des choses[3] (dont ils divaguent, en disant que c'est un caprice des éléments),

---

[1] Cantemir développera la définition de l'homme intérieur : voir par exemple, au Livre V, chapitre 10. Pour la filiation de cette notion, voir la note 1, p. 265 (Livre II, chap. 19).

[2] Cf. Van Helmont : «...lorsque l'eau éteint le feu, ou le feu fait monter l'eau en vapeurs, ceci ne se passe pas non plus par quelque force de contrariété, car tout le feu de l'univers ne peut supprimer ou diminuer l'humidité de la moindre goutte d'eau. [...] Car le feu n'est pas éteint par l'eau du fait de la présence du froid contraire dans l'eau, car autrement une eau bouillante ne pe pourrait éteindre le feu», *Natura contrariorum nescia*, 27.

[3] Lat. *rerum inconstantia* ; je traduis d'après l'état premier du manuscrit.

materiale corpus, corruptionis atque regenerationis periodicam viam ingressum, sui conservationem atque continuationem suscepit, et quidem non contradictorio, aut contrario modo, sed, ut saepe dictum est, cooperativo atque simplici, usque ad finem Solo Creatori cognitum continuato: quo tandem acquisito, omnia cessare, quiescere atque 'sabbatizare', hoc est 'in eodem permanere statu', a Sacris per intellectualem scientiam admonemur. Quorum authoritas semper paganae garrulitati praevalere, ceu spiritus corpori et veritas mendacio[1], pio credenda est pectori.

/97/ CAP(VT) 5

{{Vniversali verbo 'fiat' particularis rerum corr{u}ptio contradicere 'ne fiat' haud potest, ideoque corruptio a sensitiva scientia ignota manet.}}

Restaret hic ut modus generationis atque corruptionis a Gentilitia Schola traditus interseratur. Verum tamen, cum non pro {{disputativa}} litigatione, sed pro ipsa consiliativa veritate certemus, ipsa quid sentiat non curo, at quid Sacrae nos edoceant dicam.

Et, primo, ipsum 'corruptionis' vocabulum, lato modo sumptum, in veritatis dictionarium non admitti saltem ex hoc liquidum erit:

Sensitiva quidem scientia dicit generalia incorruptibilia, particularia autem corruptibilia esse. Sacra autem Scientia docet per verbum 'fiat' non tam universalia, quam particularia complecti. Cui nec Ipse Gentilismi scientiae excogitator, scilicet antiquus Intellectualis Scientiae Inimicus contradicere potuit, nec ipsa Pagana Schola contradicere poterit, 'ne fiat'.

---

[1] mendacio *scr.*: mendatio M.

c'est-à-dire l'entrée de tout corps sublunaire et matériel dans la voie de la corruption et de la régénération périodiques, reçut la conservation et la continuation, non sous un mode contradictoire ou contraire[1], mais, comme il a été souvent dit, sous un mode coopérant et simple, continué jusqu'à la fin connue par le seul Créateur. Enfin, les Écritures Saintes nous enseignent, à travers la science intellectuelle, que, dès qu'elles atteignent cette fin, toutes s'arrêtent, se reposent et observent le Sabbat, c'est-à-dire demeurent dans le même état. L'âme pieuse doit croire que l'autorité de celles-ci l'emporte toujours sur le bavardage païen, de même que l'esprit est au-dessus du corps et la vérité au-dessus du mensonge.

CHAPITRE 5

La corruption particulière des choses ne saurait opposer au verbe universel « Que cela soit », un « Que cela ne soit pas », et pour cette raison la corruption demeure inconnue à la science sensitive.

Il resterait encore à insérer ici quel est le mode de la génération et de la corruption transmis par l'École des Gentils. Néanmoins, puisque nous ne combattons pas pour une contestation dialecticienne, mais pour délibérer de la vérité même, je ne me soucie point de l'opinion de cette École, mais je dirai ce que les Écritures Saintes nous enseignent.

Et, en premier lieu, il résultera assez clairement, de ce que je dirai, que le terme même de « corruption », pris dans un sens large, n'est pas admis dans le dictionnaire de la vérité. La science sensitive dit que le général est incorruptible, mais que les choses particulières sont corruptibles. La Science Sacrée, cependant, enseigne que le verbe « Que cela soit » n'embrasse pas tant l'universel que les choses particulières. À ce verbe, l'inventeur même de la science des Gentils, à savoir l'ancien ennemi de la Science Intellectuelle, ne put contredire et l'École Païenne elle-même ne pourra lui opposer un « Que cela ne soit pas ». Cependant, puisque elle

---

[1] Ceci semble un compte rendu de la théorie d'Aristote au sujet des combinaisons des éléments dans les corps composés, de leurs transformations réciproques et du parcours cyclique des éléments, *De la génération et de la corruption*, II, 4. Cf. par exemple, 331a 10 : « Or il est évident que tous les corps peuvent, d'après leur nature, se transformer réciproquement ; car la génération des choses va vers les contraires et vient des contraires, et les éléments ont tous une opposition les uns à l'égard des autres parce que leurs différences sont contraires. »

Cum autem de generalibus ipsa quoque consentiat, per Sacram Scientiam necesse est doceamur per verbum 'fiat' etiam particularia non corrumpi, sed maxime perfici (non enim quod sentimus, sed quod revera intelligimus, id revera scire nos dicere poterimus), particularia igitur quoad sensum corrumpi, mori atque annihilari videntur quidem, quoad intellectum autem omnia ad sua prima reducta, iterum ad suam perfectionem obtinendam operari /98/ iubentur.

Itaque ex continua eorum operatione non ad corruptionem, sed ad perfectionem intendere intelligimus.

CAP(VT) 6

{{Corruptio, cuius Sacra Doctrina mentionem facit, qualis, et quomodo hominis dicatur, et corruptionis causa quae?}}

De humana autem corruptione, cuius mentionem assidue Sacra facit Scientia, non ad instar Gentium, qu*ae*[1] contra Prophetam docent, sed ad instar veritatis, quae secundum Prophetam est[2], sic intelligendum.

De hac materia quamquam ubi de vita et morte fusius tractabitur, attamen in praesenti de <e>iusdem praestantissimi atomi corruptiva[3] et primaria causa speculemur.

Admirabilis {{haec}} atque praestantissima res: homo causam corruptivam suae alterationis animam sensitivam et facultatem ratiocinatoriam habuit, quam ante sui laps*um*[4] non habuisse ipso Solis l*u*mine[5] evidentius est. Quae sensitiva, inquam, atque brutalis anima, cum splendor Divinae Imaginis (nempe animae intellectualis vivificatrix facultas), sua contentus perfect<it>udine, partim quidem sensitivam abhorreret, partim autem ex necessitate vivendi atque coëxistendi regulae, eidem sese copulaverit, corruptionem a Sacris toties repetitam in naturam introduxit[6] humanam.

---

[1] qu*ae* *scr.* : qui (*Daco-Romanicum* 'neam' *in mente habens?*) M
[2] *Cf., v.g., Ier. 14, 13 ; Is 16, 5 ; 59, 14 ; Ios 24, 14 ; Zah 8, 3 ; Sir 4, 28.*
[3] corruptivam *scr.* : corrú-tiva, *versuum in marginibus*, M.
[4] laps*um scr.* : lapsam M.
[5] l*u*mine *scr.* : lomine M.
[6] introduxit *ex* intra- M.

aussi consent au sujet des choses générales, nous devons apprendre par la Science Sacrée que, par le verbe «Que cela soit», les choses particulières ne se corrompent pas, mais au contraire elles se perfectionnent au plus haut degré (car nous pourrons dire que nous savons véritablement non ce que nous sentons, mais ce que nous entendons véritablement); ainsi les choses particulières, certes, semblent-elles, quant aux sens, se corrompre, mourir et s'annihiler, mais, quant à l'intellect, elles sont obligées, une fois réduites à leurs éléments premiers, à travailler afin d'obtenir derechef leur perfection. Et ainsi nous entendons que leur travail continuel les dirige non vers la corruption, mais vers la perfection.

CHAPITRE 6

Quelle est la corruption dont la Doctrine Sacrée fait mention, comment doit-on l'attribuer à l'homme et quelle en est la cause?

Pour ce qui est de la corruption humaine, dont la Science Sacrée fait souvent mention[1], elle doit être comprise non conformément aux Païens, qui enseignent contre le Prophète, mais conformément à la vérité, qui est selon le Prophète. Bien qu'il soit traité de cette matière plus abondamment là où il sera question de la vie et de la mort[2], occupons-nous toutefois maintenant de la cause corruptive et primaire de ce même atome[3] très éminent.

Cette chose admirable et très éminente, l'homme, eut pour cause de son altération corruptible l'âme sensitive et la faculté raisonneuse, que – il est plus clair que la lumière même du jour – il ne possédait pas avant sa chute. Cette âme sensitive, dis-je, et propre à l'animal introduisit dans la nature humaine la corruption, tant de fois mentionnée par les Écritures Saintes, lorsque la splendeur de l'Image Divine (à savoir la faculté vivificatrice de l'âme intellectuelle), contente de sa perfection, d'une part, se détournait avec horreur de l'âme sensitive, mais, de l'autre, en raison de la nécessité de vivre et de la règle de coexister, s'unit à celle-ci. Du reste, puisqu'il arrivait que les choses corruptibles assujettissent le corruptible

---

[1] *Job*, 33, 22: «Il se voit près de la corruption, et sa vie est menacée d'une mort prochaine.»

[2] Au Livre V.

[3] Lat. *atomus*. Parfois, chez Cantemir, une désignation de l'homme.

Caeterum, cum corruptibili corruptibilia servire atque ad suae sensualitatis modificationem adaptare congruum erat, a Deo maledicitur terrae, /99/ et consequenter maledicta evadunt terrena. Quamobrem virtus universalis, quae per verbum 'fiat' tam creabat, quam conservabat, in supremo constantiae gradu statim ad superiora se recepit, reliqua autem sublunaria, ut ad sensualitatis aptitudinem inservia\<n\>t, reliquit. Et haec est mysteriosa Divina permissio, per quam mundi Princeps per se imperare sibi videbatur, unde corruptio carnis in Vniversum propagata est.

CAP(VT) 7

{{Post naturae humanae alterationem Vniversalis Virtus ad superiora recedit, unde causa terrenarum alterationum existit. Anima intellectualis gubernaculum corporis sensitivae relinquens[1], corruptae carnis corrupti effectus pullulant, unde Gigantum causa et origo.}}

Cum autem, iuxta Veritatis doctrinam, in rerum morte vitae principium sit credendum, sequitur omnia alterationem quidem pati, totalem autem corruptionem nunquam, nisi adepta perfectione (quam paganica physica nusquam reperire poterit), ipsi Creatori nota et ex parte quibusdam Creaturis per gratiam patefacta.

Hanc, inquam, alterationem cum sensitiva natura ut sibi inimicam experiret (quod enim homo {sibi} consecutum fuisse putabat et frustratus est, idem anhelans, caetera omnia ut inimica refugere conatur), aliud regimen aliamque vivendi atque essendi excogitavit rationem — nempe quid sibi defecerat in prolapsa iam natura, id per scientiam boni et mali suppleret.

---

[1] *Textus absolutum Nominativum mutandum non duxi.*

et qu'elles le modifient selon leur propre nature sensible[1], Dieu maudit la terre et les choses terrestres en deviennent maudites. Pour cette raison, la force universelle, qui créait et conservait par le verbe « Que cela soit », se replia aussitôt aux choses d'en haut, dans le degré suprême de l'efficacité[2], et abandonna les choses sublunaires en pâture à la sensualité.

Et voici quelle est la mystérieuse permission divine[3], par laquelle il semblait au Prince de ce monde de commander par soi, d'où la propagation dans l'Univers de la corruption de la chair.

CHAPITRE 7

Après l'altération de la nature humaine, la Force Universelle se retire aux choses d'en haut, d'où provient la cause des altérations terrestres. Comme l'âme intellectuelle abandonne le gouvernail du corps à l'âme sensitive, les actes corrompus de la chair corrompue pullulent, d'où la cause et l'origine des géants.

Cependant, puisqu'il faut croire, selon la doctrine de la Vérité, que le commencement de la vie se trouve dans la mort des choses, il s'ensuit que toutes les choses subissent, certes, une altération, mais jamais de corruption totale, si ce n'est après avoir gagné leur perfection (que la physique païenne ne pourra jamais découvrir), connue au seul Créateur et dévoilée en partie[4] à certaines créatures par la grâce. Une fois que la nature sensitive eut éprouvé cette altération comme lui étant ennemie (l'homme croyait avoir acquis cette expérience et, déçu, aspirant à elle, il s'efforça de chasser toutes les autres choses comme ennemies), elle inventa un autre régime[5] et une autre raison de vivre et d'être, qui consistait à substituer par la science du bien et du mal ce qui lui manquait désormais, dans la nature déchue.

---

[1] L'âme sensitive, qui est corruptible par sa nature sensible, transmet cette corruptibilité à la nature humaine en son entier.

[2] Lat. *constantia*, ce qui constitue, ex. g. Boethius, *In isagogen Porphyrii*, 1, 1, 10 : *essentia constantiaque*. Cantemir considère donc, comme Aristote, que les corps de la région supralunaire sont incorruptibles.

[3] Lat. *permissio* = le fait de laisser faire : « *sine permissione Dei diabolus nocere non potest* », Saint Ambroise, *Expositio Evangelii secundum Lucam*, 7, 115 ; « *Dei permissione* », Saint Augustin, *Epistulae*, 217, 14. La *permissio* est une suite de l'*aversatio*, du détournement de Dieu, qui est clairement expliqué au chapitre 3 de ce même livre.

[4] Lat. *ex parte*. Cf. 1 *Corinthiens*, 13, 9 : « Nous connaissons en partie... »

[5] Lat. *regimen*, une façon de (se) gouverner.

Itaque prius quidem ad meteoron cohibendam immanitatem, postremo a<u>tem */100/* ad famis mitigandam tyrannidem molitur — fortasse hocce modo mortalis homo divinam praeterfugere putabat maledictionem! Sed vane, nam internus et immortalis homo, id est Divinam Imaginem possidens intellectualis anima, in qua Deus misericordiarum su[ar]um thesaurum servandum condiderat, exemplum primi exemplaris secuta, in centro suae satisfactionis sese retraxit, et, quemadmodum Suprema Virtus Tyranno Principi mundana regere permiserat, tali modo et ipsa corporea cuncta adventitiae sensitivae reliquit, et, quamquam huiuscemodi belluinae naturae abominabatur contubernium, attamen cum coëxistentiali perstringebatur nexu, graviter quidem hoc, necessario {tamen} ipsi semetipsam gubernandi facultatem tradidit. Vnde tandem exorta est lex illa diabolica, quae ab ipso nativitatis puncto in membris humanis Legi repugnat Divinae.

Igitur sensitiva totius reipublicae gubernacul*um*[1] occupante, Tyrannorum more leges optimas subvertit et pessimas condit: unde vitia, pravitates, suae conditionis atque Conditoris oblivio, odium in proximum et animosa contrarietas in omnes, non secus ac crudelissimi praedones, vasto malitiae incendio, per totam */101/* humanam discurrit naturam, et omnem carnem suam corrumpere viam urget.

Quamobrem, quo imposterum aetas pergebat, eo magis scientia humana, id est vitium, incrementum accipiebat, vera autem sapientia, quae a Dei timore exordium ducit[2], pene totaliter decrescebat.

Ita enim mundi Princeps per sensitivam immanissime saeviebat, ut suos subditos omnia naturae termina pudicitiaeque repagula transgredi atque spernere fec<er>it.

Vnde illi, qui, ob notitiam timoris Dei, sapientes erant, et 'filii Dei' nuncupabantur, ipsi quoque rebelles facti, filias[3] hominum (qui iamdudum tam se, quam filias suas amplissimum mundi immundi tyranni[4] praebuerant solium) spe*c*iosissimas[5] conducebant, a quibus

---

[1] gubernacul*um* *scr.*: gubernaculo (*ante* occupante) M.
[2] *Prov., 9, 10; Sir.,1, 14-18; 19, 20.*
[3] filias *ex* filiam *corr.* M.
[4] *Potius sane* immundo tyranno *expectavissemus, sed verborum iocus secum homoioteleuton textui ingessit.*
[5] spe*c*iosissimas *scr.*: speti- *hic* M.

Et, ainsi, il entreprend d'abord de limiter l'âpreté des météores, puis d'adoucir la tyrannie de la faim[1] – l'homme mortel croyait peut-être échapper de cette façon à la malédiction divine! Mais en vain, car l'homme intérieur et immortel, c'est-à-dire l'âme intellectuelle en possession de l'Image Divine, dans laquelle Dieu avait établi pour qu'il fût gardé le trésor de ses miséricordes, suivant l'exemple du premier modèle, se retira au centre de sa plénitude et, comme la Force Suprême avait permis au Prince Tyran de régir les choses de ce monde, de même l'âme intellectuelle abandonna elle aussi toutes les choses corporelles à l'âme sensitive adventice[2] et, encore qu'elle détestât la cohabitation avec une telle nature animale, étant néanmoins resserrée par le lien coexistentiel[3], elle remit à cette dernière – ce qui était grave, mais nécessaire – la faculté même de gouverner. De là, enfin, est apparue cette loi diabolique, qui, dans les individus humains, dès l'instant même de la naissance, combat contre la Loi divine.

Ainsi, s'emparant du gouvernail de tout l'état, l'âme sensitive détruit, selon les mœurs des Tyrans, les lois les meilleures et en établit les pires; et, de cette façon, les vices, les dépravations, l'oubli de sa création et de son Créateur, la haine contre le prochain et l'hostilité rancunière contre tous se répandent dans la nature humaine, à l'instar des pilleurs les plus cruels, une fois allumé le vaste incendie de la malice, et poussent toute la chair à emprunter un chemin corrompu[4]. C'est pourquoi, plus le temps avançait, plus la science humaine, c'est-à-dire le vice, augmentait, alors que la vraie sagesse, qui a son commencement dans la crainte de Dieu[5], diminuait jusqu'à disparaître. Car le Prince de ce monde sévissait si sauvagement par l'âme sensitive, qu'il fit transgresser et mépriser à ses suppôts toutes les limites de la nature et les barrières de la pudeur.

En conséquence de cela, ceux qui, connaissant la crainte de Dieu, étaient sages et étaient nommés «enfants de Dieu», eux aussi révoltés, prenaient pour femmes les filles les plus belles des hommes (qui s'étaient offerts auparavant tant eux-mêmes que leurs filles comme trône très généreux pour l'impur tyran de ce monde), dont est issue la race la plus

---

[1] Cantemir associe la maîtrise de la nature, côté pratique de la connaissance, à la même science sensitive.

[2] Lat. *adventicia*, qui vient du dehors, parce qu'elle a été introduite par le péché.

[3] Lat. *nexus coexistentialis*, le lien de l'âme intellectuelle et du corps.

[4] Cf. *Genèse*, 6, 12: «Dieu voyant donc cette corruption de la terre, car la vie que tous les hommes y menaient était toute corrompue...»

[5] Cf. *Proverbes*, 9, 10: «La crainte du Seigneur est le principe de la sagesse...»; *Sagesse de Sirach*, 1, 16: «La crainte du Seigneur est le commencement de la sagesse...»

soboles illa spurcissima, nempe Gigantea aborta est progenies: qua[e] tandem in immensum multiplicata atque dilatata, universam terram sua infecerunt colluvie[1] exsecrandaque conspurcarunt turpitudine.

CAP(VT) 8

{{Proponitur quaestio: 'Quare olim Gigantes, nunc autem non?'
Confutatur pagana doctrina de hominis generatione et mundi senectae
culpatione.}}

Quoniam autem historice Sacrae Scientiae sequamur speculationem, non incongruum fore existimo vastissimae illius Giganteae molis naturalem examinare causam. At primo quidem optarem Gentilismi doctrina (quae Sacram Scientiam ut naturae incongru/*102*/am physicesque insciam detractare solet) reddat mihi suas scientificas rationes, quibus demonstret augmentatio carnositatis Giganteae et symmetria reliquorum hominum unde promanasset?

Quandoquidem idem numero, potentia, actu, forma atque materia (ad placitum eius loquor) semen virile et uterus muliebris nunc atque tunc erat. Insuper isdem Sol, qui (ut ipsa profitetur) cum homine, aut homo cum ipso, generat hominem — attamen, quare olim Gigantes procreabantur, nunc autem non?

Scio ipsam prompte mihi poëmatum fabulas afferre, illis enim tota vetustatis suffulcitur basis[2]. Verum enim veritas non fabulas, non denique crasso cerebro partas postulat coniecturas. Nec etiam physica vanas admittit nebulonum credulitates, sed re<s> prout sunt, aut olim fuerunt

---

[1] colluvie *ex* colluvio *corr.* M.
[2] basis *scr.* : bassys *perperam* M.

impure, celle des géants; laquelle, finalement, se multiplia et s'étendit démesurément, infectant toute la terre d'immondices et la souillant de sa honte exécrable[1].

CHAPITRE 8

Il est proposé la question : pour quelle raison jadis il y eut des géants, et maintenant non ? La doctrine païenne au sujet de la génération de l'homme et de l'accusation de la vieillesse du monde est réfutée.

Mais, parce que nous poursuivons historiquement la recherche de la Science Sacrée, je considère qu'il ne sera pas hors de propos d'examiner la cause naturelle de cette foule immense de géants. Mais je souhaiterais, d'abord, que la doctrine des Gentils (qui a coutume de blâmer la Science Sacrée comme non conforme à la nature et ignorante de la physique) m'explique les raisons scientifiques à travers lesquelles elle démontre d'où provenaient l'augmentation du volume charnel des géants et la juste proportion des autres hommes, puisque la semence de l'homme et le ventre de la femme étaient, alors comme maintenant, les mêmes en nombre, puissance, acte, forme et matière (pour parler comme ils aiment le faire). En outre, c'est bien le même Soleil, qui (comme elle-même le confesse), avec l'homme, ou bien l'homme avec lui, engendre l'homme[2]; mais, alors, pour quelle raison jadis des géants furent-ils procréés et maintenant non ?

Je sais qu'elle s'empresse de m'apporter les fables des poèmes, car ce sont celles-ci qui étayent tout le fondement de l'Antiquité. Mais, cependant, la vérité ne réclame pas de fables, ni, enfin, de conjectures enfantées par des esprits grossiers. Et la physique n'admet pas non plus les niaiseries

---

[1] Cf. *Genèse*, 6, 1-2, 4-6 : «Après que les hommes eurent commencé à se multiplier sur la terre, et qu'ils eurent engendré des filles, les enfants de Dieu, voyant que les filles des hommes étaient belles, prirent pour leurs femmes celles d'entre elles qui leur avaient plu. [...] Or il y avait des géants sur la terre, en ce temps-là ; car, depuis que les enfants de Dieu eurent épousé les filles des hommes, il en sortit des enfants qui furent des hommes puissants et fameux dans le siècle. Mais Dieu voyant que la malice des hommes qui vivaient sur la terre était extrême, et que toutes les pensées de leur cœur étaient en tout temps appliquées au mal, Il se repentit d'avoir fait l'homme sur la terre.»

[2] Le rôle de la chaleur du Soleil dans la génération est peut-être une allusion à Aristote, *Physique*, II, 2, 194 b 13 : «Car l'homme et le Soleil engendrent l'homme». J. B. van Helmont considère que les êtres vivants ne tirent pas leur lumière, c'est-à-dire, selon sa théorie de la génération, leurs formes de la lumière du Soleil. Il ajoute, en guise de corollaire, qu'«il est honteux de dire que l'homme et le Soleil enfantent un homme, ainsi que les Païens l'ont transmis», *Formarum ortus*, 93.

speculari vult. Recentiores autem sophi aut mundi canitiem, aut vigoris naturalis defatigationem culpabunt.

Sodes! 'Capietur stultus in argutiis suis.'[1] Supponit enim pagana sapientia Naturam (sibi notam) infinitam: si ipsa infinita, ergo et vigor eius infinitus erit — infiniti enim partes infinitae sunt. Sol disci sui eandem servat quantitatem, eandem coloris qualitatem et */103/* eandem motus velocitatem, et consequenter eiusdem efficacitatis eidem erunt effectus: atqui hodie nullum generat Gigantem, ergo mentitur pagana scientia, et eius sapientes ad lubitum garriunt.

Nos autem, utpote Sacrae Scientiae alumni lactisugi, in ipsa veritatis claritate, supra hanc causam quid inspexerimus, dicamus.

CAP(VT) 9

{{Probatur causa mirae Gigantum magnitudinis, unde Anthropolatria, quam Gentilismus fecit 'idololatriam'. Tales deos olim verus Deus cataclismate interire fecit.}}

Mundi Tyrannus, utpote spiritus, mundo et suis subditis invisibilis erat, nec audebat mundum cogere ut ipsum in spiritu adoraret, quia adoratio in spiritu soli Vero Deo competere exactissime sciebat callidissimus, ideoque in carne corporisque robore adorari conabatur.

Quamobrem spiritus immundus tenella infantuli sese incrustabat caruncula[2] (praeparatum enim locum mansionis habebat suae) et spirituali vi corporis condecentiam in vastam molem, monstrosam magnitudinem Giganteamque evehebat staturam, quae[3] per immundi

---

[1] *Cf. Is., 5, 21; 29,14-24; Ier., 8, 8-9.*
[2] *De isto deminutivo cf. Arnobius, Adversus nationes, 2, 76.*
[3] quae *ex* et *corr.* M.

vaines des esprits faux, mais elle veut rechercher les choses telles qu'elles sont ou qu'elles furent jadis. Mais les sages plus récents rejetteront la faute soit sur la vieillesse du monde soit sur l'épuisement de la vigueur naturelle[1]. S'il te plaît! Le sot s'embarrasse dans ses propres subtilités. Car la sagesse païenne suppose (comme connue par elle) une Nature infinie[2] : si celle-ci est infinie, la vigueur aussi en sera infinie – en effet, les parties de l'infini sont infinies. On enseigne que le Soleil conserve la même quantité de soi, la même qualité de la couleur et la même vitesse du mouvement et, par conséquent, ses effets auront la même force efficace ; mais, néanmoins, aujourd'hui il n'engendre plus aucun géant ; par conséquent la science païenne ment et ses sages bavardent selon leur fantaisie pour ne rien dire.

Mais nous, en tant que disciples nourris par la Science Sacrée, disons ce que nous vîmes, dans la clarté même de la vérité, au sujet de cette question.

CHAPITRE 9

Il est prouvé la cause de la grandeur étonnante des géants, d'où vient l'anthropolâtrie, que les Gentils ont transformée en idolâtrie. Le vrai Dieu a fait jadis mourir de tels dieux à travers le déluge universel.

Le Tyran du monde, en tant qu'esprit, était invisible au monde et à ses suppôts et n'osait forcer le monde à l'adorer dans l'esprit ; le Très-Rusé savait, en effet, très précisément que l'adoration dans l'esprit était due au seul vrai Dieu et essayait dès lors de se faire adorer dans la chair et dans la vigueur du corps. Pour cette raison, l'esprit impur se couvrait de la chair tendre d'un enfant (car il avait besoin d'un lieu préparé où séjourner) et, par sa puissance spirituelle, il en faisait croître le corps jusqu'à une masse prodigieuse, une grandeur monstrueuse et une taille gigantesque, qui, par la vigueur de son esprit impur, faisait des actions

---

[1] La question de la décadence du monde, vue comme une conséquence du péché originel, préoccupait certains philosophes naturels au XVIIe siècle et se situe à l'origine d'une réflexion systématique sur la géomorphologie, cf. Gordon Davies, 1969. Un certain épuisement de l'énergie de l'univers apparaît aussi dans la cosmologie de Newton.

[2] Ce n'est en tout cas pas l'avis d'Aristote et de la plupart des philosophes scolasiques pour lesquels le monde est fini, même si la question du pouvoir infini de Dieu impose à ces derniers quelques réserves. Le premier à avoir explicitement affirmé l'infinité du monde fut Giordano Bruno, et l'idée se répandit chez quelques-uns des philosophes les plus importants du XVIIe siècle, tels Galilée, Descartes (qui gardèrent toutefois une certaine prudence), Gilbert, More, Newton. Théophyle Chorydalée avait enseigné à Constantinople la même doctrine.

spiritus roborem facinora caeteris mirabilia staturis[1] et perinde ac naturales vires transcendentia edebat portenta.

Itaque, ad totalem Supremi Numinis abnegationem suique adorationem invehendam, duplici usus est stratagemate, corporis nempe praeeminentia, id[2] est Gigan/*104*/tea granditate, et animi elatione, id est communi superbia. Talia tandem nefandi spiritus nefanda subiecta, a debilioribus in catalogo relata deorum, ut deos agnoverunt *a*doraveruntque[3].

Vnde Gentilismus, mult*is*[4] retro s<a>eculis, per famae rumorisque traditionem suam mendi{ca}tus[5] est nobilitatem. Ideoque perhibent Sacrae omnem carnem corrupsisse viam suam[6] (eo quod, ab immundis spiritibus recta, omnimode conditionis oblita esset regulae); qua de re Dominator ille dominantium in furore vineam visitat suam totamque invenit sterilem atque boni fructus expertem — quid facit Omnipotens? Docet homines deos esse mortales (unde, per antonomasiam, homines iure 'mortales' dicuntur), et quemadmodum, a principio condensata aqua, ex ipsa terram caetera<s>que deinde produxerat creaturas, tali modo, in Vniversali illo Cataclismate, e sphaerae diametro aequaliter aquae elemento compresso, universam terrae submersit superficiem, ita ut undae[7] altissimorum etiam montium tran<s>cenda<n>t cacumina. Hoc pacto omnem immundam animam, ceu degenerantem labruscam, radicitus deradicavit vineamque suam purificavit: {Deus nomen eius.}

---

[1] *Fors tamen n*aturis *scribendum?*
[2] id *ex* et *corr.* M.
[3] *a*doraveruntque *scr.* : odo- (*!*) M.
[4] mult*is scr.* : multo (*ante* retro) M.
[5] mendi-{ca}tus *ex* mentitus *corr.* M.
[6] *Gen., 6, 12; cf. ad p. 101 (III, 7).*
[7] undae *ex un*de *corr.* M.

étonnantes aux yeux des individus de moindre taille, de même que des prodiges qui dépassaient les forces naturelles. Et ainsi, afin de conduire à la négation totale du Pouvoir Suprême et à l'adoration de soi, il usa d'un double stratagème, à savoir de l'excellence de son corps, c'est-à-dire de la grandeur gigantesque, et de l'arrogance de l'âme, c'est-à-dire de la superbe ordinaire. Enfin, étant de tels suppôts abominables de l'esprit abominable, portés sur la liste des dieux par les plus faibles, ceux-ci les reconnurent pour dieux et les adorèrent[1].

C'est ainsi que le grand Gentil, bien des siècles auparavant, mendia sa célébrité par la transmission de la renommée et de la réputation. Aussi les Saintes Écritures rapportent-elles que toute la chair avait pris un chemin corrompu[2] (car, dirigée par les esprits impurs, elle oublia complètement la règle de son état de créature); pour cette raison, le Seigneur des seigneurs[3], rend visite en fureur à sa vigne et la trouve toute stérile et privée de bons fruits. Que fait alors le Tout-Puissant? Il apprend aux hommes que les dieux sont mortels (d'où, par antonomase, les hommes seront dits à juste titre mortels) et, de même que, de l'eau condensée au commencement, il avait produit la terre et les autres créatures, de même dans ce Déluge universel, au moyen de l'élément de l'eau, comprimé d'une manière égale de tous les côtés de la Sphère, il submergea toute la surface de la terre, de sorte que les ondes dépassaient même les sommets des montagnes les plus hautes[4]. De cette façon, il extirpa toutes les âmes impures, comme si elles étaient une vigne sauvage dégénérée, et nettoya sa vigne[5] (Dieu est son nom).

---

[1] Les «enfants de Dieu» se font «enfants des dieux» ou même «dieux». Saint Augustin rapporte (De civitate Dei, 15, 23, PL 41, 470), en reprenant une indication de Saint Jérôme (Hebraicae Quaestiones in Genesim, 6, 2, PL 23, 996B) que la version grecque d'Aquila portait non «enfants de Dieu», mais «enfants des dieux», comme équivalent de l'hébreu eloim, qui a la même forme au singulier et au pluriel.

[2] Cf. Genèse, 6, 12, cité ci-dessus au chapitre 7.

[3] Cf. Deutéronome, 10, 17; 1 Tim., 6, 15; Apoc., 19, 17.

[4] L'une des questions que les philosophes naturels discutaient au XVIIᵉ siècle était celle de savoir d'où venait une quantité d'eau telle qu'elle ait été suffisante pour recouvrir jusqu'aux montagnes les plus hautes. Thomas Burnet, par exemple, un théologien anglais, avait calculé que si le déluge était arrivé de son temps, il aurait fallu une quantité d'eau huit fois supérieure à celle qui se trouvait dans les océans (Telluris Theoria Sacra, Londres, 1681 et 1689). La notion de compression, dont parle Cantemir, semble devoir répondre à cette objection.

[5] Cf. Jean, 15, 1-3: «Je suis la vraie vigne, et mon Père le vigneron. Il retranchera toutes les branches qui ne portent point de fruit en moi, et il émondera toutes celles qui portent du fruit, afin qu'elles en portent davantage. Vous êtes déjà purs, à cause des instructions que je vous ai données.»

/105/ CAP(VT) 10

{{Confutatur scholasticorum de Gigantibus obiectio, eo quod, postquam Dei Verbum incarnatum est, spiritus immundus ab humana incarnatione totaliter cessaverit.}}

Insultabunt ad haec scholastici parasitae et dialectices apparitores, insuper praecipitanter fortasse vociferabuntur post ipsum diluvium etiam quam plurimos extitisse Gigantes. Nae ! Imo usque ad Davidis tempora in Sacris Philistaeum altitudine sex cubitorum legimus Goliath[1].

Immundus spiritus nondum cessaverat carnem ad viam deducere corruptionis, verum tamen mitius, occultius atque rarius talia aggrediebatur molimina. Imo (quod maxime Sacrae Scientiae confirmat authoritatem) nunquam, ob timorem Dei, sapientes ad Giganteam magnitudinem accrevisse memorantur, quia nunquam talia pura corpora immundus spiritus ingredi execrandoque ludibrio exponere audebat, ideoque, sicubi post diluvium talia apparuissent monstra, in genere Al<l>ophilorum, Sapientiam Dei non habentium, visebantur[2]. Rare, inquam, apparebant a Noë usque ad Abrahamum, rarius ab Abrahamo usque ad Davidem, et rarissime a Davide usque ad Christum Dominum.

Quandoquidem istorum saeculis, quam{quam} per propheticas ex{h}ortationes {et} per singulares Dei Omnipotentis voces mysterium Sacro-Sanctae Divini Verbi incarnationis perfecte non intelligebat Astutissimus, attamen non absque /106/ ingenti timore atque tremore (ne id, quod per prophetas praedicitur, eveniat) premebatur, ubi tandem necessario totaliter cessaturus erat, nec amplius huiuscem{o}di ludibriis humanam deludere fragilitatem posse nimis pertimescebat — quod et evenit, nam, post Sacro-Sanctam Verbi incarnationem[3], quae hominem ad pristinum innocentiae reduxit statum, et per totum orbem paenitentiae praedicatio et Regni Dei adventus confirmatus[4] est, ad hanc usque diem, nunquam nusquamve homo et sol (cui respondet spiritus immundus et caro[5]) generavit Gigantem.

---

[1] *Sam., 17, 4-54 ; aliter, 2 Sam., 21, 19.*

[2] I. e. 'Philistinorum', *secundum LXX morem.*

[3] incar*n*ationem *scr.* : incartationem M.

[4] adventus confirmatus *ex* adventum confirmatum *corr.* M.

[5] ca*r*o *scr.* : coro M.

Chapitre 10

Il est réfuté l'objection des Scolastiques au sujet des géants, par le fait que, après que le Verbe de Dieu se fut incarné, l'esprit impur cessa totalement de s'incarner dans les hommes.

À entendre ces choses, les parasites scolastiques et les scribes dialectiques bondiront et, en outre, peut-être, s'écrieront précipitamment que même après ce déluge il y eut plusieurs géants. Assurément ! En effet, nous lisons dans les Écritures Saintes que, même à l'époque de David, Goliath le Philistin avait six coudées de haut[1].

L'esprit impur n'avait pas encore cessé de conduire la chair dans la voie de la corruption, mais il s'attelait à de tels efforts plus doucement, plus secrètement et plus rarement. En vérité, l'on raconte (ce qui confirme au plus haut degré l'autorité de la Science Sacré) que les sages, par peur de Dieu, n'atteignirent jamais la grandeur des géants, parce que l'esprit impur n'osa jamais entrer dans de tels corps purs et les exposer à un telle mystification abominable ; pour cette raison, si après le déluge de tels monstres étaient apparus quelque part, ils ressemblaient à des païens[2], qui n'avaient pas la Sagesse de Dieu. Ils apparaissaient rarement, dis-je, de Noé jusqu'à Abraham, plus rarement d'Abraham jusqu'à David, et très rarement de David jusqu'au Christ notre Seigneur.

Puisque à l'époque de tous ceux-ci, bien que le Très-Rusé ne comprît pas à la perfection le mystère de l'Incarnation Sacro-Sainte du Verbe Divin à partir des exhortations des Prophètes et de chacun des témoignages du Dieu Tout-Puissant, il était cependant poursuivi par une peur et un tremblement considérables (que ce qui était prédit par les prophètes n'arrivât), et par conséquent il devait finalement cesser complètement et craignait fortement ne plus pouvoir abuser de la fragilité humaine par des mystifications pareilles. C'est ce qui arriva en effet, car, après l'Incarnation Sacro-Sainte du Verbe, qui ramena l'homme dans sont état d'innocence originel, tant la prédication de la pénitence sur toute la terre que l'avènement du Royaume de Dieu furent raffermis et, à partir de ce jour, l'homme et le Soleil (à qui correspondent l'esprit impur et la chair) n'engendrèrent plus jamais nulle part aucun géant.

---

[1] Cf. 1 *Samuel*, 17, 4 et 8. Une coudée correspond à 45 cm environ.
[2] Lat. *allophyli*, non juifs, gentils.

Sed de Gigantea statura iam satis, nuncque ad propositum reversi, Cataclismatis occasione, pecul<i>aria quaedam de meteoris, more nostro historice inserta, quo brevius succintiusque fieri posset, speculemur.

CAP(VT) 11

{{In Caeli meteoris Iridem esse prodigiosam probatur, et de eadem Ethnica doctrina confutatur, et ipsam ante diluvium non extitisse[1] confirmatur.}}

Verum enimvero Clementissimus universi Pater, qui aeterna hominem dilexerat charitate, in unius domus familia tam Sapientiae Timoris Sui incorruptibile semen, quam totum mortalium reservavit genus et foedus cum illis pepigit aeternum, quod nunquam imposterum illos aquis sit suffocaturus; pro foederis autem fidelissimo pignore, admirabilem et nunquam prius mortalibus visam novamque pignoravit Creaturam, Iridem nempe (vel, ut */108[2]/* Sacris dicitur[3]) arcum suum terribilem in caeli nubibus exp<r>essit.

---

[1] extitisse *ex* extetisse *corr.* M.
[2] *Paginae numerus 107 praetermissus in* M.
[3] *Gen., 9, 13-17.*

Mais cela suffit au sujet de la taille des géants ; et maintenant, revenus à notre sujet, examinons, à l'occasion du déluge universel, le plus brièvement et le plus succinctement possible, quelques particularités des météores, selon notre coutume, insérées dans l'histoire[1].

CHAPITRE 11

Il est prouvé que, parmi les météores du Ciel, l'arc-en-ciel est prodigieux, il est réfuté la doctrine païenne à cet égard et il est confirmé qu'il n'y en avait pas avant le déluge.

Cependant, le Père Très-Clément de l'Univers, qui avait aimé l'homme d'une charité éternelle, réserva dans la famille d'une seule maison, tant la race incorruptible ayant la Sagesse d'avoir crainte de Lui[2], que tout le genre des mortels, et conclut avec eux une alliance éternelle, selon laquelle, à l'avenir, ils ne seraient plus jamais submergés par les eaux ; comme gage de son alliance très fidèle, il offrit une nouvelle créature, admirable et jamais vue auparavant par les mortels, à savoir l'arc-en-ciel[3], ou, comme il est dit dans les Écritures Saintes, il éleva son arc terrible dans les nuages du ciel[4].

---

[1] C'est en effet la méthode de l'ouvrage de Cantemir, que de traiter de problèmes physiques à l'occasion du récit de la Genèse.

[2] Cf. *Genèse*, 20, 11 : « Il n'y a peut-être point de crainte de Dieu en ce pays-ci. »

[3] Sur la question de savoir s'il y avait eu d'arc-en-ciel avant le Déluge, les avis étaient partagés : Athanasius Kircher pensait qu'il y en avait eu, mais non comme un signe de l'alliance (*Arca Noë*, Amsterdam, 1675, p. 176-178), J. B. van Helmont était d'avis que l'on n'avait pas vu d'arc-en-ciel avant le Déluge (*Meteoron anomalum*, 3).

[4] Cf. *Genèse*, 9, 8-16 : « Dieu dit encore à Noë et à ses enfants aussi bien qu'à lui : Je vais faire alliance avec vous, et avec votre race après vous, et avec tous les animaux vivants qui sont avec vous, tant les oiseaux que les animaux, ou domestiques, ou de la campagne, qui sont sortis de l'arche, et avec toutes les bêtes de la terre. J'établirai mon alliance avec vous ; et toute la chair qui a vie ne périra plus désormais par les eaux du déluge ; et il n'y aura plus à l'avenir de déluge qui extermine toute la terre. J'établirai mon alliance avec vous ; et toute chair qui a vie ne périra plus désormais par les eaux du déluge ; et il n'y aura plus à l'avenir de déluge qui extermine toute la terre. Dieu dit ensuite : voici le signe de l'alliance que j'établis pour jamais entre moi et vous, et tous les animaux vivants qui sont avec vous. Je mettrai mon arc dans les nuées, afin qu'il soit le signe de l'alliance que j'ai faite avec la terre. Et lorsque j'aurai couvert le ciel de nuages, mon arc paraîtra dans les nuées ; et je me souviendrai de l'alliance que j'ai faite avec vous et avec toute âme qui vit et anime la chair ; et il n'y aura plus à l'avenir de déluge qui fasse périr dans ses eaux toute chair qui a vie. »

Mira profecto res, quomodo, quae a 'barbaro' (ut detractores appellitare solent) Hebraeo Moysa tot mille annis ante scripta, hodie omnium nobilium Graecorum doctrinam superare pateat et, qui balbutiente lingua veritatem olim docebat, nunc omnes pteroglossos mendacium asseruisse[1] inaniaque grandiloquia surdis detonasse auribus exacte declarat.

De facto enim prodigiosum hoc opus ad ethnicam minime quadrare doctrinam facillime diligenter patebit consideranti. Imprimis quidem, quamquam Iris Solis effectus sit, non tamen per modum a sensitiva schola traditum fieri posse multae et invincibiles[2] obstant demonstrationes: et, primo, diversi colores; secundo, colorum ordinatio; tertio, apparentiae tempus; quarto, loci consignatio; et, quinto, aëris semper motiva agitatio.

Quoad colores, manifestum est ipsos nec nubes, nec Solem habere, ideoque, quod non habent, non possunt dare — ergo colores Iridis transnaturales esse necesse est. {{Patiantur parumper Atomistae!}} Item, colores isti non sunt accidens, aut accidentales, alioquin non eundem servarent ordinem, sed, iuxta nubium accidentalem dispositionem, accidentaliter disponerentur etiam colores: quod tamen non fit — ergo Iridis colorum /109/ ordinatio transnaturalis est.

---

[1] mendacium asseruisse scr. : mendatium esseruisse M.
[2] invincibiles ex -lia corr. M.

Il est vraiment merveilleux que ce qu'écrivit l'Hébreu Moïse, «le barbare» (comme ses détracteurs l'appellent de coutume), il y a tant de milliers d'années, surpasse aujourd'hui la doctrine de tous les nobles Grecs et que celui qui enseignait jadis, d'une langue balbutiante, la vérité précise maintenant, avec exactitude, que tous les beaux parleurs ont débité des mensonges et qu'ils ont étourdi de discours vains et pompeux des oreilles sourdes[1].

Car, en fait, celui qui examinera avec diligence cet ouvrage prodigieux trouvera très facilement qu'il n'est absolument pas conforme à la doctrine païenne. Tout d'abord, quoique l'arc-en-ciel soit un effet du Soleil[2], de nombreuses et invincibles preuves s'opposent à ce qu'il se produise de la façon que l'École Sensitive enseigne: premièrement, les couleurs diverses; deuxièmement, l'ordre des couleurs; troisièmement, les moments de son apparition; quatrièmement, l'emplacement; et cinquièmement, l'action motrice permanente de l'air.

Pour ce qui est des couleurs, il est évident que ni les nuages ni le Soleil n'en ont; et que, pour cette raison, ils ne sauraient donner ce qu'ils n'ont pas; il est donc nécessaire que les couleurs de l'arc-en-ciel soient surnaturelles[3]. Que les atomistes l'admettent un instant! De même, ces couleurs ne sont pas un accident, ou accidentelles, autrement elles ne conserveraient pas le même ordre[4], mais elles se disposeraient, elles aussi, accidentellement selon la disposition accidentelle des nuages; ce qui néanmoins n'arrive pas; l'ordre des couleurs de l'arc-en-ciel est donc surnaturel. De même, ces couleurs ne sont pas essentielles, parce

---

[1] Éloge de Moïse, qui passait pour avoir écrit, sous l'inspiration divine, le Pentateuque (les cinq premiers livres de la Bible: la Genèse, l'Exode, le Lévitique, le Livre des Nombres et le Deutéronome).

[2] Aristote, *Météorologiques*, III, 2, 372 a: «Quant à leurs causes [du halo, de l'arc-en-ciel, des parhélies et des raies lumineuses], elle est la même pour tous. Tous en effet sont des phénomènes de réflexion. Leur différence tient à la façon dont cette réflexion a lieu et aux corps d'où elle part, et ils diffèrent aussi selon que la réflexion se produit vers le soleil ou vers quelque autre objet brillant.»

[3] Lat. *transnaturales*. La physique néo-aristotélicienne a longtemps disputé sur la question si les couleurs de l'arc-en-ciel sont réelles ou seulement apparentes. Au XVIe siècle, par exemple, Julius Caesar Scaliger embrassait la première opinion, Jérôme Cardan la seconde, cf. Carl Boyer, 1959.

[4] L'ordre des couleurs dans le spectre: rouge, orange, jaune, vert, bleu, indigo, violet était un mystère pour la science ancienne, jusqu'à ce que Newton eût découvert, en 1672, la dispersion de la lumière blanche par un prisme; toutefois cette découverte fut plus généralement connue à partir de la publication de l'*Opticks* de Newton, en 1704.

Item, colores isti non sunt essentiales, quia nec Sol, nec nubes[1] eos per se habent, alioquin idem Sol iisdem nubibus semper eandem efficere Iridem debere[n]t: quod non faci[un]t — ergo Iridis existentia supernaturalis est.

Non sunt, inquam, secundum quid, quia semper eundem servant ordinem; item, non sunt per se, quia nec nubib*us*[2], nec Soli insunt per se, ideoque nubes et Sol non possunt semper et ordine naturali talem effectum, ut causis respondeat, facere.

Itaque tempore solum pluvial*i*[3], imo frequentius post pluviam quamquam saepenumero duplex accidat nub*es*[4], alias tamen non fit — ergo temporis designatio, et appa<re>ntia eius, tempore pluviali, ordinem non servans naturalem, prodigiosa est.

Insuper, Iris est quidem mediate in loco (quia Sole resplende[n]t in nubibus), sed immediate in aëre, alioquin, transeunte nube, et velociter agitato aëre, necessario assidua et momentanea esset colorum transmutatio, et, non servato ordine, iuxta atomorum in nube praetervolantium continuam successionem, confuse apparerent: quod non fit — ergo Iridem mediate in loco et immediate in aëre esse opus prodigiosum est.

Istis ita probatis, colligitur Iridem causam quidem habere naturalem, hoc est Solem, locum, aërem et nubem, */110/* ipsam autem esse supernaturalem, et effectum vere prodigiosum apparere.

Insuper (quod multo mirabilius est), post pluviam, sereno caelo, et, in aprico campo, saepissime, divinus, mire splendens, arcus observatur, ubi nec duplici nube (secundum scholas) opus habet, nec vice speculi ex

---

[1] nub*es* *scr.:* nubis M.
[2] nubib*us* *scr.:* nubibis M.
[3] pluvial*i, cf. infra, scr.:* pluviale M.
[4] nub*es* *scr.:* nubis M.

que ni le Soleil, ni les nuages n'en possèdent par soi ; autrement le même Soleil devrait, par les mêmes nuages, produire toujours le même arc-en-ciel, ce qu'il ne fait pas ; l'existence de l'arc-en-ciel est donc surnaturelle. Elles ne sont pas, dis-je, par accident[1], parce qu'elles conservent toujours le même ordre ; de même, elles ne sont pas par soi, parce qu'elles ne sont pas inhérentes par soi ni aux nuages, ni au Soleil, et, partant, les nuages et le Soleil ne peuvent produire, toujours et selon l'ordre naturel, un effet tel qu'il corresponde aux causes.

Et ainsi l'arc-en-ciel ne se produit que par temps pluvieux, et même, plus fréquemment, après la pluie, même s'il apparaît souvent un nuage double ; car autrement il ne se produirait pas ; la détermination du temps, à savoir l'apparition de l'arc-en-ciel par temps pluvieux, ne conservant pas l'ordre naturel, est donc prodigieuse.

En plus, l'arc-en-ciel est médiatement dans un lieu (parce que c'est par le Soleil qu'il brille dans les nuages), mais immédiatement dans l'air ; autrement, au fur et à mesure que le nuage passerait et l'air serait remué rapidement, les couleurs changeraient nécessairement de façon ininterrompue et instantanée et, sans respecter l'ordre, elles apparaîtraient mélangées, selon la continuelle succession des atomes s'écoulant dans le nuage, ce qui n'arrive pas ; le fait que l'arc-en-ciel soit médiatement dans un lieu et immédiatement dans l'air est donc un prodige[2].

Ces choses ainsi prouvées, on en infère que l'arc-en-ciel a, certes, une cause naturelle, à savoir le Soleil, le lieu, l'air et le nuage, mais que lui-même, en tant que tel, est surnaturel[3] et qu'il apparaît comme un effet véritablement prodigieux. En outre (ce qui est bien plus merveilleux), après la pluie, on observe très souvent l'arc divin briller merveilleusement, par un ciel serein et dans une campagne ensoleillée, où il n'a besoin ni de nuage double (comme selon les Écoles), ni d'un nuage plus

---

[1] Lat. *secundum quid*.

[2] Cf. J. B. van Helmont, *Meteoron anomalum*, 11 : « Car, lorsque le vent souffle, les couleurs qui sont immédiatement dans le milieu se déplacent et se dissipent avec le milieu, de même que le milieu dans lequel elles se trouvent. Cependant, les couleurs ou la lumière qui sont immédiatement dans le lieu ne changent pas, même si l'air, ou le milieu dans lequel elles apparaissent, change de lieu et se déplace. Et il en ainsi de l'arc-en-ciel qui ne périt et ne se déplace pas, même si le vent souffle. »

[3] Lat. *supernaturalis*. Cf. J. B. van Helmont : « Et ainsi dans l'arc-en-ciel, concourent le Soleil et le lieu, comme causes secondes. Mais il y a aussi une autre cause totale indépendante, miraculeuse et immédiate, qui a dirigé l'arc-en-ciel selon la Gloire de Sa Bonté et de l'alliance conclue non seulement avec Noë et sa famille, mais aussi avec les descendants des enfants des hommes jusqu'à la fin du monde » (*Meteoron anomalum*, 16).

adverso tenuiori nubecula indiget. Sic enim (credat veritati physicus!) divini colores extra substratam materiam, et Dei tinctura extra subiectum inhaerentiae subsistere possunt.

Quamobrem, id quod nunc negant scholae, tunc confidenter credit Noah, et semen eius Divinae acquiescit Promissioni[1]. Quandoquidem nunquam ante diluvium visam aspiciunt mirabilem creaturam, alioquin iure conqu[a]eri potuissent Iridem saepissime vidisse, tamen mundum aquis suffocatum fuisse. Itaque nec pro foederis pignore eam habuissent, habuerunt tamen, quam non in duplici nube, sed, pluviali tempore videntes, Divinae iustae recordarentur Vindictae, et imposterum, per firmam firmi pignoris confidentiam Clementissimi clementiam sperent.

CAP(VT) 12

{{Modus conservationis incolumitatis Archeorum vegetativorum[2] describitur.}}

Caeterum humanum genus caeteraque anima[ta]torum genera arca quidem conservata, omnia autem vegetativa per internos suos archeos a diluvii immanitate potestative fauta, et, ut[3] tempestive in novum revirescant /111/ germen periodumque pristinam conficiant suam, mira ditavit facultate.

Quandoquidem ex Sacris ab ipso primo diluvii die usque ad secundam columbae[4] emissionem menses decem et dies quatuordecim colliguntur; unde verisimile est per tot dierum spatium sub aquis herbarum degentia semina arborumque radices naturali et ordinaria facultate incorrupta evasisse haud potuisse, ideoque vel rerum archei in diluvio

---

[1] *Cf. Gen., 9, 13 sqq.*
[2] vegiti- *in margine versus p.m.* M, *corr. s.m.*
[3] ut *ex* a- *corr.* M.
[4] columbae *scr.* : culumbae M.

petit en face, en guise de miroir[1]. Car les couleurs divines peuvent subsister même (que le physicien croie la vérité!) en dehors de la matière qui sert de substrat et la teinture de Dieu en dehors du sujet de l'inhérence.

Pour cette raison, Noé crut alors en toute confiance ce que les Écoles nient maintenant, et sa race eut foi dans la Promesse Divine. Car ils aperçurent la créature merveilleuse jamais vue avant le déluge, autrement ils eussent pu se plaindre à juste titre d'avoir vu très souvent l'arc-en-ciel et que le monde avait été néanmoins submergé par les eaux; et ainsi ils ne l'eussent pas considéré comme un gage de l'alliance. Pourtant ils le considérèrent comme tel, le voyant non dans un nuage double, mais par temps pluvieux, afin de se souvenir de la juste vengeance de Dieu et, par conséquent, d'espérer, par la ferme confiance dans le gage ferme, en la clémence du Très-Clément.

CHAPITRE 12

Il est décrit le mode de la conservation de l'intégrité des Archées des végétaux.

Du reste, le genre humain et les autres genres d'êtres vivants furent vraiment conservés dans l'arche et tous les genres de végétaux furent protégés efficacement de la sauvagerie du déluge par leurs archées internes et dotés par Dieu d'une faculté merveilleuse, afin qu'ils reverdissent à des époques fixes, qu'ils germent à chaque fois de nouveau et qu'ils répètent leur cycle. Car il résulte des Saintes Écritures que, du premier jour du déluge jusqu'au deuxième envoi de la colombe[2], dix

---

[1] Cf. Aristote, *Météorologiques*, III, 4, 373 b: «...il arrive nécessairement qu'au moment où la pluie commence à se former et où l'air contenu dans les nuages se condense en gouttelettes sans que la pluie tombe encore, si du côté opposé se trouve le soleil ou quelque autre source lumineuse assez brillante pour que le nuage fasse office de miroir, et pour que la réflexion se produise à l'opposé de la source lumineuse, on voit apparaître de la couleur, mais pas de figure. [...] En conséquence, puisqu'il est possible que les choses se passent ainsi, lorsque le soleil et le nuage réalisent ces conditions et que nous nous trouvons entre les deux, il se formera, grâce à la réflexion, une image. C'est dans ces circonstances et non dans d'autres que l'arc-en-ciel apparaît.»
[2] Cf. *Genèse*, 8, 10: «[Noé] attendit encore sept autre jours, et il envoya de nouveau la colombe hors de l'arche.»

supernaturaliter corroborati, vel de novo, et creatorio modo inditum terrae fermentum demortuum archeum ad vitam suscitasse existimandum — quod veritati maxime consentaneum est, siquidem eiusdem Divinae Benedictionis repetitio fit: "Crescite[1] et multiplicamini"[2] et cae(tera).

De his itaque satis in creatione dictum est, et ad Meteori monarchiam speculationem attente dirigamus.

CAP(VT) 13

{{Deluditur naturale systima ab Ethnica Schola traditum. Cuius inductione inscitia Physicae auscultationis confutatur.}}

Porro, facto a Deo universali diluvio, et omni[3] anima, quae per spiritum immundum vivebat, occisa, tandem Spiritui, id est ventui, praecepit, ut, aquas[4] ab aquis separando, latentem discooperiret terram, et siccitatem non a calore, sed a frigidissimo exigit aëre.

Ad haec inculcabit Scholasticus Atheista: "Et unde tot aquarum undae, quae altissimorum etiam montium ca*/112/*cumina quindecim excedant cubitis?" Item: "In arefactione, per exsiccatorem aërem, quorsum sese recipere, aut a quo capi possent?" interrogabit.

Dicam ipsi{s} scholasticis auribus inaudita et ab Atheismi tenebricosa scientia[5] nunquam indagata intactaque paradoxa: "Quid, quaeso, putat

---

[1] crescite *scr.* : crescete *hic* M.
[2] *Gen., 1, 22 etc.*
[3] omni *ex* omnis *corr.* M.
[4] aquas *ex* aquis *corr.* M.
[5] tenebricosa scientia *ex* -sae -iae *mut.* M.

mois et quatorze jours sont passés ; il est par conséquent vraisemblable que les semences des plantes et les racines des arbres, recouvertes par les eaux, ne purent demeurer indemnes par une faculté naturelle et ordinaire, et pour cette raison l'on doit considérer soit que les archées des choses furent fortifiés surnaturellement pendant le déluge, soit qu'un ferment introduit de nouveau et sur un mode créateur dans la terre rappela à la vie l'archée mort – ce qui est tout à fait conforme à la vérité, si l'on se rappelle la même Bénédiction divine : « Croissez et multipliez-vous » et ainsi de suite[1].

De ces choses, l'on a assez parlé dans [le livre de] la Création, aussi dirigeons attentivement notre recherche vers la monarchie des Météores.

CHAPITRE 13

Il est tourné en dérision le système naturel enseigné par l'École païenne. En utilisant l'induction de celle-ci, il est confondu l'ignorance des leçons de Physique.

Après que Dieu eut fait le déluge universel et que toute âme vivant par l'esprit impur fut tuée, il ordonna enfin à l'Esprit, c'est-à-dire au vent, de mettre à nu la terre cachée, séparant les eaux d'avec les eaux, et de la sécher non par la chaleur mais par un air très froid[2].

A cela interviendra le Scolastique athée : « Et d'où venaient tant de flots d'eau qui dépassaient d'une quinzaine de coudées les sommets des montagnes les plus hautes ? »[3] Et il demandera aussi : « Lorsque, du fait de l'air, la terre fut toute sèche[4], où pouvaient-ils se retirer ou bien par quoi pouvaient-ils être engloutis ? »

Je dirai des paradoxes que même les oreilles des scolastiques n'ont jamais entendus et que la science ténébreuse de l'athéisme n'a jamais soupçonnés et touchés. Qu'est-ce qu'il y aura, de grâce, d'après l'écolier

---

[1] Cf. *Genèse*, 1, 22, etc.

[2] Cf. *Genèse*, 8, 1 : « Mais Dieu, s'étant souvenu de Noé, de toutes les bêtes sauvages et de tous les animaux domestiques qui étaient avec lui dans l'arche, fit souffler un vent sur la terre, et les eaux commencèrent à diminuer. »

[3] Cf. *Genèse*, 7, 20 : « L'eau ayant gagné le sommet des montagnes s'éleva encore de quinze coudées plus haut. » Pour la quantité de l'eau du Déluge, voir aussi la dernière note du chapitre 9 de ce même Livre.

[4] Cf. *Genèse*, 8, 14 : « Le vingt-septième jour du second mois la terre fut toute sèche. »

Ethnicae Physices auscultator (qui alioquin totaliter naturae negat vacuum) ab ipso terrae centro usque ad supremam circumferentiam, nempe usque ad firmamenti terminos, fore?" In toto enim Vniverso nihil nisi sua quatuor habet elementa ('sua', dico, quia non naturae), quibus audacter et minus physice naturalia determinabit loca. Et, primo quidem, terram dicet 'inferiorem', quia omnibus[1] aliis graviorem; secundo, aquam terram 'superiorem', quia reliquis duobus graviorem, ipsa autem leviorem; tertio, aërem istis duobus leviorem, posteriori autem graviorem, nescio quousque expassum, fortasse non plus quam ad sexaginta milliaria[2]; quarto tandem, omnibus leviorem, ideoque et superiorem, invisibilem indicabit ignem, alias actualem, alias potentialem, alias visibilem et sensibilem, alias autem invisibilem et insensibilem — ac, proinde, usque ad Lunae sphaeram tale extendet figmentum.

Concedamus haec ipsi gratis, et ordo intentionalis, in gratiam /113/ Stagiritae[3], fiat 'Systema naturalis'. Hoc saltem dicat, ambo, a sphaera Lunae usque ad concavum stereomatis, per vastum Vniversi tractum, quid sit id, quod firmamenti amplissimam complea[n]t vacuitatem, inter quod, per quod, et in quo Caelestia ingentia corpora percurrant[4], fluitent atque comprehendantur?

---

[1] omnibus scr. : obnibus M.
[2] milliaria scr. : millearia M.
[3] Stagiritae scr. : Stageritae M.
[4] percurrant scr. : percurrent M.

de la Physique païenne (qui du reste nie totalement l'existence du vide dans la nature), depuis le centre même de la Terre jusqu'à la circonférence suprême, c'est-à-dire jusqu'aux extrémités du firmament ? Car dans tout l'Univers il n'y a rien d'autre que ses quatre éléments («ses», dis-je, parce qu'ils n'appartiennent pas à la nature[1]), au moyen desquels il définira, audacieusement et pas du tout physiquement, les lieux naturels[2]. Et premièrement, le Scolastique dira que la terre est l'élément le plus bas, parce qu'elle est plus lourde que tous les autres; deuxièmement, que l'eau est au-dessus de la terre, parce qu'elle est plus lourde que les deux autres, mais plus légère que la terre; troisièmement, que l'air est plus léger que les deux premiers, mais plus lourd que le dernier élément, étendu je ne sais jusqu'où, peut-être bien pas plus de soixante milles; quatrièmement enfin, il indiquera comme étant le plus léger des tous et, pour cette raison, le plus haut, le feu invisible, tantôt actuel, tantôt potentiel, tantôt visible et sensible, tantôt invisible et insensible – et, par conséquent, il étendra une telle fiction jusqu'à la sphère de la Lune[3].

Concédons-lui ces choses à titre de faveur et, pour complaire au Stagirite, concédons-lui aussi que le système naturel soit un ordre intentionnel[4]. J'aimerais qu'il dise au moins ce qu'il y a dans la vaste étendue de l'Univers pour remplir le très grand espace vide du firmament, de la sphère de la Lune jusqu'à la concavité du firmament[5], par lequel, à travers lequel et dans lequel courent, flottent et sont compris les immenses corps célestes ?[6] Il ne dira pas que c'est le vide, parce qu'il proclame que la

---

[1] Mais à la philosophie néo-aristotélicienne; Cantemir pose, on l'a vu, l'existence de deux éléments premiers, à savoir l'eau et l'air (livre II, chapitre 3).

[2] La notion de lieu naturel, ou lieu propre, est définie par Aristote en rapport avec la nature des éléments. Cf. *Physique*: «Chaque chose reste en repos naturel dans son lieu propre» (IV, 5, 212 34) et «La terre et chacun des autres éléments restent nécessairement dans leur lieu propre et n'en sortent que par un mouvement violent» (VIII, 3, 253b 33).

[3] Cf. par exemple Joannes de Sacro-Bosco, *Tractatus de Sphaera*, ch. 1: «La machine universelle du Monde se divise en deux, la région de l'éther et la région des éléments. La région des éléments, qui existe par une altération continuelle, se divise en quatre. En effet, la terre est comme le centre du Monde, disposée au milieu de toutes choses. Autour de la terre est l'eau; autour de l'eau est l'air; autour de l'air, est ce feu pur et non troublé qui, comme le dit Aristote au livre des Météores, atteint l'orbe de la Lune.»

[4] Selon Aristote, l'ordre intentionnel est l'ordre des fins qui définit et qui règle la nature (*Physique*, livre II, chap. 8).

[5] Lat. *stereoma*. Cf. Septuaginta, *Genesis*, 1, 6: «στερέωμα», firmament.

[6] Ainsi que l'annonce le lemme, Cantemir va faire un raisonnement par induction, en démontrant qu'aucun des éléments qu'admet Aristote ne peut remplir l'espace supralunaire. Pour la notion aristotélicienne de l'induction, voir *Analytica priora*, 2, 23, 68b et *Topiques*, 1, 12, 105a 14.

'Vacuum' non dicet, quia fatetur naturam abhorreri non naturam. 'Ignem' non dicet, quia ignis sphaera usque ad lunarem iam determinata est, et consequenter nec ad superius pen{e}trare posse. 'Aërem' non dicet, quia aër, cum sit igne gravior, naturaliter locum igne inferiorem petit, neque supra se levius elementum ascendere potest. 'Aquam' non dicet, quia aquam, cum in aëre detineatur et inibi diutius moretur, naturae suae oblivisci (non secus ac ipsi qui religionem mutare solent) et in aërem converti docet, ideoque ignis sphaeram pertingere vel non posse, vel, si possit, re[p]pelli, aut a se ipsa retrahi atque aufugere — alioquin indomita ignis fames quantocyus ipsam devoraret et in suam transmutaret[1] substantiam. Deus bone! 'Terram' non dicet, quia terra<m>, cum sit omnium gravissimum corpus, infimum sortitum fuisse locum ostendit.

Ergo repletionem illam tam multae Caeli profunditatis amplissimaeque capacitatis quid, rogo, vellet esse? An ad quintum */114/* refugiet elementum? — tamen non salvabit ipsum inconstantia sua. 'Quintum enim elementum non repletionem vacuitatis, sed corporum Caelestium esse composituram' dixit.

Verum et hoc concedam ipsi, etiam repletionem eiusdem quintae essentiae atque naturae esse. Sed, rogabo: "Vbi communis eorundem et necessaria proprietas?" Caelum movetur, reliqua Caelestia commoventur, Sol splendet, sidera resplendent, Sol calefacit, reliqua concalescunt. Haec omnia talia esse talesque habere proprietates (de Astrologicis enim speculationibus non fit sermo) mente assequimur, sensu percipimus et haec hoccemodo se habere quasi manibus palpitamus.

Ergo ostendant repletionem illam easdem habere proprietates. Non possum satis admirari (quod ad acquirendam inscitiae larvam facillimum erat): quomodo non potuit adhuc sextum excogitare elementum?! Vbi tam physicae auscultationis, quam mendacii[2] traditionis abditum recondat thesaurum?! Pergat igitur in veteri perversitate deficiendo

---

[1] transmutare*t scr.* : transmutaré M.
[2] menda*cii scr.* : mendatii M.

nature a horreur de la non-nature. Il ne dira pas que c'est le feu, parce que la sphère du feu est déterminée jusqu'à la sphère lunaire et, par consé-quent, elle ne peut pénétrer plus haut. Il ne dira pas que c'est l'air, parce que l'air, étant plus lourd que le feu, réclame un lieu inférieur par rapport à celui du feu, et ne peut monter au-dessus d'un élément plus léger. Il ne dira pas que c'est l'eau, parce qu'il enseigne que l'eau, étant retenue dans l'air et y séjournant longtemps, oublie sa nature (de même que ceux qui ont coutume de changer de religion) et se convertit en air ; partant, soit elle ne peut atteindre la sphère du feu, soit, si elle le peut, elle est repoussée ou se retire elle-même et se sauve ; autrement, la faim indomptable du feu la dévorerait au plus vite et la transmuerait dans sa substance à lui. Bon Dieu ! Il ne dira pas que c'est la terre, parce qu'il montre que la terre, étant le corps le plus lourd de tous, avait été répartie au lieu le plus bas.

Je demande, donc, par quoi voudrait-il que soient remplis une aussi vaste hauteur du Ciel et un réceptacle aussi large ? Cherchera-t-il un refuge dans le cinquième élément ? Son inconstance, cependant, ne le sauvera pas. Car il a dit que le cinquième élément n'est pas le contenu qui remplit l'espace vide, mais qu'il forme la composition des corps célestes[1]. Néanmoins, je lui concède cela aussi, à savoir que le contenu qui remplit cet espace vide est la cinquième essence et nature. Cependant, je demanderai : « Où est la propriété commune et nécessaire de ces éléments ? » Le ciel se meut, les autres corps célestes se meuvent avec lui, le Soleil brille, les étoiles réfléchissent la lumière, le Soleil chauffe, les autres corps s'échauffent. Nous comprenons par notre esprit et nous percevons par les sens que toutes ces choses sont telles et qu'elles ont de telles propriétés (car il n'est pas question des recherches astrologiques) et nous tâtons presque des mains qu'elles se comportent ainsi.

Qu'il montre, donc, que ce contenu qui remplit [l'espace supralu-naire] a bien les mêmes propriétés. Je ne saurais m'étonner assez (ce qui était très facile pour acquérir le masque de l'ignorance[2]) : comment est-ce possible qu'il n'ait pas encore inventé un sixième élément ? ! Où dissi-mule-t-il le trésor caché des leçons de physique et de la tradition du mensonge ? ! Que le Scolastique persévère donc à tomber dans la vieille erreur ! En ce qui me regarde, avançant heureusement, à l'aide de la

---

[1] Pour Aristote, l'éther est l'élément aussi bien des corps que des sphères célestes, mais, du fait de la juxtaposition de ces dernières, entre les sphères il n'y a pas d'espace vide.

[2] Ironie au sujet de l'origine de la philosophie, selon Aristote : « C'est en effet l'éton-nement qui poussa les premiers penseurs aux spéculations philosophiques », *Métaphysique*, I (*alpha*), 2, 982b 13.

Scholasticus ! Ego autem quid a Sacris pagi\<ni\>s imbutus fuerim, Divina favente Clementia, prospere progrediendo, dicam syncere.

CAP(VT) 14

{{Profanis et Sa/115/ cris axiomatibus comparatis, firmis argumentis probatur sacrum praecellere profanum, et Ethnicum dictum, ne procedat in infinitum, refellitur.}}

/114/ Tactitat Schola (quanquam hoc caeco quodam sensu) /115/ naturam nihil fecisse frustra. Sacra autem Doctrina dicit Deum nihil dixisse quod bene et perfecte non factum fuisse: "Dixit, et facta sunt. Et vidit Deus quod esset bonum."[1] "Complevitque Deus die septimo opus suum, quod fecerat, et requievit."[2]

His propositis, breviterque explicata nostri axiomatis praecellentia, hinc quid sequatur dilucidius patebit, et quidem scholastice: Non est natura, nisi prius dicatur 'natura' — ergo prius verbum, et sequitur natura. Nihil fit natura, nisi prius incipiat natura — ergo quae dicuntur 'facta a natura' aliquando incepisse fieri a natura.

---

[1] *Gen., 1, 3-25.*
[2] *Gen., 2, 3.*

Clémence Divine, je dirai sincèrement ce que j'ai appris de la lecture des pages sacrées.

CHAPITRE 14

Comparant les axiomes profanes et sacrés, il est prouvé au moyen d'arguments solides que le sacré est supérieur au profane et, pour ne pas régresser à l'infini[1], il est réfuté la doctrine païenne.

L'École argue (même si par une sorte de jugement aveugle) que la nature n'a rien fait en vain[2]. Mais la doctrine sacrée dit que Dieu n'a rien dit qui ne fût bien et parfaitement fait : « Il le dit, et cela fut fait. Et Dieu vit que cela était bon. »[3] « Dieu accomplit le septième jour tout l'ouvrage qu'il avait fait, et il se reposa. »[4]

Une fois ces choses mises en avant et la supériorité de notre axiome brièvement expliquée, l'on verra plus nettement ce qui en résulte, et notamment selon la façon scolastique.

Il n'y a pas de nature, si on ne l'appelle d'abord « nature » – donc, il y a d'abord le verbe et puis vient la nature. Rien ne devient par nature, s'il ne commence par nature – donc, les choses dont on dit qu'elles ont été faites par la nature ont commencé à un certain moment à devenir par la nature[5]. De même, rien de naturel ne peut devenir naturellement à partir du rien[6] – donc pas même la nature. Car ce par quoi une chose est telle

---

[1] L'on trouve chez Thomas d'Aquin l'idée que l'on ne peut pas régresser à l'infini dans les causes naturelles, *Summa Theologiae*, Prima Pars, quaestio 1, art. 3.

[2] C'est l'un des principes de la philosophie d'Aristote. Voir par exemple *Du ciel*, 1, 4, 271a 35 et 2, 11, 291b 13 ; *De l'âme*, 3, 9, 432b 21 ; *Les parties des animaux*, 2, 13, 658a 8 et 3, 1, 661b 23 ; *De la génération des animaux*, 2, 5, 741b 4 ; *Politique* 1, 8, 1256b 20.

[3] Cf. *Genèse*, 1, 3-25.

[4] Cf. *Genèse*, 2, 2.

[5] Pour que quelque chose devienne dans la nature, il faut que cette chose ait une cause formelle (quiddité) et finale (qui selon Aristote coïncident dans l'ordre intentionnel).

[6] Cantemir accepte l'application du principe grec *ex nihilo nihil* à l'ordre naturel, mais pas à la Création, voir le chapitre 18 du Livre II. Ici, il fait un raisonnement par l'absurde, qui consiste à dire que, selon la philosophie grecque, qui n'admet pas de création *ex nihilo*, tout devenir dans la nature doit avoir une cause dans la nature, qui doit avoir elle-même une cause dans la nature, etc. Cet enchaînement dans les causes naturelles nous oblige à penser l'infini en acte, concept cependant qu'Aristote refuse. Tout ce traitement renvoie entre les lignes à la question de l'éternité du monde, largement débattue dans la philosophie scolastique, qui était tiraillée entre la position d'Aristote qui affirme l'éternité du monde (*Du ciel*, I, 10-12) et le dogme créationniste chrétien.

Item, omne naturale naturaliter ex nihilo fieri non potest — ergo nec ipsa natura, propter quod enim unumquodque est tale, illud magis tale, neque ad lubitum cui{us}piam arceri potest quispiam, ne dicat 'dari infinitum', nisi hoc ipsa dictitet veritas — ergo Ethnica natura aut det nobis, a quo arcemur, infinitum cognoscendum, aut accipiat a nobis infinitum esse Dei Verbum atque Potentiam, a quo facta est natura et naturalia.

Itaque manifestum est Infiniti Dei infinitum Verbum, quod pronuntiatione 'fiat' omnia creat, antecellere naturam ab Ethnicis cognitam. Quia 'fiat' a Verbo, */116/* Verbum ab Ipso, cuius est infinite infinitum Verbum, hoc est ab unica omnium Causa, a qua paganica schola omnes prohibet cognitionis capaces.

His itaque comprobatis, dico, Deus, qui semel dixit, et facta sunt in genere, idem dicit, et servantur in specie. Servantur quidem ab Ipso in specie, non tamen augentur in genere. Vnde sequitur eandem[1] elementorum quantitatem, ad hanc usque diem, totis constare numeris. Itaque, ad propositam quaestionem revenientes, infertur — "Ergo unde tot inundationes aquarum in diluvio?" Ausculta!

---

[1] eandem eandem *dittographice* M.

l'est soi-même davantage[1]. Nul non plus ne peut être empêché au bon gré de quelqu'un d'autre de dire que l'infini existe, à moins que la vérité même ne l'exige – par conséquent, que la nature païenne nous accorde de connaître l'infini, qu'elle nous défend[2], ou bien qu'elle apprenne de nous que l'infini est le Verbe et la Puissance de Dieu, par lesquels la nature et les choses naturelles ont été faites[3].

Et ainsi il est clair que le Verbe infini du Dieu Infini, qui, en prononçant «Que cela soit», crée toutes les choses, est supérieur à la nature connue des Païens. En effet, le «Que cela soit» vient du Verbe, le Verbe vient de Celui dont il est le Verbe infiniment infini, à savoir de l'unique Cause de toutes les choses, que l'école païenne interdit à tous ceux qui sont capables de connaître[4].

Et ainsi après avoir prouvé celles-là, je dis : Dieu l'a dit une fois, et les choses furent faites dans le genre ; il le dit, et elles se conservent dans l'espèce[5]. Elles se conservent par lui dans l'espèce, mais elles n'augmentent pas dans le genre, d'où il s'ensuit que la même quantité d'éléments subsiste jusqu'à aujourd'hui dans un nombre égal[6]. Et ainsi, revenant à la question que nous nous sommes proposée, qui dit – «D'où viennent donc tant d'inondations d'eau lors du déluge ?», écoute !

---

[1] Aristote, *Analytiques secondes*, 72 a 29 ; *Métaphysique*, II (*alpha minor*), 2, 994 b 15.

[2] Au sens où, pour Aristote, le monde est fini et l'infini potentiel, le seul qu'Aristote accepte, est inconnu en tant qu'infini.

[3] Au sens où le christianisme pose l'infini comme un attribut et une perfection (ou un nom) de Dieu.

[4] En dirigeant la connaissance du monde vers les causes secondes, la philosophie grecque interdit la connaissance de la Cause première.

[5] Cantemir pose donc deux actes de Dieu : l'acte de la création et celui de la conservation.

[6] Lat. *totis numeris*. Formulation d'un principe de conservation, selon lequel la même quantité de matière subsiste dans l'Univers, mais sans passer d'un élément à l'autre. Le principe de conservation de la matière fut admis par Démocrite (Aristote, *De la génération et la corruption*, I, 2, 315a et b ; I, 8, 325a) et Épicure (Lucrèce, *De la nature*, II, 70 *sq.*) et par les Stoïciens (cf. Diogène Laërce, VII, 50). Au XVIIe siècle, ce principe fut reçu par B. Telesio, I. Beeckman et Fr. Bacon, avant d'être embrassé par Descartes, sous la forme du principe de la conservation de la quantité totale de mouvement de l'univers. Chez Cantemir, il se combine avec la théorie de la non transmutabilité mutuelle des éléments, de souche helmontienne.

CAPV\<T> 15

*{{Synonymia[1] aquarum explicatur. Vniversalis diluvii causas naturales,
effectum prodigiosum probantur, et Gas aquae ad diluvium inducendum
sufficientem esse materiam demonstratur.}}*

'{C}haos' tuum, 'Gas' meum et 'Abyssus' Sacrae Doctrinae unum et idem sunt. Sacrae quidem ob \<ob>umbrationem, Tu ob[2] ignorationem, ego autem propter Etymologici vocabuli carentiam ita dicimus.

Verum autem post separatoris, id est aëris, separationem ab effectu, abyssi essentiam puram elementalemque esse aquam cognoscimus. Aër autem, qui in creatione, cum separatoris ministerium perfecerit, non cessavit (nam cessare nescire naturam iam in praecedentibus clare demonstravimus), sed, continuata opera, aquas in eadem separatione continere perstat; */117/* aquae autem quae semel separatae sunt, intra et supra Caelum disgregatas fuisse docemur.

Ideoque aquae, quae Caeli concavo comprehenduntur, quo terrae umbilicum appropinquant, eo densiora, collectiora atque apparentiora fiunt ipsarum atoma, atque ita, quae in terrae superficie fluitant, maria atque flumina, quae a terra usque zonam frigidam, vi caloris solaris attractae (Caelum enim non cognoscit alium calorem, praeter solarem), in maiuscula quidem[3] atoma, collectae nubes, in sereno autem Caelo, ros est[4]; quae autem supra zonam frigidam sunt, Gas, quod eiusdem essentiae atque proprietatis est — unde, quo ad loca superiora aquae tendant atoma, eo subtiliora, minutiora atque segregatiora evadunt, ita ut quasi omnem corporeitatem atque gravitatem perdant — at nihilominus propriae essentiae proprietatem intime servant, nec unquam in aëreum transmutari elementum patiuntur. Non decidunt, quia in naturali bilance,

---

[1] Synonymiam *ex* Synonimum *mut.* M.
[2] ob *ex* per, *ut videtur, in rasura corr.* M.
[3] in maiuscula quidem *scr.* : in quidem maiuscula M.
[4] *Tota paragraphus anacolutho valde laborat* (aquae… est *etc.*)

CHAPITRE 15

Il est expliqué la synonymie des eaux. Il est prouvé les causes naturelles et l'effet prodigieux du déluge universel et il est démontré que le Gaz de l'eau est une matière suffisante pour provoquer le déluge.

Ton «Chaos», mon «Gaz» et «l'Abîme» de la Doctrine Sacrée sont une et la même chose[1]. Nous l'appelons ainsi, les Saintes Écritures par allégorie, Toi par ignorance et moi à cause du manque d'un terme étymologique.

Néanmoins nous connaissons que, après le séparateur, c'est-à-dire après que l'air fut séparé de son effet, l'essence de l'abîme était l'eau pure et élémentale. Mais l'air, qui avait rempli son ministère de séparateur dans la Création, ne cessa pas (car nous avons clairement démontré précédemment que la nature ne sait pas cesser[2]), mais, continuant son travail, persiste à maintenir les eaux dans la même séparation; et nous apprenons que les eaux, une fois qu'elles furent séparées, furent réparties au-dessous et au-dessus du Ciel[3].

Et, pour cette raison, plus les eaux comprises dans la concavité du Ciel s'approchent du nombril de la Terre, plus les atomes en deviennent denses, amassés et visibles, et, toutefois, les eaux qui flottent à la surface de la Terre, les mers et les rivières, étant attirées de la Terre jusqu'à la zone froide à travers la force de la chaleur solaire[4] (car le Ciel ne connaît pas d'autre chaleur que la solaire), se rassemblent dans des atomes un peu plus grands, les nuages, alors que dans le Ciel serein il y a la rosée; celles, cependant, qui sont au-dessus de la zone froide composent le Gaz, qui a la même essence et propriété[5]; d'où il découle que plus les atomes de l'eau tendent à des lieux élevés, plus ils deviennent subtils, menus et isolés, de sorte qu'ils perdent presque toute leur corporéité et leur pesanteur, mais conservent néanmoins intérieurement la propriété de leur essence propre et ne souffrent pas qu'ils soient transmuées dans l'élément de l'air. Ils ne

---

[1] Cf. chapitre 3, Livre II.

[2] lat. *natura nescit cessare*. On a ici les prémisses de l'introduction des lois de la nature.

[3] Cf. chapitre 8, Livre II.

[4] Par évaporation.

[5] Cantemir distingue donc trois formes dans la structure des vapeurs d'eau, selon la hauteur : les nuages, la rosée et le gaz.

ab ipsa Creatione, ita ponderata atque proportionata sunt, ut separatorem aërem nec levitate effugere, nec gravitate evincere possint (ubi enim aquae, ibi et separator aquarum).

Hasce aëreas, vel potius caelestes regiones, Sacra Doctrina 'Catarractas' vocat, quorum obstacula aperuit et repagula dissolvit */118/* Omnipotens ; quae cum, deciduae, facta<e> sunt Gas atoma, ab ipsa aëris suprema circumferentia ad centrum properantes, guttatim sese aggregare, gravitatem aërem vincentem acquirere, atque in spissarum nubium specie apparere pluviasque super terram large diffundere inceperunt — quae aquarum multitudo, proportione sphaerae terrestris, totam terrae superficiem obtegisse et, iuxta Sacrae Scripturae historiam, montium cacumina excessisse minime dubitandum[1].

Verum enim pie considerandum est in universali diluvio, quamquam causae fuerint naturales (id est Gas aquae et Blas stellarum aquas propellens), attamen effectus prodigiosus et supernaturalis fuit ; quandoquidem non solum aquas desuper, sed etiam hypogaeas, terrae corporis poros ap[p]erientes, in collectionem atque adunitionem superorum cucur<r>isse Sacra perhibet Historia.

Quam ob causam, ad exsiccandam terrae superficiem non Sol, non denique[2] calor iubetur, sed idem aquarum separator, ventus, hoc est aër per Blas motivum motus, mittitur, qui subcaelestes aquas usque ad pristinum reducens locum et in minimas Gas guttulas dividens, proportioni pristinae levitatis restituit. Vnde manifestum est serenum Caelum non alium, nisi aqueum repraesentare colorem. */119/* Simili modo, terra aquas, quas eructaverant, rebibens[3], tota terrae superficies arefacta pristinam recuperavit duritiem atque qualitatem. Et haec[4] itaque de prodigiosa meteorôn, diluvii tempore, operatione, ceu a causis naturalibus procedente, satis.

---

[1] *Cf. Gen., 7, 17-18.*
[2] de*ni*que *scr.* : dineque M.
[3] *Absolutum participialem Nominativum retinere malui.*
[4] et Haec M.

tombent pas, parce que, dès la Création même, ils furent pesés et propor-
tionnés sur la balance naturelle de manière à ne pouvoir ni échapper à
l'air séparateur par leur légèreté ni le vaincre par leur pesanteur (car là où
il y a des eaux, il y a aussi le séparateur des eaux).

Ces régions aériennes ou, plutôt, célestes, la Doctrine Sacrée les
appelle cataractes, dont le Tout-Puissant ouvrit les barrages et relâcha les
barrières[1] ; dès que celles-ci, en tombant, fussent devenues des atomes de
Gaz, s'approchant depuis la circonférence la plus haute de l'air vers le
centre, elles commencèrent de s'agréger goutte sur goutte, d'acquérir la
pesanteur qui vainc l'air, d'apparaître sous forme de nuages épais et de
répandre des pluies abondantes sur la Terre – il ne faut pas douter que
cette grande quantité d'eaux, à proportion de la Sphère terrestre, couvrit
la surface de toute la terre et qu'elle excéda en hauteur les sommets des
montagnes, selon le récit des Écritures Saintes[2].

Cependant, il convient de considérer pieusement que, bien que les
causes du déluge universel fussent naturelles (à savoir le Gaz de l'eau et
le Blas des étoiles poussant en avant les eaux), l'effet de celui-ci fut
cependant prodigieux et surnaturel ; l'Histoire Sacrée rapporte, en effet,
que non seulement les eaux supérieures, mais aussi les eaux souterraines, ouvrant les pores du corps de la terre, s'étaient associées, se
rassemblant et se réunissant à celles d'en haut.

Pour cette raison, il ne fut ordonné ni au Soleil ni à la chaleur de
sécher la surface de la terre, mais fut envoyé le même séparateur des
eaux, le vent, c'est-à-dire l'air mû par le *blas* moteur, qui, ramenant les
eaux sous-célestes à leur lieu d'origine et les divisant dans les plus
petites gouttes de Gaz, les restaura à proportion de leur légèreté originelle. D'où il ressort clairement que le Ciel serein ne représente rien
d'autre que la couleur de l'eau. D'une façon semblable, après que la
terre eut résorbé les eaux qu'elle avait vomies et toute la surface de la
terre se fut séchée, elle recouvra la dureté et la qualité originelles. Et ceci
suffit au sujet du travail prodigieux, ou procédant de causes naturelles,
des météores à l'époque du déluge.

---

[1] Cf. *Genèse*, 7, 11 : « L'année 600 de la vie de Noé, le dix-septième jour du
deuxième mois de la même année, les sources du grand abîme des eaux furent rompues,
et les cataractes du ciel furent ouvertes ».

[2] Cf. *Genèse*, 7, 19 : « Les eaux crûrent et grossirent prodigieusement au-dessus de la
terre, et toutes les plus hautes montagnes qui sont sous le ciel furent couvertes. »

CAP(VT) 16

{{Post diluvium mundi ornamentum situsque localis figura
describitur.}}

Ca\<e\>terum, undis ad proprios definitosque terminos reversis (ut apparebat), aliam formam diversumque ornamenti habitum induit terra. Quae enim, ante diluvium, uno tantum rigabatur fonte, et fons, qui in quatuor duntaxat dividebatur flumina, mox, a recessu diluvii, per omnia Orbis climata perque singulos terrae tractus aquarum reliquiae, id est flumina, fluvii, amnes, rivi, stagna, paludes, lacus, fontes, scaturigines, tam in superficie delabentes, quam per vastam ipsius molem luteos lapideosque tubos sibi ap[p]erientes, perpetuo circuitu in mare, a quo derivatae erant, recurrere occiperunt — advenae quidem hae, sed hinc ut indigenae permanserunt incolae, servata Terrae tere*ti*[1] figura, quia a Polo ad Polum confluere debebant (excepto particulari locali situ), quod in famosis licet observare fluviis, in Danubio, Volga, Ombio, Euphrate, Tigride, Indo, */120/* Nilo, Nig\<e\>re, caeterisque nomine famaque celebribus fluviis — qui fere omnes ad Aequatorem decur{r}unt.

---

[1] tere*ti scr.* : terete M.

Chapitre 16

Il est décrit les ornements et la figure de la position locale du monde après le déluge.

Du reste, après que les ondes furent rentrées dans leurs limites propres et déterminées (à ce qu'il semblait), la Terre revêtit une autre forme et des ornements d'une apparence différente. Car, avant le déluge, elle était arrosée d'une seule source et cette source se divisait seulement en quatre rivières[1], mais, aussitôt après le retrait du déluge, par toutes les régions du monde et par chaque recoin de la Terre, le reste des eaux, à savoir les rivières, les fleuves, les torrents, les ruisseaux, les étangs, les marécages, les lacs, les sources et les fontaines, commencèrent à refluer, tant en s'infiltrant dans la surface de la terre qu'en ouvrant dans la masse immense de celle-ci des conduits en argile et en pierre, dans un circuit perpétuel, dans la mer d'où elles étaient venues. Elles étaient, certes, étrangères, mais à partir de ce moment elles demeurèrent comme des habitants indigènes, car, la forme arrondie[2] de la Terre se conservant, elles devaient couler d'un Pôle à l'autre Pôle (ayant reçu une position locale particulière), ce que l'on peut vérifier pour les fleuves fameux, tels que le Danube, la Volga, l'Obi, l'Euphrate, le Tigre, l'Indus, le Nil, le Niger et les autres fleuves célèbres par leur nom et leur réputation, qui, presque tous, descendent vers l'Équateur.

---

[1] Cf. *Genèse*, 2, 6, 10-14 : « Mais il s'élevait de la terre une fontaine qui en arrosait toute la surface. [...] Dans ce lieu de délices, il sortait de la terre un fleuve pour arroser la paradis, qui de là se divise en quatre canaux. L'un s'appelle Phison, et c'est celui qui coule tout autour du pays de Hévilath où il vient de l'or. Et l'or de cette terre est très bon. C'est là aussi que se trouve le bdellion et la pierre d'onyx. Le deuxième fleuve s'appelle Géhon, et c'est celui qui coule tout autour du pays d'Ethiopie. Le troisième fleuve s'appelle le Tigre, qui se répand vers les Assyriens. Et l'Euphrate est le quatrième de ces fleuves. »

[2] Lat. *tereta figura*. Les philosophes scolastiques étaient unanimes pour affirmer la forme ronde de la Terre, cependant non parfaitement sphérique, depuis Albert de Saxe jusqu'à Johannes de Magistris, cf. Edward Grant, 1994, p. 626-630.

CAP(VT) 17

{{Marium salsedo, fontium fluviorumque dulcedo admiranda; istorum traditio a scholis propinata refellitur, causa primaria et finis[1] necessarius probatur.}}

Aquarum occasione de earundem amarore atque dulcore breviter scrutari haud iniucunde fore existimo. Admirabilis enim videtur marium salsedo, et econtra fontium fluviorumque dulcedo. De quibus dicant scholae quicquid vellent, siquidem causa istius rei sic apparebat. Maris salsedinem nec solaris caloris, nec denique siccarum terrae exhalationum effectum esse (quamquam hoc audacter peripatetica affirmet schola), sed marium funda, vel potius aquarum marin<ar>um sedimina, naturali et geniali salino ditata fermento, aquas minus mobiles (ut sunt marinae fere omnes[2]) a Solis calore heteroclitorumque fermentorum praecipitatione servent incorruptas et inalterabiles, quorum pars per patentes terrae tubos, veluti per intestinas venas, totum ipsius corpus penetrantes, terram quoque eiusdem salini fermenti condimenti participem reddant, atque ab enorme[3] insultantibus fracedinibus infectam naturali vigori atque qualitati ipsam restituant.

Alioquin veritati consentaneum est, dempta universali salsedine (quae ab aquis marinis terrae commodatur), tota ipsa terra fer/*121*/mentorum[4] localium ebullitione et caloris externi effervescentia in aliam degeneraret substantiam, prout videre est in aquis omni motu privatis, quorum sedimina etiam advenientis salini fermenti vigore destituta in ranas, lumbricos, vermes, c<a>eteraque e putrefacta terra adnascentia

---

[1] fininis M.
[2] marinae fere omnes *ex* maria fere omnia *corr.* M.
[3] enorme *ex* inorme *corr.* M.
[4] fer- *(ima 120ma), inde* fermentorum *(summa 121ma) scr.* M.

Chapitre 17

L'on doit s'émerveiller de la saveur salée des mers et de la saveur douce des sources et des rivières ; il est réfuté l'enseignement à cet égard des Écoles et il en est prouvé la cause première et le terme nécessaire.

J'estime qu'il ne sera pas désagréable d'examiner brièvement, à l'occasion des eaux, leur saveur amère et douce. Car la saveur salée des mers et, inversement, la saveur douce des sources et des rivières semblent merveilleuses. Quoiqu'en disent les Écoles, la cause paraît en être la suivante. La saveur salée de la mer n'est un effet ni de la chaleur solaire, ni, enfin, des exhalaisons sèches de la terre (même si l'École péripatéticienne l'affirme audacieusement[1]). En revanche, les fonds des mers, ou, plutôt, les sédiments des eaux marines, pourvus d'un ferment salin naturel et fécond, préservent les eaux moins mobiles (comme le sont presque toutes les eaux marines) à l'abri de la chaleur du Soleil et de la précipitation des ferments irréguliers, non corrompues et inaltérables. Une partie de celles-ci, pénétrant dans tous le corps de la terre à travers les conduits ouverts de cette dernière, comme par des veines intérieures, font participer la terre aussi au condiment de ce ferment salin et lui restituent, après qu'elle eut été infectée par les pourritures immensément agressives, sa vigueur et sa qualité naturelles.

Par ailleurs, il est vrai que, si l'on enlevait la salure universelle (qui est fournie à la terre par les eaux marines), toute cette terre, du fait du bouillonnement des ferments locaux et de l'échauffement par la chaleur externe, dégénérerait dans une autre substance, ainsi qu'on peut le voir dans les eaux dépourvues de tout mouvement, dont les sédiments, privés de la vigueur d'un ferment salin venant de l'extérieur, se transforment en grenouilles, vers de terre, vers, et autres animalcules naissant de la terre pourrie[2]. D'où il est évident que la salure marine remonte à la Création même, qu'elle fut introduite dans les fonds de la terre, et qu'il lui a été

---

[1] Selon Aristote, la salure de la mer provient des éléments terreux entraînés par l'exhalaison sèche, cf. *Météorologiques*, II, 3.

[2] Chez Aristote, la génération spontanée dans la terre en putréfaction ou dans l'eau concerne notamment les vers de terre (*Histoire des animaux*, VI, 16, 570a 16), certains poissons (*De la génération des animaux*, III, 11, 762a 21), certains insectes (*Histoire des animaux*, V, 1, 539a 17 et V, 19, 551a 1).

animalcula transformari: unde manifestum est salsedinem marinam ab ipsa creatione conditam et fundis terrae inditam esse, et terram, ne quandoque per fermentorum calorumque fracedines in aliam substantiam degener<ar>et, condere atque servare iussam esse.

Quam ob causam, fontes, qui[1] per profundissimas terrae corporis venas transmeant perque strictissimos canales transeunt, non secus ac per alembicas fistulas, distillantur, ubi, marino deposito amarore, insipidi atque dulces scaturiunt.

Sin autem larga brevisque pateat via, quasi non perfecte percolati et semidistillati, utpote a marina salsedine non bene purificati, salsi et amarorem secum ferentes in terrae superficiem egurgitant. Sin vero per mineralium transeant promptuaria, odorem, saporem atque qualitatem eiusdem mineralis specificam communicant.

CAP(VT) 18

{{Occasione univer /122/ salis diluvii fit meteorôn progymnasma et veterum de exhalationibus concepta opinio belle deluditur.}}

/121/Itaque, orbe renovato terrarum[2], praenoscit quidem Deus /122/ sensum et cogitationem humani cordis ab adolescentia sua in malum esse pronam, attamen benedictionem repetit, eos 'crescere et multiplicari' praecipit.

Vnde, cunctis diebus, terrae sementis et messis, frigus et aestus, aestas et hyems, nox et dies, iuxta mandatum non quiescunt. Temporis vicissitudines, ver, aestas, autumnus, hyems, calor, frigus, pluviae, ros, pruina, nix, imbres, nimbi, ventus, tempestas et reliquus meteorôn ordo, materia quidem Gas et, excitante stellarum Blas, ad syntagma reducuntur

---

[1] qui *ex* qua- *corr.* M.
[2] terrarrum M.

ordonné d'établir et de garder la terre, afin que, sous l'effet des pourritures des ferments et des chaleurs, elle ne dégénère pas un jour dans une autre substance.

Pour cette raison, les sources qui traversent le corps de la terre par des veines très profondes et se fraient le passage à travers les canaux les plus étroits sont distillées, goutte par goutte, comme dans les tuyaux d'un alambic, et, après qu'elles y déposent l'amertume marine, elles sourdent insipides et douces. Mais si leur chemin est large et court, comme si elles n'avaient pas été bien filtrées, mais seulement à moitié distillées, n'étant pas entièrement purifiées de la salure marine, elles jaillissent à la surface de la terre salées et portant en elles la saveur amère. Si, cependant, elles passent à travers des dépôts de minéraux, elles en acquièrent l'odeur, la saveur et la qualité spécifique.

CHAPITRE 18

À l'occasion du déluge universel les météores font leur exercice préparatoire[1] *et il est tourné joliment en dérision l'opinion sur les exhalaisons conçue par les Anciens.*

Et ainsi, une fois que la Terre fut renouvelée, Dieu connaît par avance que le sens et la pensée du cœur des hommes, depuis leur jeunesse, sont enclins au mal, et, néanmoins, il répète sa bénédiction en leur ordonnant: «Croissez et multipliez-vous»[2]. À partir de là, tous les jours, les semailles et la moisson, le froid et la chaleur, l'été et l'hiver, la nuit et le jour, selon le commandement reçu, ne s'arrêtent pas. Les changements successifs du temps, le printemps, l'été, l'automne, l'hiver, la chaleur, le froid, les pluies, la rosée, la gelée blanche, la neige[3], les averses, les orages, le vent, la tempête et tout le cortège des météores, sont, quant à la matière, du Gaz et, sous l'action du blas des étoiles, se réduisent à la

---

[1] Lat. *progymnasma*, du gr. προγύμνασμα. J. B. van Helmont utilise ce mot, dans le titre de l'un de ses traités, *Progymnasma meteori*.

[2] Cf. *Genèse*, 9, 1: «Alors Dieu bénit Noé et ses enfants, et il leur dit: Croissez et multipliez-vous, et remplissez la terre.»

[3] Pour la pluie et la rosée, la neige et la gelée blanche, voir Aristote, *Météorologiques*, I, 11, 347b 13-28.

suum; ad quorum causam pernoscendam, necesse est ut valedicamus Aristotelicis exhalationibus, vi caloris e terrae visceribus extractis, ex quibus non solum praefata meteora, sed etiam tonitrua, fulgura, caelestes ignitiones, aëreas scintillationes, grandinem, terraemotus, ipsosque admirabiles cometas crassa parturit Minerva, hoc est, exhalationem unicam et solam materiam et causam totius meteori[1] esse inhaesitanter docet.

Vah! Non terrae exhalationes, sed si tota terra cum suis maribus in exhalationes descisceret, solum ad unius diei ordinarios ventos afflandos et ad unius solummodo Cometae composituram, credat veritati, non sufficeret! Siquidem maximi Cometae corpus ipso terrestri globo maius extitisse ab omnibus obser/*123*/vatum est talium rerum peritis.

Insuper, duplicem dicit exhalationem, siccam nempe atque humidam, et siccam quidem pro ventis, saxis, cometis et his similibus

---

[1] meteori[[s]] M.

composition[1] de celui-ci. Afin d'en connaître la cause, il est nécessaire de dire adieu aux exhalaisons d'Aristote, tirées des entrailles de la terre par la force de la chaleur, desquelles le gros bon sens[2] enfante non seulement les météores déjà cités, mais aussi les tonnerres, les éclairs, les embrasements célestes[3], les étincellements de l'air[4], la grêle[5], les tremblements de terre et même les merveilleuses comètes, c'est-à-dire il enseigne sans hésitation que l'exhalaison est l'unique et seule matière et cause de tout météore.

Allons! Qu'il croie à la vérité! Loin que ce soit des exhalaisons de la terre! Même si toute la terre avec ses mers se répandait en exhalaisons, cela ne suffirait pas pour que les vents ordinaires soufflent un seul jour ni que soit composée une seule comète! Car, ainsi que l'observèrent tous ceux qui s'y connaissent dans de telles choses, le corps d'une comète très grande est plus grand que le globe terrestre tout entier. En outre, il dit que l'exhalaison est double, à savoir sèche et, respectivement,

---

[1] Lat *syntagma*, du gr. σύνταγμα. La description des phénomènes atmosphériques d'Aristote repose sur la doctrine d'origine héraclitéenne des « exhalaisons » produites par l'action des rayons du soleil sur la surface de la terre. Quand les rayons du soleil tombent sur un sol sec, ils en font sortir une exhalaison qui est chaude et sèche, et qu'Aristote compare le plus souvent à la fumée, mais aussi au feu et au vent. Quand ils tombent sur l'eau, ils en tirent une exhalaison qui est, comme l'eau, humide et froide, et qu'il appelle exhalaison vaporeuse, par opposition à l'exhalaison fumeuse. L'exhalaison sèche consiste dans de menues particules de terre en train de se transformer en feu, et manifestant déjà, quoique à un faible degré, les propriétés du feu, chaleur et sécheresse. L'exhalaison humide consiste en de menues particules d'eau en train de devenir de l'air, mais manifestant surtout les qualités de l'eau, froid et humidité (*Météorologiques*, I, 340 b 23-29, 341 b 6-22, 359 b 28 – 360 a 27). La partie supérieure de l'atmosphère contient seulement l'exhalaison sèche; la partie inférieure contient à la fois les deux exhalaisons, et possède la chaleur de l'une et l'humidité de l'autre. Ces deux parties de l'atmosphère constituent respectivement ce que l'on appelle le feu et l'air. Mais la partie supérieure n'est pas, à proprement parler, du feu, mais une substance inflammable que le mouvement met en feu facilement (341 b 19). Aucune de ces deux exhalaisons n'existe jamais absolument sans l'autre, mais l'une ou l'autre peut prédominer. Ces deux exhalaisons, étant ce qui remplit tout l'espace compris entre la terre et la lune, sont la matière de tous les phénomènes météorologiques (*apud* W. D. Ross, *Aristote*, p. 156).

[2] Lat. *crassa Minerva*, réminiscence d'Horace, *Satires* 2, 2, 3, voir aussi Erasme, *Adagiorum Epitome*, p. 51. Cantemir parlait aussi dans le chap. 15 du Livre I de *spissa Minerva*.

[3] Lat. *caelestes ignitiones*; ils semblent correspondre aux tourbillons de feu (πρηστῆρος) des *Météorologiques* d'Aristote, II, 9, 369a 11.

[4] Lat *aëreas scintillationes*; ils correspondent aux « chèvres » (αἶγες) des *Météorologiques* (I, 4, 341b 30), des inflammations dans le ciel, tout en longueur, lançant des étincelles.

[5] Cf. *Météorologiques*, I, 12, 347b 34 – 349a 8.

com<m>entis, humidam autem pro reliquorum meteororum compositione, excitatione atque perfectione sufficientissimam esse vult.

Nugae sunt haec et inventiones diabolicae scientiae, in quibus maledicuntur benedicendi, quandoquidem in doctrina Veritatis "benedicitur omnis caro"[1], et in lumine eius videt lumen, igitur de his quid dicat Spiritus Veritatis succin<c>te breviterque speculemur.

CAP(VT) 19

{{Duplex stellarum Blas definitur, ventorum, id est aëris, motus caeterorumque meteororum naturales causae indicantur.}}

Gas aquarum quid qualeque sit in praecedentibus demonstratum est, et adhuc in sequentibus explanabitur. Blas autem stellarum quid sit nunc dicamus: his[2] enim duobus, utpote pro meteoris sufficientissimis causis suppositis, Sacrae Institutiones docent stellas esse nobis "in signa et tempora"[3], ergo temporum patrant vicissitudines, contingentesque in tempore alterationes et signa eorum notificativa ostendunt, et hoc quidem per duplex suum blas, motivum scilicet et alterativum.

Est autem Blas motivum stellarum virtus pulsiva secundum aspectus, quae, ra/*124*/tione itineris, primas qualitates in haec inferiora causant (non secus ac in hominibus, per humanum Blas, verecundia, timor, ira, gaudium, contristatio et cae(tera)) et frigora atque calores concitant.

---

[1] *Gen., 1, 28.*
[2] his *ex* h[[ae]] *corr.* M.
[3] *Gen., 1, 14.*

humide, et il voudrait que l'exhalaison sèche soit très suffisante pour les vents, les pierres[1], les comètes et autres inventions semblables, alors que l'humide le soit pour composer, provoquer et parachever les autres météores.

Tout cela, ce sont des sornettes et des inventions de la science diabolique, et ceux qui les louent sont maudits, alors que dans la doctrine de la Vérité toute chair est bénie et voit la lumière dans sa lumière[2]. Par conséquent, recherchons succinctement et brièvement ce qu'en dit l'Esprit de la Vérité.

Chapitre 19

Il est défini le double blas des étoiles, il est indiqué les causes naturelles du mouvement des vents, c'est-à-dire de l'air, et des autres météores.

Il a été démontré dans ce qui précède et il sera encore expliqué dans ce qui suit ce qu'est et quel est le Gaz des eaux. Mais disons maintenant ce qu'est le blas des étoiles[3] : en effet, supposant l'un et l'autre comme des causes très suffisantes des météores, les Livres Saints enseignent que les étoiles « nous servent de signes pour marquer les temps et les saisons »[4]. Par conséquent, elles accomplissent les successions du temps et les altérations arrivant dans le temps et montrent les signes qui les font connaître, et ceci par leur double blas, à savoir moteur et altératif.

Le blas moteur des étoiles est une force pulsante des étoiles, selon les phases de celles-ci, qui, à raison de leur chemin, causent les premières qualités[5] dans les choses d'en bas (de même qu'elles causent aussi dans les hommes, à travers le blas humain, la honte, la crainte, la

---

[1] Lat. *saxa*. Selon Aristote, l'exhalaison sèche, captive dans les profondeurs de la Terre, produit sous l'action du feu toutes les roches non métalliques, cf. *Météorologiques*, III, 6, 378a 20.

[2] Cf. *Psaume* 35, 10 : « c'est dans votre lumière que nous verrons la lumière. »

[3] Pour la notion de *blas*, voir la note 5, p. 203 (Livre II, chap. 3).

[4] Cf. *Genèse*, I, 14. Cantemir a déjà expliqué ce verset dans le chapitre 14 du Livre II.

[5] Il s'agit, semble-t-il des qualités élémentaires : le chaud, le froid, le sec et l'humide.

Blas autem alterativum in productione frigoris atque caloris, et praecipue in ventorum mutationibus consistit; nec enim omnis calor ex praeexistente igne fit, nec frigus caloris dicit absentiam, sed valvae sunt caelestes, vel potius funda aërea, ad quae cum stellarum devenerit lumen, iuxta modificationem pulsivae virtutis sese pandunt, aut claudunt.

Est enim astrorum motus quasi claviger, qui strata aëris movendo pandit clauditque, unde calores et frigora irregularia — alioquin duobus dumtaxat reguntur astris, Sole nempe et Luna. Ventus autem est flatus aëris per Blas stellarum moti.

Cumque in natura nihil sit, quod seipsum per se moveat (excepto seminibus, dato archeo vitali), placuit Aeterno ut aër per Blas stellarum moveatur, quae virtus in stellis collocata est vimque enormoticam habet[1]

---

[1] habet *ex* haben[[s]] *corr.* M.

colère, la joie, la tristesse et ainsi de suite) et attisent les froids et les chaleurs[1].

Mais le blas altératif consiste dans la production du froid et de la chaleur et principalement dans les changements des vents[2] ; car toute chaleur ne se fait à partir d'un feu préexistant pas plus que le froid ne signifie l'absence de chaleur ; il y a, en revanche, des battants célestes, ou plutôt des fonds de l'air qui, lorsque la lumière des étoiles descend jusqu'à eux, s'ouvrent ou se ferment, selon la modification de la force pulsante[3].

Car le mouvement des astres est comme un chambellan, qui, se mouvant, ouvre ou ferme les strates de l'air[4], et c'est ainsi qu'apparaissent les chaleurs et les froids irréguliers – pour le reste, ils sont régis uniquement par deux astres, à savoir le Soleil et la Lune. Et le vent est un souffle de l'air mû par le blas des étoiles[5]. Et puisque dans la nature il n'y a rien qui se meuve par soi-même (excepté l'archée vital, donné aux semences), l'Éternel a souhaité que l'air soit mû par le blas des étoiles, qui est une force établie dans les étoiles et a la puissance de mettre en

---

[1] Cf. J. B. van Helmont : « Par conséquent toute chaleur ne naît pas de la présence d'un feu ou de la lumière et le froid non plus ne peut être tenu pour une simple absence de la chaleur. Mais le *blas* moteur des étoiles est une force pulsante, à raison de leur chemin (*ratione itineris*), par les lieux et selon les phases (*secundum aspectus*). Ce sont ces circonstances dans les étoiles qui causent les qualités premières dans les choses d'en bas, de même qu'elles réveillent aussi dans les hommes la honte, la colère, la crainte, etc., le froid et la chaleur », *Blas meteoron*, 3.

[2] Cf. Van Helmont : « Le blas altératif cependant consiste dans la production de la chaleur et du froid, et avec cela, principalement dans le changement des vents », *Blas meteoron*, 7.

[3] Chez J. B. van Helmont : « Non moins que la terre, l'air a ses fonds, que ceux qui possèdent l'art appellent Peroledi. Et ainsi, le gaz invisible est logé dans les différentes strates de l'air, Mais, de même que les eaux ont leurs abîmes, de même il y a des ouvertures ou des portes dans les fonds de l'air, que ceux qui s'y connaissent appellent les cataractes et les battants du Ciel. » (*Gas aquae*, 25)

[4] « Car lorsque le gaz descend de la hauteur du ciel dans la région des nuages, cela ne se passe pas sans le blas des étoiles. Et il ne descend pas autrement que par certains strates et battants (*valvae*) ordonnés à cet effet. Car tous les battants de toutes les planètes ne sont pas indifféremment ouverts : mais chaque planète a, par son propre blas, la clef de son fond de l'air (*peroledus*) », *ibidem*.

[5] Cf. J. B. van Helmont : « Je dis que le vent est un courant d'air mû par le blas des étoiles », *Blas meteoron*, 4.

ad movendum per se et ad alterandum, iuxta proprietates locorum, in aëre stratorum.

Alioquin, si Blas stellarum ut causa per se motiva non esset, vel aër /125/ nunquam moveretur, vel, si per se moveretur, semper eodem modo moveretur, nihil obstante situ locali. Cum autem potissimum a duobus[1] astris regantur meteora, duas solum suas proprietates spargunt in aërem, calorem nempe et frigus; quam ob causam, Gas aquarum, secundum proprietatem aëreorum fundorum, ad quae devenerit, diversimode alteratur. Cum enim Gas atomi, ob nimiam exiguitatem, invisibiles et, separante aëre, per calorem solarem deorsum tendentes, et, antequam ad congelationis fundum perveniant, calore[2] Solis privati, decidui deorsum properant, ubi, si obnubilum[3] fuerit Caelum, nubibus communicantur, si sereno quidem Ca<e>lo, tamen flante vento, vagabundi inter nubes et terram oberrant; sin autem, absente vento et sereno Caelo, acciderint, usque ad terram concidunt, ubi, hinc indeque in unum collectis, fit ros.

Quod si vero, cum deorsum oberret Gas, per Blas proritatum atque tepor strata inferiora efficiat, Nimbi fiunt aestivales. Cum autem Gas, quod per gelu prius concretum erat, aborto tepore, statim liquatur itaque in pluviam convertitur. Quod si autem istud in superiori aëris accidat fundo, hinc decidentes guttae in mediis algentibusque fundis glaci/126/atur[4]. Vbi, si nubes[5] in gelido contingat fundo, nix, sin autem in tepida et gelido superiori, principio quidem exitus pluvialis[6] et liquida

---

[1] doubus M.
[2] calore *ex* -ris *corr.* M.
[3] obnubilum *ex* -lus *corr.* M.
[4] glaci/atur *scr.*: glaci- *ima quidem **125**ma pagina, sed glatiatur summa sequenti scribebat* M.
[5] nubes *scr.*: nubis M.
[6] pluvialis *ex* pr- (*pro* pruinalis?) *corr.* M.

branle[1], de mouvoir par soi et de changer, selon les propriétés des lieux, l'air de toutes les strates[2].

Autrement, si le blas des étoiles n'était pas une cause motrice[3] par soi, l'air ou bien ne se mouvrait jamais, ou, s'il se mouvait par soi, il se mouvrait toujours de la même façon, sans que la position locale s'y oppose. Mais, comme les météores sont régis principalement par deux astres[4], deux seulement sont leurs propriétés qui se répandent dans l'air, à savoir le chaud et le froid[5]; pour cette raison, le Gaz des eaux, selon la propriété des fonds de l'air dans lesquels il descend, change de diverses manières[6]. Car, puisque les atomes de Gaz, de par leur extrême exiguïté, sont invisibles et, étant séparés par l'air, se dirigent du fait de la chaleur solaire vers le haut et, avant de parvenir au fond congelé, privés de la chaleur du Soleil, ils s'apprêtent à tomber en bas, où, si le Ciel est couvert, ils se mélangent aux nuages, mais si le Ciel est serein et, pourtant, le vent souffle, ils errent vagabonds entre les nuages et la terre; si, au contraire, ils arrivent sans qu'il y ait de vent et par un Ciel serein, ils tombent jusqu'à terre, où, rassemblés, ils forment *la rosée*.

Cependant, lorsque que le Gaz erre vers le bas, attiré par le blas, et si une tiédeur se produit dans les strates inférieures de l'air, se forment *les orages* d'été. Lorsque, cependant, le Gaz, qui avait été auparavant condensé par le gel, se liquéfie rapidement du fait de l'apparition de la tiédeur, il se transforme en *pluie*. Mais s'il arrive dans le fond supérieur de l'air, les gouttes qui en tombent dans les strates froides intermédiaires se glacent. Là, si le nuage arrive dans un fond glacé, se forme *la neige*,

---

[1] Lat. *vis enormotica*. L'ἐνόρμον de Hippocrate (*Des vents*) est un impetus intrinsèque opérant dans l'organisme de la même façon que le vent opère dans l'univers, partant une force spirituelle gouvernante. Le mot ἐνόρμον même n'apparaît pas chez Hippocrate, mais dans les traités de Galène, en référence à Hippocrate, voir par exemple *De differentis febrium*, in *Opera omnia*, tome VII, 1965, p. 278 et 597.

[2] Cf. Van Helmont: «Puisque cependant rien ne se meut soi-même (à l'exception de l'archée vital qui a été donné aux semences), L'Éternel a bien voulu établir dans les étoiles une puissance motrice initiatrice (*enormontica motiva vis*), pas très différente de l'ordre de notre bouche», *Blas meteoron*, 5.

[3] Lat. *causa motiva*, dans le vocabulaire scolastique, cause efficiente, motrice (Blaise, 1975).

[4] Le Soleil et la Lune, comme il a été spécifié ci-dessus.

[5] Cf. Van Helmont: «Par conséquent il n'y a que deux grands luminaires et, de même, deux qualités seulement qui se répandent dans l'air, d'où sont mus tous les météores. En effet, la chaleur de la vie est la propriété du Soleil, alors que le froid l'est de l'autre astre», *Blas meteoron*, 9.

[6] Cf. Van Helmont: «Selon ces qualités de l'air, le gaz de l'air aussi change de diverse manières», *Blas meteoron*, 11.

gutta, in via autem, a gelido obviata, congelascit, et in grandinem praecipitatur, ideoque saepissime aestivo contingit tempore, quia prae calores nubes altius sublatae[1] atque Gas aquae de superiori loco[2] per Blas protrusum, per funda gelida transire cogitur, ubi, necessario in glaciem conversum, sementibus caeterisque e terra subcrescentibus non parvam infert stragem.

Sin vero continuo tepentia in aëre dominentur funda, et Gas semper per Blas ad superiora loca tendere cohibeatur, diu<tu>rnae comitantur pluviae — quod saepissime autumnali {{et primovernali}} tempore contingere manifestum est, quia raro nubes ad superiores regiones scandere possunt.

Si autem contingat tam hyemali, quam aestivali tempore, ut nec desuper Gas aquae a Blas stellarum protrudatur, necque ab infra ascendens cohibeatur, quo altius extol<l>untur atomi, eo subtiliores redduntur et ser[r]enum hilaremque efficiunt Caelum.

Cum autem, prae nimia siccitate, Gas aquae in copiosa quantitate ascendere nequit, item a locis superioribus et a profundi/*127*/ore aëre descendi non contingit, nec cum inferioribus vaporationibus communicari potest, fit tempus vaporosum et minus humidum — quod[3] vulgariter 'nebula rara atque sicca' dicitur.

Copiosus autem terrae vapor, necnon cum terrestribus admixtus (qui aut medio tepore, aut medio frigore extol<l>itur), quousque prope terram aberret, nebula, postquam in sublimius ab aëre extol<l>itur, si a quodam Contingenti stellarum Blas obvietur[4], spissatur, condensatur, et amplius nube*s*[5] fit. Sin autem non, in pristinum Gas transmutatur, et visivam praeterfugit facultatem.

---

[1] sublatae *ex* -ti (*cf.* Daco-Rom. 'nouri') *corr.* M.
[2] de superiori loco *ex* de superioris *(sic)* locis *corr.* M.
[3] quod *ex* quam *corr.* M.
[4] obvietur *ex* obiici-*corr.* M.
[5] *Cf. n. 127 et n. 129 ad p. ant. : sitne tamen amplior corrigendum valde dubito.*

si, au contraire, il arrive dans la tiédeur et, de là, dans une couche gelée, le résultat en est tout d'abord la pluie et les gouttes liquides, mais, rencontrant dans leur chemin la gelée, elles gèlent et se précipitent en *grêle*. Et la raison pour laquelle cela arrive très souvent pendant l'été, c'est que, les nuages étant chassés plus haut par la chaleur et le Gaz de l'eau poussé du lieu supérieur vers le bas par le blas, le nuage est obligé de passer à travers les fonds gelés, où il se transforme nécessairement en glace et fait des ravages considérables parmi les semences et autres pousses de la terre.

Mais si des fonds tièdes prédominent sans cesse dans l'air et si le Gaz est toujours empêché par le blas de se diriger vers des lieux plus élevés, il s'ensuit *des pluies qui durent longtemps*, ce qui arrive, bien évidemment, très souvent durant l'automne et le printemps, parce que les nuages n'y peuvent que rarement monter dans les régions supérieures.

Si cependant il arrive, tant en hiver qu'en été, que le Gaz de l'eau ne soit poussé de haut en bas par le blas des étoiles, ni que soit repoussé vers le haut celui qui monte d'en bas, plus les atomes se soulèvent, plus ils deviennent subtils et rendent le Ciel serein et gai.

Et lorsque, à cause d'une extrême sécheresse, le Gaz de l'eau ne peut monter dans une quantité importante, n'arrive pas à descendre des lieux d'en haut et de l'altitude de l'air et ne peut non plus se mélanger aux évaporations d'en bas, il se fait un temps plein de vapeurs et moins humide, que l'on appelle communément *brouillard rare et sec*.

Et lorsque la vapeur abondante de la terre (qui se lève soit par une tiédeur modérée, soit par un froid modéré), mélangée aussi aux vapeurs terrestres, s'éloigne de la terre, le brouillard, après qu'il se lève dans les régions plus hautes du Ciel, s'il y est accueilli par un blas quelconque des étoiles qui arrive par là, s'épaissit, se condense et devient un *nuage* plus grand. Mais, si non, il se transmue dans le Gaz d'origine et échappe à la faculté de la vue[1].

---

[1] Quelques-uns de ces météores sont expliqués de la même façon par Van Helmont (*Blas meteoron*, 11 et 12). Il s'agit notamment des orages d'été, de la neige, des pluies qui durent longtemps (*diuturnae pluviae*).

CAP(VT) 20

< {{De Gas et exhalationibus, de halitu et vento, ut aqueo elemento compositis, speculatur.}}> [1]

Hic, pauca quaed{am}[2] de Gas repetendo, de halitu (qui veteribus 'exhalatio' dicitur) et de vento penitius speculemur. Differt Gas ab exhalatione, non quidem materia, sed materiae specificatione. Est autem Gas quod aqueum purissimum, aut purificatissimum continet corpus. Exhalatio autem est quae ex materia sicca, oleosa, atque Gas constat, utpote ex istis tribus composita, rerumque fe{r}mentis impregnata; quae tandem e tergis nubium, vi caloris, rapta, aër, iuxta propriam naturam (vel, si mavis, iuxta Iussum Divinum), cum continuo aquas ab aquis separet, */128/* et in aëreis fundis crassiori resoluta materia (quam 'sal sulphurque' dicunt Chimici) in primigenium Gas convertit, unde tota meteororum materia, modus atque processus dignoscitur.

Hinc ignis, quem elementum, imo etiam[3] substantiam esse ars naturaque negat — Sol autem sui luminis con[n]exionem esse sensibiliter demonstrat. Simili modo teporem, aut calorem in profundissima etiam terra et in altissimo aëre eiusde<m> Solis effectum esse sensus evidenter docet.

Primigenia item elementa, aquam scilicet et aërem, nulla naturae, aut artis possibilitate aliquando in invicem transmutari posse quotidiana peritorum experientia declarat.

Ergo quicquid per solarem calorem a terra extrahitur, quicquid tepore fervescentium fermentorum ex terrae penetralibus ad extra eiicitur, et qui<c>quid tandem ab altissima aëris profunditate per Blas stellarum ad inferiora detruditur, id totum nihil, nisi Gas aqueum esse manifestum est.

---

[1] *E textu titulum omissum in* M *adiicere e re esse ratus sum.*
[2] quaed{am} *ex* quod *corr.* M.
[3] etiam *ex* nec *mut.* M.

Chapitre 20

Il est examiné le gaz et les exhalaisons, le souffle et le vent, comme composés de l'élément de l'eau.

Ici, reprenant quelque chose au sujet du gaz, examinons plus à loisir le souffle[1] (que les anciens appellent « exhalaison ») et le vent. Le gaz est différent de l'exhalaison non par la matière, mais par la spécification de la matière. Le gaz est ce qui contient le corps aqueux le plus pur et le plus purifié. L'exhalaison, en revanche, est ce qui consiste dans une matière sèche, huileuse et dans du gaz, en tant que composé de ces trois et imprégné des ferments des choses. Puisque l'air, selon sa propre nature (ou bien, si l'on préfère, selon l'Ordre Divin), sépare continuellement les eaux d'avec les eaux, une fois que l'exhalaison est arrachée au dos des nuages par la puissance de la chaleur, il la convertit dans le Gaz originaire, libérant la matière plus épaisse (que les Chimistes appellent sel et soufre) dans les fonds de l'air ; et de là on peut discerner toute la matière, le mode et le déroulement des météores.

De là vient le feu, au sujet duquel l'art et la nature affirment que ce n'est pas un élément[2] et ni même une substance – le Soleil, du reste, montre en effet sensiblement que le feu est un prolongement de sa lumière. D'une façon semblable, les sens enseignent clairement que la tiédeur, ou chaleur, dans les profondeurs mêmes de la terre et dans les hauteurs de l'air sont également un effet du Soleil.

De même, les expériences quotidiennes des gens habiles[3] indiquent le fait que les éléments premiers, à savoir l'eau et l'air, ne sauraient jamais, par quelque possibilité de la nature ou de l'art que ce fût, se transmuer l'un dans l'autre.

Par conséquent, il est clair que tout ce que la chaleur solaire extrait de la terre, tout ce que la tiédeur des ferments bouillonnants rejette au dehors des tréfonds de la terre et tout ce que, enfin, le blas des étoiles pousse des hauteurs les plus élevées de l'air vers le bas, tout cela n'est rien d'autre que du Gaz de l'eau.

---

[1] Lat. *halitus*. De même que Van Helmont, Cantemir utilise ce mot comme synonyme de l'exhalaison, mais vers la fin du chapitre il prend le sens de souffle.

[2] J. B. van Helmont affirme que le feu n'est pas un élément (*Elementa*, 8, éd. cit., p. 51) se rangeant à l'opinion de Paracelse et de Cardano (voir W. Pagel, J. B. van Helmont, p. 58).

[3] Lat. *periti*. Pour Van Helmont, l'eau et l'air ne peuvent êtres convertis l'un dans l'autre, contrairement à ce qu'avait affirmé Aristote.

Quicquid autem oleosum, sulphureum, aut id quod 'concretum' dicitur in liquidis et in Gas aquae continetur, id totum per fermentorum localium coalescentiam contigisse minime dubitandum.

Similiter nec aëris funda, quae alio nomine 'Peroledi' appellari solent, proprio tam Reso/*129/*lutivo, quam coagulativo carent fermento — ubi exhalationes, iuxta loci proprietatem, vel, {{calore}} firmius coagulatae, exactius exsiccantur, atque in sulphuream convertuntur naturam, vel frigore, id est nativa aëris effectione, in purissimum Gas aquae red[d]ucuntur, et, si urgenti calore citissime coagulentur, pars earum in nubibus, adiuvante fermento in apertum assurgunt ignem; quae, si in parva quantitate acciderint, scintillationem dumtaxat, sin autem in copiosa quantitate acciderint, fulgura fiunt naturalia, et ordinaria tonitrua. Pars autem earum — quae scilicet, priusquam in pluviam, aut aliam meteoron speciem deducatur, si diutius in nubibus detineatur — fermentorum vi vitalem facultatem adhuc retinentium, prius foetent, et {o}dorem fracescentem nanciscuntur, ac tandem in vitalem transformantur essentiam, prout saepissime ranul[l]as, aliaque animalculorum genera pluisse omnibus compertum est.

Et hic terminus vaporum, halituum atque exhalati{on}um de terra ascendentium — alioquin, ut superius dicebamus, iuxta scholasticum figmentum, totae simul totius terrae exhalationes, ad lubitum collectae, soli Noto, diebus quadragesimis Constantinopoli flanti, vix, at nevix quidem, sufficientes essent.

L'on ne doit guère douter que tout ce qui est huileux, sulfureux, ou ce que l'on appelle «condensé» dans les liquides et est renfermé dans le Gaz de l'eau, fut produit par la coalescence des ferments locaux.

Pareillement, les fonds de l'air, que l'on appelle de coutume aussi du nom de «*Peroledus*»[1], possèdent aussi leur propre ferment, tant dissolvant que coagulant – là, les exhalaisons, selon la propriété du lieu, coagulées plus fortement par la chaleur, se dessèchent davantage et se transforment dans une nature sulfureuse, ou bien elles sont réduites par le froid, c'est-à-dire par l'action originelle de l'air[2], dans le gaz de l'eau le plus pur ; et, si elles se coagulent très rapidement par une chaleur qui les y presse, une partie de celles-ci, à l'aide du ferment, se montre dans les nuages comme feu libre ; et, si elles y arrivent dans une petite quantité, il se produit seulement une *scintillation*, si, au contraire, dans une quantité abondante, il se produit des *éclairs* naturels et des *tonnerres* ordinaires[3]. Mais l'autre partie – à savoir celle qui fut auparavant transformée en pluie ou dans une autre espèce de météores –, si elle est retenue plus longtemps dans les nuages, sous l'action des ferments qui conservent encore la faculté vitale, d'abord elle pourrit et acquiert une odeur fétide, mais, finalement, elle se transforme dans une essence vitale, car il est connu par tous que très souvent il est tombé une pluie de petites grenouilles et autres genres d'animalcules.

Voici la limite des vapeurs, des souffles et des exhalaisons qui remontent de la terre – du reste, selon l'invention scolastique, comme nous le disions ci-dessus, toutes les exhalaisons de toute la terre, rassemblées autant que l'on voudra, suffiraient à peine, et même ne suffiraient pas, à ce que le seul vent du Midi (*Notus*) souffle pendant le Carême à Constantinople[4].

---

[1] Le terme de *Peroledus, -i* apparaît chez Van Helmont, comme synonyme de *fundum aeris*. Christian Knorr von Rosenroth, le traducteur allemand (1683) de Van Helmont, le rend par *Luftböden*, in *Gas aquae*, 30, in Aufgang der Artzney-Kunst, Nürnberg, Endter, 1683, p. 113. Nous l'avons rendu par *fonds de l'air*.

[2] Lat. *nativa aëris effectio*. Cantemir parlait, au Livre II, de l'*immanitas frigoris aëris*.

[3] Dans le chapitre suivant, Cantemir traitera des tonnerres extraordinaires.

[4] Voir ci-dessus, III, 18. Hormis la lettre d'envoi à Cacavélas, la mention de la ville de Constantinople, dans ce contexte, est le seul indice textuel interne pour localiser la rédaction de l'ouvrage.

Vnde Sole meridiano clarius fit Ventum non siccam exhalationem, non fictam */130/* aquae in aëris naturam transmutationem, nec denique[1] quicquam eorum quod ex alio fit, sed aërem purissimum, elementum simplicissimum, per Blas stellarum motum, et iuxta situum localium dispositionem, motu varium; quicquid autem in vento, aut moto aëre, siccum videtur, vel humidum, id totum alterius esse monarchiae, nequaquam Venti naturam attingens, aut communicans, sed solummodo ipsum aëris motum concomitans — non secus ac Tubicenis flatum internus subsequitur halitus — quocum nihil commune habet.

Ergo omne corpus sublunare (quod oblique adhuc creditur mistum), cum ex solo aquae elemento co<n>fletur, sequitur ultimato modo, necessario, in simplex pristinum elementum (solum disrupto fermentorum nexu), id est in meram, puram pluvialemque aquam reverti — ideo, qui{a} elementi quantitas nec addi, nec minui potest.

Itaque, ut puto, totam sufficientissimamque omnium meteororum materiam Gas aquae esse comprobatum est.

Exhalationes autem — quae penes scholas sunt ventorum (excepto termino quem designavimus) nubium, nebularum, rupium, saxorum, mineralium, maris salsedinis, fulgurum, tonitruum, terraemotuum, Cometarum, reliquorumque meteorôn quotidiana et unica causa — cum in terra nec tantam materiam, nec tantae capa*/131/*citatis penarium habeant, mira sunt paganorum deliramenta et imperite suis effectibus proportionata figmenta. Imo maxime, quod caloris atque frigoris ea sit proprietas, ut vix concretam aliquam potiantur materiam, nisi prius per liquidissimos vapores omnem sustulerint humorem.

---

[1] denique *scr.* : dinique M.

Par là il devient clair comme l'eau de roche[1] que le vent n'est pas une exhalaison sèche, qu'il n'est pas une fictive transmutation de l'eau dans la nature de l'air, ni, enfin, qu'aucun [des météores] ne provient d'autre chose que de l'air très pur, l'élément le plus simple, mû par le blas des étoiles et différent par le mouvement selon sa disposition dans les situations locales ; en revanche, ce qui, dans le vent, ou dans l'air mû, semble sec ou humide, tout cela tient d'une autre monarchie, car il ne touche absolument pas et n'a aucun rapport à la nature du vent, mais accompagne seulement ce même mouvement de l'air, de même que l'haleine suit le souffle du trompettiste, tout en n'ayant rien de commun avec lui. Il s'ensuit, par conséquent, que, au bout du compte, tout corps sublunaire (qui a été considéré jusqu'à présent, de façon confuse, comme mixte)[2], étant formé du seul élément de l'eau, retourne nécessairement dans l'élément simple originel (une fois seulement que le lien des ferments est rompu), c'est-à-dire dans l'eau sans mélange, pure et pluviale – et cela parce que la quantité d'un élément ne peut être augmentée ni diminuée[3].

Et ainsi, je crois, il a été prouvé que la matière, exclusive et très suffisante, de tous les météores est le gaz de l'eau. Les exhalaisons cependant, qui, aux yeux des Écoles, sont la cause quotidienne et unique des vents (avec la limite que nous avons désignée), des nuages, du brouillard, des rochers, des pierres, des minéraux, de la salinité de la mer, des éclairs, des tonnerres, des tremblements de terre, des Comètes et des autres météores, puisqu'elles ne trouvent dans la Terre ni autant de matière ni autant d'espace pour y être contenues, sont des divagations étonnantes des païens et des fictions maladroitement proportionnées à leurs effets[4]. D'autant plus que la propriété du chaud et du froid est telle qu'ils pénètrent difficilement dans la matière condensée si, auparavant, ils n'en ont pas éliminé toute l'humidité à travers des vapeurs très liquides.

---

[1] Le latin de Cantemir dit : «plus clair que le Soleil à midi».

[2] C'est la seconde fois que l'auteur attaque la théorie aristotélicienne des mixtes, cf. Livre II, ch. 16.

[3] Nouvelle formulation du principe de conservation de la matière, voir ci-dessus, au chapitre 14.

[4] Formulation de l'idée selon laquelle la science de la physique doit pouvoir sauver les phénomènes.

CAP(VT) 21

((Probatur tonitru, fulmen fulgurque non posse fieri per ordinariam naturae operationem — ideo anomala.))

In meteorôn theoremate, diutius, quam intentio exigebat, moratus, non abs re fore existimo adhuc de duobus naturae anomalis effectibus aliquantulum penitius considerare — et, apprime, quod Omnipotentis Dei Verbum 'fiat' totam atheismi profliget catervam. Siquidem nomen pseudothei, 'Iovis', ab ipso ineffabili Veri Dei nomine, 'Iehovah', captiose corruptum, fabularum larva denudatum, in ore fabulatorum quam execrande foeteat vere philosophantibus dilucidissime patebit.

Cum igitur tres prodigiosi anomalique in rerum natura censeantur effectus, Iris nempe, irregulare tonitru atque terrae tremor — de Iride autem suo loco sufficienter dictum est : ideo restat hic de reliquis duobus, ad normam Sacrae Veritatis, caute disserere.

Igitur in divinis divina sumenda est hypothesis : "Vox tonitru verberavit terram"[1] et "Qui respicit */132/* terram et facit eam tremere"[2]. Et, quoad primam hypothesim, in praecedentibus speculati sumus materialem causam Tonitru[3] esse Gas subtilissimum, vi fermentorum localium in sulphuream materiam concretum, sed effectus vere prodigiosus[4] est, atque totaliter ordinarios naturae transiliens terminos. Vox enim illa pavendissima cum, mediante tonitru, verberet terram, plenipotentialiter atque extraordinarie operatur.

In quo, primo, considerandum Vim ignificam non in nube, sed immediate[5] in loco esse. Secundo, materiam combustibilem esse quidem

---

[1] *Cf. Eccl., 43, 18 (ubi* vox tonitrui exprobravit *tamen scribebat Hier.)* et *Ps., 76, 19 ; Ap., 8, 5 etc.*

[2] *Ps., 103, 32.*

[3] Tonitru *ex* Gas *corr.* M.

[4] prodigiosus *ex* -sum *corr.* M.

[5] immediate *scr.* : in imediate *male legit* M.

Chapitre 21

Il est prouvé que le tonnerre, la foudre et l'éclair ne peuvent se produire par l'ouvrage ordinaire de la nature, partant ils sont irréguliers.

M'étant attardé sur le spectacle des météores plus que mon dessein ne l'exigeait, je pense qu'il ne sera pas hors de propos de considérer de façon plus rigoureuse deux effets irréguliers[1] de la nature – et, tout d'abord, parce que le mot «Que cela soit» du Dieu Tout-Puissant porterait un coup décisif à toute la foule des athées. Car il résultera très clairement pour ceux qui font vraiment de la philosophie combien exécrable et répugnant est dans la bouche des fabulateurs, dépouillé du masque des fables, le nom du pseudo-dieu Jupiter, déformé de façon captieuse à partir du nom ineffable même du Vrai Dieu, Jéhovah[2].

Dans la nature des choses l'on doit donc tenir compte de trois effets prodigieux et irréguliers, à savoir l'arc-en-ciel, le tonnerre extraordinaire et le tremblement de terre ; mais au sujet de l'arc-en-ciel il a été dit assez à un autre endroit ; aussi ne reste-t-il à parler ici avec prudence que des deux autres, selon la règle de la Vérité Sacrée.

Il convient donc de considérer l'enseignement divin qui apparaît dans les Livres Saints : «*Il frappe la terre par la voix de son tonnerre*»[3] et «*Lui qui regarde la terre et la fait trembler*»[4]. Et pour ce qui est du premier enseignement, nous avons observé précédemment que la cause matérielle du tonnerre est le gaz très subtil, condensé dans la matière sulfureuse sous l'action des ferments locaux, mais l'effet en est vraiment prodigieux et franchit entièrement les limites ordinaires de la nature. Car lorsque cette voix effrayante frappe la terre, au moyen du tonnerre, elle agit en toute puissance et de façon extraordinaire. A cet égard, il convient d'avoir premièrement en vue que la force ignée ne se trouve pas dans le nuage, mais immédiatement dans le lieu[5]. Deuxièmement,

---

[1] Lat. *anomalis*. Le terme est employé par Van Helmont dans le titre d'un de ses traités, *Meteoron anomalum*.

[2] Cette étymologie est suggérée aussi par J. B. van Helmont : «Et toute l'Antiquité fut de la même opinion que moi, qui appelait Jupiter (en disant presque avec les Hébreux Jéhovah) le dieu des tonnerres», *Meteoron anomalum*, 19.

[3] *Sagesse de Sirach*, 43, 18.

[4] *Psaumes*, 103, 33.

[5] De même que l'arc-en-ciel, voir ce livre, chapitre 11.

in nube, sed momentaneam eius praeparationem, ut combustibilitatis susceptiva sit (et quidem instantanee) aptitudinem transgredi naturalem. Tertio, eadem causa diversos fieri effectus, quod omnino contra naturam est. Sed, ut de singulis clarius pateat, singillatim et exemplariter videamus :

Ad Primum igitur — Nubibus vi impulsiva ventorum velociter transvolantibus, saepissime observatum est per sex et plures etiam horas, non ex nube, sed ex loco fulgureas iaculari sagittas — alioquin, si vis ignifica et ignis iaculativa esset in nube, fulgur nubem comitaretur, quod tamen non fit. Ergo materia, aut causa materialis */134¹/* est quidem in nubibus, causa autem efficiens est in loco, ubi grandisona vox quae terram verberatura est per sibi cognitam determinatam durationem protrahitur.

Ad Secundum — Iisdem nubibus percurrentibus et successive vestigia praeeuntium consequentibus, statim ac ad locum vocis terram verberantis pervenerit, sine ulla temporis dilatione, in instanti, subtilissima materia Gas cras<s>escit, coagulatur, vi fermentorum in sulphuream substantiam transmutatur, et, ignitioni apta² et combustibilitati, multo magis quam pulvis pyrius praeparatissima³ efficitur; qualem praeparationem nec artem nec naturam in ipso nunc ad perfectionem deducere minime putandum.

Ad Tertium — Quod omnem naturalem respuit ordinem. Vno et eodem fulminis ictu, Turris lapideae structurae minutatim conter[r]itur, alias, intactis tectis atque parietibus, pavimentum subvertitur, alias, per fenestras ingrediens, utrumque domus pariete{m}⁴ tantum superficietenus, in aliquot locis aequaliter e regione laedens, quorsum exiverit non patet.

Item, dolio ligneo illaeso servato⁵, bis mille vini libras⁶ per strictissimos ligni poros in Gas pristinum convertit et in aërem dispar*/135/*git, ita ut liquoris neque semiguttullam in vas[s]is remaneat

---

¹ *Numerum 133*-mae paginae notare oblitus est M.
² aptá *p.m., erasa s.m. pro* m *tilda,* M.
³ praeparatissima, *cf. n. ant., scr.* : praeparatissimá *hic reliquit* M.
⁴ pariete{m} *ex* parietes *corr.* M.
⁵ dolio ligneo illaeso *ex* -um -um -um *corr.* M, *ad servato respiciens.*
⁶ libras *ex* libra[[rum]] *corr.* M.

que la matière combustible est bien dans le nuage, mais que sa préparation momentanée, en tant qu'elle est susceptible de combustion (et
instantanément), passe outre l'aptitude naturelle. Troisièmement, que,
par la même cause, divers effets se produisent, ce qui est tout à fait
contre nature. Mais, pour que chaque point soit plus clair, regardons-les
un à un, en y apportant des exemples :

Au premier point, donc. Lorsque les nuages se déplacent rapidement
sous la poussée des vents, il a été observé très fréquemment que, pendant
six heures et même plus, sont lancés des éclairs comme des flèches, non
à partir des nuages, mais du lieu – autrement, si la puissance ignée qui
lance le feu était dans le nuage, l'éclair accompagnerait le nuage, ce qui
pourtant n'arrive pas. Par conséquent, la matière, ou cause matérielle, est
bien dans les nuages, cependant, la cause efficiente est dans le lieu, où la
voix sonore qui frappera la terre s'étend pour une durée connue seulement à elle.

Au deuxième point. Lorsque les mêmes nuages se meuvent, s'enga-
geant sur les traces de ceux qui les précèdent, aussitôt qu'ils parviennent
au lieu où la voix frappe la terre, sans aucun délai, en un instant, la
matière très subtile du gaz s'épaissit, se coagule, se transmue, sous
l'action des ferments, dans une substance sulfureuse et devient propre à
s'allumer et à brûler, beaucoup plus que la poudre à canon ; il faut croire
que jusqu'à présent l'art pas plus que la nature n'ont mené à perfection
une préparation semblable.

Au troisième, qui défie tout l'ordre naturel. Par un seul et même coup
de foudre, une tour construite en pierre est mise en pièces, une autre fois
le plancher est détruit sans que le toit ou les murs subissent des dégâts,
une autre fois, après qu'il fut entré par les fenêtres on ne voit pas par où
il est sorti, ayant endommagé superficiellement tous les murs de la
maison en quelques endroits à la même hauteur. De même, bien qu'un
tonneau en bois se conserve intégralement, la foudre convertit deux
mille livres de vin dans le gaz originel et les répand dans l'air par les
pores très étroits du bois, de sorte qu'il ne reste plus nulle goutte de
liquide sur le fond du vase. Pareillement, la foudre, tout en laissant le
fourreau intact, fait fondre goutte à goutte, par une ouverture minuscule
perforée à la pointe, l'épée en fer de Damas, tel le plomb liquéfié dans

fundo. Item, vagina[1] intacta, gladium Damasceni ferri, in apice per exiguum foramen apertum, ut plumbum in chrysulca liquefactum, guttatim dist*i*llare[2] facit — et his similia innumerabilia, in diversis locis, diversa prodigia accidisse mirabiliter omnes mirantur historici.

Ideoque credat mihi scholasticus atheista ad hosce effectus nec vires naturales pertingere, nec subiecta naturaliter ad hos inclinari posse, nec denique fabulis deificati Iovis (cuius patria et sepultura Creta) tridentes esse. Sed, Deo permittente, et ad incutiendum Sui Aeterni Nominis timorem, vel per bonos, vel etiam per malos spiritus, fit hoc, quod fit, modo[3] quo fit: "Tanget enim montes et fumigabuntur."[4]

CAP(VT) 22

{{Probatur 'terrae' non 'motum', sed 'tremorem' dici debere. Causae materiales et efficientes ab Ethnicis traditae lepide subsannantur.}}

Ad secundam autem hypothesim — Primo quidem observandum quod non motus, sed tremor sit terrae. Secundo, quod in terra non detur talis potentia naturalis, quae huiuscemodi effectum, <s>e*d* supranaturales vires opus efficia<n>t[5]. Tertio, quod causa {materialis}, quam Scholae a terrae exhalationibus mendicantur, nullo modo possit

---

[1] vagina *ex aliquo alio incepto erasoque verbo corr.* M.
[2] dist*i*llare *scr.* : distallare M.
[3] [[in]] modo *rasura corr.* M.
[4] *Cf. Ps., 143, 5.*
[5] <s>e*d* supranaturales vires opus efficia<n>t *scr.* : et supra naturales vires opus efficiat M : *sensus certus* quae huiuscemodi effectum efficiat, sed supranaturalium virium opus est *subest.*

l'eau régale[1] – et tous les historiens s'émerveillent de ce que d'innombrables autres choses semblables sont arrivées à des endroits différents de façon merveilleuse.

Pour cette raison, que le scolastique athée me fasse confiance quand je dis que ni les forces naturelles ne peuvent atteindre ces effets, ni la matière ne peut être inclinée de façon naturelle vers ceux-ci, ni enfin le trident du Jupiter déifié par les fables (dont la patrie et la sépulture est la Crète) n'existe. Mais, avec la permission de Dieu, et pour que la crainte de son Nom Éternel soit insufflée, ou dans les esprits bons, ou bien même dans les méchants, il arrive ce qui arrive de la façon où il arrive : « *Car il touchera les montagnes et elles se réduiront en fumée* »[2].

CHAPITRE 22

Il est prouvé que l'on doit dire non pas mouvement, mais tremblement de la terre. Il est joliment tourné en dérision les causes matérielles et efficientes transmises par les Païens.

Pour le second enseignement[3] cependant – il convient de remarquer premièrement que ce n'est pas un mouvement, mais bien un tremblement de la Terre[4]. Deuxièmement, que, dans la Terre, il n'y a pas une telle puissance naturelle qui produise un effet de cette ampleur, mais que c'est l'ouvrage des forces surnaturelles. Troisièmement, que la cause matérielle, que les Écoles attribuent aux exhalaisons de la Terre, ne peut être en aucune façon suffisante pour accomplir un tel travail.

---

[1] Lat. [*Aqua*] *chrysulca*, terme alchimique, synonyme de *Aqua regis, Aqua caesaris, Aqua philosophorum, Aqua pugilum, Arcanum regis, Nectar auri*, un mélange d'acide chlorhydrique et d'acide nitrique qui a la propriété de dissoudre l'or (« roi des métaux »), le platine, le palladium et d'autres métaux. On a commencé à le préparer au Bas Moyen Âge par la distillation sèche du salpêtre avec des sulfates et des chlorures. L'eau régale dont se servaient les adeptes de la haute alchimie consistait dans de l'acide nitrique et de la chlorure d'ammonium.

[2] Cf. *Psaumes*, 143, 6.

[3] Voir le chapitre précédent. Il s'agit du verset 33 du *Psaume 103* : « Lui qui regarde la terre et la fait trembler. »

[4] Lat. *non motus, sed tremor terrae*. En latin, *terrae motus*, tremblement de terre. J. B. van Helmont remarque que, lors du tremblement de terre, le mouvement de la Terre semble être passif, et par conséquent, un mouvement par accident, et donc qu'il ne saurait être proprement attribué à la Terre, cf. *Terrae tremor*, 1.

esse sufficiens ad tale exequendum opus. Quarto, quod causa /136/ efficiens tam ingentis tremoris in rerum natura nullibi reperiatur.

His ita suppositis, ad Primum — Terrae non motum, sed tremorem fieri manifestum est, motus enim quotupliciter: dicatur, omnibus Scholasticis notum est: atqui hic est motus irregularis — ergo non, i<u>xta Scholas, 'motus', sed, iuxta Sacram Veritatem, 'tremor terrae' esse atque nominari debet.

Ad Secundum, Tertium et Quartum, permixtim — Falsa probatur rei nomenclatura, imo magis falsa erit eiusdem theoria, quam Ethnica dictitat Schola. Dicit enim[1]: "Exhalationes, quae per calorem[2] ignis elementalis (quem non minus in terrae visceribus, quam in Caelestibus regionibus conseptum volunt) et per calorem a velocissimo Solis excitatum motu (negant enim Solem per se esse calidum, prout quidam negant quoque nivern esse albam) a terrae profundissimis excitantur stratis, cum in aërem rapi deberent, tamen in subterreis cavernis atque cavitatibus, nescio quomodo diutius detentae et per quandam vim ad concessionem penetrationis corporum cogentem[3], ac tandem, nimiae condensationis impatientes, ingenti impetu ad extra irrumpere locumque ampliorem acquirere moliri[4]; quibus tamen a quibusdam innominatis obstaculis impeditis, /137/ et, cum nec ad extra sese extendere, nec ad intus sese recipere possint, ingenti atque reciproco motu, ubicumque terrarum conti[n]gerint, totam plagam illam moveri faciunt" — cuius rei

---

[1] *Longa laudatio, ambigue coepta, directo stilo pergit.*
[2] calorem *bis scr.*: colorem M.
[3] cogentem *ex* coactae *corr.* M.
[4] moliri *ex* moliuntur *corr.* M.

Quatrièmement, que l'on ne saurait trouver la cause efficiente d'un tremblement aussi immense en nul lieu dans la nature des choses.

Ces hypothèses faites, pour ce qui est du premier point, il est clair que ce n'est pas un mouvement, mais un tremblement de la terre ; en effet, il est connu de tous les Scolastiques que le mouvement peut être dit de plusieurs manières, mais le tremblement de terre est un mouvement irrégulier – donc il n'est pas, selon les Écoles, un mouvement, mais, selon la Vérité Sacrée, un tremblement de la terre, et il doit être appelé tel.

Pour ce qui est des deuxième, troisième et quatrième points à la fois : il est prouvé que la dénomination de la chose est fausse ; à plus forte raison, le sera la théorie que l'École Païenne soutient à cet égard. Car elle dit que les exhalaisons tirées des strates les plus profondes de la terre par la chaleur du feu élémental (qu'ils considèrent comme enfermé soit dans les entrailles de la terre soit dans les régions du Ciel) et par la chaleur suscitée du mouvement très rapide du Soleil (ils nient, en effet, que le Soleil est par soi chaud, de même que certains nient aussi que la neige est blanche), même si elles devaient être entraînées dans l'air, sont cependant retenues plus longtemps, je ne sais comment, dans les cavernes et les cavités souterraines et forcées par une force quelconque à accepter la pénétration des corps et, enfin, ne supportent pas une condensation trop grande, de sorte qu'elles entreprennent, du fait d'une impulsion gigantesque, de faire irruption à l'extérieur et d'occuper un lieu plus vaste ; toutefois, en étant empêchées par des obstacles quelconques qui ne sont pas nommés et ne pouvant ni s'étendre à l'extérieur ni se retirer à l'intérieur, elles font se mouvoir d'un mouvement immense de va-et-vient toute l'étendue par laquelle elles touchent la Terre[1]. Pour en fournir un

---

[1] Cf. Aristote, *Météorologiques*, II, 8, 366a 4 : « Ce n'est donc pas l'eau ni la terre qui peuvent être cause des mouvements sismiques, mais le gaz (πνεῦμα), lorsque le fluide qui s'exhale vers l'extérieur se trouve refluer à l'intérieur de la terre. » Chez Van Helmont, *Terrae tremor*, 4 : « Au sujet des causes les plus proches d'un effet aussi puissant, ceux qui ont en écrit sont du même avis. Les Modernes, se pliant aux opinions d'Aristote, ne s'en sont pas écartés d'un centimètre. Au contraire, ils ont ajouté aux doctrines des Anciens leurs propres découvertes. Aussi les Écoles enseignent-elles que la Terre tremble en raison d'un air, un vent, ou une exhalaison, rassemblé en dessous, dans les cavernes et pores de la Terre, qui cherche une issue vers l'extérieur, et fait ainsi la Terre tressauter. [...] Voilà l'enseignement des Écoles, accepté par tout le monde depuis vingt-et-un siècles. »

evidentissimum exemplum moderna scholastica aetas in montibus pyreo pulvere commotis atque subversis facillime ostentat.

Bone Deus, num in vanum creasti omnem hominem?! Absit! Fabulosa figmenta sunt haec, vetustatis titulo nobilitata atque atheismi deliria[1], posteritatis credulitate confirmata. Quamobrem, duobus, ut dici solet, verbis mendacii pauperie coram inexhaustis Veritatis divitiis[2] denudata, ex propositis hallucinationibus[3] quid sequatur facillime patebit bene consideranti et opus naturae in statera intellectus iuste ponderanti.

CAP(VT) 23

{{Per quinque quaestiones indissolubiles confutantur paganica de terrae tremore figmenta, et quod terrae tremor sit effectus supernaturalis probatur. Exemplum particulare sophisma esse in universali declaratur, et particu/138/laris terrae tremoris causas et effectus naturales esse demonstrantur.}}

Ac Primo quidem, pro siccis subterraneis exhalationibus donabo tibi, scholastice, summe praeparatum pulverem pyreum. Pro strictissimis terrae porositatibus amplissimos ap[p]eriam hiatus largissimasque[4] exculpam cavernas, ubi istam igne gravidam recondas materiam subterque totam Europam abunde dispargas, ac tandem carbonem ignitum, ubicumque terrarum malueris, iniicias: /138/ "Naturaliter quid sequi debet?", rogabo.

---

[1] deliria *ex* strep- *corr.* M.
[2] divitiis *scr.* : diviciis hic M.
[3] hallucinationibus *ex* -onis *corr.* M.
[4] largissimasque *scr.* : largissimamque M.

exemple très clair, la scolastique moderne montre que les montagnes sont secouées et renversées très facilement par la poudre à canon.

Bon Dieu, est-ce que c'est en vain que Tu as créé l'homme ? Loin de moi cette pensée ! Toutes ces choses sont des fictions chimériques, ennoblies par le seul fait de leur ancienneté, et des délires de l'athéisme fortifiés par la crédulité de la postérité. Aussi, une fois que, face aux richesses inépuisables de la Vérité, la pauvreté du mensonge, pour le dire en deux mots, aura été mise à nu, quiconque considère bien et pèse justement dans la balance de l'intellect le travail de la nature verra très facilement ce qui s'ensuit des hallucinations proposées.

CHAPITRE 23

Au moyen de cinq questions insolubles, il est réfuté les fictions païennes au sujet du tremblement de terre, et il est prouvé que celui-ci est un effet surnaturel. Il est fait voir que l'exemple particulier est un sophisme dans l'universel et il est démontré que les causes et les effets d'un tremblement de terre particulier sont naturels.

Et premièrement, je te donnerai, Scolastique, au lieu des exhalaisons souterraines sèches la poudre à canon la mieux préparée[1]. Au lieu des pores très étroits de la terre, je t'ouvrirai des fentes très larges et je te creuserai des cavernes très vastes où tu puisses ranger cette matière susceptible de brûler et la répandre abondamment au-dessous de toute l'Europe et, enfin, jeter du charbon brûlant où tu voudras par la terre ; je te demanderai : « Qu'est-ce qui doit naturellement s'ensuivre ? » Il

---

[1] Ce chapitre semble organisé de la façon suivante : Cantemir commence par proposer une démonstration par réduction à l'absurde. Il concède à son adversaire scolastique que les tremblements de terre généraux ou universels, comme il dit, seraient provoqués par des causes naturelles. Par une expérience de pensée, au lieu des exhalaisons sèches, il propose pour cause (fictive) la poudre à canon, comme étant bien plus puissante que les exhalaisons qu'Aristote avance. Au moyen de cinq questions, il montrera que les tremblements de terre universels ne sauraient être expliqués au moyen de ces hypothèses. Il faut accepter par conséquent que les tremblements de terre universels n'ont pas de cause naturelle. Dans la seconde partie du chapitre, il montrera que l'exemple du volcan Etna n'est pas illustratif pour les tremblements de terre universels, car il n'explique qu'un tremblement de terre local (particulier) et par conséquent c'est un sophisme de dire que l'explication des tremblements de terre particuliers (autour des volcans) vaut pour les tremblements de terre généraux.

Respondet: "Si proportio iam accensae materiae corporis gravitati praevalebit, totam Europam in nubes transvolare faciet. Sin minus, motu tantum ingenti facto, sub ipsa molis gravitate compre<s>sa[1], sedabitur."

Euge! Sed qualis naturalis potentia sub terris reperiri debet, quae in instanti huc illucque disparsam materiam sine ulla impeditiva resistentia accendere possit et, nulla temporis dilatione facta, totam discurrat Europae fundamenta — quod in terrae tremore accidere videmus?

Secundo — Quare, in singulis terrae tremoribus, aliqua pars terrae non iaculatur in caelum? Nam videre est in exemplo de pulvere pyreo, siquidem, post terrae tremorem, aut montem, cui pulvis subiacet, subvertit, aut per fissuram, per quam inditus[2] erat, repellitur et omnimode necessaria apertura reperitur[3] — alioquin substantiarum penetrationem concedere cogeretur natura, quod tamen nunquam fieri aut facere potest.

Tertio — Siccam istam exhalationem concessam pulveris pyrei non habere potestatem, aut possibilitatem combustibilitatis manifestum est (quia nulla exhalatio sine satis satura humiditate considerari potest). Ergo unde mendicabitur causam (ut dicunt, 'sine qua non'), quae faciat ut momentaliter materia si*/139/*ccescat, momentaliter ignescat, et momentaliter, per tot locorum distantiam, continuus tremor et <in>interruptus motus efficiatur?

Quarto[4] — Deberet ostendi causa, quae terrae cavitatum extrema, aut suprema orificia tali praepotenti operculo obturet[5], atque operculum {tali} indissolubili glutine ferruminet, ut non prosiliat, antequam tota ipsa exhalatio in apertum accendatur[6] ignem — quod si non fiat, ad minimum, mota tota Europa, Transylvania saltem Transnubia[7] fieri necesse esset[8].

Quinto — Sicca illa exhalatio, antequam per sui condensationem in combustibilem materiam deveniat, nihil aliud, nisi ventus est (crede tuo praeceptori!). Quis Vulcanus ab extra in terrae foramina tales indiderit folles, qui tantae halituum compressioni proportionatam resistendi vim habe{a}t, ita ut nec follium pelles, adamantinae naturae, disrumpantur, nec vires folles moventium manu<u>m vincantur?

---

[1] compre<s>sa *scr.* : compraesa M.
[2] inditus *ex* -tum *corr.* M.
[3] reperitur *ex* requiritur *corr.* M.
[4] *Quarto scr.* : Tertio *iterum* M.
[5] obturet *ex* -rat *corr.* M.
[6] accendátur (*ante* igné) *perperam* M.
[7] *Num tamen aptius* Trans<da>nubia *scribendum erat?*
[8] esset *ex* est *corr.* M.

répond : « Si la proportion de la matière enflammée l'emporte sur la pesanteur du corps, elle fera s'envoler l'Europe entière dans les nuages. Si, au contraire, elle en sera inférieure, après une secousse très violente, l'Europe se calmera, écrasée sous la pesanteur de sa propre masse. » Très bien ! Mais quelle sorte de puissance naturelle doit se trouver sous la terre, telle qu'elle puisse enflammer dans un instant la matière répandue çà et là, sans rencontrer aucune résistance, et qu'elle parcoure toutes les fondations de l'Europe sans retard, ainsi que nous voyons arriver dans le tremblement de terre ?

Deuxièmement. Pour quelle raison, lors de chacun des tremblements de terre, une partie de la terre n'est-elle pas jetée dans le ciel ? Car l'on voit, dans l'exemple de la poudre à canon, que, après que la terre tremble, la poudre renverse la montagne sous laquelle elle est placée, ou bien elle est projetée à l'extérieur par la crevasse par laquelle elle avait été introduite, et en tout cas, elle trouve une ouverture, autrement la nature serait forcée à accepter la pénétration des substances, ce qui, pourtant, ne peut jamais arriver et qu'elle ne peut faire.

Troisièmement. Il est évident que cette supposée exhalaison sèche n'a pas le pouvoir de la poudre à canon, ni sa possibilité de combustion (en effet, il n'y a pas d'exhalaison s'il n'y a pas une humidité suffisante). Par conséquent, où vont-ils trouver la cause (« *sine qua non* », comme ils disent) qui fasse que la matière devienne sèche en un instant, qu'elle prenne feu en un instant et qu'elle produise en un instant, à travers l'étendue de tant de lieux, un tremblement continuel et un mouvement ininterrompu ?

Quatrièmement. On devrait montrer la cause qui ferme les orifices extrêmes, ou les plus hauts, des cavités de la terre d'un couvercle tellement puissant et qui le soude d'une colle tellement forte qu'il ne rejaillisse pas, avant que toute cette exhalaison ne s'allume dans un feu ouvert, car, s'il n'en était pas ainsi, lorsque toute l'Europe se mouvrait, la Transylvanie du moins deviendrait nécessairement la Transnubie[1].

Cinquièmement. Avant que cette exhalaison sèche ne devienne, par sa condensation, une matière combustible, elle n'est rien d'autre que du vent (crois-en ton maître !). Quel Vulcain aurait-il introduit de l'extérieur dans les ouvertures de la terre des soufflets tels qu'ils aient une force de résistance proportionnée à une telle compression de souffles, de façon à ce que ni la peau des soufflets, fût-elle dure comme l'acier, ne crève pas, ni les forces de ceux qui meuvent les soufflets ne soient vaincues ?

---

[1] Lat. *Transnubia*. Jeu de mots : le pays d'au-delà des forêts (la Transylvanie) deviendrait celui d'au-delà des nuages.

Itaque, cum pro tali effectu tales naturales debe<a>nt requiri causae, et cum inveniri minime possint, sequitur propositi mendacii[1] pauperiem coram Sacrae Scientiae veritate evidentissime denudatam esse, et consequenter paganum praeceptorem abnegandum et veritatem confitendam, hoc est Deum respicere et terram tremere.

Dicat Atheus 'me superstitiosum /140/ esse'. Dicam 'ipsum brutum bipes atque rationis intellectusque expers[2] esse, quandoquidem ab effectibus rerum non inquirit causas'. Item, dicat Scholasticus: "Siquidem causae ab[3] Aristo(tele) traditae non sunt idoneae atque sufficientes ad tales effectus perficiendos, quare in quibusdam locis particularibus terrae tremor frequentius accidat?" Dicam: "Quandoquidem ipse mihi huiusce effectus causas naturales exponere non valet, nec ego ipsi naturaliter indicare valebo quare Deus saepius ad particularem, quam ad universalem respiciat terram" — alioquin supernaturaliter perque effectus supernaturales Deum terram visitare ipsamque contremiscere facere perfecte docemur.

Nec denique concedam ipsi exemplum ab <A>ethna monte, vel etiam ab aliis minimi spatii locis sumtum, et quasi sensibiliter comprobari solitum; loca enim haec non mendicata exhalatione, sed, inibi ibidemque, vi fermentorum localium, terra in sulfuream (sic) conversa naturam, usque ad superficiem[4] ipsa succrescit materia combustibilis, quae tum, radiis solaribus patens, exssiccatur, tum, naturalis fermenti vi ebulliens, intus fervescit, ac tandem (non secus ac recenter massae fruges, proprio suffocatae archeo, incendium sibimet ipsis asciscunt) con/142[5]/ flagrationem naturalem patiuntur. Vbi, quamquam fiat localis tremor, attamen, praeter quamplurimas in terrae superficie fissuras lateque patentes hiatus, <universalis> contingere minime[6] potest, ut historicos consulere licet, apud quos frequens fit mentio talium ruinarum particularium atque calamitatum incolarum, tam flamma digestorum, quam ruina oppressorum[7], deplorantur miseriae.

---

[1] mendacii scr.: mendatii M.
[2] Indirecti styli oblitus erat DC: nam bipedem…expertem…inquirat expectanda erant.
[3] ab ab dittographice, ante Aristo. abbreviaturam, M.
[4] superficiem scr.: -ciam M.
[5] Numerum 141-mae paginae inserere oblitus est M.
[6] minime ex mineme corr. M.
[7] oppressorum ex compressorum corr. M.

Et ainsi, puisque pour un effet déterminé l'on doit rechercher des causes naturelles déterminées et puisqu'on ne saurait guère en trouver, il s'ensuit que l'indigence du mensonge exposé ci-dessus est mise à nu de la façon la plus évidente face à la vérité de la Science Sacrée et, par conséquent, que le maître païen doit être rejeté et qu'il faut se rendre à la vérité, à savoir que Dieu regarde et la terre tremble.

Que l'athée dise que moi je suis superstitieux. Je dirai qu'il est lui-même un bipède stupide et dépourvu de raison et d'intellect, puisqu'il ne distingue pas les causes des choses de leurs effets. De même, que le Scolastique dise : « Si les causes enseignées par Aristote ne sont pas appropriées et suffisantes à produire de tels effets, pour quelle raison le tremblement de terre arrive plus fréquemment dans certains lieux particuliers ? » Je dirai : « Puisqu'il n'est pas capable de m'exposer les causes naturelles de cet effet, moi non plus je ne serai pas capable de lui indiquer naturellement pour quelle raison Dieu regarde plus souvent une terre particulière plutôt que la terre universelle » ; du reste, il nous a été très bien enseigné que Dieu visite surnaturellement et par des effets surnaturels la Terre et qu'il la fait trembler.

Enfin, je n'admettrai pas non plus son exemple tiré du mont Etna ou d'autres lieux moins élevés, qui sont d'habitude prouvés de façon presque sensible ; car ces lieux n'ont aucun rapport à l'exhalaison recherchée, mais lorsque la terre, dans un certain lieu et à un certain moment, change sous l'action des ferments locaux dans une nature sulfureuse, la matière combustible remonte jusqu'à la surface et, exposée aux rayons du Soleil, se dessèche, ensuite, bouillonnant sous l'action du ferment naturel, s'enflamme à l'intérieur (de même que les masses de grains récemment moissonnées qui, étouffées par l'absence de leur archée propre, prennent feu d'elles-mêmes) et succombe enfin à un embrasement naturel. Là, même s'il y avait un tremblement local, outre les nombreuses crevasses dans la surface de la terre et les fentes larges ouvertes, il ne peut guère arriver un tremblement de terre universel, ainsi que l'on peut voir en consultant les historiens, qui font souvent mention de telles catastrophes particulières et déplorent les désastres misérables des habitants consumés par les flammes et écrasés sous les décombres.

Caeterum de his quisquis altiorem doctrinam adipisci sitiat, eos, qui magis com<m>inus Veritatis Speculum inspexerint, vadat[1] consulatum[2]. Nos autem ad propositam speculativam revertamur historiam.

CAP(VT) 24

{{Quae qualiaque futura erant, quae Deus, antequam fierent in malis hominum cogitationibus, praenoverat et per proprium arbitrium atque sensitivam scientiam boni et mali excogitaturi erant.}}

"Sciebat, inquit Sacra Doctrina, Deus, humanos sensus ad malum pravasque cogitationes esse pronos et per proprium arbitrium diabolicas excogitare scientias — imo etiam Ipso Deo adversari posse — permittit tamen Clementissimus, solum Suae Sapientiae notum, praedestinatum respic*ere*[3] finem".

Itaque aetatum, in tempore atque vita contingentium, signa suum aggressa sunt iter, hoc est Infantia, Pueritia, Pubertas, Iuventus, Virilitas, Canities et Senectus suis funguntur officiis atque proprias percurrunt periodos.

Vnde innumeri multiplicantur populi, fiunt multorum conventus, concilia, */143/* consilia, conciliabula, rerumque publicarum exoriuntur species, Democratia nempe, Aristocratia, Oligarchia et Monarchia. Hinc Legislatores, (proh!) Imperatores, Reges, Principes, Tyranni, Dynastae[4],

---

[1] vadat *ex* vab- *corr.* M.
[2] consulat*um scr.* : consolatum M.
[3] respic*ere scr.* : respiciens M
[4] D*y*nastae *scr.* : Dinastae *hic* M.

Pour le reste, quiconque souhaite acquérir une doctrine plus élevée au sujet de ces choses, qu'il aille consulter ceux qui ont regardé de plus près le miroir de la vérité. Quant à nous, retournons au thème de recherche que nous nous sommes proposé.

CHAPITRE 24

Quelles et de quelle sorte étaient les choses futures, que Dieu avait connues d'avance, avant qu'elles ne fussent dans les pensées mauvaises des hommes et que ceux-ci ne les eussent excogitées de leur propre arbitre et par la science sensitive du bien et du mal.

Dieu savait, dit la Doctrine Sacrée, que les sens humains étaient enclins au mal et aux pensées mauvaises et qu'ils inventeraient des sciences diaboliques de leur propre arbitre ; et même qu'ils pouvaient s'opposer à Dieu lui-même. Toutefois, le Très-Clément nous permet d'apercevoir la fin prédestinée, que seule sa Sagesse connaît.

Et ainsi les signes des âges qui arrivent dans le temps et dans la vie, à savoir la Première Enfance, l'Enfance, l'Adolescence, la Jeunesse, l'Âge viril, l'Âge mûr, la Vieillesse[1] ont commencé leur chemin, remplissant leurs offices et parcourant leurs périodes propres.

D'ici, d'innombrables peuples se multiplient, se font les assemblées, les réunions, les conseils, les conciliabules de gens nombreux et apparaissent les espèces de gouvernements, à savoir la Démocratie, l'Aristocratie, l'Oligarchie et la Monarchie. De là proviennent les Législateurs, les Empereurs (hélas !), les Rois, les Princes, les Tyrans, les

---

[1] Lat. *Infantia, Pueritia, Pubertas, Iuventus, Virilitas, Canities et Senectus*. Les âges de la vie de l'homme sont un topos de l'antiquité. Mais Cantemir semble reprendre la division d'Hippocrate, citée, par exemple, par, Philon, *De opificio mundi*, 105 : « Quant au médecin Hippocrate, il dit qu'il y a sept âges, celui du petit enfant, de l'enfant, de l'adolescent, du jeune homme, de l'homme mûr, de l'homme âgé, du vieillard ; que ces âges sont mesurés par des périodes de sept ans, mais non de façon continue. Voici en effet ses paroles : "La nature de l'homme comporte sept périodes ou âges. Il y a le petit enfant, l'enfant, l'adolescent, le jeune homme, l'homme mûr, l'homme âgé, le vieillard. On est petit enfant jusqu'à la chute des premières dents à sept ans ; enfant jusqu'à la production de la semence : deux fois sept ans ; adolescent, jusqu'à ce que le menton se couvre de barbe : trois fois sept ans, jeune homme, jusqu'à la complète croissance du corps : quatre fois sept ans ; homme mûr jusqu'à quarante-neuf ans : sept fois sept ans ; homme âgé jusqu'à cinquante-six ans : huit fois sept ; et, à partir de là, on est un vieillard "».

Satrapae, Senatus, Optimates, Magnates, Barones, Duces, Consules, Proconsules, Vicegerentes, Capitanei, Veterani, Milites, Navarchi, et Nautae. Haec insidi*a*bantur[1] potius, quam ipsis subiiciebantur, Servitutes, Captivitates, Subactiones, Servi, Captivi, Subditi, Ministri, Cives, Rustici, Pagani imaque Plebs. Ab his resultabant divitiae, opes, ambitiones, honores, vanae elationes, possesssiones, agri, vici, oppida, arces, civitates, urbes, fortali*ti*a[2], et inculta desertaque loca. In quibus adera<n>t substantiarum superfluentiae, abundantiae, fastus, superbiae, omnisque arrogantiae genus. Ista subsequebantur paupertates, inopiae, contemptus, mendicatus, fastidia[3], despectus, et omnes flocci pendendi actus. Hinc pullulabant lasciviosi, libidinosi pravique appetitus, amplificationes, insati*a*bilitates[4], inexplebilitates. Vnde avaritiae, aemulationes malae, contentiones inanes, rixae, lites, animositates, et ferocissimae irae. Quorum fructus maledictiones, */144/* opprobria, infamiae, detractiones. A quibus luctae, ictus, pugnae, exercitus, classes, bella. Quorum germen cursitationes, furta, depopulationes, devastationes, expugnationes, subversiones, neces, strages, pernicies, interitus, cruentaeque mortes. Vnde orbationes, viduitates, calamitates, <a>erumnae, reliquarumque confusionum perturbationumque processerunt genera.

Haec, inquam, omnia generis humani subsannativa sensitiva scientia duobus complexa est capitibus, et quae quidem per scientiam boni sibi acquisivisse imaginabantur 'Virtutes', quae autem per scientiam mali 'vitia' appellaverunt. Vnde 'scientiae' et 'scientifici', 'artes' et 'artifices', 'virtuosi' et 'vitiosi', 'boni' et 'malitiosi', 'felices' et 'infelices' suas[5] sortiti sunt nominum intitulationes.

---

[1] insidi*a*bantur *scr.* : insidiebantur M.
[2] fortali*ti*a *scr.* : fortalicia M.
[3] fastidia[[m]] M.
[4] insati*a*bilitates *scr.* : insatiebilitates M.
[5] suas *ex* suam *mut.* M.

Dynastes, les Satrapes, le Sénat, les Optimates, les Magnats, les Barons, les Ducs, les Consuls, les Proconsuls, les Vices-Rois, les Capitaines, les Vétérans, les Soldats, les Amiraux et les Matelots. A ceux-ci les Serviteurs, les Prisonniers, les Sujets, les Fonctionnaires, les Citoyens, les Paysans et la Plèbe la plus humble leur tendaient des pièges, plutôt qu'ils ne se soumettaient à eux, dans des rapports de servitude, captivité et assujettissement. D'ici provenaient les richesses, les ressources, les ambitions, les charges, les vains orgueils, les possessions, les propriétés terriennes, les villages, les places fortes, les citadelles, les cités, les villes, les fortifications et les endroits non cultivés et déserts. En tout ceci il y avait une profusion de substances, de l'abondance, du faste, de la superbe, et tous les genres d'arrogance. D'ici découlaient la pauvreté, les pénuries, le mépris, la mendicité, le dégoût, le dédain et tous les actes de la déconsidération. C'est de là que pullulaient les immodérés, les débauchés et les désirs condamnables, l'enrichissement, l'insatiabilité, l'avidité. D'où l'avarice, les jalousies, les rivalités sans fondement, les disputes, les procès, les malveillances et les colères terribles. Le fruit en était les malédictions, les insultes, le déshonneur, la diffamation. De là, les luttes, les coups, les combats, les armées, les flottes, les guerres. Celles-ci contenaient en germe les incursions, les larcins, les ravages, les dévastations, les prises d'assaut, les destructions, les exécutions, les carnages, les ruines, les anéantissements, les morts sanglantes. D'où sont issus les orphelinages, les veuvages, les fléaux, les peines, et autres genres de désordres et de troubles.

La science sensitive, se moquant du genre humain, les a embrassées toutes dans deux chapitres : celles qu'elle pensait avoir acquises par la science du bien elle les fit passer pour des « vertus », et pour des « vices » celles qu'elle pensait avoir acquises par la science du mal[1]. D'où sont sorties les appellations de « sciences » et « scientifiques », d'« arts » et « artisans », de « vertueux » et « vicieux », de « bons » et « méchants », d'« heureux » et « malheureux ».

---

[1] Ainsi qu'il l'a clairement expliqué au Livre II, Cantemir pense, avec la *Genèse*, 3, 22, que l'homme a acquis la science du bien et du mal par le fait d'avoir mangé du fruit interdit.

CAP(VT) 25

{{Sacra et prophana traditio de diversarum linguarum origine proponitur.}}

Haec ita in naturae naturaliumque progressu considerata[1], antequam finem faciamus verbi, non praetereundam duco linguarum confusionem in Babylonicae Turris constructione, a Sacris miraculose memoratam. Cuius Sacro-Sancta traditio est talis[2]:

"Erat autem terra labii unius et sermonum eorundem. Cumque proficiscerentur de Oriente, invenerunt campum in terra Sannaar, et habitaverunt in eo, dixitque */145/* alter ad proximum suum: 'Venite, faciamus lateres et coquamus eos igni!' Habueruntque lateres pro saxis et bitumen pro cemento, et dixerunt: 'Venite, faciamus nobis civitatem et turrim, cuius culmen pertingat ad Caelum, et celebremus nomen nostrum, antequam dividamur in universas terras[3]!' Descendit autem Dominus, ut videret civitatem et turrim[4] quam aedificabant filii Adam, et dixit: 'Ecce, unus est populus et unum est labium omnibus coeperuntque hoc facere, nec desistent a cogitationibus suis, donec eas opere compleant! Venite igitur, descendamus et confundamus ibi linguam eorum, ut non audiat unusquisque vocem proximi sui!' Atque ita divisit eos Dominus ex illo loco in universas terras, et cessaverunt aedificare civitatem, et idcirco vocatum est nomen eius 'Babel', quia ibi confusum est labium universae terrae, et inde dispersit eos Dominus super faciem cunctarum regionum."

Haec quidem est Sacrae Scientiae traditio. Prophana autem scientia, econtra, quamlibet nationem propriam sibi per artem composuisse linguam et communi consensu hoc ita, illud autem ita nominari, declinari atque verba fieri sancivisse <tradit>, et idcirco scientia no*/146/*biliores ingenioque acutiores, vocabula comptiora, composituram artificiosiorem et pronun*t*iationem[5] elegantiorem atque dulciorem invenisse, ruditate

---

[1] *Absolutam prolepticam phrasin talem qualem relinquendam duxi.*

[2] *Gen., 11,1-9.*

[3] universas terras *ex* universam terram *corr.* M.

[4] turrim *ex* turrem *corr.* M.

[5] pronun*t*iationem, *cf. infra, scr.*: -ci- M.

Chapitre 25

Il est exposé les traditions sacrée et profane au sujet de l'origine des diverses langues.

Ayant considéré tout cela dans le cours de la nature et des choses naturelles, j'estime qu'il ne faut pas passer sous silence, avant de finir ce livre, la confusion des langues lors de la construction de la Tour de Babel, miraculeusement consignée par les Saintes Écritures. La tradition sacro-sainte en est la suivante :

« La terre n'avait alors qu'une seule langue et qu'une manière de parler. Et comme ces peuples étaient partis du côté de l'Orient, ayant trouvé une campagne dans le pays de Sennaar, ils y habitèrent ; et ils se dirent l'un à l'autre : Allons, faisons des briques, et cuisons-les au feu. Ils se servirent donc de briques comme de pierres, et de bitume comme de ciment et s'entre-dirent encore : Venez, faisons-nous une ville et une tour qui soit élevée jusqu'au ciel ; et rendons notre nom célèbre avant que nous nous dispersions en toute la terre. Or, le Seigneur descendit pour voir la ville et la tour que bâtissaient les enfants d'Adam, et il dit : Ils ne sont tous maintenant qu'un peuple, et ils ont tous le même langage ; et ayant commencé à faire cet ouvrage, ils ne quitteront point leur dessein qu'ils ne l'aient achevé entièrement. Venez donc, descendons en ce lieu, et confondons-y tellement leur langage, qu'ils ne s'entendent plus les uns les autres. C'est en cette manière que le Seigneur les dispersa de ce lieu dans tous les pays du monde, et qu'ils cessèrent de bâtir cette ville. C'est aussi pour cette raison que cette ville fut appelée Babel, parce que c'est là que fut confondu le langage de toute la terre. Et le seigneur les dispersa ensuite dans toutes les régions. » [1]

Voici donc la tradition de la Science Sacrée. La science profane soutient, au contraire, que chaque nation a composé par l'art sa propre langue et qu'elle a décidé du consentement de tous de dénommer, de décliner et de prononcer ceci de telle façon, cela de telle autre façon, et, par suite, les personnes d'une science plus élevée et d'un esprit plus subtil ont trouvé par suite des mots plus soignés, des expressions plus adroites et des prononciations plus élégantes et plus suaves, tandis que les personnes d'une ignorance plus ignoble et d'un esprit plus grossier

---

[1] *Genèse*, 11, 1-9.

autem ignobiliores ingenioque hebetiores voces barbaras, composituram minus concinnam et pronuntiationem *a*bstrusam[1] atque inelegantem, ideoque barbaram, comperisse.

Haec supra hanc rem contraria dicuntur. Nos autem Veritati quid magis consentaneum rationique proximius sit breviter simul atque syncere speculemur.

CAP(VT) 26

{{Ad probatione<m> Authoritatis S(acro)-S(anctae) inferuntur barbari literarum ignari, et quod authores linguarum qui et quando fuerint nemo memorat — quae res memoratu dignissima erat.}}

Quoniam autem mystica vocabulorum, ex literarum elementis, compositio, olim a nobis non ignaviter scrutata, huius mysterii profunditatem quadantenus subintelligere, necnon sine iubila iucunditate frui <dedit>[2], facillime docebit desiderantem. Vnde evidentissime clarescet ipsi tot idiomatum linguarumque genera, differentias et fraseos *(sic)* proprietates non humanae astutiae excogitationes, imo nec artis, aut necessitatis adinventiones, sed revera Divinae Omnipotentiae opus fuisse.

Apprime enim, [quia] non omnes barbari grammatici literarumque periti fuerunt, prout et hodie videmus Albanos, *C*ircassos[3], Abazas et omnes Scytharum cis Tanaim fluvium degentes hordas, */147/* Sybirios et gentes cis Ombium fluvium, versus Orientem ad Oceanum usque Orientalem sese protendentes.

Item, in America, si scriptoribus fides praestanda sit, <legimus> fere innumeros populos esse, qui de literali arte ita nil imaginati sunt, ut, si fas est dicere, et nos de Caelitum concinna harmonia praefigurare {non} possumus quicquam.

---

[1] *abstrusam scr.* : obs- M.
[2] <dedit> *v.g. supplevi, sed passim hic abundant anacoluthi.*
[3] *Circassos scr.* : Sircassos M.

ont trouvé des paroles barbares, des expressions moins raffinées et des prononciations difficiles et inélégantes et, de ce fait, barbares.

Au sujet de tout cela, on dit ces choses contraires. Néanmoins, nous examinerons brièvement et, à la fois, sincèrement laquelle est plus adéquate à la vérité et plus proche de la raison.

Chapitre 26

Afin de prouver l'autorité des Écritures Sacro-Saintes, il est mis en avant les barbares ignorants des lettres et le fait que nul ne se souvient qui furent les inventeurs des langues et quand ils vécurent – chose qui était pourtant très digne de mémoire.

Puisque cependant la composition mystérieuse des mots à partir des lettres élémentaires, que nous nous sommes ci-devant appliqué à examiner, fera comprendre dans une certaine mesure la profondeur de ce mystère, et aussi à en jouir sans cris de joie, elle sera très facilement enseignée à celui qui le souhaite. Il ressortira pour celui-ci très manifestement que tant d'espèces d'idiomes et de langues, tant de différences et tant de propriétés des phrases n'ont pas été les inventions de la sagacité humaine, ni les découvertes de l'art ou de la nécessité, mais, en réalité, l'ouvrage de la Toute-Puissance Divine.

Et tout d'abord, parce que tous les barbares n'ont pas été des grammairiens et des connaisseurs des lettres, comme nous le voyons aujourd'hui encore chez les Albaniens[1], les Circassiens, les Abkhazes et toutes les hordes de Scythes résidant au-delà du fleuve Tanaïs[2], chez les Sibériens et les peuples au-delà du fleuve Obi, s'étendant vers l'Orient jusqu'à l'Océan Oriental[3].

De même, nous lisons qu'en Amérique, si l'on peut faire foi aux écrivains, il y a des populations presque innombrables qui ont avancé dans l'art des lettres tout aussi peu que nous arrivons, s'il est permis de le dire, à nous représenter l'harmonie bien proportionnée des Corps Célestes.

---

[1] Lat. *Albani* ; Cantemir se réfère aux Albaniens du Caucase, une population antique ayant vécu sur le territoire actuel de la République d'Azerbaïdjan et au sud du Daghestan ; voir, par exemple, Georges Dumézil, *Une Chrétienté disparue : les Albaniens du Caucase*, Paris, Imprimerie Nationale, 1940.

[2] Le fleuve Don.

[3] L'océan Pacifique.

Item quarundam linguarum, utpote ex aliis corruptarum, exordium atque origines infallibiliter scimus : similiter quarundam non quidem authores, sed subtiliatores (quos vocant 'Grammaticos') nominatim legimus, tot autem tantarumque linguarum excogitatores, qui quandoque fuissent, nullibi et a nullo memorari accepimus, praeter id, quod a Sacro Historico sumus docti. Cuius Veracitas ita per se evidenter patet, ut non alio, nisi proprio, indigeat argumento.

Proprium autem Veritatis argumentum est hoc : Humanae scientiae artisque genera, scientiarum artiumque species quaelibet unde suam traxerint originem fere omnes sciunt literas legentes. Humanas autem linguas (quae cum sint scientiarum communicativarum organa necessarissima et sine quibus non maxime digna notatu <notare> erat, et harum autho*/148/*res sexcenties supra reliquarum scientiarum artiumve inventores celebrari debebant[1]) a quo et quando inchoationem tantarum differentiarum accepissent, ne ullus quidem, licet sit literatissimus, scit ; quod si factum est, ut a tam praepotenti Invidioso talium celeberrimorum authorum nomina e catalogo humanae memoriae obliterentur, diiudicent, quaeso, iudicio utentes !

Ergo Sacrae Historiae fides praestanda, quae fert[ur] homines a principio non ab hominibus, nec a propria scientia, sed per infusam scientiam a Deo, sub Babylonicae turris constructione, quilibet eorum proprias didicisse linguas. Ad cuius rei explanationem in speculo Veritatis quid inspexerim dicam.

CAP(VT) 27

{{Eadem Sacrorum authoritas probatur per mysticam vocum ex literis compositionem, quod <id> mysterium humana solertia pertingere nequit ; item, quia linguae, quae arte discuntur, errant, quae autem vernacula sunt, ut a Deo docta, errorem committunt nunquam.}}

Antequam dicamus de ultima{ria} huiusce mysterii intentione, linguarum confusionem vere mysterium, et linguas hominibus a Deo datas fuisse sic probamus :

---

[1] celebrari debebant *supra* celebrandi erant *mut.* M.

De même, nous savons infailliblement le commencement et les origines de certaines langues comme étant dérivées à partir d'autres ; semblablement, nous lisons les noms de certains (on les appelle « grammairiens »), qui ont retrouvé d'autres langues aussi nombreuses et importantes, non en les inventant, mais en les raffinant, à propos de qui il n'a été dit de nulle part et de personne qui ils étaient et quand ils avaient vécu, exception faite de ce que nous en a enseigné l'Historien Sacré. La Véracité de Celui-ci se révèle donc clairement par soi, de sorte qu'elle n'a pas besoin d'autre argument, hormis le sien propre.

Et l'argument propre de la Vérité est le suivant : presque tous ceux qui savent lire savent d'où ont tiré leur origine les genres de la science et de l'art humains et toutes les espèces des sciences et des arts. En revanche, pour ce qui est des langues humaines (encore que, étant les instruments les plus nécessaires pour communiquer les sciences, sans lesquelles – il est à noter – on n'aurait pu écrire, leurs auteurs eussent dû être célébrés mille fois plus que les inventeurs des autres sciences ou arts), nul, même s'il est très instruit, ne sait de qui et quand ont pris commencement tant de différences ; et s'il est arrivé que les noms de tels auteurs très célèbres aient été effacés par un Jaloux tellement puissant du catalogue de la mémoire humaine, que ceux qui ont du jugement jugent, je vous en prie !

Par conséquent, il faut s'en remettre à l'Histoire Sacrée, qui dit qu'au commencement les hommes ont appris chacun sa propre langue non d'autres hommes, ni par leur science propre, mais par la science infuse venant de Dieu, pendant la construction de la tour de Babel. Afin d'expliquer cela je dirai ce que j'ai vu dans le miroir de la Vérité.

Chapitre 27

Il est prouvé la même autorité des Saintes Écritures par la composition mystérieuse des sons à partir des lettres, mystère auquel l'habileté humaine est incapable d'atteindre ; de même, par le fait que les langues que l'on apprend par art se fourvoient, alors que les langues maternelles, étant enseignées par Dieu, ne commettent jamais d'erreur.

Avant de parler au sujet du dessein ultime de ce mystère, prouvons que la confusion des langues fut vraiment un mystère et que les langues furent données aux hommes par Dieu, de la façon suivante.

Sunt linguae, quae, a 24 elementis usque ad 44 extensae, ad perfectionem propriae pronun*t*iationis[1] paucioribus uti elementis haud possunt[2]. Ad quas[3], quamquam quaedam non necessaria[e], sed solummodo orthographicae arti servientia sint, ut sunt dipht<h>ongi et vocales[4] eandem vocem proferentes, atque prosodia*/149/*ca signa modum elegantiamque pronun*t*iationis[5] dirigentia, insuper mutua literarum translatio, quibus Euphradiae ergo utuntur.

Verum tamen, his omnibus, ceu minus necessariis, relictis, quinque sunt quae dicuntur 'vocales[6]', reliq(uae) autem aut 'mutae', aut 'semimutae' vocantur[7] literae.

Dico autem: Quisquis fuerit Grammaticorum sapientissimus literarumque compositionum peritissimus, ad illas quinque vocales pariter accipiat[8] quinque mutas literas, hoc est, {{ad}} a. e. i. o. u., b. c. d. f. g., et ostendat — istis decem literis quot vocabula componi possint; quod si exequutus fuerit, ducar credere, nullo indigens teste, iuxta paganas traditiones, omnes linguas per humanam solertiam esse inventas. Sin minus, credat veritati, quod voces, quae omnes complectuntur linguas et a 24 usque ad 44 elementa exprimuntur a Deo mystice et supernaturaliter sint infuse donatae.

Hinc interim manifestum fit, quandoquidem humana solertia decem saltem literis quot vocabula componi possunt assequi non possit, veritati consentaneum es*se*[9] multo minus 24, aut 44 literarum vocabula excogitasse potuisse.

Adde ad haec */150/* casus obliquos, nominum declinationes, verborum coniu[n]gationes, et reliquas sex partes Grammatices; deinde cogita omnes linguas, tam nobiles, quam ignobiles et scientes et non scientes eandem quidem sequi methodum, sed diversis figuris singulas proprias exprimere voces — nec minus enim barbarum, sine notitia artis Grammatices, quam Graecum[10], per totam vitam in arte laborantem,

---

[1]   pronun*t*iationis *scr.*: -nunc- M.
[2]   possunt *ex* potest *corr.* M.
[3]   quas *ex* quam *corr.* M.
[4]   vocales *ex* -lis *corr.* M.
[5]   *Cf. n. 196 ad p. ant.*
[6]   *V. n. 199 ad p. ant.*
[7]   vocantur *ex* dica- *mut.* M.
[8]   accipiat *ex* accipian- *mut.* M.
[9]   es*se scr.*: est M.
[10]   Graecum *ex* Graecus *corr.* M.

Il y a des langues qui, étendues de vingt-quatre jusqu'à quarante-quatre éléments, ne peuvent en user de moins pour la perfection de leur propre prononciation. A ceux-ci s'ajoutent des éléments, lesquels, bien qu'ils ne soient pas nécessaires, servent uniquement à l'art orthographique, tels les diphtongues et les voyelles produisant le même son[1], ainsi que des notations prosodiques régissant le mode et l'élégance de la prononciation, et, en outre, un changement réciproque des lettres[2] dont se sert enfin la norme de la langue[3].

Si nous laissons cependant de côté tous ces éléments, comme étant moins nécessaires, il y a cinq lettres que l'on appelle voyelles, alors que les autres on les appelle soit muettes soit semi-muettes. Et je dis: le plus sage d'entre les grammairiens et le plus habile dans les compositions, qu'il prenne auprès de ces cinq voyelles cinq lettres muettes, c'est-à-dire à côté de *a, e, i, o, u*, qu'il prenne: *b, c, d, f, g* et qu'il montre combien de mots peuvent être composés au moyen de ces dix lettres. S'il y réussissait, je serais amené à croire, sans en avoir plus besoin d'aucun témoignage, selon les traditions païennes, que toutes les langues ont été inventées par l'habileté humaine. Si non, qu'il croie à la vérité, à savoir que les sons qui forment toutes les langues et qui sont exprimés par vingt-quatre jusqu'à quarante-quatre éléments furent donnés mystérieusement et surnaturellement, de façon infuse.

Par suite, il devient clair aussi que, puisque l'habileté humaine ne peut dire combien de mots peuvent être composés à partir seulement de dix lettres, il est conforme à la vérité qu'elle a pu d'autant moins inventer des mots à partir de vingt-quatre ou de quarante-quatre lettres. Ajoute à celles-là les cas obliques, les déclinaisons des noms, les conjugaisons des verbes et les six autres parties grammaticales; songe ensuite que toutes les langues, tant les nobles que les moins nobles, cultivées et incultes, suivent la même méthode, mais qu'elles expriment chacun de leurs sons propres par divers caractères – car le barbare, qui ne connaît pas l'art de la Grammaire, ne travaille pas pour autant moins que le

---

[1] On lit par exemple le «*ae*», le «*oe*» et le «*e*» de la même façon dans *silvae, poena* et *patre*.

[2] Il semble que ce soit la métathèse, une transposition de caractères à l'intérieur d'un même mot.

[3] Lat. *Euphradiae*, du gr. εὐφράδεια, correction de la langue.

suam cal<l>ere linguam. Imo, si veritati assentire vellemus, Graecus per artem barbarizat, soloecizat et saepissime in loquendo errat[1], barbarus autem in propria lingua hoc patrat nunquam.

Porro, lingua vernacula loqui est donum naturae perfectum: atqui omne donum perfectum a Patre descendere Luminum sat ipsa probat Veritas — ergo vernaculam cal<l>ere linguam per infusam scientiam a Patre Luminum homines impetrasse minime dubitandum.

Itaque in linguarum confusione saltem confundantur[2] Scholastici Atheistae, qui Ethnicam scientiam Sacrorum veritati praeponere assueverunt.

Vae ipsis, {qui}, ad instar gentium, docent et "ponunt amarum dulce et dicunt tenebras lucem!"[3] Miserere, Domine[4], tenellae aetati!

/151/ CAP(VT) 28

{{Mysticam linguarum confusio{nem} per Dei de Caelo descensum linguas spirituales, post Verbi Incarnati ascensum denotare et praedicationem Evangelicam in communionem Ecclesiae significare.}}

Vltimaria autem huiusce magni mysterii Intentio, iuxta Sacram Literam, ad complementum Spiritualis Loquelae tendere apparebat.

Siquidem constructio Babylonicae turris ab omnibus Orientalibus filiis Adam inchoata est (nondum enim erant cultae partes Occidentales), qui, sibi nominis celebritatem proponentes, in Caelum, lutei, ascendere quilibet proximo suo persuadeba<n>t.

---

[1] errat *ex* era- *corr.* M.
[2] *Num tamen* confunduntur *scribendum sit?*
[3] *Is., 5, 20.*
[4] Dominae *ante* tenellae M.

Grec, toute sa vie, à l'art d'affiner sa langue. Et même, à dire vrai, le Grec commet des barbarismes, des solécismes et, très souvent, se fourvoie en parlant, alors que le barbare, dans sa propre langue, ne le fait jamais. En outre, parler la langue maternelle est un don parfait de la nature ; mais la Vérité même prouve suffisamment que *tout don parfait descend du Père des Lumières*[1] – par conséquent il ne faut guère douter que les hommes ont acquis la culture de leur langue maternelle par une science infuse du Père des Lumières. Et ainsi il n'y a que les Scolastiques Athées qui restent confondus au sujet de la confusion des langues, parce qu'ils ont coutume de mettre la science païenne avant la vérité des Écritures Saintes. Malheur à eux, qui, à l'instar des gentils, enseignent et *font passer pour doux ce qui est amer et donnent aux ténèbres le nom de lumière !*[2] Seigneur aie pitié de leur âge tendre ![3]

CHAPITRE 28

La confusion mystérieuse des langues indique, par la descente de Dieu du Ciel, les langues spirituelles après l'Ascension du Verbe Incarné et symbolise la prédication Évangélique dans la communion de l'Église.

Et le dessein ultime de ce grand mystère, selon la Lettre Sacrée, semblait tendre à parachever le langage spirituel. Car la construction de la tour de Babel fut commencée par tous les fils d'Orient d'Adam[4] (les régions occidentales, de fait, n'étaient pas encore habitées), qui, visant à la célébrité de leur nom, persuadaient, chacun son prochain, qu'eux-mêmes, faits de boue, allaient monter au Ciel.[5]

---

[1] *Jacques*, I, 17 : « Toute grâce excellente et tout don parfait vient d'en haut et descend du Père des Lumières, qui ne peut recevoir ni de changement, ni d'ombre par aucune révolution. »

[2] Cf. *Isaïe*, 5, 20 : « Malheur à vous, qui dites que le mal est bien, et que le bien est mal ; qui donnez au ténèbres le nom de lumière et à la lumière le nom des ténèbres ; qui faites passer pour doux ce qui est amer, et pour amer ce qui est doux. »

[3] L'on peut voir dans ce tour ironique une variante de la querelle des Anciens et des Modernes, qui pour Cantemir se ramène essentiellement à la nécessité de quitter l'enseignement des Anciens et d'entreprendre de rechercher au sujet de la science sacrée sous sa propre responsabilité. Voir le chapitre 4 et aussi le chapitre 13 du Livre I.

[4] Cf. *Genèse*, 11, 2 : « Et comme ces peuples étaient partis du côté de l'Orient... »

[5] Cf. *Genèse*, 11, 4 : « Ils s'entredirent encore : Venez, faisons une ville et une tour qui soit élevée jusqu'au ciel ; et rendons notre nom célèbre avant que nous nous dispersions en toute la terre. »

Cum autem ab Opifice Sapientissi{mo}[1] atque Architecto Supremo opus hoc visitaretur, ad figuram praedeliberatorum duorum Consiliorum, Tertio S(acro-)S(anctae) Trinitatis concitato consilio : "Ecce, inquit, unus est populus et unus labium omnium, nec desistent a cogitationibus suis, donec eas opere compleant !"[2]

Vbi pie considerandum est universi populi illius a Deo praecognitas cogitationes non solum[3] altissimam latericiamque[4] complecti structuram, nec denique, culmine ipsius tacto Caelo, cessaturas, sed potius, <ut,> iuxta vanam opinionem, in Caelum ascensione nominis celebritatem consequantur, talem, qualis[5], terrestris, Caelestis[6], et quae[7] pedibus terram, manibus Caelum capiens, celebrari deberet — quod est Deo similes et Altissi/152/mo aequales esse[8] appetere. Finale enim Diaboli propositum hoc erat, ut omnibus filiis Adam persuadeat per cognitionem boni et mali eos Deos fieri posse. Cum autem Deus Sempiternus eorum cogitationes in hoc malo perseverare praecognoverit : "Venite, inquit, descendamus (adventum Divini Verbi Incarnationis significans), et confundamus ibi linguam eorum !"[9]

Itaque confundit Deus linguam hominum et a concepta cogitatione eos desistere facit — hoc est, docet eos per se in Caelum ascendere non posse, non secus ac expul[l]it Adamum de paradiso, ne comedat de ligno vitae. Caeterum confunduntur a loco Babylonis, id est confusionis, et, filii Adam, cum propri<i>s linguis disparguntur in universam terram. 'Filii', inquam, 'Adam', Dei mortales, <turrim ad> Caelum ex lateribus construentes, eo quod filius hominis, Aeterni Dei Aeternus Primogenitus, ad mysterii complementum non descendendo, sed, econtra, ascendendo in Caelum, linguas non carnales, sed spirituales, non confusionis, sed congregationis[10] authrices missurus erat, et carneae voces, quae unius

---

[1] Sapientissi{mo} *ex* Supremo *s.m. mut.* M.
[2] *Gen., 11, 6.*
[3] solum *scr.* : sulum M
[4] latericiam *scr.* : -itiam M
[5] qualis *scr.* : qualem M.
[6] Caelestis *scr.* : Caelistis M.
[7] quae *scr.* : qui M.
[8] esse *ex* appe-*corr.* M.
[9] *Gen., 11, 7.*
[10] congregationis *ex* -nes *corr.* M.

Lorsque cet ouvrage fut visité par l'Ouvrier Très-Sage et l'Architecte Suprême[1], à l'instar des deux Conseils qui s'étaient réunis pour prendre des décisions, se réunit aussi le troisième Conseil de la Trinité Sacro-Sainte, qui dit : *« Ils ne sont tous maintenant qu'un peuple, et ils ont tous le même langage ; et ayant commencé à faire cet ouvrage, ils ne quitteront point leur dessein qu'ils ne l'aient achevé entièrement. »*[2]

Ici, il faut considérer pieusement que la pensée de ce peuple entier, que Dieu connaissait d'avance, était non seulement de terminer cette construction très haute en briques, ni, enfin, de ne l'achever qu'au moment où le sommet en aurait touché le Ciel, mais surtout, selon une opinion vaine, d'obtenir, à travers la montée dans le Ciel, la célébrité de leur nom, et sur Terre, et dans le Ciel, et ayant attrappé la terre par les pieds et le Ciel par les mains, d'être célébrés, c'est-à-dire de devenir semblables à Dieu et égaux au Très-Haut. Car c'était bien le but final du Diable de convaincre tous les fils d'Adam qu'ils pourraient devenir des dieux par la connaissance du bien et du mal. Mais, comme le Dieu Éternel connaissait d'avance leurs pensées de persévérer dans ce mal, il dit : *« Venez, descendons en ce lieu* (signifiant l'avènement de l'Incarnation du Verbe Divin) *et confondons-y leur langue ! »*[3]

Et ainsi Dieu confond la langue des hommes et les fait renoncer à la pensée qu'ils avaient conçue, c'est-à-dire leur enseigne qu'ils ne peuvent, par eux-mêmes, monter dans le Ciel, de même qu'il avait chassé Adam du paradis pour ne pas manger de l'arbre de vie. Du reste, ils s'égarent, confus, du lieu de Babel, c'est-à-dire du lieu de la confusion, et les fils d'Adam se dispersent avec leurs langues sur toute la terre[4]. Je dis « les fils d'Adam », des dieux mortels, construisant le Ciel de briques, car le Fils de l'homme, le Premier Né Éternel du Dieu Éternel, ne descendant pas pour achever le mystère, mais, au contraire, montant dans le Ciel, allait envoyer non des langues charnelles, mais spirituelles, qui allaient produire non de la confusion, mais une communauté[5] – et les parlers

---

[1] Cf. *Genèse*, 11, 5 : « Or le Seigneur descendit pour voir la ville et la tour que bâtissaient les enfants d'Adam. »

[2] Cf. *Genèse*, 11, 6.

[3] Cf. *Genèse*, 11, 7.

[4] Cf. *Genèse*, 11, 9 : « C'est aussi pour cette raison que cette ville fut appelée Babel, parce que c'est là que fut confondu le langage de toute la terre. Et le Seigneur les dispersa ensuite dans toutes les régions. »

[5] Cf. *Jean*, 16, 7 : « Il vous est utile que je m'en aille ; car si je ne m'en vais point, le consolateur ne viendra point à vous ; mais si je m'en vais, je vous l'enverrai. »

erant labii (hoc est, quae uno labio in Adam mortis pomum comederant), in uni/*153*/versas regiones exulantur, eaedem per infusionem linguarum spirit<u>alium in unionem congregantur Ecclesiae et pomum arboris vitae in Novo Adamo omnes comedunt.

Similiter, in confusione linguarum carnalium proximi voces non intelliguntur, in infusione autem spiritualium proximi non intellecta[1] intelligitur dialectus[2], et, quae ibi diffusae, hic congregatae existunt, ut videre est in Grammaticis, qui Spiritus discipuli erant. Cum enim Spiritus discipulus unius linguae uteretur[3] dialecto, omnes populi suae[4] dialecti pronun*t*iationem[5] audiebant, intelligebant, atque uno[6] spirit<u>ali labio miram esse Spiritus efficaciam in spiritu adorabant.

Itaque, ut apparebat, linguarum confusio mystice linguarum in Ecclesia congregationem praesignificabat, et dispersi filii[7] Adam, per Verbum S(acro-)S(ancti) Evangelii in unanimita{te} charitatis, in eiusdem labii Verae Fidei Confessione (supra quam Deus turrim[8] Ecclesiae Suae aedificat), in eodem spirituali dialecto, hoc est firmissima Spe perfecte edocti[9], Patriam, hoc est Caelestem Linguam et antiquam dialectum loquuntur, Vocem Veri Praeceptoris audiunt et intelligunt, et cognoscit eos, et /*154*/ cognoscitur ab ipsis.

De hac dialecto Prophetarum Princeps degustans, David, praedicit: "Dies diei, i(d) e(st) 'Spiritus spiritui', eructat Verbum, et Nox nocti, id est 'caro carni' indicat scientiam."[10] Per 'Diem' 'Verbum spirituale' et 'Filios Lucis', per 'Noctem' autem 'Divinam ineffabilem Incarnationem', in qua 'primo<s> Domini Salvatoris discipulos regeneratos[11], caeterosque homines instituentes' intelligens.

Idcirco, "Non sunt loquelae neque sermones, quorum non audiantur voces eorum, in omnem[12] terram exivit sonus eorum"[13] — ac tandem

---

[1] intellecta *ex* intellectam *corr.* M.
[2] dialectus *ex* -tum *corr.* M.
[3] *Post* uteretur *attentionis signaculum* ˣ *sine aliquo complemento relictum extat.*
[4] suae *ex* sui *corr.* M.
[5] pronun*t*iatione *scr.* : pronunciatione M.
[6] uno *ex* una *corr.* M.
[7] dispersi[[s]] filii[[s]] M.
[8] turrim *ex* turrem *corr.* M.
[9] edocti *ex* edoctas *corr.* M.
[10] *Ps., 18, 3.*
[11] discipulos regeneratos *ex* discipulis regeneratis *corr.* M.
[12] omnem *ex* omnes *corr.* M.
[13] *Ps., 18, 3-4.*

charnels, qui étaient le fait d'une seule lèvre[1] (c'est-à-dire la même qui, dans Adam, avait mangé du fruit de la mort), sont exilés dans toutes les régions, et les mêmes sont rassemblés, par l'infusion des langues spirituelles, dans l'union de l'Église et tous mangent le fruit de l'arbre de vie dans le Nouvel Adam.

Pareillement, dans la confusion des langues charnelles, les paroles du prochain ne sont pas comprises ; en revanche, dans l'infusion des langues spirituelles, il est compris le dialecte incompris du prochain, et celles qui là étaient diffuses se montrent ici rassemblées, comme on le voit chez les Grammairiens qui étaient disciples de l'Esprit. Car, tandis que le disciple de l'Esprit se servait du dialecte d'une seule langue, tous les peuples entendaient la prononciation de son dialecte, la comprenaient et adoraient dans l'Esprit que l'efficace de l'Esprit était merveilleuse dans une seule langue.

Et ainsi, d'après ce qu'il semblait, la confusion des langues signifiait d'avance mystérieusement la communauté dans l'Église et les fils dispersés d'Adam, par le Verbe de l'Évangile Sacro-Saint, dans l'union de la charité, dans la confession de la même langue de la Vraie Foi (sur laquelle Dieu élève la tour de Son Église), dans le même dialecte spirituel ; c'est-à-dire qu'eux, parfaitement instruits par l'Espoir le plus ferme, parlent la Langue Paternelle, c'est-à-dire Céleste, et le dialecte ancien, entendent et comprennent la Voix du Vrai Maître, et Lui les connait et eux Le connaissent.

David, le Prince des Prophètes, dégustant ce dialecte, prédit : *un jour annonce cette vérité à un autre jour* (c'est-à-dire l'Esprit l'annonce à l'esprit), *et une Nuit à une autre nuit en donne la connaissance*[2] (c'est-à-dire la Chair en donne à la chair), comprenant par « Jour » le Verbe spirituel et les Fils de la Lumière, alors que par « Nuit », l'ineffable Incarnation Divine, dans laquelle les premiers disciples du Seigneur Sauveur furent régénérés, et, ainsi, les autres hommes qui enseignent.

Pour cette raison, *ce n'est point un langage, ni des paroles, dont on n'entende point la voix. Leur bruit s'est répandu dans toute la terre ; et leurs paroles jusqu'aux extrémités du monde*[3] et enfin *Le Seigneur a été reconnu pour le Roi suprême ! Que la terre tressaille de joie, que toutes*

---

[1] Lat. *labium*, homonyme ici pour lèvre et langage.
[2] *Psaume*, 19 (18), 3.
[3] *Ps.*, 19 (18), 4-5.

"Deus regnavit, exultet terra, laetentur insulae multae"[1] (quia) "in Sole posuit tabernaculum Suum"[2], ubi Novum Testamentum Suum et Foedus Sempiternum reposuit.[3]

Ideoque "Omnes gentes, plaudite manibus, iubilate Deo in voce exaltationis, quoniam Deus terribilis et excelsus, Rex magnus super omnem terram"[4], in saeculum!

CAP(VT) 29

{{Tomus Theologio-Ethices pollicetur, Monarchiae Scientiae humanae modeste deluduntur sectarumque tituli inducuntur.}}

Nunc tandem, ad finem istius Tertii Libri properantes, cumque de progressu naturali succincte quaedam peculiaria tetigerimus, restat dicere etiam de postrema Creatura, quae est homo, in prolapsa iam natura, quid in bonum malumque profecerit.

Itaque, hoc ulti/*155*/mo Capite[5], non secus ac praeparatos[6] colores indepingibilis hum{an}ae Imaginis[7], vel ut seminarium Theologo-ethices[8] complectemur, de qua, Deo concedente, suo dicetur loco.

Igitur, reversi unde digressi fueramus: Quaelibet ars, quatenus Mathesi inserviebat, tum in dies incrementum suscipiebat, tum, de novo, alias {at}que[9] alias humanae fragilitatis excogitabat necessita<te>s; econtra autem scientia, quatenus pro bono sensitivo satagebat, in malum dumtaxat progrediebatur. Quo enim humana provehebatur[10] aetas, eo verae et bonae scientiae stylus in totalem oblivionis ruinam detrudebatur.

---

[1] *Ps., 96,1 (Dominus Hier.).*

[2] *Ps., 18, 6.*

[3] *De syntagmatibus* Novum Testamentum, *cf. Luc., 22, 20; Cor., 1, 11, 25; Hebr., 8,8, et* Foedus Sempiternum, *cf. Gen., 17, 19; Is., 24, 5.*

[4] *Ps., 46, 2-3.*

[5] Capite *ex* Capito *graphicam echoum corr.* M.

[6] praeparatos *ex* -tis *corr.* M.

[7] Imaginis *ex* -es *corr.* M.

[8] -ethices *ex* -ethicae *corr.*

[9] {at}que *scr.* : {at}- quae, *versus in margine, sine integra correctione,* M.

[10] provehebatur *ex* prodebe-, *ut videtur, corr.* M.

les îles se réjouissent ![1] parce qu'*Il a établi sa tente dans le Soleil*[2], là où Il a déposé son Nouveau Testament et l'Alliance Éternelle.

C'est pourquoi, *peuples, frappez tous des mains ; louez Dieu avec des transports de joie et des cris de réjouissance ; car le Seigneur est le Très-Haut, le terrible ; c'est le grand Roi, qui règne sur toute la terre*[3], éternellement !

Chapitre 29

Il est promis un tome de Théologo-Éthique, il est modestement tourné en dérision les monarchies de la science humaine et il est introduit les noms des sectes.

Maintenant enfin, approchant du terme de ce Troisième Livre, et après avoir parlé succinctement de quelques particularités concernant le cours de la nature, il nous reste à dire également au sujet de la dernière créature, à savoir l'homme, ce qu'il a fait de bon et de mauvais dans sa nature désormais déchue.

Et ainsi, dans ce dernier chapitre[4], pas autrement que nous l'avons fait avec les couleurs préparées de l'Image humaine infigurable, nous embrasserons aussi les germes de la Théologo-Éthique, dont il sera parlé, avec l'aide de Dieu, à l'endroit approprié[5].

Par conséquent, pour revenir là d'où nous étions partis : tout art, dans la mesure où il était au service de la science mathématique, plus il augmentait, avec le passage des jours, plus il inventait à neuf des nécessités autres de la fragilité humaine ; au contraire, la science, plus elle s'efforçait d'obtenir le bien sensible, plus elle progressait dans le mal. Car plus l'âge de l'homme avançait, plus le style de la science vraie et bonne tombait dans la ruine totale de l'oubli[6].

---

[1] *Ps.*, 96, 1.

[2] *Ps.*, 19 (18), 6 : cf. le commentaire de ce verset par Robert Fludd, *Philosophia moysaica*, 1638, fol. 30-33, qui cite une interprétation de saint Jérôme.

[3] *Ps.*, 46, 2-3.

[4] En fait, c'est l'avant-dernier chapitre du Livre III.

[5] Dans un autre tome de cet ouvrage. Il est également annoncé dans le chapitre 14 du Livre V et dans les chapitres 19 et 24 du Livre VI.

[6] Voir la note du chapitre 27, ci-avant.

Siquidem illi, qui, a vero Doctore, Moysa, falso corruptoque nomine 'Mussarum' vocitabantur alumni, principi{orum}[1] Sapientiae obliti (cuius principium a timore Dei[2] incipit, et in amorem proximi[3] finem accipit), cumque recentioribus[4] figmentis poëticisque fabulis toto sese dederint pectore, utrum qualem arrogantiorem titulum (ac si sibi connatus[5] fuisset) vindicaverint[6] p<a>ene inscii, sensitiva scientia sauciati[7], litera occis[s]i, ac humana sapientia sepulti, miserandum occubuerunt in modum.

Quamobrem, mortalibus quasi in aëre mutuum gerentibus bellum, quoque pedem figant */156/* ponderosamque ambitionem fulcirent, non habentibus, ab ipsa antiqua sapientia varias in partes devi<i>s facti<s>[8], in stultitiae degenerarunt tenebras.

Et primo quidem, quidam, ob singulares, ut ita dici fas sit, vitiosas virtutes, a fabularum fictoribus in supremos elevati Caelos, deorum, semideorum atque heroum[9] donati sunt titulo (qualem ambitionem nostra quoque aetate adhuc vigere videmus).

Vnde prophanae Theologiae execrandaeque Theogoniae sese praebuerunt authores, itaque Antediluvianorum Anthropolatriam in Idololatriam permutarunt Postdiluviani. Quod[10] enim (ut et alias dictum est) Inimicus ante diluvium per vastam corporeitatem operari aggressus erat, idem finire post diluvium per superbam ambitiositatem finire moliebatur; deinde, quilibet mortalium duas, vel tres, vel etiam omnes scientiarum artiumque monarchias sibi arrogari anhelabat.

Idcirco, unus quidem ad Grammaticae, alius ad Poëticae; unus ad Picturae, alius ad Sculpturae; unus ad Logices, alius ad Rhetorices; unus ad Naturalis, alius ad Moralis Philosophiae; unus, inquam, ad Vniversalis Physices, alius (quasi Physica tanto indigna ingenio) ad

---

[1] principi{orum} *ex* -cipia *corr.* M.

[2] *Cf. Ps., 110, 10.*

[3] *Cf. Mt., 22, 39.*

[4] recentioribus *scr.* : recencioribus M.

[5] connatus *ex* connatum M : *de sensu v. Cic., Nat., 2, 122.*

[6] vindicaverint *scr.* : vendi- M.

[7] sauciati *ex* fau- *corr.* M.

[8] devi<i>s facti<s> *scr.* : devis, *versus in margine, secundo supralineari pro* i *puncto addito, inde tamen per facti tantum continuans,* M.

[9] heroum *scr.* : haeroum M.

[10] Quod *scr.* : Quid M.

Car ceux qui, ayant coutume de s'appeler du nom de disciples des Muses[1], faux et corrompu à partir de celui du vrai Docteur Moïse, ayant oublié les principes de la Sagesse (qui commence dans la crainte de Dieu[2] et prend fin dans l'amour du prochain[3]), comme ils s'en donnaient à cœur joie aux fictions plus récentes et aux fables poétiques, ne sachant quel titre plus présomptueux revendiquer (comme s'ils l'avaient reçu par nature), succombèrent de façon misérable, d'abord blessés par la science sensitive, puis tués par la lettre et ensevelis, enfin, par la sagesse humaine.

Pour cette raison, comme les mortels se livraient une guerre mutuelle presque dans l'air, sans savoir où mettre les pieds et soutenir leur ambition pesante, s'étant écartés de divers côtés de l'ancienne sagesse, ils dégénérèrent dans les ténèbres de la sottise.

Et, d'abord, en raison de quelques – s'il est permis de dire ainsi – vertus vicieuses singulières, certains furent élevés par les auteurs de fables dans les cieux les plus hauts et gratifiés du titre de dieux, demi-dieux et héros (ambition que nous voyons encore en vogue à notre époque).

De là, ils se présentèrent comme auteurs de la Théologie profane et de l'abominable Théogonie et, ainsi, les hommes d'après le déluge changèrent l'anthropolâtrie pratiquée par les hommes d'avant le déluge[4] contre l'idolâtrie. Car (comme il a été dit aussi ailleurs) ce que l'Ennemi avait commencé à faire avant le déluge au moyen de la taille démesurée du corps, il entreprenait de l'achever après le déluge par l'ambition superbe ; par suite de quoi chacun des mortels aspirait à s'arroger deux ou trois, ou même toutes, les monarchies des sciences et des arts.

Aussi l'un vendit-il son âme complètement afin de posséder la Grammaire, l'autre la Poésie ; l'un la Peinture, l'autre la Sculpture ; l'un la Logique, l'autre la Rhétorique ; l'un la Philosophie Naturelle, l'autre la Philosophie Morale ; l'un, dis-je, la Physique de l'Univers, l'autre (comme si la Physique était indigne d'un génie aussi grand) la

---

[1] Lat. *alumni Mussarum*.

[2] *Ps.*, 110, 9 : «La crainte du Seigneur est le commencement de la sagesse». Cité aussi par Descartes dans le titre d'un fragment intitulé *Praeambula. Initium sapientiae timor Domini*, cf. *Inventaire*, AT X, 8.

[3] *Matthieu*, 22, 39 : «Vous aimerez votre prochain comme vous-même.»

[4] Voir chapitre 9 de ce même Livre.

Metaphysices; /157/ unus ad Geometriae, alius ad Geographiae; unus ad Astronomiae, alius ad Astrologiae; unus ad Magiae, alius ad Necromandiae *(sic)*[1]; unus ad Geomandiae *(sic)*, alius ad Oeonoscopiae; unus ad Chironomiae, alius ad Metoposcopiae; unus ad Praestigiatoriae[2], alius ad Discantatoriae; unus ad Histrioni<c>ae, alius <ad>[3] Fabulatoriae; unus[4] ad Adulatoriae, alius ad Parasitoriae, caeterarumque humanarum vanitatum possessionem toto se captivarunt animo, adque stultae sapientiae fastigium capessendum, titulumque Monarchae adipiscendum rabidose flagrabant.

Itaque, singulis singulas sectas superbe profitentibus, et caecis caecas post se catervas trahentibus[5], atque laborum brabium victoriaeque laurum[6] abripuisse fallaciter imaginantibus, ac tandem fictis fictitiisque Apollinibus, e tali cruento certamine redeuntibus et in throno phantasticae Monarchiae supersedere percupientibus, tripodi deerat pes.

Qua de re, crassa iam farciti litera[7] et scientiae humanae obruti ruina, pro stupide autumata requiei ambitione, in inscitiae atque ignorantiae praecipites corruerunt barathrum. Necnon his dissimiles erunt, qui pro summo bono summaque vitae humanae felicitate digladiabantur[8], /158/ ac de Tempore, Vita et Morte solicitabantur.

CAP(VT) 30

{{Sacra Scientia dignatur authorem 'suum' nominare 'discipulum'.
Tomus Theologo-metaphysices promittitur.}}

His itaque a me quo diutius per Aenigmaticum Speculum perspectis, eo declivius in admirandae Sacrae Scientiae submegebar profunditatem, et, omni perceptibilitatis destitutus vigore, in infinitum quasi corruebam.

---

[1] -mandia-, *Medio- et Neo-Graeca pronuntiatione*, DC.
[2] Praestigiatoriae *scr.* : Pristi- M.
[3] alius <ad> *scr.* : alius *ex* aliud, *oblito* ad, M.
[4] unus *ex* alius *corr.* M.
[5] *Mt., 15, 14* M.
[6] *Cf. 1 Cor., 9, 24.*
[7] *Cf. Hor., Sat., 2, 2, 3* (crassa ... Minerua), *quod in proverbium abiit.*
[8] digladiabantur *scr.* : digladie- M.

Métaphysique; l'un la Géométrie, l'autre la Géographie; l'un l'Astronomie, l'autre l'Astrologie; l'un la Magie, l'autre la Nécromancie; l'un la Géomancie, l'autre la Divination par le vol des oiseaux; l'un l'Art du geste, l'autre la Physionomie; l'un l'Art de l'illusion[1], l'autre l'Harmonie; l'un la Comédie, l'autre la Mythologie; l'un la flatterie, l'autre le métier de parasite et les autres vanités humaines et ils brûlaient tous du désir enragé d'arriver au sommet de la sotte sagesse et d'en gagner le titre de Monarque.

Et ainsi, chacun à son tour professant superbement l'appartenance à une secte différente, comme des aveugles tirant après eux des troupes d'aveugles[2], s'imaginant faussement qu'ils avaient remporté le prix[3] de leurs travaux et les lauriers de la victoire et, enfin, ayant forgé des Apollons feints, rentrant d'un lutte aussi sanglante et désirant ardemment être assis sur le trône d'une Monarchie imaginaire, ils tombaient du trépied.

Aussi, gorgés d'une culture grossière et écrasés par les ruines de la science humaine, s'écroulèrent-ils la tête en avant dans l'abîme du néant de leur savoir et de l'ignorance. Et leur étaient semblables ceux qui combattaient pour le souverain bien et pour la félicité suprême de la vie humaine et se tourmentaient au sujet du Temps, de la Vie et de la Mort.

CHAPITRE 30

La Science Sacrée daigne nommer l'auteur son disciple. Il est promis un tome au sujet de la Théologo-métaphysique.

Et, ainsi, plus longtemps je regardais dans le Miroir Énigmatique[4], plus à fond je plongeais dans la profondeur de l'admirable Science Sacrée et, destitué de toute vigueur de la perceptibilité, je m'écroulais

---

[1] Lat. *Praestigiatoria*. A noter que, dans le vocabulaire chrétien, *praestigiator* peut désigner le diable, cf. Blaise, 1954.

[2] Cf. *Matthieu*, 15, 14: «Laissez-les; ce sont des aveugles qui conduisent des aveugles: Que si un aveugle conduit un autre aveugle, ils tombent tous deux dans la fosse.»

[3] Cf. 1 *Cor.*, 9, 24: «Ne savez-vous pas que, quand on court dans la carrière, tous courent, mais un seul remporte le prix? Courez donc de telle sorte que vous remportiez le prix.»

[4] Il s'agit naturellement du miroir dans la poitrine de l'Ancien des Jours, dans lequel l'apprenti-philosophe contemple les étapes de la cosmogonie et l'explication des phénomènes de la nature. Cf. aussi 1 *Cor.* 13, 12.

Senex autem beatissimus, cum me ab omnibus intellectus viribus derelictum desertumve agnoverit: "Satis, inquit, mi fili, tibi fore puto, quotquot hucusque de Naturae creatione[1] eiusque progressu aenigmatice et Theologo-physice speculatus es! De sequentibus igitur doctrinis, iam non amplius 'filium' (quo nomine omnes seniores iuniores appellare solent), sed 'alumnum' nominabo 'meum' — quod <illud> nomen solum ipsis competit, qui, lactantes, cibis <nutriuntur>[2]; discipulos autem piis imbuunt documentis. Idcirco, nec amplius te tam gravibus speculationibus laborare sinam, sed ego dictabo, tu autem ausculta et disce, et in depositorio piae conscientiae ea recondito!

Verum autem, apprime, hoc te novisse optarem, Speculum hoc et aliam habere faciem, quae his ingentioribus gravioribusque obtegitur difficultatibus, ita /159/ ut mortalis oculus eas intueri, auris audire et cor hominis ascendere non valet. Harum autem difficultatum causa in hoc consistit — quia eae quoque, {quamquam} divina[3] non repraesentent anteriora, at, nihilominus inter anteriora atque posteriora eius, quaedam patefacere atque explanare profecto possunt. De quibus, Divina adiuvante Clementia, Tomo dicetur posteriori[4]."

---

[1] creatione *scr.* : creationis *ex* creationes M.
[2] *Locum male aegrum pro viribus sanare conatus sum.*
[3] divina *scr.* : divinam M.
[4] posteriori *scr.* : posteriore M.

presque dans l'infini. Cependant, le très heureux Vieillard ayant reconnu que j'avais été délaissé et abandonné de toutes les forces de l'intellect, dit : « Je pense, mon fils, que tu auras assez de tout ce que tu as examiné, de façon énigmatique et théologo-physique, au sujet de la création de la Nature et de son cours ! Par conséquent, lors des enseignements suivants, je ne t'appellerai plus « mon fils » (nom par lequel tous les gens plus vieux ont coutume d'appeler les plus jeunes), mais « mon disciple[1] », car ce seul nom convient à ceux qui, allaités, se nourrissent d'aliments et, à leur tour, instruisent leurs disciples de témoignages pieux. Pour cela, je ne te laisserai plus travailler par des recherches aussi pénibles, mais c'est moi qui enseignerai et toi, écoute ces choses, apprends-les et range-les dans le dépôt de ta conscience pieuse !

Je souhaiterais cependant, tout d'abord, que tu saches ceci : ce Miroir a aussi une autre face, recouverte de difficultés plus vastes et plus pénibles que celles-ci, telles que l'œil humain ne peut les voir, l'oreille ne peut les entendre et le cœur de l'homme ne peut les saisir[2].

Et la cause de ces difficultés consiste en ceci que, bien qu'elles
ne fassent pas voir les choses divines antérieures, néanmoins
elles peuvent assurément dévoiler et éclaircir certaines
des choses qui sont entre les choses antérieures
et postérieures. Au sujet de quoi, avec
l'aide de la Clémence Divine,
il sera enseigné
dans le Tome
suivant[3] ».

---

[1] Lat *alumnus*. En latin, ce mot désigne à la fois le nourrisson, le disciple et le serviteur de la foi.

[2] L'annonce et, en même temps, l'avertissement d'une doctrine cachée très ardue, révélée seulement aux initiés, est traditionnelle dans la théologie orientale, voir par exemple Denys l'Aréopagite, *Les noms divins*, 4, PG 3, 592 B : « De ces lumières produites par une opération divine et de toutes les autres du même genre dont, selon les saintes Écritures, le don secret nous fut octroyé par nos maîtres inspirés, nous avons reçu à notre tour l'initiation, et voici que pour nous, proportionnellement à nos forces, à travers les voiles sacrés dont se recouvre la transmission des paroles saintes et des traditions hiérarchiques, l'amour de Dieu pour l'homme enveloppe l'intelligible dans le sensible, le suressentiel dans l'être, donne forme et façon à l'informable et l'infaçonnable, et à travers une variété de symboles partiels multiplie et figure l'infigurable et merveilleuse Simplicité. »

[3] Lat. *posterius*, suivant. Le plan de l'ouvrage n'est pas clair. Au chapitre 14 du Livre V, Cantemir annoncera que le second tome sera consacré à la Théologo-éthique. Faut-il comprendre ici par *posterius* dernier ? Mais Cantemir connaît et utilise l'adjectif *postremus*, dernier, voir le chapitre 14 du Livre V.

DE TEMPORE,

In quo de Motu, Loco, Duratione atque Aeternitate

LIBER QVARTVS

CAP(VT) 1

{{Veritatis doctrina quare recedat ab proposita speculatione. Temporis, vitae particularis et providentiae verae definitio}}

"Non mirum, mi alumne, si stylus nostrae orationis a tuo longe distet desiderio, {quin} immo ipsum[1] a libelli intitulatione {{maxime}} recedere comperies; quandoquidem Imaginem, quam tibi pingendam proposueras, indepingibilem esse ingenue fassus es. Simili modo meam Imaginem, ante non pictam[2], sed fictam esse Speculum Veritatis probavit".

Insuper, quod omnium gravissimum atque dificillimum est, cum Deus O(ptimus) M(aximus) omnes reliquas creaturas in usum atque utilitatem suae ineffabilis Imaginis produxerit, sequitur eam omnium obtinuisse praeeminentiam — quod nemo mentis compos infitias[3] ire audebit.

---

[1] {quin} immo ipsum *s.m.* M : Immo maxime *p.m.*
[2] pictam *ex* pictas *corr.* M.
[3] infitias *scr.* : inficias M.

Du Temps,

Où il est question du Mouvement, du Lieu, de la Durée et de l'Éternité

Livre Quatrième

Chapitre premier

Pour quelle raison la doctrine de la Vérité s'éloigne de la recherche proposée. Définition du temps, de la vie particulière et de la vraie providence.

Il n'est pas étonnant, mon disciple, que le style de notre discours s'éloigne beaucoup de ce que tu souhaites ; tu découvriras même qu'il est très loin du titre de ce petit livre, d'autant plus que tu as avoué ingénument que l'Image que tu t'étais proposé de peindre était infigurable. De façon semblable, le Miroir de la Vérité a prouvé que, auparavant, mon Image n'avait pas été figurée, mais seulement feinte[1].

De surcroît – ce qui est la chose la plus grave et la plus difficile que toutes – puisque Dieu le Très-Bon et Très-Grand a produit toutes les autres créatures pour l'usage et l'utilité de son Image ineffable[2], celle-ci avait obtenu la prééminence par rapport à toutes les autres, ce que nulle personne de bon sens n'osera contester.

---

[1] Lat. *non picta sed ficta*. Cf. chapitre 15 du Livre I : «Car, même si presque tous les païens ont faussement pensé l'avoir dépeinte à la perfection, nul n'est jamais arrivé à en faire qu'un portrait feint et faux.» Derrière l'opposition rhétorique de *pingere* et de *fingere*, se cache toute une théorie sur la figuration de l'infigurable divin. Dans les icônes, par exemple, ce que le peintre représente n'a qu'une vague analogie avec la Divinité : c'est que le rapport à l'image sacrée est différent du rapport à l'image profane. Voir, par exemple, Vladimir Lossky, *The Meaning of Icons*, Crestwood, St Vladimir's Seminary Press, 1982[2].

[2] C'est-à-dire de l'homme. La mise de toute la Création au service de l'homme est un topos dans la philosophie néo-aristotélicienne chrétienne, contre laquelle Descartes, par exemple, avait bataillé, cf. Descartes à Chanut, 6 juin 1647, AT V 53-57.

Verum enim, cum omnia creata et terrae naturae homini subiiciantur, duo, dumtaxat, ab hominis longe recedunt dominio[1], Tempus nempe et /161/ Vita. Et Tempus, quia omnia in eo repraesentantur, illud autem in nullo, nisi in Aeternitate. Vita autem, quia omnia comprehendit, et a nulla comprehenditur, nisi ab Vniversali et Aeterna Vita.

Igitur, mi alumne, omnia, quae Creationis decorantur titulo, in ipsa Aeternitate veluti accidentia (utpote ipsa posteriora, et ab ipsa comprehensa) considerari debent. Haec autem non alibi, nisi in temporis speculo, et in vita particulari {{apparere}} possunt. Est enim Tempus Speculum Creaturae, in quo quaedam fuisse, quaedam esse, et quaedam fore posse repraesentantur. Vita autem particularis est, in qua quaedam extitisse, quaedam existere, et quaedam existere posse intelliguntur.

His, inquam, duobus cum homo nec dominari, nec praeesse pos*sit*[2], necessario sequitur ea soli Divinae Providentiae subiici, quae ante omnia, in omnia, et post omnia est et omnia tangit et a nullo tangitur.

Quamobrem[3] de istis tribus, necessarissimis et vere profundissimis, scientiis distinctis libris te admonere decrevi.

CAP(VT) 2

{{Veritas semetip/162/sam patefacit per explicationem sui habitus. Difficultas cognitionis Temporis, Vitae, atque Aeternitatis ex unitate radiorum eiusdem splendoris consurgit.}}

Nunc igitur, si aurem eloquiis praebueris meis, horum declarationem in mea habitusque mei explicatione assequeris, quam si memoria simul ac semel comprehendere non valueris, calamo saltem exarare operam da !

---

[1] dominío *perperam* M.
[2] pos*sit scr.* : potest M.
[3] Quamobrem *ex* -res *corr.* M.

Mais, bien que toutes les choses créées et les terres de la nature se soumettent à l'homme, il y en a deux, pourtant, qui restent très loin du pouvoir de l'homme, à savoir le Temps et la Vie : le temps, parce que tout est représenté en lui, alors que lui, dans rien, hormis l'Éternité ; la vie, en revanche, parce qu'elle comprend tout et n'est comprise par rien, hormis la Vie Universelle et Éternelle.

Par conséquent, mon disciple, toutes les choses parées du titre de Création, doivent être considérées dans l'Éternité même comme des accidents (en tant que postérieures à elle et comprises par elle). Cependant, ces accidents ne peuvent apparaître que dans le miroir du temps et dans une vie particulière. Car le temps est le Miroir de la Créature, dans lequel certaines choses sont représentées comme ayant été, certaines comme étant et d'autres comme pouvant être. Et la vie particulière est celle dans laquelle certaines sont comprises comme ayant existé, certaines comme existant et d'autres comme pouvant exister. L'homme, dis-je, ne peut ni maîtriser ces deux choses ni leur commander ; il s'ensuit nécessairement qu'elles sont soumises à la seule Divine Providence, qui est avant toutes choses, dans toutes choses et après toutes choses, qui touche toutes choses et n'est touchée de rien.

Aussi ai-je décidé de t'introduire à ces trois sciences très nécessaires et vraiment profondes par trois livres distincts[1].

CHAPITRE 2

La Vérité se dévoile elle-même par l'explication de son apparence. De l'unité des rayons de sa splendeur surgit la difficulté de connaître le Temps, la Vie et l'Éternité.

Maintenant, si tu prêtes l'oreille à mes paroles, tu parviendras à les éclaircir au moyen de la description de moi-même et de mon apparence[2], et si tu n'arrives pas à embrasser cette description tout ensemble et en même temps par la mémoire, efforce-toi au moins de la mettre par écrit![3]

---

[1] Le Livre IV traitera du temps, le Livre V de la vie et le Livre VI de la Providence.

[2] Lat. *habitus*. L'apparence de la Science Sacrée est décrite notamment dans les chapitres 10 et 17 du Livre I.

[3] «Moi je dicterai», avait précisé le vénérable vieillard, à la fin du Livre précédent. A partir de là, l'ouvrage devient la transcription, selon la capacité du narrateur, d'un enseignement oral.

Igitur, mi alumne, Me, prout aspicis, hac forma praeditam, 'Aeternae Veritatis Sacram Scientiam' esse atque appellari scito! Speculum autem, quod tibi in pectore ostendi meo, Sacram Scripturam et temporis indicationem. Diadema: causam rerum perfectarum, quae est Divina Providentia. Diversae gemmae in eo: effectus diversos et mortalibus incognitos[1] eiu<s>dem Divinae Providentiae. Sceptrum: rerum dispositionem. Arcum[2]: principium motivum earum. Sagitta<m>: scopum, metam, finemve tangentem[3]. Habitus: Vitam. Colores denique varii: cuncta in vita particulari, aut in temporis duratione contingentia significa<n>t.

Verum enimvero omnis cognitionis difficultas hinc omnibus exorta est mortalibus, quoniam extra Veritatis splendorem rerum notitiam habere autumarunt, et, incognita Aeternitate, Tempus, in quo omnia, definire ausi sunt.

Item, latente temporis universalitate, rerum particulares durationes describere putabant. Denique, non /163/ indagata Vita Vniversali, vitam particularem (quam omnes creaturae, et potissimum creaturarum antesignanus, homo, {possidet}) imagini dedicare non erubuerunt, cum radii Aeternitatis, Temporis, et Vitae iidem sint, et ab Vno eodemque dependeant Aeterno.

Igitur, mi alumne, primo sit nobis sermo de Tempore!

CAP(VT) 3

{{Temporis scientia ad profligandos Atheos utilissima; minus recte interpretatum S(acrae) S(cripturae) dictum: 'Erunt stellae in tempora'[4] et cae(tera) corrigitur, et veritatis interpretatio docetur.}}

Bonum, simul atque sufficientissimum esset sententiae divini acquiescere Augustini, qua fatetur 'se scire quidem tempus aliquid esse, quid autem esset ignorare'[5].

Verum enim, cum tempus sit, ut definitum est, Speculum creaturarum, in quo pie intuenti Creatoris appareant posteriora; ad profligandas

---

[1] diversos et...incognitos *ex* diversi et...incogniti *corr.* M.
[2] Arcum *ex* Arcus *corr.* M.
[3] tangentem *ex* tangentae *corr.* M.
[4] *Cf. Gen., 1, 14, 2.*
[5] *Cf. Aug., Confess., 11, 4-26, et praesertim 14.*

Par conséquent, mon disciple, sache que Moi, tel que tu me vois, pourvue de cette forme, je suis et je m'appelle la Science Sacrée de la Vérité éternelle ! Et le miroir que je t'ai montré avoir sur ma poitrine[1] est la Sainte Écriture et l'indication du temps. Le diadème signifie la cause des choses accomplies, qui est la Providence Divine. Les diverses gemmes, qui sont dans celui-ci – les effets divers, et inconnus aux mortels, de cette Providence Divine. Le sceptre – la disposition des choses. L'arc – leur principe moteur. La flèche – le but, le terme ou la fin à atteindre. L'apparence – la Vie. Enfin, les couleurs variées signifient tout ce qui arrive dans une vie particulière ou dans la durée du temps.

Mais cependant toute la difficulté de la connaissance tire son origine, chez les mortels, du fait qu'ils prétendirent détenir un savoir sur les choses en dehors de la splendeur de la Vérité et que, tout en ignorant l'Éternité, ils osèrent définir le Temps, dans lequel se trouvent toutes les choses.

De même, bien que l'universalité du temps leur fût cachée, ils pensaient décrire les durées particulières des choses. Enfin, sans avoir recherché la Vie Universelle, ils ne rougirent pas de consacrer leur vie particulière (que toutes les créatures possèdent, et, par-dessus tout, l'homme, désigné avant toutes les créatures) à l'image[2], bien que les rayons de l'Éternité, du Temps et de la Vie soient les mêmes et dépendent d'un Seul et même Éternel.

Par conséquent, mon disciple, parlons, premièrement, du Temps !

CHAPITRE 3

La science du temps est très utile pour porter un coup décisif aux athées ; il est corrigé la mauvaise interprétation du mot de la Sainte Écriture : « qu'ils servent de signes pour marquer les temps, etc. » et il en est enseigné l'interprétation selon la vérité.

Il serait bon, et en même temps suffisant, d'acquiescer à l'opinion du divin Augustin, qui reconnaît savoir que le temps est quelque chose, mais ignorer ce qu'il est[3].

---

[1] Cf. chapitre 1 du Livre II : « c'était un miroir qu'il semblait avoir contre sa poitrine, comme s'il lui était agglutiné et connaturel. »

[2] À l'homme.

[3] Saint Augustin, *Confessions*, 11, 14 PL 32, 816B : « Qu'est-ce donc que le temps ? Si personne ne me le demande, je le sais. Si quelqu'un pose la question et que je veuille l'expliquer, je ne sais plus. » La même citation chez Van Helmont, *De Tempore*, 24, qui ajoute que Saint Augustin était imbu de fausses doctrines païennes.

Atheorum phalanges promptissimum distomum habemus gladium. Ideoque pro Clypeo Aeterni accipiam Verbum et Nomen : "Ego Sum qui est"[1], hoc est 'Deum esse τὸ esse, et vitam omnium — eorum[2] nempe, quae Creationis et Conservationis Catalogo comprehenduntur.

Cum autem tempus caeteras anticipet creaturas, et nullibi in Sacris mentio creationis eius fiat, nisi 'Et erunt vobis stellae in signa, tempora, dies et annos', hinc quidam nostrates statim 'principium temporis' intelligi /164/ debere existimarunt, et, Scripturam minus decenter interpretantes, evidentem non considerarunt consequentiam.

Vbi enim[3] dicunt S(acrae) Scripturae) : 'Stellae erunt in tempora', statim subiiciunt 'in dies et annos'; atqui dies et anni non sunt tempus, sed vicissitudines mutationum, et temperiei alterationes contingentes in tempore — ideoque 'stellae' dicuntur esse 'in tempora', non au{tem} facere, aut generare tempus ; ergo per 'erunt stellae in tempora' in sacris non fit principium temporis. Imo nec essentialem eius quidditatem indicant, sed Caeli dumtaxat gyrationis, errantium astrorum caeterorumque corporum caelestium a loco in locum mutationes denota<n>t, utpote causas inferorum motivas, atque alterativas.

Nec denique fas est Dei spiritum, in Sacris loquentem, mentionem creati Temporis neglexisse dubitare. Sed fas erit (in confusionem Supremum Numen negantium), in Dei gloriam, praerogativam

---

[1] *I.e.* 'YHWH'.
[2] eorum *ex* earum *corr.* M.
[3] enim *scr.* : enin M.

Mais, comme le temps est, ainsi qu'il a été défini, le miroir des créatures dans lequel les choses postérieures au Créateur apparaissent à celui qui y regarde pieusement, alors nous disposons d'un glaive invincible[1], tout à fait apte pour porter un coup décisif aux phalanges des Athées. Et pour cela je prendrai pour bouclier le Verbe et le Nom de l'Éternel : «Je suis celui qui est»[2], c'est-à-dire, Dieu est l'être et la vie de tous, à savoir de ceux qui sont compris dans le Catalogue de la Création et de la Conservation.

Or, il est vrai que le temps précède les autres créatures et il n'est fait mention nulle part dans les Saintes Écritures de la création de celui-ci. Toutefois, il y est écrit que les étoiles «*vous serviront de signes pour marquer les temps et les saisons, les jours et les années*»[3], et certains des nôtres ont tout de suite pensé qu'ils devaient entendre par là le commencement du temps et, interprétant l'Écriture d'une façon inconvenante, ils n'ont pas pris garde à la conséquence évidente.

Car là où les Saintes Écritures disent : «*des étoiles vous serviront de signes pour marquer les temps*», elles ajoutent sur-le-champ : «*les jours et les années*» ; et, pourtant, les jours et les années ne sont pas du temps, mais des successions de mouvements et des changements du climat qui arrivent dans le temps[4] ; et c'est pour cette raison que les étoiles sont dites marquer les temps et non faire ou engendrer le temps ; partant, par «*les étoiles serviront de signes pour marquer les temps*» les Saintes Écritures ne désignent pas le commencement du temps. Elles n'en indiquent pas non plus la quiddité essentielle, mais seulement la révolution du Ciel, les mouvements des astres errants et des autres corps célestes d'un lieu à un autre, en tant que causes motrices et altératives des choses d'ici-bas.

Enfin, il n'est pas permis de supposer que l'Esprit du Seigneur, qui parle dans les Saintes Écritures, ait négligé de faire mention de la création du temps. Il sera cependant permis (pour confondre ceux qui nient le Pouvoir Suprême) d'admirer, pour la gloire de Dieu, pieusement

---

[1] Lat. *distomum gladium*, du gr. δύστομος, «difficile à couper».

[2] Cf. *Exode*, 3, 14 : «Dieu dit à Moyse : Je suis celui qui est.»

[3] *Genèse*, 1, 14 : «Dieu dit aussi : Que des corps de lumière soient faits dans le firmament du ciel, afin qu'ils séparent le jour d'avec la nuit, et qu'ils servent de signes pour marquer les temps et les saisons, les jours et les années.» Cantemir a donné un commentaire de ce verset au chapitre 14 du Livre II.

[4] Voir ci-dessous, le chapitre 6. L'idée que le temps est autre chose que les différentes mesures du temps remonte à Plotin (*Énnéades*, III, VII, 8-9). Voir le commentaire de Walter Pagel au *De Tempore*, 1949, p. 380.

hui<u>scemodi admirabilis et p<a>ene inscrutabilis creaturae, pie atque religiose admirari. Id enim pro nostra thesi satis fore existimo.

CAP(VT) 4

{{Naturae et temporis ab Aristotele traditae defini/165/ tioni elegans adaptatur comparatio ; quibus confutatis, ex ipsis tria notatu dignissima colliguntur.}}

/164/Verum enim, antequam Splendoris Veritatis vibrentur radii, supra hanc rem tenebrarum Filius et Eth/165/nicae obscuritatis parens quid doceat audiamus. Hic enim, cum videret omnes creaturas in vita, vel, ut dici solet, 'in esse eorum et in tempore' praesentari, et aut per internum, aut per externum motum periodice definiri atque circumscribi — utpote ipse ad rerum definitiones excogitandas pronissimus, et in inferendis axiomatibus non tam levissimus, quam arrogantissimus — statim unius generis, nempe motus, duas in invicem valde diversas intulit differentias — quae cum sint inter se exclusivae atque opposite contrariae, at nihilominus, non naturae, sed ipsi obediendum <iis esse> praecipit.

Itaque a seipso sibimetipsi talem arrogans licen*t*iosam[1] facultatem, definit[2]: 'Naturam esse principium motus et quietis', ac si diceret 'caerusam esse causam alboris et nigroris'. Item, hac impudibunda usus

---

[1] licen*t*iosam *scr.* : licenciosam M.
[2] definit (*ut infra*) *scr.* : defininit M.

et religieusement, le privilège d'une telle créature admirable et presque insondable[1]. En effet, je considère que cela sera suffisant pour notre thèse.

CHAPITRE 4

Les définitions de la nature et du temps enseignées par Aristote sont élégamment comparées. Une fois celles-ci réfutées, il en est conclu trois choses, comme très dignes d'être notées.

Néanmoins, avant que les rayons de la splendeur de la vérité ne scintillent, écoutons ce qu'enseigne, au sujet de cette chose, le fils des ténèbres et ancêtre de l'obscurité païenne. Car, voyant que toutes les créatures se présentaient dans la vie, ou, comme il a coutume de dire, dans leur être et dans le temps, et qu'elles étaient périodiquement définies et circonscrites par un mouvement soit interne soit externe, celui-ci – étant très porté à inventer des définitions de choses et très léger, et aussi très présomptueux, à en inférer des axiomes – a tout de suite introduit deux différences très diverses l'une de l'autre d'un même genre, à savoir du mouvement, auxquelles il prescrit, même si elles sont exclusives l'une de l'autre et contraires par opposition[2], d'obéir non à la nature, mais à lui même.

Et ainsi, s'arrogeant de lui-même une telle liberté licencieuse, il définit la Nature comme étant « le principe du mouvement et du repos »[4], comme s'il disait que la céruse est la cause de la blancheur et de la

---

[1] Même s'il l'appelle ici une créature, Cantemir élabore davantage au cours de ce Livre au sujet du statut métaphysique du temps. Pour J. B. van Helmont, le temps un être réel, infini, non créé, émanant de l'éternité divine sans médiation, cf. *De Tempore*, 26, voir ci-après, la note au chapitre 24.

[2] *Logique*, mss. 16 : « *Contrarietas in 4 dividitur, v. g. : in contrariam, oppositam, subalternam, et contradictoriam. Contraria utramque propositionem universalem habet, attamen unam affirmativam, aliam negativam, opposita e contra.* » (*Operele Principelui Demetriu Cantemiru*, tome VI, 1883, p. 425). Il s'agit du rapport de contrariété appelé dans la logique formelle « subcontrariété », entre deux propositions particulières, l'une affirmative, l'autre négative, comme par exemple : « Quelque homme est sage » et « Quelque homme n'est pas sage ». Deux propositions sous-contraires ne peuvent être fausses en même temps, mais peuvent être vraies en même temps.

[3] Cf. Aristote, *Physique*, II, 1, 192b 20 : « la nature est un principe et une cause de mouvement et de repos pour la chose en laquelle elle réside immédiatement, par essence et non par accident. » J'utilise, ici et plus loin, la traduction d'Henri Carteron.

audacia, definit: 'Tempus esse mensuram motus et quietis', ac si diceret[1] 'hominem esse animal rationale et irrationale'. Bone Deus! Haec sunt illa inconcussa Ethnicae sapientiae fundamenta. Ex istis autem duabus celeberrimis principalissimisque definitionibus haec colligi manifestum est:

Et Primo: 'Naturam et Tempus genere quidem differre, differentias autem easdem[2] habere' — ac si diceret 'homi/**166**/nem esse Aristotelem et Bucephalum, et 'Asinum esse Aristotelem et Bucephalum'[3]. (Ignoscant mihi, quaeso, Peripatetici, siquidem, regulas definitionum, ab ipso philosopho mandatas observando, per genus et differ[r]entiam definimus[4] rem definiendam!).

Secundo: 'Tempus et Naturam essentialiter unum et idem esse, eo quod easdem habeant differ[r]entias, quod ut clarius pateat, easdem co<m>paremus definitiones, v(erbi) g(ratia): 'Natura est (Tempus est) principium (mensura) motus et quietis (motus et quietis)' — in quibus 'Principium' et 'Mensura' sunt genus, 'motus et quies' sunt differ[r]entiae, ac si diceret: 'Anima est principium rationalitatis et irrationalitatis', et 'homo est animal rationale et irrationale'; ubi manifestum est 'naturam', 'tempus', 'principium', 'mensuram' idem esse, et in differ[r]entia 'motus et quietis' ut talia ostendi, quemadmodum et 'Anima', 'principium', 'homo' et 'animal' unum et idem sunt, per unionem earundem differ[r]entiarum. Itaque, mi alumne, haec omnia quam misere inter se concordent iudicet Veritatis discipulus!

Tertio: Si 'ab effectibus causas rerum cognosci' praecipit, sequitur 'a motu et quiete Naturam /**167**/ esse Tempus, et Tempus Naturam, eo quod 'in motu et quiete tam mensuram temporis, quam principium Naturae cognosci' iubet.

Fortassis, ni fallor, Sapientissimus ille volebat dicere 'Naturam esse Principium movens et quiescens', sed praetimebam primum movens[5]

---

[1] diceret *ex* dici- *corr.* M.
[2] differentias... easdem *ex* -am eandem M.
[3] Bucephalum *bis scr.*: -cae- M.
[4] definimus *scr.*: difinimus M.
[5] movens *ex* mobilis *corr.* M.

noirceur. De même, usant de la même audace impudente, il définit le Temps comme étant « la mesure du mouvement et du repos »[1], comme s'il disait que l'homme est un animal raisonnable et irraisonnable. Bon Dieu ! Voilà les fameux fondements inébranlables de la sagesse païenne ! Mais il est évident que de ces deux définitions très célèbres et très importantes, on conclut ce qui suit.

Premièrement : que la Nature et le Temps diffèrent, certes, dans le genre, mais qu'ils ont les mêmes différences, comme si l'on disait « Aristote et Bucéphale sont des hommes » et aussi « Aristote et Bucéphale sont des ânes »[2]. (Que les Péripatéticiens me pardonnent si je définis la chose à définir observant les règles des définitions édictées par le philosophe même, par le genre et la différence !)

Deuxièmement : que le Temps et la Nature sont essentiellement une et la même chose, parce qu'ils ont les mêmes différences ; afin de montrer ceci plus clairement, comparons leurs définitions identiques, par exemple : « La Nature est (le Temps est) le principe (la mesure) du mouvement et du repos (du mouvement et du repos) » – où « principe » et « mesure » sont le genre, « mouvement » et « repos » sont les différences, comme si l'on disait : « L'âme est le principe de la rationalité et de l'irrationalité » et « l'homme est un animal raisonnable et irraisonnable », où il est évident que nature, temps, principe, mesure sont la même chose, et ils se présentent en tant que tels dans les différences du mouvement et du repos, de la même façon que l'âme, le principe, l'homme et l'animal sont eux aussi une seule et même chose, par l'union des mêmes différences. Et ainsi, mon disciple, que l'élève de la Vérité juge combien misérablement s'accordent toutes ces choses entre elles !

Troisièmement : que, s'il pose que c'est d'après les effets que l'on connaît les causes des choses, il s'ensuit que d'après le mouvement et le repos l'on connaît que la Nature est le Temps et que le Temps est la Nature ; il veut, en effet, que dans le mouvement et dans le repos l'on reconnaisse tant la mesure du Temps que le principe de la Nature.

Peut-être, si je ne me trompe, ce grand Sage voulait dire que la Nature est le principe qui meut et qui arrête, mais je me demande si

---

[1] Cf. Aristote, *Physique*, IV, 11, 219b 1 et 220a 24 : « Le temps est le nombre du mouvement selon l'antérieur-postérieur » ou, selon la paraphrase de Pierre Duhem, « le temps est ce qui permet d'énumérer les états pris par une chose en mouvement en les rangeant dans l'ordre de la succession », *Système du monde*, vol. 1, p. 181.

[2] Aristote et Bucéphale ont comme genre commun l'animal.

semper movens, et, necessario, semper quiescens — quo casu de facto ad differentiam temporis multum profecisset.

Verum enim, mi alumne, cum nobis sermo de solo tempore propositus sit, tali indefinitae Naturae in praesenti valedicamus (de qua, data occasione, syncere dicetur), et ad Temporis speculationem (quod 'co<a>evum[1] esse Naturae' vult) quam opportune revertamur.

CAP(VT) 5

{{Per temporis definitionem Aristo(teles) patefacit se Naturae ignarum. Exemplo relativorum demonstratur Tempus praecessise motum, et inversa Temporis definitio motui attribuitur.}}

Ideo, mi alumne, instar praeludii, quaedam de Naturae definitione tetigimus, ad hoc, ut {facilius} Veritati credas, quae Aristotelem tam Naturae, quam naturalium maxime ignarum fuisse indicat. Qui, si vel minimum quid de natura cognovisset, utique nec definivisset 'Tempus esse mensuram motus', siquidem aptius certiusque 'Motum esse mensuram temporis' definire debuisset (ad placitum Dialecticorum loquor), per quam definitionem motum quidem quadamtenus cogno/*168*/visset, temporis autem definitionem diligentius tutiusque indagasset. Verum, concessa illius opinione — v(erbi) g(ratia) 'Tempus esse mensuram motus', sequeretur prius fuisse mensuram, quam rem mensurabilem — quod pro nobis contra se facit.

Quoniam autem opinatus 'inter motum et Tempus nullam prioritatis, aut posterioritatis fieri discretionem', ac si diceret 'relativa eiusdem temporis esse ac motus', nil mirum, siquidem tantae celebritatis

---

[1] co<a>evum *scr.* : coëvum M.

jamais il ne voulait pas dire que la nature est le premier moteur qui meut toujours et, nécessairement, qui arrête toujours cas où de fait il aurait beaucoup avancé dans l'explication de la différence du temps.

Cependant, mon disciple, puisque nous nous sommes proposé de parler du seul temps, c'est le moment de dire au revoir à une Nature aussi indéfinie (au sujet de laquelle il sera parlé sincèrement, lorsque l'occasion s'en présentera) et de revenir de façon opportune à l'examen du Temps (qu'il considère comme du même âge que la Nature).

Chapitre 5

Par la définition qu'il donne du temps, Aristote montre qu'il est ignare en ce qui concerne la nature. Il est démontré, au moyen de l'exemple des relatifs, que le temps a précédé le mouvement et il est attribué au mouvement la définition inverse du Temps.

La raison pour laquelle, mon élève, nous avons effleuré, comme prélude, quelque chose au sujet de la définition de la Nature, est que tu croies plus facilement à la Vérité, laquelle montre qu'Aristote était tout à fait ignare en ce qui concerne la Nature aussi bien que les choses naturelles. S'il eût connu tant soit peu au sujet de la nature, il n'eût surtout pas défini que le temps est la mesure du mouvement, puisqu'il eût dû définir (je parle à la façon des dialecticiens), de manière plus appropriée et plus certaine, que le mouvement est la mesure du temps, et, à travers cette définition, il eût connu aussi, jusqu'à un certain point, le mouvement et il eût approché, de façon plus scrupuleuse et plus sûre, la définition du temps. En effet, si on lui concédait son opinion, à savoir que le temps est la mesure du mouvement, il s'ensuivrait que la mesure eût existé avant la chose mesurable, ce qui est en notre faveur et contre lui[1].

Puisque, cependant, Aristote est d'avis qu'entre le mouvement et le temps il n'y a aucune distinction de priorité ou de postériorité, comme s'il disait que ce qui est relatif au temps l'est aussi au mouvement, il n'y a pas à s'étonner si un maître aussi célèbre a laissé ses élèves débattre,

---

[1] Parce qu'il est faux de dire, comme Cantemir le fera remarquer ci-dessous, que la mesure existe avant la chose mesurable.

praeceptor ut indissolubilem quaestionem 'gallinam, an ovum gallinae praeextitisse' discipulis suis discutiendam reliquerit.

Quas tamen dubitationes, utpote fatuitatem redolentes, Veritatis Tribunal acerrime redarguit: omnium enim relativorum ordo, naturaliter, ceu Natura pr<a>estantior, causa suo causato ordinatur. Ideoque parens filio semper prius filius autem semper parente posterius necessario intelligitur.

Porro, iuxta illatum relationis exemplum, aut 'Tempus motum parentem', aut 'motum Temporis parentem esse' concedere debet, alioquin, utroque negato, quod genus quodque differentia sit nondum patet — itaque definitio frivola, et, in tanta grandi loquacitate, apparet dixisse nihil.

Item, ad idem exemplum, manifestum est mensuram semper praesupponere rem mensurabilem, quia mensura rei mensurabilis /169/ est mensura, et non econtra.

Atqui, si 'Tempus', secundum Arist(otelis) definitionem, 'esset mensura motus', Tempus esset etiam posterius motu. Sed hoc est absurdum, quia motus in tempore, non autem tempus in motu fit. Vnde[1] concludo 'Tempus praecedere motum', ut praecedit parens filium, gallina ovum, et res mensurabilis mensuram — et, consequenter, inversa definitione, per temporis differentiam motum definivit, et non tempus.

CAP(VT) 6

{{Item, tempus fuisse ante motum probatur, exemplo accidentis et subiecti. Temporis attributis et in minus considerate pro tempore receptis, ablatis, patet temporis quidditatem adhuc latere.}}

Similiter dicimus 'omne accidens natura posterius esse subiecto, cui accidit'. Atqui mensura est accidentalis, et adventicia[2] rei mensurabili — ergo mensura natura posterius est re mensurabili. Vnde, consessa

---

[1] Vnde *scr.* : Vdé M
[2] adventicia *scr.* : adventitia M.

comme une question insoluble, si ce qui est apparu en premier, c'est l'œuf ou la poule.

Néanmoins, le Tribunal de la Vérité réprimande les doutes de ceux-ci, comme exhalant l'odeur de la sottise. En effet, toutes les choses relatives se disposent de façon naturelle, ou par nature, dans un ordre où la cause vient avant la chose qu'elle cause. Partant, il va de soi nécessairement que le parent est toujours antérieur au fils, et le fils est toujours postérieur au parent.

Ensuite, d'après l'exemple de la relation introduit par Aristote, on doit concéder ou bien que le Temps est le parent du mouvement, ou bien que le mouvement est le parent du Temps ; autrement, si on les niait tous les deux, l'on ne voit point quel serait le genre et quelle serait la différence, et ainsi cette définition frivole, formulée dans ce style pompeux, semblerait n'avoir rien dit.

De même, pour ce qui est du même exemple, il est clair que la mesure présuppose toujours la chose mesurable, parce que la mesure est mesure de la chose mesurable, et non inversement.

Mais si le Temps était, d'après la définition d'Aristote, la mesure du mouvement, il serait aussi postérieur au mouvement. Or, cela est absurde, parce que le mouvement advient dans le temps, et non le temps dans le mouvement. J'en conclus que le Temps précède le mouvement, de même que le parent précède le fils, la poule l'œuf, et la chose mesurable la mesure – et, par conséquent, inversant la définition, par la différence du temps c'est le mouvement qu'il a défini, et non le temps[1].

CHAPITRE 6

De même, il est prouvé par l'exemple de l'accident et du sujet, que le temps était avant le mouvement. Il devient clair, si l'on écarte les attributs du temps pris sans réflexion pour du temps, que la quiddité du temps demeure encore cachée.

De façon semblable, nous disons que tout accident est par nature postérieur au sujet auquel il arrive. Mais la mesure est accidentelle et adventice par rapport à la chose mesurable ; donc la mesure est par

---

[1] C'est-à-dire qu'il est juste, d'après Cantemir, de dire que le mouvement est la mesure du temps.

definitione 'Tempus esse mensuram motus', idem sequeretur absurdum — tempus nempe esse posterius motu — quod est contra naturam et veritatem, quia, prout superius demonstratum est, omnis motus fit in tempore, et non econtra.

Cum autem generatum sit specie simile suo generanti, manifestum erit nec Tempus motum, nec motus Tempus generare posse, quia nec Tempus est simile motui, nec motus Tempori.

Item, cum tam Natura, quam naturalia, praeter id quod iussa sunt, nihil aliud sibi proprium operentur, manifestum erit omnia Tempo/170/ris attributa, quae, per credulam consuetudinem, 'Tempus' appellata sunt, nullatenus Tempus generare, facere, indicare, et etiam eius quid<d>itatem, quantitatem, qualitatem, vel quicquam eorum, quae Temporis naturam, aut essentiam patefacere possunt, tangere posse.

Ablatis enim attributis, latet adhuc Tempus ignotum atque indefinitum. V(erbi) g(ratia): Ver, aestas, atumnus et hyems non sunt Tempus, imo nec partes eius, sed sunt vicissitudines meteorôn, accidentales in tempore. Infantia, pueritia, virilitas, senectus et cae(tera) non sunt Tempus, aut partes eius, sed successiones aetatum accidentales in tempore, quae non Temporis, sed vitae particularis aetatumque eius describunt periodum.

Similiter, saeculum, lustrum, annus, luna (sic)[1], septimana, dies hora, minuta, et punctum non sunt, non generant, neque indicant Tempus, sed sunt observationes, aut notationes quaedam motuum quorundam, ab ipsa humana fragilitate excogitatae, a quibus[2], connumeratis dimensisque motuum accidentalibus[3] successionibus, Tempus in maius et minus, in

---

[1] *Hic proprius DC lapsus evidens: nam, Daco-Romanicam formam in mente habens,* luna *et non, Latine,* mensis *ipsum scripsisse certum videtur.*

[2] *a* qui*bus scr.*: [[a]] quae M.

[3] accidentalibus *ex* accidentalium *mut.* M.

nature postérieure à la chose mesurable. Par cela, si l'on concédait la définition selon laquelle « le temps est la mesure du mouvement», il s'ensuivrait la même absurdité, à savoir que le temps est postérieur au mouvement, ce qui est contraire à la nature et à la vérité, parce que, ainsi qu'il a été démontré plus haut, tout mouvement advient dans le temps, et non inversement.

Mais, puisque la chose générée est semblable, comme espèce, à celle qui l'a générée, il sera manifeste que le Temps ne peut générer le mouvement, ni le mouvement le temps, parce que ni le Temps n'est semblable au mouvement, ni le mouvement au temps.

De même, puisque aussi bien la Nature que les choses naturelles ne font rien qui leur soit propre hormis ce qui leur fut ordonné, il sera manifeste que tous les attributs du temps, appelés, par une habitude crédule, «temps», ne génèrent, ne font, n'indiquent nullement le temps et ne peuvent non plus en atteindre la quiddité, la quantité, la qualité ou quoi que ce soit qui puisse dévoiler la nature ou l'essence du Temps.

En effet, si l'on écarte ces attributs, le Temps demeure encore caché, inconnu et indéfini. Le printemps, l'été, l'automne et l'hiver, par exemple, ne sont pas le Temps, ni des parties de celui-ci, mais des changements successifs des météores, accidentellement dans le temps. La première enfance, l'enfance, l'âge viril, la vieillesse, etc. ne sont pas le Temps, ou des parties de celui-ci, mais des successions accidentelles des âges dans le temps, qui ne décrivent pas un période du Temps, mais le période d'une vie particulière et des âges de celle-ci[1].

De façon semblable, le siècle, le lustre, l'an, le mois, la semaine, le jour, l'heure, la minute et l'instant, non plus, ne sont, ne génèrent et n'indiquent le temps, mais ce sont des observations ou des désignations quelconques de certains mouvements, inventées par la seule fragilité humaine, au moyen desquelles celle-ci a pensé, comptant et déterminant les successions accidentelles des mouvements, mesurer, dénombrer, diviser et distribuer le temps dans des parties plus grandes et plus petites,

---

[1] Cf. J. B. van Helmont, *De Tempore*, 5 : «En effet, les années, les jours, les mois et les nuits ne sont pas du temps, mais les mesures et les accidents des choses qui arrivent dans le temps, tout-à-fait étrangers et extérieurs au temps. Ainsi, ce qui est pour nous jour pour un autre est nuit. Alors que le temps est partout le même, dans tout l'Univers. Printemps, été, automne, hiver ne sont pas du temps, mais des changement de l'air, ordonnées pour la transformation et la succession des choses. De même, le bas âge, l'adolescence, la jeunesse, la maturité et la vieillesse ne sont pas du temps, mais les noms des changements du corps et de la vie.»

longius et brevius mensurari, numerari, partiri atque distribui putavit —
quae reapsa nec Tempus sunt, nec partes eius, ne{c} denique quicquam
cum Tempore commune habere possunt.

/171/ CAP(VT) 7

*{{Gravissimus Peripateticorum error, Tempus ex punctis indivisibilibus
conflari existimantium. Artificiales observationes in Temporis
quidditatem, quantitatem etc. indicandam ut humanae inventiones et
cum Tempore ne<c> qui<c>quam[1] commune habentes, refutantur.}}*

Est praeterea, mi alumne, et alius gravissimus error, quo omnis
cespitavit Scholastica de Tempore, indagandi ignavia. Naturae quippe
iniuriosis Professoribus, ipsam mathematicae subiici autumantibus, et
sententiam "Ipse dixit"[2] reprobari nemini fas esse sancientibus[3], suis
auscultatoribus sic credere debere iusserunt: nempe ex indivisibilibus
mathematicis punctis Tempus ipsiusque partes generari, fieri, atque
componi.

Vah! Tot tantisque antonomasiis superlativis usque ad Saturni sedem
exaltati viri quomodo non considerarunt per negativum indivisibile
sibime{t}ipsis contradixisse? Quandoquidem meridiano Sole clarius
patet hoc indivisibile, praeter merum privativum atque negativum nihil,
nihil aliquid positivum, aut affirmativum significare posse.

---

[1] ne<c> qui<c>quam *scr.* : nequiquam *sc. pro fortissimo* nihil *DC.*
[2] *Cf. Cic., Nat. deor., 1, 5, 10 (Quint. 11, 1, 27) e Graece Diogen. Laert., 3, 19.*
[3] *Absolutum Ablativum secus cum regenti coniunxit DC.*

plus longues et plus brèves – parties qui, en réalité, ne sont ni le Temps ni des parties de celui-ci, ni, enfin, ne sauraient avoir quoi que ce soit en commun avec le temps.

CHAPITRE 7

L'erreur la plus grave des Péripatéticiens, qui pensent que le temps est constitué de points indivisibles. Il est réfuté des observations artificielles censées indiquer la quiddité, la quantité, etc. du temps, comme étant des inventions humaines et n'ayant rien en commun avec le temps.

Et de plus, mon élève, il y a aussi une autre erreur très grave au sujet du temps, où toute la Scolastique s'embourba, par paresse dans la recherche. Car les professeurs qui outragent la nature, prétendant qu'elle se soumet aux mathématiques et établissant qu'il n'est permis à personne de rejeter la sentence «Lui-même l'a dit», ordonnèrent à leurs élèves de croire ainsi : à savoir que le Temps et les parties de celui-ci sont générés, faits et composés de points mathématiques indivisibles[1].

Hélas ! Comment firent-ils, ces hommes élevés jusqu'au trône de Saturne, par des antonomases superlatives aussi nombreuses et aussi enflées, pour ne pas se rendre compte que, par l'indivisible négatif, ils se contredisaient eux-mêmes, puisqu'il est plus clair que l'eau de roche[2] que cet indivisible, outre le pur rien privatif et négatif, ne peut signifier rien de positif ou d'affirmatif ?

---

[1] Lat. *punctum*, une traduction du gr. στιγμέ, qui vient d'Aristote, voir par exemple *Physique*, IV, 10, 218a 19 : «La continuité des instants entre eux, comme celle des points, est impossible.» Cf. J. B. van Helmont, *De Tempore*, 8 : «Car ils ont envisagé un temps long et bref, réduisant ainsi le temps à une quantité. Finalement, ils ont fondé l'essence du temps et son entière définition dans la succession, qui devrait subsister comme composée de points de durée actuellement infinis et infiniment indivisibles, même dans le point le plus petit d'un instant physique. Vraiment ils se sont trop attachés des deux côtés à la science mathématique, foulant aux pieds la nature. En effet, dans les mathématiques une possible subdivision dans une infinité de points est supposée dans chaque continu, mais cette supposition, la nature l'ignore et la physique la nie, car cette dernière considère les choses telles qu'elles sont et non telles qu'elles servent aux spéculations de la mesure des positions.» Il est difficile de trancher quant à l'identité de ces «professeurs», qui semblent professer un atomisme temporel de type mathématique.

[2] Lat. *meridiano Sole*, que le Soleil à midi.

'Non attenderunt', inquam, quod Indivisibile negativum nunquam possit per sui co[n]exionem componi, aut coalescere in esse aliquid positivum, affirmativum, reale, actuale, essentiale, praesens, magnum, parvum, longum, breve et cae(tera), attamen, in mala consuetudine male perennantes, Tempus motu definiri, ex punctis mathematicis produci, in longum et brevem in magnum et parvum, in anteriores /172/ et posteriores distribui partes docuerunt. Quod tamen sola se{r}mocinatione persuadi non posse animadvertentes, Veteriores quidem in solari[1] motu per gnomonem, recentiores autem, utpote callidiores, in Chalybis intorti fortitudine, in multarum rotarum gyratione, in ponderum gravitate atque levitate, atque in funium dependentium longitudine atque brevitate monstrare conantur.

Verum enim hoc magis utraque decepta est aetas, quod[2], utroque orbata oculo, in re tam luminosa et tam claro atque splendido speculo, nec se, nec suos errores inspicere potuit.

Siquidem chalybs, per artificialem cochleae vim intortus, non ad temporis generationem, nec praeterea ad quidditatem eius indicandam,

---

[1] solari *scr.* : solare M.
[2] qu*od*, *ad* hòc *(sc., Ablativo casu) respiciens, scr.* : quae (*post* aetas) M.

Ils ne prirent pas garde, dis-je, que l'indivisible négatif ne saurait jamais se composer ou s'agréger, par enchaînement de soi, dans quelque être positif, affirmatif, réel, actuel, essentiel, présent, grand, petit, long, bref, etc.[1] ; toutefois, persistant méchamment dans une mauvaise habitude, ils enseignèrent que le Temps est défini par le mouvement, produit à partir de points mathématiques, qu'il est distribué en long et bref, en grand et petit, en parties antérieures et postérieures[2]. Se rendant compte, néanmoins, qu'ils ne sauraient persuader par de vaines paroles, les Anciens essaient d'en faire la démonstration dans le mouvement du Soleil par le cadran solaire, et les Modernes, plus habiles, dans la force de l'acier tordu, dans la rotation de beaucoup de roues, dans la pesanteur ou la légèreté des poids et dans la longueur ou la petitesse des cordes utilisées[3].

Mais les uns et les autres se trompèrent d'autant plus lourdement que, comme aveuglés, ils ne purent se voir ni eux-mêmes, ni leurs erreurs, dans une chose aussi lumineuse et dans un miroir aussi clair et resplendissant.

En effet, l'acier, après avoir été tordu au moyen de la force mécanique de la fusée[5], tend à se détordre et à retourner à sa disposition

---

[1] L'attaque semble viser particulièrement F. Suárez, *Disputatio metaphysica L : De rerum duratione*, IX, 22-26, in *Metaphysicarum disputationum*, tomus posterior, s. l., 1614, p. 508-509, pour lequel le temps est composé de choses successives, par l'intermédiaire d'instants. Ceux-ci sont indivisibles et entre eux il y a les parties divisibles du temps. Les instants indivisibles rendent possible l'écoulement du temps, c'est-à-dire de ses parties divisibles. Voir aussi W. Pagel, commentaire au *De Tempore* de J. B. van Helmont, p. 380.

[2] En fait, le point visé est la composition du continu temporel à partir d'atomes de temps. Chez Thomas Bradwardine, au XIVe siècle, on trouve la classification suivante : selon qu'ils traitent de la composition du continu, les philosophes admettent ou bien que le temps se compose *ex partibus divisibilibus sine fine, non ex athomis* : comme Aristote, Al-Ghazali, Bradwardine lui-même et la plupart de ses contemporains, ou bien *ex indivisibilibus*. Ces derniers se divisent en deux options 1) *ex corporibus indivisibilibus* : Démocrite 2) *ex punctis* : 2.1) *ex finitis indivisibilibus* : Pythagore, Platon, Waltherus Modernus (probablement Walter Burleigh) ; 2.2) *ex infinitis indivisibilibus* : 2.2.1) *immediate conjunctis* : Henricus Modernus (i.e. Henri de Gand) 2.2.2) *ad invicem mediatis* : Lyncorf (probablement Robert Grosseteste). Cf. Edward Stamm, « Tractatus de Continuo von Thomas Bradwardina », *Isis*, 26 (1936), p. 16. La solution de Cantemir viendra, ci-dessous, au chapitre 14.

[3] Cantemir décrit ici le fonctionnement d'une horloge.

[4] Lat. *cochlea*, terme d'horlogerie, équivalent ou terme français de *fusée*, « cône cannelé où s'enroule la chaîne (le ressort) de l'intérieur d'une horloge à poids, quand on la remonte » (Le Robert).

sed ad propriae naturae opus exercendum — id est per renitentiam — sese extendere et naturalem dispositionem recuperare intendit. Qua<m>obrem, si eius artificialis ordinatio per crassi*t*iem[1] apte operatam, maiorem renitentem, aut retractivam vim obtinuerit, rotae circa co<c>hleam velocius circumvolitant, sin autem minorem[2] atque remissiorem habuerit retractionem, segnius leniusque eaedem circumferuntur rotae. Vnde illarum motus motum solarem aut praecedere, aut remanere ab ipso coguntur.

Eadem ratio est in umbra solar*i*[3]. Nam mo/*173*/tus solaris, et ipse Sol, non ad Tempus describendum, non in gnomon e per umbram <ad> horas generandum, non denique <ad> indivisibilia illa per motum puncta dividenda intendit (alioquin frustra conaretur ordine naturali ex non ente aliquod ens, et ex indivisibile aliquid divisibile producere), sed motu circulari <ad> totum lustrandum orbem, lumine illuminandum et calore calefaciendum — haec enim sunt Soli propria atque naturalia. Quicquid autem his plus ipsi attribuitur[4] observatio humana et inventiones artificiales sunt, cum Sole ne<c> quicquam[5] commune habentes.

CAP(VT) 8

{{Peripatetici, ad producendum Tempus ex indivisibilibus punctis, declarant se infiniti[6] finitas ostendere partes. Itaque ab artificialibus instrumentis cognitionem Temporis petere, praeter frustrationem, periculum est in Deum blasphemiae.}}

Porro diem in 24 horas, horam autem in 60 minutas, minutam tandem in innumerabilia {et} indivisibilia puncta, hoc est in cerebro nata figmenta (vel, ut ipsimet dicere solent), 'in mera rationis entia'[7]

---

[1] crassi*t*iem *scr.* : -iciem M.
[2] minorem *ex* -res *corr.* M.
[3] *Cf. n. 31 ad p. ant.*
[4] attribuitur *ex* attribuent *corr.* M.
[5] ne<c> quicquam *scr., cf. supra, IV, 6 fin.*, **170** *et titulum huius Capitis, cum n.* **28** *ad p.* **171.**
[6] infiniti *ex* -ta *corr.* M.
[7] *Parenthesin prius hic clausam delens, post* solent *mut.* M.

naturelle, non pour générer le temps, et ni pour en indiquer la quiddité, mais pour accomplir – à travers la résistance – le travail de sa propre nature. Pour cette raison, si dans l'utilisation artificielle de l'acier l'on obtenait, au moyen d'une épaisseur convenablement choisie, une force plus grande de résistance ou rétractive, les roues tourneraient plus vite autour de la fusée ; en revanche, s'il avait une force rétractive moindre et plus faible, les mêmes roues se mouvraient plus lentement et plus douce-ment. Par conséquent, leurs mouvements les forceraient soit à avancer soi à retarder par rapport au mouvement solaire.

Le même raisonnement vaut pour l'ombre du Soleil. En effet, le mouvement solaire – de même que le Soleil – n'a pas pour but de décrire le Temps, de générer les heures au moyen de l'ombre sur le cadran solaire, ni, enfin, de diviser, par le mouvement, ces points indivisibles (autrement il essaierait vainement, à travers l'ordre naturel, de produire, à partir du non être quelque étant et à partir de l'indivisible quelque chose de divisible), mais de parcourir, par son mouvement circulaire, tout l'Univers, de l'éclairer de lumière et de le chauffer de sa propre chaleur – car ce sont ces [travaux] qui lui sont propres et naturels. Et tout ce qu'on lui attribue de plus, ce sont des observations humaines et des inventions artificielles, qui n'ont rien en commun avec le Soleil.

CHAPITRE 8

Les Péripatéticiens, pour produire le Temps à partir de points indivi-sibles, déclarent qu'ils montrent les parties finies de l'infini. Et ainsi, prétendre connaître le temps à travers des instruments artificiels n'est pas seulement vain, mais peut être un blasphème contre Dieu.

Ensuite, ils divisèrent et façonnèrent le jour en vingt-quatre heures, l'heure en soixante minutes et la minute, enfin, en des points innom-brables et indivisibles, c'est-à-dire dans des fictions enfantées dans le

diviserunt, atque transplasmarunt (siquidem ipsum nihil non ad naturam, sed ad nonnaturam pertinet), qua tamen licentia licet in infinitum procedant, at nihilominus infiniti finitas esse partes ostendere conari non erubuerunt, et, cum infinitum non sit perceptionis, aut capacitatis finitae naturae, consequenter[1], nec subiici Scientiae, nisi Soli[2] Aeterno. {{Vnde}} manifestum est eos nullo modo /174/ temporis essentiam, magnitudinem, parvitatem, et caetera, quae 'totius partes' dicuntur relatione sui ad totum, definire potuisse.

Ergo, puncta indivisibilia physicalia (quae ego dico 'figmenta non naturalia') motus, Sol, umbra, gnomon, horologium, chalybs, cochlea, rotae, funes, catenae, chorda, elongationes, decurtationes[3], pondera, gravitates, levitates, et tota ipsa Caeli circumferentia, caeteraque omnia, quae (non sine miserabili in Supremum Numen blasphemia) temporis, partisque eius genitores esse exclamant, peregrina[4], externa, posteriora adventiciaque[5] accidentia sunt in tempore, nequaquam *(sic)*[6] aut em tempus, aut pars eius.

---

[1] consequenter *ex.* [[et]] consequenter *corr.* M. /
[2] Soli *ex* Solo *corr.* M.
[3] decurtationes *scr.* : ducu- M.
[4] peregrina *scr.* : peregnina M.
[5] adventiciaque *scr.* : -titi- M.
[6] nequaquam (*post tot* nec quicquam, *et illas non sane probas, formas (cf. p. ant., n. 35 ad Cap. 7 etc.) pro* nec ullo modo *hic scribebat DC.*

cerveau (ou, comme ils ont eux-mêmes coutume de dire, dans de purs êtres de raison), parce que le rien lui-même n'appartient pas à la nature, mais à la non-nature ; et avec cette liberté qu'ils se sont prise, même s'ils régressent à l'infini, ils ne rougirent pas de tenter de montrer que les parties de l'infini sont finies, alors que l'infini n'appartient pas à la perception ou à la capacité d'une nature finie et, en conséquence, ne se soumet pas à la Science, si ce n'est qu'à celle du seul Éternel. Par là, il est manifeste qu'ils ne purent aucunement définir l'essence, la grandeur, la petitesse, etc. du temps, que l'on appelle, du fait de leur relation au tout, parties du tout[1].

Par conséquent, les points indivisibles physiques (que j'appelle des fictions non naturelles), le mouvement, le Soleil, l'ombre, le cadran solaire, l'horloge, l'acier, la fusée, les roues, les cordes, les chaînes, les câbles, les élongations, les raccourcissements, les poids, les pesanteurs, les légèretés et toute la circonférence même du Ciel, ainsi que toutes les autres qu'ils proclament (non sans un misérable blasphème contre le Pouvoir Suprême) être les auteurs du temps et d'une partie de celui-ci, sont [en réalité] des accidents étrangers, externes, postérieurs et adventices par rapport au temps, et ne sont nullement ni le temps, ni une partie de celui-ci.

---

[1] Cf. J. B. van Helmont, *De Tempore*, 6-7 : « Les Écoles n'enseignent pas seulement que le temps est soit la mesure du mouvement du premier mobile soit qu'il appartient à celle-ci (car cela n'a pas encore été tranché), mais elles veulent aussi que chaque point physique indivisible du temps contienne en lui-même actuellement et réellement une infinité de points mathématiques. Car les Écoles nient la possibilité d'un infini positif réel, en tant qu'indivisible en acte, qui ne soit pas positivement intelligible en soi : mais c'est précisément ce qu'ils attribuent à chaque point le plus petit du temps, souillant la connaissance de la nature par de purs songes. Dès lors, il s'ensuit nécessairement de leurs suppositions que chaque partie du temps ne l'est pas seulement du temps, mais aussi un point mathématique, indivisible et partant sans durée, en dehors et au-delà du temps. Et ainsi le temps consisterait soit de parties indivisibles soit quelque chose serait produit du rassemblement de points de durée infinis et indivisibles ; ceux-ci cependant ne seraient pas réellement des atomes ou des point de durée indivisibles, si, par leur rassemblement, ils formeraient quelque chose de divisible. Ils ne sont pas conscients du fait que quelque chose d'indivisible et de négatif ne peut jamais former par rassemblement quelque chose de présent, d'actuel, de long, de bref, de grand ou de petit, parce que, en termes d'être physique, c'est-à-dire réel, il comprend en soi un pur rien. »

CAP(VT) 9

{{Eo quod non potuissent prioritatem temporis ante motum [fuisse]
<demonstrare>, praeter innumera absurda, Anarchum Vniversi
excogitarunt et primum immobilem motorem, et quidem naturalem,
inutiliter introduxerunt — qui tamen sorite syllogismo dil[l]uitur, et
talis motor mathesi, non naturae inservire demonstratur.}}

Profecto, mi alumne, non satis quis mirari potest mira inferorum altiloquia, qui, cum tempus a motu secernere, quodque eorum prius, aut posterius ess et discernere haud potuissent, imperite ad Anarchon hallucinati sunt.

Vnde infinitam naturam, infinitum eius principiandi motum, infinitam motus mensurationem, et cum hisce mundum Coaeternum atque principii fini<s>que expertem — et alia, quae ista sequuntur, sexcenta absurda et confusionum plena excogitarunt deliramenta.

Itaque, talium figmentorum ingurgi/*175*/tatione usque ad nauseam farciti, quid mortalius et mortali scientiae similius evomerent inscii, ac tandem, instar viperarum, in se imaginativis conceptibus embryonatis, parturiunt montes, et nascitur ridiculus mus[1]?

Asserunt enim cacuminosi isti in rerum natura necessario debere quendam reperiri motorem, necessario immobilem, qui omnia naturalia naturaliter moveat. Euge! Sed sic est: natura, quam principium motus (sileam hic et quietis, quia motus non potest generare quietem) definiunt,

---

[1] *Cf. Hor., Ars, 139.*

CHAPITRE 9

Parce qu'ils n'avaient pu démontrer la priorité du temps sur le mouve-
ment, ils inventèrent, outre d'innombrables absurdités, un Anarque de
l'Univers et introduisirent inutilement un premier moteur immobile et,
en plus, naturel – lequel toutefois est liquidé par un syllogisme de la
forme d'un sorite[1]*, et il est démontré qu'un tel moteur est au service*
des mathématiques et non de la nature.

Assurément, mon disciple, nul ne peut s'étonner assez des paroles de
nos prédécesseurs, qui, ne pouvant séparer le temps du mouvement et
distinguer lequel des deux fut le premier et lequel après, divaguèrent
sans s'y connaître en imaginant un Anarque[2].

De là, ils trouvèrent une nature infinie, un mouvement infini comme
principe de celle-ci, une mensuration infinie du mouvement et, avec
ceux-ci, un monde coéternel et sans commencement ni fin – et mille
autres extravagances absurdes et pleines de confusion, qui s'ensuivent
de celles-ci.

Et ainsi, gorgés jusqu'à la nausée de telles fictions, ne sachant pas
quoi vomir de plus mortel et de plus semblable à la science mortelle et,
enfin, à l'instar des vipères, s'étant fécondé eux-mêmes de leurs
concepts inventés, les montagnes travaillèrent et accouchèrent d'une
souris ridicule[3].

Ces sublimes[4] affirment, en effet, que l'on doit nécessairement trouver
dans la nature un certain moteur, nécessairement immobile, qui meuve
naturellement toutes les choses naturelles[5]. Quelle merveille ! Mais, alors,
pourquoi introduisent-ils vainement la nature, qu'ils définissent comme

---

[1] Cantemir, *Compendiolum*, mss. 71-72 : « Le sorite – et en latin *acervalis* ([l'argu-
ment] cumulatif) – qui, après l'accumulation de beaucoup de propositions, énonce
pourtant le dernier prédicat du premier sujet. Mais cette espèce est utile plutôt aux
orateurs », éd. citée, p. 452.

[2] Lat. *Anarchum*, du gr. τὸ ἄναρχον, sans commencement, voir, par exemple, Saint
Ambroise, *Hexaëméron*, 1, 3, 8 : « Ils imaginèrent, par conséquent, un mouvement sans
commencement, qui ne serait pas créé par Dieu ». C'est la position de Théophyle
Corydalée, dans son *Traité de Physique*, selon Cléobule Tsourkas, *La libre pensée...*,
p. 241. L'observation a été faite par P. Vaida, 1972, p. 227.

[3] Cf. Horace, *De l'art poétique*, 139 : « *Parturient montes et nascetur ridiculus
mus.* »

[4] Lat. *cacuminosi*, sublimes, cf. Firmin Le Ver.

[5] Aristote développe la théorie du premier moteur immobile dans les Livres VII et
VIII de la *Physique*.

ad quid in vanum introducitur ut principium naturalium motivum? Siquidem naturalis iste immobilis motor omnibus naturalibus motum causare sufficientissimus esset, nec etiam audebunt naturam et primum motorem confundere, et unum et idem esse dicere.

Vnde manifestum est eos vel duas res inter {se} diversas eandem habere definitionem {{admittere}} perstringi, vel in vanum alte{r}um[1] motus principium in naturam intrusisse fateri[2].

Esto! Verum tamen rogabo: 'Siquidem naturalis motor necessario in natura reperiri necessum est, utrum subiiciatur naturae necne?' Quid dicant fateor me nescire, at quid sentiam dicam: Si motor /176/ ille naturae subiiceretur, non moveret naturam, sed moveretur ab ipsa, et, consequenter, nec immobilis extitisset motor. Sin autem non subiiceretur naturae, sequeretur, iuxta naturae definitionem, ipsum etiam motorem alia indigere natura, quae foret immobilis motoris quietis causa, quia ex immobilitate, {{iuxta Scholas}}, nil, nisi quietem, intelligimus.

Itaque ad infinitum tales procederent 'naturae', et infiniti evaderent primi — immobiles motores. 'Non ita, impii, non ita, sed sicut pulvis coram turbine'[3], ita doctrina vestra coram Veritate!

Quandoquidem talis motor Mathematicis artibus, et non naturae, aut naturalibus contribuendus erat, qui Mathesi, non naturae inserviat. Hinc liquet artem mathematicam naturae superciliosum delusisse clavigerum. Observavit, fortassis, ille ab ipsa Centri immobilitate motum navis fieri. Centrum enim corpus terrae sustinet, quo vestigia nautae suffulciuntur, qui conto navim a littore propellit, et navis movetur, et motus ipse fit, atque determinatur — attamen alium naturae, et alium, multo diversum, Mathematices ordinem esse quis, mentis compos, infitias[4] ire audebit?

---

[1] alte{r}um *ex* alium *corr.* M.
[2] fateri *ex* fatentur *corr.* M.
[3] *Cf. Psalm., 1, 4, sed et 34, 5.*
[4] infitias *scr.* : inficias M.

principe du mouvement (je passerai ici sous silence « et du repos », parce que le mouvement ne peut générer le repos), comme principe moteur des choses naturelles ? Car ce moteur naturel immobile serait bien suffisant pour causer le mouvement dans toutes les choses naturelles, et ils n'oseront pas confondre la nature et le premier moteur et dire qu'ils sont une et la même chose.

D'où il est manifeste qu'ils sont contraints ou bien d'admettre que deux choses différentes l'une de l'autre ont la même définition, ou de reconnaître avoir inutilement introduit un second principe du mouvement dans la nature.

Soit ! Mais alors je demanderai : si en effet il est nécessaire de trouver dans la nature un moteur naturel, serait-il soumis à la nature ou non ? J'avoue ignorer ce qu'ils diront, mais je dirai ce que j'en pense : si ce moteur était soumis à la nature, il ne mouvrait pas la nature, mais il serait mû par elle[1] et, par conséquent, ce ne serait pas un moteur immobile. Si, cependant, il n'était pas soumis à la nature, il s'ensuivrait, selon la définition de la nature, que le moteur lui-même aurait besoin d'une autre nature qui fût la cause du repos de ce moteur immobile[2], puisque, par immobilité, d'après les Écoles, nous ne comprenons rien d'autre que le repos.

Et, ainsi, de telles natures procèderaient à l'infini et les premiers moteurs immobiles seraient en nombre infini. « *Il n'en est pas ainsi des impies, il n'en est pas ainsi ; mais ils sont comme la poussière que le vent enlève de dessus la terre* »[3]. Telle est votre doctrine devant la Vérité !

Car un tel moteur doit être attribué aux arts mathématiques, et non à la nature ou aux choses naturelles, et se trouve au service de la science mathématique et non de la nature. Par là, il est prouvé que l'art mathématique a trompé le chambellan présomptueux de la nature. Celui-là a observé, peut-être, que le mouvement du bateau provient de l'immobilité même du Centre. Car le centre soutient le corps de la terre, où les pieds du marin trouvent appui, lorsque celui-ci pousse le bateau de la côte au moyen de la perche et le bateau se meut et le mouvement même se produit et est déterminé – mais quel homme doué de bon sens osera nier le fait que l'ordre de la nature est une chose et l'ordre des mathématiques en est une autre, très différente ?

---

[1] Parce qu'il en ferait partie.

[2] Parce que, selon la définition rapportée, la nature est le principe du mouvement et du repos.

[3] *Psaume*, 1, 5.

/177/ CAP(VT) 10

{{Confusa Arist(otelis) de Loco, Motu et Tempore axiomata refelluntur, et Veritas de iisdem quid sentiat manifestatur.}}

Hinc, magis patientius, quaedam de loco ab antiquo Praeceptore audire[1] sustineamus tuo; cuius monstrosa verba sunt haec: "Locus non quaereretur, si non motus aliquis secundum locum esset. Propter hoc Caelum maxime in loco esse putamus, quia semper est in motu[2]."

Verum tamen, mi alumne, non satis est dixisse locum per motum inveniri, et id quod est semper in motu maxime esse in loco decernere. Idem enim definitionum lator 'naturam non tam motus, quam quietis principium esse' definivit. Sed, <si> sic es<se>t, quieta naturalia essent extra et praeter locum — ergo falsa naturae definitio, quatenus quieta non sunt in loco naturali. Etenim, siquidem sine motu non requiritur locus, sequitur naturalia a motu cessantia, aut immobilia non esse in loco — ergo absurda loci inquisitio per motum.

Denique, Caelum, quatenus semper mobile[3], maxime est in loco — sed aquila, quatenus non semper mobilis, erit minus in loco. Vnde a pari recte inferri licet: 'Centrum terrae et ipsa terra, quatenus semper est immobilis, maxime non est in loco'. Similiter de utroque Caelesti polo intelligendum: /178/ ipsi enim, quamquam circulariter moveantur, sed punctualis eorum cardo non requirit locum, et, consequenter, nec etiam mutant locum — ergo omni loco privati sunt.

---

[1] audire *ex* ad- *s.m. corr. M.*
[2] motu *ex* lo- *corr.* M.
[3] mobile[[s]] M.

Chapitre 10

Il est démenti les axiomes confus d'Aristote au sujet du lieu, du mouvement et du temps, et il est montré ce que la Vérité en juge.

Souffrons à présent d'entendre, avec encore un peu de patience, quelque chose au sujet du lieu qui fut enseigné par ton Maître antique; ses paroles monstrueuses sont les suivantes : « le lieu ne serait pas recherché, s'il n'y avait pas une espèce de mouvement selon le lieu. Et la raison pour laquelle nous croyons que le Ciel est, plus que toute autre chose, dans un lieu, c'est qu'il est toujours en mouvement. »[1]

Mais, cependant, mon disciple, il ne suffit pas qu'il ait dit que le lieu se trouve par le mouvement et qu'il ait décrété que ce qui est toujours en mouvement est, plus que tout le reste, dans un lieu. Car ce même forgeur de définitions a défini la nature comme étant le principe non seulement du mouvement, mais aussi du repos. Mais, s'il en était ainsi, lorsque les choses naturelles sont au repos, elles seraient hors et au-delà du lieu; donc la définition de la nature est fausse, dans la mesure où les choses au repos ne sont pas dans un lieu naturel. Et, de fait, si vraiment, dans l'absence du mouvement, on ne recherche pas de lieu, il s'ensuit que les choses naturelles dont le mouvement cesse, ou qui sont immobiles, ne sont pas dans un lieu; donc la recherche du lieu par le mouvement est absurde.

Enfin, le Ciel, puisqu'il est toujours en mouvement est, plus que tout autre chose, dans un lieu; mais l'aigle, puisqu'il n'est pas toujours en mouvement, sera dans un lieu d'une façon moindre. Il est, par conséquent, permis de conclure tout aussi correctement que le Centre de la Terre et la Terre même, puisqu'ils sont immobiles, ne sont pas, plus que tout le reste, dans un lieu. Il faut comprendre la même chose au sujet des deux pôles célestes : en effet, bien que ceux-ci se meuvent circulairement, leur axe ponctuel n'exige pas de lieu et, par conséquent, eux non plus ne changent pas de lieu; donc ils sont privés de tout lieu.

---

[1] Cf. Aristote, *Physique*, IV, 4, 211a 12 : « D'abord il faut réfléchir qu'aucune recherche ne serait instituée sur le lieu s'il n'y avait pas une espèce de mouvement selon le lieu; ainsi, si nous pensons que, plus que tout le reste, le ciel est dans un lieu, c'est qu'il est toujours en mouvement. » Le texte latin de la *Physique* utilisé par Cantemir semble être une variante de la la *translatio nova*, due à Guillaume de Mœrbeke. En effet, si Cantemir donne ici : « *Locus non quaereretur, si non motus aliquis secundum locum esset. Propter hoc Caelum maxime in loco esse putamus, quia semper est in motu* », nous lisons dans la version latine de Guillaume : « *Primum quidem igitur oportet intelligere quod non quaereretur locus, nisi motus aliquis esset secundum locum. Propter hoc enim caelum maxime in loco esse opinatur, quod semper in motu est* ».

Tandem, Tria in unum confundens, dicit 'locum sine motu non requiri (quasi dicat — 'nam, si requireretur etiam, non inveniretur'), Tempus sine motu non dari (quia u*n*um[1] non praecedet alium, aut discerni potest ab alio), motum sine tempore et loco non inveniri' — ergo intelligendum Tempus inesse motui, motum[2] tempori, locum[3] motui, tempus loco, tempori[4] locum[5], et loco motum[6]. Ideoque omni valedicens rationi infert. Vnde manifestum est quod neque locus, neque vacuum, neque tempus sit extra Caelum. A talibus ludibriis, delusionis ansam iuste quis cap*e*re[7] potuisset, et subiicere: 'siquidem non sunt extra Caelum, ergo sunt intra Caelum' — atqui vacuum ab omni excludit natura, ergo falsa trium connumeratorum connumeratio.

Crede Veritati, mi alumne, quia non philosophica sunt talia dicta, sed aut diabolica, aut diabolo amica! Quandoquidem Veritas confusiones non patitur, nec rationes admittit coniecturales, sed liquide tranquilleque docet, dempto omni corpore naturali (cui motum inesse in*/179/*telligit), Tempus, locum, situalemque habitum, in invicem inconfusa atque impermixta, atque eadem esse, non secus ac, amoto pede, quamquam alium occupet locum, non tamen negationem dicit al*t*erius[8] — situalis enim habitus i<i>sdem[9] permanet.

Proin nec tempus intelligitur moto corpore, aut loco, nec motui alligatur, sed eadem tria sunt entia toto caelo inter se diversa atque separata. Nam, prout motus Caeli fit in proprio loco (ac si esset loci illius quaedam circumscriptiva mensuratio, quae capacitatem ambientivam capit), nec tamen motus Caeli est locus, {{quamquam sit in loco,}} nec Locus ipse motus, {{quamquam sit in motu}} — similiter nec motus est Tempus, quamquam in tempore fiat motus.

---

[1] u*n*um *scr.* : ullum M.
[2] motum *ex* motus *bis corr.* M.
[3] locum *ex* locus *bis corr.* M.
[4] tempori *ex* tempus *corr.* M.
[5] locum *ex* locus bis *corr.* M.
[6] motum *ex* motus bis *corr.* M.
[7] capere *scr.* : capare M.
[8] al*t*erius *scr.* : aletrius M.
[9] i<i>sdem *scr.* : isdem *ex* iidem M.

Finalement, confondant trois choses en une seule, il dit qu'il n'est pas cherché de lieu sans mouvement (comme s'il disait que, même s'il en était cherché, il n'en serait pas trouvé), qu'il n'existe pas de temps sans mouvement[1] (parce que l'un ne précède pas l'autre, ou ne peut être distingué de l'autre), que le mouvement ne se rencontre pas sans temps et lieu – par conséquent, il faut comprendre que le temps est inhérent au mouvement, le mouvement au temps, le lieu au mouvement, le temps au lieu, le lieu au temps et le mouvement au lieu. Et, pour cette raison – il affirme, disant au revoir à toute raison – qu'il est, par là, manifeste que ni le lieu, ni le vide, ni le temps n'existent en dehors du Ciel. Quelqu'un eût pu à juste titre saisir l'occasion de telles mystifications pour se moquer et ajouter : si vraiment ils ne sont pas en dehors du Ciel, ils sont par conséquent à l'intérieur du Ciel ; et pourtant il exclut le vide de toute la nature, par conséquent l'énumération des trois propositions est fausse.

Crois à la Vérité, mon disciple, car de tels propos ne sont pas philosophiques, mais diaboliques, ou amies du diable ! En effet, la Vérité ne supporte pas les confusions et n'admet pas de raisons fondées sur des conjectures, mais elle nous enseigne clairement et tranquillement, que, si l'on enlève tous les corps naturels (auquel il entend que le mouvement est inhérent), le temps, le lieu et les relations de position ne se confondent pas l'un avec l'autre et ne se mélangent pas entre eux, et demeurent les mêmes, à l'instar d'un homme qui, lorsqu'il déplace son pied, bien que celui-ci occupe un autre lieu, ce dernier n'est pas la négation du premier lieu, car entre les deux la relation de position demeure.

Partant, le temps n'est entendu à travers le corps mû ou à travers le lieu, pas plus qu'il n'est attaché au mouvement, mais tous ces trois sont des êtres totalement différents et séparés entre eux. Car, de même que le mouvement du Ciel advient dans son lieu propre (comme s'il y avait une mesure qui circonscrivait ce lieu, en embrassant la capacité enveloppante[2]) et, pourtant, le mouvement du Ciel n'est pas le lieu, quoiqu'il soit dans un lieu, ni le lieu n'est pas mouvement, quoiqu'il soit en mouvement, de même le mouvement non plus n'est pas temps, quoique le mouvement se fasse dans le temps.

---

[1] Cf. Aristote, *Physique*, IV, 14, 223a 15 : « Tout mouvement est dans le temps. »
[2] Cf. Aristote, *Physique*, IV, 4, 212a 5 ; « Le lieu est la limite du corps enveloppant ». Aristote ne dit cependant pas que l'extrémité du Ciel soit dans un lieu, mais bien au contraire, car au-delà du Ciel il n'y a plus aucun corps enveloppant, cf. *Physique*, V, 5, 212b 3-21.

Caeterum, mi alumne, nos loci propriam definitionem[1], ad Veritatis normam, exacte, ut puto, Lib(ro) 1, C(apite) 4 dedimus, ideoque adhuc pauca quaedam de Temporis putaticia[2], ab eodem Philosopho iactata, audiamus.

CAP(VT) 11

{{Iuxta Aristotelem, Terra et Poli non sunt in tempore, eo quod careant motu; reliqua autem mobilia magis et minus esse in tempore, et /180/ quidem diversa Temporis specie praedita, usque ad infinitum procedentia, itaque vana et coniecturalia.}}

Putat, inquam, Eth\<n>icus, Caelum maxime esse in loco, eo quod caeteris corporibus celerius move\<a>tur, ergo deberet etiam putare Caelum maxime esse in tempore, eo quod deberet primum mensurare mobile, utpote omnium velocissimum.

Vnde manifestum fit omnia motu tardiora minus esse in tempore, et, consequenter, Tempus vel ad infinitum imminui, et gradatim annihilari, vel in naturis quietis totaliter desinere, et finem existentiae suae tandem suscipere.

Itaque, quod superius probabamus de loco eadem ratione probari potest de Tempore — Terram nempe et Polos Caelestes carere tempore, eo quod totaliter careant motu — quod maxime ridiculum esse neminem existimo esse, qui non videat.

Hinc non inconsiderata exsurgit dubitatio, v(erbi) g(ratia): 'Si tempus est mensura motus, utrum cuiuslibet corporis motus est mensura, an primi mobilis dumtaxat?' Quod si esset omnium motuum mensura, revera aliud tempus fuisset in vita et motu hominis, et aliud, specie diversum, in vita et volatu aquilae. Siquidem unius motus velocior,

---

[1] definitionem *ex* di- *corr.* M.
[2] putaticia *scr.* : putatitia M.

D'ailleurs, mon disciple, nous avons donné avec exactitude la définition propre du lieu, selon la règle de la Vérité, je crois, au Livre II[1], chapitre 4 et, partant, écoutons encore quelques considérations au sujet du temps, avancées par le même Philosophe.

CHAPITRE 11

Selon Aristote, la Terre et les Pôles ne sont pas dans le temps, parce qu'ils sont dépourvus de mouvement ; les autres corps mobiles, cependant, sont plus ou moins dans le temps et même dotés de diverses espèces de temps, régressant jusqu'à l'infini, aussi sont-ils vains et fondés sur des conjectures.

Le Païen pense, dis-je, que le Ciel est, plus que toute autre chose, dans un lieu, parce qu'il se meut plus vite que les autres corps ; donc il eût dû croire également que le Ciel est, plus que toute autre chose, dans le temps, parce que, étant le plus rapide de toutes, il eût dû mesurer le premier mobile[2].

Il en devient manifeste que toutes les choses dont le mouvement est plus lent sont moins que d'autres dans le temps et, par conséquent, que le temps ou bien diminue à l'infini et disparaît petit à petit, ou cesse totalement dans les corps au repos et, enfin, que son existence prend fin.

Et ainsi, ce que nous avions ci-dessus prouvé au sujet du lieu peut être prouvé par la même raison au sujet du temps – à savoir que la Terre et les Pôles Célestes sont dépourvus de temps, parce qu'ils sont totalement dépourvus de mouvement ; et je crois qu'il n'y a personne qui ne voie combien cela est ridicule.

D'ici surgit un doute inconsidéré, à savoir, si le temps est la mesure du mouvement, est-il la mesure du mouvement de tous les corps, ou du seul Premier mobile ? Car, s'il était la mesure du mouvement de tous les corps, alors, en fait, il y aurait un temps dans la vie et dans le mouvement de l'homme, et un autre, d'une espèce différente, dans la vie et dans le

---

[1] Cantemir avait écrit « Livre I ».

[2] La cosmologie d'Aristote suppose que l'univers soit une totalité physique limitée, mise en mouvement par un moteur immobile extérieur. Pour remonter cependant au premier moteur, il faut supposer un premier mobile, le ciel des étoiles fixes, qui embrasse tous les êtres et les mouvements de l'univers. Le mouvement du ciel est premier, perpétuel, le plus général, unique en nombre, principe de tous les autres mouvements. Voir R. Brague, *Aristote et la question du monde*, Paris, 1988, p. 388-391.

alterius autem tardior fit, et similiter de aliis imparibus putandum motibus.

Vnde colligitur — Primo : Quot rerum atoma, tot temporis species esse, et quidem maxime diversae, atque differentes. Secundo : Cum sexagesimae minutae parti infinita adscribantur physica indivisibilia puncta, Tempus semper sese iungere, et propius accedere motui celerrimo, eo[1] quod sit indivisibili, et nihilo propinquius, atque /181/ similius. Tertio tandem — Si successio temporis, in primo mobili, concursu indivisibilis infinitudinis contingeret, omnes autem reliqui motus, iuxta proprii motus durationem, diversam temporis haberent speciem, et, cum nulla adaequatio, aut proportio sit finiti ad infinitum in Scholarum traditionibus, sequi{t(ur)} Tempus primi motus, aut mensuram primi mobilis esse incommensurabilem, incomprehensibilem, et, consequenter, vanam, mendacem et, ut verius dicam, nullam, merum ens rationis, phantasticae facultatis foetum, nutrice Antiquitate fautum, et credula Posterio{ri}tate auctum.

Verum enim, mi alumne, huiuscemodi nothas considerationes suppositiciasque suppositionalitates non novit natura, negantque naturalia, utpote quae res, ut sunt, {{perquirit}}, non autem ut speculationibus inserviunt mensura{bi}libus, aut numera<bi>libus.

Quamobrem, si sententiam 'Ipse dixit'[2] verane, an falsa sit experiri volueris[3], subiice 'verum, an falsum' — et sententiarum axiomatumque veritas aut falsitas statim apparebit — cuius affirmationis gratia, Ipsius, Naturae falsi monedarii, adferam numismata, ubi, falsificatas scalptiones monstrosasque temporis imagines facilli{me} /182/ dignoscens[4], intitulationum discernes inconvenientiam et inscriptionum miros admiraberis soloecismos. Haec autem sunt talia.

---

[1] eo *ex* et *corr.* M.
[2] *Cf. n. ad p. 171.*
[3] *vo*lueris *scr.* : vellueris *ex* velluiris M.
[4] dis- *ima praecedenti pagina (sc. ad* discernes *primo scribendum)* M.

vol de l'aigle, parce que le mouvement de ce dernier est plus rapide et celui de l'autre plus lent ; et il en faudrait croire de même pour ce qui est des autres mouvements différents.

D'où il résulte : premièrement, qu'il y a autant d'espèces de temps que de choses individuées[1], et même très diverses et différentes. Deuxièmement, puisque l'on attribue à la soixantième partie de la minute des points physiques indivisibles infinis, le temps se rassemble toujours et se rapproche du mouvement le plus rapide, parce qu'il est plus proche de l'indivisible et du rien et plus semblable à eux. Troisièmement enfin, si la succession du temps arrivait, dans le Premier mobile, par la convergence de l'infinitude indivisible[2], tous les autres mouvements, selon la durée de leur propre mouvement, auraient une espèce différente de temps ; et, puisque, du fini à l'infini, il n'y a aucune adéquation ou proportion selon l'enseignement des Écoles, il s'ensuit que le temps du premier mouvement, ou la mesure du premier mobile, est incommensurable, incompréhensible et, par conséquent, inutile, mensonger et, à dire vrai, un rien, un pur être de raison, un fruit de la faculté de l'imagination, protégé et nourri par l'Antiquité et élevé par la Postérité crédule.

Cependant, mon disciple, la nature ne connaît pas de telles considérations hybrides et ces suppositions supposées ; les choses naturelles les désavouent, en tant que choses qui sont[3] et non en tant que choses qui servent des spéculations mesurables ou nombrables.

Aussi, si tu voulais vérifier si la sentence « Lui-même l'a dit »[4] est vraie ou fausse, rappelle-toi ce qu'est le vrai et le faux, et la vérité ou la fausseté des sentences et des axiomes apparaîtra sur-le-champ. A l'appui de cette affirmation, j'apporterai les pièces de monnaie du faux-monnayeur[5] même de la nature, sur lesquelles, distinguant très facilement les effigies faussées et les images difformes du temps, tu reconnaîtras l'incohérence des dénominations et tu t'étonneras des solécismes bizarres des inscriptions. Et voici ces monnaies.

---

[1] Lat. *rerum atoma*. Cantemir utilise souvent le mot *atomum*, avec le sens d'individu, même parfois pour les humains.

[2] C'est-à-dire par le rassemblement d'une infinité de points indivisibles.

[3] Le lat. *perquirit*, ajouté en marge de la feuille, ne fait pas sens. Ce n'est pas la première fois que je préfère traduire d'après le premier état du manuscrit.

[4] Voir ci-dessus, chapitre 7.

[5] Lat. *monedarius*, cf. Niedermayer : *monetarius*, monnayeur.

CAP(VT) 12

{{In Naturae thesauro novem et decem falsa numismata Aristotelis de Tempore proferuntur, quibus Naturae avari, ut maximi aliquid, utuntur gaudentque.}}

"Tempus est (inquit Primo) mensura motus et quietis. 2. Neque motus sine tempore, neque tempus sine motu est. 3. Non videbitur factum fuisse tempus ullum, quia neque motus. 4. Cum autem prius et posterius est, tunc dicimus 'tempus'. Hoc enim est tempus, numerus motus, secundum prius et posterius. 5. Cum videtur fuisse aliquid, simul et motus fuisse videtur, quare aut motus, aut motum aliquid est Tempus. 6. Plus enim et minus discernimus numero, motum autem plurem et minorem tempore, numerus itaque quidam est Tempus. 7. Tempus est mensura. 8. Tempus est quod numerat, non quo numeramus. 9. Tempus est mensura motus et motus mensura temporis. 10. Omnem mutationem et omne quod movetur esse in tempore[1]. 11. Motus primi mobilis est circularis[2], ideo semper.

---

[1] 11, *ac dehinc omnes numeros item scr.*: 11 *om.* DC.
[2] circularis *ex* -lalis *mut.* M.

Chapitre 12

Dans le trésor de la Nature, sont présentées dix-neuf pièces de monnaie fausses d'Aristote au sujet du temps, dont les avares de la nature se servent et se réjouissent comme de quelque chose très important.

Il dit premièrement : le temps est la mesure du mouvement et du repos[1]. 2. Il n'y a pas de mouvement sans temps, ni de temps sans mouvement.[2] 3. Il semblera qu'aucun temps ne s'est passé, parce qu'aucun mouvement ne s'est produit[3]. 4. Mais lorsqu'il y a de l'antérieur et du postérieur, alors nous disons qu'il y a temps. Car c'est cela le temps : le nombre du mouvement, selon l'antérieur et le postérieur.[4] 5. Lorsqu'il semble qu'un certain temps est passé, il semble aussi qu'il y a eu simultanément du mouvement, c'est pourquoi le temps est soit mouvement soit quelque chose de mû.[5] 6. Car nous distinguons le plus et le moins par le nombre, mais nous distinguons plus de mouvement et moins de mouvement par le temps, et ainsi le temps est une espèce de nombre.[6] 7. Le temps est mesure. 8. Le temps est ce qui est nombré, non ce par quoi nous nombrons.[7] 9. Le temps est la mesure du mouvement et le mouvement et la mesure du temps.[8] 10. Tout changement et tout ce qui se meut est dans le temps. 11. Le mouvement du premier mobile est circulaire et, pour

---

[1] Cf. Aristote, *Physique*, IV, 11, 219b 1 et 220a 24 : « Le temps est le nombre du mouvement selon l'antérieur-postérieur », voir ci-dessus, le chapitre 4. J'utilise toujours la traduction d'Henri Carteron.

[2] Cf. *Physique*, IV, 11, 218b 30 : « Il n'y a pas de temps sans mouvement ni changement ».

[3] *Ibidem*, IV, 11, 219a 33 : « Quand donc nous sentons l'instant comme unique au lieu de le sentir, ou bien comme antérieur et postérieur dans le mouvement, ou bien encore comme identique, mais comme fin de l'antérieur et commencement du postérieur, il semble qu'aucun temps ne s'est passé parce qu'aucun mouvement ne s'est produit. »

[4] Cf. *Physique*, IV, 11, 219a 30 - 219b 1 : « Quand au contraire nous percevons l'antérieur et le postérieur, alors nous disons qu'il y a temps ; voici en effet ce qu'est le temps : le nombre du mouvement selon l'antérieur-postérieur. »

[5] *Ibidem*, 219a 5-10 : « Quand un certain temps paraît être passé, simultanément aussi un certain mouvement paraît s'être produit. Par suite, le temps est mouvement ou quelque chose du mouvement. »

[6] *Ibidem*, 219b 2 : « Le nombre nous permet de distinguer le plus et le moins, et le temps, le plus et le moins de mouvement ; le temps est donc une espèce de nombre. »

[7] *Ibidem*, 219b 5-8 ; « Mais nombre s'entend de deux façons : il y a, en effet, le nombre nombré et nombrable, et le nombre comme moyen de nombrer. Or, le temps, c'est le nombré, non le moyen de nombrer. »

[8] *Ibidem*, IV, 12, 220b 14 et 22 : « Nous mesurons non seulement le mouvement par le temps, mais aussi le temps par le mouvement, parce qu'ils se déterminent réciproquement », « par le temps nous mesurons le mouvement, par le mouvement le temps. »

12. Ea, quae semper sunt, quatenus semper sunt, non sunt in tempore — non enim sunt in tempore, */183/* neque mensuratur esse ipsorum in tempore. *13.* Quae autem haudquaquam continet neque erant, neque sunt, neque erunt. Sunt enim huiuscemodi ea quae non sunt, quorum opposita sunt semper. *14.* Non deficiet tempus, semper enim in principio est. *15.* Omnia in loco, omnia in tempore. *16.* Tempus et motus simul sunt et potentia, et actu. *17.* Primum mensura omnium cognitorum est circulatio, et maxime regularis mensura erit, quia numerus huius notissimum est. {*18.*} Neque generatio, neque alteratio, neque augmentatio regulares sunt, latio autem est, quapropter videtur Tempus esse sphaerae motus, quia hoc numerantur alii motus, et Tempus hoc motu. *Vnde*vigesi{me}[1],

---

[1]   *Vnde*vigesi{me} *scr.*: Vigesi{me} M.

cette raison, éternel.[1] 12. Les choses qui sont éternelles, en tant qu'elles sont éternelles, ne sont pas dans le temps – en effet, elles ne sont pas dans le temps et leur existence ne se mesure pas dans le temps[2]. 13. Celles, cependant, que le temps ne renferme d'aucune manière ni n'étaient, ni ne sont, ni ne seront. Et de ce genre sont les choses qui ne sont pas dont les opposés sont toujours[3]. 14. Le temps ne fera jamais défaut, car il est toujours en train de commencer.[4] 15. Toutes les choses sont dans le lieu, toutes dans le temps.[5] 16. Le temps et le mouvement sont à la fois et puissance et acte.[6] 17. La mesure de toutes les choses connues est, en premier lieu, le mouvement circulaire et cette mesure est la principale parce que le nombre de ce mouvement est très connu.[7] 18. Ni la génération, ni l'altération, ni l'accroissement ne sont uniformes, mais le transport[8] l'est, c'est pourquoi il semble que le temps est le mouvement de la Sphère, parce que c'est ce dernier qui mesure d'autres mouvements et aussi le temps.[9] *En dix-neuvième et dernier lieu*. De même que, dit-il, s'il

---

[1] Cf. *ibidem*, VIII, 9, 265a 24 : «En outre, un mouvement qui peut être éternel est antérieur à celui qui ne le peut ; or le mouvement circulaire peut être éternel, tandis qu'aucun des autres, ni le trasnport ni d'ailleurs aucun autre, ne le peut.»

[2] *Ibidem*, IV, 12, 221b 3 : «Par suite, on voit que les êtres éternels en tant qu'éternels ne sont pas dans le temps ; car le temps ne les enveloppe pas et ne mesure point leur existence : la preuve en est que le temps n'a sur eux aucun effet, parce qu'ils ne sont pas dans le temps.»

[3] *Ibidem*, 222a 2-9 : «Quant aux choses que le temps ne renferme d'aucune manière, elles n'existèrent à aucun moment, ni n'existent, ni n'existeront. Mais parmi les choses qui ne sont point, il y a aussi celles dont les contraires sont éternels, comme l'incommensurabilité du diamètre est éternelle ; et celles-là ne seront pas dans le temps. Et pas davantage n'y sera la commensurabilité ; par suite elle n'est pas, et cela éternellement, parce qu'elle est contraire à un être éternel. Mais tout ce dont le contraire n'est pas éternel peut être et ne pas être et est soumis à la génération et à la destruction.»

[4] *Ibidem*, 222a 29 et 222b 5 : «Peut-il y avoir un épuisement du temps ? Non, sans doute, puisque le mouvement existe toujours», «Et il n'y a certes pas de cessation ; car il y aura toujours du temps en train de commencer.»

[5] *Ibidem*, 223a 18 : «N'est-ce pas qu'il [le temps] est une affection ou un état de mouvement (il en est nombre), et que ces choses [la terre, la mer, le ciel] sont toutes mobiles ? Car elles sont toutes dans le lieu.»

[6] *ibidem*, 223a 20 : «Or, le temps et le mouvement, celui-ci pris en puissance et en acte, sont ensemble.»

[7] *Ibidem*, 223b 18 : «Si donc ce qui est premier est mesure pour ce qui est de son genre, le transport circulaire uniforme (ἡ κυκλοφορία ἡ ὁμαλὴς) est la principale mesure, parce que son nombre est le plus connu.»

[8] Lat. *latio*. La traduction de Iacob Veneticus et celle de Guillaume de Mœrbeke utilisent le terme de *loci mutatio*.

[9] *Ibidem*, 223b 20-21 : «Ni l'altération (ἀλλοίωσις) assurément, ni l'accroissement, ni la génération, ne sont uniformes (ὁμαλός), mais seulement le transport (φορά). C'est pourquoi le temps paraît être le mouvement de la Sphère, parce que c'est ce mouvement qui mesure les autres mouvements et qui mesure aussi le temps.»

et postremo. Quemadmodum[1], inquit, sine numeraturo impossibile est aliquid numerabile, sic sine anima non potest esse tempus."

Haec sunt, mi alumne, magni illius Naturae Thesaurarii de tempore {{cusa et}} expensa numismata — hoc est quod fere omnes scientiae sensitivae avari mercatores tam caro emerunt pretio. Hae sunt vortices in mari[2], labyrinthi in terra, et via ad insulas beatorum, per tot tantasque salebrosas semitas, atque impervia itinera ad vade visum ducentia, ubi si quis pervenerit Scholasticus Temporis, motus /184/ et loci quidditatem, quantitatem, qualitatem, ubicationem etc. seligat, colligat, et, quicquid placuerit, ad lubitum capiat, atque ine<x>haustas nihili divitias gaudeat!

CAP(VT) 13

{{Eadem 19 falsa numismata per Lydium lapidem tentantur, et in sensu obscuro quid lateat revelatur.}}

Ad haec, quid num<m>ularii sectatores enumerent quidque abacarii Peripatetici computent a nobis non posse intelligi intrepide fatemur — at quid autem ex relatis sententiis subintelligi vellet alacriter dicemus.

Ad Primam itaque: in praecedentibus satis declaratum est Temporis definitionem esse frivolam. 2. Item, Tempus sine motu fuisse demonstrabitur in sequentibus. 3. Minus sapienter inducit τὸ ἄναρχον. 4. Si non a nobis designarentur successiones rerum mobilium atque mutabilium tempus, Tempus nec fuisse, nec esse, nec fore posse. 5. Res mobiles et Tempus confundit ideoque, ambiguus, vel motum, vel rem motam 'tempus' esse dicit — unde sequitur: 'ergo sanguis in venis motus

---

[1] Quemadmodum *scr.* : -mudum M.
[2] mari *ex* mare *corr.* M.

n'y a rien qui nombre il est impossible d'avoir quelque chose de nombrable, de même sans âme il ne peut y avoir de temps.[1]

Voilà, mon élève, les pièces de monnaie frappées et dépensées au sujet du temps par ce grand Trésorier de la nature, ou ce que presque tous les avares trafiquants de la science sensitive ont acheté pour un prix aussi cher. Ce sont les gouffres dans la mer, les labyrinthes sur la terre et la voie vers les îles des Bienheureux, conduisant par tant de sentiers rocailleux et de chemins impraticables là où l'on voit de ses yeux, où, si un scolastique parvient, qu'il choisisse, ramasse et prenne ce qu'il veut, à sa guise, de la quiddité, la quantité, la qualité, de la présence en tel lieu du temps, du mouvement et du lieu et qu'il se réjouisse des richesses inépuisables du rien.

CHAPITRE 13

Les mêmes dix-neuf pièces de monnaie sont éprouvées par la pierre de touche et le sens obscur en est révélé.

A propos de ces choses, nous confessons sans crainte ne pas pouvoir comprendre ce que les sectateurs du banquier payent et ce que les calculateurs Péripatéticiens comptent, mais nous dirons sans plus tarder ce que l'on voudra sous-entendre des propositions mentionnées[2].

Et ainsi, relativement à la première : dans ce qui précède, il a été suffisamment montré que la définition du temps est sans valeur. 2. De même, il sera démontré dans ce qui suit qu'il y a eu du temps sans mouvement. 3. Il introduit moins sagement un anarque[3]. 4. Si nous n'avions pas désigné comme temps les successions des choses mobiles et changeantes, le temps n'aurait pu ni avoir été, ni être, ni être dans l'avenir. 5. Il confond les choses mobiles et le temps et, partant, il dit, lui l'équivoque, que le temps est soit le mouvement soit la chose mue, d'où il s'ensuit par exemple que le sang qui se meut dans nos veines est

---

[1] *Ibidem*, 223a 25 : « S'il ne peut y avoir rien qui nombre, il n'y aura rien de nombrable, par suite pas de nombre… mais si rien ne peut par nature compter que l'âme, et dans l'âme, l'intelligence, il ne peut y avoir de temps sans l'âme… »

[2] Les dix-neuf remarques suivantes répondent point par point aux dix-neuf sentences tirées d'Aristote exposées dans le chapitre antérieur.

[3] Tò ἄναρχον. Voir ci-dessus le chapitre 9.

est tempus. 6. Id quod superius Tempori arrogabat, hic derogat. Tempus nempe esse numerum aliquod, qui neque motus, neque res mobilis est, ergo Tempus est — unum, duo, tria, centum, mille etc. 7.[1] Tempus est mensura */185/* — ergo non mensu{ra}bile <est, > et non quo numeramus — quod est contra 4.tam sententiam, quae dicit 'si nos non intelligeremus successionem temporis, utique nec tempus esset'. */184/* 8. Id quod in 4.to affirmabat, hic negat: 'Tempus non a nobis designari, sed a semetipso, v(erbi) g(ratia): 'Ipsum numerans, non nos numerantes'. */185/* 9. Genus et speciem confundit unum et idem esse — quod est contra regulam definitionum, v(erbi) g(ratia): cum dicit "Omnis motus est mensura Temporis", et "Omne tempus est mensura motus" vult dicere "Omnis homo est essentia animalis" et "Omne animal est essentia hominis". 10. Id, quod in 5.ta dicebat esse Tempus, idem hic dicit esse in tempore — ergo non Tempus, alioquin papyrus esset atramentum, et atramentum papyrus. 11[2]. Per motum circularem Caelum esse aeternum demonstrasse autumat (quod Lib(ro) <II.>, C(apite) <14.> satis a nobis refutatum est). 12. Hic vagus vespertilio, cum superius per circularem motum Caelum probaret semper et aeternum, negat talem sempiternum motum esse in tempore — quod tandem in 19. pro specifica Temporis differentia accipit. 13. Cum enumeret non entia, utpote τῷ semper contraria a Tempore excludit et semper — quod in 12 nol[l]ebat esse in tempore, hic, paenitentia ductus, idem recipit — siquidem per oppositionem contrariorum nil aliud intelligi potest, praeter tale, vel in tali esse, et non esse. 14. Id, quod superius, per 'semper esse' eius, Tempori subiici nol[l]ebat, idem 'semper', quasi principium quoddam esset Temporis, Temporis{que} sempi*/186/*ternitatis subiectum esse vult. Ideoque 'Tempus nunquam deficere posse' dicit, quia 'semper', in principio Temporis, 'semper' est: ubi etiam subintelligitur fateri 'Tempus ante motum esse' — quod est contra primam et secundam eiusdem sententiam. 15. Omnia in

---

[1] *Punctum 7., prius p.m. 8. scriptum, marginali nota* {{loco suo restituendum}} *adiecta, recto ordini s.m. inseri docebat* M.

[2] *Itenuo numerus 11. omissus, ideo omnes inde mutandi visi sunt; cf. 69 ad p. 182.*

temps. 6. Ce que là il attribuait au temps, ici il lui retranche, en disant que le temps est un certain nombre, qui n'est ni mouvement ni chose mobile ; par conséquent le temps est un, deux, trois, cent, mille, etc. 7. Le temps est mesure, donc il n'est pas ce qui est mesurable et ce par quoi nous nombrons, ce qui contredit la troisième[1] proposition, qui dit que si nous ne remarquions pas la succession du temps, il n'y aurait certainement pas de temps. 8. Ce qu'il avait affirmé au quatrième point, ici il le nie : Le temps n'est pas désigné par nous, mais par lui-même, par exemple : c'est lui qui nombre, ce n'est pas nous qui nombrons. 9. Il mélange le genre et l'espèce comme si c'était une et la même chose, ce qui est contre la règle des définitions. Par exemple, lorsqu'il dit « Tout mouvement est la mesure du temps » et « tout temps est la mesure du mouvement », c'est comme s'il disait : « Tout homme est l'essence de l'animal » et « Tout animal est l'essence de l'homme ». 10. Ce que, dans la cinquième proposition, il disait être le temps, il dit ici être dans le temps, donc ne pas être le temps, autrement le papier serait encre et l'encre papier. 11. Il prétend avoir démontré par le mouvement circulaire que le Ciel est éternel (chose que nous avons suffisamment réfutée au Livre II, chapitre 14). 12. Ici il y a une chauve-souris errante, puisque là il prouvait par le mouvement circulaire que le Ciel est toujours et qu'il est éternel et maintenant il nie qu'un tel mouvement éternel soit dans le temps, ce qu'il accepte néanmoins dans la dix-huitième proposition comme différence spécifique du temps. 13. Lorsqu'il énumère les non-êtres, en tant que contraires au « toujours », il exclut également du temps le « toujours », que dans la douzième proposition il n'admettait pas dans le temps, mais ici, conduit par la pénitence, il le reçoit dans le temps, puisque par l'opposition des contraires l'on ne peut entendre rien d'autre qu'être tel ou être dans tel être ou ne pas l'être[2]. 14. Alors que là il n'admettait pas de soumettre au temps ce qui relève de l'« être toujours », ici il veut que ce même « toujours », pour autant qu'il représente un certain commencement du temps, soit soumis au temps et à l'éternité. Et c'est pour cela qu'il dit que le temps ne peut jamais faire défaut, parce que le « toujours » est toujours en train de commencer ; l'on sous-entend qu'il y enseigne que le temps est avant le mouvement, ce qui est contre sa première et sa seconde proposition. 15. Il enseigne

---

[1] Cantemir avait écrit « quatrième ».
[2] L'opposition des contradictoires s'applique aussi bien aux individus qu'à leurs accidents.

loco, omnia in tempore verum quidem fatetur, sed contradicit quintae sententiae, qua dicit 'mota et motum non in tempore, sed ipsum Tempus esse'. 16. Confundit motum, mobile, locum, tempus, locale et in Tempore esse actu, et potentia unum, idem, et simul esse — quod est contra omnem rationem, ideoque[1] nulla indiget {re}probatione. 17. 'Circularitatis notitiam praecedere omnes cognitiones' verbo atque re fallacia est — quicquid enim cognoscitur non cognoscitur quatenus accidentale, sed quatenus essentiale: atqui circulare est accidentale — ergo falsa sententia. 18. Solum per motum regularem, qui est Sphaerae Caelestis, vult Tempus determinare, ideoque omnes excludit caeteros motus ceu irregulares — quod est contra omnes prolatas sententias, et praecipue contra *duodecim*am[2], ubi per circularitatem et sempiternitatem negat Caelum esse in tempore, et, consequenter, omnes motus atque mobilia, siquidem, secundum secundam et ter/*187*/tiam, 15.tam et 16.mam eiusdem sententias, omnia simul atque eadem esse intelliguntur.

{Ad} *Vnde*vigesimam[3] tandem intelligendum, dicimus: 'Si in naturalibus deessent animata (quae, intellectu suo atque ratione, mensurant atque cognoscunt Tempus), reliqua inanimata naturalia nec tempus haberent, et, consequenter, nec in tempore essent', quod est contra 15.tam sententiam, qua fatetur 'omnia esse in tempore'. Et, <ut> adhuc uno verbo hanc postremam explicem sententiam 'in locis desertis, ab hominibus inhabitatis Terrae angulis, cavernis, specubus etc. Tempus non esse, quia ibi non invenitur anima, quae Tempus esse et motus numerari observet': Euge, philosophorum Princeps, blasphemabunt te, crede Veritati, ligna, lapides, maria, fluvia, ipsa animalia intellectu carentia, et Tota Vniversi Sphaera, eo quod[4] omnia Tempore, ad lubitum, privasti, et in unius atomi cerebro sempiternum tuum conclusisti Tempus!

---

[1] ideoque *ex* et- *mut.* M.
[2] *duodecim*am *scr.*: decimam et tertiam M.
[3] *Vnde*vigesimam *scr.*: Vigesimam M.
[4] eo quod *ex* eod- *mut.* M.

certes que toutes les choses sont dans le lieu et toutes dans le temps, mais il contredit la cinquième proposition, qui dit que les choses mues et le mouvement ne sont pas dans le temps, mais sont le temps même. 16. Il confond le mouvement, le mobile, le lieu, le temps, l'être dans le lieu et dans le temps en acte en en puissance, comme si c'étaient une et la même chose et en même temps, ce qui est contraire à toute raison et, partant, n'a besoin de nulle réfutation. 17. C'est une erreur de mots et de choses de dire que la connaissance de la circularité précède toutes les connaissances. Quoi que l'on connaisse, en effet, on ne le connaît pas en tant qu'accidentel, mais en tant qu'essentiel, mais le circulaire est accidentel, par conséquent la proposition est fausse. 18. Il veut déterminer le temps par le seul mouvement uniforme, qui est celui de la Sphère Céleste, et partant il exclut tous les autres mouvements comme étant irréguliers, ce qui contredit toutes les propositions mentionnées et, en particulier, la douzième, où il nie par la circularité et l'éternité que le Ciel soit dans le temps et, conséquemment, tous les mouvements et tous les mobiles ; en effet, ceux-ci sont entendus, selon ses deuxième et troisième, quinzième et seizième propositions, comme étant toutes en même temps et la même chose. Pour entendre enfin la dix-neuvième, nous disons : si dans la nature il n'y avait pas d'êtres vivants (qui mesurent et connaissent le temps par leur intellect et leur raison), les autres choses naturelles inanimées n'auraient pas de temps et, par conséquent, ne seraient pas non plus dans le temps, ce qui contredit la quinzième proposition, qui affirme que toutes les choses sont dans le temps. Et, pour expliquer par un mot de plus cette dernière proposition, dans les lieux déserts, dans les coins inhabités de la Terre, dans les cavernes, dans les grottes, etc. il n'y a pas de temps, parce qu'il n'y a pas d'âme qui observe qu'il y ait du temps et qui nombre le mouvement. Prends courage, Prince des philosophes, car, crois à la Vérité, les arbres, les pierres, les mers, les fleuves, même les animaux dépourvus d'intellect et toute la Sphère de l'Univers te maudiront, pour les avoir, selon ton gré, tous privés de temps, renfermant ton Temps éternel dans le cerveau d'un seul individu !

CAP(VT) 14

{{Aeternitatis vetus definitio deletur et vera definitio manifestatur.}}

Haec sunt, mi alumne, quae a tam famosae antonomasiae viro de Tempore in Ethnicis profitentur Scholis. Et, quamquam supremae belluae, "Ipse dixit"[1], omnes fere unanimiter quotidianum efficiantur */188/* pabulum, attamen non defuerunt Veteres quidam, qui, (ut ita dici liceat) caeco quodam sensu intellexerunt aliquod tempus continuum[2] atque indiscretum esse — quod, a Sacra Scientia fortasse edocti, 'Aeternum', vel 'Aeternitatem' nuncuparunt — de quo — prout superius satis declaratum est — nihil positive, nihil affirmative, et nihil clare proferre ausi sunt — quamobrem, lite adhuc sub iudice stante[3], ipsum propria carere definitione manifestum est.

Sero tandem surrexerunt quidam Neologi, vocabulorum tantum, et non etiam rerum essentiarum inventores, qui, Ethnicum imitati Praeceptorem, ipsam quoque Aeternitatem, Tempus nempe illud indiscretum atque continuum, dividi, partiri, et in brevius longiusque specialiter distribui posse docent. Asserunt autem hi : 'Aeternitatem esse eam, quae nulla temporis quantitate (ac <si> temporis quantitatem iam totam scirent) mensura (ac si ipsam prae manibus haberent) nulloque temporis spatio (ac si temporis spatium iam descriptum atque circumscriptum indigitarent) designari potest, quum omne contineat aevum, et contineatur a nullo (ac si aevum esset pars infinitae Aeternitatis). Hic rumor, mi alumne, omnes */189/* mortalium fecit tintin<n>are aures.

Verum enim, antequam ad reliqua istius hypotheseos membra anatomizanda aggrediamur, optarem mihi satisfieri : 'Hanc definitionem

---

[1] *Cf. Cap. 7, p. 171 et n. 29.*
[2] continuum *ex* -nuus *corr.* M.
[3] *Cf. Hor., Ars*, 78.

Chapitre 14

L'on détruit l'ancienne définition de l'éternité et l'on en montre la vraie définition.

Voilà, mon disciple, ce que l'on dit dans les Écoles païennes, au sujet du temps, sur la base de l'enseignement de cet homme d'une telle renommée. Et, quoique les bêtes suprêmes – lui-même l'a dit[1] – produisent toutes, presque d'un commun accord, leur nourriture quotidienne, il y a certains Anciens, cependant, qui (s'il est permis de dire ainsi) ont compris, grâce à une sorte de jugement instinctif, que le temps est continu et non discret[2], temps que ceux qui étaient peut-être instruits par la Science Sacrée appelèrent Éternel, ou Éternité, et au sujet duquel, ainsi qu'il a été montré assez plus haut, il n'osèrent proférer rien de positif, rien d'affirmatif et rien de clair, raison pour laquelle, *aussi longtemps que la question reste en discussion*[3], il est évident qu'il n'a pas de définition propre.

Tard enfin, quelques Néologues sont apparus, inventeurs seulement de mots et non d'essences de choses, qui, imitant le Maître païen, enseignent que l'Éternité même, à savoir ce temps non discret et continu, peut être divisée, portionnée et, en particulier, distribuée dans du plus long et plus court. Ils affirment aussi que l'éternité est celle qui ne peut être désignée par nulle quantité de temps (comme s'ils connaissaient toute la quantité du temps), par nulle mesure (comme s'ils l'avaient à portée de la main) et par nul espace de temps (comme s'ils invoquaient un espace de temps déjà décrit et circonscrit), parce qu'elle contient l'*aevum* entier[4] et n'en est pas contenue (comme si l'*aevum* était une partie de l'Éternité infinie). Cette rumeur, mon élève, a fait tinter les oreilles de tous les mortels.

Mais, avant de procéder à la dissection des autres membres de cette hypothèse, je souhaiterais que l'on me rende satisfaction : pensent-ils

---

[1] Ironie, cf. ci-dessus, chap. 11 ; voir au chapitre 7, bêtes suprêmes, *i.e.* les animaux raisonnables, d'après la définition d'Aristote.

[2] Lat. *indiscretum*. L'option de Cantemir devant le problème exposé, ci-dessus, au chapitre 7 est de rejeter toute division du continu.

[3] Lat. *lite adhuc sub iudice stante*, Horace, *Art poétique*, 78.

[4] L'origine de la distinction entre *aevum* et *aeternitas*, deux façons différentes de traduire le mot grec αἰών, semble ancrée dans la cosmologie d'Aristote, qui distingue le mouvement éternel des sphères et l'absolue éternité du dieu. Elle est largement utilisée par les commentateurs latins d'Aristote.

utrum creaturae, an Creatori[1] competere existiment?' Nam, si Creatori, mendax est: de Creatore enim nihil affirmative definire potest creatura, nisi negative. Creator est id, quod Creatura quid sit nescit, imo nec scire potest. Si Creaturae, blasphemia est, quia id, quod ad Creatorem pertinet Creaturae genus et constitutivam differentiam esse constituitur.

Hinc clarum fit, iuxta normam Veritatis, Aeternitatis definitionem esse hanc: 'Aeternitas est quae in Creatore comprehendit omnia, et comprehenditur ab Vno, posterioribus anterior et Anteriore posterior.'

In descriptionibus autem est Divinae existentiae punctum, Radius Splendoris Plusquamaeterni, Tenebrae ambientes, Lux inaccessa, et his similia metaphorica attributa.

CAP(VT) 15

{{*Aeternitatem minus considerate dividentes, gravem committunt errorem, et quidem blasphemium in Deum.*}}

Porro, dicunt 'Aeternum differ<r>e a Sempiterno', ac si vocabulum compositum praecelleret simple{x}, et idcirco Deum dicunt 'Sempiternum', Intellectuales autem Creaturas 'aeternas'. Similiter /*190*/distinguunt aevum, perpetuum, saeculum, et cae(tera), quae aliter atque aliter intelligi debere docent, fortassis minus considerate mentio<ne> 'aeterni' {et} 'saeculi saeculorum', in Sacris facta, interpretata. Quorum sacer sensus in sequentibus pie patebit.

Verum enim, cum nobis sermo sit ad Aeternitatem considerandam[2], Ethnice intelligentes et Gentiliter docentes, [quia] quo altius extol<l>untur, eo graviori obruuntur casu, siquidem omnia subcaelestia

---

[1] Creatori *ex* -re *corr.* M.
[2] ad Aeternitatem considerandam *scr.*: considerandam *post* docentes, *fors DC marginalem additionem male inserens*, M.

que cette définition se réfère à la créature ou au Créateur? En effet, si elle se réfère au Créateur, elle est mensongère : car la créature ne peut définir rien d'affirmatif au sujet du Créateur, mais seulement quelque chose de négatif. Le Créateur est ce que la créature ne sait et même ne peut savoir ce que c'est[1]. Si elle se réfère à la créature, alors c'est un blasphème, parce l'on établit que c'est au Créateur qu'appartient le genre et la différence constitutive de la créature.

Il en résulte clairement que, d'après la règle de la vérité, la définition de l'Éternité est la suivante : l'Éternité est celle qui comprend toutes les choses dans le Créateur et est comprise par l'Un, qu'elle est antérieure aux choses postérieures et postérieure à Celui qui est antérieur. Mais dans les descriptions usuelles, c'est le point[2] de l'existence Divine, le Rayon de la Splendeur plus qu'éternelle[3], les Ténèbres enveloppantes, la Lumière inaccessible et d'autres attributs métaphoriques semblables à ceux-ci.

CHAPITRE 15

Ceux qui divisent l'Éternité sans réfléchir commettent une grave erreur et, en outre, un blasphème contre Dieu.

Ensuite, ils disent que l'éternel est différent du sempiternel, comme si un mot composé était supérieur à un mot simple ; ils disent, dès lors, que Dieu est sempiternel et que les créatures intellectuelles sont éternelles. De même, ils distinguent l'*aevum*, le perpétuel, le siècle, etc. enseignant que nous devons les entendre chacun autrement. Comme la mention de l'« éternel » et du « siècle des siècles »[4] faite dans les Écritures pourrait être interprétée sans réfléchir, le sens sacré de celle-ci s'éclairera pieusement dans ce qui suit.

Cependant, nonobstant nos efforts de parler de l'Éternité, ceux qui entendent selon les païens et enseignent selon les Gentils, plus haut ils s'élèvent, plus lourdement ils s'écrasent, puisqu'ils ont affirmé que

---

[1] Cantemir se retranche ici, comme partout dans son ouvrage, sur une position de théologie apophatique, représentative de la théologie chrétienne orientale.

[2] Lat. *punctum*, est-ce le *Nunc* éternel?

[3] Cf. l'Épître dédicatoire de l'ouvrage : « le Rayon de Ta Splendeur plus qu'éternelle et inaccessible... »

[4] Cf., par exemple, *Daniel*, 7, 18.

(sensitivis enim scientificis praeter sensi{bi}le nihil aliud patet) 'temporanea' dixerunt, ubi, permiscentes Sacra prophanis *(sic)*, facta istorum alteratione, aut redintegratione, 'Tempus totaliter perire, et amplius nunquam existere' profitentur.

O, bone, ac aeternitatis Aeterne Deus, fragilitati miserere humanae et Christianitatis tenellis parce Phoebis! Haec enim, Incircumscripte Deus, sunt Tua Vestimenta expertia suturae, quae Atheismi asseclae non solum [quod] sorte dividi fecer*u*nt[1], sed etiam totum incomprehensibilem, impartibilem atque indefinibilem comprehendere, partiri atque definire impudibunde ausi sunt.

Dixit insipiens in corde suo: "Non est Deus!" Os */191/* suum aperuit, et Sanctum Aeternumque Nomen Suum blasphemaverunt tota die. Misere{re}, Aeterne, miserere labili humanae iuventuti, ne imposterum, inscia, tranquillam Tuam exacerbent Clementiam, quia ab aeterno in aeternum infinitudo Charitatis Tuae, ubi, sicut dies eius, ita et nox eius[2]!

CAP(VT) 16

{{Aeternitas latet Ethnicos, eo quod praedicamentis non complectatur[3], S(acro)-S(anctae) Scientiae vero discipulis patet, eo quod extra praedicamenta ipsam inquirant.}}

Cum autem, mi alumne, de sacro Temporis sensu in subsequentibus aliqu*od*[4] prolixius proferre statuerimus, nunc de Aeternitate, a prophanis prophane *(sic)* intellecta, adhuc non multum inquiramus, sed, succincte principium ad finem colligentes, pio sensu petamus.

Aeternitas Creaturane est, an Creator? (Inter haec enim duo nullum medium). Si est Creator, incomprehensibilis: atqui de Incomprehensibili non datur definitio — ergo nec scientia. Sin autem Creatura? Deberent saltem sapientissimi[5] declarare talis Creatura quo praedicamento

---

[1] fecer*u*nt, *ad finale* ausi sunt *respiciens*, *scr.*: fecerint M.
[2] *Cf. Psalm.*, *18, 3; 73, 16; 138, 11-2; Hier., 33, 18.*
[3] complectatur *et inde* inquirant *ex* complectitur ... inquirunt *corr.* M.
[4] aliqu*od scr.*: aliquum M.
[5] sapientissimi *ex* -sime *mut.* M.

toutes les choses qui se trouvent sous le Ciel (pour les scientifiques sensitifs, en effet, rien n'est donné de plus que le sensible) sont temporaires, et, mélangeant le sacré et le profane, ils déclarent que le temps, après avoir produit l'altération et le renouvellement de ces choses, périt totalement et n'existe plus jamais.

Ô Dieu bon et éternel de l'Éternité, aie pitié de la faiblesse humaine et épargne les astres tendres de la Chrétienté! Car, Dieu sans bornes, ce sont Tes Vêtements sans couture que les troupes d'athées déchirèrent au hasard; et, de surcroît, ils osèrent de façon éhontée saisir, diviser et définir le tout insaisissable, indivisible et indéfinissable.

L'insensé a dit dans son cœur: «Il n'y a point de Dieu!»[1]. Il a ouvert la bouche et ils ont maudit Son Nom Saint et Éternel toute la journée. Aie pitié, Éternel, aie pitié de la jeunesse humaine instable, pour qu'à l'avenir elle n'irrite pas, dans son ignorance, ta Clémence tranquille, car l'infinité de Ta Charité est là depuis l'éternité pour l'éternité et la nuit est pour elle telle que le jour![2]

CHAPITRE 16

L'Éternité est cachée aux Païens, parce qu'elle n'est pas embrassée par les prédicaments, mais elle se dévoile aux disciples de la Science Sacro-Sainte, parce qu'ils l'examinent en dehors des prédicaments.

Puisque nous avons décidé, mon élève, de présenter plus à loisir, dans ce qui suit, le sens sacré du temps, enquérons-nous à présent, pas pour longtemps, mais succinctement, du commencement à la fin, d'un esprit pieux, de l'Éternité, que les profanes entendent de façon profane.

L'Éternité est-ce une créature ou bien le Créateur? (Entre l'un et l'autre, en effet, il n'y a pas de terme moyen.) Si c'est le Créateur, elle est incompréhensible; mais il n'y a pas de définition et, par conséquent, pas de science de l'incompréhensible. Si, en revanche, c'est une créature? Les plus sages devraient alors montrer par quel prédicament une telle créature est embrassée.

---

[1] *Psaume* 13, 1.
[2] Cf. *Psaume* 138, 11: «Parce que les ténèbres n'ont aucune obscurité pour vous, que la nuit est aussi claire que le jour, et que ses ténèbres sont à votre égard comme la lumière du jour même.»

comprehendatur. Fortassis dicent 'Nullo', quia definiverunt 'omnia comprehendere, et a nullo comprehendi'. Ergo substantia non est, accidens non est, et, multo minus, quicquam aliud e reliquis praedicamentis erit. Itaque manifestum est /192/ apud Ethnicos 'aeternitatem' aut inane, et nihil significans vocabulum esse, aut, Veritatis ignari, id quod de Aeterno dicitur, et quod circa (ut ita dicam) Aeternum est, impetuosa licentia causam pro non causa indicarunt atque docuerunt; quos tamen quidam ex nostratibus plus quam incaute secuti, ex decantatis cantilenis, qualis Chorus saltitet videant!

Dicat, quaeso, Theologiae Voluntarius: "Si aeternitas est, cuius est?" Fortassis respondebit: "Dei, quia a Deo Aeterno aeternitatem dependere intelligimus." Item: "Aeternus quis est?" Dicet: "Deus, quia Ipse Solus α et ω, principium et finis, imo principio et fine carens." Atqui Creaturas etiam quasdam 'aeternas' appellare non haesitant — ergo Creatoris Aeterni et Creaturae Aeternae differentia nulla.

Quid haec, inquam, quaeso? Nonne solidae sunt blasphemiae, solo Infernali expiandae Vulcano? Vnde, quid aliud praetendunt, nisi Ethnicas dumtaxat nugas in Sacro-Sanctam Theologiam invexisse ostendere? Quae enim analogia Angelicae Aeternitatis, utpote Creaturae, ad Creatoris Aeternitatem? Nulla, et nihilum ad Omnem. Ergo proprie nulla Creatura 'aeterna', aut 'perpetua' dici merebitur.

Caute itaque, simul ac pie, quidam /193/ Veritatis Scitator (cuius mentio hocce libro, C(apite) 3, facta est) dicit: 'Se tempus quidem aliquid esse scire, quid autem esset ignorare.' Nec tamen fas est intelligere, eo quod dixerit 'se ignorare', etiam 'nescire'. Quae enim sunt

Ils diront peut-être qu'elle n'en est embrassée par aucun, parce qu'ils l'ont définie comme comprenant tout et n'étant comprise par rien[1]. Ce n'est donc pas une substance, pas un accident et, encore moins, quoi que ce soit des autres prédicaments. Et ainsi il est clair que, pour les Païens, l'éternité ou bien est un mot vide et qui ne signifie rien, ou bien, ignorant la Vérité, ils ont indiqué et enseigné, par une audace hasardeuse, la cause pour ce qui n'est point cause, à savoir ce qui est dit de l'Éternel et qui est autour (pour ainsi dire) de l'Éternel[2]; enfin certains des nôtres, suivant ceux-ci de façon plus qu'imprudente, verront bien quelle danse sortira de ces refrains rebattus !

Qu'il réponde, de grâce, l'apprenti théologien : «si l'éternité existe, elle est l'éternité de qui ?» Il dira peut-être : «de Dieu, parce que nous entendons que l'éternité dépend du Dieu Éternel». Alors, de nouveau : «Qui est Éternel?» Il dira : «Dieu, parce que Lui Seul est l'alpha et l'oméga, le commencement et la fin[3] et, même, dépourvu de commencement et de fin». Cependant ils n'hésitent pas à appeler «éternelles» certaines créatures, par conséquent, il n'y a aucune différence entre le Créateur Éternel et la créature éternelle.

Mais que sont toutes ces choses, de grâce? Ne sont-ce pas proprement des blasphèmes, qui méritent de n'être expiés que dans le Volcan de l'Enfer? Quoi d'autre prétendent-ils faire sinon de montrer les sornettes païennes jetées contre la Théologie Sacro-Sainte? Quelle analogie y a-t-il, en effet, entre l'éternité des Anges, en tant que créatures, et l'éternité du Créateur? Aucune, comme entre le rien et le Tout. Par conséquent, il n'y a nulle créature qui méritera proprement d'être dite éternelle ou perpétuelle.

Et ainsi un partisan de la Vérité[4] (dont il a été fait mention, dans ce livre, au chapitre 3) dit avec précaution et pieusement savoir que le temps est quelque chose, mais ignorer ce qu'il est. Car il n'est pas permis de l'entendre, c'est pourquoi il a dit l'ignorer et ne pas le savoir.

---

[1] Au chapitre 14, ci-dessus.
[2] L'Éternité est autour de Dieu. Cantemir se dirige vers une conception néo-platonicienne, en termes d'émanation, comme on le verra de façon plus claire aux chapitres 22 et 23. Voir par exemple Plotin, *Énnéades*, III, 7, 6, 1-6 : «Cette nature éternelle, qui est si belle, est auprès de l'Un; elle vient de lui et va vers lui; elle ne s'en va pas loin de lui; mais elle reste toujours près de lui et en lui; et elle conforme sa vie à l'Un. C'est, je crois, ce qui a été exprimé par Platon en de si beaux termes et avec une telle profondeur de pensée : 'L'Éternité reste dans l'Un'.»
[3] *Apocalypse*, 22, 13.
[4] Saint Augustin. Voir ci-dessus, chap. 3.

circa Deum et de Deo, qualia et quae sint ignoramus quidem, attamen et Deum, et ea, quae circa Deum sunt, revera esse scimus — quemadmodum et divinus ille Vir, a Tempore omne abstrahens accidens, hoc est ante, et post, longum et breve et cae(tera), igorando sciebat Aeternitatem et Tempus unum et idem esse.

Quamobrem Sacrae Scientiae Deum 'προαιώνιον' dicunt, quia Aeternitas, prophane (*sic*) intellecta, non est sufficiens ad aliquid ante Aeternitatem intelligendum.

Ergo, mi alumne, Tempus in Deo Aeternitas est, quia independenter, in Creaturis autem aeternitas Tempus est, quia dependenter — et hic est sensus 'scientiae' et 'ignorationis' praefati divini Viri, et Veritatis discipuli.

CAP(VT) 17

*{{'Aeterna' Scholastica ut impossibilia refelluntur. 'Aeternum' non quatenus circulari/**194**/ter motum, sed quatenus immobile, circulariter movens.}}*

Porro, dicunt Scholastici 'Aeterna (nec enim audent dicere 'aliquod aeternum', vel 'Aeternitatem') esse substantiam corruptibilium'; et, rogati: "Quae sunt aeterna?", statim respondent: "Quae circulariter moventur" — hoc sensu 'Sphaeram Caelestem', vel, ut dici solet, 'primum mobile' praesupponentes.

Hinc inferunt Genera, ut dicunt, 'generalissima', in quibus species circulari, ac veluti perpetuo motu continuantur. Tandem, totum inducunt

En effet, nous ignorons quelles sont et comment sont celles qui sont autour de Dieu et au sujet de Dieu ; et, toutefois, nous savons que et Dieu et celles qui sont autour de Dieu sont réellement, de la même façon que cet homme divin, retirant du Temps tout accident, à savoir l'avant et l'après, le long et le bref et toute autre chose, savait, dans son ignorance, que l'Éternité et le temps sont une et la même chose.

C'est pour cette raison que les Sciences Sacrées disent que Dieu est προαιώνιον[1], car l'Éternité, entendue au sens profane, ne suffit pas pour entendre quelque chose qui précède l'Éternité.

Par conséquent, mon disciple, en Dieu le temps est Éternité, car il existe de façon indépendante, mais dans les créatures l'Éternité est temps, car il existe de façon dépendante, et ceci est le sens de la « science » et de l'« ignorance » dont a parlé cet homme capable de scruter les choses divines et disciple de la Vérité.

CHAPITRE 17

Les choses éternelles de la Scolastique sont rejetées comme impossibles. L'éternel est considéré non en tant que mû circulairement, mais en tant qu'immobile qui meut circulairement.

Ensuite, les Scolastiques disent que les choses éternelles (ils n'osent, en effet, dire « quelque chose d'éternel » ou « l'Éternité ») constituent la substance des corruptibles, et à la question : « Quelles sont les choses éternelles ? », ils répondent sur-le-champ : « Celles qui sont mues circulairement », présupposant, dans ce sens, la Sphère Céleste, ou, comme ils ont coutume de dire, le Premier mobile.

De là ils déduisent des Genres, comme ils disent, les plus généraux, dans lesquels les espèces se perpétuent, par un mouvement circulaire et

---

[1] Qui a précédé tous les temps. L'expression apparaît dans 2 *Timothée*, 9, au sujet de la grâce donnée aux hommes dans le Christ. Mais la phrase semble un écho du Pseudo-Denys, *Noms divins*, 10, 3 : « Mais il faut expliquer, je crois, ce que l'Écriture entend par temps et par durée perpétuelle (χρόνου καὶ αἰῶνος). Car elle ne réserve pas toujours l'épithète de perpétuel (αἰώνια) à ce qui échappe à tout engendrement, à ce qui existe de façon vraiment éternelle (ἀγένητα καὶ ὄντως ἀΐδια), ni même aux êtres Indestructibles, immortels, immuables et identiques [...] N'ayons donc pas la naïveté de croire que tout ce qu'on appelle perpétuel (αἰώνια) possède la même perpétuité (συναΐδια) que Dieu qui transcende la perpétuité (θεῷ τῷ πρὸ αἰῶνος) ; [...] Quant à Dieu, il faut le célébrer tout ensemble comme Perpétuité et comme Temporalité (καὶ ὡς αἰῶνα καὶ ὡς χρόνον), car il est la cause (αἴτιον) de tout temps et de toute perpétuité » (trad. Maurice de Gandillac).

Vniversum, vel, abstracte, ipsam Vniversitatem, utpote quae omnia particularia in se, veluti successiva accidentia, et corruptibilia, complectatur[1].

Haec itaque, et his similia, mi alumne, sunt ea, quae apud Paganos 'aeternae Veritatis, et substantia corruptibilium particularium' esse dicuntur.

Ad quae dicimus, Primo : Si productum debeat esse specie simile suo producenti, necessario sequeretur Aeternae Vniversitatis aeternas esse particularitates : quod tamen non est — ergo Vniversitas, quatenus sensibile, et totum partis, non potest esse aeterna substantia.

Secundo : Si Sphaera Caelestis est aeterna, eo quod circulari moveatur motu (nec enim aliam causam aeternitatis eius dare possunt), primum immobile movens qui{d} aliud, quaeso, moveret, praeter illum circularem motum? Vnde colligitur, primo : Motum circularem non quatenus circularis est, sed quatenus ab ipso immobili movente incessanter movetur, esse aeternum. Colligitur, /195/ secundo : non aliquod utcunque mobile, sed aliquod {{libere}} immobile posse esse aeternum. Colligitur, tertio : Aeternum Immobile (ad quod ipsa pertinet Aeternitas) non in natura, sed supra naturam, non substantiam, sed supra substantiam, non naturale[2] et essentiale, {sed} supernaturale et superessentiale esse, et cae(tera).

Itaque ergo, quotquot hactenus de aeterno et aeternitate a Circulatoribus circulariter dicuntur, Prioritatis garrulitas, et Posterioritatis credulitas sunto, quibus mundus *i*nescari[3], atque debacchari passus est — quandoquidem Aeternitas, Tempus, et ipsum etiam 'punctum', ut dicunt, temporis multo profundiorem altioremve desideraba<n>t philosophiam. "In montem enim Domini non ascendet nisi innocens manibus et mundus corde"[4], ubi Gentilismo via, ianua,

---

[1] complectatur *ex* -titur *mut.* M.
[2] naturale *ex* naturalis *corr.* M.
[3] *i*nescari *scr.* : enescari M.
[4] *Psalm., 23, 4.*

comme perpétuel. Enfin, ils introduisent tout l'Univers, ou, abstraitement, l'universalité même, en tant qu'elle embrasse en soi tous les particuliers, comme accidents qui se succèdent et qui sont corruptibles.

Ainsi donc, mon disciple, celles-ci et d'autres semblables sont celles que les Païens disent être des choses de vérité éternelle et constituer la substance des particuliers corruptibles[1].

A ce sujet, nous disons, en premier lieu: si le produit devait être semblable dans l'espèce à celui qui le produit, il s'ensuivrait nécessairement que les particularités de l'Éternelle Universalité sont éternelles, ce qui, pourtant, n'est pas; par conséquent, l'Universalité, pour autant qu'elle est sensible et elle est le tout d'une partie, ne peut être une substance éternelle.

En second lieu: si la Sphère Céleste est éternelle, parce qu'elle est mue par un mouvement circulaire (ils ne peuvent, en effet, indiquer nulle autre cause de son éternité), qu'est-ce que le Premier moteur immobile mouvrait d'autre que ce mouvement circulaire? D'où l'on déduit, en premier lieu: le mouvement circulaire est éternel non en tant qu'il est circulaire, mais en tant qu'il est mû sans cesse par le moteur immobile même. L'on en déduit, en deuxième lieu: ne peut être éternel quelque chose qui est mobile, mais seulement quelque chose qui est librement immobile. On en déduit, en troisième lieu: l'Éternel immobile (auquel appartient l'Éternité même) n'est pas dans la nature, mais au-desssus de la nature; il n'est pas substance, mais au-dessus de la substance; il n'est pas naturel et essentiel, mais surnaturel et suressentiel[2], et ainsi de suite.

Et ainsi, donc, tout ce que les charlatans[3] ont circulairement charrié jusqu'à présent au sujet de l'Éternel et de l'Éternité ne sont que le bavardage des Anciens et les naïvetés de la postérité, dont le monde s'est laissé nourrir et débaucher, alors que l'Éternité, le temps et même le «point», comme ils disent, du temps exigeaient une philosophie bien plus profonde et plus élevée. *Car sur la montagne du Seigneur ne montera que celui dont les mains sont innocentes et le cœur pur*[4]; là, il n'y aura jamais de voie, porte ou ouverture accessible aux Gentils,

---

[1] Attaque contre le réalisme des universaux.

[2] Nous avons là le vocabulaire de Pseudo-Denys l'Aréopagite. Voir, par exemple, *Les noms divins*, 2, 3, PG 3, 640 B: «C'est ainsi qu'on peut la [la Déité] nommer Plus que bonne, Plus que Dieu, Suressentielle, Plus que vivante, Plus que sage, et lui attribuer généralement tous les noms qui expriment une négation par transcendance»; ou bien 2, 10.

[3] Jeu de mots: lat. *Circulatori*.

[4] Cf. *Psaume* 23, 3-4.

{vel} foramen patebit nunquam, quanquam iidem[1], elatis superciliis, superbissimam "Non plus ultra" Herculeam[2] protulerint sententiam. Verum tamen ibi gradum sisti fecerunt, *u*nde[3] incipiendum erat — non secus ac extra Herculeas Columnas nunc florentissima viget America. Quamobrem, mi alumne, abhinc, spretis Gentili*c*iis[4] Coniecturis, pacifico animo tranquilloque silentio ad Temporis quodam/*196*/modo quidditatem percipiendam aurem praebe, et <ad> Veritatem assequendam animum da! Cuius doctrina non ex phantasticae opinionis utero, sed ex inexhausto Sacrae Scientiae fonte petitur, et Veritatis amatores ipsam adipiscuntur.

CAP(VT) 18

*{{Ad vera principia Sacrae Scientiae firma requiritur fides, nempe
Deum cuncta creasse non per privationem nihilitatis, sed per
positionem Suae Omnipotentiae.}}*

Imprimis igitur, mi alumne, syncero corde mihi polliceri debes Te principia, quae per aenigmaticum Speculum didicisti, credere, ne quandoque sit mihi sermo ad vera ignorantem principia. Principia, inquam, rerum creatarum, secundum doctrinam Supremi illius Philosophi, simul atque Veritatis Theologi Moysae. Qui non Ethnica confundebat figmenta, nec nonentia pro principiis rerum constitutivis excogitabat, nec, denique, metaphoras in naturae explanationem, ad captandam authoritatem antonomasiaeque celebritatem aucupandam, in seriem Vniversi introducebat, sed, prout Veritatis discipulum et Sacrae Scientiae praeceptorem decet 'Res, ut sunt, quandoque inchoasse, atque in esse earum coepisse' sanctissime docebat.

Ideoque tam mihi profitendum, quam Tibi fatendum est 'Deum Omnipotentem visibilia atque invisibilia cuncta ex /*197*/ nihilo creasse, et non quidem per nihilitatis privationem, sed per Suae Omnipotentiae

---

[1] iidem *ex* isdem *mut.* M.
[2] *Postclassicum dictum ad Herculis Gadibus finalem moram respicit.*
[3] *u*nde *scr.* : Inde *perperam ex* unde *mut.* M.
[4] Gentili*c*iis *scr.* : -itiis M.

même s'ils prononcent, en levant les sourcils, la phrase très orgueilleuse d'Hercule : « pas au-delà »[1]. Néanmoins ils se sont arrêtés là où il fallait commencer, de même que la très florissante Amérique resplendit maintenant au-delà des Colonnes d'Hercule.

Pour cette raison, mon disciple, dans la paix de l'âme et la tranquillité du silence, prête dorénavant ton oreille, méprisant les conjectures des Gentils, afin de saisir, d'une certaine manière, la quiddité du temps et tend ton esprit afin d'atteindre la Vérité ! La doctrine de la Vérité n'est pas à chercher au sein de l'opinion imaginaire, mais à la source inépuisable de la Science Sacrée et il n'y a que les amoureux de la Vérité qui arrivent à l'obtenir.

CHAPITRE 18

Il est requis d'avoir une foi ferme dans les principes vrais de la Science Sacrée, à savoir dans le fait que Dieu a créé toutes les choses non par la privation du rien, mais par la position de sa Toute-Puissance.

Avant tout, par conséquent, mon disciple, tu dois me promettre sincèrement de croire aux principes que tu as appris à travers le Miroir énigmatique, afin qu'il ne m'arrive pas de parler à quelqu'un qui ignore les vrais principes – les principes des choses créées, dis-je, selon la doctrine de ce Philosophe Suprême et, en même temps, Théologien de la Vérité, que fut Moïse. Celui-ci ne mélangeait pas les fictions païennes, ni n'inventait de non-êtres pour principes constitutifs des choses, ni, enfin, pour expliquer la nature, n'introduisait, dans l'enchaînement de l'Univers, des métaphores afin d'acquérir de l'autorité et aller à la chasse de la célébrité que donne la renommée, mais, comme il sied à un disciple de la Vérité et à un maître de la Science Sacrée, il enseignait très saintement les choses, telles qu'elles sont, quand elles ont pris naissance et elles ont commencé dans leur être.

Dès lors, il convient que moi je déclare et que toi tu confesses que Dieu le Tout-Puissant a créé toutes les choses visibles et invisibles à partir du rien[2], et, précisément, non par la privation du rien, mais par la position de

---

[1] Les colonnes d'Hercule étaient, dans la tradition antique, la frontière mythique du monde. Cf. Platon, *Timée*, 24e.

[2] Lat. *ex nihilo*. Pour la création à partir du rien, voir Livre II, chapitres 6 et 18 ; Livre V, chapitre 7 ; et Livre VI, chapitre 20. Pour l'opposition de Cantemir à la catégorie métaphysique aristotélicienne de privation, voir Livre II, chapitre 18 et Livre VI, chapitre 20.

positionem. Quandoquidem apud Deum aliquid esse, aut non esse unum est, alioquin contradictoria committeretur <definitio> in Suam Omnipotentiam — quod absit a vere philosophantibus!

Ergo Tempus, quatenus in Deo aeterne intelligitur, Aeternitas ipsa est, quia, in esse eius, semper post Deum, et ante omnem Creaturam praesupponi minime dubitandum.

CAP(VT) 19

{{Prophana (sic) et sacra naturae definitio compara<n>tur Omne sese naturaliter movens ad sui perfectionem sufficientissimum est.}}

Verum enim, ad hoc, ut Veritatis Splendor coram mendacii obscuritate magis atque magis resplendeat, Naturae definitionem ab Ethnico Praeceptore[m] traditam breviter repetamus, deinde eiusdem Naturae definitionem e Sacris petitam ipsi comparemus, Veritas autem de utribusque sententiam ferat.

Est enim apud ipsum Natura Principium motus et quietis, ac si dicat 'Ignis est causa caloris et frigoris', 'Sol est principium luminis et tenebrarum', 'Aqua est principium humiditatis et siccitatis' et cae(tera) — quae apud ipsum positiva et privativa intelliguntur, et ut contraria in unum colliguntur. Itaque haec sunt apud falsae naturae inventorem ea, quae 'Aeternae' dicuntur 'Veritatis'.

Sacrae autem docent 'Naturam esse Iussum /198/ Dei, quo res est id quod est, et agit quod agere iussa est'. Hinc Natura bifariam partitur, et per Iussum quidem 'Fiat'[1] supernaturaliter creantur, per Iussum autem

---

[1] *Gen., 1, 3, 6, 14.*

sa Toute-Puissance. En Dieu, en effet, être quelque chose ou ne pas être sont une seule chose, autrement l'on contredirait à Sa Toute-Puissance[1], ce qui doit rester loin de ceux qui font de la vraie philosophie !

Par conséquent, le temps, pour autant qu'il est entendu éternellement en Dieu, est l'Éternité même, parce qu'il ne faut pas douter que, dans son être, il est supposé toujours après Dieu et avant toute créature[2].

CHAPITRE 19

Sont comparées les définitions profane et sacrée de la nature. Tout ce qui se meut naturellement de soi-même est très suffisant pour sa propre perfection.

Cependant, afin que la splendeur de la Vérité resplendisse toujours davantage face à l'obscurité du mensonge, répétons brièvement la définition de la nature transmise par le Maître païen, puis comparons-la à la définition de la même nature reçue des Écritures Saintes, afin que la Vérité se prononce au sujet de chacune des deux.

Selon celui-là, la nature est le principe du mouvement et du repos. C'est comme s'il disait : « le feu est la cause de la chaleur et du froid », « le Soleil est le principe de la lumière et des ténèbres », « l'eau est le principe de l'humidité et de la sécheresse », et ainsi de suite – [termes] qui sont entendus chez lui comme positifs et privatifs et sont réunis en une seule notion en tant que contraires[3]. Et, ainsi, voilà quelles sont selon l'inventeur de la fausse nature les choses que l'on dit être de Vérité éternelle.

Les Écritures saintes enseignent, en revanche, que la Nature est l'ordre de Dieu, à travers lequel la chose est ce qu'elle est et fait ce qu'il lui fut ordonné de faire[4]. Et, à partir de là, la nature se divise en deux : par

---

[1] Cantemir formulera d'autres assertions contredisant à la Toute-Puissance (chapitre 7, Livre V) ou à la Sagesse et à la Prudence divines (chapitre 9, Livre VI).

[2] Pour Cantemir, le temps participe donc de l'éternité et, à ce titre, fait partie des choses antérieures à la Création, qui se trouvent, comme il l'a avancé, ci-dessus, au chapitre 16, « autour de l'Éternel ».

[3] C'est-à-dire le froid est la privation et, partant, le contraire du chaud, etc.

[4] Cantemir reprend mot pour mot la définition de J. B. van Helmont, *Physica Aristotelis et Galeni ignara*, 3, éd. cit., p. 45 ; *Natura contrariorum nescia*, 39, éd. cit., p. 66.

'Crescite'[1] tam genera in species propagantur atque multiplicantur, quam in esse eorum servantur atque continuantur.

Itaque per hunc duplicem Iussum est omne id quod est et servatur omne id quod servatur — quique omnibus rebus magis intimus est, quam sint res ipsae <se>metipsis. Igitur, quando quid naturaliter movetur, non facit, numerat, mensurat, aut generat Tempus, sed facit, numerat, mensurat semetipsum, aut generat speciem sibi similem et conservationem producentis satagit generis.

Ideoque manifestum est 'aliquid sese naturaliter movere' est 'simpliciter opus suum operari, officium proprium perficere intenere', nullatenus autem 'ad aliud respective agere': omnia enim initio[2] suae creationis ad perfectionis finem obtinendum sufficientem propriam habent naturam, nec {{per se}} alterius indigent cooperatione, aut concursu.

Quam ob causam, cum post Creatorem in Entium Creatorum <numero> subintellega<n>tur 'Aeternitas' et 'Tempus', Tempus semetipsum perficit, nec indiget alterius entis mo/*199*/tu ad perfectionem suae essentiae obtinendam — et, econtra, quodlibet ens, dum movetur, a Principio Archeali usque ad finem suae perfectionis nec tempore, nec alio ente indiget ad perfectionem suae essentiae obtinendam. V(erbi) g(ratia): Quamquam Anser 30 diebus, Gall*i*na[3] 21, Columba 14 diebus ova foveat, non tamen Tempus ad pullum excludendum coadiuvat, sed Archeus in ovo inclusus atque sopitus, per hosce dies calore ab aëris frigore servatus, semetipsum naturaliter movens, speciem pulluli ad similitudinem generantis[4] atque ad perfectionem Anserinae, Gallinaceae, vel Columbinae essentiae deducit. Vbi nec Tempus cum Motu Archeali, nec Archeus cum Tempore quicquam commune habere certum est.

---

[1] *Gen., 1, 28.*

[2] initio *ex* inita *mut.* M.

[3] Gall*i*na *scr.* : Gallena *hic* M.

[4] generantis *ex* generandis *corr.* M.

l'ordre «Que cela soit» les choses sont créées surnaturellement, alors que par l'ordre «Croissez» les genres, d'une part, se propagent et se multiplient dans les espèces et, de l'autre, se conservent et continuent dans leur être.

Et ainsi, c'est par cet ordre double qu'est tout ce qui est et se conserve tout ce qui se conserve; et cet ordre est beaucoup plus intime à toutes les choses que ne le sont les choses elles-mêmes. Par conséquent, lorsqu'une chose se meut naturellement, elle ne fait, ne nombre, ne mesure ni ne génère de temps, mais elle se fait, se nombre, se mesure elle-même, ou bien elle génère une espèce semblable à elle et s'ingénie dans la conservation du genre qui la produit.

Dès lors, il est manifeste que dire qu'une chose se meut naturellement signifie simplement dire qu'elle tâche de faire son propre travail, de remplir son propre office et nullement qu'elle travaille à quelque chose d'autre: toutes les choses, en effet, ont, depuis le commencement de leur création, leur propre nature qui est suffisante pour obtenir le terme de leur perfection, et n'ont pas besoin, par soi, de la coopération ou du concours d'une autre chose[1].

Pour cette raison, puisque, après le Créateur, l'on sous-entend dans le catalogue des êtres créés l'Éternité et le temps[2], le temps s'accomplit lui-même et n'a pas besoin du mouvement d'un autre être pour obtenir la perfection de sa propre essence; et, réciproquement, nul être, quel qu'il soit, aussi longtemps qu'il se meut, n'a besoin, depuis son commencement archéal jusqu'au terme de sa perfection, ni du temps ni d'aucun autre être pour obtenir la perfection de son essence. Par exemple: bien que l'oie couve ses œufs trente jours, la poule vingt-et-un, la colombe quatorze, ce n'est pas le temps qui collabore à faire éclore les poussins, mais c'est bien l'archée enfermé et assoupi dans l'œuf, préservé, durant ce nombre de jours, du froid de l'air au moyen de la chaleur, qui, se mouvant de soi-même naturellement, conduit l'espèce du poussin à la ressemblance avec son géniteur et à la perfection de l'essence de l'oie, de la poule et de la colombe. Il est donc certain que le temps n'a rien en commun avec le mouvement archéal, ni l'archée avec le temps.

---

[1] Cantemir semble rejeter ici toute explication de la nature en tant que système régi par des causes secondes.

[2] Ici, de même qu'au chapitre 3 du Livre IV, l'on doit constater un flottement conceptuel quant au statut du temps et de l'éternité, qui sont référés au catalogue des créatures.

CAP(VT) 20

{{Tempus a nullo Creato dependere, nec cum Motu qui<c>quam commune habere ratione et a communi miraculorum consensu confirmatur: et ante Motum aliquid Tempus non concedere Idiotismus Atheismi est.}}

Caeterum, mi alumne, cum sermo nobis sit ad vera principia infallibiliter scientem, non parvi momenti fore existimo aliquid suprasensibile in memoriam afferre, unde statim manifestum erit Tempus esse aliquid reale, ens actu existens, a Motu, a mobilium successione, a mobilibus, ab Intellectu, ab anima, a numero, et mensuratione non dependens, sub Caeli orbita */200/* non inclusum, et primo mobili, vel aliquo alio motu non definitum, sed ab his omnibus caeterisque sensibilibus rebus longe diversum atque in sua puritate, simplicitate atque impermiscibilitate maxime distinctum.

Quid enim pius probusque dicet Theologus (de impiis enim improbisque nihil curamus) — ante creatas Stellas, ante ordinatum Corporum Caelestium ipsiusque Caeli motum, nonne fuisse aliquod tempus? Sacrae enim docent 'haec omnia tres praecessisse dies'[1]. Si dies — ergo et tempus (iuxta consuetum loquendi modum loquor), quia dies temporis est dies et in ipso tempore fit, quia omnia in tempore accidere debent nec aliquod creatum ante tempus fuisse intelligere blasphemiae carebit periculo.

Quis etenim negare audebit (nisi, fortassis, ipse solus Aristotelicus) aliquoties Corpora Caelestia (vel, si mavis, quo ipsa rapiuntur, primum mobile) a motu quievisse ordinario, atque immota in tempore per mansisse? At, nihilominus, idem erat tempus, nullius corporis indigens motu. Christianus es? Crede credendis Sacris! Ethnicus es? Crede prophanis *(sic)* scripto*/201/*ribus, eff[o]etisque traditionibus! Famosa[2] enim est festivitas diei illius — quae Persis 'Mythr<id>is[3], dicitur — quam etiam 'triplicem' appellant 'diem'; et haec est dies, de qua Sacrae

---

[1] *Rectius tamen* duo dies, *cf. Gen., 1, 13*: factumque est vespere et mane — dies tertius, *i.e. 'dies Creationis luminarium caelestium'*.

[2] Famosa *scr.*: fomosa M.

[3] Myth*r*<id>is *scr.*: Myrthis.

CHAPITRE 20

Il est confirmé, par la raison et par le consensus commun au sujet des miracles, que le temps ne dépend de nulle chose créée, qu'il n'a rien de commun avec le mouvement; et c'est une idiotie de l'athéisme de n'admettre nul temps avant le mouvement.

Du reste, mon disciple, comme notre propos a pour but de connaître infailliblement les vrais principes, je pense qu'il est important de nous remettre en mémoire quelque chose de suprasensible; d'où il sera d'emblée manifeste que le temps est quelque chose de réel, un être existant en acte, ne dépendant pas du mouvement, de la succession des choses mobiles, des mobiles, de l'intellect, de l'âme, du nombre et de la mensuration, non enfermé sous l'orbite du Ciel et non défini par le Premier mobile ou par quelque autre mouvement, mais de loin différent de tous ceux-ci et des autres choses sensibles et grandement distinct dans sa limpidité, simplicité et pureté.

Que dira donc le théologien pieux et honnête (nous ne nous soucions pas, en effet, de ceux qui ne le sont pas)? Peut-être qu'il n'y avait aucun temps avant que les étoiles ne fussent créées, avant que les corps célestes et le mouvement du ciel ne fussent ordonnés? Mais les Écritures Sacrées enseignent que trois jours avaient précédé tout cela[1]. Et s'il y a eu des jours, il y a eu aussi du temps (je parle selon la façon habituelle), parce que le jour est jour du temps et se développe dans le temps même, car toutes choses doivent arriver dans le temps et l'on ne sera pas à l'abri du danger de blasphème si l'on entend que quelque chose de créé ait été avant le temps.

Et, de fait, qui osera nier (si ce n'est, peut-être, le seul Aristotélicien) que les corps célestes (ou bien, si tu préfères, ce par quoi ils sont entraînés, le Premier mobile) ont quelquefois arrêté leur mouvement ordinaire et sont demeurés immobiles dans le temps? Et, néanmoins, le temps était le même, n'ayant besoin du mouvement d'aucun corps. Es-tu Chrétien? Crois aux Écritures Saintes dignes de foi! Es-tu païen? Crois aux écrivains profanes, aux traditions épuisées! Elle est fameuse, en effet, la fête de ce jour, appelé par les Perses le jour de Mythras, qu'ils nomment aussi le «jour triple»; et il y a cet autre jour où les Écritures

---

[1] Cf. *Genèse*, 1, 14.

sub aegrotante Ezechia contigisse perhibent[1]. Vbi recursus sine {{punctuali}}[2] quiete fieri, aut intelligi minime potest. Item — Quis, quin (*sic*)[3] nebulo, infi*t*ias[4] ibit, sub Duce Iesu Navi, Solem et Lunam, vel ipsum Caelestem Cursum, immotum stetisse? An tum defuit tempus, quia non habuerit motum circularem, quem mensuret?

Cum autem intentio nostra non sit ad Divina commemoranda miracula, ab his hoc saltem colligi sufficit, Tempus ante omnem motum extitisse, et — post motum, sine motu — idem esse posse, quia a motu, actu et potentia diversum, et ante primum mobile, ac post Primum Immobile clare intelligitur. Haec ita quidem ante motu, et in motu, advenient tamen rerum successiones in tempore, quando Tempus, Ethnice definitum, deficiet, et, quod Ethnicus Praeceptor discipulos suos 'ne timeant' docet, coram Sacrosancto Veritatis Tribunale omnes ipsius sectatores nefandissimi arguentur Atheismi — ubi motus necessarius totaliter quiescet.

Primus */202/* Creans et ad motum dirigens[5] omnia non necessarie, sed voluntarie et libere ad placitum creasse, movisse et ad certum direxisse ordinem, insuper extra motum temporis Sempiternitatem et Sempiternitatis Tempus unum, idem et semper esse et fuisse omnis fatebitur caro et omnis discet anima.

---

[1] *Cf. 2 Reg., 20, 8-11.*

[2] {{punctuali}} *pro textus* pútali *forma, lineolis sublineata, sed non inibi emendata in margine corr.* M.

[3] quin (*sc. sane* = qui non, *i.e., Daco-Romanice* 'care să nu [fie]') *omnino pro Latino* nisi M.

[4] infi*t*ias *scr.* : inficias M.

[5] *Pendentem Nominativum non mutandum duxi.*

Saintes rapportent que Ezéchias fut atteint d'une maladie[1]. Là l'on ne peut guère comprendre le retour en arrière sans un repos ponctuel.

De même, qui niera, sinon un esprit faux, que, sur ordre de Josué, le Soleil et la Lune, ou même le Cours Céleste, sont demeurés immobiles[2]? N'y eut-il plus de temps alors, parce qu'il n'eut pas de mouvement circulaire à mesurer?

Mais puisque notre intention n'est pas de commémorer les miracles divins, ceci suffit pour en inférer que le temps a existé avant tout mouvement et que – après le mouvement, lorsqu'il est sans mouvement – il peut être le même, parce qu'il est clairement compris comme différent du mouvement, de l'acte et de la puissance, et comme existant avant le Premier mobile et après le Premier Immobile. Certes, ces choses se produisent ainsi avant le mouvement et dans le mouvement, cependant les successions des choses arrivent dans le temps. Lorsque, selon la définition des Païens, il n'y aura plus de temps, et – chose dont le maître païen enseigne à ses disciples de ne pas avoir peur – tous les sectateurs de celui-ci seront accusés d'Athéisme abominable devant le Tribunal Sacro-Saint de la Vérité, alors le mouvement nécessaire s'arrêtera complètement.

Toute chair confessera et toute âme apprendra que le Premier Créateur et celui qui dirige vers le mouvement a créé, a mû et a dirigé vers un certain ordre toutes choses, non nécessairement, mais à son gré, volontairement et librement, et, en plus, que, en dehors du mouvement, la sempiternité du temps et le temps de la sempiternité sont et ont toujours été une et la même chose.

---

[1] Cf. 2 *Rois*, 20, 9-11 : « Isaïe lui répondit : Voici le signe que le Seigneur vous donnera pour vous assurer qu'il accomplira la parole qu'il a dite en votre faveur. Voulez-vous que l'ombre du soleil s'avance de dix lignes, ou qu'elle retourne en arrière de dix degrés ? Ezéchias lui dit : Il est aisé que l'ombre s'avance de dix lignes, et ce n'est pas ce que je désire que le Seigneur fasse ; mais qu'il la fasse retourner en arrière de dix degrés. Le prophète Isaïe invoqua donc le Seigneur, et il fit que l'ombre retourna en arrière dans l'horloge d'Achaz, par les dix degrés par lesquels elle était déjà descendue. »

[2] Cf. *Josué*, 10, 12-14 : « Alors Josué parla au Seigneur, en ce jour auquel il avait livré les Amorrhéens entre les mains des enfants d'Israël et il dit en leur présence : Soleil, arrête-toi sur Gabaon ; Lune, n'avance point sur la valée d'Aialon. Et le Soleil et la Lune s'arrêtèrent jusqu'à ce que le peuple se fût vengé de ses ennemis. N'est-ce pas ce qui est écrit au livre des Justes ? Le Soleil s'arrêta donc au milieu du Ciel, et ne se hâta point de se coucher durant l'espace d'un jour. Jamais jour ni devant ni après ne fut si long que celui-là, le Seigneur obéissant alors à la voix d'un homme et d'un combattant pour Israël. »

CAP(VT) 21

{{Per ablationem positivorum praedicamentorum clarescit Temporis durationem esse plane divinam — quo respectu ab Aeternitate minime distingui posse.}}

Itaque ex suppositis, contraque probatis, per ablationem tute inferri potest Tempus nec longum, nec breve, nec ante, nec post, successive, nec mensuram, nec mensurabile esse.

Similiter, nec Tempus est duratio magna vel parva, magis quam plana[1], rotunda, lata, profunda, multa, aut pauca, eo quod, revera, intra praedicamentorum ambitum non sit. Verum enim, quia Infinitum actu existens est Vnicum tantum Ens — "Deus nempe, Qui est omnia, et ante omnia, et in omnibus"[2] — ideoque Deum et Tempus confundi minime putandum[3] — quandoquidem, pari modo, Bonitas, Veritas, Vita, Essentia et cae(tera), modo abstracto, est Deus ipse in Creaturis, nec tamen id bonum, verum, vivens, ens et cae(tera) est Deus.

Similiter, negari nequit quin pariter, in iisdem Creaturis, ipsa */203/* duratio Divinam repraesentet Aeternitatem et Indefinibilitatem. Ergo duratio, abstracte, est quidem rebus ipsis intima, non tamen a rebus afficitur, clauditur, aut apprehenditur. Imo maxime duratio cum sit supra, intra et circa esse rerum, Temporis duratio, peculiariter, plane divina atque eminentissima meditanda est — quo respectu ab ipsa Aeternitate

---

[1] plana[[m]] M.
[2] *Liturgicum, cf. Sap., 12, 1 ; 13, 5 ; 1 ; Cor., 12, 5 ; 15, 27.*
[3] putandum *ex* pertandum *(?) corr.* M.

Chapitre 21

Il devient clair, par l'enlèvement des prédicaments positifs, que la durée du temps est entièrement divine, aspect sous lequel il est impossible de la distinguer de l'Éternité.

Et ainsi, à partir de ces suppositions et de ce qui a été prouvé contre elles, l'on peut déduire avec certitude, par enlèvement, que le temps n'est ni long, ni bref, ni avant, ni après, partant, ni mesure, ni mesurable[1].

Pareillement, le temps n'est non plus une durée grande, ou petite, plutôt que plane, ronde, large, profonde, ample ou peu abondante, parce que, en réalité, il n'est pas à l'intérieur de la sphère des prédicaments. Car, en vérité, parce qu'il y a seulement un être unique qui existe étant infini en acte, à savoir *Dieu qui est tout et avant tout et en tous*[2], on ne doit pas penser que Dieu et le temps soient confondus ; de la même façon, même si la Bonté, la Vérité, la Vie, l'Essence, etc., prises d'une façon abstraite, sont Dieu même dans les créatures, il ne s'ensuit pas pour autant que cette chose-là qui est bonne, vraie, vivante, existante, et ainsi de suite, soit Dieu[3].

Pareillement, l'on ne peut nier que dans les créatures également la durée divine représente l'Éternité et l'Illimitation[4]. Par conséquent, la durée est, abstraitement, très intime aux choses mêmes, mais, cependant, elle n'est pas affectée, enfermée ou appréhendée par les choses. Et même, puisque la durée est au plus haut degré au-dessus, au-dedans et autour des choses, il faut méditer sur le fait que la durée du temps, en particulier, est entièrement divine et très éminente, raison pour laquelle je considère qu'il ne faut point la distinguer de l'Éternité même, même si

---

[1] Autrement l'on comprendrait le temps en termes de quantité.

[2] Cf. *Éphés*, 4, 6 ; 1 *Cor.*, 12, 5 ; 15, 28.

[3] Cf. J. B. van Helmont, *De Tempore*, 30, p. 597 : « le temps n'est non plus une durée grande ou petite, plutôt que plane, ronde, longue, profonde, courte ou large. Car, réellement, il n'est pas dans la sphère des prédicaments, parce qu'il n'y a qu'un seul infini existant en acte, à savoir Dieu, qui est tout. Et en effet si la bonté, la vie, la vérité et l'essence sont, d'une façon abstraite, Dieu lui-même dans les choses créées, l'on ne peut nier qu'en elles la durée même représente Dieu. »

[4] Lat. *Indefinibilitas*. Cf. J. B. van Helmont, *De Tempore*, 2, p. 594 : « Le temps ne peut être séparé de la durée éternelle, pas plus que la lumière du jour, lorsque le ciel est couvert, de la lumière vraie du corps du Soleil. »

minime distinguendam censeo, distributam tamen rebus pro modulo cuiusque recipientis atque participantis existentiae.

CAP(VT) 22

{{Verum Tempus nullo modo potest habere relationem[1] ad aliquid aliud — eo quod sit aliquid abstractius et Aeternitati intimius, atque similius, quod caeteris negatur mobilibus.}}

Igitur, mi alumne, Verum Tempus Impermistum, sine macula reliquarum Creaturarum, ubique, quandoque et semper immutabile, nec ullo modo successivum esse manifestum est: quod si propinquius concipere velles, a Tempore omnia abstrahe corpora, motus, successiones, vicissitudines, et sensitivum ante et post — et tunc clarescet tibi quod Tempus, in suo esse, nullum ferat, aut debeat respectum ad motum, quietem, alterationem, augmentationem, generationem, numerum et numerabile, mensuram et mensurabile, vel aliquid aliud, quod Tempori attri*/204/*bui incaute solitum est.

Siquidem Tempus est id quod est, sive sit motus et mobile, sive non. Quippe non datur duratio relative ad motum, aut, vicissim, motus ad durationem, nisi per accidens (Tempus enim, non habens successionem, non potest servire commensurationi) — idque non nisi iuxta humanum intelligendi atque percipiendi modum. Hic enim spectat ad proportionem

---

[1] relationem *scr.* : rala- M.

elle est, néanmoins, distribuée dans les choses dans la mesure où elles reçoivent l'existence et en participent[1].

CHAPITRE 22

Le vrai temps ne peut en aucune façon avoir de rapport à quelque chose d'autre, parce qu'il est quelque chose de plus abstrait et quelque chose de plus intime et de plus semblable à l'Éternité, ce qui est dénié aux autres mobiles.

Par conséquent, mon élève, il est manifeste que le Vrai Temps est pur, non entaché par les autres créatures, partout, à tout moment et toujours immutable et certainement non successif; et si tu veux le concevoir de plus près, abstrais du temps tous les corps, les mouvements, les successions, les changements et l'avant et l'après sensible, et alors il te deviendra clair que le temps, dans son être, n'a et ne doit avoir aucun rapport au mouvement, au repos, à l'altération, à l'augmentation, à la génération, au nombre et au nombrable, à la mesure et au mesurable, ou bien à quelque chose d'autre que l'on a coutume d'attribuer sans précaution au temps.

Le temps, en effet, est ce qu'il est, qu'il y ait ou qu'il n'y ait pas de mouvement et de mobile. En effet, il n'y a pas de durée relative au mouvement ou, inversement, de mouvement relatif à la durée, si ce n'est par accident (car le temps, n'ayant pas de succession, ne peut servir à mesurer), et ceci seulement selon le mode humain d'entendre et de percevoir[2]. Car ce dernier considère la proportion des mobiles caducs, dans l'ordre de

---

[1] Cf. J. B. van Helmont, *De Tempore*, 28-29, p. 597: «Ainsi et de façon plus abstraite, la durée est très intime aux choses, mais cependant elle n'est pas affectée, enfermée ou appréhendée par les choses. [...] Dès lors, puisque la durée est au-dessus et au-dedans de l'être des choses et leur est inséparable, la durée est plus intime aux choses qu'elles le sont elles-mêmes. Et de là j'ai médité que la durée dans le temps est entièrement divine, raison pour laquelle il ne faut guère la distinguer de l'Éternité, étant cependant distribuée dans les choses dans la mesure où elles la reçoivent.»

[2] Cf. J. B. van Helmont, *ibidem*, 30, p. 597: «Je crois que le vrai temps est pur, non souillé par la créature, partout et toujours immutable et d'aucune façon successif. Et afin de concevoir ceci de plus près, j'ai abstrait du temps tous les corps et toute alternance des choses successives ou changements successifs aux mouvements. Et alors j'ai compris clairement pour la première fois que le temps, dans son être, n'a et ne doit aucun égard aux instabilités, aux variétés ou à la mesure du mouvement. Car le temps est ce qu'il est, qu'il y ait ou qu'il n'y ait pas de mouvement et de changements. En effet, je n'ai pas trouvé de durée relative au mouvement ou, inversement, de mouvement relatif à la durée, si ce n'est par accident et à cause de la mesure de l'un par l'autre dans notre esprit.»

caducorum mobilium, in ordine ad motum localem[1], 'in quod', non autem in ordine ad esse eorum reale, et 'in quid'.

Itaque id totum etiam 'quid' refert ad Tempus — quandoquidem proportio illa ad motum localem prioritatem, aut posterioritatem rerum successivarum in ordine ad motum 'ante' et 'post' significat, Tempus autem successivum nullatenus, eo quod Tempus nulla ratione potest esse, aut intelligi 'Ens successivum', sed aliquid abstractius, Aeternitati propinquius, similius, atque intimius, a qua emanative dependet.

CAP(VT) 23

*{{Tempus nec substantiam, nec accidens esse probatur. In Tempore Vniversali/**205**/tatem, simul atque particularitatem cognosci debere, quae in Deo essentialiter et cae(tera), in Creatura subiective, dependenter et cae(tera) intelligitur.}}*

/204/ Hinc ad magis sensitivis Scientificis, ad miranda tendentes, dicimus: 'Tempus nec substantiam, nec denique accidens esse' — quod paradoxum sic */205/* probatur: Tempus est Ens. Ergo, vel Creator, vel Creatura. Substantia Creatoris non est, quia post, et non ante Creatorem intelligi potest. Creaturae substantia non est, quia nec in genere patet, nec denique in specie differt, nec etiam ullo comprehenditur praedicamento, quod et alias probatum est.

Item, ad placitum Ethnicorum, si Tempus esset ens successivum, non esset substantia Creatoris, vel Creaturae: omne enim successivum accidentale, et omne accidens non est necessarium — ergo itaque Tempus quoque[2] non est a. Econtra, si Tempus esset accidens, saltem subiectum inhaerentiae pro ipso et solo deberet determinari atque describi. Nec enim, iuxta inconsideratum placitum, Caelum erit Temporis subiectum, quatenus, ut ipsi dicunt, 'motus circularis mensura': quia, hoc pacto, reliqua mobilia non haberent durationem

---

[1] localem *s.m.*, *post p.m.* localé M.
[2] Tempus quoque *scr.*: quoque Tempus M.

leur mouvement local, comme une qualité accidentelle[1], mais non dans l'ordre de leur être réel et comme une qualité essentielle[2].

Et il en est ainsi de tout ce qui se réfère au temps, car cette proportion relative au mouvement local signifie une priorité ou une postériorité des choses successives dans l'ordre du mouvement, avant et après, alors que le temps n'est nullement successif, parce que le temps ne peut d'aucune façon être, ou être entendu, comme un être successif, mais comme quelque chose de plus abstrait, de plus voisin, de plus semblable et de plus intime à l'Éternité, dont il dépend de façon émanative.

CHAPITRE 23

Il est prouvé que le temps n'est ni substance ni accident. L'on doit connaître dans le temps, à la fois, l'universalité et la particularité, qui sont entendues en Dieu essentiellement, etc. et dans la créature subjectivement, de façon dépendante, etc.

Dès lors, nous disons aux scientifiques plus sensitifs, qui aspirent à des choses miraculeuses : le temps n'est ni substance ni accident. Ce paradoxe est prouvé de la façon suivante : le temps est un être. Par conséquent, il est soit Créateur, soit créature. Il n'est pas la substance du Créateur, parce qu'il peut être entendu après et non avant le Créateur. Il n'est pas la substance de la créature, parce qu'il n'apparaît pas dans le genre, il ne diffère pas dans l'espèce, ni, enfin, il n'est compris par quelque prédicament, ce qui a été prouvé aussi ailleurs[3].

De même, si le temps, au plaisir des païens, était un être successif, il ne serait pas la substance du Créateur ni de la créature : en effet, tout ce qui est successif est accidentel, et tout accident est non nécessaire. Par conséquent, le temps n'est pas substance non plus. Au contraire, si le temps était un accident, l'on devrait au moins déterminer et décrire un sujet d'inhérence pour lui et seulement pour lui. Le Ciel ne sera pas, en effet, selon un avis irréfléchi, le substrat du temps, en tant qu'il est, comme ils le disent eux-mêmes, la mesure du mouvement circulaire, car, s'il en était ainsi, les autres mobiles n'auraient pas une durée propre de

---

[1] Lat. *in quod.*
[2] Lat. *in quid.*
[3] Ci-dessus, aux chapitres 16 et 21.

temporis sibi propriam, sed esset duratio omnium, et maxime sublunarium, ipsis peregrina, adventicia[1], praestitaque caducis.

Item, si sublunare aliquod se Tempore, ut de accidente sibi proprio, participaret, non proinde in aliud sibi vicinum de Tempore gauderet, alioquin, /206/ si singula caduca de Caeli Tempore participarent, singula creata non haberent propriam differentemque Temporis durationem, sed cuncta permanerent in eadem Caelesti externa duratione, participative.

Item, si Tempus, velut accidens, aut concomitans, inhaereret rebus ipsis, praeter innumera absurda, tot erunt diversa specie[2] tempora, quot rerum atoma — itaque erit Tempus actu divisum in infinitum, et omne accidens, naturaliter alicuius subiecti, non erit ullo modo sensu perceptibile in ipsa Temporis duratione — quod si non Ethnica cognoscat Philosophia, ipsi Veritatis imitatores cognitione assequi sufficientissimum, simul atque decentissimum est.

Quamobrem, mi alumne, in Sacro Temporis sensu debes agnoscere Vniversalitatem quandam singularem et Singularitatem universalem, quae singulis rebus ita intime et proprie insit, ut magis Solem absque luce, quam ipsas absque praecisa duratione quis[3] concipere possit, hac tamen determinante regula, quod ipsa Temporis Vniversalitas singulis

---

[1] adventicia *scr.* : -itia M.
[2] specie *ex* specia (*inter* diversa *et* tempora) *corr.* M.
[3] qui *pro* quidam *hic intellegebat* DC.

leur temps, mais la durée de toutes les choses, et surtout des sublunaires, serait pérégrine, adventice et empruntée à ces choses caduques.

De même, si quelque chose de sublunaire participait du temps comme d'un accident qui lui serait propre, son voisin ne jouirait pas du temps ; autrement, si toute chose caduque participait du temps du Ciel, toute chose créée n'aurait pas une durée propre et différente de temps, mais demeurerait, de façon participative, dans la même durée céleste extérieure[1].

De même, si le temps était inhérent aux choses mêmes par accident ou par concomitance[2], il y aurait, parmi d'innombrables absurdités, autant d'espèces différentes de temps que de choses individuées ; partant, le temps serait divisé en acte à l'infini et tout accident de quelque sujet ne serait d'aucune façon naturellement saisissable à travers les sens dans cette durée de temps[3] ; et, si la Philosophie païenne ne connaît pas ces choses, il est très suffisant et en même temps très convenable de suivre par la connaissance les imitateurs de la Vérité.

Pour cette raison, mon disciple, tu dois reconnaître dans le sens sacré du temps une certaine universalité singulière et singularité universelle, qui est tellement intime et propre aux choses individuelles, qu'il est plus facile de concevoir le Soleil sans lumière que celles-là sans une certaine durée délimitée[4]. Néanmoins, cette règle fait que la même universalité

---

[1] Cf. J. B. van Helmont, *De Tempore*, 45, p. 601 : « Ce que je prouve de la façon suivante : le temps est un être. Par conséquent, il est soit Créateur, soit Créature. S'il était un être successif, alors il n'est ni la substance du Créateur ni de la créature. Si au contraire ils souhaitent qu'il soit un accident (car les Écoles n'ont pas encore fait mention d'un être neutre entre la substance et l'accident), ils auraient dû au moins décrire un sujet d'inhérence pour le temps. En effet je peux conjecturer : le substrat du temps ne sera pas le Ciel, car alors les choses caduques et sublunaires n'auraient pas une durée de temps qui leur soit propre : mais la durée serait étrangère, adventice et empruntée. De même, si un sublunaire participait du temps comme d'un accident qui lui serait propre, son voisin ne jouirait pas aussi du temps. S'ils préféraient cependant que chaque chose caduque participe du temps du Ciel, chaque chose créée n'aurait pas une durée différente, mais chacune demeurerait de façon participative dans la même durée céleste extérieure. »

[2] Lat. *concomitans*. Le terme provient de Plotin, *Énnéades*, III, 7, 10, 1 : παρακολούθημα : « Si le temps est un accompagnement de mouvement, il n'est pas possible de comprendre ni même de dire ce qu'il est avant d'avoir expliqué ce que veut dire le mot accompagner. »

[3] Cf. J. B. van Helmont, *ibidem* : « Autrement, en effet, si le temps était inhérent aux choses mêmes comme accident ou accompagnateur, parmi d'innombrables absurdités, il y aurait autant de temps différents que de choses individuées. Et toutes les choses qui existent maintenant, simultanément dans la même durée, auraient tout autant d'êtres et d'existences de durées différentes et le temps serait divisé en acte à l'infini. Et tout accident qui est naturellement l'objet d'une perception par les sens ne serait d'aucune façon saisissable par les sens dans la durée du temps. »

[4] Lat. *praecisa*, avec le sens de précis et de tronqué.

propriam largiatur particularem durationem, /207/ attamen ab ipsis inapprehensibilem, incoërcibilem atque impassibilem.

Vnde descriptive inserimus : 'Tempus esse ens (neutrum) quod dat et distribuit omnibus omnem praecisam durationem, iuxta destinatam Aeternae Durationis participationem, ad fuisse, esse et fore rerum, praesentative' — idque potissimum in confusionem abominandorum omne Numen negantium.

Itaque, finaliter, in Deo Aeterno, Terglorioso, Tempus est aeternum, eminenter et essentialiter : in Creaturis vero, praecisum, durative, subiective, dependenter, et ab emanatione aeterna, veluti ab intus ad extra, participative atque periodice.

CAP(VT) 24

{{Explicatur Verbum 'In Principio', cuius respectiva differentia, quomodo ad Creatorem, et quomodo ad Creaturam referatur, ab Ethnicis incognita, nec Increatum, nec Creatum cognoverunt Tempus esse Creaturae manuductionem, ad cognitionem praeexistentiae Creatoris.}}

Restat nunc, mi alumne, ut tibi verbum, quod Sacra Scientia dicit, "In Principio"[1], explicem, ne forte, ob inveteratam consuetudinem, ipsum pro Temporis principio sumi putes.

Quoniam autem ex iam tradita doctrina pure clareque intellexisti aeternitatem, perpetuitatem, aevum, saeculum, annum, mensem, hebdomadam, diem, horam, et, ut dici assuevit, ipsum 'punctum' nil aliud, nisi idem essentialiter, quidditative et /208/ proprie Tempus esse — quae nec natura, nec ratione, nec denique ad lubitum disiungi, separari, vel dividi possunt.

---

[1] *Gen.*, 1, 1.

du temps confère aux choses individuelles une durée particulière propre, pourtant insaisissable, incoercible et impassible[1].

Dès lors, nous introduisons de façon descriptive : le temps est un être (neutre) qui donne et distribue à toutes choses, par présence, une certaine durée délimitée, selon la participation destinée à la durée éternelle de l'ayant été, de l'être et du devoir être des choses – et nous le disons principalement pour confondre les négateurs abominables de tout Pouvoir Divin[2].

Ainsi donc, pour finir, dans le Dieu Éternel, trois fois Glorieux, le Temps est éternel, éminemment et essentiellement ; dans les créatures, en revanche, il est délimité, de façon durative, subjective, dépendante, participant de l'émanation éternelle, comme de l'intérieur à l'extérieur, et périodique.

CHAPITRE 24

L'on explique l'expression «Au commencement», de quelle façon sa différence respective, ignorée par les Païens, se réfère au Créateur et à la créature ; ils ont connu que le temps, ni incréé, ni créé, est un guide de la créature, afin de connaître la préexistence du Créateur.

Il me reste maintenant, mon élève, de t'expliquer l'expression «Au commencement»,[3] qu'utilise la Science Sacrée, afin que tu ne croies pas par hasard, par une habitude invétérée, que celle-ci puisse être prise pour le commencement du temps.

En fait, tu as clairement et distinctement entendu, à partir de la doctrine déjà enseignée, que l'éternité, la perpétuité, l'*aevum*, le siècle, l'année, le mois, la semaine, la journée, l'heure et, comme l'on avait coutume de dire, l'instant même, ne sont rien d'autre, essentiellement, quant à leur propre quiddité et au sens propre, que le temps même, et qu'ils ne sauraient être disjoints, séparés, ou divisés ni par nature, ni par raison, ni par caprice.

---

[1] Cf. J. B. van Helmont, *ibidem*, 46, p. 601 : «Je suis par là obligé de reconnaître dans le temps une certaine universalité et en même temps une certaine singularité propre à chaque chose, et plus intime aux choses que ne le sont elles-mêmes. De même je confesse une règle et une détermination propre qui confère aux choses individuelles une durée précise, pourtant insaisissable, incoercible et impassible. »

[2] Cf. *ibidem* : «Aussi je reconnais que le temps est un être qui donne et distribue tout à tous, selon la participation destinée à la durée éternelle, et ceci pour confondre les athées. »

[3] *Genèse*, 1, 1 : «Au commencement, Dieu créa le ciel et la terre».

Igitur, quemadmodum in speculi aenigmate optime observasti, antequam Lux in Sole congregaretur, et Tenebrae a Luce segregarentur, sub ipso 'Caeli' titulo, aër et aquarum immensitas, Tenebrae et tres dies (quae non sine magno S(acro)-S(anctae) Trinitatis mysterio[1] sunt considerandae), extra, praeter et absque omni motu, in ipso Aeterno Tempore, veluti in emanante Divinitatis praeexistente Splendore, fuisse.

Quapropter, Sacrorum "In Principio" praesupponit 'Dum' intelligendum: 'Dum' autem praeexistentem Creatoris Aeternitatem

---

[1] mysterio *scr.* : misterio *hic* M.

Par conséquent, ainsi que tu l'as très bien observé dans l'énigme du miroir, avant que la Lumière (*Lux*) ne se fût rassemblée dans le Soleil et que les Ténèbres ne se fussent séparées de la Lumière, de l'air et de l'immensité des eaux, les Ténèbres, sous le nom même de Ciel, furent pour trois jours (que l'on doit considérer non sans le grand mystère de la Trinité Sacro-Sainte) en dehors, à côté et dépourvues de tout mouvement, dans le même Temps éternel, comme dans la Splendeur préexistante qui émane de la Divinité[1].

C'est pourquoi, l'expression «Au commencement» des Écritures Saintes présuppose un «alors»[2]. Il ne faut nullement douter que le

---

[1] Voir aussi Boèce, *De consolatione philosophiae*, V, 6, 9-15 (*La consolation de la philosophie,* traduction nouvelle par M. [Léon] C[olesse] dédiée aux malheureux, Paris, Gogué, 1771, p. 245-247): «Au reste, ne va pas penser que la préexistence du Créateur aux choses crées puisse se mesurer par la durée du temps; cette préexistence est une propriété essentielle de la nature divine, avec laquelle le temps n'a aucune proportion. Si dans sa succession intime, il paraît l'imiter en quelque sorte, il lui est absolument impossible de l'égaler. C'est pourquoi ne pouvant jouir, comme elle, d'une parfaite immutabilité, il dégénère en un mouvement successif et sans fin; et ne pouvant réunir son existence en un seul point, il se partage et s'écoule dans ces espaces immenses que forment le passé et l'avenir. Dans l'impossibilité où il est de jouir tout à la fois de toute la plénitude de son être, il imite l'état immuable de Dieu, mais seulement en ce qu'en quelque sorte il ne cesse jamais d'exister, et reste présent autant que peut le permettre la rapidité avec laquelle le moment présent s'enfuit. Ce moment, tel qu'il est, est une faible image de cette éternité tojours présente à Dieu. Mais comme il cesse d'être aussitôt qu'il existe, il se renouvelle sans cesse; et par une succession perpétuelle, forme l'infinité des siècles. Ainsi ce n'est qu'en continuant de s'écouler sans fin qu'il acquiert son étendue; étendue immense, mais qu'il ne peut réunir dans un seul point fixe et immuable.»

[2] Lat. *dum* à valeur adverbiale pour *tunc* (Blaise, 1975). Cf. J. B. van Helmont, *De Tempore*, 26, p. 596: «Ensuite j'ai envisagé que le temps existe depuis le commencement, lorsqu'il n'y avait pas de jour, ou avant que la lumière ne soit créée et séparée des ténèbres. Donc, Ciel, Terre, abîme des eaux, ténèbres et jour existaient avant que l'orbite du Ciel ait défini le jour: au commencement, cependant, des créatures, non au commencement du temps. Car c'est que commencement des choses que désigne le mot "alors", dont le sens est que, bien que Dieu eût décidé depuis l'éternité de créer les choses, c'est dans cet "alors" qu'il a plu à sa bonté infinie d'émaner en travaillant à l'extérieur: *au commencement Dieu créa le ciel et la terre.* Mais cet "alors" était avant toute créature, parce que Dieu n'avait besoin ni de créature ni de durée créée, ni il n'était besoin de durée créée pour la création des choses, car aucun principe d'une dignité inférieure ne pouvait concurrencer le Créateur dans sa puissance infinie. Car si la créature ne dépendait pas originellement, entièrement, absolument et intimement de Dieu, pour ce qui est du commencement et de la fin de sa durée, Dieu ne serait pas son principe immédiat et total et la vie immédiate des choses, c'est-à-dire leur alpha et oméga. De là, j'ai compris que si la nature était enracinée dans la durée s'écoulant sans médiation de l'éternité même, elle devrait rester ainsi aujourd'hui aussi, par les mêmes lois de la nécessité. Dès lors, j'ai appris que la Durée qu'ils appellent temps, est un être réel. Et de même que si le temps était dès le début, avant que la créature soit faite, on ne peut le mettre au nombre des choses créées. Car il n'est fait aucune mention du fait que le temps ait été créé.»

praesupponere minime dubitandum — in qua univoce omnia superius memorata Temporis complectuntur vocabula — quae, ut saepissime dictum est, dependent atque emanant ab Ipso, Cui nomen 'Aeternus'.

Hic, inquam, mi, alumne, est Ille Primus Immobilis, Vnicus, Supernaturalis, Creationis principio omnia supernaturaliter et libere movens. Qui, quanquam, secundum Suam Aeternam Providentiam, ab aeterno mundum et ea, qua Creationis comprehenduntur titulo, creare destinasset, dum tamen Suae Infi/*209*/nitae placuerit Bonitati, tum res creare et ad motum ordinarium dirigere inchoavit.

Inchoavit quidem respective ad Creaturam, quia ad Se nec inchoatio, nec finitio considerari potest. Cui enim Tempus aeternum est, Ipsi nihil sensibile ante, vel post, vel praesens attribuendum, nisi respective ad {id} quod est post Se. In qua respectiva differentia, tota Ethnicorum cespitavit Schola, quia, incognito Creatore Vnico et Increato, vel 'omnia Increata', vel, si creata, 'coaeva atque coaetanea esse Creatori' blasphemant.

Quibus autem Veritatis emicuit Splendor credendum atque cognoscendum est 'In principio Creationis Creaturarum', non autem 'In principio Aeterni Temporis', quia hoc indiscretum et ad Creatorem respective Vnicum, et prin{ci}pii expers est (sola praesupposita Divina Praeexistentia).

Itaque 'Dum', vel 'In principio' ab Aeterna et Imprinci{pi}ata duratione Creaturae distribuitur, ut dictum est, emanative, atque participative, i{u}xta illud Divinae Sapientiae oraculum: "Dum crearet[1] mundum, cum Illo eram" — 'Eram' quidem ad Dei Verbi Coexistentialem Aeternitatem respicit, 'Dum' autem in Tempore ipsam Creaturam incepisse patefacit.

Ergo, nondum patefacto 'Dum', praeexistebat a<e>ternum /*210*/ 'Erat', quod Trino Sempiternitatis Radio in semper est, et semper esse fulget. Vnde pie intelligendum Ipsum in Tempore 'Dum', et 'Tum', si,

---

[1] crearet *scr.* : craeret M.

«alors» présuppose l'Éternité préexistante du Créateur, dans laquelle
sont incluses, par synonymie[1], tous les mots du temps rappelés ci-dessus,
mais qui, comme il a été dit très souvent, dépendent et émanent de Celui
dont le nom est Éternel.

C'est lui, dis-je, mon disciple, le Premier Immobile, unique, surnaturel, qui meut surnaturellement et librement toutes les choses depuis le
commencement de la Création. Et, bien qu'il eût décidé, selon son
éternelle Providence, depuis l'éternité, de créer le monde et tout ce qui
est compris sous le nom de Création, il commença, néanmoins, à créer
les choses et les diriger vers leur mouvement ordinaire au moment où il
a plu à Sa Bonté Infinie de le faire.

Il commença, cependant, relativement à la créature, parce que relativement à lui l'on ne saurait considérer nul commencement et nulle fin.
Comme son temps à lui est éternel, il ne faut lui attribuer rien de sensible
avant, ou après, ou à présent, si ce n'est relativement à ce qui est après lui.
Mais sur cette différence relative, toute l'École des Païens a trébuché,
parce que, ignorant le Créateur Unique et Incréé, ils blasphèment en
disant ou bien que toutes choses sont incréées, ou, si elles sont créées,
qu'elles sont du même âge que le Créateur et contemporaines à lui.

Il faut cependant croire et connaître que c'est de là qu'a jailli la
Splendeur de la Vérité. «Au commencement de la création des
créatures», et non «Au commencement du temps éternel», parce que ce
dernier est non discret, relatif au seul Créateur et dépourvu de commencement (présupposant la seule Préexistence Divine).

Ainsi donc, «alors» ou «au commencement» est distribué à la
créature par la durée éternelle et sans commencement, comme il a été
dit, de façon émanative et participative, ainsi que l'écrit cet oracle de la
Divine Sagesse: «Alors qu'il a créé le monde, j'étais avec lui»[2].
«J'étais» concerne l'Éternité Coexistentielle du Verbe de Dieu, et
«alors» révèle que la Créature même avait commencé à être dans le
temps.

Par conséquent, lorsque le «alors» ne se révélait pas encore, préexistait l'éternel «il était», qui brille par le rayon trin de la Sempiternité dans
le «est toujours» et dans le «toujours être». D'où il faut entendre
pieusement que, si ce même «alors» et «quand» du temps est pris,

---

[1] Lat. *univoce*.
[2] Cf. *Proverbes*, 8, 29-30: «Lorsqu'il posait les fondements de la terrre, j'étais avec
lui, et je réglais toutes choses».

prout decet, ad solam Creaturam respective accipiatur, ineffabili quodam modo, sub Aeternitatis suppositione, creatum intellectum ad Increati Creatoris, Imprincipiati Principiatoris, Infiniti Finientis, et omnis Entis omnium<que> Entium cognitionem rapi. Et, quod Ethnicus arcet ne detur infinitum, id quodam modo insensibiliter dari, esse et esse posse[1] εὐσεβῶς fatendum atque concedendum, quatenus priusquam, supraquam et antequam Aeternitas, Tempus, Principium, Ens et Essentia, prout Ipsum Aeterni declarat Nomen : "Ego sum Qui est — sub quo omne[2] Ens, sub quo omnis Essentia — in qua Aeternitas, sub qua Tempus, in quo omne omnis durationis punctum — idque indivisibiliter, inalterabiliter, immobiliter est, atque comprehenditur.

Tandem, finem praesentis negotii positurus, admoneo te et obtestor, mi carisssime alumne : {1.} Temporis quidditatem non per mobilium entium[3] positionem, sed maxime per eorundem ablationem inquirere atque comprehendere. 2.do. Tempus tanquam Aeterni/211/tatis effulgentem Splendorem admirari.

3.tio. Tempus intra, circa, et extra Aeternitatem
— non minus quam Splendor Lucis — intra,
circa, et extra Solem versari. Quarto, et
finis ultimarii intento : Tempus debet
esse Creaturae manuductio ad
Superintellectualem Vnum,
Aeternum atque
Indefinitum
Deum,
Qui, quamquam
cuilibet Creaturae
Intimus, {et} essentiae
atque existentiae Eius, ut bonae,
Causa primaria sit, nec tamen essentialiter

---

[1] esse posse *scr.* : posse esse DC.
[2] omne *ex* omnis *corr.* M.
[3] entium *ex* entis *corr.* M.

comme il convient, en rapport à la seule créature, l'intellect créé est entraîné d'une certaine façon ineffable, sous l'hypothèse de l'Éternité, vers la connaissance du Créateur Incréé, de Celui sans commencement duquel tout commence, de Celui sans fin par lequel tout finit, et de Celui qui est tout l'être de tous les êtres. Et, parce que le Païen affirme que l'infini n'est pas, il faut avouer et admettre pieusement que, sous un certain mode, celui-ci est donné insensiblement, qu'il est et qu'il peut être, en tant que premier, supérieur et antérieur à l'éternité, au temps, au commencement, à l'être et à l'essence, ainsi que le nom même de l'Éternel le montre : « *Je suis celui qui est* »[1], qui enveloppe tout être et toute essence, dans laquelle est l'éternité, sous laquelle est le temps, dans lequel est, et est compris, tout instant de toute durée de façon indivisible, inaltérable, immobile.

Enfin, afin de mettre un terme à cette occupation, je te préviens et je te conjure, très cher disciple à moi. Premièrement : recherche et comprends la quiddité du temps non au moyen de la position des êtres mobiles, mais, plus que tout le reste, au moyen de leur enlèvement. Deuxièmement : admire le temps qui brille de la splendeur de l'éternité. Troisièmement : le temps est répandu à l'intérieur, autour et en dehors de l'éternité, non moins que la splendeur de la Lumière (*Lux*) à l'intérieur, autour et en dehors du Soleil[2].

Quatrièmement et dernièrement : le temps doit être un guide[3]
de la créature vers le Dieu Supraintellectuel, Un, Éternel
et Infini, qui, quoique très intime à toute créature et
cause première de son essence et existence,
en tant qu'elle est bonne, et, néanmoins,
non identique essentiellement à elle,
mais Pur, Insaisissable et
Incirconscriptible, et
dans la Pureté,
Insaisissabilité et la Quiddité
de son Essence Indescriptible duquel

---

[1] Cf. *Exode*, 3, 14 : « Dieu dit à Moyse : JE SUIS CELUI QUI EST. » Voir également, ci-dessus, au chapitre 3.

[2] Cf. J. B. van Helmont, *ibidem*, 46 : « Dès lors je considère le temps comme une splendeur émanant de de l'éternité et qui ne subsiste en dessous et en dehors de l'éternité pas plus que la splendeur de la lumière sans la lumière. »

[3] Lat. *manuductio* = action de guider, conduite (Blaise, 1975).

identificatus, sed Impermiscibilis, Inapprehensibilis
atque Incircumscriptibilis, et in Cuius Impermiscibilitate,
Inapprehensibilitate, Indescriptibili Essentiae Quidditate,
omnium visibilium et invisibilium creaturarum[1] Essentia atque
Quidditas creatur, propagatur atque servatur. Cui sit Laus et honos,
in Sui[2] Aeternitate !
Amen!

---

[1] *Cf. Nicaeeni 'Credo' textum.*
[2] *Sitne Sui hic retinendum, an potius Sua scribendum non facile dictu mihi videtur.*

est créée, propagée et conservée l'essence
et la quiddité de toutes les créatures visibles et invisibles.
À lui soit la Louange et l'honneur, dans son Éternité à lui![1]
Amen !

---

[1] Cf. J. B. van Helmont, *ibidem*, 46, p. 601 : « Le temps doit être pour nous un guide vers le supraintellectuel, un, éternel, infini, très intime à chaque chose, néanmoins nullement mélangé, inclus, saisissable et possédable, dans lequel est la quiddité de toutes les choses. À Lui soit la Louange et l'honneur, dans Son Éternité à Lui. »

/212/ DE VITA,

In quo de Quadruplici Rerum Forma
LIBER QVINTVS

CAP(VT) 1

*{{Finito de Tempore tractat*u[1]*, {cum} de Vita et <de> rerum formis dicendum aggredi debeat, Veritas et Vita Aeterna quae sit docetur.}}*

"Haec itaque, mi chare, de Tempore ipsiusque attributis tibi satis fore puto — nempe eius universalis quidditas, quum ab Ipso Incomprehensibili dependeat Aeterno, obscura mortalibus, et sensitivis Scientificis incognita atque imperceptibilis manet.

Quam ob causam, solummodo rebus successivis in ipso mediantibus, quadamtenus Intellectus supra id quod est sensibile atque perceptibile, ab ipsius particularitate ad eiusdem Vniversalitatem evehitur — et quidem per Dei gratiam, et Sacrae Scientiae genuinam speculationem. Quae, in tali ardua speculandi materia, est causa 'sine qua non'.

Nunc autem, Deo concedente, de Vita, vel, ut dici solet, de rerum formali existentia tractaturi, potissimum de vita humana et de ipsis in vita accidentibus rebus aliquid εὐσεβεστέρως[2], et rationis magis consentaneum, quam quod hac/213/tenus minus pie, et p<a>ene ethnice

---

[1] tractat*u scr.*: tractato (*post* Tempore) M.
[2] εὐσεβεστέρως *scr.*: εὐσεβέεστερωσ M.

De la Vie,

Où il est question de la forme quadruple des choses

LIVRE CINQUIÈME

CHAPITRE PREMIER

Le traité du Temps fini, comme l'on doit entreprendre de parler de la Vie et des formes des choses, il est enseigné ce que sont la Vérité et la Vie éternelle.

Et ainsi, mon cher, j'estime que tu auras trouvé suffisantes ces choses au sujet du temps et de ses attributs, à savoir que la quiddité universelle de celui-ci, pour autant qu'elle dépend de l'Éternel incompréhensible même, reste obscure aux mortels et inconnue et imperceptible aux Scientifiques sensitifs.

Pour cette raison, l'intellect s'élève, jusqu'à un certain point, au-dessus des choses sensibles et perceptibles, uniquement par la médiation des choses successives dans le temps, de la particularité à l'universalité du sensible et du perceptible, et ceci par la grâce de Dieu et la recherche véritable de la Science Sacrée, qui, dans une matière tellement ardue, est une cause sans laquelle rien n'est possible.

Mais maintenant, si Dieu nous l'accorde, nous traiterons de la Vie, ou bien, comme l'on a coutume de dire, de l'existence formelle des choses, et notamment nous essaierons d'exposer et d'enseigner quelque chose à propos de la vie humaine et des choses qui arrivent dans la vie, d'une façon plus pieuse et plus conforme à la raison que ce que, moins pieuse-

creditum est, proferre atque docere conabimur. Verita{tem}[1] enim non minus in Physicis, quam in Theologicis speculationibus consistere omnes consentiunt de rerum veritate tractantes. Qua de re non magis erubescendum, quam condolendum ipsis, qui, nescio qua licentia (fortassis pravae consuetudinis), Physicum physice, Theologum autem theologice de eadem veritate tractare debere clamitant.

Bone Deus! Num duplicem compositamque veritatem esse, inquiri atque inveniri permisisti?! Minime. Simplex enim Deus, simplex Dei Verbum, et simplex est Veritas, quae non alibi, nisi in simplici Dei Scientia reperitur — ideoque a composita Creatura multipliciter et composite {s}crutantur Divinae constitutiones, in quibus per simplicem Veritatem Vitam Aeternam inveniri docetur.

Vita autem Aeterna est Vnum, Verum, et omnium Parentem atque Creato rem Deum cognoscere, et Quem misit filium suum, humanatum[2] Dei Verbum, Verum et Patri Coëssentiale Lumen, Deum de Deo et Lumen de Lumine, et Spiritum Sanctum a Patre procedentem, a Prophetis pr<a>edictum[3], ab Apostolis praedicatum, et a tota Sancta et Vniversali Ecclesia creditum, conglorificatum, coadoratum, et in una simplicisima Trishypostatica /214/ Dei Vnici Vnica Essentia adoratum, ante, in et post saecula saeculorum, Amen!

---

[1] verita{tem} *ex* veritas mut. M.
[2] humanatum *scr.* : ha- M.
[3] pr<a>edictum *ex* predic[[a]]tum M.

ment et de façon presque païenne, l'on a cru jusqu'à présent[1]. Car tous ceux qui traitent de la vérité des choses conviennent que la vérité ne consiste pas moins dans des recherches physiques que dans des recherches théologiques. Aussi, plutôt que d'avoir honte, convient-il de plaindre ceux qui, par je ne sais quelle licence (peut-être celle d'une habitude perverse), ne cessent de crier que, d'une même vérité, le Physicien doit traiter physiquement, et le Théologien théologiquement[2].

Bon Dieu! Aurais-Tu permis que l'on cherche et que l'on découvre que la vérité est double et composée? Tant s'en faut, car Dieu est simple, la Parole de Dieu est simple et simple est la Vérité, que l'on ne trouve nulle part ailleurs que dans la Science simple de Dieu. Pour cette raison, la créature composée scrute de façon multiple et composée les constitutions divines, où il est enseigné que c'est par la Vérité simple que l'on trouve la Vie Éternelle. Et la Vie Éternelle signifie connaître le Dieu Un, Vrai, le Père et Créateur de toutes choses et qui a envoyé son Fils, la Parole de Dieu qui s'est faite homme, la Lumière Vraie et Coessentielle au Père, Dieu de Dieu et Lumière de Lumière, et l'Esprit Saint qui procède du Père[3], prédit par les Prophètes, prêché par les Apôtres et auquel toute l'Église Sainte et Universelle croit, qu'elle glorifie, qu'elle adore, et qu'elle vénère dans l'unique essence très simple en trois hypostases du Dieu unique, avant, dans et après les siècle des siècles. Amen!

---

[1] Pour la place de la vie dans la hiérarchie des êtres chez Proclus, voir notamment *Théologie platonicienne*, III, 6 : «Dès lors, lequel des deux est supérieur, la vie ou l'intellect? Mais, si ceux des êtres qui sont capables de connaître participent seuls de l'intellect, tandis que participent à la vie même ceux qui sont dépourvus de la faculté de connaître (et par exemple, nous disons que les plantes vivent), il est nécessaire, je pense, que la vie soit dans la hiérarchie au delà de l'intellect, puisqu'elle est cause de plus d'effets que ne l'est l'intellect, et qu'elle illumine de ses propres dons un plus grand nombre d'êtres que ne le fait l'intellect.» Pour Plotin, voir *Énnéades*, III, 7, 5, 25-27 : «On peut donc dire que l'Éternité est la vie infinie; ce qui veut dire qu'elle est une vie totale et qu'elle ne perd rien d'elle-même, puisqu'elle n'a ni passé ni avenir.»

[2] Dans la Lettre à Cacavélas accompagnant l'ouvrage, Cantemir avait annoncé ce thème : «d'une seule et même vérité simple, les théologiens ont l'habitude de traiter théologiquement, les physiciens, en revanche, en distinguant, physiquement, et de professer la vérité simple dans une science ou un art composé, ne trouvant d'inconvénient ni dans leurs axiomes contradictoires ni dans leurs opinions fort éloignées».

[3] Selon la foi de l'Église Orthodoxe.

CAP(VT) 2

{{Rerum repraesentatio 'in tempore in quo', 'in vita autem qua'. 'Vita Vniversalis quae?' a particulari ad Vniversalem intellectum evehi — quarum differentia incognita, a Scholis blasphemia committuntur.}}

Igitur, mi alumne, Beatae Veritatis methodum assequendam hac via ingressi, et normam Sacrae Scientiae secuti, orthodoxo-physice dicimus 'Omnes res et omnia quaeque generari, esse, atque existere dicuntur, aut ut talia esse intelliguntur, in Tempore et in Vita (quod est τὸ esse eorum) contingere et accidere necesse esse: ambo enim, et sola haec duo, sunt entium repraesentativa.' Tempus quidem 'in quo', vita autem 'qua[1]', nec interim alio sentiendi modo praecisa rerum in tempore duratio ab eorundem periodica atque determinata vita differre potest.

Quemadmodum enim praecisa duratio, aut determinatus existendi atque essendi actus magis unitur rebus, quam sint res sibimet ipsis, ad eundem modum periodica vita, aut descriptus informandi actus intelligendus est.

Itaque, cum aliquam vitam universalem magis abstracte, et aliquid supra sensibile intelligamus, necessario aliquam etiam particularem et sensibilem intelligimus, puta humanam, equinam et cae(tera), quae singulae, iuxta Aeternam Durationem, in ipso Tempore, contingenter, et in vita */215/* formaliter, et modo suo existentialiter sunt et repraesentantur, necnon quaelibet proprio funguntur officio, et secundum Divinum Iussum operantur quod operari iussa sunt.

---

[1] [[in]] *erasuit ante* qua M.

Chapitre 2

La représentation des choses se fait « au temps où » et « dans la vie par laquelle ». « Quelle est la Vie Universelle ? » élève l'intellect du particulier à l'universel. Ne connaissant pas cette différence, les Écoles commettent un blasphème.

Par conséquent, mon élève, une fois que nous sommes entrés dans cette voie, afin d'acquérir la méthode de l'heureuse Vérité et de suivre la règle de la Science Sacrée, nous disons de façon orthodoxo-physique : il est nécessaire que toutes choses et toutes celles que l'on dit être générées, être et exister, ou bien que l'on entend être telles, se produisent et arrivent dans le temps et dans la Vie (ce qui en est l'être). Tous les deux, en effet, et ces deux seulement, sont représentatifs des êtres : le temps comme ce « dans lequel », et la vie comme celle « par laquelle »[1], ou selon un autre mode de penser, la durée délimitée des choses dans le temps ne peut différer de leur vie périodique[2] et déterminée.

En effet, de même que la durée délimitée, ou l'acte déterminé d'exister et d'être, est unie aux choses davantage que les choses le sont à elles-mêmes[3], de même doit être comprise la vie périodique ou l'acte d'informer déjà décrit.

Et, ainsi, même si nous entendons une certaine vie universelle de façon plus abstraite et comme quelque chose de suprasensible, nous en entendons nécessairement aussi une particulière et sensible, par exemple humaine, chevaline, et ainsi de suite ; ces dernières sont et sont représentées selon la Durée Éternelle, dans le Temps même, dans un mode contingent, et dans la vie, dans un mode formel, et existentiellement chacune selon leur manière, et remplissent en outre leur office propre et agissent, selon l'Ordre Divin, ce qui leur a été ordonné d'agir[4].

---

[1] Lat. *vita qua* ; l'origine de cette problématique est chez Denys l'Aréopagite : la Vie « par qui reçoit la vie, à la mesure de ses capacités, chacun des êtres qui participent de quelque façon que ce soit à la vie », *Noms divins*, VI, 1, PG 3, 856 A sq.

[2] Lat. *periodica*, parce que les archées animent les choses pour un période de temps déterminé, cf. chapitre 11, Livre II.

[3] Voir ci-dessus, chapitre 19 du livre IV.

[4] La source de la distinction de la vie universelle et de la vie particulière semble se trouver toujours chez Denys l'Aréopagite, *Noms divins*, VI, 2, PG 3, 856 C : « C'est [la Vie divine] également qui permet d'abord à la vie en soi d'être vie et à la vie en général et à chaque vie en particulier d'être proprement ce qui convient à sa nature. »

Ergo, sicut in tempore, ita in vita Vniversalitatem simul atque particularitatem quandam observare necesse est. Quandoquidem Vniversalis rerum Vita non est, nisi secundum Veritatis sententiam: "Ego sum Vita, Via, et Veritas!"[1] Vnde pie colligendum: Primo, neminem vivere, nisi in universali vita. 2.do, neminem vitae periodum <per>currere posse, nisi in universali via. 3.tio tandem, neminem vere esse id quod est, nisi in Vniversali Veritate. Hac enim triplici conditione in uno et eodem existendi actu sumus id quod sumus, movemur quo movemur, et vere intelligimus id quod vere intelligimus.

Tali itaque modo, mi alumne, per exemplum, quod tibi de Tempore indicavi, a vita particulari et[2] sensibili ad vitam universalem et incomprehensibilem intellectum erigas atque dirigas, ne quandoque in Ethnicorum superbas incidas definitiones, <et> a Veritatis sententia et Sacrorum Scientia deficias.

Ii enim, quibus[3] differentia inter Tempus et tempus, inter Vitam et vitam latuit, successiva in ipsis accidentia pro ipsissima rei essen/*216*/tia credentes, sensibiliter dumtaxat, 'bonum[4]' et 'malum' tempus conclamare, et 'bonam' et 'malam' vitam lamentari non erubuerunt. (O, misericordiarum Deus! Ab huiuscemodi nefandis blasphemiis pietatis amatores salvabis, et a[5] demortua scientia vivificabis Veritatis Tuae sectatores!).

---

[1] *Ioh., 14, 6.*

[2] et *ex* ad *mut.* M.

[3] *Ad Daco-Romanicum* 'cărora' *sane respiciens,* quibus *pro* quos, *regiminis verbi* lateo *oblitus, scripsit ipse DC (cf. et notam 10 ad p. 216).*

[4] bonum *scr.: denuo, Daco-Romanicum* 'bun' *in mente habens,* bunum *scribebat DC.*

[5] et a *ex* et [[in]] a *mut.* M.

Par conséquent, dans le temps, aussi bien que dans la vie, il est nécessaire d'observer, à la fois, l'universalité et une certaine particularité. En fait, la vie des choses n'est pas universelle, si ce n'est selon la sentence de la Vérité : « Je suis la Vie, la Voie et la Vérité ! [1] » D'où il faut conclure avec piété : premièrement, que personne ne vit si ce n'est dans la vie universelle ; deuxièmement, que personne ne peut parcourir le période de la vie si ce n'est dans la voie universelle ; troisièmement enfin, que personne ne peut être vraiment ce qu'il est si ce n'est dans la Vérité Universelle. En effet, par cette condition triple, c'est dans l'un et le même acte d'exister que nous sommes ce que nous sommes, que nous nous mouvons de la façon où nous nous mouvons et que nous entendons vraiment ce que nous entendons vraiment[2].

Par conséquent, mon disciple, relève et dirige ton intellect, selon l'exemple que je t'ai indiqué du temps, de la vie particulière et sensible à la vie universelle et incompréhensible, pour que tu ne tombes jamais dans les définitions orgueilleuses des Païens et que tu ne te sépares pas de l'opinion de la Vérité et de la Science des Écritures Saintes.

Car ceux à qui la différence est restée cachée entre le Temps et le temps, entre la Vie et la vie, prenant dans ceux-ci, sur un mode purement sensible, les accidents successifs pour l'essence même de la chose, ne rougirent pas de publier d'une même voix, que le temps est bon ou mauvais et de se lamenter que la vie est bonne ou mauvaise[3]. (Ô, Dieu des miséricordes ! Tu épargneras aux amoureux de la piété de tels blasphèmes abominables et Tu vivifieras les partisans de ta Vérité, en les débarrassant de la science morte !)

---

[1] *Jean*, 14, 6 : « Je suis la voie, la vérité et la vie. »
[2] Cf. *Actes*, 17, 28.
[3] Le guide spirituel avait en effet prévenu le jeune philosophe (I, 1) qu'il était nécessaire de « faire une différence très simple et très claire entre chose créée et Chose créée, entre maintenant et maintenant, entre temps et Temps, entre éternité et Eternité, entre accident et accident, entre essence et essence, entre rien et rien, entre étant et étant, entre mortel et mortel, entre Immortel et immortel, entre vie et vie, et entre mort et mort. » Cette différence commence ici à s'éclaircir.

CAP(VT) 3

{{Astronomi fatidici incaute Atheismum colunt, et in temporis et vitae puncto delirantes, multa de vita nati pollicentes, blasphemant.}}

Porro hinc paulatim in apertissimum Atheismum Prioritas quidemaudacter, Posteritas autem, inca<u>te prolapsa, fictitium (ut ita dici liceat) temporis (ut dicere solent) 'physicum punctum', in quo initium cuiusdam vitae particularis — puta hominis, vel nascentis infantis nativitatem consignantes, statim vaniloquorum (vel, ut verius dicam, in Deum blasphemorum) capitur hamo; et, quanquam apud ipsos nondum certo constet ipsum nativitatis initium — utrum in seminis conceptione, an in primo Embrionis motu, an tandem, cum natus in lucem edatur, sit? — tamen pollicentur isti fatidici — vel, si mavis, contumeliosi maledici, et innumerabilium syderum numeratores in quolibet indivisibili, id est 'negativo temporis puncto', per transpositionem, oppositio/217/nem, aspectum, respectum, conspectum, caeterasque qualitativas, ut dicunt, facultates fixarum errantiumque stellarum rerum in illo accidentium tragoediam describi, ac a vitae principio, veluti coniu[n]gali indissolubilique nexu, usque ad eiusdem periodi finem concurrere, et omnia contingentia, felicia aut infelicia, prospera aut adversa, quasi praedeterminari, quaeque 'aliter fieri, aut contingere impossibile fore' clamitant — 'hoc enim <modo> stellas inclinare' impudibunde affirmant.

Ad huiuscemodi adulativum Atheismum unicam tantum proponemus dubitationem, quam[1] si perniciosus solverit Gastridicus, ducar credere

---

[1] quam *ex* quas *corr.* M.

CHAPITRE 3

Les astronomes qui prédisent la destinée cultivent imprudemment l'athéisme et, délirant sur le point du temps et de la vie, promettant la lune au sujet de la vie du nouveau-né, blasphèment.

Ensuite, à partir de là, l'Antiquité et la Postérité sont tombées peu à peu dans l'athéisme le plus manifeste, la première, par audace, et la Postérité, par mégarde, consacrant une fiction (s'il est permis de l'appeler ainsi) du temps, ou, comme ils ont coutume de dire, le point physique où commencerait une certaine vie particulière, par exemple la naissance d'un homme, ou, plutôt, d'un nouveau-né, et, ainsi, l'on a mordu sur-le-champ à l'hameçon des vains parleurs (ou, pour dire plus vrai, de ceux qui blasphèment contre Dieu); et, bien qu'ils ne soient pas encore certains en quoi consiste le commencement de la génération – si c'est dans la conception de la semence, ou dans le premier mouvement de l'embryon, ou enfin lorsque le nouveau-né est mis au jour[1] – ils prétendent néanmoins, ces pauvres interprètes du destin – ou bien, si tu préfères, ces médisants injurieux et ces compteurs des innombrables étoiles –, que les événements tragiques qui arrivent dans le temps seraient tracés dans quelque chose d'indivisible, à savoir dans le point négatif du temps, par transit, aspect, opposition, carré, conjonction, et par les autres facultés qualitatives, comme ils les appellent, des étoiles fixes et errantes, et ne cessent de proclamer qu'ils s'enchaînent à partir du commencement de la vie, comme par un lien conjugal et indissoluble, jusqu'au terme du période de celle-ci et que tous les faits qui arrivent, heureux ou malheureux, propices ou hostiles, sont comme prédéterminés, et qu'il serait impossible qu'ils soient ou qu'ils arrivent autrement – car ils affirment effrontément que ce sont les étoiles qui les ont ainsi déterminés.

Nous proposerons un seul dilemme à cette espèce d'athéisme flagorneur; et si le Ventriloque[2] pernicieux le résolvait, je croirai qu'il aura lu

---

[1] A quel moment commence la vie d'un homme? problématique ouverte au XVIIᵉ siècle. Saint Basile pensait que l'âme est unie au corps à la conception; Saint Augustin pensait que l'âme est unie au corps à la première respiration; Saint Thomas d'Aquin pensait que l'âme est unie au corps à la moitié de la grossesse.

[2] Lat. *Gastridicus*, une création linguistique de Cantemir, semble-t-il, sur le modèle du lat. *uentriloquus*, qui provient lui-même du gr. ἐγγαστρίμυθος. Les ventriloques étaient regardés comme de faux devins ou des possédés, cf. Blaise, 1954.

ipsum Caelestium legisse literas, vel potius, ut Muhammetistae hallucinantur, sub capitis cute, in calv[e]ariae[1] fissuris, cuncta mortalibus /218/ in vita contingentia, a Deo alphabetice conscripta, perspexisse, et, hoc pacto, futura praedicere ipsum quoque posse. Dubitatio autem est talis:

CAP(VT) 4

{{Adversus fatidicos indissolubilis proponitur dubitatio — unde quanta sequantur absurda manifestantur.}}

Hancce nascentis hominis vitae, ab astris mendicatam, praedictivam scientiam utrum ad totum hominem, id est ad corpus et animam hominis spectare vellent, an ad corpus dumtaxat homi/218/nis? Quod si solum ad corpus spectet, deberent utique fateri de hominis solum cadavere aliquid prospere, aut improspere hariolari posse. Sin autem etiam ad animam hominis spectet, abnegata Divina Providentia demptoque libero arbitrio, Deus Ipse (Bone Deus, parce scribenti, parce legenti!), sine astrorum concursu operabitur nihil, et Divina excellentissima Imago (quae est forma, anima, vita, et ipsum τὸ esse hominis) omnibus rebus ignobilior, vilior, atque miserabilior evadet; et, consequenter, omnes Divinae et Sacrae Traditiones, quae tam ad modernam, quam ad futuram, veram beatamque vitam assequendam instituunt, et mortalibus, veraciter, vel suavia pollicentur, vel atrocia minantur, erunt vanae, quandoquidem (de praesentibus sileamus) paradysus (*sic*) et infernus non a fide bonisque operibus, sed ab ipsa astrorum inclinatione expectandus atque expetendus erit: ubi non amplius periodicam, aut determinatam, sed infinitam beatam, aut miseram vitam a Sacris praedici non dubitatur.

Haec ita a Sacris sacra proponitur dubitatio.

Caeterum, mi alumne, nos, talia sapientibus in /219/ veritatis bilance libranda relinquentes, dicimus mortalium sapientissimum praeteritorum vix reminisci, praesentia vix capere, futura autem praescire (nisi per infusam Scientiam) minime posse — ideoque, hominum saltem unius idiomatis peritissimus dicat mihi prius quot vocabula Graeca Barini

---

[1] calveariae *ex* -is *corr.* M.

les livres célestes, ou plutôt, ainsi que les Mahométans hallucinent, qu'il aura vu à travers la peau de la tête, dans les fentes du crâne, tout ce qui arrive aux mortels dans leur vie, consigné alphabétiquement par Dieu et, de cette façon, qu'il pourra prédire lui aussi les choses futures. Le dilemme est le suivant :

Chapitre 4

Il est proposé, contre les interprètes de la destinée, un dilemme insoluble ; l'on voit combien d'absurdités s'y ensuivent.

Voudront-ils que cette science, qui est recherchée dans les astres afin de prédire la vie de l'homme dès sa naissance, concerne l'homme en son entier, c'est-à-dire dans son corps et âme, ou bien seulement le corps de l'homme ? Car si elle a en vue seulement le corps, ils devraient au moins avouer ne pouvoir prédire un avenir propice ou défavorable qu'au sujet du seul cadavre de l'homme. Si, au contraire, elle a en vue aussi l'âme de l'homme, alors, comme elle nie la Providence Divine et ôte le libre arbitre, Dieu même (Bon Dieu, aie pitié de celui qui l'écrit, aie aussi pitié de celui qui le lit !) ne fera rien sans le concours des astres, et l'Image Divine très éminente (qui est la forme, l'âme, la vie et l'être même de l'homme) finira par devenir plus obscure, plus vile et plus misérable que toutes les choses ; et, en conséquence, toutes les Traditions Divines et Sacrées, qui enseignent qu'il faut aspirer vers la vie vraie et heureuse, non seulement dans le présent, mais aussi dans le futur, et qui, avec raison, tantôt promettent aux mortels des choses plaisantes, tantôt les menacent de choses atroces, seront vaines, puisque (pour ne pas parler des choses présentes) l'on ne devra plus attendre et gagner le paradis ou l'enfer selon la foi et les bonnes œuvres, mais selon la seule détermination des astres. Mais il demeure certain que les Écritures Saintes ne prédisent pas plus la vie périodique ou déterminée que la vie infinie, qu'elle soit heureuse ou malheureuse.

Voilà, donc, le dilemme sacré proposé par les Écritures Saintes.

Du reste, mon élève, abandonnant aux sages de peser de telles choses dans la balance de la vérité, demandons-nous comment le plus sage des mortels pourrait, lui qui se souvient à peine des choses passées et saisit confusément les choses présentes, savoir d'avance les choses futures (si ce n'est par la Science infuse). Bon courage ! Qu'il me dise d'abord celui qui connaît le mieux le grec ou le latin combien de mots contient le

contineat Dictionarium, aut Latina Calepini, quae semper et assidue prae manibus habet, et postea de numero, efficacia, inclinatione atque necessitate stellarum disputabimus.

CAP(VT) 5

{{Fatidicorum pollicitationes ceu iactantiae confutantur, omnia D(ivinae) Providentiae et homini<s> arbitrio attribuuntur. Exempla e Sacris petita adferuntur, contra quae aliter sentire est Creaturam pro Creatore agnoscere.}}

Caeterum haec, et his similia, mi alumne, a pie philosophantibus iactantiae humanae fragilitatis appellantur, et nihil, nisi Gentilismi Atheismum redolere cognoscuntur. Astra enim nobis sunt solum in 'signa, tempora, dies et annos'[1], non autem in vitam, mortem, felicitatem et infelicitatem.

Ergo cuncta tam in tempore, quam in vita accidentia sub Divinae Providentiae imperio et hominis libera voluntate discernuntur — quae nec cum astris, nec denique cum temporis puncto qui<c>quam commune habere possunt, sed longe ab his distinctum propriae habent operationis exordium — de quibus, Divina permittente Clementia, alias dicetur.

Caeterum, */220/* si Caelestia corpora in sublunaria, quae propria funguntur libertate, aliqualem haberent efficacitatem, crede Veritati ipsa

---

[1] *Gen., 1, 14.*

dictionnaire de Barinus[1] ou celui de Calepinus[2], qu'il a toujours sous la main et qu'il consulte sans arrêt, et ce n'est qu'après que nous débattrons du nombre, de l'efficace, du déterminisme et de l'influence des étoiles[3].

CHAPITRE 5

Les promesses des interprètes des destinées sont réfutées comme des vantardises, toutes les choses sont attribuées à la Divine Providence et au libre arbitre de l'homme. Il est apporté des exemples pris des Écritures Saintes ; en revanche, penser ces choses autrement signifie prendre la créature pour Créateur.

D'ailleurs, mon disciple, ceux qui font pieusement de la philosophie appellent ces choses, et d'autres semblables, des vantardises de la faiblesse humaine et les considèrent comme exhalant rien moins que l'odeur de l'athéisme païen. Car les astres nous *servent de signes* seulement *pour marquer les temps, les saisons, les jours et les années*[4] et non la vie, la mort, le bonheur et le malheur.

Par conséquent, toutes les choses qui arrivent dans le temps, comme dans la vie, sont arrêtées par l'empire de la Divine Providence et par la libre volonté de l'homme – qui ne peuvent avoir rien de commun ni avec les astres, ni avec quelque point du temps, mais ont une origine bien différente de leur action propre. Au sujet de celles-ci, il sera parlé ailleurs[5], si la Clémence Divine le permet.

Du reste, si les corps célestes avaient une efficacité quelconque sur les choses sublunaires, qui jouissent de leur propre liberté, crois en vérité

---

[1] Il semble qu'il s'agisse du grand dictionnaire grec de l'évêque de Nocera, Guarino da Favera (1450-1537) : *Dictionarium Varini Phavorini Camertis, Nucerini episcopi, magnum illud ac perutile multis variisque ex autoribus collectum, totius linguae Graecae commentarius...*, Basel, Robert Winter, 1538, ou 1541.

[2] Il s'agit du *Dictionarium* latin d'Ambrogio Calepino (Reggio nell'Emilia, 1502), ouvrage encyclopédique destiné aux érudits et renfermant de nombreuses citations concernant la langue classique, prises dans les commentaires médiévaux. C'était le dictionnaire latin le plus courant jusqu'au début du XVIIIᵉ siècle. Monolingue au départ, il augmentera le nombre de langues au fur et à mesure de son évolution pour enregistrer jusqu'à 11 différentes langues. Le nom d'Ambroise Calepin est assez rapidement devenu synonyme de « tout recueil de mots, de notes, d'extraits, qu'une personne compose pour son usage » (*Dictionnaire de l'Académie*, 4ᵉ édition, 1762).

[3] Voir note 1, page 241 (Livre II, chapitre 14).

[4] Cf. *Genèse*, 1, 14. Voir le commentaire de Cantemir au chapitre 14 du Livre II.

[5] Au Livre VI.

non inclinare, sed potius ad inclinationem libertatis necessitare — et
quidem, quatenus de motu, ortu, felicitate atque miseria nati, ad Divinam
Inscrutabilem dispensationem[1].

Cuius exemplum habes Iob iustissimum et Nabuchodonosorem
nefandissimum, vel Pharaonem impiissimum — quo in sensu omne vitae
principium, medium atque finem eius, et sortes nostras in manu Dei esse
minime dubitandum — quatenus autem de bona, vel mala inclinatione,
hominis liberi arbitrii proprium iudicium esse quis Sacrae Scientiae
peritus negabit?

Itaque manifestum fit Scholas non secius ac in p<a>ene singulis
physicis speculationibus, in hac quoque perperam, sophisticum 'causae
pro non causa[2]' suffurantes, id quod Soli Deo et Divinae competit
Imagini astris, avibus, pecudibus, caeterisque competere Creaturibus,
contra veritatem, docere[3] — ac si dicerent 'simiam, eo quod humanae
assimiletur formae, humanae, et non belluinae speciei referri debere'.
De his autem satis, et <ad> propositum veniamus.

CAP(VT) 6

*{{Speculatio pro/**221**/ prietatum Vitae Vniversalis proponitur, eius
efficacitas declaratur, lumen particulare ab Vniversali derivari, nec
tamen confundi docetur.}}*

Nunc igitur, mi alumne, spretis Gentilismi inep/**221**/tiarum
phantasmatibus, Vitae splendorem formalisque luminis quidditatem[4] hoc
modo disce. Primo itaque praecipua quaedam, ut maxime tibi necessaria,
de vitae proferam Vniversalitate, a qua[5] reliquae <res>, derivatae,
formam differentem vitaeque propriae potiuntur spiraculum et singula,
secundum genus et speciem, in esse eorum servantur atque continuantur.

---

[1] dispensationem *scr.*: des- M.
[2] causa *scr.*: causae (*post* causae).
[3] docere *scr.*: docent M.
[4] quidditatem *scr.*: -tam M.
[5] a qua *scr.*: a quae (*ante* reliquae derivatae) M.

qu'ils ne les détermineraient pas, mais que plutôt ils les influenceraient à suivre l'inclination de leur propre liberté et, en particulier, pour ce qui tient au mouvement des astres (*motus*), à l'ascendant (*ortus*), au bonheur et au malheur du nouveau-né, à suivre le Plan Divin inscrutable.

Un exemple est celui de Job le très juste et de l'abominable Nabuchodonosor, ou Pharaon très impie ; en ce sens, il ne faut guère douter que tout commencement, milieu et terme de leur vie et de notre sort sont entre les mains de Dieu. Mais quel connaisseur de la Science Sacrée niera que l'inclination bonne ou mauvaise relève du propre discernement du libre arbitre de l'homme ?

Et ainsi il devient manifeste que les Écoles, s'appropriant de façon erronée – comme elles le font, d'ailleurs, dans presque toutes leurs recherches de physique – le raisonnement sophistique consistant à «prendre pour cause ce qui n'est point cause»[1], enseignent contre la vérité que ce qui appartient au seul Dieu et à la Divine Image[2] appartiendrait aux astres, aux oiseaux, aux moutons et à d'autres créatures, comme si elles disaient que le singe, parce qu'il imite la forme humaine, doit être attribué à l'espèce humaine et non à celle des bêtes.

Mais de tout cela, il a été parlé assez ; venons-en maintenant à notre sujet.

CHAPITRE 6

Il est présenté la recherche des propriétés de la Vie Universelle, il en est montré l'efficace, il est enseigné que la lumière particulière est dérivée de l'Universelle et, pourtant, qu'elle ne se confond pas avec celle-ci.

Maintenant donc, mon disciple, après avoir écarté les imaginations ineptes des païens, apprends la splendeur de la Vie et l'essence (*quidditas*) de la lumière formelle, de la façon qui suit. Aussi, étant donné qu'elles te sont très nécessaires, je dévoilerai d'abord certaines vérités capitales, au sujet de la Vie universelle, à partir de laquelle les autres choses dérivées[3] prennent leur forme différente et les vies propres, leur souffle, et chacune d'elles est conservée et continuée dans son être, selon le genre et l'espèce.

---

[1] Raisonnement fallacieux, où l'on fait passer pour certaine une cause incorrecte ou douteuse (lat. *non causa pro causa*). Voir Arnauld, Nicole, *Logique de Port-Royal*, troisième édition, revue et augmentée, Paris, Charles Savreux, 1668, 3, 18, 3, p. 312-318.

[2] C'est-à-dire à l'homme.

[3] Êtres inanimés, voir ci-dessous au chapitre suivant.

Talis, inquam Vniversalis Vita, quamquam det, et omnia omnibus contribuat, non tamen rebus substantialiter unitur, non apprehenditur, nec denique ab illis aliquid patitur, quia vel sint subiecta, quae vivificet, aut entia, quae informet, vel desint; Vita Vniversalis eadem est, fuit, atque erit: illud enim quod est, est — nunquam non esse intelligi potest, imo semper idem intransibile, impermutabile, inalterabile, impermiscibile, atque, in sua aeterna permansione atque identitate, intellectualiter declaratur permanere.

Vivit Deus, mi alumne! Haec est Vita quam Ethnica ignoravit Schola. Haec, inquam, Vita etiam pro Vniversali Lumine debet accipi, quod illuminat omnem hominem (et omnem creaturam) venientem in hunc mundum, ut sit, vivat et moveatur — et quidem bene sit, bene vivat, et bene moveatur — alioquin male esse, male vivere, ma/*222*/le moveri non Summi Boni Luminis, sed summi mali tenebrarum opus esse omnes consentiunt luminis filii.

Haec vita singulis, iuxta propriae capacitatis modum, magis et minus luminosa largitur formam, unde particulare lumen (quod est anima), vita,

Cette Vie Universelle, quoiqu'elle donne et accorde tout à tous, ne s'unit cependant pas, dis-je, substantiellement aux choses, ne se laisse pas appréhender par elles et, enfin, ne pâtit rien d'elles, car soit ce sont des suppôts qu'elle vivifie, ou des êtres qu'elle informe, soit ils cessent d'être ; la Vie Universelle est, a été et sera la même : car Ce qui est, est – et ne peut jamais être compris comme n'étant pas[1], et, en outre, il se révèle intellectuellement demeurer à jamais le même, infranchissable (*intransibilis*), immuable (*impermutabilis*), inaltérable, pur (*impermiscibilis*), dans sa persistance et identité éternelles[2].

Dieu est vivant[3], mon disciple ! Là est la Vie que l'École païenne a ignoré. Cette vie, dis-je, doit être entendue aussi comme étant la Lumière Universelle *qui illumine tout homme* (et toute créature) *venant en ce monde*[4], pour qu'il soit, vive et se meuve – et même qu'il soit bien, vive bien et se meuve bien – car tous les enfants de la lumière sont de l'avis que, mal être, mal vivre et mal se mouvoir, c'est l'ouvrage non de la Lumière du Souverain Bien, mais des ténèbres du souverain mal.

Cette vie fait don à chacun, à la mesure de sa propre capacité[5], d'une forme plus ou moins lumineuse[5], et par là l'on comprend que la lumière

---

[1] Variante de l'argument ontologique.

[2] Cf. Denys l'Aréopagite, *Noms divins*, VI, 1, PG 3, 856 B : « Et comme nous avons dit de l'Être qu'il est l'être en soi des durées perpétuelles, il faut redire ici que cette Vie divine, qui est au-dessus de toute vie, vivifie et conserve la vie en soi et que toute vie, comme tout mouvement vital, procèdent de cette Vie qui transcende toute vie et tout principe de toute vie. » Cf. aussi Plotin, *Ennéade V*, 2 : « Le pouvoir et la nature de l'âme deviendront encore plus clairs et plus évidents si l'on imagine ici comment elle fait tourner le ciel et le conduit par ses propres volontés. Car elle se donne à lui dans toute son étendue, si grande soit-elle ; tous les intervalles, grands et petits, sont animés. Plusieurs corps ne peuvent être à la même place ; l'un est ici et l'autre là, et ils sont séparés l'un de l'autre, qu'ils soient ou non dans des régions contraires. L'âme n'est pas ainsi ; elle ne se fragmente pas pour animer par chacune de ses parties chaque partie du corps ; mais toutes les parties vivent par l'âme toute entière, elle est toute présente partout, semblable, par son unité et son omniprésence, au père qui l'a engendrée », (trad. Em. Bréhier, p. 17).

[3] *Job*, 27, 2.

[4] Cf. *Jean*, 1, 9.

[5] Lat. *iuxta propriae capacitatis modum*, expression qui a son origine chez Pseudo-Denys l'Aréopagite « de devenir un collaborateur de Dieu, en laissant apparaître en soi même, selon la capacité, l'action de Dieu rendue visible » (trad. Lossky), *Hiérarchie céleste*, 3, 2, PG 3, 166 B. Pour la notion d'analogie chez Pseudo-Denys, voir l'article de Vladimir Lossky, « La notion des *analogies* chez Denys le Pseudo-Aréopagite », in *Archives d'histoire doctrinale et littéraire du Moyen Age*, 5, 1930, p. 279-309.

[6] Cf. Denys l'Aréopagite, *Noms divins*, VI, 1, PG 3, 856 A : « Il nous faut maintenant célébrer cette Vie perpétuelle d'où procèdent la vie en soi et toute vie et par qui reçoit la vie, à la mesure de ses capacités, chacun des êtres qui participent de quelque façon que ce soit à la vie. »

et forma, quasi synonyma intelliguntur, nec denique rerum vita est materia, aut materialis, elementum aut elementalis (quo{d} prave docet ὁ φιλοσόφος[1]), imo nec rei substantia est, sed ipsissima entis luminosa forma.

Confundere tamen et inferre caveto — 'ergo Deus est omnium rerum forma'! Absit hoc ab orthodoxo-physica! Quemadmodum enim summum bonum in omnibus bonis atque perfectis positive est ipse Optimus Deus, nec tamen hoc, vel istud bonum subiectivum est Deus. Tali modo, positive Deus Vita est, non tamen hoc vel illud, subiective vivens, est Deus.

Hoc pacto proposita Vitae Vniversalis speculatione, ad particularem, quam rei formam esse diximus, sermonem dirigamus.

---

[1] *Denuo finali -σ utebatur DC.*

particulière (qui est l'âme), la vie et la forme sont en quelque sorte synonymes et, enfin, que la vie des choses n'est ni la matière, ou matérielle, ni un élément, ou élémentale (comme l'enseigne de façon perverse le Philosophe)[1], et encore moins la substance[2] de la chose, mais sa forme lumineuse elle-même.

Prenez garde néanmoins de ne pas confondre et déduire que Dieu soit la forme de toutes les choses![3] Que cela reste loin de l'orthodoxo-physique! Car de même que le souverain bien est, par principe, dans tout ce qui est bon et parfait, Dieu le Très-Bon lui-même, sans cependant que l'un ou l'autre bon qui servent de suppôt soit Dieu, de même Dieu est, par principe, la Vie, sans cependant que l'un ou l'autre vivant en tant que suppôt soit Dieu[4].

Une fois présentée de cette manière la recherche sur la Vie Universelle, dirigeons notre entretien vers la vie particulière, dont nous avons dit qu'elle est la forme de la chose.

---

[1] Ὁ φιλόσοφος, en grec dans le texte. Il semble qu'il y ait ici de l'Aristote vu par Alexandre d'Aphrodisias, pour lequel «la forme émerge de la matière même, elle préexiste dans la matière, par une disposition antérieure. Elle se développe dans la matière même, tout en étant distincte d'elle», Cléobule Tsourkas, *La libre pensée…*, p. 188.

[2] Au sens de matière.

[3] Cf. Plotin, *Ennéade VI*, 9 : «Car puisque la nature de l'Un est génératrice de tout, elle n'est rien de ce qu'elle engendre. Elle n'est pas une chose; elle n'a ni qualité ni quantité; elle n'est ni intelligence, ni âme; *"elle n'est ni en mouvement ni en repos; elle n'est pas dans le lieu ni dans le temps"*; elle est en soi (τὸ καθ' αὐτὸ μονοειδές), essence isolée des autres, ou plutôt elle est sans essence (ἀνείδεον) puisqu'elle est avant toute essence, avant le mouvement et avant le repos; car ces propriétés se trouvent dans l'être et le rendent multiple», trad. Em. Bréhier, p. 175)

[4] Cf. Denys l'Aréopagite, *ibidem*, XI, 6, PG 3, 953 D : «Ce que nous affirmons, c'est que l'Être en soi, la Vie en soi, la Déité en soi constituent, si on les considère comme principes divins et producteurs, le fondement unique et la cause suressentielle de tout, et c'est trop peu dire que de les appeler principes; considérés du point de vue de la participation, il s'agit alors de puissances providentielles, dons du Dieu imparticipable, Essentialité en soi, Vitalité en soi, Déification en soi, et c'est en participant à ces puissances que chaque être, selon sa nature propre, reçoit, sur le double plan du langage et de la réalité, existence, vie, déification, etc. Il faut donc que le Bien lui-même constitue la substance de ces êtres fondamentaux, d'abord de leur ensemble, puis de leurs parties, ensuite des êtres qui les participent totalement, enfin de ceux qui n'y ont part que partiellement.»

CAP(VT) 7

{{Vita particularis definitur. Genericum vitae lumen in quatuor forma{rum}[1] species dividitur. Formarum origo et ministerii terminus indicatur.}}

Imprimis itaque, vita, simpliciter considerata, est initium et lumen formale, quo res est id quod est, et agit quod agere iussa est. Hoc autem lumen, a luminum Patre, omnium Creatore, rebus infusum, unico datur /223/ instanti[2], quod sub formae unitate atque identitate clauditur, et per genera speciesque distinctim distribuitur. Hoc interim lumen cum generaliter omnibus insit Creaturis, in quatuor tamen dividitur species, hoc est formas vitales, aut rerum vitas.

Verum tamen, antequam harum explicationem aggrediamur, Ethnicas proponamus tenebras, a quibus cum lux comprehendi non possit, lucem[3] ipsam in <i>psis magis magisque elucescere noctuasque fugare omnes[4] cernat Veritatis oculus.

Igitur veteres Physices tam Professores, quam auscultatores triplicem quidem dixerunt animam, unicam tamen et solam fatentur formam, quam dicunt 'substantialem', et quidem e materiae gremio procedentem, composituram quandam, non quidem elementorum, sed qualitatum eorundem.

Sero tandem, vix quidam animam hominis a talis delirii tyrannide[5] recuperare sunt coacti — quam, utpote immortalem atque immaterialem, a transmutabili inconstantique materia produci haud posse <a>egre confessi sunt. Tandem, def<a>ecatiora non defuerunt pectora, quae, pie de eadem anima merita, eam in instanti a Deo O(ptimo) M(aximo) ex

---

[1] forma{rum} *ex* formas *corr.* M.
[2] instanti *ex* instante (*post* istanti, *imae anteriori paginae adiectum*) *corr.* M.
[3] lucem *ex* lux *mut.* M.
[4] omnes *scr.* : omnis M/
[5] tyrannide *scr.* : tirannyde *hic* M.

CHAPITRE 7

Il est défini la vie particulière. La lumière générique de la vie se divise en quatre espèces de formes. Il est indiqué l'origine des formes et le terme de leur fonction.

Et ainsi, tout d'abord, la vie, considérée simplement, est le commencement et la lumière formelle par quoi la chose est ce qu'elle est et agit de la façon où il lui a été ordonné d'agir. Et cette lumière infuse dans les choses par le Père des lumières, Créateur de toutes choses, est donnée en un seul instant[1], elle est renfermée sous l'unité et l'identité de la forme et distribuée distinctement par genres et espèces. En même temps, cette lumière, même si, en général, elle est inhérente à toutes les Créatures, se divise cependant en quatre espèces, c'est-à-dire formes vitales, ou vies, des choses[2].

Néanmoins, avant d'en commencer l'explication, exposons les ténèbres païennes ; puisque celles-ci ne peuvent comprendre la lumière[3], l'œil de la Vérité distinguera que la lumière brille de plus en plus dans les ténèbres et en chasse toutes les chouettes.

Par conséquent, les anciens Physiciens, tant les Professeurs que leurs élèves, dirent que l'âme est triple[4], tout en déclarant qu'il y a une seule et unique forme, qu'ils appellent substantielle[5] et, de plus, procèderait du giron de la matière[6], et consisterait dans un certain assemblage non d'éléments, mais de leurs qualités.

Tard, enfin, quelques-uns furent obligés de sauver l'âme de l'homme de la tyrannie d'un tel délire et finirent par avouer que, en tant qu'immortelle et immatérielle, elle ne peut être produite de la matière transformable et inconstante[7]. Enfin ne manquèrent pas non plus des cœurs plus purs qui, rendant un service pieux à l'âme, pensèrent qu'elle est créée de rien dans l'instant par Dieu, le Très-Bon et le Très-Grand, et qu'elle est

---

[1] Lat. *unico instanti*, voyez aussi *infra, in instanti*.

[2] Cantemir en donnera la classification ci-après au chapitre 8.

[3] Cf. *Jean*, I, 5 : « Et la lumière luit dans les ténèbres, et les ténèbres ne l'ont point comprise. »

[4] Doctrine aristotélicienne de la triplicité de l'âme humaine : âme sensitive, végétative, intellectuelle.

[5] La théorie des formes substantielles fut adoptée par les aristotéliciens de tous bords.

[6] Selon l'interprétation d'Alexandre d'Aphrodise, reprise à Padoue par Pomponazzi.

[7] Cantemir évoque ici très probablement la position averroïste.

nihilo creari atque materiali supernaturaliter couniri, et in coexistentiali nexu copulari */224/* atque ad corporis brutalitatem regendam destinatam crediderunt. Bene quidem isti de hominis immateriali anima meriti sunt, sed de reliquis formis, a Paganismi labumine nondum perfecte purificati, pessime consentiunt — siquidem quaelibet forma non est, nisi τὸ esse aut vita rei, atque materia, {{quae}} incomposita atque exanimis est, τὸ esse et vitam rei non potest dare, quia non habet — ergo sequitur, prout superius docebamus, omnem formam, vitam essentialem lumen a Deo[1] Creatore, id est <a> Vita Universali, omnibus largiri rebus; et, quanquam, ordine naturali, secundum genus et speciem producentis, producatur productum, attamen omne novum productum, quatenus a non fuisse ad esse producitur, revera nova creatio et nova creatura est, quam non aliud, nisi ipse Solus Luminum Pater, adhuc operans, perficere potest.

Item, Deum nullam creaturam sibi vicariam in creando, servando atque perficiendo praeposuisse accepimus, imo nec ipsa Veritatis ratio hoc concedit (id enim Divinae implicaret Omnipotentiae) — ergo omnis forma non potest produci a materia, vel a quolibet alio creato, sed a solo Deo, omnium Essentia atque Vita, eminenter.

Porro, per Aenigmaticum Speculum perfecte, exis*/225/*timo, didicisti omnium corporum sublunarium (de supralunaribus enim Supralunares tractabunt) materiale subiectum esse aquam, fermentorum specificorum virtute et Archeo organo ad formam recipiendam destinatam, ad producendas autem formas nequaquam.

Forma enim, ut saepe dictum est, cum sit ipsa rei vita, quam materia*m*[2] nec habere, nec dare posse non dubitatur, sequitur particularem rerum vitam ab Vniversali Vita, et non ab aliqua universali materia expetendam esse.

Hinc manifestum est formam a Deo supernaturaliter infundi (omnia enim initio in esse sui supernaturaliter incipiunt), et tandem, ad Divinum Iussum, id est ordine naturali, capaci coalescere materiae, quae, deinceps

---

[1] a Deo *ex* adeo *corr.* M.
[2] materia*m scr.* : materia M/

rattachée surnaturellement à la matière, unie à celle-ci dans un lien coexistentiel et destinée à régir le corps animal[1]. Certes, ceux-ci ont bien rendu service à l'âme immatérielle de l'homme, mais, n'étant pas encore parfaitement purifiés de la fange du paganisme, ils s'accordent, au sujet des autres formes, de la façon la pire possible. En fait, toute forme n'est rien d'autre que l'être, ou la vie de la chose ; or, la matière, désordonnée et dépourvue d'âme, ne peut donner l'être et la vie à la chose, parce qu'elle ne l'a pas ; il s'ensuit, comme nous l'enseignions plus haut, que toute forme, vie et lumière essentielle est donnée à toutes choses par Dieu le Créateur, c'est-à-dire par la Vie Universelle ; et, bien que, dans l'ordre naturel, ce qui est produit est produit selon le genre et l'espèce du producteur, néanmoins tout ce qui est produit à neuf, puisqu'il est porté du non être à l'être, est réellement une création nouvelle et une nouvelle créature, que nul autre ne peut porter à la perfection, si ce n'est le Seul même Père des Lumières, qui agit jusqu'à présent.

De même, nous tenons que Dieu n'a préposé à sa place nulle créature à créer, conserver et accomplir quoi que ce soit ; d'ailleurs, la nature même de la Vérité ne le permettrait pas, car cela contredirait à la Toute-Puissance Divine – par conséquent, nulle forme ne peut être produite par la matière, ou par quel être créé que ce soit, mais il n'y a que Dieu, l'Essence et la Vie de toute chose, qui la produit éminemment.

Ensuite, par le miroir énigmatique, tu as parfaitement appris, je pense, que le substrat matériel de tous les corps sublunaires (car des supralunaires ce sont les Supralunaires qui traiteront) est l'eau, destinée par la puissance des ferments spécifiques et par l'organe de l'Archée à recevoir la forme, mais nullement à produire des formes.

Car, puisque la forme, comme il a été dit souvent, est la vie même de la chose, vie que la matière, indubitablement, n'a pas et ne peut donner, il s'ensuit que la vie particulière des choses s'enracine dans la Vie Universelle, et non dans une quelconque matière universelle.

Il en résulte clairement que c'est Dieu qui infuse surnaturellement la forme (toutes les choses, en effet, commencent d'abord surnaturellement dans Son être) et, enfin, que celle-ci, sur l'Ordre Divin, c'est-à-dire selon

---

[1] Il est difficile d'identifier les auteurs auxquels Cantemir fait référence ici, peut-être Saint Augustin, cf. *De Genesi ad litteram*, in *Œuvres de saint Augustin*, Tournai, Desclée de Brouwer, 1972, tome 2, p. 155.

concomitans, <in> vita, ut causa 'qua', in tempore, ut causa 'in qua', usque ad finem ab aeterna duratione determinatum (quam determinationem naturaliter 'vigorem' appellamus 'vitalem'), simul et unum esse perseverant.

CAP(VT) 8

{{Ethnici et Christiani hucusque de forma substantiali qui{d} sentiant ? 4 rerum formae explicantur — et Quarta quare[1] vere substantia formalis e{t} immortalis ?}}

Caeterum, mi alumne, Ethnici quidem unam dumtaxat rerum substantialem formam agnoverunt, duas autem Christiani et reliqui, animam hom{i}n(i)s[2] */226/* immaterialem atque immortalem credentes, adhuc argute Paganismo in scholis sublatente. Et unam quidem cunctis corporibus attribuunt materialibus, alteram autem soli homini, quam 'animam' appellant 'rationalem', a qua homo 'animal rationale' definitur. Et haec sunt quae de formis profitentur, docent, discunt, et usque ad Aristotelicam Idololatriam colunt.

Nos autem, id quod Veritas docet et quotidiana experientia suadet sequentes, quatuor dicimus esse rerum formas, et quidem inter se essentialiter differentes.

Et Prima quidem est quasi muta et plane obscura, tamen, secundum specificam differentemque proprietatem, minus et magis luminosa, ut est saxum, lapis, gemma, metallum, et cae(tera) his similia, quae vix ullum vitae promittunt insigne, verum tamen vivere, ac propriae essentialis formae ministerio fungi per virium vitalium notas sese declarant. His

---

[1] quare *ex* quam, *ut videtur, in macula corr.* M.
[2] *Paginae in fine strictius abbreviabat* M.

l'ordre naturel, s'agrège à la matière réceptive (*capax*) persévérant désormais conjointement à être une et la même chose dans la vie – comme cause «par laquelle» – et dans le temps – comme cause «dans laquelle» –, jusqu'au terme déterminé de toute éternité (détermination que nous appelons naturellement force vitale).

CHAPITRE 8

Que pensèrent jusqu'ici païens et chrétiens au sujet de la forme substantielle? Il est expliqué les quatre formes des choses et pour quelle raison la quatrième est véritablement la substance formelle et immortelle.

Du reste, mon élève, les païens admettaient une seule forme substantielle des choses, alors que les chrétiens et tous les autres qui croient que l'âme de l'homme est immatérielle et immortelle en reconnurent deux, car jusqu'ici le paganisme survivait dans les écoles de façon ingénieuse. Et ils attribuent l'une à tous les corps matériels, et l'autre au seul homme, l'appelant âme raisonnable, par laquelle l'homme est défini comme animal raisonnable. Telles sont celles que, au sujet des formes, ils professent, ils enseignent, ils apprennent et ils cultivent, jusqu'à devenir idolâtres d'Aristote.

Quant à nous, cependant, qui suivons ce que la Vérité enseigne et l'expérience quotidienne conseille, nous disons qu'il y a quatre formes des choses, et même essentiellement différentes entre elles[1].

Et la première est presque muette et entièrement obscure, cependant, selon la propriété spécifique et différente, elle est plus et moins lumineuse, comme il arrive pour les roches, les pierres, les gemmes, les métaux et les autres [étants] semblables à ceux-ci, qui laissent à peine apparaître un signe de vie, mais montrent néanmoins, à travers les signes

---

[1] Cette classification est empruntée à Van Helmont, comme on le verra. Cependant, on trouve une classification quadruple chez Pseudo-Denys l'Aréopagite, *Noms divins*, 4, 4, PG 3, 700 B : «...[le Bien] pôle de toute conversion où chaque chose trouve sa propre limite et vers quoi elles tendent toutes; par mode de connaissance si elles sont douées d'intelligence et de raison; par mode de sensation si elles sont douées de sensibilité; pour celles qui n'ont point de sens, par le mouvement naturel de l'instinct vital; pour celles enfin qui ne sont pas même vivantes et qui n'ont que l'être brut, par leur simple aptitude à recevoir la participation des essences.» Voir aussi 4, 20, PG 3, 720 A.

adscribuntur vegetabilium effoeta, ut sunt ossa et ligna arida, et omnia, quae arte ad aliquam specificam reducuntur formam. Quae forma, eo quod rei vere attribuat τò esse sui, vere 'forma essentialis' est atque dicitur. Hic scire oportet formas, quas arte produci dixi/227/mus, non quatenus ad mathematicas figuras, sed quatenus ad materiae tran<s>formationem intelligi.

Secunda est ista, paulo explicatior atque luminosior, qualis est in rerum seminibus, quae, alimenti vigore suscepto, suctoque in se humore, fermentorum vi in sui transmutat<ur> speciem, unde incrementum et Archei vitalis initium — insuper et animae quendam characterem continere videtur — nec enim haec est anima vivens, sed praeludia tantum animae viventis gestat, et idcirco 'vitalis' dumtaxat 'forma' appellari meretur.

Tertia est forma substantialis, non tamen substantia, quia, quamquam sit vivens, motiva et sensitiva, et quasi per modum cuiusdam a corpore abstractae substantiae se gerat, atque interim per motum sensuum arbitralem, perinde ac esset electionis, necnon sine aliquali imaginativo discursu, in brutis manifestetur — non tamen est substantialiter permanens, et idcirco nec 'substantia', sed solum 'forma substantialis' dicitur.

des forces vitales, qu'ils vivent et accomplissent la fonction de leur forme essentielle propre. C'est à cette catégorie que l'on attribue les végétaux desséchés, comme le sont les noyaux et le bois sec, et tout ce qui est réduit par art à n'importe quelle forme spécifique. Forme qui, parce qu'elle attribue véritablement son être à la chose, est et s'appelle justement forme essentielle[1]. Il convient de savoir ici que les formes que nous avons dit être produites par art sont entendues non pour autant qu'elles concernent les figures mathématiques, mais pour autant qu'elles relèvent de la transformation de la matière.

La deuxième est la forme, un peu plus développée et plus lumineuse, qui se trouve dans les semences des choses; lorsqu'elle prend force de la nourriture et s'imbibe d'humidité, elle se transmue par la force des ferments dans son espèce, d'où provient la croissance et le commencement de l'Archée vital; en outre, elle semble contenir aussi un certain caractère de l'âme. En fait, elle n'est pas une âme vivante, mais elle en porte les prémices et, dès lors, mérite d'être appelée seulement forme vitale[2].

La troisième est la forme substantielle, qui n'est cependant pas une substance, parce que, bien qu'elle soit vivante, motrice et sensitive, qu'elle se comporte à la façon d'une substance séparée du corps et qu'elle se manifeste de temps en temps dans les animaux à travers le mouvement arbitral des sens, exactement comme si celui-ci était le résultat d'un choix, et aussi non sans un certain langage imaginatif, elle n'est, cependant, pas substantiellement permanente et, pour autant, ne s'appelle pas substance, mais seulement forme substantielle[3].

---

[1] Lat. *forma essentialis*. Chez Van Helmont: «la forme essentielle est celle des choses chez lesquelles l'on peut soupçonner à peine quelques indices de vie, telles que le ciel, les pierres, les métaux, les marcassites, le sel, le soufre, les liquides, les variétés de terre. De même, les herbes desséchées, les noyaux secs, etc., dont la forme est une certaine lumière (*lumen*) matérielle, contenant la forme et attribuant à la chose son être, ce pourquoi elle est apelée forme essentielle», *Formarum ortus*, 68, *Opera omnia*, 1682, p. 138-139.

[2] Lat. *forma vitalis*. Chez Van Helmont: «La seconde est la série des choses qui par la force de leur nourriture et de leur croissance semble contenir un commencement de vie et le caractère de l'âme. Telles sont les plantes, dont la forme est différente de la précédente en ceci qu'elle est décorée du titre de vie, et pour cela elle doit être appelée forme vitale», *ibidem*.

[3] Lat. *forma substantialis*. «La troisième classe de choses enfin possède une forme vivante, non par similitude, mais vraiment motrice et sensitive. Et ainsi l'on dit qu'elle engendre une forme substantielle, mais pas du nom absolu de substance, mais seulement substantielle, comme si elle se comportait à la façon d'une certaine substance spirituelle séparée», *ibidem*.

Quarta, tandem, est substantia formalis, quae, utpote unica inter omnes (abstractos excipio Spiritus), vere est substantia, semel quidem creata, nunquam autem interitura — quippe cum expresse Vitae /228/ Vniversalis gestet imaginem, in durationis infinitudine est constituta atque stabilita.

CAP(VT) 9

{{Ob quem finem rerum formae explicantur et quare[1] duae postremae enixius discutiuntur. Forma hominis substantialis, ut ab Ethnicis cognita, describitur.}}

Interim scire licet, mi alumne, me non aliam ob causam conatum fuisse rerum explicare formas, nisi ut Vitae Vniversalis miram percipias distributivam largitionem — imo nec intentum habuisse paradoxam condere Philosophiam, sed originale lumen, ad Veritatis splendorem atque Scientiae Orthodoxae stylum[2] reductum genuino restituere habitui proposuisse, quo mediante, formarum cognitis differentiis, simul atque tam Vniversalis, quam particularis vitae notitia adepta, de contingentibus in rerum vitis, imposterum, divinius sanctiusque philosopheris.

Verum enim, cum duae praeeuntes formae magis ad physiologos spectent, restat opus nostrum esse duas tantum posteriores aliquanto fusius atque explicatius enucleare, ubi hominem duabus complecti formis et totidem frui vitis comperies.

Insuper, mortalitatis atque immortalitatis eius mysticam admiraberis misturam, necnon utriusque naturam, exordium, quidditatem, proprietatem, differentiam, connexionem, contubernium, concomitatum, consensum, dis/229/sensum, praeeminentiam, diminutionem, nobilitatem, ignobilitatem, virtutem, debilitatem, patibilitatem, impatibilitatem, felicitatem, infelicitatem, vitam, mortem, meritum et demeritum, atque caetera omnia, quae ad totum pertinent hominem, puro assequeris intellectu.

---

[1] quaere *ante* duae postremae M.
[2] stylum *ex* stilum *corr.* M.

La quatrième enfin est la substance formelle, qui, en tant qu'unique entre toutes les formes (sans considérer les Esprits séparés), est véritablement substance, créée, certes, une fois, mais vouée à ne jamais périr, parce que, portant expressément l'image de la Vie Universelle, elle est constituée et établie dans l'infinité de la durée[1].

CHAPITRE 9

Il est expliqué les fins des formes des choses et pourquoi les deux dernières sont exposées plus assidûment. Il est décrit la forme substantielle de l'homme, telle qu'elle fut connue par les païens.

Entre temps, il faut savoir, mon disciple, que j'ai essayé d'expliquer les formes des choses afin seulement que tu saisisses la merveilleuse largesse distributive de la Vie Universelle. Bien plus, je n'ai pas eu l'intention de fonder une philosophie paradoxale, mais je me suis proposé de restituer à la lumière originelle la splendeur de la Vérité et le style de la Science Orthodoxe, propres à sa condition authentique ; à l'aide de cela, lorsque tu auras connu les différences entre les formes et, en même temps, acquis la connaissance tant de la Vie Universelle que de la vie particulière, tu philosopheras de façon plus divine et plus sainte au sujet de ce qui arrive dans les vies des choses.

En effet, puisque les deux premières formes intéressent plutôt les philosophes naturels, il ne nous reste pour tâche que d'éclaircir les deux dernières, plus à loisir et plus en détail, afin que tu comprennes que l'homme revêt deux formes et jouit d'autant de vies.

En outre, tu en admireras le mélange mystérieux de mortalité et d'immortalité et tu examineras aussi, par l'entendement pur, la nature de l'une et de l'autre, leur commencement, essence, propriété, différence, lien, cohabitation, concomitance, convergence, divergence, prééminence, abaissement, supériorité, infériorité, force, faiblesse, passibilité, impassibilité, félicité, infélicité, vie, mort, mérite et démérite, ainsi que tout ce qui relève encore de l'homme en son entier.

---

[1] Lat. *substantia formalis* ; c'est le propre de l'intellect humain, que Van Helmont considère donc comme immortel. Chez Van Helmont : « Et enfin la quatrième, et la seule entre toutes qui est vraiment substance : il n'y a que la substance formelle que l'on doit appeler ainsi, puisqu'elle ne disparaîtra jamais, étant infinie par sa durée », *ibidem*.

Est enim exterioris hominis vita — vel, si fas est dicere, 'cadaverina', aut 'corporea forma' — sensitiva, animalis, brutalis, irregularis, affectibus obnoxia, passionibus subiecta, sana, morbosa, robusta, languida, fortis, imbecillis, longa, brevis, labilis, caduca, felix, infelix, mortalis, annihilabilis, ac tandem, prout Sacra Scientia docet, mundana et mundi vita, lex diabolica, tyrannis boni contraria, mali appetens et Deo inimica.

Haec est, inquam, vita mundi, vita mortalis et vitalis mors, in quam mortiferorum appetituum author atque exactor, κατὰ συγχώρησιν[1], suam exercet tyrannidem.

Et haec est hominis forma substantialis, ab Ethnica Schola rationalitatis titulo falso decorata, et sophistice in hominis constitutivam differentiam intrusa, prout huius<c>e hominis antonomastica denominatio ma<ni>feste probat: addito enim definitionis membro, mortales solos[2] homines, hoc est animalia rationa/230/lia intelligi vult[3] atque praecipit.

CAP(VT) 10

{{*Formalis hominis substantia pie describitur, allata blasphemans eius definitio*[4], *in ea tria absurda considerantur et, de hominis rationalitate concepta refutata opinio, pia hominis definitio datur*}}

Interioris autem hominis forma est substantia formalis, creatura immaterialis, spiritus intellectualis, Divina et Dei Imago, typus Deificus, Vita subsistens, a primo Exemplari dependenter aeterne vivens, impatibilis, modo sensibili immutabilis atque inalterabilis, immortalis, boni et honesti vere, bene et honeste appetens, terrestrium simul atque Caelestium Creaturarum nobilissima, opus Deo charissimum, et Divinum Imperium — in quo Fons Vitae, Rex Gloriae ingredi dignatur, atque donationum perfectarum dator acquiescit, regnat atque imperat.

---

[1] συγχώρησιν *scr.*: συμχώρισην M.
[2] solos ex soli *corr.* M.
[3] vult *ex* volunt *corr.* M.
[4] *Bis Nominativum absolutum emendare abstinui.*

Car la vie de l'homme extérieur ou – s'il est permis de le dire – sa forme cadavérique, ou corporelle – est sensitive, animale, brutale, irrégulière, soumise aux affects, assujettie aux passions, saine, malade, robuste, languissante, forte, faible, longue, brève, changeante, fragile, heureuse, malheureuse, mortelle, anéantissable, et enfin, ainsi que la Science Sacrée l'enseigne, terrestre et de ce monde, loi diabolique, tyrannie contraire au bien, désireuse du mal et ennemie de Dieu.

Telle, dis-je, est la vie de ce monde, vie mourante et mort vivante, sur laquelle l'auteur et inspirateur des appétits mortifères exerce avec la permission [de Dieu][1] sa tyrannie.

Et telle est la forme substantielle de l'homme, décorée par l'École païenne du faux titre de rationalité et introduite sophistiquement dans la différence constitutive de l'homme, ainsi que le prouve manifestement la dénomination par antonomase de l'homme : à travers le membre de la définition qu'elle ajoute, elle veut et prétend que seuls les hommes, c'est-à-dire les animaux raisonnables, soient considérés comme mortels.

CHAPITRE 10

Il est pieusement décrit la substance formelle de l'homme. Après en avoir rapporté la définition blasphématoire, il est considéré trois absurdités et, une fois réfutée l'opinion reçue au sujet de la rationalité de l'homme, il est donné la définition pieuse de celui-ci.

La forme de l'homme intérieur est une substance formelle, une créature immatérielle, un esprit intellectuel, une Image Divine et de Dieu, une figure mystique déifiante, une Vie subsistante, vivant éternellement de façon dépendante du premier Modèle, impassible, immutable et inaltérable dans l'Univers sensible, immortelle, désirant véritablement, parfaitement et honnêtement le bien et l'honnête, la plus noble des créatures à la fois terrestres et célestes, l'ouvrage le plus chéri par Dieu et par l'Empire Divin, dans lequel la Source de la vie, le Roi de gloire daigne entrer et l'Auteur des dons parfaits se repose, règne et gouverne.

---

[1] Gr. κατὰ συγηώρησιν. Voir chapitre 6, Livre III.

Vnde manifestum fit non sanam esse mentem, quae putat huiuscemodi spiritualem substantiam a sensitivis aliquid pati, aut per vim enormium irregulariumve appetituum in sui subiectionem rapi posse — quandoquidem, tum mysterio Creationis, tum gratiae Conservationis, tum, denique, Divinae Imaginis antitypica Maiestate, omnes superare atque excellere creaturas quis mentis compos dubitabit?

Haec itaque, mi alumne, ineffabilis forma ac Magni Opificis plane inscrutabile opus /231/ cum revera ita se habere non dubitetur, attamen — proh! — ore Christiano pagana eius definitio adhuc professa[1] non solum [quod] indigne blasphem*a*nt[2], sed etiam Creaturarum nobilissimam atque excellentissimam omni ignobilitatis atque vilitatis detractione infectant dedecorantque.

Definiunt enim (Vae ad instar Gentium docentibus!) hominem esse animal rationale, mortale, intelligentiae et scientiae capax. In qua definitione consideratur — Primo: sola sensitiva rationalitate a caeteris differre brutis. Secundo: per assiduam operationem habitualem intellectum acquirere, ac si ipsi intellectus et intelligentiae actus adventi*c*ius[3], accidentalis, peregrinus, atque ipsi subiecto posterius esset. Tertio tandem, et quod est impiissimum: Creaturam, quam Deus ad Imaginem et Similitudinem Suam creavit, isti ad similitudinem et imaginem caeterorum animalium referunt.

Sed non mirum, fortassis, hoc Ethnicis, utpote Veritatis lumine privatis, mirum tamen, imo etiam maxime dolendum ipsis, qui alioquin prae se ferunt sese veritatis discipulos esse et Sacram Scientiam scrutari ipsique obedire fatentur. Qui, profecto pigrius quam decebat, ad Veridici

---

[1] *Cf. n. ant. ad p. ant.: sc.* paganam eius definitionem adhuc profitentes (*i.e.* Scholastici).

[2] blasphem*a*nt *scr.*: blasphement M.

[3] adventi*c*ius *scr.*: adventitius M.

Il devient ainsi manifeste qu'il n'a pas l'esprit sain celui qui croit qu'une substance spirituelle de cette espèce puisse pâtir quelque chose de la part des choses sensitives, ou être réduite en esclavage par la force des appétits excessifs et irréguliers. Qui, en effet, entre les gens sains d'esprit doutera qu'elle précède et surpasse toutes les créatures tant par le mystère de sa création, que par la grâce de sa conservation, et, enfin, par sa Majesté, réplique de l'Image divine ?

Et ainsi, mon disciple, quoiqu'il n'y ait pas de doute quant au fait que cette forme ineffable et cet ouvrage tout à fait insondable du Grand Ouvrier est réellement ainsi, pourtant, hélas !, professant jusqu'ici, d'une bouche de chrétien, une définition païenne de l'homme, non seulement ils blasphèment honteusement, mais ils infectent et déshonorent la créature la plus noble et la plus distinguée par d'ignobles et basses diffamations.

Car ils posent par définition (malheur à ceux qui enseignent à l'instar des Gentils !) que l'homme est un animal raisonnable, mortel, capable d'intelligence et de science. Dans cette définition il est à noter : Premièrement : qu'il est différent des autres animaux par la seule rationalité sensitive. Deuxièmement : qu'il acquiert son intellect « *habitualis* »[1] par une activité continuelle, comme si l'intellect et l'acte de l'intelligence étaient adventices, accidentels, étrangers et postérieurs au sujet même. Troisièmement enfin, et ce qui est le plus impie : ceux-ci rendent la créature, que Dieu a créé à Son Image et Ressemblance, ressemblance et image des autres animaux.

Mais il n'est peut-être pas étonnant que les païens, étant privés de la lumière de la Vérité, soient de cet avis ; il l'est, en revanche, et il est même très poignant, que le soient ceux qui se considèrent par ailleurs comme les disciples de la vérité et proclament qu'ils recherchent la

---

[1] L'on trouve l'expression *intellectus habitualis* ou *speculativus*, chez Averroès, avec le sens de l'actualisation de contenus de connaissances, ou de savoir, dans le domaine de l'*intellectus materialis*, *Commentarium Magnum in Aristotelis De anima*, éd. St. Crawford, CCAA, Versionum Latinarum, VI, 1, Cambridge, Mass., Medieval Academy of America, 1953, livre III, p. 483 sqq., 499-500. A partir de là, l'*intellectus habitualis* reçoit une position intermédiaire au regard de la nature non devenue et impérissable de tout ce qui est spirituel. Pour autant qu'il appartient à l'*intellectus materialis*, il est non devenu et impérissable, mais par rapport à la compréhension de vérité que l'homme particulier accomplit, il est devenu et aussi périssable, tant que les contenus de savoir ne sont pas immortalisés par l'enseignement et la tradition, cf. Ingrid Craemer-Ruegenberg, « Alberts Seelen- und Intellektlehre », in Albert Zimmermann (hrsg.), *Albert der Grosse : seine Zeit, sein Werk, seine Wirkung*, Berlin, New York, de Gruyter, 1981, p. 108.

Praeceptoris doctrinam currentes[1], non animadverterunt /232/ Intellectum esse potentiam animae congenitam, propriam atque substantialem; rationem autem, vel potius, abstracte, rationalitatem, adventiciam[2], intellectui pedissequam atque sensibile instrumentum, ad corporales duntaxat appetitus moderandos[3] ad{a}ptatum, et, idcirco, simpliciter, animae non necessarium.

Itaque clarescit talem crassam definitionem cadaveroso corpori, et non toto homini attribui debuisse — siquidem per fidei splendorem omnibus persuasum est fidelibus animam hominis, <aut> a corpore separata<m>, aut in corpore per communem ressurectionem reparato, sine ullo rationis discursu, non secus ac caeteros intellectuales spiritus, omnia perfecte intellectualiter intelligere; cuius luminis splendidissima coruscatio etiam in hoc composito[4] statu coruscat — nempe in eis, quae per fidem scimus ea, quae scimus, et intelligimus ea, quae intelligimus. Vbi ratio totaliter mortificata, intellectualis florescit vigor.

Quamobrem, si non ignorantiae pudore, saltem Dei timore quaelibet conscientia ad haec contremiscere debebat et, stante victrice e Veritatis emanante Fonte vera totius hominis definitione, suavissimum deberent admittere iugum.

Est enim homo Creatura vivens in corpore, per animam immortalem, ad Gratiam Dei, secundum Lumen /233/ et ad Imaginem Verbi Primi Exemplaris sigillata: dies namque et suum lumen fuerunt quandoque absque Sole, et Sol fortasse erit aliquando absque lumine, anima autem hominis absque Divina Exemplarique Imagine considerari, aut apprehendi minime potest, nisi forte per Solis Iustitiae aversionem, quam eiusdem aeternam et immortalem mortem esse Sacra docet Scientia.

---

[1] currentes *ex* cure- *s.m. corr.* M.
[2] *Cf. n. 38 ad p. ant.*
[3] moderandos *ex* -ndas *corr.* M.
[4] composito *ex* -ta *corr.* M.

Science Sacrée et qu'ils y obéissent. En effet, s'empressant, bien plus maladroitement qu'ils ne devraient, vers la doctrine du Maître Véridique, ils n'ont pas pris garde que l'intellect est une puissance innée de l'âme, qui lui est propre et substantielle ; alors que la raison, ou plutôt, abstraitement, la rationalité, est adventice, servante de l'intellect et instrument sensible propre à modérer seulement les appétits corporels et, en tant que telle, simplement non nécessaire à l'âme.

Dès lors il devient clair qu'une telle définition grossière devait être donnée au corps cadavérique et non à l'homme en son entier – puisque tous les fidèles sont persuadés par la splendeur de la foi que l'âme de l'homme, fût-elle séparée du corps, ou bien dans le corps restauré par la résurrection commune, entend intellectuellement, de même que les autres esprits intellectuels[1], tout à la perfection, sans aucun mouvement de la raison ; la fulguration très éclatante de cette lumière resplendit même dans cet état d'union [avec le corps], donc également dans les choses que nous connaissons par la foi être telles que nous les connaissons et que nous entendons être telles que nous entendons. Là où la raison est totalement mortifiée, la vigueur de l'intellect fleurit.

Aussi, toute conscience, si ce n'est par honte de l'ignorance, du moins par crainte de Dieu, devrait trembler devant ces choses et se plier au joug très doux, car la définition vraie de l'homme entier, émanant de la Source de la Vérité, se dresse victorieuse.

Car l'homme est une Créature vivant dans un corps, par une âme immortelle, et marquée du sceau de la Grâce de Dieu, selon [ce qu'elle a de] Lumière, et de l'Image du Verbe du Premier Modèle : en effet, le jour et sa lumière furent jadis privés du Soleil, et le Soleil sera peut-être une fois privé de lumière, alors que l'âme de l'homme ne saurait être considérée et conçue comme privée de l'Image Divine et Originelle, sauf si elle se détournait du Soleil de Justice, ce que la Science Sacrée enseigne en être la mort éternelle et immortelle.

---

[1] « Purifiées de toute matérialité, c'est de façon intellectuelle, immatérielle, unitive, qu'elles [les puissances intellectuelles] saisissent par intuition les intelligibles divins », cf. Denys l'Aréopagite, *Noms divins*, VII, 2, PG 3, 868 B. On voit l'argument : puisque le corps ne joue aucun rôle dans le processus d'intellection de l'âme séparée, de l'âme unie au corps glorieux après la résurrection ou des intelligences séparées, il n'y a aucune raison de croire qu'il joue quelque rôle que ce soit dans l'entendement de l'âme qui lui est unie.

CAP(VT) 11

{{In pagana perseverantibus perversitate Dei minitatur vindicta. Origo rationalitatis in homine a Serpente callidissimo. Quare homo caeteris animalibus rationabilior? Origo Ethices. Rationis fatuitatis causa; delirantis et superstitiosi differentia, et causa differentium formarum in singulis et omnibus.}}

Quamobrem, mi alumne, apud pias animas pium debet agnosci debitum, hasce duas formas, quae totum perficiunt hominem penitius disquirere, et de ipsis religiosius aliquid atque divinius sentire, intelligere et scire, alioquin de divinis contra Dei Veritatem sentientibus et incorrecti permanentibus peccatum prae foribus est, et ab imminenti iusta Dei vindicta inulti evadere haud poterunt.

Igitur exterior hominis forma (quam diximus esse brutalem animam et legem diabolicam, in membris hominis adversus Legem Divinam rebellantem), quamquam suo lumine a caeteris animalibus nihil differat, verumtamen serpens, cum esset omnium animalium callidissimus, homini sensitivam ingessit rationabilitatem, et ipsi soli sese praebuit paedago*/234/*gum, et homo solus, per adventiciam[1] sensitivam rationabilitatem, scientiam boni et mali didicit. Qua parte quamquam solum ad pravas cogitationes pronus et simplici bono contrarius sit, attamen alia ex parte — hoc {est} anima intellectuali — essentialiter id, quo{d} simpliciter bonum est, appetere cogitur, et quasi per opacas[2] sensualitatis obscuritates[3] strictissimosque brutalitatis meatus, intellectualibus transmissis radiis, bonum simpliciter et malum multipliciter apprehendere elevatur: quapropter necessario sequitur sensitivum hominem caeteris animalibus multo magis rationabiliorem, astutiorem atque prudentiorem esse — nempe ad res componendas, dividendas, eligendas, comparandas atque diiudicandas, mira pollere facultate. Vnde tam prophanae *(sic)* Ethicae, quam Sacrae Theologo-Ethicae tota conflatur materia.

---

[1] *Cf. n. 38 ad p. 231/*
[2] opacas *ex* opacos *mut.* M.
[3] obscuritates *ex* me- *corr.* M.

CHAPITRE 11

Ceux qui persévèrent dans la perversité païenne sont menacés de la vengeance de Dieu. Dans l'homme, la rationalité tire son origine du Serpent très rusé. Pourquoi l'homme est-il plus enclin à raisonner que les autres animaux? L'origine de l'Éthique. La cause de la fatuité de la raison; il est montré la différence entre le délirant et le superstitieux et la cause des formes différentes dans chaque chose et dans toutes.

Aussi, mon disciple, est-il nécessaire d'apprendre que les âmes pieuses ont un devoir pieux, à savoir d'examiner plus à fond ces deux formes qui perfectionnent l'homme en son entier et de sentir, comprendre et savoir quelque chose de plus saint et divin à leur sujet; autrement, le péché guette ceux qui pensent, au sujet des choses divines, contre la Vérité de Dieu et y persévèrent sans se corriger et ils ne pourront échapper impunément à la juste et imminente vengeance de Dieu.

Par suite, bien que la forme extérieure de l'homme (que nous avons dit être une âme animale et une loi diabolique, qui, dans les membres de l'homme, regimbe contre la Loi Divine), ne diffère en rien, par sa lumière, de celle des autres animaux, néanmoins le serpent, étant le plus rusé de tous les animaux, fit connaître à l'homme la rationalité sensitive et lui proposa à lui seul d'être son pédagogue, et l'homme fut le seul à apprendre, par la rationalité sensitive adventice, la science du bien et du mal. Bien qu'il soit, par cette partie seulement, enclin aux mauvais jugements et hostile au bien simple, l'homme est pourtant contraint par une autre partie – à savoir par l'âme intellectuelle – à désirer essentielle-ment ce qui est simplement le bien; et il est élevé, d'un côté, à travers les obscurités opaques, pour ainsi dire, de la sensualité et les passages très étroits de l'animalité et, de l'autre, à travers les rayons que lui envoie l'intellect, à appréhender le bien simplement et le mal de façon multiple; aussi s'ensuit-il nécessairement que l'homme sensitif est beaucoup plus enclin à raisonner, plus habile et plus prudent que les autres animaux, disposant notamment d'une faculté étonnante de composer, diviser, trier, comparer et discerner les choses. D'où provient toute la matière tant de l'Éthique profane que de la Théologo-Éthique Sacrée.

Verum enim, quo magis parti sese dederit brutalitatis, eo magis, intellectualibus animae hebetatis radiisatque obscuratis, v*arias*[1] sibi multiformesque sensuum mortalium acquirit imaginationes (a quibus et quibuscum tota ratio<ci>nationis perficitur perfect<it>udo) ita ut plane innumeras formarum Ideas atque apparentium idolorum */235/* diversitates, alleitates, heteroclitorumque identitates — et, vice versa, aliorum pro aliorum apprehensiones sibi suadere, affirmare atque decernere potest.

Quod maxime in delirii symptomate et superstitionum amentia videre est, in quibus terminis non mortificantur, aut stupidescunt rationabilitatis sensus (prout quibusdam videtur), sed sensitivae animae brutalis facultas, sensuum irregulares ascendens gradus[2], omni intellectuali privatur[3] lumine. Hoc tamen delirium symptomaticum et amentiam superstitiosam patientes differunt, quia hi per Archeum morbificum, illi autem per crassam rationalem brutalitatem patiuntur id quod patiuntur. Similiter de congenita brutalitati inclinatione existimandum, quae, secundum seminalem roborem, imbecillitatem, nutritionem, aëris alterantis temperiem, locorum situalium vigorem, atque archealem vivacitatem, tam a caeteris, quam a se differre videtur.

Vnde, in una et eadem humana specie, tot diversae et in invicem p<a>ene differentes[4] apparent formae. Imo una ipsa unius atomi forma, iuxta internorum passibilium Spirituum motus (homo enim etiam proprio motivo atque alterativo {{blas}} non caret), momentaliter in varias transfi*/236/*guratur formas, ita ut quasi idem iratus non sit idem placatus, et caet(era).

---

[1] varias *scr.*: verias M.
[2] *Denuo Nominativum absolutum corrigere abstinui.*
[3] privatur *scr.*: privantur M.
[4] differentes *ex* diversae *mut.* M.

Mais, cependant, plus l'homme s'adonne à la partie animale, plus les rayons intellectuels de l'âme sont hébétés et obscurcis, et il acquiert des images variées et multiformes venant des sens mortels (par l'effet desquelles et avec lesquelles s'accomplit la perfection de la ratiocination), de sorte qu'il peut accueillir, affirmer et distinguer les idées presque innombrables des formes et les diversités des idoles apparentes, les altérités et les identités des choses hétéroclites – et inversement, l'appréhension[1] des unes à travers les autres.

On peut le voir le mieux dans le symptôme du délire et dans la folie des superstitions, dans lesquels les sens de la rationalité ne sont pas mortifiés, ou hébétés (comme il semble à certains), mais la faculté animale de l'âme sensitive, gravissant les degrés irréguliers des sens, est dépourvue de toute lumière intellectuelle. Néanmoins, ceux qui subissent le délire symptomatique et la folie superstitieuse sont différents entre eux, car les uns subissent ce qu'ils subissent du fait de l'archée porteur de maladie, les autres du fait de l'épaisse animalité rationnelle.

L'on doit juger de façon semblable au sujet de l'inclination congénitale à l'animalité, qui semble différer d'un individu à l'autre ou dans le même individu, selon la force ou la faiblesse séminale, la façon de se nourrir, le changement du climat, la vigueur des lieux de position et la vivacité archéale.

Aussi, dans une et la même espèce humaine, tant de formes apparaissent qui sont très diverses et considérablement différentes les unes des autres[2]. Bien plus, la même forme d'un seul individu se transforme instantanément, selon le mouvement des esprits internes susceptibles de pâtir (car l'homme possède un *blas* propre moteur et altératif), dans des formes variées, de sorte qu'un même individu, lorsqu'il est furieux, n'est pas le même que lorsqu'il est apaisé, et ainsi de suite.

---

[1] Lat. *apprehensio*, pour gr. κατάληψις.
[2] Explication de la présence d'une multiplicité d'idées dans un seul intellect humain, à partir du principe platonicien que le multiple est un signe de l'imperfection.

CAP(VT) 12

{{Anima hominis quare sensui incognita? Et a semet ipsa quomodo
cognosci potest? Quare caeteris Creaturis nobilior? Mors et vita eius
quae, et quomodo? Reparationis et adoptionis eius Imperium et
hereditas quae?}}

Et haec ita quidem, mi alumne, de homine ab Ethnica Schola cognito, et 'animal rationale', ut magnum quid, definito dicta sint satis; de interiore autem homine et vera substantia formali pie sciendum — quandoquidem, quatenus Divina refulget Imagine (prout ex propria patuit definitione), nec mortalem oculum[1] ipsam intueri, nec brutalem[2] sensum apprehendere, ideamque ipsius imaginari posse: praecellentia enim immaterialitatis omnes trans<c>endit materialiter cognoscendi terminos, et quod ad Dei Similitudinem creatum est, per eiu<s>dem Dei Consubstantiale Verbum atque Veritatem docentem Spiritum credendum, discendum atque intelligendum est.

Ergo per Aeternam Charitatem perque desuper clementer infusam Scientiam ipsa mens de semet ipsa quot quantaque assequi concessum est, sub humili Theologo-Physices censura, sensuum capacitati communicare liceat. (Doce enim sapientem, et sapientior fiet[3]!).

Meminisse oportet, mi alumne, quod in Aenigmatico Speculo apparebat tibi — Divinam Ima*/237/*ginem esse, quatenus non cognoscebatur, et non esse, quatenus cognoscebatur. Vnde, ex contrariis negativis, radius quidam verae affirmationis coruscat, ita ut mens de se ipsa aliquid tale, reale et actu existens sibi persuadere non haesitet.

---

[1] mortalem oculum *ex* mortalis oculus *mut.* M.
[2] brutalem *ex* -alis *corr.* M.
[3] *Paradoxa variatio ad tritum* 'doctum docere' (= 'stultum sese monstrare'), *de qua* vide Plt., *Poen.*, 880, vel Hieron., *Epist.*, 22, 27.

Chapitre 12

Pourquoi l'âme de l'homme est-elle inconnue au sens ? Et comment peut-elle être connue par elle-même ? Pourquoi est-elle plus noble que les autres créatures ? Quelles en sont la mort et la vie, et comment ? Quels sont l'empire et l'héritage de sa restauration et de son adoption ?

Nous avons dit assez au sujet de la façon dont l'École païenne a connu l'homme et dont elle l'a défini comme animal raisonnable ; il convient cependant, mon disciple, d'apprendre pieusement quelque chose au sujet de l'homme intérieur et de la vraie substance formelle, car, dans la mesure où il brille de l'Image Divine (ainsi qu'il est ressorti de la définition propre), l'œil mortel ne saurait le fixer de son regard, ni le sens animal le saisir et en imaginer une idée : la supériorité de l'immatériel transcende en effet toutes les limites du connaître matériel et il faut croire, apprendre et entendre, par le Verbe de Dieu consubstantiel à l'homme et par l'Esprit enseignant la Vérité, qu'il a été créé à la ressemblance de Dieu[1].

Qu'il soit donc permis à la capacité des sens de partager, sous l'humble censure de la Théologo-Physique, les choses aussi nombreuses et importantes qu'il fut concédé à l'esprit de comprendre au sujet de soi-même, par la Charité Éternelle et par la Science infuse avec douceur d'en haut. (En effet, enseigne au sage et il sera plus sage !)

Il convient de te souvenir, mon disciple, que ce qui t'était apparu dans le miroir énigmatique[2] est l'Image Divine, pour autant qu'elle ne t'était pas connue, et ne l'est pas, pour autant qu'elle te l'était[3]. Dès lors, des contraires négatifs resplendit un rayon de l'affirmation vraie, de sorte que la pensée n'hésite pas à se persuader qu'elle est elle-même quelque chose de tel, de réel et d'existant en acte[4].

---

[1] Cf. *Gen.*, 1, 26 ; 5, 1.

[2] Le miroir énigmatique est celui que le Vieux Ancien de Jours montre sur sa poitrine (II, 1) et qui reprend, en abîme, l'entreprise échouée de Cantemir de représenter ou peindre l'image de la science sacrée (I, 13).

[3] Cf. Pseudo-Denys : « Dieu est-il connu à la fois en toutes choses et hors de toutes choses, et Dieu est-il connu tout ensemble par mode de connaissance, et par mode d'inconnaissance », *Noms divins*, VII, 3, PG 3, 871 A.

[4] Est-ce un souvenir du *Cogito* cartésien ? Voir Vlad Alexandrescu, *Croisées de la Modernité*, Bucarest, Zeta Books, 2012, chap. 11 : « Définition de la pensée et vie universelle », p. 434-447.

Quamobrem, sancte expedit (ut mea fert sententia) scire, ab ipso Creationis principio usque ad hoc nunc, quotquot Deus Tergloriosus in esse eorum produxerit — hoc est Caelestia, Supercaelestia, subcaelestia, sublunaria, terrena, superterrena, subterrana, abyssalia et caetera, quae Creationis comprehenduntur Catalogo; item, Immateriales abstractos Spiritus, Angelos, Archangelos, Cherubim, Seraphim, T<h>ronos, Poros — omnia haec universaliter, ceu Creaturae acceptae, a Sacra Scientia 'Dei posteriora' appellari, inter quae, quasi procerissimus antesignanus, ac signifer excellentissimus, humana intellectualis existit anima — Dei enim Simulacrum, et Imag<in>em[1] Opificis gestat — quare nihil ipsi propinquius, nihil dilectius et nihil carius atque pre*t*iosius[2] esse conside{ra}ri potest.

/238/ Imo (ut mea fert opinio) Angelis ipsis conditione nobilior atque excellentior (quamquam post lapsum minuerit ipsum) apud se habitus est — quandoquidem pro lapso Eudaemone non dignatus est in formam (miserere, Domine!) descendere Cacod<a>emonis, at pro peccante homine complacuit sibi in carnem hominis sese humiliare, et, suscepto toto homine — id est corpore et anima eius, praeter peccatum — omnia peccatoris induit atque sustulit, ad hoc, ut per aversionem Splendoris Faciei Eius aeterne demortuam immortalem animam, per eiusdem conversionem (quae est S(acro-) S(ancta) Crux et voluntaria Domini mors) eandem redivivam faciat et pessumdatam ab Inimico atque obscuratam imaginem, ad ineffabilem pristinum statum reductam, originali restituat illustritati atque liberae nobilitati — quod et perfecit Perfectissimus, et consummavit Potentissimus — quam non amplius servam, nec ea praeditum hominem 'servum', sed 'Filii fratrem' et 'Patris filium adoptivum' (Vnicus enim est Consubstantialis Dei Patris Filius) 'in Spiritu Sancto' nominavit, et cohaeredem Caelestium Regnorum effecit.

Ergo, mi alumne, talis Creatura, a tali Creatore taliter creata, restaurata, honorata atque decorata, nonne */239/* digne convenienterque caeteris anteponenda est Creaturis? Imo maxime — hoc enim ipsa persuadet Veritas!

---

[1] Imag<in>em *scr.*: Imagé (= Imagem) *ex* Imago *secus corr.* M.
[2] pre*ci*osius *scr.*: -ti M.

Aussi est-il utile et nécessaire (à mon avis) de savoir saintement toutes les choses que Dieu le Trois Fois Glorieux a produit dans leur être, depuis le commencement même de la Création jusqu'à maintenant, à savoir les célestes, supracélestes, subcélestes, sublunaires, terrestres, supraterrestres, souterraines, abyssales et les autres qui sont comprises dans le catalogue de la Création ; de même, les esprits immatériels séparés, les anges, les archanges, les chérubins, les séraphins, les trônes, les puissances, les intelligences et tous les ordres et les chœurs de l'hiérarchie céleste – la Science Sacrée les appelle toutes universellement, en les considérant comme des créatures, « postérieures à Dieu » ; entre celles-ci, comme la plus noble, soldat de première ligne et porte-étendard très éminent, il y a l'âme intellectuelle humaine, car elle porte l'apparence de Dieu et l'image de l'Ouvrier – raison pour laquelle on peut considérer que rien n'est plus proche, plus aimé de Dieu, rien ne lui est plus cher et plus précieux.

Et même (selon mon opinion), elle est en possession d'une condition plus noble et plus éminente que les Anges eux-mêmes (quoiqu'elle ait diminué après la chute) – car, pour s'incarner, l'esprit bon génie n'a pas voulu descendre (Dieu, aie pitié !) dans la forme du malin génie, mais il a bien voulu s'humilier dans la chair de l'homme pour l'homme pécheur et, ayant assumé l'homme en son entier – c'est-à-dire son corps et son âme, hormis le péché – il a revêtu, en l'assumant, tout ce qui appartient au pécheur, afin de faire revivre l'âme immortelle, éternellement morte pour s'être détournée de la Splendeur de Son Visage, par la conversion de celle-ci (qu'est la Croix Sacro-Sainte et la mort volontaire du Seigneur) et de rétablir l'image ruinée et obscurcie par l'Ennemi dans son illustre dignité originelle et dans sa noblesse exempte de péché, lui faisant recouvrer son état primitif – ce que le Très-Parfait a parachevé et le Très-Puissant a rendu parfait ; et Il ne l'a plus appelée, dans l'Esprit Saint, comme esclave, ni n'a appelé l'homme comme esclave soumis à elle, mais bien comme frère du Fils et fils adoptif du Père (car Unique est le Fils Consubstantiel de Dieu le Père), et l'a rendu co-héritier des Royaumes des Cieux.

Par conséquent, mon disciple, ne faut-il pas asseoir dignement et convenablement une telle créature, ainsi créée, restaurée, honorée et décorée par un tel Créateur, au-devant des autres créatures ? Et même au plus haut point – car c'est cela que la Vérité même persuade !

CAP(VT) 13

{{Inter Dei posteriora et anteriora anima hominis medium — Thabor
sensibilis et intellectualis, corpus et anima, ratio et intellectus. Moysa et
Elias Dei splendentem Faciem quando videre, quando consecuti sunt.
S(anctus) Petrus boni optimi electionem quando perceperit, ad
prosopopoëiam rogatur et respondetur.}}

Hinc humiliter et pie colligendum censeo, quandoquidem omnia tam
visibilia, quam invisibilia Creata per Mosaicam petram — hoc est in
Veteri Testamento — per firmam de Deo fidem Dei saltem posteriora
patefaciant, Dei Imago per Evangelicam regenerationem filialemve
adoptionem, si non Eius anteriora (hoc enim quis affirmare audebit?),
saltem medium quid inter anteriora atque posteriora indicare valebit —
vel, ut tutius aliquid dicas[1], in spiritualem Thabor montem, per
innocentiae puritatem ascendens, inibi eminentiorem atque superiorem
quendam obtinebit gradum, ex quo Dei anteriora (vel, ut Sacrae appellare
solent) 'Faciem Ipsius[2] Invisibilem', iuxta Gratiae concessionem,
splendentem atque fulgentem e magis propinquo aspicere possit.

Non tamen vivus erit homo, qui Faciem Dei videbit — hoc est Dei
Imago cum, per nexum collegae sensitivae animae ad intellectualiter
videre prohibeatur, et cum adhuc cum posteriora patefacientibus
communitatem exerceat, altissimum Thabor apicem (quem Moysa et Elia
occupa*/240/*verant) obtinere, et Divinum Divinae Faciei Splendorem, ut
est intuere non valebit — quod nec Moysa in monte Syna, nec Elia
Carmelo — hoc est in sensitivis terrenisque corporibus viventes, sed in

---

[1] dicas *supra* dicam *corr.* M.
[2] Ipsiu*s scr.* : Ipsium *homoioteleutice* M : *cf. Col., 1, 15.*

Chapitre 13

Entre les choses postérieures et antérieures à Dieu, l'âme de l'homme est au milieu. Le Thabor sensible et intellectuel, le corps et l'âme, la raison et l'intellect. Quand Moïse et Élie ont vu la Face resplendissante de Dieu ; quand ils l'ont suivie. Il est demandé et il est répondu par prosopopée quand Saint Pierre a compris le choix du meilleur bien.

A partir de là, je pense qu'il faut humblement et pieusement déduire, puisque toutes les choses visibles et invisibles créées sur la pierre mosaïque[1], c'est-à-dire dans l'Ancien Testament, rendent manifestes, par une foi ferme en Dieu, les choses postérieures à Dieu, l'Image de Dieu montre, par la régénération Évangélique ou par adoption filiale, si ce n'est les choses antérieures à Dieu (qui, en effet, osera affirmer cela ?), du moins ce qui se trouve au milieu entre les choses antérieures et postérieures ; ou bien, pour le dire de façon plus prudente, montant sur le Thabor spirituel, à travers la pureté de l'innocence, l'homme y atteindra un degré plus éminent et plus élevé à partir duquel il puisse regarder de beaucoup plus près, selon ce que la Grâce lui concèdera, les choses antérieures de Dieu, ou bien (comme les Écritures l'appellent d'habitude) Sa Face Invisible, resplendissante et fulgurante.

Néanmoins nul homme ne verra, vivant, la Face de Dieu, c'est-à-dire l'Image de Dieu, puisqu'il lui est interdit, du fait du lien de l'âme sensitive à l'intellect, de voir autrement, et, comme il vit encore en communion avec ce qui rend manifestes les choses postérieures, il ne pourra gagner le sommet du Thabor le très haut – que Moïse et Élie ont gravi – et regarder la Splendeur Divine de la Face de Dieu, telle qu'elle est, – ce que n'ont fait ni Moïse sur le mont Sinaï, ni Élie sur le Carmel, c'est-à-dire lorsqu'ils vivaient dans des corps sensitifs et terrestres. Mais ils ont suivi la Majesté Divine, se tenant spirituellement auprès d'elle, sur le

---

[1] Cf. *Exode*, 33, 12-23 : « Moïse dit au Seigneur : (...) si j'ai trouvé grâce devant vous, faites-moi voir votre visage (...), faites-moi voir votre gloire. Le Seigneur lui répondit : Je vous ferai voir toute sorte de biens. Je ferai éclater devant vous le nom du Seigneur. Je ferai miséricorde à qui je voudrai ; j'userai de clémence envers qui il me plaira. Dieu dit encore : Vous ne pourrez voir mon visage, car nul homme ne me verra sans mourir. Il ajouta : Il y a un lieu où je suis, où vous vous tiendrez sur la pierre ; et lorque ma gloire passera, je vous mettrai dans l'ouverture de la pierre, et je vous couvrirai de ma main jusqu'à ce que je sois passé : j'ôterai ensuite ma main, et vous me verrez par-derrière ; mais vous ne pourrez voir mon visage. »

Thabor spiritualiter Divinae assistentes Maiestati consecuti sunt, ubi Petrus et Zebedei filii[1], Ineffabilis Faciei Splendorem ad sensibilem capacitatem assimilantes, Solis splendorem et nivis alborem asserunt — et, eo quod adhuc in sensibili viverent corpore, "bonum est, inquit Petrus, eos hic esse, saltem si Christus iubeat fieri tabe<r>nacula"[2], fortassis ad meteorôn cohibendam infestationem.

Concedat tamen mihi Aposto<lo>rum Presbyterus, et aliquid ipsum audaciuscule rogabo: "Vbi nunc ipsi melius manere videtur — in sensibili, an in spirituali Thabor, et Christi Domini faciem in transfiguratione, sicut Sol splendentem, an Ipsum Iustitiae Solem (cuius radium in Thabor — hoc est Dei Patris vocem — sufferre impotens, in faciem suam ceciderat), ad instar pullorum altivolantium Aquilarum, fixis aspicre oculis maluerit?"

Respondebit Beatissimus 'post Paracleti adventum ipsum didicisse omnem veritatem, a qua edoctus est non ipsum, sed in ipso Christum vivere, et ita clavem Caelorum possidere potuisse'. Insuper, /241/ docebit divinam in homine Imaginem suo concrucifigi prototypo, hoc est Christo, Verbo Dei humanato, ad haec textum Sacrae Scientiae efferet: "Non manebit Spiritus Meus (Dicit Dominus) cum homine, quia caro est"[3], et

---

[1] *Mat., 17, 1-6.*
[2] *Mat., 17, 4; Marc., 9, 4; Luc., 9, 33.*
[3] *Gen., 6, 3.*

Thabor, là où Pierre et les fils de Zébédée[1], représentant la Splendeur de la Face Ineffable selon la capacité sensible, attribuèrent la splendeur au Soleil et la blancheur à la neige, de sorte que, parce qu'ils vivaient encore dans un corps sensible, Pierre dit : « *nous sommes bien ici, faisons-y, seulement si le Christ l'ordonne, des tentes* »[2], peut-être afin de se protéger contre l'agression des météores.

Mais que le plus vieux des Apôtres me permette de lui demander un peu plus audacieusement où il lui semble maintenant meilleur de demeurer – sur le Thabor sensible ou sur le Thabor spirituel – et s'il préfère regarder de ses yeux fixes, à l'instar des petits des aigles qui volent très haut[3], la Face du Seigneur Christ en Transfiguration, pareille au Soleil resplendissant, ou le Soleil même de Justice (dont étant incapable de supporter les rayons sur le Thabor, c'est-à-dire étant incapable de soutenir la voix de Dieu le Père, Il était tombé à terre)[4].

Le Très-Heureux répondra qu'après la venue du Paraclet, il a appris toute la vérité, par laquelle il fut instruit qu'il vivait non en lui-même, mais dans le Christ, et qu'il pouvait posséder ainsi la clef des Cieux. En outre, il enseignera que l'Image divine dans l'homme est crucifiée par son prototype, c'est-à-dire par le Christ, le Verbe de Dieu fait homme, à quoi se réfère le texte de la Science Sacrée : « *Mon Esprit* (dit le Seigneur) *ne demeurera pas avec l'homme, parce qu'il est chair* »[5], qu'il

---

[1] Jacques et Jean (cf. *Matthieu*, 10, 3). *Matthieu*, 17, 1-3 : « Jésus, ayant pris avec lui Pierre, Jacques et Jean son frère, les mena à l'écart sur une haute montagne ; et il fut transfiguré devant eux. Son visage devint brillant comme le soleil, et ses vêtements blancs comme la neige. En même temps ils virent paraître Moïse et Élie qui s'entretenaient avec lui. »

[2] *Matthieu*, 17, 4 : « Alors Pierre dit à Jésus : Seigneur, nous sommes bien ici ; faisons-y, s'il vous plaît, trois tentes : une pour vos, une pour Moïse, et une pour Élie », cf. aussi *Marc*, 9, 4 ; *Luc*, 9, 33.

[3] L'haliaète, une espèce d'aigle de mer au sujet duquel Aristote rapporte qu'il « a la vue très perçante, et il oblige ses petits, alors qu'ils sont encore dépourvus de plumes, à regarder le soleil en face : celui qui refuse est frappé et tourné de force ; et le premier dont les yex pleurent est tué, l'autre est élevé », *Histoire des animaux*, IX, 34, 620a 2 ; raconté aussi par Pline, *Histoire naturelle*, X, 10 ; Cantemir reprend cet exemple au chapitre 22 du Livre VI.

[4] *Matthieu*, 17, 5-6 : « Lorsqu'il parlait encore, une nuée lumineuse les couvrit ; et il sortit une voix de cette nuée, qui fit entendre ces paroles : Celui-ci est mon Fils bien-aimé, dans lequel j'ai mis toute mon affection : écoutez-le. Les disciples, les ayant ouïes, tombèrent le visage contre terre, et furent saisis d'une grande crainte », cf. aussi *Marc*, 9, 5-7 ; *Luc*, 9, 34-35.

[5] *Genèse*, 6, 3 : « Et Dieu dit : Mon Esprit ne demeurera pas pour toujours avec l'homme, parce qu'il n'est que chair ».

explicabit, sacram inferens consequentiam, "Ergo cum anima hominis, quia Spiritus est."

Nunc igitur, mi alumne, videant sapientes scholastici et obstupescant, videant, inquam, et Divinae Imaginis splendorem erubescant, quam 'animal rationale' definire non erubuerunt.

CAP(VT) 14

{{Imago interioris hominis quare indepingibilis? Theologo-metaphysices et Theologo-ethicae exordium — horum praeludium sequens sextus liber.}}

Ex his manifestum est, mi alumne, interioris hominis formae imaginem indepingibilem esse, et, eo quod ad similem simplicitatem simplicis prototypi referatur, omnem typicam excludere apprehensionem — quamobrem, nisi fidei adiuvet infallibilis Veritas, cadaveroso et rationali animali ignota atque inaccessibilis manet.

Externam autem eius formam[1], ob causas superius allatas, simul cum accidentibus vicissitudinibus, fluere, et singulis momentis in singulis atomis atque speciebus aliam atque aliam apparere dubitare non licet.

Et, quemadmodum ab interiore tota Theologo-metaphysices, ita ab exteriore tota Theologo-ethi/*242*/ces contexitur materia — et quae, quatenus ad Ethicam pertinet, a multis multiformiter moderari adque rectarum regularum rectitudinem reducendam conatum est.

Nec tamen facile suadetur legi diabolicae Divinae obedire Legi — imo etiam diabolicam diabolicae contrariari (mali enim proprium inconstantia est) passim videtur. Nec enim Ethica vita Alexandri ad Cyrum, nec, econtra, vita Cyri ad Alexandrum quadrabit, quamquam qui[s]libet eorum pro bona honesta atque felici vita usque ad oras certare videbatur — et sic de caeteris intelligendum atomis.

---

[1] formam *ex* vi- *(?) corr.* M.

développera, tirant la conséquence sacrée, « par conséquent, avec l'âme de l'homme, parce qu'elle est Esprit ».

Maintenant donc, mon disciple, que les sages Scolastiques voient et qu'ils demeurent stupéfaits ; qu'ils voient, dis-je, et qu'ils rougissent de la splendeur de l'Image Divine, qu'ils ont définie, sans rougir, comme animal raisonnable.

CHAPITRE 14

Pourquoi l'image de l'homme intérieur est-elle infigurable ? L'exorde de la Théologo-métaphysique et de la Théologo-éthique, dont le prélude est le Livre suivant, le sixième.

De tout cela, il est évident, mon disciple, que l'image de la forme intérieure de l'homme est infigurable et, parce qu'elle relève de la simplicité semblable d'un prototype simple, elle exclut toute appréhension selon les types[1], raison pour laquelle, si la Vérité infaillible ne soutient pas la foi, elle reste inconnue et inaccessible à l'animal cadavérique et raisonnable.

Il n'est pas permis de douter que la forme extérieure de celui-ci, pour les causes indiquées plus haut, s'écoule en même temps que les changements accidentels qui lui arrivent, et qu'elle apparaît toujours autre, à chaque instant, dans chaque individu ou espèce.

Et, de même que toute la matière de la Théologo-métaphysique est entrelacée à l'intérieur de l'homme, de même celle de toute la Théologo-éthique l'est à l'extérieur – laquelle, pour autant qu'elle relève de l'Éthique, beaucoup ont essayé de traiter de différentes façons et de réduire à la rectitude des règles droites.

Il n'est pas non plus facile de convaincre la loi diabolique d'obéir à la Loi Divine, et même l'on voit partout la loi diabolique contrarier la même loi diabolique (en effet, le propre du mal est l'inconstance). Car ni la vie morale d'Alexandre ne se règlera sur celle de Cyrus, ni celle de Cyrus sur celle d'Alexandre, quoique et l'un et l'autre semblent s'être battu pour une vie bonne, honnête et heureuse, jusqu'à l'épuisement ; et le même vaut pour les autres individus.

---

[1] C'est, comme ci-dessus, chap. 11, l'appréhension catégorielle.

Quamobrem, sequenti et Secundo Tomo[1] de Sacra Theologoethica
tractaturi, huiusce Primi Tomi postremo Libro particularia
quaedam Theologo-metaphysices et Theologo-ethices,
ad instar praeludii, praemittere proposuimus : quo
Libro continetur Vestimenti totiusque Sacrae
Scientiae habitus explicatio, ad cuius
normam deinceps doceberis 'initium
sapientiae in Dei timore'[2], et 'finis
eius in proximi amore'[3]
consistere — et Deo,
Cui omnia vivunt,
sit Gloria!

---

[1] sequenti et secundo Tomo *ex* sequenti et primi (*prius ex* secundi *correctum*)
[[primi]] Tomi [[Lib(ro)]] *s.m. corr.* M.

[2] *Ps., 100, 10.*

[3] *Mat., 19, 19 ; 22, 39 ; Marc., 12, 31 ; Rom., 13, 8 etc.*

Pour cette raison, nous traiterons dans le Tome suivant et Second de la
Théologo-éthique sacrée, alors que dans le dernier Livre de ce Premier
Tome[1] nous nous sommes proposé d'offrir, à titre de prélude, quelques
éléments de Théologo-métaphysique et de Théologo-éthique : ce Livre
comprend l'explication du Vêtement et de toute l'apparence
de la Science Sacrée, sur le modèle de laquelle tu
apprendras ensuite que *la crainte de Dieu est le*
commencement de la sagesse[2] et la fin
en est l'amour du prochain[3] –
et la Gloire soit à Dieu,
pour lequel toutes
les créatures
vivent !

---

[1] Lat. *huiusce Primi Tomi postremo Libro*, il s'agit naturellement du Livre VI.
[2] Cf. *Psaume* 11, 9.
[3] Cf. *Matthieu*, 19, 19 ; *Marc* 12, 31 ; *Romains* 13, 8, etc.

/243/ EXPLICATIO
HABITVS SACRAE SCIENTIAE,
In qua Rerum Conservatio et Liberae Animae
Operatio declaratur
LIBER SEXTVS

CAP(VT) 1

{{Systema totius Vniversi per explicationem habitus S(acro)-S(anctae) Scientiae cognosci et bonum a malo, perfectum ab imperfecto dignosci.}}

In praecedentibus, mi alumne, succincte quidem, habitus mei obumbravi indicia, nunc autem, Deo concedente, cum ad eiusdem explicationem ingressuri simus, eadem expressius atque clarius declarare atque explanare cogimur. His enim tota totius systematis nititur basis[1], et Infinitae Divinae Dispensationis contingentes apparent harmoniae, quibus cognoscibilia, simul atque incongnoscibilia incipiuntur, mediantur atque finiuntur; et (excepto hoc, quod vel a malo, vel mala voluntate exoritur) omnia incoerceptibiliter praedestinatam percurrunt periodum.

Quia perfecta, vel suo tempore perficienda a Perfectissimo creata, ordinata atque destinata non possunt, quin ad Creatoris atque Ordinatoris nutum concurrant, sint atque perfecte fiant — et quidem */244/* ad ipsum

---

[1] basis *scr.* : bassys M.

Explication
de l'apparence de la Science sacrée,

Où l'on montre la conservation des choses et le fonctionnement de l'âme libre

LIVRE SIXIÈME

CHAPITRE PREMIER

Il est connu le système de tout l'Univers par l'explication de l'apparence de la Science Sacro-Sainte et il est distingué le bien du mal, le parfait de l'imparfait.

Dans les [livres] précédents, mon disciple, j'ai levé le voile, certes brièvement, sur quelques indices de mon apparence ; maintenant cependant, si Dieu le permet, passant à l'explication de cette apparence, nous avons l'obligation de la montrer et de l'éclairer plus explicitement[1]. Car c'est dans ces livres que tout le système prend appui et apparaissent les harmonies contingentes de la Providence Divine infinie dont les choses connaissables ainsi que les inconnaissables tirent leur commencement, leur milieu et leur fin, et par lesquelles toutes (hormis ce qui naît soit du mal soit de la volonté méchante) parcourent des périodes infailliblement prédestinés.

En effet, les choses parfaites, ou bien les choses qui auront à être perfectionnées dans leur temps, ne sauraient être créées, ordonnées et destinées par le Très-Parfait de façon à ne pas concourir, ne pas être et ne pas devenir parfaitement selon la volonté du Créateur et de

---

[1] Cantemir a en effet donné, au chapitre 2 du Livre IV, quelques indices permettant d'interpréter allégoriquement l'apparence du vieillard représentant la Science Sacrée, décrite au chapitre 17 du Livre I.

Summum Bonum relativa: nihil enim bonum ac perfectum est, quod ad Ipsum Bonum Optimum ac Perfectissimum non referatur atque offera[n]tur[1].

Omne autem, quod ab ipsa Boni Perfecti origine degenerat, et malo, quod est bono[2] odibile, sese applicat, non amplius ad bonum, aut perfectum, sed ad se solum refer[un]tur — adeoque nec per principalem conserva[n]tur dispensationem, sed per propriam libertatem sibi est, sibi vivit, sibi operatur, et fructum viae suae comedit.

Caeterum, mi alumne, <ad> harum differentiarum distantiam atque contrarietatem contemplandam proposita speculatio — habitus nempe mei explicatio — tibi fideliter modum facilitabit.

CAP(VT) 2

{{Per explicationem Diadematis unio Boni Creatoris et Creaturae declaratur.}}

Igitur Diadema significat res perfectas, in tempore universali, ac vita particulari contingentes — 'res perfectas' dico ea, quae in Sacris 'dona perfecta'[3] dicuntur, nec aliunde, nisi ex Dei Aeterna Providentia emanantes, ut est Mundi Creatio, Vniversi conservatio, generum in species propagatio, et ea, quae naturalem transcendunt terminum — mysteria nempe divina, quae ab aeterno quidem sunt praedestinata, attamen, in Vniversali tempore et particulari quorun*/245/*dam vita contingentes, mystice mysticis apparent et mystice ab ipsis cognoscuntur, caeterisque communicantur connaturalibus.

Vnde manifestum fit quod tam naturaliter, quam supernaturaliter ut bonum et perfectum nihil generari, aut fieri possit, quod a Divina non praedestinetur Providentia.

Ad haec spectat omnis libera bona volitio (quam Ethici 'appetitum bonum' appellare solent), quae, prout dictum est, cum ad summum

---

[1] *Passim pluralis Numerus cum singulari hic irregulariter alternat.*
[2] bon*o scr.* : boni M.
[3] *Cf. Deut., 32, 4; Rom., 18, 2.*

l'Ordonnateur – et, pour sûr, à ne pas être liées au Souverain Bien : car n'est bon et parfait rien qui ne se réfère et qui ne soit offert au même Bien, le Meilleur et le plus Parfait.

Mais tout ce qui dégénère de la même origine du Bien Parfait et s'applique au mal, qui est odieux au bien, ne se rapporte plus au bien ou au parfait, mais seulement à soi, de sorte qu'il ne se conserve plus par le plan originel de Dieu, mais, par sa propre liberté, est à soi, vit pour soi, travaille pour soi et *mange le fruit de sa voie*[1].

D'ailleurs, mon disciple, la recherche que nous nous sommes proposée – à savoir l'explication de mon apparence – avec le but de contempler la distance et la contrariété de tant de différences te facilitera considérablement le chemin.

CHAPITRE 2

Il est montré, à travers l'explication du diadème, l'union du Créateur bon et de la créature.

Le diadème signifie donc les choses parfaites qui arrivent dans le temps universel et dans la vie particulière – j'appelle « choses parfaites » celles qui sont dites, dans les Écritures saintes, « œuvres parfaites »[2], émanant de la seule Providence éternelle de Dieu, à savoir la création du Monde, la conservation de l'Univers, la propagation des genres dans les espèces et celles qui dépassent le cadre naturel – à savoir les mystères divins, qui sont prédestinés, certes, depuis l'éternité, mais qui arrivent dans le temps universel et dans la vie particulière de certains, apparaissent mystiquement aux mystiques, et en sont mystiquement connus et sont communiqués aux autres congénères.

Par là il devient manifeste que rien ne peut être engendré, ou produit, naturellement ou surnaturellement, en tant que bon et parfait, sans avoir été prédestiné par la Divine Providence.

C'est à celles-là que regarde toute libre volonté bonne (que les philosophes moraux ont coutume d'appeler désir bon) ; et, puisqu'elle se

---

[1] Cf. *Proverbes*, 1, 31 : « ainsi ils mangeront le fruit de leur voie ».
[2] Lat. *dona perfecta*, cf. *Deutéronome*, 32, 4 : « Les œuvres de Dieu sont parfaites ; et toutes ses voies sont pleines d'équité. »

referatur bonum, ipsum voluntarie ac libere vult, amat atque appetit — ad cuius fruitionem adipiscendam non tam libera voluntas, quam gratiae requiritur concursus : qua tandem adepta, fit mystica bonorum unio atque reciprocatio, in qua dicitur Deus in deliciis esse cum filiis hominum[1] — nihil enim Deo delectabile, nisi bonum, et reciproce — nihil bonae volitioni appetibile, nisi Deus, qui est Optimum Bonum, ubi radii ad solem, et Sol radios respiciunt, et ad idem convertuntur, non secus ac centrum per lineas supremam circumferentiam, et Suprema circumferentia per easdem lineas centro counitur, et fit pars pro toto, et totum in partes, communicative, participative atque unitive, quamquam nec li/*246*/nea, nec circumferentia, nec centrum sint unum et idem.

Hac via atque progressu homines Deo uniri sacra docet Scientia — in quo huiusce mysterii complementum atque fruitionis perfect<it>udo consistit.

CAP(VT) 3

{{Per explicationem praeeminentiae Diadematis, Sceptri, Arcus, Sagittae et vestis sensitivae, vitae fucatam imaginem intellectus in veram et genuinam transformat.}}

Praeeminentia autem Diadematis Divinam denotat Praescientiam, aut Praecognitionem, quae ab omni malo, imperfecto, et boni contrario immaculata atque inculpata, in sua divinissima simplicitate atque impermiscibilitate simpliciter manet — de qua latius in sequentibus.

Sceptrum Divinae Maiestatis dispositionem significare iam diximus. Arcus intensus absolutam Dei Omnipotentiam et actus Suae impermutabilis Volitionis, iuxta praedestinatam praeordinationem, finem tangentes — detensus autem atque relaxatus, humanam liberam

---

[1] *Prov., 8, 31.*

réfère, ainsi qu'il a été dit, au Souverain Bien, celle-ci veut volontairement et librement, aime et désire ce même Souverain Bien ; afin, cependant, de parvenir à la jouissance de celui-ci, il est besoin non seulement
de la libre volonté, mais aussi du concours de la grâce : celle-ci enfin
obtenue, advient l'union mystique des bons et leur communion, dans
laquelle on dit que Dieu est dans les délices avec les fils des hommes[1]
– car rien n'est agréable à Dieu si ce n'est le bien et – réciproquement –
rien n'est désirable à la bonne volonté si ce n'est Dieu, qui est le
Souverain Bien. En effet, les rayons regardent le Soleil et le Soleil
regarde les rayons et ceux-ci se tournent vers lui, de même que le centre
du cercle est uni par des lignes à la circonférence ultime, et la circonférence ultime est unie au centre par les mêmes lignes, et la partie devient
le tout et le tout devient les parties, de façon communicative, participative et unitive, bien que ni la ligne, ni la circonférence, ni le centre ne
soient une et la même chose.

La Science Sacrée enseigne que c'est dans cette voie et par ce cours
que les hommes s'unissent à Dieu ; et c'est en cela que consiste l'achèvement de ce mystère et le perfectionnement de cette jouissance.

CHAPITRE 3

*Par l'explication de l'excellence du diadème, du sceptre, de l'arc, de la
flèche et du vêtement, l'intellect transforme l'image feinte de la vie
sensitive dans une image vraie et naturelle.*

Toutefois, l'excellence du diadème dénote la Prescience ou
Préconnaissance divine, qui, immaculée et innocente de tout mal, de
toute imperfection et de tout ce qui est contraire au bien, demeure
simplement dans sa très divine simplicité et pureté, dont il sera question
plus amplement dans ce qui suit.

Nous avons déjà dit que le sceptre signifie la disposition de la
Majesté divine. L'arc tendu montre la Toute-Puissance absolue de Dieu
et les actes de sa Volonté immuable, qui touchent leur but, selon la préor-
dination prédestinée ; l'arc distendu et relâché montre, en revanche, la

---

[1] Cf. *Proverbes*, 8, 31 : « mes délices sont d'être avec les enfants des hommes. »

voluntatem, et processus sensibilium appetituum a proprio arbitrio declarat. Sagitta dein semper mobilis et continuo fluens progressum ac regressum rerum particularium (Vniversalia enim semper eodem modo se habent), in tempore et vita tam universali, quam particulari contingentium notat — quae, veluti metam tangentes, /247/ singulae propriae perfectionis potiuntur fine[m], vel a divina hae procedant praedestinatione, vel a solo hominis libero arbitrio.

Vestis item incognita materia expersque suturae humanam praefigurat vitam, quae exteriori et sensibili parte materialis et mortalitati obnoxia, interiori autem immaterialis atque immortalis, partim sensibiliter percipitur, partim autem sensibili perceptioni haud subiicitur; quamobrem quousque quis internam eius imaginem externis depingere conatur coloribus — hoc est per sensitivam ratiocinationem — materialiter de immateriali inquirit, adhuc in centro incognoscibilitatis intacta latebit — non enim dissuitur quod non est consutum, sed aut {{sensibiliter}} in sua manebit integritate, aut intellectualiter Miri Artificis miram mirabitur texturam.

Postremo tandem, vestis tinctura, multiformibus variisque coloribus in eodem puncto apparentibus, constans omnium mortalium omnia acta, dicta, opera, sensus, cogitationes, opiniones, excogitationes, et quidquid aliud humanum dici et considerari potest subnotat — punctum enim vitae omnibus commune quidem est, ta/248/men omnes in eodem vitae puncto tum a se, tum ab aliis maxime differre iam probatum est — qua ex parte sensibiliter etiam vitae humanae imago indepingibilis esse apte dici potest, quamquam, iuxta intellectualem cognoscitivam facultatem, imagini subiici queat — hoc est vitam, quae ad corruptibilis naturae pravam inclinationem vergit, et per sensus fucatam sibi fingit imaginem, per sacrae et renovatae naturae conversionem, atque intellectualem scientiam in veram atque genuinam formam transformare: nempe nihil sensibiliter sibi bonum et perfectum cognoscere, nisi prius intellectualiter id hoc modo se habere fidei fidelibus suadeat testibus — et hi sunt Sacrae Scientiae doctores atque propugnatores.

volonté humaine libre et la procession des désirs sensibles du propre arbitre [de l'homme]. La flèche, ensuite, toujours mobile et glissant continuellement, marque les allées et venues des choses particulières (les choses universelles, en revanche, se comportent toujours de la même façon) qui arrivent dans le temps et dans la vie, tant universelle que particulière – choses qui, comme si elles touchaient la fin, acquièrent toutes le terme de leur propre perfection, soit qu'elles procèdent de la Prédestination divine, soit du seul libre arbitre de l'homme.

De même, le vêtement d'une matière inconnue et sans couture préfigure la vie humaine, qui, étant, par le côté extérieur et sensible, matérielle et soumise à la mort et, par le côté intérieur, immatérielle et immortelle, est en partie perçue sensiblement, mais en partie elle n'est pas soumise à la perception sensible ; pour cette raison, dans la mesure où quelqu'un s'efforce d'en figurer l'image intérieure au moyen de couleurs extérieures, c'est-à-dire il interroge l'immatériel matériellement, par la ratiocination sensitive, celle-ci restera cachée et intacte, dans le centre même de l'incognoscibilité, car ce qui n'est pas de couture ne sera pas décousu, mais soit il restera sensiblement dans son intégrité, soit admirera intellectuellement la toile étonnante de l'Artisan merveilleux.

Finalement, la teinture du vêtement, consistant dans des couleurs multiformes et variées apparaissant au même point, symbolise tous les actes, les choses dites, les œuvres, les sensations, les pensées, les opinions, les inventions et tout ce que l'on puisse dire et considérer comme humain, car le point de la vie est, certes, commun à tous les hommes, mais il est prouvé que tous diffèrent grandement au même point de la vie tant d'eux-mêmes, que des autres – à cet égard, l'on peut dire à juste titre que l'image de la vie humaine est infigurable par les sens, quoiqu'elle soit capable, selon la faculté connaissante intellectuelle, d'être soumise à l'image – c'est-à-dire de transformer, à travers la conversion de la nature sacrée et renouvelée et à travers la science intellectuelle, la vie qui penche vers l'inclination mauvaise de la nature corruptible et qui se forge au moyen des sens une image feinte dans une forme vraie et génuine ; en effet, elle ne connaît, au moyen des sens, nulle chose comme étant bonne et parfaite, à moins que les témoins fidèles de la foi ne lui aient d'abord persuadé intellectuellement de se comporter de cette façon – et ceux-ci sont les docteurs et les champions de la Science Sacrée.

CAP(VT) 4

{{Progreditur ad perfectiorem explicationis habitus cognitionem assequendam, ubi, duabus tantum monarchiis compertis, reliqua ut inaniloquia firma reiicit fides.}}

Ad istorum perfectiorem cognitionem assequendam, meminisse oportet Te per Speculum Aenigmatis omnia in eodem conspexisse puncto, et, etiamsi quaedam praecedere, quaedam autem sequi videbantur, attamen extra punctum nihil fieri, aut factum fuisse apparebat. Ratio est quia puncti, temporis, aeternitatis, atque Vitae Vniversalis unio indivisibilis atque impartibilis est, */249/* in quibus contingentes vitarum et durationum praecisae et periodicae apparent particularitates.

Caeterum, cum omnia proprio regantur regimine, absque subsistentibus concurrentibusque[1] causis necessariis nec fit, nec agitur qui<c>quam — quae in duas solummodo monarchias Sacra distinguit Scientia — nempe in Divinae Providentiae ordinationem, et liberae voluntatis inclinationem: ad haec nonnulli, ad instar gentium docentes, ficticias[2] quasdam addiderunt monarchias: Casus videlicet, Fortunae, Parcarum, et caeterorum his similium inanium vocabulorum fi[n]ctiones mortiferaeque excogitationes — de quibus inferius patebit.

Tu autem, mi alumne, prout def<a>ecatum purumque decet pectus, haec omnia, ut veritate privata inaniloquia, spernere debes: quae non sunt nisi inopinati impetus, qui, quamquam sensus quodam modo quati[ri] videntur — sed praesto est invicta potestas, quae tales inanitates sine ullo intelligentiae labore a se expellere atque reiicere possit: inconcussa enim atque immobilis est fidei basis[3], quae[4], per Divinam Gratiam, de Divina Providentia et hominis libero arbitrio concessa atque concepta est. Fides, inquam, quae, omnes sper*/250/*nens rationales machinationes, scientias, quae per mortales adipiscuntur sensus, crudas, incomptas, inconstantes, vagabundas, et ad plurimum mendaces esse evidenter arguit, et pertinaces conscientias, vel[l]int, nol[l]int, contremiscere facit.

---

[1] -currentibus- *ex* -curentibus- *corr.* M.
[2] ficticias *scr.*: -iti- M.
[3] basis *scr.*: bassys *denuo* M.
[4] quae *scr.*: quam M.

Chapitre 4

Il est avancé vers l'obtention d'une explication plus parfaite de l'appa-rence ; où, n'ayant découvert que deux monarchies, la foi ferme rejette les autres comme des paroles creuses.

Afin d'obtenir une connaissance plus parfaite de ces choses, il convient que tu te rappelles avoir regardé dans le miroir de l'énigme toutes les choses dans un seul point et que, même si certaines semblaient précéder, d'autres suivre, rien ne semblait néanmoins devenir ou avoir été fait à l'extérieur de ce point. La raison en est que l'union du point, du temps, de l'éternité et de la Vie Universelle est indivisible et sans parties, dans lesquels les particularités contingentes des vies et des durées apparaissent délimitées et périodiques.

D'ailleurs, puisque toute chose se règle sur son propre régime, rien ne se fait ni rien n'agit en dehors des causes nécessaires subsistantes et concurrentes – causes que la Science Sacrée divise en deux monarchies seulement, à savoir la disposition de la Divine Providence et l'inclina-tion de la libre volonté. À celles-là quelques-uns ont ajouté, à l'instar des docteurs païens, d'autres monarchies fictives, à savoir les fictions de paroles creuses et les inventions mortifères, dont on parlera bientôt, du Hasard, de la Fortune, des Parques et d'autres semblables.

Toi, cependant, mon disciple, ainsi qu'il convient à un cœur noble et pur, tu dois mépriser toutes ces choses, comme des paroles creuses, dépourvues de vérité : ce ne sont que des assauts inattendus, mais, pour autant que les sens en semblent d'une certaine façon secoués, nous avons la puissance invincible de bannir et de rejeter loin de nous de telles vacuités, sans le moindre effort de l'intelligence : en effet, la base de la foi est inébranlable et immobile, et elle a été établie par la Grâce Divine, dans la Divine Providence, conçue et accordée au libre arbitre de l'homme ; la foi, dis-je, qui, méprisant toutes les machinations de la raison, montre avec évidence que les sciences, acquises à travers les sens mortels, sont grossières, dépourvues de finesse, inconstantes, errantes et mensongères au plus haut point, et fait trembler, qu'elles le veuillent ou non, les consciences entêtées.

CAP(VT) 5

{{Divinae Providentiae effectus repetuntur, modus et medium, quo Dei posteriora cognoscuntur, doce<n>tur. Explicatio Quantum, Quale et Quando, Supra Sensum, Dei prioritas et differentia Providentiae et Praecognitionis declara<n>tur.}}

Imprimis, igitur, Diadema, {{quod}} per vibrationem radiorum inaestimabilium lapillorum Divinae Providentiae effectus significare diximus : tales autem effectus esse res perfectas (et[1] quae Soli competunt Deo, et ad Eundem referuntur) praemonuimus.

Providentiae tandem effectus qui et quales sint per Aenigmaticum Speculum optime tibi innotuisse existimo. Sunt enim hi, ut est Abyssus illa aquarum, Spiritus qui super aquas ferebatur[2], tenebrae[3] quae Creationis antecipabant titulum — quae, prout a sacris Doctoribus dici solent, S(acro-)S(anctae) Divinitatis ac si essent 'latibulum [et] inaccessibilis incomprehensibilisque eius <Lucis>[4], supra quam Aeternae Essentiae circumpositum tegumentum — quae tam caelestibus, quam terrestribus creaturis invisibilis, inscrutabilis atque inaccessibilis est, ideoque Sacrae de Ipsa libentius negative, quam affirmative theologizantur, nec impune quis per sensitivam */251/* scientiam aliquid plus affirmative proferre poterit, nisi Bonum Optimum et Perfectum, et quod ad Optimum et Perfectissimum pertinet — et hoc etiam per caliginem et tenebras perque strictissimum foramen ad Posteriora tantum speculanda introducitur.

Posteriora autem Dei (ut saepe diximus) sunt creaturae, quae aeterna praedestinatione, in tempore sibi placito, Divina disposuit Providentia, et secundum Suam Omnipotentiam cuncta produxit in ordinem ad Creationem et esse eorum, in Quantum, Quale, et Quando.

In Quantum : Vnum nempe Mundum, quod totum complectitur Vniversum, tot Creaturarum genera, species et individua, tam Caelestia, quam terrestria visibilia et invisibilia.

---

[1] (et *scr.* : et (*prius scribens, s.m. primum parentheseos signum delere volebat M, secundum quoque oblinere oblitus.*

[2] *Gen., 1, 2.*

[3] *Gen., 1, 4-5.*

[4] *Evidenter lacuniosum textum (cf. 1 Tim., 6, 16) emendare pro viribus conatus sum.*

Chapitre 5

Il est fait mention des effets de la Divine Providence, sont enseignés le mode et le milieu par lesquels l'on connaît les choses postérieures à Dieu. Il est donné l'explication du Combien, du Quel et du Quand, la priorité de Dieu par rapport aux sens et la différence entre Providence et Préconnaissance.

Tout d'abord, voici le diadème, que nous avons dit signifier, à travers le scintillement des rayons des pierreries inestimables, les effets de la Divine Providence : je t'ai prévenu que de tels effets sont des choses parfaites (et qui appartiennent au Seul Dieu et se rapportent à lui).

Enfin, je pense que tu as bien compris, à travers le miroir énigmatique, quels et comment sont les effets de la Providence. Car il y en a qui sont, tels cet abîme des eaux, l'Esprit qui se portait au-dessus d'elles, les ténèbres qui précédaient la Création – qui seraient pour la Divinité Sacro-Sainte, ainsi que les saints Docteurs ont coutume de le dire, comme une cachette et une tente dressée tout autour de son essence plus qu'éternelle, inaccessible et incompréhensible, qui est invisible, inscrutable et inaccessible tant aux créatures célestes qu'aux créatures terrestres, de sorte que les saintes Écritures théologisent à son sujet plus volontiers négativement qu'affirmativement, et nul ne pourra, au moyen de la science sensitive, affirmer impunément sur elle quelque chose de façon plus affirmative, outre le Bien Très-Bon et Parfait et ce qui appartient au Très-Bon et au Très-Parfait ; et ces affirmations mêmes ne sont introduites qu'à travers l'obscurité et les ténèbres[1], et une ouverture très étroite, et afin seulement de rechercher au sujet des choses postérieures.

En fait, les choses postérieures à Dieu (comme nous l'avons souvent dit) sont les créatures, que la Divine Providence a disposées, par la prédestination éternelle, dans le temps qui lui plaisait, et elle a produit toutes ces choses, selon sa Toute-Puissance, dans l'ordre vers la Création et vers leur être, dans le Combien, le Quel et le Quand.

Dans le Combien : à savoir un monde[2], qui embrasse tout l'Univers, tous les genres, les espèces et les individus des créatures, tant célestes que terrestres, visibles et invisibles.

---

[1] Cf. I, 1 : « mon pauvre intellect humain était occupé dans la vallée de misère, au sommet des angoisses et dans l'obscurité des choses inconnues… ».

[2] Unicité du monde. Cf., par exemple, Origène, *Traité des principes*, II, 1, 2, PG 11, 183B.

In Quale: quatenus[1] singula diversis differentibusque[2] specificationibus et propriis illuminata sunt luminibus, et qualitative qua[e]litata[3] formis.

In Quando: dum enim Suae complacuit Aeternitati, tum principium iussit creationis creaturarum, quae Divinam infinitam aeternamque Prioritatem quodammodo supra sensum subnotent, unde Divinae Faciei cor[r]uscat Splendor.

Cum autem Divina Providentia non nisi {per} dispositionis effectus elucescat, caute, simul atque pie obser/**252**/vare debes Sceptrum aliquando quidem rectum, Divinae Providentiae dispositionis, aliquando obliquum, Divinae Praescientiae, aut Praecognitionis esse indicium — quatenus Dei praecognitio non necessitat, non urget, non denique causificat, sed potius abstracte, iuxta modificationis inclinationisque modum, praecognoscit ea, quae libera processura sunt libertate, idque pro concesso a se homini libero arbitrio, quem in manu proprii arbitrii condiderat.

CAP(VT) 6

{{Monarchalis Divinae dispositionis Generales quidam effectus proponuntur, et unde quaedam Creaturae immortales, et quare?}}

Cum autem iuxta Sacrorum Veritatem omnia, quae Vniversi comprehenduntur titulo duas tantum agnoscant directivas monarchias, necesse est, mi alumne, de divina dispositione, quoad capacitatis possibilitatem, generalia quaedam proponere, per quae, Sceptri indicio explicato, sequentium differentiae magis elucescant.

Est igitur Sceptrum Regis Gloriae sententialis dispositio atque dispositiva sententia, qua omnis creaturae Creatio, servatio, gubernatio atque continuatio creatur, servatur, gubernatur atque continuatur, et tam in esse, quam in fieri eius destinatur.

---

[1] quaetenus M.
[2] differentibus- *ex* differri *mut.* M.
[3] *Praeter verbi singularitatem, cf. n. 15.*

Dans le Quel: dans la mesure où chaque chose est éclairée par des spécifications diverses et différentes et par sa lumière propre et qualitativement qualifiée à travers sa forme.

Dans le Quand: c'est lorsqu'il a plu à son Éternité, qu'elle a ordonné le commencement de la création des créatures, afin de consacrer d'une certaine façon la divine priorité par rapport aux sens, priorité infinie et éternelle, d'où brille la Splendeur de la Face Divine[1].

Puisque cependant la Divine Providence ne brille que par les effets de Sa disposition, tu dois observer avec précaution et piété que le sceptre, lorsqu'il est droit, est l'indice de la disposition de la Divine Providence et, lorsqu'il est oblique, est celui de la Divine Prescience, ou Préconnaissance – dans la mesure où la préconnaissance de Dieu ne nécessite pas, n'impose pas, enfin ne cause pas, mais elle préconnaît, d'une façon plutôt abstraite, suivant le mode de la modification et de l'inclination, les choses qui arriveront librement par la liberté, et ceci à travers le libre arbitre accordé par Lui à l'homme, qu'Il avait doté du pouvoir de son propre arbitre.

CHAPITRE 6

Il est présenté certains effets généraux de la disposition monarchique divine et aussi comment et pourquoi certaines créatures sont immortelles

Puisque, cependant, selon la vérité des Écritures Saintes, toutes les choses qui sont comprises dans le catalogue de l'Univers ne reconnaissent que l'autorité de deux monarchies, il est nécessaire, mon disciple, de présenter, pour autant que notre capacité le permet, quelques éléments généraux au sujet de la disposition divine, à travers lesquels, une fois que l'on aura expliqué l'indice du sceptre, les différences entre les choses qui suivent s'éclaireront mieux.

Le sceptre de la Gloire royale est donc la disposition sentencieuse et sentence dispositive par laquelle la création, la conservation, la direction et la continuation de toute créature est créée, conservée, dirigée et continuée, et elle est déterminée tant dans son être que dans son devenir.

---

[1] Une autre formulation de l'idée de la transcendance absolue du Créateur par rapport aux créatures et aussi du fait que le monde a bien eu un commencement.

Haec aquae et terrae concreditam facultatem concessamque potestatem ad sensitivorum, /253/ vegetativorum propagationem continuandam ininterrupto sustentat filo. Haec Zodiaci circulum determinavit, stellarum fixarum situalem collocationem in apto collocavit loco. Haec Erraticarum recte errantium syderum rectificat errores, quae motu, aspectu atque efficatione[1], impressione, sublunaribus opitularentur, et, soporatos vigores ciendo, ad propria excitent officia — unde anni circuitio, perfectio atque mutatio. Item, temperiei diversae et unanimes causificantur[2] quali{ta}tes, qualitatumve alterationes imprimantur, adque finalem scopum diriguntur[3].

Haec Caelum intra aquas et terram supra aquas (hoc est gravius supra levius) et centrum immobile in medio sui (quo gravia tendant) mirabiliter fundavit et fortissime stabilivit. Haec, praeter omnem discursus investigationem, Supercaelestia, Caelestia, terrestria, subterrestria, abyssalia, et in ipsis maxima et minima cuncta, ab ipsa[4] firmamenti p<a>ene immensa magnitudine usque ad arenulae p<a>ene insensibilem parvitatem, a fine usque ad finem tangit fortiter disponitque suaviter.

Haec Supralunaria in suae impermutabilitatis permanentia perennare facit, et sublunaria modum /254/ renovationis, et methodum conservationis docet. Haec subsecutionem rei in rem et successionem unius in aliud coordinat atque coaptat. Haec dona specifica et perfecta personis locis<que> in tempore contingentibus, utpote Suae Immensae Sapientiae notis, ad lubitum dat, distribuit atque dividit. Haec vitae particularis nobile indicavit, indicat et indicabit exordium.

Haec, inquam, dispositio animam immaterialem et corpus materiale suo inenarrabili connectit copulatque nexu. Haec parem potentiam pari comparat actui, hoc est ad materiae capacitatem atque habilitatem formas infundit vitales atque essentiales. Haec Caelestes Potestates, Virtutes,

---

[1] *An tamen efficativa, seu etiam efficaci, pro non improbabili homoioteleutico auctoris errore, scribendum ?*

[2] causificantur *scr.* : causificentur M.

[3] diriguntur *scr.* : dirigantur M.

[4] ipsa *scr.* : ipso M.

Cette disposition soutient la faculté confiée à l'eau et à la terre et le pouvoir, qui leur fut accordé, de continuer, dans une lignée ininterrompue, la propagation des êtres sensitifs et des espèces végétales. Elle a déterminé le cercle du Zodiaque, a établi l'emplacement respectif des étoiles fixes dans le lieu qui leur convenait. Elle rectifie les erreurs des étoiles errantes erratiques, qui, par leur mouvement, aspect et influence efficace, portent assistance aux choses sublunaires et, secouant les forces assoupies, les poussent à remplir leurs offices propres – d'où la circularité, l'accomplissement et le changement des années. De la même façon les qualités diverses et concordantes des saisons sont causées, et les changements des qualités sont imprimés et dirigés vers le but final.

Elle a merveilleusement fondé et puissamment établi le Ciel entre les eaux[1] et la Terre au-dessus des eaux[2] (c'est-à-dire le plus lourd au-dessus du plus léger) et, au milieu d'elles, le centre immobile (vers lequel les graves tendent)[3]. Au-delà de tout ce que l'on peut rechercher par le discours, elle atteint avec force depuis une extrémité jusqu'à l'autre et dispose avec douceur[4] les choses supracélestes, les célestes, les terrestres, les souterraines, les abyssales, les plus grandes, de même que les plus petites, depuis la grandeur absolument immense du firmament jusqu'à la petitesse presqu'insensible du grain de sable.

Elle fait durer les supralunaires dans la permanence de son immutabilité et enseigne aux sublunaires le mode de renouvellement et la méthode de conservation. Elle coordonne et harmonise la substitution d'une chose par une autre et la succession de l'une à l'autre. Elle donne, distribue et partage, selon son gré, les dons spécifiques et parfaits à des personnes, dans des endroits et à des moments connus à son immense Sagesse. Elle a indiqué, indique et indiquera le noble commencement de la vie particulière.

Cette disposition, dis-je, rattache et joint de son lien ineffable l'âme immatérielle au corps matériel. Elle procure à tout acte une puissance pareille, c'est-à-dire elle infuse les formes vitales et essentielles selon la capacité et l'aptitude de la matière. Elle préserve les puissances, les

---

[1] Entre les eaux sub-célestes et les eaux supra-célestes, dont il est question au chapitre 8 du Livre II.

[2] Au-dessus des eaux sub-célestes.

[3] Le centre de l'Univers, immobile, se trouve au milieu du globe de la Terre.

[4] Cf. *Sagesse*, 8, 1.

omnesque intellectuales creaturas extra peccati labem praeservat, et omnes Spiritus immortales et a corruptionis mucilagine immunes solidat atque sustentat — ideoque ipsis immortalitas gratia, et non natura, contingit.

Haec prolapsum generis, simul atque peccati Progenitorem (quem proprium labefactarat arbitrium) misericordia immensurabili, bonitate infinita et dispensatione inexplorabili, ut voluit, a casu lethali ad vitam sublevavit incolumem. Haec, porro, omne donum /255/ perfectum, a Patre descendens Luminum, gratis largitur digno, et iuste eodem privat indignum — vel hominis sit hoc, vel abstracti Spiritus.

Ac tandem — Huius dispositionis dono, I<m>peratores, Reges, Principes et omnis generis Dominantes vel decenti decorantur Corona, vel iusta puniuntur vindicta, et, omnia in unum colligens, ἑκάστῳ τὸ ἴδιον contribuit retribuitque.

CAP(VT) 7

{{Contra Dei dispositionem liberum arbitrium contradicere non posse. Bonum et Perfectum in Creatore et Creatura quomodo intelligatur, et quare in quibusdam aeterne servetur, in quibusdam autem <de>terminate concedatur.}}

Haec, et his similia, mi alumne (quae omnia singulatim examinare et particulariter perpendere nos temporis impedit angustia), e puncto aeterne praedestinato, iuxta Divinae Providentiae dispensationem, nec accelerantur, nec remorantur — item, nec promoventur, nec denique removentur, sed immobilia, inalterabilia atque inevitabilia in ipsa Divinae Ordinationis determinatione incipiuntur atque perficiuntur.

Quoniam autem Divinae[1] Providentiae et ipsius dispositionis effectus sunt ipsa Dei Volitio, ac si S(acro-)S(anctae) Trinitatis tres essent coruscantes radii, simul ac semel indivisibiliter condigna feriunt obiecta, ad hoc, vel illud praedestinata atque adaptata.

---

[1] Divinae scr. Divina M.

vertus et toutes les créatures intellectuelles célestes de la souillure du péché et maintient et soutient tous les Esprits dans l'immortalité et à l'écart de la fange de la corruption – ce qui fait que l'immortalité leur arrive par la grâce et non par la nature.

Par une miséricorde incommensurable, une bonté infinie et selon un plan insondable, elle a bien voulu relever à la vie, indemne de la chute mortelle, l'ancêtre tombé du genre humain et du péché (que son propre arbitre a ruiné). Elle donne, en outre, généreusement et gratuitement tout don parfait, provenant du Père des Lumières, à celui qui en est digne et il en prive à juste titre celui qui en est indigne, que ce soit un homme ou un Esprit séparé.

Et, enfin, par le don de cette disposition, les empereurs, les rois, les princes et les souverains de tout genre sont, ou bien parés de la Couronne qu'ils méritent, ou punis de justes châtiments ; et, conduisant toute chose à l'unité, elle rétribue et récompense chacun *suivant ce qui lui est propre*[1].

CHAPITRE 7

Le libre arbitre ne peut se dresser contre la disposition de Dieu. De quelle manière le Bien et le Parfait est entendu dans le Créateur et dans la créature et pourquoi, dans certains, il est conservé éternellement, alors que, dans d'autres, il est concédé pour un temps déterminé.

Ces choses-là et d'autres semblables (que le manque de temps nous empêche d'examiner une par une et de peser soigneusement en particulier), mon disciple, à partir du point prédestiné depuis l'éternité, selon le Plan de la Divine Providence, ni ne s'accélèrent, ni ne s'attardent – de même, elles ne vont ni de l'avant, ni de l'arrière, mais commencent et terminent immobiles, inaltérables et inéluctables dans la détermination même de l'Ordonnance Divine.

En effet, puisque les effets de la Divine Providence et de la Disposition divine sont la Volonté même de Dieu, celles-ci, à l'instar de trois rayons brillants de la Trinité Sacro-Sainte, frappent une seule fois et en même temps, indivisiblement, les dignes objets prédestinés et adaptés à ceci ou à cela.

---

[1] Gr. ἑκάστῳ τὸ ἴδιον.

Vnde pie credendum, et pure /256/ intelligendum in rebus — id est donis gratia perfectis — liberum hominis arbitrium facultatem sese obiiciendi, opponendi, aut contradicendi habere haud posse, nec denique eius praescriptos atque praedeterminatos effectus differre, aut transmutare valere — imo potissimum sese obedientem praebens atque obsequentem[1] Divinae Voluntati ad nutum ponit, et 'Pater noster, fiat voluntas Tua'[2] devotissime clamat. (Quod enim per Gratiam infuse acquiritur, id per contrarium liberum arbitrium non requiritur).

Insuper hoc unice sciendum: perfectum perfectae Divinae Gratiae donum, vel quicquid a Deo hominibus infundi 'gratisque largiri' dicitur. Deo quidem esse connaturale (quatenus omne bonum et perfectum in Deo et circa Deum, et a Deo intelligitur atque percipitur) nunquam tamen mortalibus caeterisque immaterialibus creaturis essentialiter uniri posse, ideoque non per se, sed per Gratiam, participative et dependenter, est bonum et perfectum omne id, quod 'bonum et perfectum' dici meretur, et servatur in illis, quibus servatum fuisse dicitur — et vere creditur.

Servatur autem in illis, quod Deus ut capaces idoneosque talis, vel talis Gratiae praecognoverat, et non serva/257/tur in eis[3], aut recipitur ab eis, quos Deus ad tale tempus et tale ministerium, veluti mediantia dumtaxat organa instrumentalesque modos, ad tale, vel tale opus exequendum atque perficiendum praedestinari concesserat — Ex(exempli) gr(atia): servatur in Davide aeterne, in Saule autem ad ministerium determinatum. Verum tamen idcirco, quia Davidem quidem aeternae conservationis capacem atque idoneum, Saulem autem talis conservationis incapacem et minime idoneum praecognoverat. Et similiter, mi alumne, de reliquis intelligendum.

---

[1] obedientem praebens atque obsequentem *ex* obediens praebentem atque obsequens *mut.* M.
[2] *Mat., 6, 9; Luc., 11, 2.*
[3] eis *ex* eius *corr.* M.

Il faut donc croire de façon pieuse et comprendre de façon pure que dans les choses, c'est-à-dire dans les dons parachevés par la grâce, le libre arbitre de l'homme ne peut avoir la faculté d'objecter, de s'opposer ou de contredire, ni, enfin, de différer ou de modifier les effets prescrits et prédéterminés de la Volonté Divine – mais, se montrant le plus obéissant et déférent possible, il se soumet à l'autorité de celle-ci et prie avec dévotion : *Notre Père, que Votre volonté soit faite !*[1] (en effet, ce qui est acquis de façon infuse à travers la Grâce n'a que faire du libre arbitre contraire).

En outre, il faut savoir ceci seulement : l'on appelle parfait le don de la Grâce Divine, ou tout ce que Dieu répand dans les hommes et leur donne généreusement et librement ; un tel don est, certes, connaturel à Dieu (puisque tout ce qui est bon et parfait est entendu et compris en Dieu, auprès de Dieu et venant de Dieu), mais il ne peut jamais s'unir essentiellement aux mortels et aux autres créatures immatérielles. Par conséquent, tout ce qui mérite d'être dit bon et parfait n'est pas par soi, mais par la Grâce, de façon participative et dépendante, et est conservé dans ceux à propos desquels l'on dit, et l'on croit vraiment, qu'il s'est conservé.

Il se conserve dans ceux que Dieu avait connus d'avance comme capables et dignes de telle ou telle grâce et ne se conserve pas (ou n'en est pas reçu) dans ceux à qui Dieu avait permis d'être prédestinés dans tel temps et à tel ministère, en tant seulement qu'organes médiateurs et modes instrumentaux, afin d'exécuter et accomplir tel ou tel travail. Par exemple : il se conserve éternellement en David, mais en Saül seulement pour un ministère déterminé, pour autant que Dieu avait connu d'avance David comme capable et digne de le conserver éternellement, et Saül comme incapable et indigne. Et de façon semblable, mon disciple, il convient de penser au sujet de tous les autres individus.

---

[1] *Matthieu*, 6, 10.

CAP(VT) 8

{{Duplex effectus liberi arbitrii quomodo ad bonum malumve inclinet?
Et quid malum positivum et privativum?}}

Hinc manifestum fit quod Divina Praecognitio, aut Praescientia sit quasi mediatrix Suae Providentiae et liberi arbitrii effectibus. Liberi autem arbitrii cum duplex sit effectus — in bonum nempe malumque inclinans. — In bonum quidem inclinat ipsumque operatur, quatenus Gratia adiuvatur, et Divino concursu ad boni perfectionem dirigitur (nullum enim bonum respective ad creaturam, nisi revera bonum fuerit respective ad Creatorem). — In malum autem inclinat ipsumque operatur, quatenus, ob liberae voluntatis pravitatem, concurrenti privatus gratia, vult, appetit et operatur per se (nullum enim malum */258/* nisi a Cacodaemone tentative, et libero arbitrio operative); 'per se', inquam, malum operatur, quia Cacodaemon in liberam voluntatem tyrannidem suam exercere non potest, nisi ipsa, per se, tentamini assentiatur et volens ipsi obediat — et idcirco malum in diabolo est simpliciter boni privativum, quatenus omni privatus est boni gratia.

In libero autem hominis arbitrio est tam privativum, quam positivum[1] — et privativum, quatenus non operatur quod ad Summum competit Bonum, et operatur {{quod}} ad propriam competit in malum, boni privativum, inclinationem. Malum enim simpliciter est quidem privativum boni, mala autem liberae voluntatis inclinatio est positiva mali, et, consequenter, per se — itaque solvitur vetustissima dubitatio: 'Si omne bonum a Deo, unde malum suum trahat exordium?'

---

[1] tam privativum, quam positivum *ex* tam privative, quam positive *corr.* M.

Chapitre 8

De quelle façon l'effet double du libre arbitre incline-t-il vers le bien ou vers le mal ? Et qu'est-ce le mal positif et privatif ?

Il en devient manifeste que la Préconnaissance, ou Prescience, Divine est comme une médiatrice entre la Providence Divine et les effets du libre arbitre. Cependant, l'effet du libre arbitre est double – c'est-à-dire le libre arbitre incline vers le bien ou vers le mal – il incline vers le bien et fait de bonnes œuvres, pour autant qu'il est aidé par la Grâce et est conduit à la perfection du bien par le secours Divin (en effet, il n'y a nul bien par rapport à la créature qui ne l'ait pas été, en réalité, par rapport au Créateur); il incline, cependant, vers le mal et commet le mal, pour autant que, par la méchanceté de la libre volonté, privé de l'aide de la Grâce, il le veut, le désire et l'accomplit par soi[1] (en effet, il n'y a pas de mal, si ce n'est par la tentation du malin génie et par l'action du libre arbitre); il commet le mal par soi, dis-je, parce que le malin génie ne peut exercer sa tyrannie contre la libre volonté, si ce n'est en tant que celle-ci, par soi, cède à la tentation et consent à s'y soumettre – et, pour cela, le mal, dans le diable, est simplement privatif du bien, pour autant que celui-ci est privé de toute bonne grâce.

Dans le libre arbitre de l'homme, toutefois, [le mal] est autant privatif que positif; privatif, pour autant que l'homme ne fait pas ce qui relève du Souverain Bien et fait ce qui relève de sa propre inclination vers le mal, privatif du bien. Car le mal est, simplement, privatif du bien, alors que l'inclination mauvaise de la libre volonté est positive du mal et, par conséquent, par soi – et ainsi se résout le doute très ancien: Si tout le bien vient de Dieu, d'où le mal tire-t-il son origine ?

---

[1] C'est précisément la raison pour laquelle Ève commet le péché : « séduite à vouloir et à désirer d'elle-même et par elle-même, en arriva finalement à l'opinion que, mangeant du fruit, elle deviendrait Dieu », Livre II, chapitre 22.

CAP(VT) 9

{{Malum et bonum unde? Deo tria impossibilia, et quae?}}

Igitur, mi alumne, omne, quod non est a Deo, per Deum et ad Deum, malum est — et, convertibiliter, omne per se malum non est a Deo, sed praeter[1] Deum, et contra Deum — et hoc est, in Sacra Scientia, 'Ex proprio loqui'[2], 'mortuos sepelire mortuos'[3], 'fructus viae suae comedere'[4], et cae(tera) his similia.

Ergo contra nebu/*259*/lones huius tempestatis pie inferendum Deum Ter Optimum non quidem non operari, sed etiam nec posse malum operari. Quandoquidem omnis perfectio consistit in Deo Perfectissimo: atqui malum est boni defectus — ergo malum, ut boni defectus, a Divina Perfectione operari non posse manifestum est.

Imo tria sunt, quae a vere philosophantibus a Deo fieri non posse dicuntur:

- 1.mo: Deum secundum, id est sibi aequipollentem creaturam.

- 2.do: Malum aliquod respective ad se — quod enim operatur malum respective ad creaturam est optimum bonum secundum Suam Iustitiam atque Veritatem.

---

[1] praeter *ex* extra *(?) corr.* M.
[2] *Num., 16, 28.*
[3] *Mat., 8, 22.*
[4] *Prov., 1, 31.*

CHAPITRE 9

D'ou viennent le mal et le bien ? Il y a trois choses impossibles pour Dieu et quelles sont-elles ?

Par conséquent, mon disciple, tout ce qui n'est pas de Dieu, à travers Dieu et pour Dieu est mal et, réciproquement, tout ce qui est mal par soi n'est pas de Dieu, mais étranger à Dieu et contre Dieu[1]. Et c'est bien ce à propos de quoi l'on lit dans la Science Sacrée : *« inventer de sa tête »*,[2] *« aux morts d'ensevelir les morts »*[3], *« manger le fruit de sa voie »*[4], et toutes les autres expressions semblables.

Aussi, contre les esprits faux de notre époque, faut-il déduire, de façon pieuse, que Dieu trois fois Très Bon non seulement ne commet pas le mal, mais ne peut même pas le commettre. Car c'est dans Dieu le Très Parfait que toute perfection subsiste, mais le mal est un manque de bien et, par conséquent, il est évident que le mal, en tant que manque de bien, ne peut être commis par la Perfection Divine.

Bien plus, il y a trois choses que ceux qui philosophent selon la vérité disent que Dieu ne peut faire :

Premièrement : un Dieu second, c'est-à-dire une créature aussi puissante que Lui.

Deuxièmement : un quelconque mal relativement à Lui – car ce qui arrive de mal relativement à la créature est un bien très grand selon Sa Justice et Sa Vérité[5].

---

[1] Chez Pseudo-Denys l'Aréopagite : «Concluons que le mal ne procède point de Dieu ni n'appartient à Dieu, ni de façon absolue ni de façon provisoire», *Noms divins*, 4, 21, PG 3, 724 A.

[2] Cf. *Nombres*, 16, 28 : «Alors Moïse dit au peuple : vous reconnaîtrez à ceci que c'est le Seigneur qui m'a envoyé pour faire tout ce que vous voyez, et que ce n'est point moi qui l'ai inventé de ma tête.»

[3] *Matthieu*, 8, 22 «Jésus lui dit : Suivez-moi, et laissez aux morts le soin d'ensevelir leurs morts.»

[4] *Proverbes*, 1, 31 : «Ainsi ils mangeront le fruit de leur voie, et ils seront rassasiés de leurs conseils.»

[5] Pseudo-Denys l'Aréopagite exprime à ce sujet une position qui n'est pas aussi hardie : «Lorsqu'il se produit quelque mal, la Providence use de ce mal comme il convient à sa bonté, pour l'utilité du méchant ou des autres, dans l'intérêt privé ou public et cette Providence s'exerce à l'égard de chaque être de la façon qui convient proprement à cet être.», *Noms divins*, 4, 34, 732 C.

- 3.tio : Non potest non fecisse, aut non facere ea, quae semel fecerit, aut quae facere Sua praedestinaverit Providentia, quia ita Suae implicaret Sapientiae atque Prudentiae.

CAP(VT) 10

{{Dei Praescientia quomodo sese applicet ad liberam voluntatem ? Solvitur dubitatio 'Quare libera voluntas tanta polleat facultate', et finis dubitationum necessarius.}}

Hoc autem firmiter tenendum et inhaesitanter credendum, Deum Omniscium omnia quidem, antequam fierent, praescire et futura ut praesentia cernere atque discernere, ipsius tamen Praescientiam ad liberi hominis arbitrii inclinationem indifferentem se habere, quemadmodum sceptri praemonu{i}t exemplum, quod aliquando protendi et retrahi, aliquan*/260/*do irregulariter obliquum, aliquando tandem ad normam rectum extare apparebat.

Secundum enim aversationem, praecognoscit malas voluntates in malum pronas ac proclives esse, inque ipso malo i*m*paenitenter[1] aeterne perseverare.

Secundum autem {{Permissionem}}[2] easdem praecognoscit malas voluntates in bonas converti, et, paenitentia ductas, Immensam Misericordiam consequi posse — etenim, secundum Providentiae praedestinationem, destinat bonas voluntates ad bonum et malas ad malum, ideoque, secundum Iustitiam, malas voluntates ad malum quidem destinare dicimus, bonas autem voluntates in malum inclinare facere, aut posse facere non dicimus : hoc enim implicaret Summae Suae Bonitati, et unum quidem Iustitiae, aliud autem Bonitatis et Veritatis opus esse credimus.

Hic sensitivae scientiae appetitus ad intellectualem impingit et supra vires suas aliquid capere audet : "Ad quid, inquit, libera voluntas tanta

---

[1] i*m*paenitenter *scr.* : inpae-, *versus in margine*, M.
[2] {{Permissionem}} *pro punctis sublineatis deleto* [[concessionem]] *mut.* M.

Troisièmement : Il ne peut ne pas avoir fait ou ne pas faire ce qu'Il a fait une fois, ou ce que Sa Providence a prédestiné que ce fût fait, parce que cela contredirait à sa Sagesse et à Sa Prudence[1].

Chapitre 10

Comment la Prescience de Dieu s'applique-t-elle à la libre volonté ? Il est résolu le doute « Pourquoi la libre volonté jouit-elle d'une faculté aussi ample ? » Le terme nécessaire des doutes.

Il faut, toutefois, tenir fermement et croire sans hésiter que Dieu l'Omniscient sait d'avance toutes les choses avant qu'elles n'arrivent et qu'il distingue et discerne les choses futures comme si elles étaient présentes, mais que Sa Prescience se comporte de façon indifférente par rapport à l'inclination du libre arbitre de l'homme, ainsi que l'a annoncé plus haut l'exemple du sceptre, qui semblait tantôt se rallonger, tantôt se rétrécir, tantôt se présenter irrégulièrement courbé, tantôt enfin rigoureusement droit.

Car, selon le détournement, Il connaît d'avance que les volontés mauvaises sont inclinées et penchées vers le mal et qu'elles persévèrent, impénitentes, éternellement dans le seul mal.

Selon la permission, en revanche, Il connaît d'avance que les mêmes mauvaises volontés peuvent se convertir dans de bonnes et, portées par la pénitence, obtenir l'Immense Miséricorde. En effet, selon la prédestination de la Providence, Il destine les bonnes volontés au bien et les mauvaises au mal (et donc nous disons que, selon la Justice, Il destine les mauvaises volontés au mal, mais non qu'Il fait ou qu'Il peut faire les bonnes volontés incliner vers le mal : cela contredirait, en effet, à Sa Suprême Bonté) : et nous croyons que ce dernier est l'ouvrage de la Justice et le premier est celui de la Bonté et de la Vérité.

Ici, le désir de la science sensitive se rue contre la science intellectuelle et ose s'emparer de quelque chose au-dessus de ses forces : « Pourquoi la libre volonté, dit-elle, jouit d'une faculté aussi ample,

---

[1] La Toute-puissance divine est limitée par la Sagesse et la Prudence.

polleat facultate, ut veluti Divinae praeeat Praescientiae?" Minime hoc! Sacra enim Scientia modum docet concessum: "Qui vult, inquit, sequatur!"[1], et non concedit: "Qui vult, praeeat!".

Vnde pie intelligendum voluntatem sequi esse in bo*/261/*num inclinare ipsique uniri[2], praeire autem Creaturam Creatori est ab Eodem retrocedere: in Deo enim non nisi 'ante', in homine autem non nisi 'post' intelligitur — itaque libera voluntas non praeit, sed retrocedit, ubi statim boni privatio et perfecti defectus praeeunte sequitur voluntate.

Quemadmodum enim indifferens concessa est voluntas, ita indifferenter praenoscit Deus ea, quae {in} indifferente libera voluntate latent. Praenoscit, inquam, bonam ut Suam et malam ut Cacodaemonis, aut Cacoanthropi, tum in esse, tum in fieri eius. Quare, ut dictum est, destinat bonam ad se et malam ad eum cuius est malum.

Et hic finis dubitationis sensitivae scientiae, alioquin altiora petere et profundissima Dei iudicia scrutari non sequentis, sed retrocedentis Creaturae opus est. Dei enim Scientia ita confortata est, ut[3] homo non possit ad eam <adire> — ibi enim "abyssus[4] abyssum vocat"[5] — hoc est, ex fonte principio carente procedens, in pelagum fundi expertem (*sic*) incidit et motus infinitus.

---

[1] *Mat., 16, 24; Marc., 8, 34; Luc., 9, 23; cf. et Ioh., 12, 26.*
[2] unirii *(!)* M.
[3] ut *ex dittographico* est *corr.* M.
[4] abyssu*s scr.* : abyssum M.
[5] *Ps., 41, 8.*

comme si elle traçait le chemin à la Prescience Divine?» Mais ce n'est point vrai! En fait, la Science Sacrée n'enseigne que la concession: «Qui veut, dit-il, me suive!»[1] et ne concède pas: «Qui veut trace mon chemin!».

Il faut en comprendre de façon pieuse que suivre la volonté signifie incliner vers le bien et s'y unir, mais que, si la créature trace au Créateur son chemin, elle s'en éloigne: en effet, en Dieu tout est compris comme «avant», alors qu'en l'homme tout est compris comme «après» – et, par conséquent, la libre volonté ne trace pas de chemin, mais s'en éloigne, et, aussitôt, la privation du bien et le manque du parfait la suivent.

Car de même que la volonté fut concédée en tant qu'indifférente, de même Dieu connaît d'avance, indifféremment, les choses qui se cachent dans la libre volonté indifférente. Il connaît d'avance, dis-je, la bonne volonté en tant que Sienne et la mauvaise en tant que propre, tant dans son être que dans son devenir, au malin génie ou à l'homme méchant, raison pour laquelle, comme il a été dit, Il destine la bonne volonté à Soi et la mauvaise à celui qui appartient le mal.

Et ici l'on doit mettre un terme au doute de la science sensitive: demander des choses plus hautes et scruter les jugements très profonds de Dieu serait, en effet, l'œuvre d'une créature qui ne suit pas Dieu, mais s'en éloigne. En fait, la Science de Dieu est tellement forte que l'homme ne peut l'acquérir – là, en effet, *l'abîme appelle l'abîme*[2], c'est-à-dire, procédant de la source sans commencement, il tombe dans la mer sans fond et le mouvement est sans fin.

---

[1] Cf. *Matthieu*, 16, 24: «Alors Jésus dit à ses disciples: Si quelqu'un veut venir après moi, qu'il renonce à soi-même, et qu'il se charge de la croix, et me suive» et aussi *Marc*, 8, 34; *Luc*, 9, 23; *Jean*, 12, 26: «Si quelqu'un me sert, qu'il me suive: et où je serai, là sera aussi mon serviteur.»

[2] *Psaume* 41, 8.

CAP(VT) 11

{{Libera voluntas, a Deo desciscens, ipso malo aliquid/262/ peius inquirit, quo invento et 'eo praeditum Sapientem esse' dixit pagana scientia.}}

*/261/*Hoc modo, mi alumne[1], de hoc divino triplici radio breviter dictum sit satis, et tales profundas, */262/* necnon, magnum minitantes periculum doctrinas cautioribus recommendantes pectoribus solidioresque cibos aetate provectiori{b}<u>s et stomacho firmioribus sumere proponentes, ad alterius monarchiae effectuum indirectam directionem superficietenus patefaciendam compendiose orationem dirigamus.

Cum igitur humana libera voluntas a Dei Gubernaculo, id est a Concurrente Gratia, desciscerit[2] atque, continuatim retrocedens, toto lumine privata[3] fuerit, forsitan etiam ipso pessimo non contenta malo, aliquid aliud ipso etiam pessimo malo peius sibi adiungere ipsique adsciscere non dubitarit (heu, Divinae Gubernationis παραχώρησιν[4]!) et, iuxta oraculum, humanae cogitationes adeo in malum proclives et in pessimum prolabentes evasere, ut Pagana superstitiosaque Antiquitas, ad humanas sensi<bi>les fragilitates, id est ad artes novas excogitandas et sensitivas scientias e cerebro corrupto parturiendas, singulis diebus, et, si concederetur, singulis horis atque momentis, aliquid novi ad{in}venire, ac in miseri Idiotae Vulgi aures, ut miraculum inauditum et nunquam mortalibus visum, indere non quiesceret. Hunc enim 'Sapientem' esse dicebant */263/* qui aliquid, {quod} vulgi captui difficilius et operosius videatur, inveniret, quo caeteros superare mortales cum sibi, tum aliis persuadere possit.

---

[1] alumne *ex* alumnum *corr.* M.
[2] desciscerit *ex* dis- *corr.* M.
[3] privata[[s]] *del.* M.
[4] παραχώρησιν *scr.* : παραχώρισην M.

CHAPITRE 11

La libre volonté, se séparant de Dieu, cherche quelque chose de pire que le mal même ; l'ayant trouvé, la science païenne a tenu le Sage pour celui qui en était pourvu.

Il a été dit assez, mon disciple, même si brièvement, au sujet de ce rayon divin triple ; recommandant à des âmes plus prudentes de telles doctrines profondes, qui sont, en vérité, très dangereuses, et les proposant comme des viandes très fortes à des gens plus avancés en âge et à l'estomac plus robuste, dirigeons compendieusement notre discours à montrer en surface la direction indirecte des effets de l'autre monarchie[1].

Quand la volonté humaine libre se sépara, donc, du gouvernement de Dieu, c'est-à-dire de la Grâce secourante, et quand, s'en éloignant continuellement, elle fut privée de toute lumière, ne se contentant peut-être pas de ce pire mal, elle ne craignit pas de s'adjoindre et de s'approprier quelque chose de pire que ce pire mal (ô, *tolérance*[2] du Gouvernement Divin !) ; et, selon l'oracle, les pensées humaines finirent par pencher tellement vers le mal et déchoir tellement vers le pire, que l'Antiquité païenne et superstitieuse, dans le but d'inventer des faiblesses humaines sensibles, c'est-à-dire des arts nouveaux, et d'enfanter de son cerveau corrompu des sciences sensitives, n'eut pas de cesse d'imaginer chaque jour et, si on peut le dire ainsi, chaque heure et chaque moment, quelque chose de nouveau et de le glisser dans les oreilles du misérable peuple ignorant, comme un miracle jamais entendu et vu par les mortels. Car ces derniers appelaient sage celui qui trouvait quelque chose qui semblait plus difficile à comprendre et plus pénible à réaliser, à travers lequel il pût se persuader soi-même et les autres de sa propre supériorité sur les autres mortels.

---

[1] « La Science Sacrée distingue deux monarchies seulement – à savoir la disposition de la Divine Providence et l'inclination de la libre volonté », écrivait Cantemir au chapitre 4 de ce livre. Dans le chapitre précédent, il vient de traiter de la Providence, ici il s'occupe de la liberté humaine.

[2] Gr. παραχώρησιν, la permission divine.

CAP(VT) 12

{{Molimi{na} sensitivae sapientiae et paganicae virtutes quae?
Delubrum ab Atheniensibus τῷ ἀγνώστῳ θεῷ dedicatum, invito Inimico,
Ecclesiam cogniti Dei praefigurasse — et quod signum sensitivorum et
intellectivorum Sapientum?}}

Itaque assidue moliti sunt ad artes per assiduas experientias eliciendas, ad scientias (liceat his hoc concedi) ex cerebri penu parturiendas, ad mirabiles mechanicas excogitandas inque mutuam perniciem exercendas, ad cursus accelerandos variosque ludos componendos, ad choros metro et carmine ducendos, ad theatra exornanda et Olympia celebranda, ad Colos<s>os erigendos, Pyramides construendas, adque terrenos paradysos plantandos — et caetera his similia, ad humanam vanitatem atque fatuitatem pertinentia molimina, utpote retro saeculis inaudita[1], futuris autem admiranda spectacula, ac si virtutis virtutisque studiosorum ingenta essent facinora, et humanae sapientiae atque potentiae fastuosa ostente<n>tur specimina.

Haec, inquam, mi alumne, cum apud veteres pro virtutibus haberentur et honesta ac bona existimarentur, quidam eorum, eo quod caeteris fama nominisque */264/* celebritate (ut ne dicam ineptiarum extrema pravitate) praecellere anhelarent, non contenti iis, quorum mentionem iamiam fecimus ludibriis, novos deos, semideos, utriusque sexus Cacodaemones tam sub humana, quam sub belluina figura fingere, profiteri atque divino cultu adorare (Deus immortalitatis!) talesque ficti*cios*[2] Deos in extremam vulgi perniciem introducere, et tam mala, quam bona ab ipsis sibi impetrandum[3] atque sperandum esse docere non erubuerunt (lippitudine enim laboranti amantissimum lumen odiosum, et sapientiam humanam anhelanti fatuitas pro foribus est).

Sero tandem, cum nullum simulacrum tam a Caelestibus, quam a terrestribus creaturis immendicatum non remanserit, quos in Deorum

---

[1] inaudita *ex* -ti *corr.* M.
[2] ficti*cios scr.*: fictitios M.
[3] impetrandum *ex* impetrari *corr.* M.

CHAPITRE 12

Quels sont les efforts de la science sensitive et les vertus païennes ? Le temple que les Athéniens avaient dédié au Dieu Inconnu préfigurait, en dépit de l'Ennemi, l'Église du Dieu connu. Et quel est le signe des sages sensitifs et des sages intellectuels ?

Et ainsi ils s'efforcèrent assidûment de se livrer aux arts par des expériences assidues, d'enfanter des sciences (si on peut les appeler ainsi) de la réserve de leur cerveau, d'inventer des mécaniques merveilleuses et de les exercer au détriment les uns des autres, de courir de plus en plus vite et de composer des jeux variés, de conduire des chœurs en vers et en musique, de décorer des théâtres et de célébrer des jeux olympiques, d'ériger des colosses, de construire des pyramides et de planter des paradis terrestres[1], et d'autres entreprises semblables relevant de la vanité et de la fatuité humaines, – spectacles qui, à la vérité inouïs dans les siècles passés, demeurèrent admirables pour les siècles à venir, comme si c'étaient de hauts faits de la vertu et des admirateurs de la vertu et comme s'ils pouvaient passer pour de glorieux exemples de la sagesse et de la puissance humaines.

Puisque ces choses, dis-je, mon disciple, étaient considérées chez les Anciens comme des vertus et passaient pour honnêtes et bonnes, certains d'entre eux, aspirant à l'emporter sur les autres par la renommée et la célébrité (pour ne pas dire par l'extrême perversité de leurs inepties), non contents des divertissements illusoires dont nous avons déjà fait mention, ils ne rougirent pas de forger, professer et adorer d'un culte divin de nouveaux dieux, des demi-dieux et de malins génies des deux sexes aux formes aussi bien humaines qu'animales (ô, Dieu immortel !) et d'introduire, pour la ruine des gens ordinaires, de tels dieux contrefaits, enseignant que l'on devait en obtenir et espérer tant les mauvaises choses que les bonnes (en effet, à celui qui est dans l'aveuglement, la lumière la plus douce devient odieuse et celui qui aspire à la sagesse humaine est exposé à la fatuité).

Tard, enfin, comme il ne restait aucune idole, ni parmi les créatures célestes ni parmi les créatures terrestres, qui n'eût été introduite dans le

---

[1] Cantemir semble penser, entre autres à au moins trois des sept merveilles du monde, selon la tradition antique : le Colosse de Rhodes, les pyramides d'Égypte, les jardins suspendus de Babylone.

catalogum relatum non sit, ad abstracta nomina sese contulerunt, ut est 'Necessitatis', 'Fortunae', 'Casus', 'Fatorum', 'Parcarum', 'Ner[a]eidum', et caetera, quorum nomina taedet recenseri.

Tandem, Athenienses, utpote qui serpentis doctrina prae caeteris magis imbuti et pomo vetito magis *i*nescati[1], inimitabili[2] opere et admirabili structura ingens erexerunt delubrum, cuius dedicationem τῷ ἀγνώστῳ /265/ θεῷ <in>scripserunt.

Haec sententia cum apud saecula posteriora p<a>ene in universum divulgata esset, ipsum nomen ipsius Incogniti Dei caeteros materialiter et formaliter cognitos Deos fama, honoribus, oraculis, sacrificiis caeterisque caeremoniis (quibus d<a>emones placari arbitrabantur) longe superavit.

Verum enim, ut mea fert sententia, non puto hoc sine iam Cogniti Dei magno mysterio factum fuisse: siquidem in fine saeculi (prout Sacrae saeculum eiusque finem agnoscunt), cum Sol exortus fuerit Iustitiae, ac perennis Sapientiae Fons vitae aeternae eructar*it*[3] undas (Haec enim est vita aeterna, ut unus cognoscatur Deus, et qui ab Ipso missus est, Vnigenitus eius Filius), Is, qui in Iudaea solum notus erat Deus puerulis etiam lactantibus, tam Graecis, quam barbaris innotuit, et creaturae cunctae in lumine Eius viderunt lumen.

Quo[4] facto, inscriptio illa non amplius Ignoto, sed Noto Deo, non denique in marmoreis liminibus, sed in spiritualibus cordibus, Dei digito inscribitur, divinis literis legitur, divina sapientia intelligitur, et Ineffabile Nomen, quod Hebraeis /267⁵/ illectum, Graecis incognitum, a Veritatis famulis fide cognoscitur, spe videtur et charitate comprehenditur. Quemadmodum enim tenebrae lucem non comprehendunt, ita filii lucis

---

[1] *i*nescati *scr.* : enescati *denuo* M.
[2] inimitabili... admirabili *bis ex* -bile *corr.* M.
[3] eructar*it scr.* : -ret M.
[4] Quo *ex* F- *mut.* M.
[5] *Numerus* 266-*mae paginae oblitus.*

catalogue des dieux et qui n'eût été implorée, ils se rabattirent sur les noms abstraits, tels que Nécessité, Fortune, Hasard, Destin, Parques, Néréides et d'autres dont il est dégoûtant de rappeler les noms.

Enfin, les Athéniens, imbus davantage que les autres de la doctrine du Serpent et plus appâtés par le fruit interdit, érigèrent un temple gigantesque, ouvrage inimitable d'une admirable structure, sur lequel ils inscrivirent la dédicace : *Au Dieu Inconnu*[1].

Lorsque, dans la postérité, cette formule fut publiée presque dans tout le monde, ce nom même de Dieu Inconnu l'emporta de loin sur les autres dieux matériellement et formellement connus, par la renommée, les honneurs, les oracles, les sacrifices et les autres rituels (à travers lesquels ils croyaient apaiser les démons).

Pour ma part, je ne crois pas que cela fût arrivé sans un grand mystère du Dieu Connu : en effet, à la fin du monde[2] (pour autant que les Écritures reconnaissent un monde et sa fin), lorsque le Soleil de la Justice se sera levé et la Source de la Sagesse aura fait jaillir les ondes de la vie éternelle (car c'est cela la vie éternelle, que soit connu comme une seule chose Dieu et celui qui fut envoyé par lui, son Fils unique), celui qui en Judée était connu pour Dieu aux seuls nourrissons se révélera[3] tant aux Grecs qu'aux barbares et toutes les créatures verront la lumière dans Sa lumière[4].

Cela une fois arrivé, cette inscription, non plus au Dieu Inconnu, mais bien au Dieu Connu, sera tracée par le doigt même de Dieu, non plus sur les linteaux en marbre, mais dans les cœurs spirituels, elle est lue dans l'alphabet divin, entendue dans la sagesse divine et le Nom Ineffable, qui n'a pas été lu par les Hébreux et qui est demeuré inconnu aux Grecs, est connu des serviteurs de la Vérité à travers la foi, est vu à travers l'espérance et est embrassé à travers la charité. Car, de même que les ténèbres ne comprennent pas la lumière[5], de même les fils de la lumière peuvent rejeter loin d'eux toutes les ténèbres de l'ignorance et

---

[1] Gr. τῷ ἀγνώστῳ θεῷ. Le nom n'est pas celui d'une divinité spécifique, mais bien une marque substitutive pour un dieu dont le nom et la nature n'auraient pas été révélés aux Athéniens et au monde grec en général. Ce serait en voyant un autel dédié à ce dieu que l'apôtre Paul commença à convertir les Athéniens. Parmi ces convertis, il y aurait eu Denys l'Aréopagite, celui sous le nom duquel les écrits du corpus aréopagitique circulèrent. Cf. *Actes des Apôtres*, 17, 22-34.

[2] Lat. *saeculum*, le monde considéré dans sa durée, «*usque in finem saeculi*», Augustin, *Sermones*, 239, 6.

[3] Lat. *innotuit*, «*innotuit Filius Dei*», Leo Magnus, *Sermones*, 74 (72), 4.

[4] Cf. *Psaume* 35, 10 : « c'est dans votre lumière que nous verrons la lumière. »

[5] *Jean*, 1, 5 : « la lumière luit dans les ténèbres et les ténèbres ne l'ont point comprise. »

omnes ignorantiae atque ambiguitatis tenebras a se expellere possunt —
et hoc est signum, quo alumni Veritatis a saeculi sapientibus discernuntur.

CAP(VT) 13

{{Sathan ad humanum decipiendum genus duas proposuisse vias :
Atheiam et Polytheiam, cum pietas unum solum Tris<h>ypostatum
agnoscat Deum.}}

Cum autem tenebrarum amans et lucis infensissimus aversator ab ipso
apostasiae exordio, ad unum et idem scopum intenderet — hoc est
Summi Numinis timorem e mortalium memoria delere (quod ipsum
verae sapientiae initium[1] et ad fontem aquae vitae[2] introductio est) et
ignorantiae vagabundas effrenationes e frivolas opiniones in cordibus
ipsorum imprimere, duas quidem praecipuas sibi proposuit vias, attamen
innumeris cursitat semitas : et prima quidem est in malum pronis
opinionibus persuadere, nullum agnoscere atque adorare Creatorem ;
altera autem, quam plurimos colere Deos et Creaturas pro Creatore
divino prosequi cultu.

His itaque viis, ad unam eandemque abominandam impieta/**268**/tem
miseros produxit incautos, et tam Atheiae, quam Polytheiae[3] professionis
p<a>ene innumeras asseclarum congregat catervas. Caeterum
Polytheiam Ethnicis antiquioribus, Atheiam autem, sub Pietatis
praetextu, posterioribus — hoc est modernis Libertinis — addixit.

Pietas autem sanctissi{ma} atque simplicissima cum per fidem Deum
unum Trishypostatum, Aeternum, Increatum atque Indefinitum salutet,
colat atque fateatur, ad oppugnandos expugnandosque suos adversarios
potentissima atque sufficientissima est (Veritati enim nihil contrarium,
etiamsi mendacium contrarium videatur) — ideoque pro ipsa simplic*i*[4]
Pietate amplius nihil laborandum, sed pro multiformi impietate revera, ut
par est, lamentandum, [et] necnon aeternis lacrymis eius parasitas eius
prosequendum — quodlibet pium decet pectus.

---

[1] *Eccl., 19, 18.*
[2] *Ps., 35, 10 ; Prov., 14, 27 ; cf. et 13, 14 ; 16, 22 ; 18, 4.*
[3] Poly*theia- scr.* : Poli- *hic* M.
[4] simplic*i scr.* : -ce M.

de l'ambiguïté – et ceci est le signe par lequel les disciples de la Vérité se distinguent des sages du siècle.

Chapitre 13

Afin de tromper le genre humain, Satan proposa deux voies : l'athéiste et la polythéiste ; la piété ne reconnaît, en revanche, qu'un seul Dieu en Trois Hypostases.

Puisque, cependant, l'amant des ténèbres et l'adversaire le plus acharné de la lumière tendait, depuis le commencement de son apostasie, à un seul et même but – à savoir de faire disparaître de la mémoire des mortels la crainte du Pouvoir Divin Suprême (crainte qui est le commencement de la vraie sagesse[1] et l'introduction à la source de vie[2]) et d'imprimer dans leurs cœurs les excès débridés et les opinions frivoles de l'ignorance, bien qu'il battît d'innombrables sentiers, il se proposa deux voies particulières : la première, de persuader à ceux dont les opinions inclinent vers le mal de ne reconnaître et de n'adorer nul Créateur ; et l'autre, de cultiver le nombre le plus élevé de dieux et de vouer un culte divin aux créatures, à la place du Créateur.

Et ainsi, par ces deux voies, il conduisit les malheureux imprudents à une et la même impiété abominable et il rassembla des troupes presqu'innombrables d'adeptes qui professaient soit l'athéisme soit le polythéisme[3]. Par ailleurs, il adjugea le polythéisme aux anciens païens, mais l'athéisme, sous prétexte de piété, il l'accorda aux plus récents, c'est-à-dire aux Libertins modernes.

Puisque, toutefois, la piété la plus sainte et la plus simple salue, cultive et confesse un seul Dieu en Trois Hypostases, Éternel, Incréé et Infini, elle possède un pouvoir très grand et très suffisant pour attaquer et prendre d'assaut ses adversaires (rien n'est contraire, en effet, à la Vérité, même si le mensonge semble y être) – et pour cela tout cœur pur ne doit pas faire d'autres d'efforts pour obtenir la piété simple, mais simplement déplorer, comme il convient, l'impiété multiforme et en poursuivre les parasites de ses larmes éternelles.

---

[1] Cf. *Psaume* 110, 10 : « La crainte du Seigneur est le commencement de la sagesse. »
[2] Cf. *Proverbes*, 14, 27 : « La crainte du Seigneur est une source de vie, pour éviter la chute qui donne la mort ».
[3] Lat. *atheia* et *polytheia*, deux noms d'origine grecque.

CAP(VT) 14

{{Impietas triceps quidem, sed innumerarum linguarum bellua est — et primum caput, Atheia, omne numen negandi actus.}}

Praesentis igitur saeculi, mi alumne, impietas triceps quidem, sed innumerarum linguarum bellua est, et primum quidem ipsius caput est mutum, surdum, caecum, et omnis sensus expers, quod vocatur ipsa 'Atheia'.

'Mutum' dico, quia, ut, */269/* plurimum sub silentii larva, sua alit foetida membra, et, ex negativo nomine, nihil, nisi ignorantiae inscitiaeque tenebricosas fingit imagines.

'Surdum' dico, quia quod vocem non audit Veritatis, surda abnegatione etiam obstrepentia et grandisona tonitrua minime audiet: quod enim non audit quod iuxta Veritatem sonat, id profecto nihil audit.

'Caecum' denique dico, quia, non perspecto Veritatis et Sacrae Scientiae speculo, in ipso solari lumine oculis orbatur. Is, qui Solem aspiciens sapientiam, potentiam atque praeeminentiam huiuscemodi Creaturae Authoris non perspicit intellectualiter, nec adorat spiritualiter, et — ut breviter dicam — Atheia, cum sit actus dementatae mentis, omne negans Numen, antequam quis opposite asserat, et positivum nomen 'Deus' et affirmativum 'Est' contradicat — Ipsamet Veritas, in intellectuali conscientia, in tales nebulones vindictam propalam clamat, et sola negatio Veritatis mendacii[1] affirmationem contra dialecticas regulas acerrime arguit.

---

[1] mendacii *scr.* : mendatii M.

Chapitre 14

L'impiété est un monstre qui a trois têtes, mais d'innombrables langues – et la première tête, l'athéisme, est l'acte de nier tout pouvoir divin.

L'impiété de ce siècle, mon disciple, est, par conséquent, un monstre qui a trois têtes, mais d'innombrables langues. La première en est muette, sourde, aveugle et dépourvue de tout sens, et s'appelle athéisme.

Muette, dis-je, car elle a coutume de nourrir ses membres fétides sous le masque du silence, et parce que, à partir d'un nom négatif[1], elle ne forge rien d'autre que des images sombres de l'ignorance et du non-savoir.

Sourde, dis-je, car quiconque n'entend pas la voix de la Vérité n'entendra guère non plus, par négation sourde, les tonnerres bruyants et éclatants[2] : quiconque, en effet, n'entend pas ce qui sonne selon la Vérité n'entend certainement rien.

Aveugle, dis-je enfin, car, ne regardant pas dans le miroir de la Vérité et de la Science Sacrée, elle est aveugle dans la lumière même du Soleil. Celui qui, contemplant le Soleil, ne comprend pas intellectuellement la sagesse, la puissance et l'excellence d'un tel Auteur de la créature et ne l'adore pas spirituellement contredit, avant que quelqu'un affirme le contraire, à la fois le nom positif de « Dieu » et l'affirmatif « Est » ; et ceci est, d'un seul mot, l'athéisme, puisqu'il est l'acte d'un esprit ayant perdu la raison, niant tout Pouvoir Divin. Et c'est la Vérité même, dans la conscience intellectuelle de tout un chacun, qui réclame ouvertement le châtiment contre de tels esprits faux, alors que seule la négation de la Vérité soutient âprement l'affirmation du mensonge contre les règles dialectiques.

---

[1] Celui de l'athéisme, formé par ajout d'un préfixe négatif.
[2] Cf. *Apocalypse*, 4, 5 : « il sortait du trône des éclairs, des tonnerres et des voix… », etc.

CAP(VT) 15

*{{Secundum impieta/**270**/tis, Cacodoxia, multiplex tyrannis, Soli Deo diiudicanda, et Gratia Veritatis totum orbem esse plenum.}}*

Secundum autem impietatis caput est Cacodoxia — hoc est male de Veritate sentire. Hoc caput Centoculi, Centauri, Centimani et Centivoci (ut sic liceat nominare) speciem gerit — ubi ex vocum multitudine pessimam dissonantiam, ex manuum pluralitate asper<r>imam contiguitat*em*[1], ex aurium multitudine purae vocis incapacitatem et expulsivam obturationem, ex oculorum pluralitate obiecti confusionem ac Veri Formae transformationem resultare manifestum est; unde haeresium putidae suppurationes et superstitionum recrudescentes inflammationes continuo debilia mortaliaque devexant subiecta totumque corpus, lethali infectione computrefactum, in invincibilem ignorantiae detrudunt mortem.

Haec, inquam, multiplex tyrannis, quamquam in quibusdam visceribus prae pertinacia, in quibusdam autem prae ignorantia et prae ad simplicissimam Veritatem indagandam ignavia lateat, et non raro inepte prosil*i*at[2] saevissimeque in universum spurcissimum spargat venen*um*[3].

Verum tamen ad quid hoc et quare hoc mortalibus contingere concedatur, Deus Solus, qui omnia, antequam fia<n>t, praenovit, diiudicet, et Solus Ipse ut ius/**271**/tam decretamque sententiam ferat! Alioquin Gratia S(acro-)S(ancti) Spiritus, quoad simplicem Veritatis notitiam capiendam puramque Sapientiam adipiscendam, Sancti Domini Evangelii doctrina Sanctorumque Dei Veritatem evangelizantium, ac secretiora fideliter explicantium voluminibus, totus terrarum plenus est Orbis — quibus sapiens sapienter usus, fidem perfectam, affectum efficacem et syncerae affectationis ac spei plenitudinem aeternamque consolationem sibi acquisivisse et Divinae Promissioni acquievisse, nec unquam ipsum fefellisse indubie experietur: sin minus, abusive, in dulcedine amaritudinem hauriet, et in lumine tenebrose caecu*t*iet[4].

---

[1] contiguitat*em* *scr.:* -tatam M.
[2] prosil*i*at *scr.:* prosileat M /
[3] venen*um* *scr.:* venenim M.
[4] caecu*t*iet *scr.:* -ciet M.

Chapitre 15

La deuxième tête de l'impiété, l'hérésie, est une tyrannie multiple, qui ne saurait être jugée que par Dieu ; et tout le monde est plein de la Grâce de la Vérité.

La seconde tête de l'impiété est l'hétérodoxie[1] – qui consiste a faire un jugement faux de la Vérité. C'est une tête qui a cent yeux, cent oreilles, cent mains et cent voix (si on peut les appeler ainsi) – et il est évident que de la multitude des voix résulte la pire dissonance, de la pluralité des mains le toucher le plus rude, de la multitude des oreilles l'incapacité d'une voix pure et le ton désagréable, de la pluralité des yeux la confusion de l'objet et l'altération de la forme du Vrai ; raison pour laquelle les suppurations puantes des hérésies et les abcès recrudescents des superstitions entraînent continuellement les individus débiles et mortels et précipitent tout corps gangrené d'une infection léthale vers la mort invincible de l'ignorance.

Cette tyrannie multiple, dis-je, se cache dans les entrailles, chez certains sous le vêtement de l'entêtement, chez d'autres sous celui de l'ignorance et de la paresse à chercher la Vérité très simple, et, souvent, elle se dresse, stupidement, et répand partout, sauvagement, son vénin infâme.

Néanmoins, à quoi bon et pourquoi il fut permis qu'arrive ceci aux mortels, c'est à Dieu seul de juger, Lui qui a connu d'avance toutes les choses avant qu'elles ne fussent, et c'est à Lui seul de prononcer la sentence juste et définitive ! Car tout l'Univers est plein de la Grâce de l'Esprit Sacro-Saint, à travers lequel l'on doit acquérir une connaissance simple de la Vérité et obtenir la Sagesse pure, et de la doctrine de l'Évangile du Seigneur Saint et des Saints qui annoncent la Vérité de Dieu et qui expliquent fidèlement les choses les plus cachées dans les livres. S'il les utilise sagement, le sage éprouvera sans nul doute avoir acquis par soi une foi parfaite, un amour efficace et la plénitude de l'aspiration sincère et de l'espérance, ainsi que l'éternelle consolation, et s'être reposé dans la Promesse Divine et ne se trouver plus jamais déçu ; s'il ne le fait pas, il boira, par métaphore, l'amertume dans la douceur et verra trouble dans la lumière.

---

[1] Lat. *cacodoxia* : Cantemir emploie ici aussi un substantif d'origine grecque.

CAP(VT) 16

{{Tertium caput impietatis quod? Eius professio qualis, Atheia peior.}}

Tertium tandem, impiissimum, impietatis caput, quo{d} (testor Deum me extra passi{o}nis circulum et personae acceptionem dicere) non simpliciter impietas, sed impietatis impietas et caput capitis impietatis est.

Siquidem non desunt, mi alumne, inter mortales, qui belle quidem et aperte Vnum quidem esse omnium Deum fatentur, verum tamen, penitius dil[l]igentiusque perspectis eorum Theologiae institutionibus, in Caelis quidem */272/* Divinitatis Simplicissimae Fontem duplicem, et causas duas, in terris autem alteram et tertiam.

Ad Caelestes causas ferunt rationem, quia Tertiae Divinitatis Personae a Prima et Secunda, ut effectus a[b] causa, procedere est necesse — itaque Vnius Tertiae duae Causae et principales Divinitatis vivi Fontes duo apparent.

Ad Terrenam autem ferunt <hanc>[1] — siquidem Caelestis Deus (Quem Sancta Veritas 'Patrem Caelestem' appellitat) cum sit Invisibilis, Incomprehensibilis atque Inaccessibilis, necessario sequitur talis Dei effectus etiam mortalibus et terrestribus imperceptibiles atque insensibiles esse: unde includunt tertium caput constitui debere, et quidem visibile, terrenum, mortale, humanum, quod Dei vicarium et Divinae Efficacitatis sit vicegerens, cui ad lubitum Caelum, terra, Caelestia atque terrestria pareant, occulta pateant, mysteria enucleet[2], leges in velle habeat, et — quod impiissimum est — peccatum effugiat natural*ia*que[3] repagula atque proclives inclinationes spernat — heus! —

---

[1] *Evidenter mendosum textum pro viribus denuo complere conatus sum.*
[2] enucle*et scr.*: enucleat M.
[3] natural*ia*que *scr.*: naturalesque M.

CHAPITRE 16

Quelle est la troisième tête de l'impiété ? Quelle est sa profession de foi, pire que l'athéisme.

Troisièmement, enfin, voici la tête de l'impiété la plus sacrilège, qui (je prends Dieu comme témoin du fait que je suis à l'extérieur du cercle de la passion et que je ne fais acception de personne[1]) n'est pas, simplement, l'impiété, mais bien l'impiété de l'impiété et la tête des têtes de l'impiété.

En effet, mon disciple, entre les mortels ne manquent pas ceux qui confessent bellement et ouvertement qu'il y a un même Dieu pour tous, mais, cependant, une fois examinés plus à fond et plus attentivement les enseignements de leur Théologie, l'on apprend que dans les Cieux il y aurait une double Source et deux causes de la Divinité Très-Simple, alors que sur la terre il y en aurait une autre et troisième.

Pour soutenir les causes Célestes ils avancent comme raison le fait qu'il est nécessaire que la Troisième Personne de la Divinité procède, comme un effet procède de sa cause, de la Première et de la Seconde ; et ainsi il apparaît que, de cette Troisième une, il y a deux Causes et deux Sources vivantes génuines de Divinité.[2]

Pour soutenir, en revanche, la cause terrestre ils avancent ceci : puisque Dieu le Céleste (que la Vérité Sacrée appelle généralement Père Céleste) est invisible, incompréhensible et inaccessible, il s'ensuit nécessairement que les actes d'un tel Dieu sont imperceptibles et insensibles aux mortels et aux créatures terrestres ; ils en concluent devoir établir un troisième chef, visible, terrestre, mortel, humain, qui tienne la place de Dieu[3], qui soit le lieutenant de l'Efficacité Divine, au bon gré duquel le Ciel, la terre, les créatures Célestes et terrestres obéissent, les choses cachées se révèlent, les mystères s'éclaircissent, qui ait les lois dans sa volonté et, ce qui est le plus impie, qui échappe au péché et méprise les limites naturelles et les inclinations vers le mal, oh ! – et, en

---

[1] *Romains*, 2, 11 : « car Dieu ne fait point acception de personnes » ; 2 *Paralipomena*, 19, 7 : « car il n'y a point d'injustice dans le Seigneur notre Dieu, ni d'acception de personnes, ni aucun désir de présents. »

[2] Non seulement ils supposent qu'une personne de la Trinité est terrestre, mais ils dérivent les deux premières personnes de la troisième, comme une cause plus parfaite d'un effet moins parfait.

[3] Lat. *Dei vicarius*. Voir Livre V, chapitre 7.

insuper talem corruptibilem Deitatem succesive, vel etiam possessive continuare possit */273/* (Magne et Immortalis Deus!) Gentilismi Polytheia[1] et fatuorum Atheia, ad huiuscemodi histrionicum Prodeum comparatae[2], non iniucundum spectantibus praebebitur spectaculum.

De huius autem spectaculi theatro nihil nobis curae incumbendum, cum iam, quocunque terrarum sit Veritatis studiosus, Olympos ac Atlantes ascendens, tales vermiculosos despiciet Deos.

CAP(VT) 17

{{Triplicis impietatis capitis trifida cauda — Fortuna, Casus, Fatum. De his confuse quid sentiant moderni? Horum admissa communione, superstitionis et verae religionis nullum discrimen.}}

Triplici huicce capiti non deest, mi alumne, trifida acutissimae caudae extremitas, in qua usus et abusiva consuetudo vocabulorum et nominum deorum dearumque Gentilismi finitur. Quae, apud simplices quidem, quamquam, praeter puram vocabuli notitiam, nihil aliud intelligatur, verum tamen apud litera compositos (qui una cum vocabuli significatione etiam sensus vim intelligere et metam intentionis capere possunt), sub Atheismi pallio latentia, 'Fortunae', 'Casus', 'Fatorumque' nomina ridicule celebrantur, et in ipsis nominibus misere vetustissima adorantur simulacra.

Haec caeterum nomina apud Veteres diversimode accipiebantur et diversos edere effe*/274/*ctus credebantur; apud modernos tamen fere indifferenter venerantur, et saepe saepius 'Fortuna[m]' pro 'Casu' et, viceversa, 'Casus' pro 'Fortuna' vel laudatur, vel vituperatur.

Quando enim cuidam aliquid improvisum et praeter omnem opinionem accidit, hoc 'casu', vel 'fortuna evenisse' hiante fatentur pectore, et id quod ipsis incognitum et inexpectabile est, ac si nullis congruentibus[3] necessariisque causis proveniret, 'Fatum Parcasque hoc

---

[1] Polytheia *scr.* : Politheia *hic quoque* M.
[2] *Absolutum Nominativum immutatum relinquere melius mihi visum est.*
[3] congruentibus *scr.* cronguentibus *praepostere* M.

outre, qu'une telle divinité corruptible puisse continuer, de façon successive ou même possessive (ô, Dieu Grand et Immortel!). Le polythéisme des païens et l'athéisme des fats, comparés à un tel substitut de Dieu de comédie, offriront un spectacle qui ne sera pas peu plaisant à ceux qui le regarderont[1].

Mais nous ne devons pas nous soucier de ce spectacle, parce que, en quelqu'endroit de la terre que se trouve le chercheur de la Vérité, escaladant l'Olympe ou l'Atlas, il dédaignera de tels dieux rongés par les vers.

Chapitre 17

Aux trois têtes de l'impiété correspondent trois queues – la Fortune, le Hasard, le Destin. Quelle est, à leur sujet, l'opinion confuse des modernes? Si l'on admettait l'association de ces trois choses, il n'y aurait aucune distinction entre les pratiques superstitieuses et la vraie religion.

Ces trois têtes ne sont pas dépourvues, mon disciple, de l'extrémité trifide d'une queue, très pointue, dans laquelle finissent l'usage et l'habitude abusive des mots et des noms des dieux et des déesses des Gentils. Bien que les simples n'y comprennent rien d'autre que la simple signification du mot, néanmoins les personnes cultivées (qui peuvent entendre, en outre, la force du sens et en saisir l'intention) célèbrent, de façon ridicule, les noms de Fortune, Hasard, Destin, cachés sous le manteau de l'athéisme, et y adorent pitoyablement des idoles très anciennes.

D'ailleurs, les Anciens prenaient ces noms de diverses manières, croyant qu'ils produisaient différents effets; les Modernes, cependant, les vénèrent presque sans distinction et, souvent, louent ou blâment la Fortune pour le Hasard et, inversement, le Hasard pour la Fortune.

En effet, lorsqu'il arrive à quelqu'un quelque chose d'imprévu et contre toute attente, l'on clame à cor et à cri que cela s'est passé par hasard ou par fortune et que cet évènement était inconnu et inattendu pour eux, comme s'il n'était pas arrivé par des causes appropriées et nécessaires; ils se précipitent de dire que le Destin et les Parques l'ont

---

[1] L'objection consistant à dire que Dieu, simple, dépourvu de toute matière, grandeur, qualité, composition, n'a pas pu, de ce fait, enfanter la matière est manichéenne: Grégoire de Nysse y répond: *De hominis opificio*, XXIII, PG, 44, 209-214.

ita praesignasse' usque ad impudentissimam superstitionem praecipitantur[1], et vel ut faustum gratulantur, vel ut infaustum quid lamentantur atque miserentur.

Vnde manifestum est, mi alumne, quod, etiamsi hui<u>scemodi veteris pravae perversitatis adulatores hosce deos deasque palam fateri non audeant quidem, verum tamen ad tale<m> inopinatum eventum, quasi occulta quadam et intima animi voce, protinus eaedem nominum acclamationes prolatae : subiectum quod affectum est — titulo 'fortunati', aut 'infortunati' vel adulantur, vel subsannant.

Quod cum ita se habeat, quale discrimen, obsecro, inter Gentilismi superstitionem et inobservatam religionem /275/ assignari potest ? Crede, nullum !

CAP(VT) 18

{{Huius absurdi erroris absurdam casus definitionem esse, cuius confutatione detegitur impostura.}}

Verum enimvero scaturiginem, unde haec virulentissimus emanarit latex, tam veteres, quam recentiores minime observasse manifestum est : veteres quidem, quia, superbissimo 'Sapientum' titulo elati, us<que> ad stultitiae barathrum praecipit*es*[2] ceciderunt; recentiores autem, quia omnem veritatem in paganica impietate et brutali humanitate sedem fixisse facillime crediderunt.

Casus {et}enim ab illis tradita, ab istis autem credita definitio credulos et ad humanas scientias pronos miserrime seduxit, et ignorantiae firmissimis perstrixit vinculis, quandoquidem 'Eventum temerario motu nullaque causarum connexione productum Casum esse' definiverunt. In cuius tam magni apparatus definitionis ambitu revera, mi alumne, praeter subiectae rei significationem, nil aliud invenio, et inanes dumtaxat esse voces prorsus decerno.

---

[1] *Sc.* <dicere> praecipitantur.
[2] praecipit*es scr.* : praecipiti M.

déterminé d'avance, jusqu'à tomber dans la superstition la plus impudente et soit ils s'en félicitent comme leur étant favorable, soit ils s'y lamentent et s'y apitoient comme leur étant défavorable.

D'où il est évident, mon disciple, que, même si les serviles adulateurs d'une telle perversité invétérée n'osent pas confesser ouvertement ces dieux et déesses, néanmoins, lors d'un tel événement imprévu, ces noms éclatent tout d'un coup, comme s'ils étaient prononcées par une voix cachée et intime de leur âme : soit pour flatter du titre de fortuné l'individu qui en est affecté, soit pour s'en moquer en le traitant d'infortuné.

Puisque c'est ainsi que sont les choses, quelle distinction peut-on faire, je demande, entre les pratiques superstitieuses des Gentils et la religion foulée aux pieds ? Crois-moi : aucune !

CHAPITRE 18

La définition du hasard, cette absurde erreur, est absurde ; à travers la réfutation de laquelle il en est révélé l'imposture.

Néanmoins, il est évident que ni les Anciens ni les plus récents n'ont remarqué la source d'où a jailli ce liquide tellement empoisonné : les Anciens, parce que, tout en se parant du titre très orgueilleux de Sages, sont tombés la tête la première dans l'abîme de la sottise ; les plus récents, parce qu'ils ont cru très facilement que toute vérité résidait dans l'impiété païenne et dans l'humanité brutale.

Et en effet la définition du hasard, telle qu'elle fut rapportée par les premiers et crue par ces derniers, séduisit misérablement les crédules, les asservit aux sciences humaines et les enserra dans les chaînes très dures de l'ignorance. Voici la définition qu'ils en ont donné : le Hasard est un événement produit par un mouvement accidentel et non par quelque enchaînement de causes[1]. En réalité, dans le faste d'une telle définition de parade, je ne distingue rien d'autre, mon disciple, au-delà de la signification de la chose supposée, et je juge que ces paroles sont tout simplement vides.

---

[1] Cette définition est formulée, pour être réfutée, par Boèce, *De consolatione philosophiae*, V, 1 : « Si l'on définit le hasard comme un événement produit par un mouvement accidentel et sans aucun ensemble de causes, j'affirme l'inexistence complète du hasard et je juge que c'est un mot sans signification et rigoureusement vide. » (trad. J.Y. Guillaumin)

Quis enim, vel solum uncia[1] mentis utens, infitias[2] ire audebit Rectorem atque Directorem Illum[3], Qui omnia a fine usque ad finem tangit fortiter disponitque suaviter[4]? An, si Deus (quod nemo du/276/bitabit) Imperator Optimus, Maximus atque Sapientissimus, Sua Ineffabili Dispositione omnia disponat, coaptet adque propriam cuiuslibet metam dirigat, alia causa temeritati, aut medium motui temerario dari poterit? Nequaquam.

Nam, prout ipsimet fatentur Pagani, 'ex nihilo nihil'[5] fit (quamquam nos hanc sententiam non de principio operanti[6], sed de subiecto dumtaxat operato atque operativo, hoc est de natura iam naturaliter[7] satagenti[8] concedimus), atqui id quod fit — id nempe quo{d} in esse sui progreditur — extra causas necessarias atque concurrentes nec fit, nec in fieri accidere potest — ergo nec casus aliquis absque certis propriis concurrentibusque causis fieri poterit.

Itaque, seductoris patefacta argutia, falsam definitionem perperam facere in Physica et blasphemiam com<m>ittere in Theologophysicam manifestum est.

CAP(VT) 19

{{Casus definitio ab Arist(otele) tradita in convenientius explicatur. Vera[9] Casus definitio datur, explanatur et exemplis bona esse probatur.}}

Stagirita[10], ceu Ethnicus, quamquam strictissimas veritatis semitas largo demetiatur gradu, hoc tamen prae caeteris quodam modo propinquius tetigisse videtur (quod enim bonum etiam in malis fatendum est).

---

[1] uncia *scr.* : untia M.
[2] infitias *scr.* : inficias M.
[3] *Sc.* Illum <esse>.
[4] *Sap., 8, 1.*
[5] *Pers., 3, 83 ; cf. Schol ad Lucr., 1, 150 ; 1, 250 etc.*
[6] operanti *scr.* : operante M.
[7] naturaliter *ex* -tes *corr.* M.
[8] *Denuo* satagenti *scr.* : satagente M.
[9] Vera *scr.* : Veram *perperam* M.
[10] Stagirita *scr.* : Stagerita M.

Qui, en effet, faisant usage d'une part infime même de son esprit, osera nier Celui qui dirige et qui conduit, qui *atteint tout avec force depuis une extrémité jusqu'à l'autre et dispose tout avec douceur*[1] ? Si Dieu (dont personne ne doutera), le Seigneur suprême, Très Bon, Très Grand et Très Sage, à travers Sa Disposition Ineffable, dispose, arrange et dirige chaque chose vers son terme propre, pourra-t-on assigner une autre cause au hasard et une autre raison[2] au mouvement accidentel ? Certainement pas !

En effet, selon ce que les païens eux-mêmes professent, du rien rien ne provient[3] (bien que nous concédions cette proposition non pour ce qui est du principe qui agit, mais seulement du substrat qui a été fait et qui agit, c'est-à-dire pour ce qui est de la nature œuvrant naturellement[4]), mais ce qui devient – à savoir ce qui progresse dans son être – ne devient pas en dehors des causes nécessaires et concourantes, ni ne peut se produire, dans le devenir, comme un accident.

Et ainsi, ayant démasqué la subtilité du séducteur, il est clair que la fausse définition est inutile dans la Physique et commet un blasphème dans la Théologo-physique.

Chapitre 19

Il est expliqué en détail la définition du hasard transmise par Aristote. Il est donné et il est expliqué la vraie définition du hasard et il est prouvé au moyen d'exemples qu'elle est bonne.

Même s'il arpente à grands pas les sentiers très étroits de la vérité[5], le Stagirite, comme Païen, semble cependant l'avoir touchée mieux que d'autres (il faut confesser en effet qu'il y a quelque chose de bon même chez les mauvais).

---

[1] Cf. *Sagesse*, 8, 1.

[2] Lat. *medium*, raison, cf. Blaise, 1975.

[3] Lat. *ex nihilo nihil*. Cantemir a déjà cité, pour le combattre, lors de l'évocation de la cosmogonie, au chapitre 18 du Livre II, le principe fondamental de la physique grecque. Il l'adopte ici pour le cours ordinaire de la nature, dans le sillage de Boèce : «*At si nullis ex causis aliquid oriatur, id de nihilo ortum esse videbitur*», ibidem.

[4] Chez Boèce, *ibidem* : «*quamquam id illi non de operante principio, sed de materiali subiecto hoc omnium de natura rationum quasi quoddam iecerint fundamentum.*» Du fait qu'il contient une définition de la nature, la façon dont Cantemir tourne la phrase est bien plus adéquate pour la physique moderne.

[5] Cf. I, 1 : «pourquoi arpentes-tu de long en large la galerie, aussi absorbé dans tes réflexions ?».

In Physicis enim, "Quoties, /278¹/ inquit, aliquid cuiusdam gratia geritur aliudque, quibusdam de causis, quam quod intendebatur obtingit, 'Casus' vocatur."² 'Vocari' quidem dicit, 'esse' autem affirmare non audet — deinde, per exemplum a se definitum, explicat Casum : "ut si quis, infert, colendi agri causa fodiens humum, defossi auri pondus inveniat."

Ad hoc dicimus : id fortuito quidem obtigisse videtur, et 'Casus' vocatur, revera tamen casus non est, quia nec de nihilo, nec denique extra praeordinatas concurrentesque causas est.

Quamobrem, eventus non praecognitus, nec expectatus ad aliud (nempe ad non praescientem), et non ad se casum operatur — ad se enim per proprias necessariasque refertur causas, ideoque nec fortuito.

Nam, nisi cultor agri humum fodisset, et nisi eo in loco depositor suam obruisset pecuniam, auri pondus utique non fuisset inventum. Haec sunt igitur fortuiti causae commendii, quod ex obviis sibi et confluentibus causis, et non ex gerentis intentione proveniat.

Ergo, Veritati magis consentaneum, licet Casum sic definire : 'Casus est inopinatus, et non praecognitus eventus³ ex confluentibus ca{u}sis, in /279/ his, quae ob aliud aliquid geruntur, per Divinam Dispositionem ad aliquod bonum necessarium adaptatis."

Haec definitio tam Theologi, quam Physici omnem tollit scrupulum. Concurrentes enim eventus causas confluere facit ordo ille, qui

---

¹ *Numerus 277-mae paginae oblitus.*

² *De Aristotelis laudationibus vide, sis, eorum commentarium ad translationis notas adiectum.*

³ inopinatus et non praecognitus eventus *ex* inopinatum, et non praecognitum eventum *corr.* M.

En effet, dans la *Physique*, il dit : « Toutes les fois qu'une action est faite en vue de quelque chose et que son résultat, pour certaines causes, est différent de ce que l'on avait visé, on appelle cela hasard. »[1] Il dit « on appelle », mais n'ose pas affirmer « c'est ». Et ensuite, il explique le hasard par un exemple qu'il a lui-même choisi : « comme si un cultivateur, dit-il, en labourant son champ, mettait au jour un lingot d'or. »[2]

A cela nous disons : ce qui semble être arrivé d'une manière fortuite et que l'on appelle hasard, n'est pas, en réalité, un hasard, parce qu'il n'est pas produit du rien, ni, enfin, en dehors de causes préordinées et concourantes.

Pour cette raison, l'événement non connu d'avance et inattendu représente un hasard pour quelqu'un d'autre (à savoir pour celui qui ne le connaît pas d'avance), mais non en soi, car en soi il est rattaché à des causes propres et nécessaires et, partant, de manière non fortuite.

En effet, si le cultivateur n'avait pas labouré son champ, et si le déposant n'avait pas enfoui son trésor dans ce lieu, le lingot d'or n'y aurait jamais été découvert. Voici, donc, les causes de la trouvaille fortuite, qui provient de causes évidentes et convergentes, et non de l'intention de celui qui agit.[3]

Il est donc plus conforme à la vérité de définir le hasard ainsi : le hasard est un événement inopiné et imprévu, provenant de causes convergentes, et advient dans des actions faites dans un but différent, mais qui ont été préparées par la Disposition Divine pour un autre bien nécessaire.[4]

Cette définition ôte tout scrupule aussi bien du théologien que du physicien. En effet, cet ordre, qui dirige et conduit vers la perfection, à

---

[1] Cf. Aristote, *Physique*, II, 6, 197b 18 : « Dans le domaine des choses qui ont lieu absolument en vue de quelque fin, quand des choses ont lieu absolument sans avoir en vue le résultat et ayant leur cause finale hors de lui, alors nous parlons d'effets de hasard. » Mais la formulation de Cantemir se trouve de façon presqu'identique, attribuée à Aristote, toujours chez Boèce : « Toutes les fois qu'une action est faite en vue de quelque chose et que son résultat, pour certaines causs, est différent de ce qui était attendu, on parle de hasard », *De consolatione Philosophiae*, V, 1 (trad. J.Y. Guillaumin).

[2] Cf. Aristote, *Métaphysique*, V (*delta*), 30, 1025a 15 : « Par exemple, si, en creusant une fosse pour planter un arbre, on trouve un trésor. C'est par accident que celui qui creuse la fosse trouve un trésor, car l'un de ces faits n'est ni la suite nécessaire, ni la conséquence de l'autre, et il n'est pas constant qu'en plantant un arbre on trouve un trésor » (trad. J. Tricot). L'exemple est repris par Boèce, *ibidem*.

[3] Tout ce paragraphe est chez Boèce, *ibidem*. Nous y suivons d'assez près la traduction de J.Y. Guillaumin.

[4] La définition est chez Boèce un peu différente : « Le hasard est un événement inopiné entraîné par un concours de causes qui se manifeste au milieu d'actions faites dans un certain but », *ibidem*.

indissolubili connexione cuncta, quae ad bonum universale utilitatemque particularem spectant, dirigit adque perfectionem deducit.

Itaque haec quidem, quae a Divinae Providentiae praedestinatione procedant, sic intelligenda, sic concedenda sicque credenda sunt; quae autem ab hominis proveniunt libera voluntate, nempe ad bonum malumque discernendum minus prudenter intendente, quamquam praeter suam intentionem eveniant, tamen haec non Casus, non Fortuna, non Fatum, non denique[1] quicquam aliud diabolicum sonans, sed error, imperitia, ignorantia et humana fatuitas operantur — quae sunt causae effectrices ipsius inconsiderati mali sui, aut nocumenti alterius.

Non enim Casu debellatus est Xerxes in Graecia, sed fatua et {in}considerata ambitione — et, econtra, non Fortuna Graecorum parva manus Barbarorum tam innumeram multitudinem prostravit, sed fortitudine prudenti ac virtute ex<c>ellenti — itaque /280/ illis quidem Casum pessimum, istis autem optimum evenisse manifestum est.

De his autem, Deo concedente, in Theologo-ethicis fusius tractabitur.

CAP(VT) 20

{{Causa declaratur, cuius gratia prolixius dictum est de Casu.
Subsannatur pagana sententia de Sapientia prolata. Praeter Divinam
Dispositionem et liberam voluntatem, nullam effectricem concedi.
Scientia quibus data sit? Nihil negativum et privativum explicatur,
effectus Providentiae et liberae voluntatis obumbrantur. Differentia
Divinae Praescientia<e>, ad bonum et malum spectans, praemittitur.}}

Caeterum haec, mi charissime, vel[l]lim te scire non aliam ob causam me tibi paulo diligentius atque prolixius exposuisse, nisi quod optarim veluti principia quaedam et Occultissimae huius Doctrinae quasi necessaria agnoscas elementa, ex quibus Verae Scientiae et Sacrae Doctrinae syllabae, vocabula atque orationes componuntur — et quidem

---

[1] denique *scr.* : di- *secus* M.

travers un enchaînement indissoluble, toutes les choses qui visent au Bien universel et à une utilité particulière, fait converger les causes concourantes de l'événement.

Et ainsi il faut entendre, accorder et croire qu'elles sont ainsi, les choses qui procèdent de la prédestination de la Providence Divine ; celles, en revanche, qui proviennent de la libre volonté de l'homme, pour autant que celle-ci réussit moins sagement à distinguer entre le bien et le mal, bien qu'elles arrivent outre son intention, ce n'est pas le Hasard, ni la Fortune, ni le Destin, ni enfin quelque chose d'autre à résonance diabolique qui le produit, mais l'erreur, l'inexpérience, l'ignorance et l'humaine fatuité, causes efficientes du mal inconsidéré que l'homme se procure à soi-même et aux autres.

En effet, ce n'est pas par Hasard que Xerxès fut battu en Grèce, mais par sa présomption sotte et inconsidérée ; et, au contraire, ce ne fut pas par Fortune qu'une poignée de Grecs agenouilla une foule innombrable de barbares, mais par la sagesse de leur courage et l'excellence de leur force – et il est évident qu'aux premiers il arriva le pire hasard et aux derniers le meilleur.

Mais de celles-là, si Dieu l'accorde, il sera traité plus en détail dans la Théologo-éthique.

CHAPITRE 20

Il est montré la raison pour laquelle il a été aussi longtemps parlé du hasard. Il est tourné en dérision l'opinion païenne au sujet de la Sagesse. Outre la Divine Disposition et la libre volonté, nulle autre cause efficiente n'est concédée. A qui la science est-elle donnée ? Il est expliqué le rien négatif et privatif, il est dévoilé les actes de la Providence et de la libre volonté. Il est anticipé la façon différente selon laquelle la Divine Prescience regarde le bien et le mal.

Du reste, mon bien cher, sache que je ne t'ai exposé ces choses plus soigneusement et en détail que parce que je voudrais que tu les connaisses en tant que principes et éléments quasi nécessaires de cette Doctrine très cachée[1], dont se composent les syllabes, les mots et les

---

[1] Il s'agit de la théologie, cf. *Index rerum* de l'ouvrage, entrée : *Quamobcausam de elementis theologicis tractatum est ?* / Pour quelle raison est-il traité des éléments de théologie ?

in proximi emolumentum, a Deo Creaturae Suam Imaginem prae se ferenti gratis largitae.

Veritati enim nunquam ar<r>isit pagana, quae fatur, sententia — 'Scientiarum illam, quae gratia sui ipsius et propter se scire, quam illam, quae aliorum gratia eligenda sit, magis sapientiam esse'.

Haec, inquam, huius scientiae 'Sapientia' penes Veram Scientiam stultitia est, quae suos scientificos non propter seipsos, sed magis propter alios scientificos esse praecipit.

Quamobrem, unice cavendum, ne quandoque in littore fluvii perversitatis implantatae arboris speciosi te quoque fructus dementet appetitus, atque ad talem talis sa/281/pientiae mortiferas[1] epulas animum eliciant tuum, nec denique talium nominum prave assuefactorum mente soporata frustra conturberis, et aliud quippiam, praeter Divinam Dispositionem et hominis liberum arbitrium vel iam existentibus, vel mox ab incognitis, vel cognitis causis contingentibus praeesse, aut praedominari existimes.

Nam, concessis huiuscemodi abstractis nominibus, Divina[2] negatur Gubernatio, et Vniversi conservatio confunditur. Item, dempto libero arbitrio, simul demitur error, peccatum, et, consequenter, Dei Misericordia atque Iustitia inania evadent attributa — apage!

Vnde maxime intelligendum quod id, quod Gentilismi absurditas Sacrae Scientiae inculcare moliebatur, itidem, Veritatis signum ferentes, ipsi exprobrandum[3], abundantem gaudere supellectilem, ipso etiam Sole clarius clarescit.

Quadere, hinc imposterum hoc tuam possidat[4] considerationem — a Divina nempe Sapientia mundum creatum fuisse et omnes creaturas aliquando principium esse sui accepisse. Item, ordinem naturalem supernaturaliter ad motum, progressum finalemque perfectionem processisse, et causas atque principia tam Physicorum, quam Metaphysicorum piis et vere Sapientibus, /282/ servis suis, et non prophanis Superstitiosis atque Idololatris indicasse. Etenim, in Suo Infinito Aeternitatis Tempore, visibilia atque invisibilia cuncta ex 'nihilo'

---

[1] mortiferas *ex* mortiferam *mut.* M.
[2] Divina[[m]] M.
[3] exprobrandum *ex* -prop- *corr.* M.
[4] possidaet (*absque diphthongo*!) M.

discours de la Science Vraie et de la Doctrine Sacrée – et, avant tout, au profit de la créature, à qui Dieu a gratuitement octroyé de porter Son Image.

En effet, la vérité n'a jamais agréé l'opinion qui prétend savoir que la sagesse est avant tout la science recherchée en vue d'elle-même et pour elle-même, et non en vue d'autre chose[1]. La sagesse de cette science est une folie aux yeux de la Science Vraie, qui recommande à ses adeptes de la suivre non en vue d'eux-mêmes, mais plutôt en vue des autres.

Pour cette raison, garde-toi tout particulièrement que l'appétit du fruit trompeur de l'arbre planté au bord de la rivière des faux enseignements ne te rende fou toi aussi, et que les banquets mortifères d'une telle sagesse n'envoûtent ton âme, et, enfin, que tu ne sois pas vainement troublé par la raison engourdie de tels noms vicieusement utilisés et ne pense pas que quelque chose d'autre que la Divine Disposition et le libre arbitre de l'homme président et commandent aussi bien à celles qui existent qu'à celles qui arriveront par des causes inconnues ou connues.

En effet, si l'on concédait de tels noms abstraits, le gouvernement divin serait nié et la conservation de l'Univers rendue méconnaissable. De même, si l'on enlevait le libre arbitre, on enlèverait aussitôt également l'erreur, le péché et, partant, la Miséricorde et la Justice de Dieu finiraient par devenir des attributs vides. Arrière !

Ce que l'on en doit comprendre surtout, c'est que ce que l'absurdité des Gentils essayait de faire pénétrer dans la Science Sacrée et que les porte-drapeaux de la Vérité leur imputaient comme un bagage superflu dont ils se réjouissaient, brille plus clair que le Soleil.

Pour cette raison, tu dois réfléchir dorénavant sur le fait que le monde fut créé par la Divine Sagesse et que toutes les créatures en reçurent, à un certain moment, le principe de leur être. De même, tu dois réfléchir sur le fait que l'ordre naturel a procédé surnaturellement au regard du mouvement, du cours et de la perfection finale et qu'il a indiqué les causes et les principes tant des choses Physiques que Métaphysiques à ses serviteurs pieux et vraiment sages et non aux superstitieux et idolâtres profanes. Et, en effet, dans Son Temps Infini de l'Éternité, Il a produit toutes les choses visibles et invisibles à partir

---

[1] Confrontation directe avec un texte célèbre d'Aristote, *Métaphysique*, A, 2, 982 a 14-16 : «De plus, parmi les sciences, celle que l'on choisit pour elle-même et à seule fin de savoir, est considérée comme étant plus vraiment Sagesse que celle qui est choisie en vue de ses résultats. »

privativo (non autem negativo) produxisse. (In Deo enim Perfectissimo 'nihil', 'non', 'negatum', 'privatum' non est, sed privatio dumtaxat erat Entium, et non quidem respective ad Ens entium, sed ad naturalem essentialemque eorum existentiam — {{ad se, inquam,}} quatenus non erant, antequam crearentur — ad Deum autem, quatenus in Sua Aeterna rerum Praedestinatione, antequam fierent, omnia, totis completis numeris, determinata atque perfecta erant).

Porro, ex Dei Providentia, omnia bona ac perfecta dona, ex hominis autem libero arbitrio in bonum, vel malum inclinationem confici — ideoque nullus actus temerarius[1], nullus motus sine rectore, et, consequenter, nullus eventus (ut saepe probatum est) absque certis confluentibus atque productivis causis agi atque perfici potest.

Ac tandem, Divinam Praescientiam, aut Praecognitionem omnia, priusquam essent — ut essent — scire, cognoscere, videre atque intimos[2] occultationis recessus penetrare — hoc tamen, quod bonis quidem delectetur, mala[3] autem abomi/*283*/netur — quam ab omni boni contrario contrari<i>sque, causificatione incontaminatam, immaculatam atque intactam credas intelligasque.

Cuius ergo Solis proferamus exemplum, ac tandem, ξὺν θεῷ finem huiusce theoriae faciamus.

---

[1] actus *ex* motus *mut.* M.
[2] intimos *ex* intima *mut.* M.
[3] mala *ex* malis *hic corr.* M.

d'un rien privatif (et non négatif)[1]. (En effet, en Dieu le Très Parfait il n'y a pas de «rien», de «non», de «nié», de «privé»[2], mais la privation regarde seulement les êtres et, précisément, en rapport non à l'Être des êtres, mais à l'existence naturelle et essentielle des êtres, pour autant qu'ils n'étaient pas avant qu'ils ne fussent créées, tandis que, en rapport à Dieu, pour autant que tous les êtres, avant qu'ils ne fussent, étaient déterminés et parachevés dans tous les détails dans Sa Prédestination Éternelle).

Ensuite, c'est la Providence de Dieu qui accomplit tous les dons bons et parfaits, alors que c'est le libre arbitre qui incline l'homme vers le bien ou le mal; et, par conséquent, il n'y a pas d'acte accidentel[3], ou de mouvement, qui puisse être initié et accompli sans un conducteur et, partant, pas d'événement (comme il fut souvent prouvé) en dehors de causes certaines, convergentes et productives.

Crois, enfin, et comprends que la Prescience ou la Préconnaissance de Dieu sait, connaît, voit toutes les choses avant qu'elles ne soient, telles qu'elles sont, et pénètre dans les replis les plus intimes de ce qui est caché, qu'elle se réjouit des bonnes actions, qu'elle abomine les méchantes et qu'elle est non souillée, immaculée et intacte de l'action causale de tout ce qui contrarie le bien et s'y oppose.

Afin d'illustrer ce point, donnons l'exemple du Soleil, et mettons, enfin, si Dieu le veut, un terme à cette méditation.

---

[1] Lat. *ex nihilo privativo (non autem negativo)*. Au sens où le rien dont Dieu créa le monde est impossible à connaître pour l'homme. Oswald Croll parlait d'un *nihil divinum* dont toutes choses ont été faites, *Basilica chymica*, Francfort, Tampach, 1608, p. 37. La privation se comprend de Dieu au sens où, avant d'être créés, les êtres créés se trouvaient déjà, dans Sa Providence Éternelle, déterminés et parachevés dans tous les détails.

[2] Lat. *privatum*, de *privatio*.

[3] Lat. *temerarius*, cf. ci-dessus, VI, 18, 275, 276.

CAP(VT) 21

{{Sacrae Scientiae alumnos[1], a creatura ad Creatoris cognitionem accedere conantes, Solis exemplo usos fuisse. In Sole tria considerantur — Motus, Calor et Lumen. Motus Providentiae, Calor Dispositioni, et Lumen Praescientiae Divinae comparantur.}}

De Divinae Praescientiae Creaturis p<a>ene imperceptibilibus effectibus, iuxta concessam ab Ipsa Veritatis Scientia facultatem, verba prolaturi, nonnulla de solarium radiorum efficacitate quam breviter speculari[2] haud incongruam fore existimo comparationem.

Quandoquidem Sacrae Scientiae alumni, qui, de divinis attributis, vel etiam de Ipsa Ineffabili S(acro-)S(ancta) Trinitate aliquid captui propinquius et debili sensui tangibilius proferre conantes, et per creaturas ad Creatorem accedere caute philosophantes, nullum exemplum expressius Sole, et nulla evidentior suadela solaribus effectibus proponere audent, quod, revera, mi alumne, nemo mentis compos negare poterit.

Qua licentia usi, nos quoque, translative Solem pro Divino cuncta cernente Oculo sumentes, utriusque effectus, quoad possibile fuerit, compte simul atque Orthodoxe */284/* comparare conabimur.

Igitur, tria potissimum in Sole considerantur : Motus, Calor et Lumen — quae, ab ipso solari disco procedentia, omnia obiecta sibi obvia semper eodem feriunt modo. Et Motu quidem omnia peragrat totumque circuncurrit (*sic*) orbem. Calore[3] autem omnia calefaciendo fovet atque favet. Ac tandem Lumine illuminat atque omnia a[b] noctis obscuritate ad visibilitatis claritatem educit — ideoque Motus Providentiae, Calor Praedestinationi, Lumen denique Praecognitioni, vel Praescientiae congruenter comparabuntur.

Itaque, supposita comparatione, Sol per praefata tria media quid efficiat qualiterque in obiecta operetur perscrutemur — unde, pari modo, de ipsis tribus Divinitatis splendidissimis radiis fauste coniectabimur.

---

[1] alumnos *ex* alumni *mut.* M.
[2] *I.e.* ad speculandum, *seu* <ad> nonnulla … speculanda.
[3] Calore *ex* Lumine *mut.* M.

Chapitre 21

Les disciples de la Science Sacrée, essayant de s'approcher, à partir de la créature, de la connaissance du Créateur, se sont servis de l'exemple du Soleil. Dans le Soleil, il est considéré trois choses : le mouvement, la chaleur et la lumière. Le mouvement est comparé à la Providence, la chaleur à la Disposition et la lumière à la Prescience Divine.

Puisque nous allons parler des effets de la Divine Prescience, qui sont presque imperceptibles aux créatures, je pense que quelques brèves recherches sur l'efficacité des rayons solaires, conduites selon la faculté accordée par la Science même de la Vérité, pourront fournir une comparaison guère inadéquate.

En effet, les disciples de la Science Sacrée, qui essaient de dire quelque chose de plus proche de notre capacité et de plus accessible à notre faible esprit au sujet des attributs divins, ou même de l'Ineffable Trinité Sacro-Sainte, et qui, philosophant prudemment, s'approchent du Créateur à travers les créatures, n'osent proposer nul exemple plus clair que celui du Soleil et nulle analogie plus évidente que celle des effets solaires, ce que vraiment, mon disciple, nul qui est sain d'esprit ne pourra nier.

Nous servant de cette licence, nous aussi, prenant, par métaphore, le Soleil pour L'Œil Divin qui voit tout, nous essaierons de comparer les effets de l'un et de l'autre, pour autant qu'il sera possible, de façon à la fois élégante et orthodoxe.

Dans le Soleil nous considérons, donc, avant tout, trois choses : le mouvement, la chaleur et la lumière, qui, procédant du disque solaire même, frappent tous les objets qu'ils rencontrent toujours de la même manière. Et, par le mouvement, le Soleil parcourt toutes les choses et accomplit sa révolution tout autour du monde[1]. Par la chaleur, il maintient toutes les choses en les réchauffant. Par la lumière, enfin, il éclaire et conduit toutes les choses de l'obscurité de la nuit à la clarté du visible. De cette façon, le mouvement est comparable, de façon pertinente, à la Providence, la chaleur à la Prédestination, la lumière, enfin, à la Préconnaissance, ou Prescience.

Et ainsi, supposant cette comparaison, lorsque nous sondons ce que le Soleil fait et comment il le fait, par les trois moyens, dans les objets, nous conjecturerons heureusement aussi au sujet des trois rayons très resplendissants de la Divinité.

---

[1] On voit encore une fois ici Cantemir se rapporter à un Univers géocentrique.

CAP(VT) 22

{{Exemplum Solis affertur, eius natura, proprietates et trium in ipso consideratorum effectus atque operationes examinate describuntur.}}

Sol igitur continuo in proprio eodemque perseverat motu, nullam admittit alterationem, nullam accelerationem, nullam tarditatem nullamque committit transgressionem: semper eodem[1] rotatur gyro, semper eadem percurrit itinera, semper calescit, semper illuminat, semper denique in ipso ve/285/locissimo cursu, stabilis et immobilis est.

Eius[2] autem calor, in rerum quidem superficie visibiliter sensibiliterque, invisibiliter autem atque insensibiliter usque ad terrae centrum penetrans, sopitos rerum excitat archeos vitalesque promovet facultates, quae specificas rerum fermentationes concoquendas adque formae susceptionis idoneitatem perducendas Divinum servant Tenorem, meteora ordinat, frigora sedat, aëreas regiones stabilit, tempestates tranquillitat, aërem movendo quietat, et qualitates (ut dicunt) temperat — et, breviter, a Centro terrae usque ad Caeli testudinem omnia in via conservationis, propagationis naturalisque ordinis dirigit atque disponit. Quae aliter sese gerere aliudque agere haud possunt, quin id quod est suae proprium naturae operentur.

Tandem, de eius Lumine participant quidem omnia, attamen non omnia eodem modo, sed iuxta modum capacitatis — hoc est iuxta habilitatem opacitatis atque tenuitatis — magis et minus illuminantur atque illustrantur. Lumen enim, cum unum et idem sit, verum tamen subiectae materiae dispositio, lumen, ut formam, a se differre facit: quod videre est in astris, /286/ ab eodem Sole illuminatis, sed in invicem lumine maxime differentibus.

Item, quaedam superficietenus dumtaxat, et solum in Solis praesentia participant lumenque reflectunt, ut sunt solidae et crassae materiae

---

[1] eoodem *minus attente* M.
[2] Euius *fors* Cujus *scribere volebat* DC.

CHAPITRE 22

Il est apporté l'exemple du Soleil ; il en est décrit en détail la nature, les propriétés et les effets et les actions des trois rayons considérés en lui.

Le Soleil persévère donc continuellement dans son mouvement propre et identique, n'admet nul changement, nulle accélération, nul retard, ne commet nulle transgression : il accomplit toujours la même révolution, parcourt toujours les mêmes chemins, réchauffe toujours, éclaire toujours, enfin, est toujours dans la même course très rapide, stable et immobile.

Sa chaleur, cependant, visiblement et sensiblement à la surface des choses, pénétrant invisiblement et insensiblement jusqu'au centre de la Terre, réveille les archées assoupis des choses et pousse les facultés vitales à conserver l'ordre[1] divin, en faisant bouillonner les fermentations spécifiques des choses afin de leur induire les aptitudes à recevoir la forme, ordonne les météores, apaise les froids, fixe les régions de l'air, calme les tempêtes, pacifie l'air en le mouvant, modère les qualités (comme ils disent) – et, bref, dirige et dispose toutes choses depuis le centre de la Terre jusqu'à la voûte du Ciel dans la voie de la conservation, de la propagation et de l'ordre naturel. Et ces choses ne sauraient se comporter et agir autrement que faisant ce qui est propre à leur nature.

Enfin, toutes les choses participent, certes, de sa lumière, non de la même façon, mais selon leur capacité[2] – c'est-à-dire selon leur épaisseur[3] ou leur minceur –, éclairées et illuminées avec plus ou moins de force. En effet, même si la lumière est une et la même, la disposition du substrat de la matière, néanmoins, fait que la lumière, comme forme, se différencie d'elle-même[4] : ce que l'on peut voir dans les astres, qui sont éclairés par le même Soleil, mais sont très différents entre eux quant à la lumière.

De même, certaines choses participent de la lumière et la réfléchissent, seulement à la surface et uniquement en présence du Soleil, telles

---

[1] Lat. *tenor = status, conditio posita, norma, ordo*, cf. Firmin Le Ver.
[2] Ainsi qu'il est décrit au chapitre 12 du Livre II. Voir aussi la note 4, page 235.
[3] Lat. *opacitas*, cf. Firmin Le Ver.
[4] La cause dispositive, selon certains interprètes d'Aristote, est une cause qui arrange la matière et la rend capable d'accueillir différemment les formes.

superficies, arte operatae adque nitorem recipiendum redactae, ut observare licet in auro, argento, speculo, et his similia.

Porro, quaedam per totum penetrative illuminantur, ut patet in aëris subtilitate, aquae fluiditate, crystalli, vitri caeterorumque lapillorum diaphaneitate.

Denique, quaedam superficialiter illuminantur quidem, nullum tamen percipere lumen, aut splendorem reflecti facere ullam aptitudinem habere possunt — ut est quo{d}libet metallum impolitum, terra, lapides, ligna et vegetativa cuncta, atque effoeta, quae per proprios discernuntur colores, nec solares admittunt radios, ideoque nec ab ipsis qui<c>quam nitoris reflecti potest.

Colores enim sunt materiae dispositae su<m>{ma}e[1] extremitates, lumine non, sed situ differentes, ut experiantialiter videtur in quibusdam varie coloratis, quae, mutato situ, mutant colores — quod per diversam materiae dispositionem obtingere manifestum est.

Ac postremo tandem, est vitalis /287/ visiva animalium facultas, quae, per oculi pupillam suscepto lumine atque interioribus opticis organis per eandem ad extra reflecto, tale admirabile naturae ostendit opus, ut ipsa videndi facultas, quasi animae invisibilis, visibilis[2] atque palpabilis sit imago.

Verum tamen nec ista subiectae materiae dispositionis caret differentia — et quidem varie et multipliciter : in quibusdam enim luminis susceptiva organa ad ipsam luminis circumfusionem proportionaliter sese habentia[3] libere lumen reflectunt et pure vident id, quod respiciunt — ut sunt oculi hominis, vel alíus animalis, vigente aetate; econtra autem, in oculo lippitudine, vel alio quodam accidentali

---

[1] dispositae su{ma}e *ex* disposita supr- *non quidem perfecte corr.* M.
[2] visibi-lis *versuum in marginibus*, {i} *supra* -lis *perperam adiecto*, M.
[3] habent*ia scr.* : habentes *(Daco-Romanico usu ?)* M.

les surfaces solides et épaisses travaillées avec art et disposées à recevoir la brillance, comme on peut l'observer dans l'or, l'argent, le miroir et d'autres semblables.

Ensuite, certaines sont entièrement illuminées de part en part, comme il appert dans la subtilité de l'air, la fluidité de l'eau, la diaphanéité du cristal, du verre et des autres pierreries.

Enfin, certaines sont illuminées superficiellement, sans que l'on puisse cependant y percevoir nulle lumière ou sans avoir la propriété de réfléchir le brillant, comme tout métal brut, la terre, les pierres, tous les bois et les végétaux desséchés, qui se distinguent par leurs couleurs propres, ne reçoivent pas les rayons solaires et, partant, ne peuvent non plus réfléchir quelque éclat que ce soit.

En fait, les couleurs sont les surfaces extrêmes de la matière ordonnée[1], différentes non par la lumière, mais par la position, comme on le voit de façon expérimentale dans certaines choses diversement colorées, qui, si elles changent de position, changent aussi de couleur, ce qui arrive évidemment par la disposition diverse de la matière.

Et, pour finir, il y a la faculté vitale de la vue des animaux, qui, accueillant la lumière à travers la pupille de l'œil et la réfléchissant à l'extérieur au moyen des organes optiques internes par la même pupille[2], manifeste un travail tellement admirable de la nature que cette faculté de la vue est comme une image visible et palpable de l'âme invisible.

Néanmoins, celle-ci non plus n'est dépourvue d'une différence qui vient de la disposition du substrat de la matière – et même de façon variée et multiple : chez certains, en effet, les organes aptes à recevoir la lumière[3] se comportent proportionnellement à la quantité de lumière répandue tout autour, réfléchissent librement la lumière et voient purement ce qu'ils regardent, tels les yeux de l'homme ou d'un autre animal dans la force de l'âge. Au contraire, cependant, lors de l'aveuglement des yeux, ou de quelque autre infirmité accidentelle, ils voient

---

[1] Aristote développe plus particulièrement la théorie des couleurs dans *De la sensation et des sensibles*, l'un de ses petits traités d'histoire naturelle : « La couleur est en effet à la limite du corps, mais elle n'est pas la limite du corps » (3, 439a 34) « ...Puisque la couleur est dans une limite, elle doit être à la limite du diaphane. Par suite, la couleur serait du diaphane dans un corps déterminé » (3, 439b 11).

[2] Physiologie de la vision, chez Aristote.

[3] Lat. *luminis susceptiva organa* ; l'expression vient d'Aristote, δεκτικὸν φωτὸς, *ibidem*, 2, 438b 11, pour désigner l'intérieur diaphane de l'œil.

hebetudine vitiato, qui omnia alio, quam sint, vident colore, aut, si eodem, tamen obscure et debili{ter} et confuse apparet, ut patiuntur oculi senio effoeti assiduisque lectitationibus defatigati — quod etiam in ipsa florenti[1] aetate obtingere potest.

Quaedam autem adeo supra modum visiva pollent facultate, ut, in luminis superabundantia, acies visus p<a>ene obtundetur, ut manifestum fit in parvulis — id est tam /288/ in hominum, quam in caeterorum animalium foetibus, qui, cum primo in luce educuntur, perinde ac si lumen respuant externum, palpebras supra pupillas demit<t>unt, et luminis susceptiva organa occultant.

His non absimiles sunt oculi noctuarum, vespertilionum ac his similium volatilium animalculorum, necnon quorundam quadrupedum animalium — ut sunt felis, vulpis, muris, et cae(terorum), quorum quaedam circa Solis occasum, quaedam post occasum, quaedam etiam mediis tenebris libere vident, et magis noctis {{tenebris}}, quam diei lumine gaudent.

Item, quaedam tam diu, quam noctu eadem facultate uti possunt, quaedam denique luminis adeo appetentia, et tenebrarum effugientia sunt, ut intento obtutu ipsum Solem recta aspicere possint meridianum, et obscuritatem ad occasum vergentis luminis sufferre minime valeant — ut fama probatur de aquilis, et experientia docet de omnium accipitrum[2] et caeterorum volatilium atque quadrupedum genere, quae vel ante occasum, vel statim post ipsum occasum latebras nidosque petunt, et, si quae sint alia his similia, missa faciemus.

Haec ad comparationis /289/ paritatem percipiendam, ni fallor, quam sufficientissima esse arbitror.

---

[1] florenti *scr.* : florente M.
[2] accipitrum [[genere]], *ad alterum* genere *respiciens, s.m. corr. DC.*

toutes les choses d'une autre couleur qu'elle ne sont, ou bien, s'ils les voient de la couleur qu'il faut, elles apparaissent néanmoins de façon obscure et pâle, comme il arrive aux yeux d'un homme vieux, usés et fatigués par des lectures continuelles – ce qui peut se passer même dans la fleur de l'âge.

Certains, toutefois, sont doués d'une faculté de la vue puissante au-delà de ce qu'il est nécessaire, de sorte que, dans la surabondance de lumière, leur regard est considérablement aveuglé, comme il se passe clairement chez les petits, c'est-à-dire à la fois chez les nourrissons et chez les petits des autres animaux, qui, lorsqu'ils sont mis au jour pour la première fois, font comme s'ils refusaient la lumière externe, ferment les paupières au-dessus des pupilles et cachent leurs organes aptes à recevoir la lumière.

Pareils à ceux-ci sont les yeux des chouettes, des chauves-souris et d'autres bestioles volantes semblables, mais aussi ceux de certains animaux quadrupèdes, tels les chats, les renards, les souris et les autres, dont certains voient librement au coucher du Soleil, d'autres après le coucher, d'autres même au milieu des ténèbres et se réjouissent davantage de l'obscurité de la nuit que de la lumière du jour.

De même, certains peuvent user de cette même faculté aussi bien le jour que la nuit, d'autres enfin désirent tellement la lumière et fuient à tel point les ténèbres qu'ils peuvent regarder en face le Soleil de midi sans en détourner les yeux et ne peuvent guère souffrir l'obscurité à l'approche du coucher – comme la renommée le prouve au sujet des aigles[1] et l'expérience l'enseigne au sujet des faucons et des autres oiseaux et quadrupèdes de tout genre qui rejoignent leur repaires et leurs nids ou avant ou tout de suite après le coucher du Soleil; et, s'il y en a d'autres semblables, laissons-les de côté.

Je pense que cela est très suffisant, si je ne me trompe, afin de saisir la justesse de la comparaison.

---

[1] A propos de l'haliaète, voir aussi, supra, Livre V, chap. 13.

CAP(VT) 23

{{Motus, coloris et luminis solaris exemplum ad comparationem Providentiae, Dispositionis et Praescientiae Divinae applicatur et verbotenus explicatur.}}

Sol igitur continuo in eodem perseverat motu.} Ipsa Solis motus continua identitas atque inalterabilitas, ut dictum est, congrue Divinae comparabitur Providentiae. Divina enim Providentia nullam admittere potest alterationem, et nunquam Aeterni Decreti mutat consilium — quippe quae Deus προνοᾷ[1] et providet, aeterne eodem modo providet, aeterne bene ac perfecte disponit, aeterne omnia praecognoscit atque praescit, iuxta Aeternum Suae Providentiae Decretum, fact*um*[2] iri.

Eius autem color } Divina Dispositio (quatenus sensu et intellectu hominis percipi potest — et sensu quidem omnia visibilia, intellectu autem omnia invisibilia) ad universitatis concentum complendum atque perficiendum omnia disponit et iuxta Providentiae Decretum praeordinat — ea nempe, quae ad ordinem naturalem et mysteria supernaturalia praeordinata atque Summa Sapientia ac Bonitate disposita sunt, quae haud possunt, quin tempore, loco, modo principio, */290/* medio atque fine iuxta Divinam Sententiam fiant atque operentur.

Tandem, eius lumine } Sua Praescientia et Praecognitione, omnia, antequam fiant, praescit ac praecognoscit, non tamen omnia eodem modo: nam bona quidem — bona, mala autem — mala scit. Et, {{cum}} Dei Praescientia una eademque sit (in Deo enim nulla duplicitas, aut multiplicitas), verum tamen liberae voluntatis dispositio, aut inclinatio

---

[1] προνώᾳ *scr.* : προνώα M.
[2] fact*um scr.* : facta M.

CHAPITRE 23

Il est appliqué l'exemple du mouvement, de la couleur et de la lumière à la comparaison de la Providence, de la Disposition et de la Prescience Divine et il est expliqué en paroles[1].

Le Soleil persévère donc continuellement dans le même mouvement.
L'on comparera, comme il a été dit, cette identité et immuabilité continuelles du mouvement du Soleil de façon pertinente à la Divine Providence. En effet, la Divine Providence ne peut admettre nul changement et le dessein du Décret Éternel ne change jamais – car les choses que Dieu *connaît*[2] et voit d'avance, Il les voit d'avance éternellement de la même façon, les dispose éternellement bien et parfaitement, les connnaît et les sait d'avance éternellement toutes, et elles adviendront selon le Commandement Éternel de Sa Providence.

Sa couleur.
La Disposition Divine (dans la mesure où elle peut être saisie par le sens et l'intellect de l'homme – à savoir tout ce qui est visible par le sens et tout ce qui est invisible par l'intellect) dispose toutes les choses afin de réaliser et de parfaire l'harmonie de l'Univers et les préordonne selon le commandement de la Providence, ainsi : celles qui sont préordonnées à l'ordre naturel et aux mystères surnaturels et disposées par la Sagesse et la Bonté Suprême, et celles qui ne peuvent rien faire d'autre que devenir et agir dans le temps, dans le lieu, et sur le mode du commencement, du milieu et de la fin établis par la Sentence Divine.

Enfin, sa lumière.
Par Sa Prescience et Sa Préconnaissance, il sait et connaît d'avance toutes choses avant qu'elles ne soient[3], cependant non pas toutes de la même façon : en effet, Il connaît les bonnes comme bonnes et les mauvaises comme mauvaises. Et, bien que la Prescience de Dieu soit une et la même (en Dieu, en effet, il n'y a pas de duplicité ou de multiplicité), néanmoins, la disposition, ou inclination, de la libre volonté la divise dans plusieurs modes, d'après la façon dont elle connaît d'avance,

---

[1] Lat. *verbotenus*, selon Le Ver, par la parole.
[2] Gr. προνοᾷ.
[3] Cf. *Daniel*, 13, 42 : «Dieu éternel, qui pénétrez ce qui est de plus caché, et qui connaissez toutes choses avant même qu'elles soient faites.»

multifariam partitur praescientiam, quae, iuxta inclinationum dignitatumque gradum, haec quidem ita, illa autem ita praecognoscit.

Vt videre est de astris } Vt videre est in Caelestibus Creaturis, gradu, hoc est luminis gratia, differentibus, quae quamquam, secundum suae perfectionis conditionem, eundem Divini Splendoris lumen participent, attamen Deus nec Angelum praescit ut bonum Cherubin, nec, vicissim, Cherubin ut bonum Angelum — itaque eadem communi Bonitate[1], secundum dignitatum gradus, differenter a Deo boni praesciuntur et, antequam crearentur sic, et sic praecognoscebantur.

Quaedam superficietenus duntaxat } Quae animae per propriae liberae voluntatis in bonum inclinationem ita sese /291/ in virtutibus (quae apud Veritatis alumnos est Divinorum Praeceptorum observatio) exercitarunt, [ut] non solum ill*ae*[2] ad Divinam participandam Gratiam aptissimae atque capacissimae[3] evasere, sed etiam, reflexis Divinae Gratiae radiis[4] {et} a se ad alios translatis, caeteros quoque eiusdem luminis participationis idoneos dignosque effecere.

Vt videre est in auro, argento} Vt videre est in iis, qui fideliter Divinum operantur Opus, pretiosam mercantur margaritam[5] et Domini foenerantur talantum[6].

Porro, quaedam penetrative per totum illuminat } Quosdam enim in utero matris perfectissimos et Suae Perfectae Gratiae, ad aliquod particulare alicuius mysterii ministerium exequendum, dignissimos praecognoverat.

Vt patet in aëris subtilitate } Vt patet in Patriarcharum, Prophetarum, Apostolorum aliorumque his similium electione.

---

[1] communi Bonitate *ex* communis Bonitas *mut.* M.

[2] ill*ae scr.* : illi M *(sed cf. sq. n.).*

[3] aptissimae atque capacissimae *ex* -mi atque -mi, *formalis syntaxeos melius memor*, M.

[4] radiis *scr.* : rediis (!) M.

[5] *Mat., 13, 45-46.*

[6] *Mat., 25, 14-28.*

selon le degré des inclinations et des dignités, les unes et les autres chacune selon son mode.

Ce que l'on peut voir dans les astres.

Comme on peut le voir dans les créatures célestes, différentes par degré, c'est-à-dire par le don de la lumière. En fait, bien qu'elles participent toutes, selon la condition de leur propre perfection, de la même lumière de la Divine Splendeur, Dieu, toutefois, ne connaît pas d'avance l'Ange comme un bon Chérubin, ni, inversement, le Chérubin comme un bon Ange[1] – et ainsi les bons sont connus d'avance par Dieu, par la bonté qui leur est commune, mais selon leur degré de dignité et, donc, sur un mode différent ; de sorte que, avant qu'ils ne soient créés dans un certain mode, ils sont connus d'avance sur ce mode.

Certaines seulement à la surface.

Les âmes qui, par inclination de leur propre libre volonté vers le bien, se sont exercées ainsi dans les vertus (qui, selon les disciples de la Vérité, sont l'observation des Commandements Divins), non seulement sont devenues les plus aptes et les plus capables de participer de la Grâce Divine, mais aussi, réfléchissant les rayons de la Grâce Divine et les transférant d'elles-mêmes à d'autres, ont rendu aussi les autres capables et dignes de la participation à la même lumière.

Comme on peut l'observer dans l'or, l'argent.

Comme on peut l'observer dans ceux qui exécutent fidèlement l'Œuvre Divin, *achètent la perle de grand prix*[2] et *prêtent à intérêts le talent de Dieu*[3].

Ensuite, certaines sont entièrement illuminées de part en part.

Certains, en effet, Il les avait connu d'avance dans le ventre de leur mère en tant que très parfaits et très dignes de Sa Grâce Parfaite et d'accomplir un ministère particulier d'un mystère quelconque.

Comme il appert dans la subtilité de l'air.

Comme il appert dans l'élection des Patriarches, des Prophètes, des Apôtres et d'autres semblables à ceux-là.

---

[1] L'ange appartient au troisième rang de la troisième hiérarchie des êtres intermédiaires, alors que le chérubin appartient au second rang de la première hiérarchie : il y a donc entre eux six autres rangs. Cf. Denys l'Aréopagite, *La Hiérarchie céleste*, 7-9, PG 3, 205-270.

[2] Cf. *Matthieu*, 13, 45-46 : « Le royaume des cieux est semblable à un homme qui est dans le trafic et qui cherche de bonnes perles ; et qui, en ayant trouvé une de grand prix, va vendre tout ce qu'il avait, et l'achète. »

[3] Cf. *Matthieu*, 25, 14-28.

Denique, quaedam superficialiter illuminantur quidem} Cum Divina Charitas omnes bonos ac probos esse, vel fieri, vellet ("Venite ad Me omnes!"[1]), omnibus eandem virtutis proposuit viam ("Discite a Me, quia mitis sum!"[2]) et[3] /292/ omnibus aequaliter praeceptum datum, et Dei Verbum praedicatum est, sed, secundum Parabolam, ad loci et agri naturam (quae est ipsa liberae voluntatis inclinatio), semen vel centuplo multiplicatur, vel, priusquam germinet, a[b] volatilibus pascitur, vel a spinis obruitur, vel, ob humoris carentia exarescit et demoritur[4]. Vnde manifestum fit, mi alumne, Verbum, cum simplex, unum et idem sit, attamen, ad liberae voluntatis inclinationem applicatum, multifariam partitur et quasi in sexcentas transformatur formas — alioquin, si animus malam inclinationem in bonam transformare conaretur, utique Divina etiam Praescientia eum a vitio ad virtutem transmutabilem, et a malo ad bonum transiturum praecognovisse dedignata fuisset.

Vt est quodlibet metallum } Vt est qui[s]libet animus, qui, cum nunquam ad virtutis viam capessendam ac Divinam Gratiam adipiscendam conatus fuerit, nullam profecto pro se bonam Dei praecognitionem sperare poterit. Signum est quia nec bonarum ipsius operationum in proximum reflexionem fecisse comperiet.

Quae, mutato situ, /293/ mutant colores } Mutata liberae voluntatis inclinatione, mutabuntur mores, et, consequenter, tam de bona, quam de mala pro se Divina Praescientia[5] concipiet spem: "Vis salvum fieri? — Volo." "— Tolle grabatum tuum et vade"[6], "Ablue te in fonte Sylloa!"[7] — quem, iuxta in bonum animi inclinationem, bonam de se Divinam Praescientiam consecutum fuisse minime dubitandum.

---

[1] *Mat., 11, 29.*
[2] *Mat., 11, 28.*
[3] *et, imae **291**-mae paginae, ad transitionem significandam, suffultum, summa sequenti oblitum.*
[4] *Cf. Mat. 13, 3-8.*
[5] Divina[[m]] Praescientia[[m]] *expunxit* M.
[6] *Ioh., 5, 8.*
[7] *Ioh., 9, 7.*

Enfin, certaines sont illuminées superficiellement.

Puisque la Charité Divine voulait que tous fussent ou devinssent bons et honnêtes (*Venez à moi tous !*[1]), elle leur proposa à tous la même voie de la vertu (*Apprenez de moi que je suis doux !*[2]) et leur donna à tous, de façon égale, le commandement et leur prêcha la Parole de Dieu, mais, comme le dit la Parabole[3], selon la nature du lieu et du champ (qui est l'inclination même de la libre volonté), la semence, se multipliant, rendit cent pour un ; ou bien, avant qu'elle ne germe, elle fut mangée par les oiseaux du ciel ; ou étouffée par les épines ; ou sécha et mourut par manque d'humidité. Il en devient évident, mon disciple, que la Parole, même si elle est simple, une et la même, appliquée toutefois à l'inclination de la libre volonté, se divise en plusieurs modes et se transforme en des formes quasi innombrables – autrement, si l'âme essayait de transformer l'inclination mauvaise dans une inclination bonne, certainement la Prescience Divine la connaîtrait d'avance comme capable de changer du vice à la vertu et rendue digne de passer du mal au bien.

Comme tout métal.

Comme toute âme qui, si elle n'a jamais essayé de prendre la voie de la vertu et de rechercher la Grâce Divine, ne pourra sûrement espérer nulle bonne préconnaissance de Dieu à son égard. Le signe en est qu'elle n'apprendra non plus à accomplir de bonnes œuvres pour le prochain.

Si elles changent de position, elles changent aussi de couleur.

Si l'inclination de la libre volonté change, les mœurs changent aussi et, par conséquent, elle concevra l'espoir que la Divine Prescience à son égard n'est pas mauvaise, mais bonne : « *Voulez-vous être guéri ?* » - « Je veux. » « *Emportez votre lit, et marchez !* »[4], « *Allez vous laver dans la piscine de Siloé !* »[5], chose qui est arrivée, indubitablement, selon l'inclination de leurs âmes vers le bien et selon la bonne Prescience Divine à leur sujet.

---

[1] Cf. *Matthieu*, 11, 28 : « Venez à moi, vous tous qui êtes fatigués et qui êtes chargés, et je vous soulagerai. »

[2] Cf. *Matthieu*, 11, 29-30 : « Prenez mon joug sur vous, et apprenez de moi que je suis doux et humble de cœur, et vous retrouverez le repos de vos âmes : car mon joug et doux, et mon fardeau est léger. »

[3] Cf. *Matthieu*, 13, 3-8.

[4] Cf. *Jean*, 5, 5-9 : « Il y avait un homme, qui était malade depuis trente-huit ans. Jésus, l'ayant vu couché et connaissant qu'il était malade depuis fort longtemps, lui dit : Voulez-vous être guéri ? Le malade lui répondit : Seigneur, je n'ai personne pour me jeter dans la piscine après que l'eau a été troublée : et pendant le temps que je mets à y aller, un autre y descend avant moi. Jésus lui dit : Levez-vous, emportez votre lit, et marchez : et cet homme fut guéri à l'instant ; et prenant son lit, il commença à marcher. »

[5] Cf. *Jean*, 9, 7 (le miracle de l'aveugle-né).

Ac, postremo tandem, est vitalis visiva facultas } Cum omnino mortalium unus et idem sit intellectus et Veritatem Veri Splendoris eadem cognoscendi atque intelligendi facultas — ea nempe, quae sensitivo, non intellectuali oculo perspicere et invisibilia in fidei speculo, perinde ac visibilia esse<n>t, videre atque discernere possit — at nihilominus hic, etiam corporis compositicio[1] navigio vectus, innumera tempestatum patitur naufragia et, in mediis tranquillitatibus, ipsi vorticum, Charybdum Syrtumque imminet periculum.

In quibusdam enim luminis susceptiva organa } Quidam enim cum sint bonae et accuratae indolis, facillime virtutis ingrediuntur ianuam, et, consequenter, indubie bonam de se fu/*294*/turam Dei Praecognitionem sperant, in ipsa promissionis consolatione firmiter acquiescentes.

Vt sunt oculi hominis } Vt sunt illi, qui Praeceptis Divinis alacriter et prompte obtemperant — econtra autem, qui vitio malae laborant inclinationis. Isti enim, voluntarie suavissimum recusantes iugum, aliam sibi asciscunt praescientiam, quam qua Deus illos praescire maluisset. ("Non enim volo mortem peccatoris."[2])

Aut, si eodem, tamen obscure } Aut, si futura vellet sperare bona et in futurum sibi proponat paenitentiam (quae est a malo in bonum inclinatio), nuda fide, et, nullo bonorum operum adepto vestimento, ad nuptias[3] Domini ingredietur quidem, sed, repulsam patiens, in gaudium Domini[4] nunquam intrabit, ideoque obscure et dubie de Dei Praescientia sperabit.

Vt patiuntur oculi senio effoeti } Vt patiuntur illi, qui, immodice et supra modum Divinam sperantes Misericordiam, aut Bonam Praescientiam, suae salutis invigilantes et pigriter de se curantes, obdormiunt.

---

[1] compositicio *scr.* : -titio M.
[2] *Cf. Ezech., 33, 11.*
[3] nuptias [[quidem]], *ad alterum* quidem *respiciens, s.m. corr. DC.*
[4] *Mat., 25, 21 et 23.*

Et, pour finir, il y a la faculté vitale de la vue.

Puisque, à tout égard, l'intellect des mortels est un et le même et la faculté de connaître et d'entendre la Vérité de la Vraie Splendeur est la même, à savoir celle qui peut regarder, par l'œil sensitif, non par l'œil intellectuel, et celle qui peut voir et distinguer, dans le miroir de la foi, comme si elles étaient visibles, les choses invisibles ; néanmoins, l'intellect est comme traîné par ce navire qu'est son corps, subit, parmi les autres calamités, d'innombrables naufrages et, même sur la mer calme, est menacé du danger des tourbillons des Charybdes et des Syrtes.

En certaines choses, en effet, les organes aptes à recevoir la lumière.

Certains, en effet, étant d'un naturel bon et exact, franchissent très facilement les portes de la vertu et, par conséquent, espèrent indubitablement une future bonne Préconnaissance de Dieu à leur égard, se reposant fermement dans la consolation de cette promesse.

Comme sont les yeux de l'homme.

Comme sont ceux qui obtempèrent avec ardeur et promptement aux Préceptes Divins – à l'encontre de ceux qui gémissent sous le vice de l'inclination mauvaise. Ces derniers, en effet, rejettent volontairement le joug très doux, s'infligeant une autre prescience que celle dans laquelle Dieu avait préféré les savoir d'avance (Car il est écrit : *Je ne veux pas la mort du pécheur*[1]).

Ou bien, si on les voit de la couleur qu'il faut, elles apparaissent néanmoins de façon obscure.

Ou bien, si elle [l'âme] veut espérer les biens futurs et se propose une future pénitence (ce qui est incliner du mal vers le bien), par la seule foi et sans avoir obtenu le vêtement de nulle bonne œuvre, elle s'avancera certes *aux noces du Seigneur*[2], mais, souffrant de ne pas y être reçue, elle n'entrera jamais *dans la joie du Seigneur*[3] et, donc, espérera dans le doute et la confusion au sujet de la Prescience de Dieu.

Comme il arrive aux yeux d'un homme vieux, usés.

Comme il arrive à ceux qui, espérant immodérément et au-dessus de toute mesure la Miséricorde Divine ou Bonne Prescience, s'endorment sans veiller à leur salut et sans se soucier d'eux-mêmes.

---

[1] Cf. *Ezechiel*, 33, 11 : « Je jure par moi-même, dit le Seigneur, que je ne veux point la mort de l'impie, mais que je veux que l'impie se convertisse, qu'il quitte sa mauvaise voie et qu'il vive. Convertissez-vous, convertissez-vous, quittez vos voies toutes corrompues. Pourquoi mourrez-vous, maison d'Israel ? »

[2] Cf. *Matthieu*, 22, 1-14

[3] Cf. *Matthieu*, 25, 21 et 23.

Quod etiam in ipsa florescente aetate } Quos mors tempore et loco quo non sperabant praeoccupatos /295/ absorbet. ("Vigilate, nescitis enim qua hora veniet[1] fur[2] !").

Quaedam autem adeo supra modum visiva pollent facultate } Quidam autem adeo simplicis sunt et flexibilis animi, ut aut in Divinis Praeceptis minime versentur, aut ad quaslibet frivolas fabulosasque institutiones penitus dedentur.

Vt manifestum fit in parvulis } Vt manifestum fit in barbaris nationibus, quae aut nullam praemii et bonae spei imaginationem habere possunt, aut, ad quamlibet falsam fucatamque religionem addicti et caeca quadam opinione animique lubrica inclinatione capti atque delusi, pro summo malo (quod ipsis infallibiliter venturum est) summum bonum invincibili sperant ignorantia — quibus, si verae religionis verus coruscet radius, illico lucem acclamabunt esse tenebras ("Vae ipsis!"[3] et cae(tera)), et, carnales sensus super intellectus cognitionem superextendentes ac intelligentiae oculum crassae ignorantiae palpebra obtegentes, puram[4], veram et sanctam respuent doctrinam.

His non absimiles sunt oculi noctuarum } His non absimiles sunt immundi spiritus asseclae, qui, aut per se, aut per nefandissima organa, mendacium et omne quod Veritati est /296/ contrarium in omnem dispargunt animam.

Vt sunt felis, vulpis, muris } Vt sunt Pseudoprophetae, Antichristi, Haeresiarchae, et reliqui praestigiatores superstitionum legumque

---

[1] *Mat., 24, 24; 25, 13.*
[2] *Thess, 5, 2; Apoc., 16, 15.*
[3] *Cf. VT Eccl., 31, 7; NT Iud., 11.*
[4] puram *ex* puras *corr.* M.

Ce qui peut arriver même dans la fleur de l'âge.

Ceux que la mort engloutit, les surprenant dans un temps et dans un lieu qu'ils n'attendaient pas (*Veillez donc, parce que vous ne savez ni le jour ni l'heure lorsque le voleur viendra !*[1]).

Certains cependant sont doués d'une faculté de la vue tellement puissante.

Certains cependant ont une âme tellement simple et faible que ou bien ils ne vivent guère dans les Préceptes Divins, ou bien ils les abandonnent dans leur conscience pour quelques doctrines frivoles et menteuses.

Comme il se passe clairement chez les petits.

Comme il se passe clairement chez les peuples barbares, qui ou bien ne peuvent pas même s'imaginer une récompense et un bon espoir, ou bien, tombés sous le coup d'une quelconque religion fausse et feinte et prisonniers et trompés par quelque opinion et inclination lubrique de l'âme, prennent, sous l'effet d'une ignorance invincible, le souverain bien pour le mal suprême (mal qui leur arrivera infailliblement) ; et, si un rayon vrai de la religion vraie brille encore pour eux, de suite ils en acclameront la lumière comme étant des ténèbres (*Malheur à eux !*, etc.[2]) et, étendant les sens charnels sur la connaissance de l'intellect et recouvrant l'œil de l'intelligence de la paupière de l'ignorance épaisse, méprisent l'enseignement pur, vrai et saint.

Pareils à ceux-ci sont les yeux des chouettes.

Pareils à ceux-ci sont les laquais de l'esprit impur, qui, ou par eux-mêmes, ou par des instruments abominables, répandent dans toutes les âmes le mensonge et tout ce qui est contraire à la Vérité.

Tels les chats, les renards, les souris.

Tels les faux prophètes, les antéchrists, les hérésiarques et autres jongleurs de superstitions, de même que les initiateurs et les inventeurs

---

[1] Cf. *Matthieu*, 25, 13 : «Veillez donc, parce que vous ne savez ni le jour ni l'heure» et 24, 43 : «Car sachez que si le père de famille était averti de l'heure à laquelle le voleur doit venir, il est sans doute qu'il veillerait et qu'il ne laisserait pas percer sa maison.»

[2] Cf. *Isaïe*, 5, 20 : «Malheur à vous, qui dites que le mal est bien, et que le bien est mal ; qui donnez au ténèbres le nom de lumière et à la lumière le nom des ténèbres ; qui faites passer pour doux ce qui est amer, et pour amer ce qui est doux.» Cantemir l'avait cité aussi dans III, 27, *in fine*. Voir aussi *Ecclésiastique*, 41, 11 : «Malheur à vous, hommes impies, qui avez abandonné la loi du Seigneur Très haut !» ; Jude, 11 : «Malheur sur eux, parce qu'ils suivent la voie de Caïn ; qu'étant trompés comme Balaam, et emportés par le désir du gain, ils s'abandonnent au dérèglement ; et qu'imitant la rébellion de Coré ils périront comme lui.»

diabolicarum latores, et impiissimi excogitatores. Qui mendacium[1], interdicto silentio, occultare magis, quam claritate Verbi inquirere et exemplo operis probare gaudent — de quibus, eos Deus {{utrum}} quali Praecognitione praecognoverit nemo mentis compos dubitabit.

Item, quaedam tam diu, quam noctu eadem facultate uti possunt } Sunt quidam mortalium stultissimi et ipsis brutis vilissimi, qui sentiunt et sperant animam hominis non fide, non denique bonis operibus suam consequi salutem, et econtra, eandem animam non perfidia ac apostasia, nec, denique, malis operibus suam accersere[2] damnationem, sed hanc quidem ita, illam autem ita a Summa Dei Bonitate atque Iustitia praedestinata {fu}isse[3]. O, amentiam intollerabilem! O, Dei Clementiam inscrutabilem, qua dignatur tales sustinere blasphemos!

Quaedam denique luminis adeo appetentia et tenebrarum aversantia sunt } Quidam ita veritatis imitatores et virtutis amatores, mendacii exe/297/cratores et vitii osores sunt, ut, immoto animi oculo recta Solem spectitantes Iustitiae, firmiter sperent, constanter credant et infallibiliter sciant Deum quandoque cuicunque secundum opera sua retribuiturum, et quidem servis fidelibus talentorum multiplicationem[4] et gaudii amplificationem[5], nequissimis autem aeternas carceres et residui<s> pauperies, quousque ultimum rependa<n>t quadrantem[6]. O, ingens malum, siquidem apud Aeternum nulla temporis quantitas — ergo etiam quadrans, Dei infinito constans pondere, infinite rependetur et debitum nunquam solvetur!

Vt fama probatur de aquilis, et experientia docet } Vt Sacra Scientia imbuti testantur et ipsa Veritas affirmat Lucis filios[7] nil nisi Solem Iustitiae intueri gaudere.

---

[1] mendacium *scr.* : -tium M.
[2] accersere *scr.* -sire M /
[3] {fu}isse *pro* esse *mut.* M.
[4] *Mat., 25, 14-28.*
[5] *Cor., 2, 8, 2.*
[6] *Cf. Mat., 5, 26.*
[7] *Ioh., 12, 36; Eph., 5, 8; Thes., 1, 5, 5.*

les plus impies de lois diaboliques, qui, sans communiquer les signes propice, se réjouissent plutôt de cacher le mensonge que d'examiner par la clarté de la parole et de prouver par l'exemple des œuvres – au sujet desquels nul sain d'esprit ne doutera de quelle Préconnaissance Dieu les a connus d'avance.

De même, certains peuvent user de cette même faculté aussi bien le jour que la nuit.

Il y a quelques mortels, très sots et plus vils que les bêtes, qui pensent et espèrent que l'âme de l'homme n'atteindra son salut ni par la foi ni par les bonnes œuvres, et que, d'autre part, elle n'appellera pas sa damnation du fait de la perfidie, de l'apostasie ni, enfin, des mauvaises œuvres, mais que telle âme fut prédestinée par la Suprême Bonté et Sagesse de Dieu de telle façon et telle autre âme de telle autre façon. Ô, folie intolérable! Ô, insondable Clémence de Dieu, par laquelle Il daigne endurer de tels blasphèmes!

D'autres enfin désirent tellement la lumière et fuient à tel point les ténèbres.

Certains imitent la Vérité et aiment la vertu, ils exècrent le mensonge et détestent le vice, à tel point que, à travers l'œil immobile de l'âme, ils regardent en face le Soleil de la Justice, espèrent fermement, croient constamment et savent infailliblement que Dieu, à un moment donné, les récompensera chacun selon ses propres œuvres, à savoir les serviteurs fidèles par *la multiplication des talents*[1] et par *le redoublement de la joie*[2], les pires cependant par des prisons éternelles et autres indigences, jusqu'à ce qu'ils *payent la dernière obole*[3] – Ô, mal immense: puisque chez l'Éternel le temps n'a pas de quantité, l'obole de Dieu, ayant un poids infini, est payé à l'infini et la dette n'est jamais remboursée!

Comme la renommée le prouve au sujet des aigles et l'expérience l'enseigne.

Comme en témoignent ceux qui sont imbus de la Science Sacrée et l'affirme la Vérité même, les fils de la Lumière se réjouissent seulement lorsqu'ils fixent leur regard sur le Soleil de la Justice.

---

[1] Cf. toujours *Matthieu*, 25, 14-28.

[2] Cf. *Deuxième épître aux Corinthiens*, 8, 2: «C'est que leur joie s'est d'autant plus redoublée, qu'ils ont été éprouvés par de plus grandes afflictions; et que leur profonde pauvreté a répandu avec abondance les richesses de leur charité sincère.»

[3] Cf. *Matthieu*, 5, 26: «Je vous dis en vérité que vous ne sortirez point de là, que vous n'ayez payé jusqu'à la dernière obole.»

Quae ante occasum } Qui, vel antequam mendacium audiant, vel in ipso ipsius stridore, vel statim post illius ominosum sonitum ad Veritatis requiem sese recipiunt, et quid Sacra Scientia ex Veritate doceat praecipiatque atque affirmet quieto pervolvunt animo, et de hoc triplici Vnius Divini Splendoris radio in hunc modum, pie ac orthodoxe philosophantes, mutue Summae Felici/*298*/tatis fruitionem, et privatim legitimi certaminis brabium et immarcescibilem potiuntur coronam[1].

CAP(VT) 24

{{Collectio et occlusio infertur, ex tradita doctrina de Divina Praescientia, qua via ad Theologo-ethices disciplinam tam the<or>etice, quam practice progrediendum admonemur.}}

Hunc itaque in modum, mi charissime alumne, {{Divinam Praescientiam}} ab omni liberi arbitrii violenta praecipitatione, irrationali actione, effrenato appetitu, flammeo desiderio, vano nisu, absurdo conatu, dementi ambitione, frustrata occupatione, laesiva noxa, miserabili ruina, infelici casu, malo affectu, omnisque pravae affectationis ruinosa ac[2] perniciosa inclinatione inculpatam, immaculatam, et quam longissime remotam credas, intelligas et scias, et cum hisce de caeteris quoque, prout Veritatis discipulum decet, imposterum pie et sancte philosopheris — quibus bene et perfecte per Sacram Scientiam adeptis, Theologo-ethices, ut bonus legi<ti>musque athleta, ut Veri Dei verus signifer, procerissimus, et miles antesignamus fortissimus atque strenuissimus, viam ingrediaris, Sacram Militiam prosequaris, bellum Dei bell[ar]es, pugnam legitime exerce<a>s, victoriam obtineas, et quid apud Deum bonum honestumque sit prudenter discernas, virtutem ames, vitium effugias, differentiam inter mortem et /*299*/ mortem, inter vitam et vitam dignoscas —

---

[1] *Denuo verbo* potior *cum Accusativo utitur, ut videtur, ipse DC.*
[2] ac *ex* an *corr.* M.

Ceux qui, avant le coucher du Soleil.

Ceux qui, ou bien avant qu'ils écoutent le mensonge, ou bien dans le grincement même de celui-ci, ou bien juste après son bruit de mauvais augure, accueillent le repos de la Vérité et scrutent en toute tranquillité ce que la Science Sacrée, de par la Vérité, enseigne, ordonne et affirme, philosophant, de façon pieuse et orthodoxe, au sujet de ce rayon triple d'une seule Splendeur Divine, reçoivent la jouissance commune de la Félicité Suprême et le prix individuel du combat prescrit par le Seigneur et *la couronne de gloire qui ne se flétrira jamais*[1].

CHAPITRE 24

Il est arrivé à la conclusion et au terme de l'enseignement transmis au sujet de la Prescience Divine, voie par laquelle il nous est recommandé d'avancer vers l'étude de la Théologo-éthique.

Et ainsi, de cette manière, mon très cher disciple, crois, entends et sache que la Divine Prescience est non coupable, immaculée et très éloignée de toute précipitation violente du libre arbitre, conduite déraisonnable, désir déréglé, convoitise enflammée, effort vain, entreprise absurde, présomption folle, préoccupation imaginaire, dommage nuisible, ruine pitoyable, chute malheureuse, passion mauvaise, de toute recherche dépravée et hasardeuse et de toute inclination pernicieuse ; et, avec ces choses et au regard de toutes les autres, philosophe de façon pieuse et sainte, dans l'avenir, ainsi qu'il sied à un disciple de la Vérité ; et, une fois que tu auras obtenu ces choses, de façon bonne et parfaite, au moyen de la Science Sacrée, en tant qu'athlète bon et légitime de la Théologo-éthique, comme porte-étendard véritable du Dieu Véritable, soldat très noble de première ligne, très courageux et très vigoureux, entre dans la voie, suis la Milice Sacrée, combats dans le combat de Dieu, livre la bataille légitime, remporte la victoire et distingue sagement ce qui pour Dieu constitue le bien et l'honnête, aime la vertu, fuis le vice, reconnais la différence entre la mort et la mort, entre la vie et la vie –

---

[1] Cf. *Première épître de Pierre*, 5, 4 : « Lorsque le Prince des Pasteurs paraîtra, vous remporterez dans la gloire une couronne qui ne se flétrira jamais. »

ac tandem (quod faxit misericordiarum Deus!) {ad} veram beatitudinem
pervenias, \<eam\> reperias, complect*aris*[1], possideas, {et}
iucundissime tam in hac, quam in futura vita perfruaris
et devotissime Τò Τρισάγιον coram Sacro-Sanctae
Trinitatis Maiestate aeterne psallas. Cui sit
Omnis Sapientia, Omnis Sanctitas,
Omnis Gloria, Omnis Honor,
et omnis debitus Cultus
per infinita
saecula!
Amen.

Finis Primi Tomi.

---

[1] complect*aris* *scr.* : complecteris M.

et, enfin, (que le Dieu des Miséricordes fasse qu'il en soit ainsi !), parviens
à la béatitude véritable, trouve-la, embrasse-la, possède-la et jouis-en
joyeusement, tant dans cette vie que dans la vie future, et
célèbre très fidèlement, pour l'éternité, le Trois fois
Saint, en présence de la Majesté de la Trinité
Sacro-Sainte, à qui soit Toute Sagesse,
Toute Sainteté, Toute Gloire, Tout
Honneur et tout Culte, dans
les siècles éternels !
Amen.

Fin du Premier Tome

A

Ab ipso corruptionis introitu[1] *sensus fatuus* / À partir de l'entrée même de la corruption le sens devient extravagant, 69

Absque sensu non dari imaginationem / Sans sens, il n'y a pas d'imagination, 70

Absque causis necessariis et concurrentibus nihil fieri / Sans causes nécessaires et concourantes, rien ne devient, 276, 282

Abstractorum nominum sensus ad Deum positive comparatus / Sens des noms abstraits comparé positivement à Dieu, 202

Absurdissima confusio de motu, Tempore et loco / Confusion très absurde au sujet du mouvement, du temps et du lieu, 178. *De eisdem ridicula ex dictis collectio* / Recueil ridicule de propos sur ceux-ci, 178

Absurdum consequens de Tempore, et motu / Conséquence absurde au sujet du temps et du mouvement, 169. *Aliud absurdum de iisdem*[2] / Une autre conséquence absurde au sujet des mêmes, 169

Abyssus. Gas. Chaos idem / Abîme, Gaz, Chaos sont la même chose, 33

Abyssus abyssum vocare quid? / Que signifie que l'abîme appelle l'abîme ? 261

Accidens substantia natura posterius / L'accident est, par nature, postérieur à la substance, 169

Acclamatio perversorum superstitiosorum ad Deos fictitios / Les superstitieux pervers acclament des dieux contrefaits, 274

A creatura ad Creatoris cognitionem nec non statim procedendum / Il ne doit pas être procédé

---

[1] introitu *ex* introitus *corr. DC.*
[2] iisdem *ex* eisdem *corr. DC.*

immédiatement de la créature à la connaissance du Créateur, 2

A creatura ad Creatoris cognitionem quo dilucidiori exemplo utendum / Quel est l'exemple plus clair pour arriver de la créature à la connaissance du Créateur, 283

Adami ante lapsum dominium / Empire d'Adam avant la chute, 62

Adamo pelliceae tunicae a Deo datae mysterium / Mystère de la tunique de peau donnée par Dieu à Adam, 81

Adamo nihil plus a Deo debebatur, quam id quod ipsi dederat / Dieu ne devait à Adam rien de plus que ce qu'il lui avait donné, 94

Ad Sacram Scientiam sensus pavet, Intellectus autem gaudet / Devant la Science Sacrée le sens a peur, mais l'intellect se réjouit, 17

Ad Sacram Scientiam accedenti bonum prognosticum / Bon pronostic pour accéder à la Science Sacrée, 20

Adverbia "nunc", "quacunque die", "neforte" literaliter et spiritualiter, quomodo intelligenda / Comment doivent être entendus littéralement et spirituellement les expressions "maintenant", "aussitôt que", "de peur que", 84, 85

Aër aquis praeponitur / L'air est placé avant les eaux, 41. *Sphaerice aquis interponitur* / Il s'interpose entre les eaux de façon sphérique, *ib.*

Aër non caret proprio fermento / L'air possède son propre ferment, 129

Aëris suprema circumferentia, et firmamentum idem / La circonférence suprême de l'air et le firmament sont la même chose, 41

Aetates, aetatumque signa / Les temps et les signes des temps, 140

Aeternitas extra praedicamenta / L'éternité est en dehors des prédicaments, 191

Aeternitas Creaturae ad Creatorem quasi nihil ad totum / L'éternité de la créature est au Créateur comme le rien au regard du tout, 192

Aeternae tenebrae, quomodo[1] distinguantur? / Comment les ténèbres éternelles sont-elles distinguées? 36

Aeternis tenebris divinam Praeexistentiam subintelligi / La Préexistence divine est sous-entendue avant les ténèbres éternelles, 36

Aeternitatis Neologica definitio / Définition par les néologues de l'éternité, 188. *Confutatur* / Elle est réfutée, *ib.*

Aeternitatis vera et orthodoxa definitio / Définition vraie et orthodoxe de l'éternité, 189. *Descriptivae definitiones* / Définitions descriptives, *ib.*

Aeterni et Sempiterni a Scholasticis inepta distinctio / Distinction inepte des Scolastiques entre Éternel et Sempiternel, 189

---

[1] quomodo *scr. :* quomodo quomodo *dittographice* M.

Aeternitatis doctrina, mons D(omi)ni / Doctrine de l'éternité, montagne du Seigneur, 195

Aeternitas dependet ab illo cuius nomen Aeternus / L'Éternité dépend de celui dont le nom est l'Éternel, 208

Aeterna Scholasticis, quae ? / Quelles sont les choses éternelles de la scolastique ? 194

Aeterna substantiam corruptibiliam[1] *esse absurda opinio* / Opinion absurde selon laquelle les choses éternelles sont la substance des choses corruptibles, 194

Aeternum Immobile non in natura, sed supra naturam esse, et cae. / L'Éternel Immobile n'est pas dans la nature, mais au-desssus de la nature, et ainsi de suite, 195

Aevi, Perpetui, Saeculi, et cae. a Scholasticis inepta distinctio / Distinction inepte des Scolastiques entre *aevum*, perpétuel et siècle, et ainsi de suite, 190

Aliquod ens quod est in tempore, quatenus mobile, tempus generare dicere est blasphemia in Deum / Dire qu'un certain être qui est dans le temps, en tant que mobile, génère le temps, c'est un blasphème contre Dieu, 174

Aliquod sese naturaliter movens, non indiget tempore ad sui perfectionem / Quelque chose qui se meut soi-même naturellement n'a pas besoin de temps pour sa propre perfection, 198

Aliquod creatum ante tempus praeexistisse dicere, blasphemia est / Dire que quelque chose de créé préexistait au temps, c'est un blasphème, 200

Ambitio mortalium ad artium scientiarumque monarchias / Ambition des mortels de posséder les monarchies des arts et des sciences, 156

Ambigua aeternitatis definitio / Définition ambigue de l'éternité, 189

Anarcho naturaliter dato, in naturalibus quot subsequuntur absurda ? / Combien d'absurdités s'ensuivent dans les choses naturelles, si l'on admet un anarque donné naturellement, 174

Angeli ne omnes corruant, gratia servati / Les anges furent conservés par la grâce, afin qu'ils ne tombent pas tous, 67, 73, 76

Angelus ante hominem creatus / L'ange créé avant l'homme 75. *Eorum libertas, et ministerium* / Leur liberté et leur ministère, *ib.*

Angelos per propriam libertatem a Deo /301/ defecisse / Les anges se sont séparés de Dieu par leur propre liberté, 75

Anima ad corpus regendum destinata / L'âme est destinée à régir le corps, 224

Animam hominis a Deo ex nihilo creari, et corpori supernaturaliter copulari / Dieu crée l'âme de l'homme à partir de rien et l'unit au corps surnaturellement, 223 *Dei Indepingibilem imaginem esse* / L'image de Dieu est infigurable, 61, 237

---

[1] corruptibiliam *scr. :* corruptibilium M.

Anima adoptione, originali creatione nobilior / L'âme est plus noble par adoption, que par création originelle, 238. *Etiam ipsis Angelis* / Et même par rapport aux anges, 238. *Ipsa Deo nihil propinquius* / Rien n'est plus proche de Dieu qu'elle, 237 *Omnium creaturarum Antesignanus* / Soldat de première ligne de toutes les créatures, *ib. Quare ita?* / Pourquoi en est-il ainsi? *ibi. Domini morte pristinum recuperavit statum* / Par la mort du Seigneur, elle a recouvré son état premier, 238

Animam post regenerationem inter anteriora et posteriora Dei medium obtinere gradum / L'âme occupe, après la régénération, le milieu entre les choses antérieures de Dieu et les choses postérieures à Dieu, 239. *Cum post casum Angelis minor reducta[1] esset* / Car, après la chute, elle avait été réduite à être plus petite que les anges, 238

Animae prospectus ex Thabor sp<i>rit<u>ale / La vision de l'âme sur le Thabor spirituel, 239

Animae hominis prae eminentia cognitu omnium dificillima / L'âme de l'homme est, par son éminence, plus difficile à connaître que toutes les choses, 160

Anima Immortalis, quomodo moriatur / L'âme immortelle, comment elle meurt, 78

Anni circulus, et mutationes / Cercles et changements de l'année, 253

Annus Solaris / Année Solaire, 51. *Lunaris* / Lunaire, 52. *Planetarius* / des Planètes, *ib. Saturninus* / de Saturne, *ib. Trimestris, Aegyptius, Arcadum, Olympiadum* / de trois mois, égyptienne, des Arcadiens, des Olympiades, ib.

Ante praecedentem intellectum ratiocinari, est sensuum enormitas / Raisonner avant l'intellect, qui précède, est un égarement des sens, 10

Ante Dum, praeexistebat Aeternus / Avant le « alors », préexistait l'Eternel, 210

Ante lapsum non fuisse sensum / Avant la chute, il n'y avait pas le sens, 24

Ante Creationem quid imaginari potest / Ce qui peut être imaginé avant la Création, 34

Ante primum motum incircumscriptus Sphaerae ambitus / Avant le premier mouvement, le mouvement incirconscrit de la Sphère, 34

Ante primum motum Creaturae / Avant le premier mouvement de la créature, 5, 34

Ante motum Caelestem tres dies praecessisse / Avant le mouvement céleste, trois jours se sont écoulés, 200

Ante et post ad quid referatur / Avant et après, à quoi ils se réfèrent, 204

---

[1] reducta *scr.:* redacta M.

Ante lapsum ratio nulla, sensus nullus / Avant la chute, pas de raison, pas de sens, 98, 24

Ante diluvium nunquam visa Iris / Avant le déluge, l'arc-en-ciel n'avait jamais été vu, 106. *Unum terram irrigat fons* / Une seule source arrosait la terre, 119

Antiquitus ad normam Veritatis credita, a veritate longe distare / Les choses que l'on croit, depuis l'Antiquité, être la norme de la vérité sont bien loin de la vérité, 8

Apostasiae pestilens contagium in naturam angelicam / Contagion pestilentielle de l'apostasie dans la nature angélique, 76

Apud Ethnicos aeternitas inane, et nil apparens causa Creationis ho(mi)nis / Pour les Païens, l'éternité est un mot vide et il n'apparaît aucune cause de la création de l'homme, 192. *Significans vocabulum* / Expression signifiante, 192

Apud Deum esse et non esse unum est / En Dieu, être et non être sont une seule chose, 197

Aqua Elementalis quantitatis, et qualitatis mensurabilis expers / L'eau est dépourvue de quantité et de qualité mesurables, 33

Aquae supercaelestes carent nomine / Les eaux supra-célestes n'ont pas de nom, 41 *Nulli cognitae nisi Deo* / Nul ne les connaît hormis Dieu, *ib.*

Aquarum multarum je<j>unum vocabulum, Une pauvre expression pour une multitude d'eaux, 116

Aquam nec natura, nec arte in aerem transmutari posse / L'eau ne peut être transmutée en air ni par nature, ni par art, 117

Aqua marina quare amara et salsa / L'eau marine, pourquoi elle est amère et salée, 120, 121

Aquilae visiva facultas. Caeterorumque accipitrum / La faculté visive de l'aigle et des faucons de tout genre, 288

Archeus ut fermentum farinae / L'archée pareil au ferment de la farine 45. *Terrae distributus* / Distribué dans la terre, *ib.* τὸ ένορμον, ib.

Archeus rerum propria facultate suscitatus aquae <e>lementum in substantiam concretam transmutat / L'archée des choses est excité par sa faculté propre et tranforme l'élément de l'eau en substance compacte, 45

Archei nomina metaphorica / Noms métaphoriques de l'archée, 45

Archei sopor in seminibus spumosis, et siccis / La torpeur de l'archée dans les semences écumeuses et sèches, 45. *Eundem omnia participant* / Toutes les choses en participent, *ib. Calore adiuvatur* / Il est aidé par la chaleur, 48

Archeus figuras specificat / L'archée spécifie les figures, 53 *Ad finem periodicum incolumes servat* / Il les conserve intactes jusqu'à la fin de leur terme périodique, *ib.*

Archeus localis semper vigens / L'archée local demeure toujours vivant, 54

Archeus secundum diversam fermentorum naturam diversas efficit specificationes / L'archée, selon la nature diverse des ferments, produit des spécifications diverses, 54. *Aquatilis indiget frigore* / L'archée aquatique a besoin de froid, *ib.*

Arcus intensus, et relaxatus / Arc tendu et relâché, 246

Aristoteles, tenebrarum filius / Aristote, fils des ténèbres, 165 *Non naturae sed sibi obediendum cogit* / Il force à obéir non à la nature, mais à lui-même, *ib.*

Aristo(teles): naturam et Tempus confundit, et comparatis definitionibus ridiculus evadit / Aristote : il confond la nature et le temps et, si l'on compare ses définitions, il devient ridicule, 165. *Tempus naturae coaevum vult* / Il veut que le temps soit co-perpétuel à la nature, 167. *In naturae definitione quid animo redit, et quid timet* / Dans la définition de la nature, ce qui s'offre à la mémoire et ce qui s'y refuse, *ib.*

Arist(oteles): naturae ignarus / Aristote, ignare de la nature, 167 *De Tempore qui aptius dixisse potuisset* / Du temps, qu'aurait-il pu dire de façon plus appropriée, *ib. Inversa Temporis definitione, motum definivit* / Inversant la définition du temps, c'est le mouvement qu'il a défini, 168, 169

Aristo(teles): decipitur, quod inter motum et Tempus nullam det prioritatem / Aristote : il se trompe, parce qu'il n'établit aucune priorité entre le mouvement et le temps, 168

Aristo(teles) : falsa opinio de Tempore ex punctis mathematicis compo-

sito / Aristote : fausse opinion au sujet du temps composé de points mathématiques, 171

Arist(oteles): monstrosa verba de Loco / Aristote : paroles monstrueuses au sujet du lieu, 177

Arist(oteles): contra se cogitur fateri Tempus /302/ ante motum extitisse / Aristote : il s'efforce, contre lui-même, de reconnaître que le temps a existé avant le mouvement, 186, 201

Arist(oteles): inconstans vult tempus solum per motum regulare definiri, quo sibi contradicit / Aristote : inconséquent, il veut définir le temps uniquement par le mouvement régulier, ce par quoi il se contredit, 186

Arist(oteles): intelligitur, negare Caelum esse in tempore / Aristote : on sait qu'il nie que le ciel est dans le temps, 182 *Idem a rebus inanimatis obiurgiis afficitur, eoquo{d} omnia Tempore privet* / Il encourt les reproches des choses inanimées, parce qu'il les prive toutes de temps, 187[1]

Arist(oteles): sicca exhalatio antequam in combustibilem materiam degeneret, nil nisi ventus / Aristote : l'exhalaison sèche, avant qu'elle ne dégénère dans une matière combustible, elle n'est rien d'autre que du vent, 139

{{*Ars necessitate inventa in dies aucta* }} / Plus l'art augmentait en jours, plus l'on inventait de nouvelles nécessités, 155

---

[1] *187 scr.:* 287 M.

Artium fere omnium origo nota / Origine connue de presque tous les arts, 147

Artium liberalium superbi tituli / Les titres superbes des arts libéraux, 157

Artium excogitatio ad mutuam perniciem / Invention des arts par les uns au détriment des autres, 263[1]

A scientia humana depicta veritatis figura qualis / La figure de la vérité dépeinte par la science humaine, quelle est-elle ? 7

Asseclae nefandissimi spiritus, qui / Les laquais de l'esprit impur, qui sont-ils ? 295, 296

{{*Astra non inclinare, sed ad liberam voluntatem necessitare* }} 220 / Les astres ne déterminent pas, mais ils influencent à suivre la libre volonté, 220

Astris in quibus necessitate co<n>cessum est / En quelles choses il est permis aux astres de nécessiter, 50. *Ministerium* / Ministère, 219

A tenella aetate incassum laboratur in inscitia invenire scientiam / Depuis l'âge le plus tendre l'on travaille en vain dans l'ignorance à trouver la science, 8

Atheia quid sit / L'athéisme, qu'est-ce que c'est ? 269

Atheiae, et Polytheiae asseclarum innumerae catervae / L'athéisme et le polythéisme ont des troupes innombrables d'adeptes, 268

Atheorum distributio / Distribution des athées, 268

Athenienses serpentis doctrina caeteris imbutiores / Les Athéniens imbus davantage que les autres de la doctrine du serpent, 264

Attributa Temporis si non tempus quid aliud ? / Les attributs du temps, si ce n'est du temps quoi d'autre ? 170. *Attributis patefactis latet adhuc Temporis cognitio* / Les attributs mis au jour, la connaissance du temps demeure cachée, *ib.*

Authoritas Sacrae Scientiae, praevalet Profanae / L'autorité de la Science Sacrée prévaut sur la Profane, 96

A vita universali, formae particulares vitae spiraculum potiuntur / À partir de la vie universelle, les formes particulières prennent le souffle de la vie, 221

Aurora post meridiem quid / Le vent doux de l'après-midi, qu'est-ce ? 79

B

Blas motivum, et alterativum / Blas moteur et altératif, 33, 123. *Stellarum* / Des étoiles, 123

Blas motivi definitio / Définition du blas moteur, 123 *Alterativi definitio* / Définition de l'altératif, *ib.*

Beluinas figuras daemonibus dedicatas coluerunt pagani / Les païens ont adoré des figures animales dédiées aux démons, 264

Bona ad Optimum referuntur, mala autem ad se / Les bonnes choses se réfèrent au Meilleur, les mauvaises à soi, 244

---

[1] 263 *scr.*: 163 M.

Bonae et accuratae indolis, facillime de se bonam Dei praescientiam sperare possunt / Certains, étant naturellement bons et méticuleux, peuvent très facilement espérer une bonne Prescience de Dieu à leur égard, 294

Bonitati divinae implicat ad aliquod per se malum liberam voluntatem cogere / Il contredirait à la Bonté divine de contraindre la libre volonté par soi à quelque chose de mal, 260

Bonum et perfectum mortalibus non per se sed gratia contingere / Le bon et le parfait arrive aux mortels non par eux-mêmes, mais par la grâce, 256

Brutis viliores qui? / Plus vils que les bêtes, qui sont-ce? 296. *Eorum extrema amentia* / Leur folie extrême, *ib.*

C

Cacodoxia, quid / L'hétérodoxie, qu'est-ce? 270

{{Caïn et Iscariotes eiusdem scholae discipuli, 90}} / Caïn et l'Iscariote, disciples de la même école, 90

{{Caïn ἠθικώτατος, λογιώτατος et σοφώτατος, *91}}* / Caïn, l'éthique, le raisonnable et le sage, 91

Calor naturalis, de natura lucis / La chaleur naturelle, de la nature de la lumière, 38

Calor ex connexione luminis / La chaleur vient de l'enchaînement de la lumière, 49

Carnem corupsisse viam, quid / La chair avait pris un chemin corrompu, qu'est-ce? 104

Casus vetustissima definitio / La définition très ancienne du hasard, 274. *Recentior* / La définition plus récente, 275. *Eaedem frivolae* / Elles sont sans valeur, 275

Casus frivola definitio tam in Physica quam in Theologophysica vitiosa / Définition sans valeur du hasard, vicieuse aussi bien en physique qu'en Théologo-physique, 276

Casus necessariis causis non caret / Le hasard n'est pas dépourvu de causes nécessaires, 276

Casus definitio ab Arist(otele) data, veritati propinquior, non tamen vera / Définition du hasard donnée par Aristote, plus proche de la vérité, cependant pas vraie, 276. *Eius explicatio ab eodem* / Explication de celle-ci par le même, *ib.*

Casus orthodoxa definitio / Définition orthodoxe du hasard, 278

{{Catarractae in Sacris, quid?}} / Les cataractes dans les Saintes Écritures, qu'est-ce? 117

Causa spissationis Gas / Cause de la condensation du Gaz, 33

Causa Sphaerae actualis / Cause de la Sphère actuelle, 41

Causa motus aquarum / Cause du mouvement des eaux, 48

Causa Eclypsis, defectus et Plenilunii / Cause de l'éclipse, du déclin de la lune et de la lune pleine, 51, 52

Causa corruptionis hominis sensus et ratio / Cause de la corruption de l'homme : le sens et la raison, 98

Causa vastitatis Gigantum / Cause de la grandeur des géants, 103. *Immundi spiritus opus esse probatur* / Il est prouvé que c'est l'œuvre de l'esprit impur, *ib.*

Causa vicissitudinis temporum, id est accidentium qualitatum / Cause des successions des temps, c'est-à-dire des qualités des accidents, 122

Causa meteoron Aristot(elis) refutatur / La cause des météores selon Aristote est réfutée, 122

Causa frigorum et calorum irregularium / Causes des chaleurs et des froids irréguliers, 124

Causa motus aëris / Cause du mouvement de l'air, 124. *Diversorum motuum in aëre* / Cause des divers mouvements dans l'air, 125

Causa fulguris materialis quidem in nube, formalis autem in loco / La cause matérielle de l'éclair est dans le nuage, mais la cause formelle est dans le lieu, 134

Causa, quare athei Unum Deum Creatorem non cognoverunt, et omnia increata crediderunt / Cause pour laquelle les athées n'ont pas connu le Dieu Un Créateur et ont cru toutes les choses incréées, 209. *E contra, quare fideles, Unum increatum, et omnia creata esse cognoscunt* / Au contraire, la cause pour laquelle les fidèles reconnaissent l'Un incréé et toutes les choses créées, *ib.*

Causa lapsus in Atheismum vaniloquos fatidicos esse / La cause de la chute dans l'athéisme sont les vains parleurs qui prédisent les destinées, 216

Causa constructionis delubri Athenis fa/303/mae divulgatio et Inscriptio τῷ ἀγνώστῳ θεῷ / La cause de la construction du temple d'Athènes, répandissement de la célébrité et l'inscription *Au Dieu inconnu*, 265

Causa invincibilis ignorantiae / Cause de l'ignorance invincible, 270

Causa, qua apud utramque aetatem fortunae casus et fatorum nomine polytheia superstitiose colitur / Cause par laquelle, dans les deux époques, sous le nom de fortune, hasard et destin, on cultive superstitieusement le polythéisme, 275

Certamen, et lucta Hevae cum diabolo Combat et lutte d'Ève avec le diable, 68

Charitas divina omnes bonos esse vult / La Charité divine veut que tous soient bons, 291

Circuli zodiaci determinatio unde? / Détermination du cercle du Zodiaque, d'où vient-elle? 253

Clementia Dei in Cain furentem / Clémence de Dieu contre Caïn en délire, 91

Caelum lingua originali quid signif(at) / Ciel dans la langue originelle, que signifie-t-il? 35

Caelum non cognoscit alium calorem praeter Solarem / Le ciel ne connaît d'autre chaleur hormis la solaire, 117

Caelum intra aquas, terra autem supra aquas quommodo? / Le ciel est entre les eaux, la terre au-dessus des eaux, comment? 253

Caelestia sensibilia corpora cuncta ex unico aëris elemento constare

/ Les corps célestes sensibles sont tous constitués du seul élément de l'air, 47

{{*Coruscatio Splendoris divinae faciei unde* }} / La Splendeur de la Face Divine, d'où vient-elle? 251

Colores sensitivae scientiae nihil proficere ad Imaginem Veritatis / Les couleurs de la science sensitive n'avancent en rien vers l'Image de la Vérité, 25

Colores in Iride transnaturales / Couleurs surnaturelles dans l'arc-en-ciel, 108

Colores in Iride nec substantiales, nec accidentales, et ordo supernaturalis / Couleurs dans l'arc-en-ciel, ni substantielles, ni accidentelles, et ordre surnaturel, 108

Colores quid? / Les couleurs, que sont-ce? 286

Cometae corpus quandoque terra maius observatum / On a observé que le corps d'une comète est parfois plus grand que la terre, 122

Communis nomen corporum caelestium, Nom commun des corps célestes, 49/ *Eorum ministerium* / Leur ministère, *ib.*

Comparatio lucis Solis sensitivi et Solis Iustitiae / Comparaison du Soleil de lumière sensitive et du Soleil de Justice, 39. *Reliquorum luminum* / Et des autres lumières, 40

Comparatio duorum axiomatum, Naturam nihil fecisse frustra et Deum nihil dixisse, quod factum non fuerit / Comparaison des deux axiomes: La nature n'a rien fait en vain et Dieu n'a rien dit qui ne fût fait, 115

Complementum mysterii humanae conservationis / Achèvement du mystère de la conservation de l'homme, 246

Concessa Scholarum de Primo motore opinione, probatur infinitas esse naturas, et infinitos naturae motores / Si l'on concède l'opinion des Écoles au sujet du Premier Moteur, il est prouvé que les natures sont infinies et les moteurs de la nature infinis, 175

Concessa pagana de Successivo opinione admodum probatur Tempus nec substantiam esse, nec accidens / Si l'on concède l'opinion païenne au sujet du successif, il est prouvé pleinement que le temps n'est ni substance, ni accident, 205

Concessis impossibilibus causis a Scholis pro terrae motus allatis, maxime earum opinio confutatur / Même si l'on concédait les causes impossibles alléguées par les Écoles pour le tremblement de terre, leur opinion est totalement réfutée, 137, 138

{{*Concesso abstractorum nominum dominio, negatur Providentia et liberum arbitrium*}} / Si l'on concède l'empire des noms abstraits, l'on nie la Providence et le libre arbitre, 281

Concordantia literae et spiritus de adverbiis "nunc", "neforte" et cae. / Concordance de la lettre et de l'esprit dans les expressions "maintenant", "de peur que" et ainsi de suite, 85

Confutatur opinio de Primo motore, necessario immobili / Il est réfuté l'opinion au sujet du Premier moteur, nécessairement immobile, 175

Consequentia S(acro-)S(anctae) Scripturae de Tempore / Conséquence de l'Écriture Sacro-Sainte au sujet du temps, 164

Contra impetus carnales pugnans qualis esse debet / Contre les désirs charnels, quel doit être le combattant, 298[1]

Corpus incorporeum, quod / Le corps incorporel, qu'est-ce ? 58

Corpori mortalitas quomodo contingat / Comment la mortalité advient-elle au corps, 78

Corpora caelestia ex simplicissimo aëre compacta / Les corps célestes condensés de l'air le plus simple, 46. *Quare careant speciali et transmutativo fermento* / Pourquoi ils sont dépourvus de ferment spécial et transmutatif, 47

Corpora quae creduntur mixta, ex solo aquae elemento constare / Les corps que l'on croit être mixtes sont constitués du seul élément de l'eau, 55

Corruptionis vocabulum late sumptum in veritatis dictionario non admitti / Le terme de corruption, pris au sens large, n'est pas admis dans le dictionnaire de la vérité, 97. *De corruptione rerum profana quid sentiant, Sacra quid imperent* / Au sujet de la corruption des choses, que pensent les ouvrages profanes, et qu'ordonnent les Écritures Sacrées ? *ib.*

Corruptio, cuius mentio passim fit in Sacris, a profana quomodo distinguenda / Comment doit-on distinguer la corruption dont il est fait mention dans les Écritures Sacrées de l'acception profane ? 98

Crassa litera farcitorum brabium / Le prix de ceux qui sont gorgés d'une culture grossière, 157

Creata non per nihilitatis privationem, sed per Dei omnipotentiae positionem facta fuisse / Les choses ont été créées non par privation du rien, mais par position de la Toute-puissance de Dieu, 197

Creatura de Creatore affirmative nihil definire potest / La créature ne peut définir rien d'affirmatif au sujet du Créateur, 189

Creatoris negativa definitio / Définition négative du Créateur, 189

Creatoris Incircumscriptio, Creaturae circumscriptionem indicat / L'illimitation du Créateur indique la limitation de la créature, 36

Creatum de aliquo creato ut Creator perfecte scire praesumere, blasphemia est / Que le créé présume connaître parfaitement au sujet d'un autre créé, c'est un blasphème, 31

Creaturarum tam initium, quam conservatio, mysterium est / Tant le commencement que la conservation des créatures est un mystère, 61

Creatio hominis heteroclita / Création hétéroclite de l'homme, 61. *Quare omnia antecellat* /

---

[1] *298 scr. :* 198 M.

Pourquoi il précède toutes les choses ? 62

Creaturae, Dei posteriora / Les créatures, choses postérieures à Dieu, 237

Creaturae intellectuales, gratia et non natura immortales / Les créatures intellectuelles, immortelles par grâce et non par nature, 254

Crux Dei quid, eius virtus et efficacitas / La Croix de Dieu, qu'est-ce ? sa vertu et son efficace, 238

Creaturam acquisito functionis fine sabbathizare / La créature, dès qu'elle atteint la fin de sa fonction, observe le Sabbat, 96. *Eandem sabbathizare, quid* / Elle observe le Sabbat, qu'est-ce ? *ib.*

D

De contingentibus in rerum vitis quo pacto sanctius philosophandum / Au sujet de ce qui arrive dans les vies des choses, de quelle façon l'on doit philosopher plus saintement, 228

De Deo et circa Deum ut quale quidem ignoramus, ut quid autem revera scire possumus / Au sujet de Dieu et de celles qui sont autour de Dieu, nous ignorons certes quelles elles sont, cependant nous pouvons savoir ce qu'elles sont réellement, 193, 250 */304/*

De divinis operibus, non nisi iuxta facultatem a veritatis scientia concessam proferendum / Des ouvrages divins, il faut s'approcher seulement selon la faculté accordée par la Science de la Vérité, 283

Definitio blas motivi / Définition du blas moteur, 123. *Alterativo* / Altératif, *ib. Venti* / Du vent, 124. *Definit(io) Gas* / Définition du Gaz, 127. *Exhalationis* / De l'exhalaison, *ib.*

Definitione aeternitatis Scholastici in aeternum blasphemant / Par la définition de l'éternité, les Scolastiques blasphèment éternellement, 189

De incomprehensibili nec definitio datur, nec scientia / De l'incompréhensible, il n'est donné ni définition ni science, 191

De ira et fortitudine, quid iubeat sensitiva lex / De la colère et du courage, qu'ordonne la loi sensitive ? 91

Delectationem pulchri, sequitur praecepti oblivio / De la délectation du beau s'ensuit l'oubli du commandement 69[1]

Delirii symptomatici et superstitiosae amentiae differentia / Différence entre le délire symptomatique et la folie superstitieuse, 135

Demonstratur, natura et naturalia quandoque incepisse / Il est démontré que la nature et les choses naturelles ont commencé à un certain moment, 115

De Pietate non ita certandum, quam de impietate deplorandum / De la piété il ne faut pas tant disputer qu'il faut déplorer l'impiété, 268

---

[1] *69 scr.* : 68 M.

De quinto Elemento quid sentiant Sensitivi physici / Du cinquième élément que pensent les physiciens sensitifs ? 114

Descriptio diadematis Sacrae Veritatis / Description du diadème de la Véritée Sacrée, 28. *Sceptri, arcus, sagittae* / Du sceptre, de l'arc, de la flèche, 29

Desperatio veniae quid a<c>quirat / Le désespoir du pardon, qu'apporte-t-il ? 92

Detegitur error horologii, renitentiae chalybis tempus designantis / L'on découvre l'erreur de l'horloge, qui indique le temps de la résistance de la fusée, 172[1]

Determinato quatuor Elementorum termino, patet physicos laborare inscitia Superiorum / Une fois qu'ils ont déterminé la limite des quatre éléments, il est manifeste que les physiciens ont ignoré celles d'en haut, 113

Determinatio naturalis, quae ? / La détermination naturelle, qu'est-ce ? 225

Deus vult non cogit ad paenitentiam / Dieu veut mais ne force pas la pénitence, 79 *Mortem hominis nol[l]uit* / Il n'a pas voulu la mort de l'homme, 86 *Hominem esse aeterne viventem voluit* / Il a voulu que l'homme vécût éternellement, *ib.*

Deus non invidia ductus vetuit pomum arboris vitae, sed quia spirituali Adamo vilissimam fore talem vitam praenoscebat / Dieu a interdit le fruit de l'arbre de la vie non par envie, mais parce qu'il connaissait d'avance que l'Adam spirituel aurait une telle vie très vile, 95. *Quare permiserit mortalibus sibi adversari posse, nemini notum* / Pourquoi il a permis aux mortels de s'opposer à lui, nul ne le sait, 142

Deum praecedere et a Deo recedere, quid et quomodo / Tracer le chemin à Dieu et s'éloigner de Dieu, qu'est-ce et comment ? 261

Deus unicus infinite actu existens / Dieu seul existe comme étant infini en acte, 202. *Quare dicitur non posse malum operari* / Pourquoi l'on dit qu'il ne peut faire de mal, 259

Dei posteriora omnes creaturae / Les choses postérieures à Dieu sont toutes les créatures, 61

Dei aversio animae mors / Le détournement de Dieu est la mort de l'âme, 74

Dei vindicta et Iustitia, Misericordia et Clementia in peccatore Adamo salvando quomodo consenserint / La vengeance et la justice, la miséricorde et la clémence de Dieu, comment se sont-elles accordées pour sauver le pécheur Adam ? 86

Dei tincturam sine subiecto subsistere / La teinture de Dieu subsiste sans sujet, 110

Dei et Creaturae intellectualis incongrua aeternitatis distinctio / Distinction incongrue de l'éternité de Dieu et de la créature intellectuelle, 189

---

[1] 172 *scr. :* 112 M.

Dei gratia et Sacrae Scientiae speculatione Intellectus supra sensibile evehi / L'intellect s'élève au-dessus du sensible par la grâce de Dieu et la recherche de la Science Sacrée, 212

Dei, Verbi et Veritatis simplicitas / Simplicité de Dieu, du Verbe et de la Vérité, 213

Dei παραχώρησις[1] quando? La tolérance de Dieu, quand? 262

Dei Imago Ex<c>ellentissima, quid? / L'image très excellente de Dieu, qu'est-ce? 218

Dei essentia omnibus creaturis incognoscibilis / L'essence de Dieu, incognoscible à toutes les créatures, 250

Dei ad bona et mala nostra Praecognitio qualis? / Préconnaissance de Dieu par rapport aux bien et aux maux qui dépendent de nous, quelle est-elle? 261. *Clementia inscrutabilis* / Clémence insondable, 296 *Debitum post resur<r>ectionem nunquam posse persalvi, et Quadrans eius infiniti ponderis* / La dette, après la résurrection, ne peut jamais être remboursée, et son obole a un poids infini, 297

Dei signum ferens qualis esse debet / Le porte-étendard de Dieu, lequel doit-il être, 298

{{*Dempto corpore et motu, Tempus, locum dari, et quidem inconfuse*}} / Si l'on enlève le corps et le mouvement, demeurent le temps et le lieu et ils ne se confondent pas l'un avec l'autre, 178

{{*De nihilo nihil dicitur, nihil intelligitur*, 59}} / Au sujet du rien, il n'y a rien à dire, rien à entendre, 59

Deo Averso, diabolum tyran<n>idem exercere / Si Dieu se détourne, le diable exerce sa tyrannie, 93

Deo quid delectabile? Bonae voluntati quid appetibile? / Qu'est-ce qui est agréable à Dieu? Qu'est-ce qui est désirable à la bonne volonté? 245. *Exemplum, Sol et centrum ad circumferentia* / Exemple : le Soleil et le centre par rapport à la circonférence, *ib.*

Deum esse rerum formam dicere caveto / Prenez garde de ne pas dire que Dieu est la forme des choses, 222

Deum positive, vitam et optimum, et cae. dici quidem, subiective autem hoc vivens, optimum et cae. Deum esse asserere blasphemia est / Dieu est par principe la vie, le très bon, et ainsi de suite, mais c'est un blasphème d'affirmer que ce qui vit, ce qui est très bon, et ainsi de suite est Dieu, 222

Deum esse Universalem vitam Entium / Dieu est la Vie universelle des êtres, 224[2]

Diabolus dubitat, utrum Adamus sensitivam scientiam perfecte didicerit necne / Le diable doute si Adam a parfaitement appris la science sensitive, 89. *Sedule tentat utrum sensibus subiectus factus fuerit* / Il tente assidûment s'il a été assujetti aux sens, *ib. Quomodo persuaserit sibi, homi-*

---

[1] παραχώρησις *scr.* : παραχώρησης M //
[2] *Denuo scr.* : Deum praecedere et a Deo recedere, quid et quomodo? 261.

nem suae disciplinae perfectum evasisse discipulum / Comment il s'est lui-même persuadé que l'homme est devenu un disciple parfait de sa discipline, 92

Diabolus plus gaudet, Abel occis-[s]um, quam Cain uccisore / Le diable se réjouit davantage de ce qu'Abel eût été tué que de ce que Caïn fût le meurtrier, 92

Diabolus scientiae sensitivae excogitator, et P<a>edagogus / Le diable, inventeur et pédagogue de la science sensitive, 223

Diaboli mala intentio duplex, vel nullum vel plurimos adorare Deos / La double intention mauvaise du diable : ou bien n'adorer aucun Dieu, ou bien en adorer plusieurs, 267

Diaboli de vetito pomo edendo suasio, in /305/ sensu occulto fallax, in apparente autem verax apparebat / Le raisonnement du diable au sujet du fruit interdit, captieux dans le sens caché, semblait véridique en apparence, 73
Tyrannicum eius principatum in naturam humanam / Sa principauté tyrannique dans la nature humaine, 78

Diabolus invitus, quando et quomodo fassus est veritatem / Le diable, sans le vouloir, avoue la vérité, quand et comment ? 83

Diabolus non carni sed animae invidebat / Le diable n'enviait par la chair, mais l'âme, 72. *Quare primo Evam decipiendam aggressus est* / Pour quelle raison il a entrepris de tromper d'abord Ève, *ib. Quomodo persuasit sibi, in muliere collapsurum maritum* / Comment il s'est persuadé que par la chute de la femme, l'homme allait aussi tomber, *ib. Duo exempla proposuit ad decipiendum utrumquem hominem* / Il propose deux exemples pour tromper et l'un et l'autre, *ib. Quid intendebat si hominem deciperet* / Qu'est-ce qu'il visait, en trompant l'homme ? *ib.*

Diadema S(acrae) Scripturae / Diadème de la Sainte Écriture, 162. *Eius gemma<e> diversae* / Ses différentes gemmes, 162. *Quid significat* / Ce qu'il signifie, 244 *Eius praeeminentia, quid ?* / Sa prééminence, qu'est-ce ? 246

Dialecticorum proprium quid ? / La caractéristique des dialectiques, qu'est-ce ? 68

Dialectus caelestis qualis ? Le dialecte céleste, quel est-il ? 153

Dialogus Dei et Cain / Dialogue de Dieu et de Caïn, 92

Dialogus iucundissimus Arist(otelis) et Alumni Sacrae Scientiae supra prodigiosum[1] terrae tremorem / Dialogue très plaisant d'Aristote et des disciples de la Science Sacrée au sujet du tremblement de terre prodigieux, 139

Dialogus Neologorum et vere Theologorum supra aeternitatem, eiusque cognitionem / Dialogue des néologues et des vrais théologues au sujet de l'éternité et de sa connaissance, 191, 192

---

[1] prodi*g*iosum : *scr.* prodiosum M //

Dies diei eructat verbum, quid ? / Le jour annonce la vérité à un autre jour, qu'est-ce ? 154

Diei in horas minutaque ridicula divisio / Division ridicule du jour en heures et minutes, 173

Differentia contrariorum patens, non indiget demonstratione / La différence des contraires est évidente, elle n'a pas besoin de démonstration, 3 *Eadem ad rerum cognitionem tute non ducit /* Elle ne conduit pas en sûreté à la connaissance des choses, *ib.*

Differentiam eiusdem nomenclaturae cognoscere intellectualiter intelligentis opus esse / C'est à celui qui juge par l'intellect de connaître la différence qui est entre les choses ayant la même dénomination *ib. Quietis et silentii /* Différence entre le repos et le silence, 34

Differentia graduum creaturarum ad superiora procedens / Différence entre les degrés des créatures avançant vers les choses d'en haut, 3. *Eiusdem facta retrogradatio /* Retour en arrière à travers les mêmes, *ib.*

Differentia potestatis archealis et fermentalis / Différence entre le pouvoir de l'archée et celui du ferment, 53

Differentia archeorum aquaticorum et volatilium / Différence entre les archées des animaux aquatiques et volants, 55

Differentia Gas et Exhalationis / Différence entre le Gaz et l'exhalaison, 12

Differentiarum unione, Arist(oteles) per motum et quietem, confundit definitiones naturae, Temporis, Principii, mensurae et mensuratoris / Par l'identité des différences – le mouvement et le repos –, Aristote confond les définitions de la nature, du temps, du principe, de la mesure et du mesureur, 166

Difficultas cognoscendae veritatis in quo consistat / Difficulté de connaître la vérité, en quoi consiste-t-elle ? 162

Diluvii universalis causa, ut aqua naturalis, effectus autem supernaturales, et prodigiosi / La cause universelle du déluge, l'eau, est naturelle, mais les effets en sont surnaturels et prodigieux, 118

Discrimen, ultimi praesupponit ignorationem / La différence suppose l'ignorance des choses ultimes, 2

Dispositio elementi aquae in Universo / Disposition de l'élément de l'eau dans l'Univers, 117

Dispositionis divinae sententia, efficacitas et mira concinnitas / Efficace et admirable élégance de la disposition de la sentence divine, 252

Dispositio divina, ab humano discursu investigabilis / La Disposition divine, selon ce que l'on l'homme peut découvrir par le discours, 253 *Cuilibet quod proprium est dat /* Elle donne à chacun ce qui lui appartient en propre, 255

Dispositio divina, secundum divinam Providentiam ordinata / La Disposition divine est réglée selon la Providence divine, 289

Disposita Summae Dei Sapientiae inalterabilia / Dispositions immuables de la Suprême Sagesse de Dieu, 289

Diversitas motus Syderum, non aeternorum, sed in tempore factorum, indicium / Diversité des mouvements des étoiles, qui ne sont pas éternelles, mais créés dans le temps, 49

Diversus mysterii usus in mulieris creatione / Usage différent du mystère dans la création de la femme, 62. *Diversa utriusque sexus creatio, quid portendat* / La création différente des deux sexes humains, que présage-t-elle ? 63

Diversus ordo Naturae et Mathematices / Ordre différent de la nature et des mathématiques, 176

Divina oracula in litera quandoque quomodo contradictoria appareant, in Spiritu autem firmiter concordent / Les paroles divines, comment apparaissent-elles contradictoires dans la lettre et concordent en même temps fermement dans l'esprit ? 86

Divinae dispositionis sententia immutabilis et inalterabilis / Sentence immutable et inaltérable de la Disposition divine, 255

Doctrina Apost(olorum) post adventum S(ancti) Spiritus / Doctrine des Apôtres après l'avènement de l'Esprit Saint, 241

Dominium quodlibet, unde? / Toute domination, d'où vient-elle ? 255

Duae quidem rerum formae ad physicos, due autem ad Theologophysicos pertinent / Deux formes des choses appartiennent aux physicies et deux aux théologophysiciens, 228

Dubitatio signum discriminis / Le doute est le signe d'une différence, 2

Dubitatur, si Tempus est mensura motus, utrum cuiuslibet, an unius, vel quorundum tantum / L'on doute si le temps est la mesure du mouvement de tous les êtres, ou d'un seul, ou de quelques-uns, 180

Ductrice superba sensitiva scientia, in infortunium ignorantiae inciditur / Si l'on se laisse guider par la science sensitive superbe, l'on tombe dans l'infortune de l'ignorance, 25

Dum, in tempore quid signif(icat) / « Alors », qu'est-ce qu'il signifie dans le temps ? 208

Dum, et Tum, respective ad Creaturam accepta, ad aeternitatem Increati intelligendam creatum rapit intellectum / Si « Alors » et « quand » sont compris relativement à la créature, l'intellect créé est entraîné vers la l'intelligence de l'Éternité de l'Incréé

Duo Lumina caeteris efficaciora[1] / Deux lumières frappent davantage les sens que les autres, 48

Duplex finis creatorum luminum / La fin des lumières créées est double, 48

---

[1] effica*ciora* : *scr.* efficatiora.

Duplex hominis theologica Definitio / La double définition théologique de l'homme, 93

Duplex Arist(otelis) Exhalatio / L'exhalaison double d'Aristote, 123. *Eiusdem distributio* / Sa distribution, *ib.* /*306*/

Duratio rerum divinam repraesentat aeternitatem / La durée des choses représente l'éternité, 203

Duratio supra, intra et circa res / La durée est au-dessus, au-dedans et autour des choses, 203

Duratio Temporis ab aeternitate quo sensu minime distinguenda? / En quel sens il ne faut point distinguer la durée du temps de l'Éternité, 203 *Eadem rebus distribuita* / Elle est distribuée dans les choses, *ib.*

Duratio ad motum, et e contra, non datur nisi per accidens / Il n'y a pas de durée relative au mouvement et, inversement, si ce n'est par accident, 204

E

Effectus fermentorum aereorum / Effets des ferments de l'air, 129

Effectus exhalationum Scholasticorum natura impossibiles / Effets des exhalaisons des Scolastiques impossibles par nature, 129

Effectus Tonitru, fulguris et fulminis probantur non esse naturales / Effets du tonnerre, de la foudre et de l'éclair : il est prouvé qu'ils ne sont pas naturels, 132

Elementa primigenia et coaetanea duo Aqua nempe, et Aer / Les éléments premiers et contemporains sont deux, à savoir l'eau et l'air, 33 *In invicem impermiscibilia* / Ils ne peuvent se mélanger l'un à l'autre, *ib.* et 56

Elementum passivum et activum quod? / L'élément passif et actif, qu'est-ce ?

Elementa organa quidem primaria, ca<u>sae autem secundariae / Les éléments, tout en étant des organes primaires, sont des causes secondaires, 56

Elementum aquae nunquam a sua desciscit natura / L'élément de l'eau ne dégénère jamais de sa nature, 117

Elementi quantitas nec minui nec addi potest / La quantité d'un élément ne peut être ni augmentée ni diminuée, 130

Elias in Carmelo quare non videt Deum, in Thabor autem videt / Élie sur le Carmel, pourquoi il ne voit pas Dieu, et sur le Thabor il le voit, 240

Eodem argumento capitur dialecticus serpens, quo ipse Adamum cepisse[1] gaudebat / Le serpent dialectique se prend à la gorge soi-même, par le même argument par lequel il se félicitait d'avoir pris au piège Adam, 84

Error veterum de ethere / Erreur des anciens au sujet de l'éther, 42

Error gravissimus, quo Scholae cespitant in temporis cognitione /

---

[1] cepisse : *scr.* caepisse M //

L'erreur la plus grave, dans laquelle les Écoles tombent dans la connaissance du temps, 171

Essentia non existens ! / Une essence qui n'existe pas ! 58

Ether, et ignis ab ethnicis cognitus in aere minime necessarius / L'éther et le feu que les païens avaient connus dans l'air n'est pas nécessaire, 41

Ethna mons, et alia minimi spatii loca, quare frequentius terrae tremorem et incendia patiantur / Le mont Ethna et d'autres lieux moins élevés, pourquoi ils subissent plus fréquemment des tremblements de terre et des incendies, 140

Ethnicis τὸ ἐκ των αδυνάτων, naturae necessarissimum/ Ce qui pour les païens fait partie des choses impossibles est très nécessaire à la nature, 44[11]

Ethnicorum de hominis productione fabula / Fable des païens au sujet de la production de l'homme, 62. *Rerum formam substantialem unam tantum discere. Christiani adhuc incaute duas /* Ils enseignent qu'il n'y a qu'une seule forme substantielle des choses. Les Chrétiens enseignent toujours imprudemment qu'il y en a deux, 225

Ethnici cadaver hominis, non hominem definiverunt / Les païens ont défini le cadavre de l'homme, non l'homme, 232

Ethnici de bono, et honesto frustra certaverunt / Les païens se sont disputés en vain au sujet du bien et de l'honnête, 242. *Eorundem ludicrus et superstitiosus Deorum cultus /* Leur culte mystificateur et superstitieux des dieux, 264

Eventus non praecogniti causas, concurrere facit, ordo ille omnia ad bonum universale, et utilitatem particularem dirigit / Cet ordre qui dirige vers le bien universel et l'utilité particulière fait concourir les causes de l'événement dont on n'avait pas antérieurement de connaissance, 279

{{*Exercitii gratia prophanis coloribus Sacram depingi Imaginem concedi, 25*}} / Il est concédé, par exercice, que l'Image Sacrée serait figurée au moyen de couleurs profanes, 25

Ex bonitate Creationis per se, sequitur naturam et naturalia nescire contrarietatem / De la bonté de la Création par soi il s'ensuit que la nature et les choses naturelles ne connaissent pas la contrariété, 95

Ex<c>itatio, vel suscitatio archeorum in diluvio, modo creatorio / Réveil ou rappel à la vie des archées, sur un mode créateur, après le déluge, 111

Excogitationes diabolica<e> et sensitivae scientia<e>, quae? / Inventions diaboliques et de la science sensitive, quelles sont-elles ? 142, 143

{{*Exemplum ridiculum, quod adferunt Scholae ad probandum/am suam opinionem de Ter<ra>e motu / 137*}} / Exemple ridicule

---

[1] 44 : *scr.* 46 M //

que les Écoles apportent afin de prouver leur opinion au sujet du tremblement de terre, 137

{{*Exemplum, quo probatur, eventum non praecognitum, non esse casus motum temerarium* }} / Exemple par lequel il est prouvé qu'un événement dont on n'avait pas antérieurement connaissance n'est pas un mouvement accidentel du hasard, *279*[1]

{{*Exempla obiectorum lumine differentium*}} / Exemples d'objets différents quant à la lumière, 286

{{*Exemplo scientiae sensitivae defectum intellectualis quadamtenus percipi*}} / Par un exemple il est perçu dans une certaine mesure le manque intellectuel de la science sensitive, 31

Ex Gentilismi absurditate, veritas magis clarefit / Par l'absurdité des Gentils, la vérité brille davantage, 281

Exhalationes Aristo(telis) pro causa meteorum frivolae / Exhalaisons sans valeur d'Aristote pour causes des météores, 122. *Nugae* / Des sornettes, 123. *Duplices* / L'exhalaison est double, *ib.*

Exhalationis conversio in primigenium Gas / Conversion de l'exhalaison dans le gaz originaire, 128

Ex immobilitate, quid intelligatur / Par immobilité qu'est-ce que l'on comprend? 176

Ex ipso Arist(otelis) locum definiente, naturae deletur definitio / Par la définition du lieu donnée par Aristote il est détruit sa définition de la nature, 177

Ex naturae et temporis definitionibus, ab Arist(otele) definitis, quid colligatur / Des définitions de la nature et du temps d'Aristote, qu'est-ce que l'on conclut? 165

Ex nihilo nihil fieri, quomodo distinguendum? / «Du rien rien ne provient», comment le distinguer? 276. *Ex negativo nihil nisi ignorantia* / A partir du négatif, rien que de l'ignorance, 269

Ex non ente aliquod ens naturaliter producere vanus conatus / A partir du non-être il essaie vainement de produire naturellement quelque chose d'étant, 173

Exordium mortis unde? / D'où la mort tire son origine? 78

Explicatur mysterium verbi ꜰᴀᴄɪᴀᴍᴜs / Il est expliqué le mystère du mot ꜰᴀɪsᴏɴs, 61

{{*Ex prophana scientia veritatem venari est fugientem leporem auribus tenere opinari*}} / Poursuivre la vérité au moyen de la science profane, c'est penser tenir par les oreilles le lièvre qui s'enfuit, 21

Ex proprio loqui, quid? / «Inventer de sa tête», qu'est-ce? 258

Ex sapientibus nullum degenerasse in Giganteam molem / Les sages ne dégénérèrent jamais dans la masse des géants, 105

Ex sententia Arist(otelis) probatur, terram et Polos carere tempore, et loco / De l'opinion d'Aristote, il est prouvé que la Terre et les

---

[1] 279 : *scr.* 297 M //

Pôles sont dépourvus de temps et de lieu, 180

Extrinsecus homo quo constet / L'homme extérieur, en quoi il consiste ? 61

Exulatum Adamum, quare inimicus partim gratulatur, partim contristatur / De ce que Adam eût été exilé l'Ennemi se félicitait d'une part, mais d'autre part il s'attristait, 88

F

Fabula chaos a Sacris compilata / Fable du chaos pillée des Écritures Saintes, 34

Fabulae de Iovis nugis deluduntur / L'on tourne au ridicule des fables au sujet de Jupiter comme étant des sornettes, 135 */307/*

Fati superstitiosa praesignatio / Prédétermination superstitieuse du Destin, 274

Fatidicorum fatuae et irrationales pollicitationes / Promesses extravagantes et irrationnelles des interprètes des destinées, 216

Fermentili vi coagulatur aqua, in substantiam concretam / Par la puissance de fermentation, l'eau est coagulée dans une substance compacte, 53

Fictitii Apollines, qui ? / Les Apollons feints, qu'est-ce ? 157

Fictitiae monarchiae ad res gubernandas, quae ? / Monarchies fictives censées gouverner les choses, lesquelles ? 249

Fide, et spe sensus imaginationes fugare / Par la foi et l'espérance, fuir les imaginations des sens, 18

Fidei confessio constructio turris ecclesiae / La confession de la foi est la construction de la tour de l'Église, 153

Fidei inconcussa basys de divina Providentia, et libera hominis voluntate / La base de la foi est inébranlable dans la Divine Providence et le libre arbitre de l'homme, 249. *Spernit omnes rationales machinationes* / Elle méprise toutes les machinations de la raison, 250. *Easdem pro mendacio arguit* / Elle les dénonce comme mensongères, *ib.*

Figmentum Scholarum de situali ordine 4. Elementorum / Fiction des Écoles au sujet de l'ordre de situation des quatre éléments, 112

Figmenta Scholarum de vento refutantur / Les fictions des Écoles au sujet du vent sont réfutées, 129. *De Exhalatione* / 130 De l'exhalaison, 130

Filii Dei nuncupati, quomodo degeneraverint in Gigantes / Ceux qui étaient nommés « enfants de Dieu » comment ont-ils dégénéré dans des géants ? 101

Filii, et alumni appellatio / Appellation de « fils » et de « disciple », 158

Filii lucis quid maxime gaudeant ? quid maxime aversentur ? De quoi les fils de la lumière se réjouissent-ils au plus haut point ? Qu'est-ce qu'ils rejettent le plus ? 297. *Ubi se recipiant ?* Où accueillent-ils le repos ? *ib. Quid animo pervolvant ?* / Qu'est-ce qu'ils scrutent ? *ib. Quid philosophentur ?* De quoi philosophent-ils ? *ib. Quo privatim quove communiter fruantur ?* / Qu'est-ce qu'ils reçoivent en commun et individuellement ? 298

Filiorum lucis nobilitas, et potestas / Noblesse et pouvoir des fils de la lumière, 39 et 267

Finale diaboli de homine propositum / But final du diable au sujet de l'homme, 152

Finis et consumatio temporis in Sacris qualis, et quando ? / Fin et accomplissement des temps dans les Écritures Saintes, lesquels et quand ? 85

Finis, et cessatio operis creaturae solo Creatori nota / Fin et cessation du travail de la créature connue par le seul Créateur, 96

Finis sensitivae dubitationis quis, et ubi ? / Fin du doute sensitif, lequel et ou ? 261. *Cuius causa propositae sunt theologicae speculationes* / Pour quelle raison sont proposées les recherches théologiques ? 280

Firmissimum veritatis argumentum ad linguarum confusionem probandam / Argument très solide pour prouver la confusion des langues, 147

Flumina, fontes, lacus et cae. post diluvium / Rivières, sources, lacs et ainsi de suite après le déluge, 119

Fluvios celebriores, ut plurimum versus aequatorem labi / Les fleuves les plus fameux descendent pour la plupart vers l'Équateur, 120[1]

Fontium aquae quum ex mari sint, qua re insipidae ? Et sapore quare differant ? / Les eaux des sources qui viennent des mers, pourquoi sont-elles insipides ? Et pourquoi diffèrent-elles dans le goût ? 121

Foramen strictissimum ad Dei posteriora speculanda / Ouverture très étroite, afin de rechercher au sujet des choses postérieures à Dieu, 251

Forma Aristo(telis) exformis / Forme d'Aristote privée de forme, 8, 58

Forma essentialis ab Archeo et fermento non potest produci / La forme essentielle ne peut être produite par l'archée et le ferment, 57 *A sola creatrice virtute producitur* / Elle est produite par la seule force créatrice, *ib. Formarum author, unus luminum Pater* / L'auteur des formes est le seul Père des lumières *ib. Idem probatur* / La même chose est prouvée, 224

Forma nihil nisi τὸ esse, et vita rei / La forme n'est rien d'autre hormis l'être et la vie des choses, 224. *Omnis forma essentialis nova, et ex nihilo creatura* / Toute forme essentielle est une créature nouvelle et issue du rien, 223

Formas rerum esse 4 / Il y a quatre forme des choses, 226. *Rerum differentiae, proprietates, ministerium, potestas, et finis* / Différences, propriétés, ministère, puissance et fin des choses, 226 et 227

Formae essentialis explicatio / Explication de la forme essentielle, 226

---

[1] *Denuo scr.* : Fontes, flumina, lacus et cae : post diluvium, 119.

Formam artificialem, aut figuralem non connumerari formis vitalibus et essentialibus / La forme artificielle, ou figurale, n'est pas du nombre des formes vitales et essentielles, 227

Formae vitalis explicatio / Explication de la forme vitale, 227

Formae substantialis explicatio / Explication de la forme substantielle, *ib.*

Forma substantialis, non substantia / La forme substantielle n'est pas substance, *ib.*

Formarum infusio unde? / L'infusion des formes, d'où vient-elle? 254

Formarum ortus unde? / La naissance des formes, d'où vient-elle? 59. *Formas non absolute, et immediate materiae, sed rerum archeis immitti* / Les formes sont envoyées dans la matière non absolument et immédiatement, mais par les archées des choses, *ib.*

Fortuna, casus, fatum apud antiquos, et modernos, quomodo intelligantur? / La fortune, le hasard, le destin, comment sont-ils entendus chez les anciens et chez les modernes? 274

Fortunati titulo affecti / Les individus affectés du titre de fortuné, 274

Frigus non dicit absentia<m> caloris / Le froid ne signifie pas l'absence de chaleur, 124

Frigoris et caloris[1] *<pro>prietates* / Propriétés du froid et de la chaleur, 131

Frivola Adami excusatio per scientiam sensitivam / Justification frivole d'Adam par la science sensitive, 80

Fructus appetitus scientiae sensitivae ruina / Le désir du fruit est l'effondrement dans la science sensitive, 24 */308/*

Fructus terrae nostrae expectatus / Le fruit attendu de notre terre, 82

Fructus viae suae comedere / Manger du fruit de sa voie, 258

Funda marina salino ditata fermento / Les fonds des mers pourvus d'un ferment salin, 120

Fundamentum salutis humanae mysteriosa confessio / Le mystère de la confession est le fondement du salut de l'homme, 80

Fulgurum et tonitruum naturalium causa / Cause des éclairs et des tonnerres naturels, 129

Fulminis prodigiosi effectus quidam ad exemplum proferuntur / L'on apporte l'exemple de quelques effets prodigieux de la foudre, 134, 135

Futura non praesciri, nisi per infusam scientiam / Les choses futures ne sont connues d'avance, si ce n'est par la science infuse, 219

G

Gas aquarum quid? / Gaz des eaux, qu'est-ce? 35. *Eius natura* / Sa nature, *ib.*

Gas materia sublunarium / Le Gaz est la matière des choses sublunaires, 35

---

[1] caloris : *scr.* calores M //

Gas et aqua principaliter eiusdem essentiae / Le Gaz et l'eau ont, en principe, la même essence, 117

Gastridici praesumunt caelestes legere literas / Les ventriloques présument lire les livres célestes, 217

Gentilismi superstitionis et contemptus verae religionis nullum discrimen / Il n'y a aucune différence entre pratiques superstitieuses des Gentils et le mépris de la vraie religion, 274

Gentilitas falso arbitrata est se veritatem invenisse / Les Gentils ont faussement pensé avoir trouvé la vérité, 24

Gentililitii de accidente et substantia, quid senserint? / Au sujet de l'accident et de la substance, quelle était l'opinion des Gentils? 30. *Iidem neutrum Ens non cognoverunt* / Ils n'ont pas connu d'être neutre, 31

Genus et speciem confundere est contra definitionis regulam / Confondre le genre et l'espèce, c'est contre la règle de la définition, 185

Gigantes usque ad David / 5 Les géants jusqu'à David, 105

Gigantes a Noe ad Abraham raro, ab Abraham ad David rarius, a David ad Jesum D. rarissime, a Christo autem D. totaliter cessavere et quare ita? / Les géants apparaissent rarement de Noe à Abraham, plus rarement d'Abraham à David, très rarement de David au Seigneur Jésus, après le Christ ils ont entièrement cessé et pourquoi en est-il ainsi? 105, 106

Goliath philistaeus / Goliath le Philistéen, 105

Grammatici et discipuli spiritualis dialecti, quales? / Les grammairiens et les disciples du dialecte spirituel, lesquels sont-ils?

Grando quid? / La grêle, qu'est-ce? 126 *Quare saepissime aestivo tempore?* ib. / Pourquoi est-elle plus fréquente pendant l'été? *ib.*

Gratia illuminatur intellectus ad veram scientiam percipienda / L'intellect est illuminé par la grâce afin de percevoir la vraie science, 12

Gratia divina in invenienda veritate est causa sine qua non / La grâce divine est la cause sans laquelle on ne peut pas trouver la vérité, 212

Gratiae privatio unde? / La privation de la grâce, d'où vient-elle? 255

Gratia quomodo intelligenda sit in quibusdam servari in quibusdam autem non? Quod probatur exemplo Davidis et Sauli / Comment faut-il entendre que la grâce se conserve dans certains et dans d'autres, non? Ce que l'on prouve sur l'exemple de David et de Saül, 257

Gravissima quaestio solvitur, pro faciamus hominem et Ecce Adam factus est, et cae. / Il est résolu une question très grave concernant: «Faisons l'homme» et «Voilà, Adam est devenu», et ainsi de suite, 84

H

Habitaculum miselli intellectus / Demeure du pauvre intellect humain, 1

Habitus veritatis depingere prorsus, ardua, et inimitabilis res / Figurer l'apparence de la vérité est une entreprise tout à fait difficile et inimitable, 28

Habitus scientiae aeternae veritatis qualis? / Apparence de la science de la vérité éternelle, quelle est-elle? 162

{{*Haeresium putidarum exordium*}} / L'origine des hérésies puantes, 270

Halitus, et exhalatio, quid? / Le souffle et l'exhalaison, qu'est-ce? 127

Harmonia infinitae divinae dispensationis / Harmonie de la Providence Divine infinie 243

Hemisphaerium terreum ante diluvium versus septentrionem / L'hémisphère terrestre avant le déluge tourné vers le nord, 43

Herculea sententia, non plus ultra refellitur / Il est démenti la phrase d'Hercule «pas au-delà», 195

{{*Hevae contradictoriae dictiones, ne forte moriamur*}} / Affirmations contradictoires d'Ève, «de peur que nous ne mourrions», 86

Heva non est capta per sensum / Ève n'est pas piégée par les sens, 69. *Sed primo per intellectum, secundo per sensum inescatur*[1] / Mais elle est appâtée d'abord par l'intellect et puis par les sens, *ib. Eiusdem certamen cum diabolo* / Son combat avec le diable, 68

Homo a se falsus, a diabolo delusus fit sensitivae Scholae discipulus / L'homme, trompé par lui-même, abusé par le diable, devient disciple de l'école sensitive, 78. {{*Quid actu, quidve potentia possit*}} / Ce qu'il peut en acte, et ce qu'il peut en puissance, 62. *Per sensitivam scientiam, conatur ostendere Deum, in culpa lapsus sui esse* / Par la science sensitive il essaie de montrer que Dieu est coupable de sa chute, 79. *In prolapsa natura quid proficere potest* / Dans la nature tombée ce qu'il peut obtenir, 154. *Quare caeteris animalibus rationabilior?* / Pourquoi il est plus enclin à raisonner que les autres animaux, 234. *Ratione didicit scientiam boni et mali* / Par la raison il a appris la science du bien et du mal, 234

Hominis praerogativa et excellentia / Le privilège et l'excellence de l'homme, 64. *Eius creatio, quare ad Dei similitudinem?* / Sa création, pourquoi à la ressemblance de Dieu? *ib. Eundem non tam peccare, quam non peccare potuisse* / Il pouvait aussi bien pécher que ne pas pécher, 77

Homines, quare antonomastice, mortales dicantur? / Les Hommes, pourquoi l'on dit, par antonomase, qu'ils sont mortels? 104 *Eorumdem sortes quo sensu in manu D<omi>ni* / Leur sort, en quel sens est-il dans les mains du Seigneur? 220

---

[1] *inescatur scr.* : enescatur M //

Hominis ethnica definitio / Définition païenne de l'homme, 226

Hominis duplex forma / Forme double de l'homme, 228 *Exterior eius vita qualis* / Sa vie extérieure, laquelle est-elle ? 229

Hominis interior forma qualis / La vie intérieure de l'homme, laquelle est-elle ? 230. *Ineffabilis, et opus plane inscrutabile* / Elle est ineffable et un ouvrage tout-à-fait insondable, *ib. Excellentia, et nobilitatis intitulationes* / Excellence et titres de noblesse, *ib.* /309/

Hominis ethnica definitio in Deum blasphema / La définition païenne de l'homme est un blasphème contre Dieu, 231 *In ea tria observanda absurda* / En elle, trois absurdités sont à considérer, 231. *Eiusdem orthodoxa definitio* / Définition orthodoxe de l'homme, 232

Hominis interior imago ratione non tangitur, verum intellectualiter admiranda / L'image intérieure de l'homme ne peut être touchée par la raison, mais doit être admirée intellectuellement, 247

Humana sensitiva scientia lamentatione digna / La science sensitive humaine est digne de lamentation, 4

Humanae scientiae conceptio, et monstrosi partus / Conception de la science humaine et enfantement monstrueux, 262

Humanae sapientiae non indulgendum / Pas de complaisance pour la sagesse humaine, 281

Humiditas in aere non aer, sed Gas / L'humidité dans l'air n'est pas de l'air, mais du Gaz, 125

I

Ideae dementes / Les idées sont insensées, 8

Idea animae quare non potest apprehendi / L'idée de l'âme, pourquoi ne peut-elle être appréhendée ? 236

Idololatria ab anthropolatria derivata / L'idolâtrie est dérivée de l'anthropolâtrie, 156

Id quod naturaliter movetur quid agat? / Qu'est-ce qui fait qu'une chose se meut naturellement ? 198

Iesus filius David perfectus homo. Eius innocentia, Clementia et mansuetudo / Jésus, fils de David, l'homme parfait. Son innocence, sa clémence et sa mansuétude, 77

Ignis non Elementum / Le feu n'est pas un élément, 60, 128. *Culinarius unde?* / Le feu que nous utilisons dans la cuisine, d'où vient-il ? 60. *Nunquam creatus* / Il n'a jamais été créé, *ib. Idem rerum mors artificialis* / Il est la mort des choses artificielles, *ib. Inconstans, et dubiae naturae* / Il est inconstant et de nature douteuse, 112

Ignis intensissimi, remissi, Caloris, temporis, eadem causa Sol / Du feu le plus intense, et le plus doux, de la chaleur, de la tiédeur la cause est la même, le Soleil, 128

Illatio verbi « et comedi » perfectissima confessio / La prononciation des mots « et j'en ai mangé » est une confession très parfaite, 80. *Eadem divina adjuvante gratia prolata* / Elle est portée par la grâce divine secourante, *ib.*

Imaginationes sensitivae intellectum pene obruunt / Les imaginations sensitives ensevelissent presque l'intellect, 15

Imago Scientiae intellectualis est nuda et simplex / L'image de la science intellectuelle est nue et simple, 11

Imago Dei in Adamo qualis apparebat? L'image de Dieu dans Adam, laquelle aparaissait-t-elle? 62

Imagines et Idola sensitivae tam innumera et diversa unde? / Les images et les idoles sensitives aussi innombrables et diverses, d'où viennent-elles? 234

Immortalis homo, i.e. in statu immorta[ta]litatis, non utitur ratiocinatione / L'homme immortel, c'est-à-dire dans l'état de l'immortalité, ne se sert pas du raisonnement, 11

Immortalitas honor simplicitatis et felicitas insensationis / L'immortalité est l'ornement de la simplicité et le bonheur de ne pas connaître [la mort] 79

Immortalitas et conservatio creaturarum intellectualium a labe peccati, unde? L'immortalité et la conservation des créatures intellectuelles hors de la chute dans le péché, d'où vient-elle? 254

Immortalis anima in centro vitalitatis suae retracta, contubernium ineptae sensitivae execratur, ipsi gubernacula vivendae regulae tradit et nexu coexistentiali supernaturaliter perstringitur / L'âme immortelle, retirée au centre de sa vitalité, deteste la cohabitation avec cette pauvre âme sensitive, lui remet le gouvernail de la règle de vie et en est resserrée par le lien coexistentiel surnaturel, 100

Immundi tyranni solium, quis? / Le trône de l'impur tyran, lequel est-il? 101

Impia professio tertii Capitis impietatis / Profession impie de la troisième tête de l'impiété, 272. *Eiusdem impia ambitio* / Son ambition impie, *ib.*

Impiae rationes, ad stabiliendam impieta[ta]tem / Raisons impies pour établir l'impiété, 272

Impietas Tertii Capitis atheia et polytheia peior / Troisième tête de l'impiété, pire que l'athéisme et le polythéisme, 273

Impietatis trifida cauda / Queue trifide de l'impiété

Impietas moderni saeculi triceps quidem, sed innumerarum linguarum bellua / L'impiété de l'époque moderne est un monstre qui a trois têtes, mais d'innombrables langues, 268. *Eius primum caput, Atheia* / Sa première tête, l'athéisme, 268. *Secundum cacodoxia* / La seconde, l'hétérodoxie, 269. *Tertium* / La troisième, 271. *Eiusdem Caput, surdum, caecum, sensus expers* Sa tête est sourde, aveugle, privée de tout sens, 269

Impietatis caput centoculi, centiauri, centimani, centipedis et centivoci effigiem gerit / Une tête de l'impiété dont l'image porte cent yeux, cent oreilles, cent mains, cent pieds, et cent voix, 270

Improvisum, inexpectatum et incognitum superstitiose acceptum / Ce qui est imprévu, inattendu et inconnu est pris de façon superstitieuse, 274

In aeternitate omnia veluti accidentia / Dans l'éternité toutes les choses sont considérées comme des accidents, 161

Inchoatio quomodo et ad quid respective intelligatur / Commencement, comment et relativement à quoi on doit l'entendre? 209

Inchoatio et finitio in Deo considerari non potest, et quare non / Nul commencement et nulle fin ne peuvent être considérés en Dieu, et pourquoi? 209

Incircumscripti Dei vestimenta suturae expertia / Les vêtements de Dieu sans bornes sont sans couture, 190

In creatione primae tenebrae et earum descriptio / Dans la création, viennent premièrement les ténèbres ; leur description, 32

In creatione secundae aquae abyssales, et earum forma / Dans la création, viennent deuxièmement les eaux abyssales ; leur forme, 33

In Deo Tempus aeternitas est, in Creatura autem aeternitas est tempus / En Dieu, le temps est éternité, dans la créature l'éternité est temps, 193

In Deo Principium et finis, quare non potest considerari / Pourquoi en Dieu le principe et la fin ne peuvent-ils être considérés? 209

In divinis divina hypothesis est sumen/310/da / Il convient de considérer l'enseignement divin qui apparaît dans les Livres Saints, 131

In exsiccatione aquarum diluvii, quare non calor, sed ventus mittitur et operatur / Afin de sécher les eaux du déluge, pourquoi il est envoyé et agit le vent, et non la chaleur, 118

Infiniti natura, a natura finita non potest capi / La nature de l'infini ne peut être saisie par une nature finie, 173

Infiniti scientia soli aeterno subjicitur / La science de l'infini n'est soumise qu'à l'Éternel, 173

Infinitudinis aeterni, sicut dies eius, ita et nox eius / L'infinité de l'Éternel : *la nuit est pour lui telle que le jour* 191

In hominis pagana definitione observanda sunt tria sequentia absurda / Dans la définition païenne de l'homme, l'on doit considérer trois absurdités qui s'ensuivent, 231

In Iride quinque signa contra Scholas demonstrativa considerantur / Dans l'arc-en-ciel sont considérés cinq signes démonstratifs contre les Écoles, 108

In maledictione, quomodo benedicatur Adamus / Dans la malédiction, comment Adam est-il béni, 81

In misericordia, non in furore Deus visitavit Adamum / C'est avec miséricorde, non en colère, que Dieu a rendu visite à Adam, 79

In naturalibus negare Infinitum, metaphysice est arcere a cognitione Verbi Infiniti / Dans les choses naturelles nier l'infini, c'est détourner métaphysiquement de la connaissance du Verbe infini, 116

Inopinatus eventus male acceptus / L'événement imprévu est mal entendu, 274

In Principio, quid signif(icat) / «Au commencement», que signifie-t-il, 37

Inscriptio tituli, et dedicatio delubri τῳ ἀγνώστῳ θεῳ *divulgata* / Inscription du titre et dédicace du temple «Au Dieu Inconnu» publiée, 265

Insensibilitas scientiae sensitivae / Insensibilité de la science sensitive, 20

In sensu apparet corruptio, in intellectu perfectio / Dans le sens apparaît la corruption, dans l'intellect, la perfection, 98

In sententia «non plus ultra» non sistendum, sed ad veritatem investigandam unice laborandum / Il ne faut pas s'arrêter à la sentence «pas au-delà», mais travailler uniquement à rechercher la vérité, 23

In silentio ante motum, status Creaturarum qualis / Dans le silence d'avant le mouvement, quel était l'état des créatures? 37

In statu innocentiae quantum duraverit Adamus ignoratur / Dans l'état d'innocence, combien a duré Adam, on l'ignore, 64

Instinctus naturae quid sit, a nullo ethnico explicatur / Ce qu'est l'instinct de la nature, nul païen ne l'explique, 57

In Sole tria potissimum consideranda / Dans le Soleil, l'on doit considérer avant tout trois choses, 284

Insulsa quaestio, unde tot aquarum quantitates in diluvio / Question stupide: d'où venaient tant de quantités d'eau dans le déluge? 111

Intellectus comparatio ad Deum, nihil ad totum / Comparaison de l'intellect à Dieu, comme le rien au tout, 1

Intellectum veritatem capere, abyssus abyssum vocare / L'intellect saisit la vérité, l'abîme appelle l'abîme, 19

Intellecta veritate, adhuc sensus obluctatur / La vérité une fois entendue, le sens lutte encore, 19

Intellectum esse facultatem animae congenitam, rationem autem adventitiam / L'intellect est une faculté innée de l'âme, la raison, en revanche, est adventice, 232

Intellectus quomodo possit a ratione vindicare[1] bonum simpliciter, malum multipliciter / Comment l'intellect peut-il demander à la raison le bien simplement et le mal de façon multiple

In Tempore Universalitas singularis, et Singularitas universalis agnosci debet / Dans le temps, l'on doit reconnaître une universalité singulière et singularité universelle, 206

Inter Creaturam et Creatorem nullum medium / Entre la créature et le Créateur, il n'y a pas de terme moyen, 191

Interpretatio Schamaijm[2] / 41 Interprétation de *Schamaijm*

---

[1] vindicare *scr.*: vendicare M //
[2] Schamaijm *scr.*: Schemajm M //

Intima conscien<n>tia rei defectum acerrime arguit / La conscience intime indique crûment le défaut de l'ouvrage, 30

In una eademque humana specie, unde tot inter se diverse figurae? / Dans une et la même espèce humaine, d'où apparaissent tant de formes différentes les unes des autres ? 235

In uno eodemque homine, secundum internas animi passiones, unde tot transmutationes momentaneae, et succesivae? Dans un et le même homme, selon les passions internes de l'âme, d'où apparaissent tant de transformations instantanées et successives ?

Iridis exemplo probatur Moysae doctrinam esse veram, et praevalere etnica / Par l'exemple de l'arc-en-ciel, l'on prouve que la doctrine de Moïse est vraie et prévaut sur la païenne, 108 *Quot observantur contra Scholas* / Combien de choses l'on observe contre les Écoles, *ib. Colorum dispositio plus quam naturalis* / La disposition des couleurs est surnaturelle, *ib.*

Iridis existendi modus super naturae ordinem, et quare pluviali tempore? / Le mode d'existence de l'arc-en-ciel est au-dessus de l'ordre de la nature et pourquoi il apparaît par temps pluvieux ? 109. *Causa naturalis, ipsa supernaturalis, effectus prodigiosus* / La cause en est naturelle, lui-même est surnaturel, l'effet en est merveilleux, *ib.*

Iris mediate in loco, et immediate in aere / L'arc-en-ciel et médiatement dans le lieu, immédiatement dans l'air, 109 *Potest apparere*

extra necessitatem duplicis nubis / Il peut apparaître sans avoir besoin d'un nuage double, 110

Iustitiae plenitudo ubi? / Accomplissement de la Justice, où ? 85

Iuxta Aristo(telis) opinionem de loco, sequitur natura quiescentia non esse in loco / Selon l'opinion d'Aristote au sujet du lieu il s'ensuit que les corps se trouvant par nature en repos ne sont pas dans le lieu, 177. *Semper non esse in tempore* / Les choses qui sont éternelles ne sont pas dans le temps, 182. *Semper non entibus contrarium* / Les choses qui sont toujours sont opposées aux non-êtres, 183. *Quasi principium temporis intelligitur* / Elles sont entendues comme un certain commencement du temps, 186

Iuxta Arist(otelem) Tempus a nostra /311/ rationabilitate dependere intelligitur / Selon Aristote, le temps este entendu dépendre de notre rationalité, 183, 187

Iuxta Arist(otelem) Tempus nullibi, nisi in hominis cerebro / Selon Aristote, le temps n'est nulle part hormis dans le cerveau de l'homme, 187

L

Lapso homine, duo ingentia sequuntur mala quae in inimici residebant consideratione / Après la chute de l'homme, deux maux formidables s'ensuivent, qui restaient dans la réflexion de l'ennemi, 90

Lex diabolica scientia boni et mali sensitive / La loi diabolique est science du bien et du mal de façon sensitive, 75. *Eadem non tam divinae legi contraria quam sibimet ipsi* / Elle est contraire non tant à la loi divine, qu'à elle même, 242

*Libera voluntas dominatur astris. Ad summum appetend*um[1] *bonum gratia indiget* / La libre volonté est dominée par les astres. Pour désirer le souverain bien il est besoin de la grâce, 245. *A Deo desciscens quid petit* / Se séparant de Dieu, qu'est-ce qu'elle vise? 262

Liberum hominis arbitrium quomodo et in quibus divinae dispositioni sese opponere non potest / Le libre arbitre de l'homme, comment et en quelles choses ne peut-il s'opposer à la Disposition Divine, 256

Liberi arbitrii duplex effectus Double effet du libre arbitre, 257. *Eius in bonum vel malum inclinationis causa quae?* / Quelle est la cause de son inclination vers le bien ou le mal? *ib.*

Libro creationis, quare non fit mentio duorum primigeniorum elementorum? / Dans le livre de la Création, pourquoi n'est-il pas fait mention des deux éléments premiers? 34

Linguarum confusione quid moliantur mortales? / Dans la confusion des langues, qu'entreprennent les mortels? 152

Linguarum differentiae opus divinum esse probatur / Il est prouvé que les différences entre les langues sont l'ouvrage divin, 146. *Earum subtiliatores fere omnes et omnibus noti, authores autem nulli et nemini* / Ceux qui les ont raffinées sont, presque tous, connus à tous; les auteurs en revanche, à personne, 147. *Earum causa et origo a solo Moysa memoratur. Non fuisse nec esse potuisse inventum humanae artis et industriae, argumento 24 literarum probatur* / Seul Moïse se souvient de leur cause et de leur origine. Par l'argument des 24 lettres, il est prouvé que l'art et l'industrie humaines n'ont pas été et ne pouvaient être inventés 148 *Idem probatur ratione* / La même chose est prouvée par la raison, 150. *Idem probatur argumento barbararum nationum* / La même chose est prouvée par l'argument des nations barbares, 150

Locus quid? Et eius circumscriptio / Le lieu, qu'est-ce? Et sa limitation, 35

Logicae scientiae primus inventur diabolus / Le diable, premier inventeur de la science de la logique, 67

Luciferi lapsus qualis, et quare / Chute de Lucifer, quelle est-elle et pourquoi? 66. *Praescientia et ipsi concessa facultas, qualis, et quanta* / La prescience et la faculté qui lui fut concédée, laquelle et combien? 66

Luciferus primo divinae imagini invidens, secundo superbia[2] *in Deum peccavit* / Lucifer a péché

---

[1] appetend*um scr.*: appetendi M //
[2] superbia *scr.*: superbiea M //

contre Dieu premièrement par envie de l'image divine, deuxièmement par superbe, 76

Ludicra Aristo<telis> quaestio utrum gallina an ovum natura prius / Divertissante question d'Aristote si c'est la poule ou l'oeuf de la poule qui a existé d'abord, 168

Lumen ex lucis connexione / La lumière des astres (*lumen*) fut créée par l'enchaînement de la lumière (*lux*), 49

Lumen formale a Patre luminum omnibus infundi / La lumière formelle est infuse dans toutes les choses par le Père des lumières, 222. *Lumen particulare quid?* / La lumière particulière, qu'est-ce? *ib. Lumen particulare, vita, forma quasi synonyma* / La lumière particulière, la vie, la forme sont presque des synonymes, *ib. Lumen universale omnia illuminano* / La lumière universelle qui illumine toute créature, 221. *Generaliter infusum in quatuor species dividitur* / La lumière génériquement infuse se divise en quatre espèces, 223

{{*Lumen solare unum et idem, ob dispositionem obiectorum, ut forma differt* }} / La lumière solaire, même si elle est une et la même, se différencie comme forme, selon la disposition des objets, 285

Luna praeposita archeis aquatilibus et caetera ministeria / La Lune est préposée aux archées aquatiques et les autres ministères, 48 *Quare caeteris astris frigidior?* /

Pourquoi est-elle plus froide que les autres astres? 49 *Motui aeris, et tempestatibus praeest* / Elle préside aux mouvements de l'air et aux tempêtes, *ib.*

Lux unde et quando creata? / La lumière (*lux*), d'où vient-elle et quand fut-elle créée? 38 *Eius ministerium* / Son ministère, *ib.*

Lux ante lumen[1] / La lumière (*lux*) fut créée avant la lumière des astres (*lumen*), 38

Lux cognitionis fides de Deo / La lumière (*lux*) de la connaissance est la foi en Dieu, 40. *Lucem acclamantes tenebras* / Ceux qui acclament la lumière comme étant des ténèbres, 295

M

Mala voluntas in malam inclinat legem / La volonté mauvaise de Caïn incline vers la loi mauvaise, 92

Mali causa duplex: ten<ta>tiva et cooperativa / La cause du mal est double: par tentation et par action, 258

Malum per se operatur / Il commet le mal par soi, 258. *In Cacodaemone boni privativum* / Dans le malin génie, le mal est privatif du bien, *ib. In libero arbitrio tam privativum quam positivum* / Dans le libre arbitre, il est autant privatif que positif, 258

Malum respective ad Creaturam potest esse bonum respective ad Creatorem / Le mal relativement

---

[1] lume*n scr.* : lumem M //

à la créature peut être le bien relativement au Créateur, 259

Maria virgo quare omnibus Creaturis excellentior? / La Vierge Marie, pourquoi est-elle la plus excellente de toutes les créatures, 77

Maris salsedo et fluviorum dulcedo admirabilis / La saveur salée de la mer et la saveur douce des rivières est merveilleuse, 120. *Peripateticorum sententia abjicitur* / L'opinion des Péripatéticiens est rejetée, *ib.*

Materia Platonica incondita / La matière platonicienne est incréée 8. *Materia Aristo<telica> chimera* / La matière aristotélicienne est une chimère, 58

Materia Theologo-physices quae? / La matière de la Théologo-physique, qu'est-ce? 241

Medium ad sancte philosophandum / Moyen pour philosopher saintement, 298 */312/*

Medium quo possit anima de se ipsa intelligere / Moyen par lequel l'âme peut entendre quelque chose au sujet d'elle-même, 236

Mensurabile, mensura natura prius / Le mesurable vient, par nature, avant la mesure, 169

Metaphorice, picturis scientiis assimilatis, veritatem inquirendo ulterius progrediendum / Comparant métaphoriquement les peintures aux sciences, l'on doit avancer dans la recherche de la vérité, 21, 22

Metheorõv vicissitudinum causa / Cause des successions des météores, 50. *Eorum materia Gas aquae* / Leur matière est le gaz de l'eau, 117. *Causae necessariae* /

Causes nécessaires, 122, 123. *Quare potissimum duobus subjiciantur astris* / Pourquoi sont-ils assujettis principalement à deux astres, 125. *Eorundem materia unde dignoscitur* / Leur matière, où peut-on la discerner? 128

Minutae parti sexagesimae secundum Scholas infinita adscribuntur puncta / L'on attribue à la soixantième partie de la minute, selon les Écoles, des points infinis, 180

Miraculosa linguarum confusio / Confusion miraculeuse des langues, 144

Modus quo arida apparuerit ex aqua / De quelle façon la terre ferme est-elle apparue de l'eau, 42. *Quo fluitent terrae in aquis* / De quelle façon les terres flottent-elles dans les eaux, *ib.*

Modus distributionis luminis universalis in particularia / Mode de distribution de la lumière universelle dans les choses particulières, 46. *Productionis volatilium secundum Scripturam ex aquis* / De la production des animaux volants, selon les Écritures, des eaux, 53. *Productorum metallorum, quadrupedum ex terra virgine* / Des métaux et des quadrupèdes produits de la terre vierge, 55

Modus temperationis caloris solaris et frigoris aeris / Juste proportion de la chaleur du Soleil et du froid de l'air, 56

Modus quo mulier condita est / Façon dont la femme a été créée, 63

Modus tentationis quis, et an subiectus sit homo diabolicae tentationi / Le mode de la tentation, lequel est-il? et l'homme est-il sujet à la tentation du diable? 89

Modus conservationis quorumdam rerum in diluvio / Le mode de la conservation de certaines choses pendant le déluge, 110, 111

Modum congregationis aquarum in diluvio / Le mode d'agrégation des eaux dans le déluge, 118

Modus quo calor et frigus excitatur / La façon dont la chaleur et le froid sont attisés, 124

Modus quo demonstrari potest, Deum omnia praescire atque praecognoscere / Façon dont on peut démontrer que Dieu sait et connaît d'avance toutes les choses, 290

Mores ad lubitum mutantur / Les moeurs changent aussi à volonté, 293

Mors in appetitu latebat / Dans le désir la mort se cachait, 65

Mors aeterna quae? La mort éternelle, laquelle est-elle? 78

Mortalitatis et immortalitatis mysterium, natura, proprietates / Mystère, nature et propriétés de la mortalité et de l'immortalité, 228

Mortificato sensu gratia supervenit / La grâce vient en aide au sens mortifié, 16

Mortuos sepellire mortuos, quod / «*Aux morts d'ensevelir les morts*», qu'est-ce? 258

Motus astrorum ministerium / Ministère du mouvement des astres, 124. *Motus aeris ministerium* / Ministère du mouvement de l'air, *ib*.

Motus in tempore et non e contra / Le mouvement est dans le temps, et non inversement, 169

Motus solaris non ad tempus designandum, sed ad opus propriae naturae est destinatus / Le mouvement du Soleil n'est pas destiné à indiquer le temps, mais à accomplir le travail de sa propre nature, 173

Motus non potest generare quietem / Le mouvement ne peut générer le repos, 175

Motus navis fefellit Aristo(telem) ad Primum fingendum naturaliter motorem / Le mouvement du bateau a trompé Aristote, en le faisant supposer dans la nature un premier moteur, 176

Motus, tempus, locus, Entia toto Caelo inter se diversa / Le mouvement, le temps, le lieu sont des êtres totalement différents entre eux, 179. *Motum Archealem cum tempore nullam habere communionem* / Le mouvement archéal n'a rien de commun avec le temps, 199

Motus localis ad quid referatur? / Le mouvement local, à quoi se réfère-t-il? 204

Moysa musarum doctor / Moïse docteur des muses, 155. *Veritatis Philosophus et Theologus* / Philosophe et théologien de la Vérité, 196 *Eius authoritatis gravitas et perspicua veritas* / Le poids et la vérité perspicace de son autorité, *ib*.

Moysa et Elias quomod<o> occupent apicem montis Thabor? / Moïse et Élie, comment ont-ils gravi le sommet du mont Thabor? 239. *In Synai Moysa quare non potest videre faciem D<omi>ni* / Au Sinaï, pourquoi Moïse n'a-t-il pu voir la Face du Seigneur, 240. *Mosayca petra quid?* / La pierre mosaïque, qu'est-ce? 239

Muhametistarum hallucinatio de calvariae fissuris / Hallucinations des Mahométans au sujet des fentes du crâne, 217

Mulier viro non ignobilior / La femme n'est pas moins noble que l'homme, 63. *Ante lapsum viro non erat subiecta* / Avant la chute, elle n'était pas sujette à l'homme, 72. *Post lapsum quid prius, quidve posterius intellexerit* / Après la chute, qu'est-ce qu'elle elle entendit d'abord et qu'est-ce qu'elle entendit après 74, 75 *Mariti tam excusationem quam confessionem secuta* / Elle a suivi tant la justification que la confession de son mari, 81

Musarum nomen, a Moysa nomine corruptum / Le nom des muses, corrompu à partir du nom de Moïse, 155

Mythr<id>is[1] *Persarum festivitas, eadem [triplex] dies, sub aegrotante Ezechia* / La fête de Mithras chez les Perses, même exemple que le jour où Ézéchiel fut malade, 201

Mysterium primo creatae lucis / Le mystère de la lumière (*lux*) créée d'abord, 38. *Eius explicatio* / Son explication, 39

Mysterium creationis Solis die quarto / Le mystère de la création du Soleil au quatrième jour, 40 *Occasus Solis Iustitiae hora sexta* / Le coucher du Soleil de Justice à la sixième heure, *ib.*

Mysteriorum complementum in creaturis, quid? / Le sommet des mystères dans les créatures, qu'est-ce? 61

Mysterium salutis humane diabolum non novisse / Le diable ne connaissait pas le mystère du salut de l'homme, 84 */313/*

Mysterium munerum Abel, quid significabat? Le mystère des présents d'Abel, que signifie-t-il? 90

Mysteriosa divina promissio / La mystérieuse promesse divine, 99

Mysterium turris Babylonicae, et confusionis linguarum / Le mystère de la tour de Babel et de la confusion des langues, 151

Mysteria supernaturalia a divina disposizione / Les mystères surnaturels, par la Disposition Divine, 289

Mysticus creationis modus nullum agnoscit elementum, ut organum vel ut causam primariam / Le mode mystique de la Création ne reconnaît aucun autre élément comme organe ou cause première, 47

Mystica unio bonorum quae? / L'union mystique des bons, qu'est-ce? 245

Mystica mystice cognosci / Les mystères sont mystiquement connus, *ib.*

N

Natura finita, verbum 'fiat' infinitum / La nature est finie, le Verbe «Que cela soit» est infini, 116. *Ab ipso operis initio quiescere nescit* / Il ne se repose pas depuis le commencement de son travail, *ib.*

---

[1] My*thr*<id>is *scr.* : Myrthis.

Naturae Ethnica definitio frivola / La définition païenne de la nature est sans valeur, 165. *Comparatione refellitur* / Elle est rejetée par une comparaison, *ib. Eius falsi monedarii, falsa numismata, unum de viginti numerantur* / Il est compté vingt-et-un fausses pièces de monnaie du faux-monnayeur de la nature, 181. *Falsi Eius Thesaurarii numismata ut falsa reprobantur* / Il est rejeté les pièces de monnaie du faux Trésorier de la nature comme étant fausses, 184, 185

Naturae profana definitio / Définition profane de la nature, 197. *Argumento exemplari refellitur, comparatione ridicula ostenditur* / Elle est réfutée par un raisonnement exemplaire, il est montré par une comparaison qu'elle est ridicule, *ib.*

Naturae Sacra definitio / Définition de la nature, selon les Écritures, 198. *Sacra natura duplex, fiat et crescite* / La nature, selon les Écritures, est double : « Que cela soit » et « Croissez », *ib. Iussus Dei* / L'ordre de Dieu, *ib. Efficacitas* / Son efficacité, *ib.*

Nebula rara et humida minus. Eius dissipatio / Le brouillard rare et sec. Disipation de celui-ci, 127

Nec Tempus motum, nec motus Tempus generare posse / Le temps ne peut générer le mouvement, ni le mouvement le temps, 169

Negatio veritatis contra dialecticas regulas mendacium[1] *affirmat* / La négation de la vérité soutient le mensonge, contre les règles dialectiques, 269

Negativum nihil, positive nihil significare potest / Le rien négatif ne peut signifier rien de positif, 171

Negatur exemplum particulare, pro terrae tremore / Il est nié un exemple particulier, à propos du tremblement de terre, 140

Neologorum opinio de Tempore continuo et indiscreto, id est, aeterno / L'opinion des néologues au sujet du temps continu et non discret, c'est-à-dire éternel, 188

Nexus materialis et immaterialis essentiae unde ? / Le lien de l'essence matérielle et de l'essence immatérielle, d'où vient-il ? 254

Niger color omnibus coloribus nihilo propinquior / Le noir est la couleur qui, de toutes les couleurs, est la plus proche du rien, 6

Nigredo et amaritudo, scientia humana / Le noir et l'amer sont la science humaine, 6

Nigror et nigredo eiusdem generis / La noirceur et le noir sont d'une même espèce, 8

Nihil, non ad naturam, sed ad non naturam pertinet / Le rien n'appartient pas à la nature, mais à la non-nature, 173

Nihil privativum, et negativum in Creatore, quale ? / Le rien privatif et le rien négatif dans le Créateur, lequel est-il ? 282. *Idem in Creatura, quale ?* / Et dans la créature ? *ib.*

Nihil perfecte cognosci potest, nisi per Deum, et in Deo / Rien de

---

[1] mendacium *scr.* : mendatium.

parfait ne peut être connu, hormis par Dieu et en Dieu, 32

Nihilitatis inexhaustae divitiae / Les richesses inéuisables du rien, 184

Nimbi aestivales / Les orages d'été, 126

Nix / La neige, 126

Noe quare ita firmiter crediderit signo Iridis / Noë, pourquoi crut-il si fermement dans le signe de l'arc-en-ciel? 110

Nomen aquarum congregatarum / Le nom des eaux agrégées, 41

Nomen quatuor anni partium unde? / Le nom des quatre parties de l'année, d'où vient-il? 52

Nomen Dei, Ego Sum Qui Sum / Le nom de Dieu, «Je suis celui qui suis», 163

Nomen Aeternum quare Deo insufficiens / Le nom de l'Éternel, pourquoi est-il insuffisant pour Dieu? 193

Nomen, Ego Sum Qui est, priusquam supraquam et plusquam aeternum / Le nom «Je suis celui qui est» est premier, supérieur et antérieur à l'éternité, 210

Nomen Dei Hebraeis ineffabile, Graecis incognitus, a famulis veritatis legitur, dicitur et cognoscitur / Le nom de Dieu ineffable pour les Hébreux, inconnu pour les Grecs, est lu, dit et connu par les serviteurs de la Vérité, 265

Nomen fortunae, casus, fatorum, apud literatos et illiteraros quomodo accipiendum? / Le nom de la fortune, du hasard et du destin, comment est-il compris par les personnes cultivées et par les incultes? 273

Nubes quid, et unde? / Les nuages, qu'est-ce et d'où vient-ils? 117, 127

Nuditas et pudor prima hominis supplicia / La nudité et la pudeur furent les premiers supplices de l'homme, 64. *Nuditatis vestimenta et simplicitatis multiformitas desideratur ad veram sapientiam obtinendam* / Les vêtements de la nudité et les formes multiples de la simplicité, afin d'obtenir la vraie sagesse, 11

Nulla exhalatio sine satura humiditate / Pas d'exhalaison sans une humidité suffisante, 138

Nulla Creatur<a> proprie aeterna dici potest / Nulle créature ne peut être dite proprement éternelle, 192

Nullum bonum Creaturae nisi respective ad Creatorem / Il n'y a nul bien par rapport à la créature, qui ne le soit par rapport au Créateur, 257

O

Ob Ethnicorum definitiones a sacra scientia non deficiendum / L'on ne doit pas se départir de la Science Sacrée, en considération des définitions des païens, 115

Oculi pure videntes / Yeux qui voient purement, 287. *Lippitudine laborantes* / Souffrant d'aveuglement, *ib. Senio effaeti* / Yeux usés d'un homme vieux, *ib. Alio symptomate hebetati* / Frappés de quelque autre infirmité, *ib. Vi/314/siva facultate nimis pollentes* / Doués d'une faculté de la vue trop puissante, *ib. Noctuarum* / Des chouettes, 288 *Aquilarum, accipitrum, et cae,* / Des aigles, des faucons et ainsi de suite, 288

Oleosum et sulphureum in liquidis, quid? / Ce qui est huileux et sulfureux dans les liquides, qu'est-ce? 128

Omne, quod non a Deo, malum est / Tout ce qui n'est pas de Dieu est mal, 258

Omnes creaturae de lumine divino participant / Toutes les créatures participent de la lumière (*lumen*) divine, 65

Omne, quod a Sole attrahitur, nil nisi Gas / Tout ce qui est attiré par le soleil n'est rien d'autre que du Gaz, 128

Omne corpus naturale, sublunare ex sola aqua / Tout corps naturel, sublunaire n'est composé que d'eau, 130. *Id[d]em in eandem tandem resolvi* / Il se résout finalement en eau, *ib.*

Omnia in tempore et vita apparere / Toutes les choses apparaissent dans le temps et dans la vie, 161

Omnia quot sunt in tempore, nec Tempus sunt nec pars eius / Toutes les choses qui sont dans le temps ne sont pas le temps, ni une partie du temps, 174

Omnia in tempore, et omnia in loco, vera sententia est / Toutes les choses sont dans le temps et toutes dans le lieu, c'est une opinion vraie, 186

Omnia naturae sufficientem habent facultatem / Toutes les choses ont une faculté qui suffit à leur nature, 198

Omnia in tempore accidere debent / Toutes les choses doivent arriver dans le temps, 200, 214, 186. *In vita* / Dans la vie, 214

Omnia divina providentia et libero arbitrio discerni / Toutes les choses sont décidées par la divine Providence et le libre arbitre, 219

Omnia initio esse Sui supernaturaliter inceperunt / Toutes les choses ont commencé surnaturellement dans l'être de Dieu, 225

Omnia a Deo incipi, excepto malo et mala voluntate / Toutes les choses commencent dans Dieu, à l'exception du mal et de la volonté mauvaise, 243

Omnis boni causa primaria Deus, nec tamen ipsi essentialiter identificatur / Dieu est la cause première de toute chose bonne, néanmoins Il n'est pas essentiellement identifié à elle, 211

Omnium causas in duas distingui monarchias / Les causes de toutes les choses sont distinguées en deux monarchies, 249. *Causae quae* / Quelle en sont les causes? *ib.*

Opinio veterum de rerum principiis naturalibus, quare ruit? / L'opinion des anciens au sujet des principes naturels, pourquoi s'écroule-t-elle? 59

Opinio Scholarum de terrae motu ut falsa reprobatur / L'opinion des Écoles au sujet du tremblement de terre est rejetée comme fausse, 136

Opinio Arist(otelis) de tempore, contra ipsum facere / L'opinion d'Aristote au sujet du temps est contre lui, 168

Opus Iustitiae et Bonitatis divinae quo modo distinguendum? / Les ouvrages de la Justice et de la Bonté divine, de quelle façon doivent-ils être distingués? 260

Oraculum, dum crearet mundum cum illo eram / L'oracle : « Alors qu'Il a créé le monde, j'étais avec Lui », 209

Oras non habet veritas, quia infinita / La vérité n'a pas de bord, parce qu'elle est infinie, 27. *Veritas et scientia unum corpus* / La Vérité et la science font un seul corps, 28

Ordo relativorum, qualis esse debet / L'ordre des relatifs, lequel doit-il être ? 168

Ordo naturalis, quis et qualis ? / L'ordre naturel, qu'est-ce et lequel est-il ? *Et quousque extenditur* / Et jusqu'où s'étend-il ? *ib.*

Originalis causa corruptionis solo Deo patet / La cause originaire de la corruption connue au seul Dieu, 94

Origo et materia Sacrae et profanae Ethices / L'origine et la matière de l'Éthique sacrée et profane, 234

Ortus legis diabolicae unde ? / Apparition de la loi diabolique, d'où ? 100

P

Pagana philosophia aut diabolica aut diaboli amica / La philosophie païenne ou diabolique ou amie du diable, 178

Parabola semen seminantis explicatur / Par le moyen d'une parabole, on explique la semence du semeur, 291

Paracleti adventu, quid didicerint beati Apostoli ? / Lors de la venue du Paraclet, qu'apprirent les heureux apôtres ? 240

Paradoxa Scholis inaudita / Paradoxes non entendus dans les Écoles, 112

Paradoxa de tempore / Paradoxes au sujet du temps, 204

Parcarum et fati superstitiosa opinio / Opinion superstitieuse des Parques et du destin, 174

Parens filio, Gallina ovo natura prius / Le parent est par nature antérieur au fils, la poule à l'œuf, 169

Par potentia par actus unde ? / Même puissance, même acte, d'où vient-il ? 254. *Paritas eorum quid ?* / Leur parité, qu'est-ce ? *ib.*

Particularia non corrumpi, sed perfici / Les choses particulières ne se corrompent pas, mais se parachèvent, 97

Particularis duratio a temporis universalitate distribuitur / L'universalité du temps distribue la durée aux choses particulières, 206

Particularis vitae pun<c>tum Astronomis incognitum / Le point de la vie particulière est inconnu aux astronomes, 216

Pater noster, fiat voluntas tua / Notre Père, que Votre volonté soit faite ! 256

Patria et Sepultura Iovis Creta / La patrie et la sépulture de Jupiter est la Crète, 135

Perennitas supralunarium unde ? / La pérennité des supralunaires, d'où vient-elle ? 253

Perfecta rerum cognitio non natura sed gratia adipiscitur / La connaissance parfaite des choses est atteinte non par nature, mais par grâce, 99

Peroledi[1] *et funda aeris eadem* / «*Peroledus*» et les fonds de l'air sont la même chose, 128

Per negativum indivisibile Scholae sibi contradicunt / Par l'indivisible négatif, les Écoles se contredisent elles-mêmes, 171. *Negativum nihil, nihil significare potest* / Le rien négatif ne peut rien désigner, *ib.*

Per rationem frustra laboratur ad vere intelligendum / Par la raison, l'on s'efforce en vain à entendre en vérité, 12

Perversa haesitatio, mentem ad invincibilem ignorantiam adigit / Une hésitation perverse pousse l'esprit à une invincible ignorance, 9

Petrus et Zebedaei filii, quare Christi D(omi)ni vestes ad nivis, faciem autem ad Solis similitudinem dicunt? Pierre et les fils de Zébédée, pourquoi disent-ils que les vêtements du Seigneur Christ sont semblables à la neige et la face au Soleil? 240

Petrus adhuc sensibilis de summo bono fallitur / Pierre, encore sensible, se trompe au sujet du souverain bien, 240

Per Sacram Scientiam Dei sapientiam docemur / Par la Science Sacrée nous sommes instruits de la sagesse de Dieu, 17

Pietatis virtus, invicta fides / La vertu de la piété, foi invincible, 268 */315/*

Piis animabus, pium debitum quod? Sin secus quid ipsis minatur / Le devoir pieux des âmes pieuses, qu'est-ce? Autrement, de quoi sont-ils menacés? 233

Pigri ad paenitentiam qui? / Paresseux pour faire pénitence, qui sont-ils? *Quid sperare possunt?* Que peuvent-ils espérer? *ib.*

Philosophi ethnici fabularum amatores / Les philosophes païens sont amateurs de fables, 34

Physicae speculatio qualis debet esse / La recherche de la physique, laquelle doit-elle être? 102

Planetarum effectus et dominium / Effets et domination sur les planètes, 253

Platonici Ideas rerum quid appellent / Les Platoniciens qu'appellent-ils idées des choses, 57

Pluviarum causa / Cause des pluies 125. *Quare diurnae?* Pourquoi les pluies diurnes? 126. *Quare saepissime autumnali tempore* / Pourquoi en tombe-t-il plus souvent en automne? *ib.*

Paenitentia quid? / La pénitence, qu'est-ce? 294

Poetae fabulosi Deorum authores / Les poètes fabulateurs sont les auteurs des dieux, 156

Post lapsum tam interno, quam externo homini quid expectandum restabat? / Après la chute, qu'est-ce qu'il restait à attendre à l'homme, tant intérieur qu'extérieur? 95

---

[1] Peroledi scr. : Perolodi M //

Post diluvium quare repetitur divina benedictio? / Après le déluge, pourquoi la divine bénédiction fut-elle répétée? 111

Polytheorum et atheorum distributio / Distribution des polythéistes et de athées, 268

Praecepta divina omnibus aequalia / Les préceptes divins sont égaux pour tous, 292

Praecisa rerum duratio unde intelligenda / La durée délimitée des choses, d'où doit-on entendre qu'elle vient? 207

Praecognitio Dei non urget / La Préconnaissance de Dieu n'impose pas, 251. *Praecognitio et praescientia eaedem* / La Préconnaissance et la Prescience sont la même chose, 257

Praedictiva ex astris scientia utrum ad totum hominem spectet necne / La science, qui est recherchée dans les astres, concerne-t-elle l'homme en son entier? 217. *Si ad totum hominem inde innumerabilia sequuntur absurda* / Si elle a en vue l'homme en son entier, d'iinombrables absurdités s'ensuivent, *218*[1]

Praemium superbae terrae quod? / La récompense donnée à la terre orgueilleuse, qu'est-ce? 23

Praescientiae divinae simplicitas immaculata / Simplicité immaculée de la Prescience divine, 246. *Puritas et penetratio* / Pureté et pénétration, 282

Praescientia divina mediatrix providentiae et liberi arbitrii / La Prescience divine est médiatrice entre la Providence et le libre arbitre, 257. *Ad liberi arbitrii acta indifferens* / Indifférente par rapport aux actes du libre arbitre, 259. *Secundum aversionem et permissionem quando et quomodo?* / Selon le détournement et selon la permission, quand et comment? 260. *A causa malae inclinationis remotissima* / Elle est très éloignée de la cause de l'inclination mauvaise du libre arbitre, 298

Praeter divinam dispositionem et permissive humanam liberam voluntatem in terrenis nullum dominium / Nulle domination autre que la Disposition divine et, selon la permission, la libre volonté de l'homme dans les choses terrestres, 281, 282

Prava licentia, qua dicunt unicam veritatem inquirendo physicum physice, Theologum theologice tractare debere / Licence perverse, par laquelle ils disent que, d'une même vérité, le physicien doit traiter physiquement, et le théologien théologiquement, 213

Primam lucem non fuisse iuxta modum luminis in Sole apparentis / La première lumière (*lux*) n'était pas à la façon de la lumière (*lumen*) qui apparaît dans le soleil, 39

Primi motus secundaria causa quae / Les causes secondaires du premier mouvement, quelles sont-elles? 38

Prima terra virgo / La première terre était vierge, 42

---

[1] *218 scr.*: 118 M //

Primigenia Elementa aquam et ae-rem esse intransmutabilia / Les éléments premiers, l'eau et l'air, ne peuvent se transmuer l'un dans l'autre, 128

Primas intellectus vires sensus impetus hebetat / L'assaut de sens hébète les premières forces de l'intellect, 9

Primus motor necessario movens et immobile mathematicae non naturae tribuendus / Le premier moteur nécessairement mouvant et immobile doit être attribué aux mathématiques et non à la nature, 176

Primus Creans non necessarie sed libere creavit / Le Premier Créateur a créé non nécessairement, mais librement, 201 *Immobilis et aeternus* / Immobile et éternel, 208

Principia rerum natur(alium) ab Arist(otele) tradita quae ? / Les principes des choses naturelles enseignés par Aristote, quels sont-ils ? 58. *In Creatione non reperiri* / Ils ne se retrouvent pas dans la Création, *ib. Eorum chymera descriptio* / Leur description chimérique, *ib. Ridicula confusio* / Leur ridicule confusion, *ib.*

Principio privativo naturaliter nihil intelligitur / Par principe privatif, l'on n'entend rien naturellement, 59

Principia naturalia in speculo <a> enigmatico credenda potius, quam speculando / Les principes naturels aperçus dans le miroir énigmatique, doivent être crus, plutôt que recherchés, 196

Principium creationis, divinam subnotat aeternam prioritatem / Le commencement de la Création consacre la priorité divine éternelle, 251

Principia verae scientiae piis non profanis manifestata / Les principes de la vraie science ont été manifestés aux pieux et non aux profanes, 282

Prioritas verbi "fiat" / Priorité du verbe « Que cela soit », 115

Prioritatis garrulitas et posteritatis credulitas de aeterno, et aeternitate / Bavardage des Anciens et naïvetés de la postérité au sujet de l'éternel et de l'éternité, 195

Privatio ad nihilum deducit / La privation amène au rien, 11

Proclivitas humanarum cogitationum quid non ausa est excogitare ? Le penchant des pensées humaines [vers le mal], que n'a-t-il pas osé inventer ? 262

Productio creaturae explicatur, in quantum, quale et quando / Il est expliqué la production des créatures, dans le combien, le quel et le quand, 251

Progenies viperina quae ? La race de vipères, qui est-elle ? 93

Prolapsa natura aliam excogitavit vivendi rationem / La nature déchue inventa une autre autre raison de vivre, 99 *Quid prius, quidve posterius molita est* / Qu'est-ce qu'elle entreprend d'abord et après ? *ib.*

Profundissima Dei curiosius scrutari quid / Scruter curieusement [les jugements] très profonds de Dieu, qu'est-ce ? 261

Prodeum histrionicum / Un substitut de Dieu de comédie, 273

Profanis scientiis, ut frivolis valedicendum / Il doit être dit adieu aux sciences profanes, comme à de frivoles occupations, 22

Profana traditio de multiformi dialecto / Tradition profane au sujet du dialecte multiforme, 145, 146

Proponitur quaestio, quare Adamus nulla obiectione opposita a muliere /316/ seduci passus est / Il est proposé la question pourquoi Adam souffrit d'être séduit par la femme sans lui opposer aucune objection, 70

Providentiae divinae maiestas / Majesté de la Providence divine, 161

Providentia, vita et Tempus scitu necessarissima / Providence, vie et temps, il est très nécessaire de les connaître, 161

Providentia divina nihil destinat nisi bonum et perfectum / La Providence divine ne destine rien si ce n'est le bon et le parfait, 245. *Eius effectus et opera* / Ses effets et ses ouvrages, 250. *In dipositionis effectibus elucescit* / Elle brille par les effets de sa disposition, 251

Providentiae, dispositionis et volitionis div(inae), effectus iidem / Les effets de la Providence, de la Disposition et de la Volonté divines sont les mêmes, 255[1]

Providentiae voluntatem bonum et malum destinare quomodo intelligendum? / Comment doit-on entendre que c'est la Providence qui destine la volonté au bien et au mal ? 260

Providentiae Dei inalterabilis / La Providence de Dieu ne peut changer, 289

Punctum τοῦ intellectualiter intelligere ineffabile / Le point de la compréhension intellectuelle est ineffable, 4. *Veritatis idem unus, idem multus* / 27 Dans la vérité, l'un et le multiple sont la même chose, 27

Puncta temporis physicalia, figmenta intrusa non naturalia / Les points physiques du temps sont des fictions non naturelles, introduites de force, 174

Punctum vitae omnibus commune quidem sed in eodem puncto omnia differre / Le point de la vie est certes commun à toutes [les créatures], mais toutes diffèrent au même point, 248

Q

Quae ad totum pertinent hominem, quae? / Ce qui concerne l'homme en son entier, qu'est-ce ? 228

Quae a Scholis dicuntur a tempore distincta, eadem nec natura nec ratione distingui posse / Ce que les Écoles disent être distinct du temps ne peut en être distingué ni par nature, ni par raison, 207, 208

Quae et inter quae debet esse rerum purissima differentia / Quelle et entre quelles choses doit-il y avoir une distinction très pure ?, 2

Quae illuminatur superficietenus / Quelles choses sont illuminées superficiellement ? 286. *Quae*

---

[1] *255 scr.* : 155 M //

penetrative / Quelles le sont de part en part ? *ib. Quae non reflectunt splendorem* / Quelles ne réfléchissent pas l'éclat ? *ib.*

Quae percipiuntur sensitive, non quatenus initio sui mysterii, sed quatenus capi possunt / Ce qui est perçu par les sens, l'est non pour autant qu'il est au commencement de son mystère, mais pour autant qu'il peut être saisi, 31

Quae Soli tribuuntur ad tempus generandum, non Solis intentio, sed humana inventio est / Ce qui est attribué au Soleil pour générer le temps n'est pas le fait du Soleil, mais une invention de l'homme, 173

Quaestionis primae primum membrum solvitur / Il est résolu le premier membre de la première question, 71 *Secundum solvitur* / Il est résolu le second, 72 *Quaestionis saecund<a>e solutio* / Solution de la deuxième question, 73. *Tertiae solutio* / Solution de la troisième, 73

Quaestio difficillima proponitur, quare Deus in creatione hominis dixerit "faciamus", et non statim, sed post lapsum eius dixit "ecce Adam factus est" et cae. / Il est proposé la question très difficile, pourquoi Dieu, lors de la création de l'homme, a dit : «Faisons» et non tout de suite, mais après sa chute a dit : « Voilà, Adam est devenu comme l'un des Nous », 82

Quaestio gravis proponitur Scholis de gigantea mole / Il est proposé la question grave des Écoles au sujet de la masse des géants, 101

Qua conditione homo liber in paradyso constituitur / À quelle condition l'homme est-il librement établi dans le paradis ? 76

Qualitercumque studiose sit a sensibus depicta Veritatis imago, nunquam ipsi pro<to>typo [?] assimilari potest / Aussi scrupuleusement que les sens dépeignent l'image de la Vérité, elle ne pourra jamais ressembler à son prototype, 30

Qualis Hevae status si nunquam in malum inclinasset / Quel eût été l'état d'Ève, si elle n'eût jamais incliné vers le mal ? 76, 77. *Qualis Adami status si non mulieri consensisset* / Quel eût été l'état d'Adam s'il n'eût pas été d'accord avec sa femme ? 77

Quamobcausam de elementis theologicis tractatum est ? / Pour quelle raison est-il traité des éléments de théologie ? 280

{{*Quantitas elementorum eadem*}} / La quantité des éléments demeure la même, 116

Quare Angelus semper benevolus, diabolus autem e contra ? Pourquoi l'ange est-il toujours bienveillant, et le diable au contraire ? 76

Quare Deus diaboli non quaesita causa maledictionis sententiam dat / Pourquoi Dieu prononce la sentence de la malédiction sur le diable, sans rechercher les raisons de celui-ci ? 81 *Quare terrae maledixit* / Pourquoi a-t-il maudit la Terre ? 98

Quare diabolus Gigantes excogitavit / Pourquoi le diable inventa-t-il les géants ? 103

Quare homo ad Dei similitudinem creatus ? / Pourquoi l'homme fut-il créé à la ressemblance de Dieu ? 64. *Divinum servans praeceptum Angelo bono nobilior, non servans Angelo malo ignobilior ?* / Pourquoi, s'il observe le commandement de Dieu, l'homme devient plus noble que les anges persévérant dans le bien et s'il ne l'observe pas, il devient plus ignoble que l'ange persévérant dans le mal ? 76

Quare hominis antonomastica denominatio, mortalis ? / Pourquoi la dénomination par antonomase de l'homme est celle de "mortel" ? 229

Quare in Deo Tempus dicitur aeternitas ? / Pourquoi en Dieu le temps est-il dit éternité ? 197

Quare Dei mysteria mortalis oculus non videt, auris non audit, et cae. / Pourquoi l'œil humain ne voit pas, l'oreille n'entend pas les mystères de Dieu ? 159

Quare praeceptum datur de arbore Scientiae boni et mali ? / Pourquoi est-il donné un commandement au sujet de l'arbre de la science du bien et du mal ? 65

Quare quorundam Archei servantur in rerum ovis ? / Pourquoi les archées de certains animaux sont-ils conservés dans les œufs ? 54

Quare Sacrae annorum pluralem faci<an>t mentionem ? / Pourquoi les Écritures Saintes font-elles mention des « années » au pluriel ? 52

Quare recte dici potest, Creatorem non posse elevare creaturam ad tantam cognitionis facultatem, ut aliquid perfecte cognoscat, ut ipse Creator ? / Pourquoi peut-il être dit à bon droit que le Créateur ne peut élever la créature à une telle faculté de connaissance qu'elle connaisse quelque chose parfaitement, de la façon où Lui-même la connaît ? 32

Quarta Creationis dies / Le quatrième jour de la Création, 46

Quatuor Elementorum compositura /317/ nulla / Il n'y a pas de composition des quatre éléments, 60. *Totidem esse numero negatur, et probatur* / Il est nié et prouvé qu'il n'y a pas autant d'éléments, 60

Quatuor modis seducitur mulier / La femme est séduite de quatre façons, 69

Quatuor elementa Scholarum sunt figmenta, non naturae composita / Les quatre éléments des Écoles sont des fictions, non des composants de la nature, 112

Quatuor sunt observanda in terrae tremore / Quatre choses sont à remarquer dans le tremblement de terre, 135. *Tria naturaliter impossibilia* / Trois choses sont naturellement impossibles, *ib.*

Quibus apte tribuatur sibi propria theologica definitio / Quels sont les hommes à qui l'on attribue convenablement la définition théologique propre, 93

Quicquid cognoscitur, non quatenus accidentale, sed quatenus essentiale debet cognosci / Quoi que l'on connaisse, on ne le connaît pas en tant qu'accidentel, mais en tant qu'essentiel, 186

Quidam nostrates quare decepti de principio temporis oblique intellexerunt ? / Certains des nôtres, pourquoi se sont-ils trompés au sujet du commencement des temps et ont-ils entendu de travers ? 163

Quid libere deliberamus et <a> egre dubitamus ? / De quoi décidons-nous librement et de quoi doutons-nous sérieusement ? 2

Quid sentit diabolus de utroque humanu sexu ? / Que pense le diable des deux sexes humains ? 71

Quid petebat Deus ab Adamo, ut salvet ipsum ? / Qu'est-ce que Dieu demanda à Adam, pour le sauver ? 80

Quid docuit Deus homines per disciplinam cataclismatis ? / Qu'est-ce que Dieu a enseigné aux hommes à travers l'école du déluge ? 104

Quies non in creaturis, nec proprie creata dici potest / Le repos ne peut être dit exister dans les créatures, ni proprement avoir été créé, 37

Quinta dies Creationis / Le cinquième jour de la Création, 53

Quid si<t> infinitum Ethnicis incognitum / Qu'est-ce que l'infini, inconnu aux païens 115

Qui supra modus flexibilis sunt animi, quales ? / Qui sont ceux qui ont une âme tellement sujette à changer ? 295

Quod Deo est naturale, creaturis essentialiter uniri non posse / Ce qui est naturel à Dieu ne peut s'unir essentiellement aux créatures, 256

Quod est in aere non est aer / Ce qui est dans l'air n'est pas de l'air, 130

Quod fortuito accidisse videtur non protinus casus est / Ce qui semble être arrivé d'une manière

fortuite n'est pas de ce fait un hasard, 278

Quod cavet Impius ne detur infinitum, id insensibiliter dari deberi suggerit pius / Parce que l'impie met en garde qu'il n'y a pas d'infini, le pieux suggère qu'il est donné insensiblement, 210 *Et quomodo hoc ?* / Et de quelle façon ? *ib.*

Quod diabolus falso proposuit, id Deus in verum conversit / Ce que le diable a proposé de faux, Dieu l'a converti en vrai, 83

Quod in loco circulariter movetur non mutat locum / Ce qui se meut circulairement sur place ne change pas de lieu, 178

Quodiutius Sacram Scripturam speculamur, eo profundius latet Scientia / Plus longtemps nous recherchons dans les Écritures Saintes, plus au fond se cache la Science, 158

Quomodo credidit mulier, ipsam posse fieri Deum / De quelle façon la femme crut-elle qu'elle pût devenir Dieu ? 74

Quomodo Maria virgo tantam assecuta est dignitatem, ut Deipara efficiatur / De quelle façon la Vierge Marie atteignit-elle une telle dignité, qu'elle fut faite Mère de Dieu ? 77

Quomodo interpretandus est Arist(oteles) ubi dicit, locum sine motu non requiri ? / De quelle façon Aristote doit-il être interprété, lorsqu'il dit que le lieu n'est pas cherché sans mouvement ? 178

Quosdam ex utero matris extraordinarie gratiae idoneus praeco-

gnoverat Deus / Certains, Dieu les avait connu d'avance dans le ventre de leur mère en tant que dignes de la grâce de façon extraordinaire, 291

Quotquot a Deo praeter hominis perceptionem fiunt, non fortuna sunt sed dispositio / Tout ce qui arrive par Dieu sans que l'homme le connaisse n'est pas de la fortune, mais de la disposition, 279

Quotquot ab hominis[1] imprudentia praeter suam intentionem commituntur, non fortuna, sed error proprius est, et cae. / Tout ce qui est commis par l'imprudence de l'homme, outre son intention n'est pas du fait de la fortune, mais au sens propre de l'erreur, et ainsi de suite, 279

R

Radii solares per se non authores, sed sustentacula vitae rerum / Les rayons solaires, par soi, ne sont pas les auteurs de la vie des choses, mais leur soutien, 60 Per accidens vitae rerum destructores, et corporis naturalis ad primum elementum reductores / Par accident, ils sont destructeurs de la vie des choses et réducteurs des corps naturels à l'élément premier, ib.

Radii aeternitatis, temporis et vitae iidem / Les rayons de l'éternité, du temps et de la vie sont les mêmes, 163

Radii Solis Iustitiae, vox Dei Patris in Thabor / Les rayons du Soleil de Justice, voix de Dieu le Père sur le Thabor, 240

Ranul[l]arum caeterorumve insectarum productio in nubibus / Production dans les nuages des grenouilles et autres insectes, 129

Ratio instrumentum sensitivum / La raison est un instrument sensitif, 232. Ipsa mortificata Intellectus reviviscit / Si la raison est mortifiée, l'intellect revit, ib. Simpliciter animae non necessaria / Elle est simplement non nécessaire à l'âme, ib. Eius perfect<it>udo in quibus, et quibus constet / Sa perfection, en quoi et par quoi se fait-elle ? 234

Rationabilitas, sophistice in constitutivam hominis differentiam intrusa / La rationalité, introduite sophistiquement dans la différence constitutive de l'homme, 229 Homini a callidissimo serpente ingesta / Introduite à l'homme par le serpent très rusé, 233

Ratione homo didicit scientiam boni et mali / Par la raison l'homme apprend la science du bien et du mal, 234

Recentiores quid sentiant de natura Gygantea / Les modernes, que pensent-ils au sujet de la nature des géants ? 102. Refutatur eorum opi/318/nio / Leur opinion est réfutée, 102, 103

Refellitur sententia Arist(otelis) de notitia circularitatis / Il est rejeté l'opinion d'Aristote au sujet de la connaissance de la circularité, 186

---

[1] hominis scr. : huminis M //

Regenerationis in inimicum ultio / Vengeance de la régénération contre l'ennemi, 84

Regula definitionis ab Arist(otele) tradita eundem in bucephalum vel asinum transformat / La règle de la définition enseignée par Aristote transforme celui-ci même dans Bucéphale ou dans un âne, 166

Reptilia in aquis produci etiam absque externa spermatica vi / Les reptiles sont produites dans les eaux même sans un pouvoir spermatique extérieur, 54

Requies et alimentum sunt vitae animalis Poli / Le repos et la nourriture sont les deux pôles de la vie animale, 63

Rerum naturalis conservatio non fit per contrarietatem, sed per mutuam accomodationem, atque cooperationem / La conservation naturelle des choses ne se fait pas par contrariété, mais par accommodement mutuel et par coopération, 96

Rerum mors vitae principium / La mort des choses est le commencement de la vie, 99. *Earum perfectio paganae physicae ignota* / Leur perfection est inconnue à la physique païenne, *ib.*

Res naturales in regula naturaliter essendi, alterationem quidem patiuntur, totalem autem corruptionem minime / Les choses naturelles subissent certes, dans la règle de l'être naturel, une altération, mais non une corruption totale, 99

Res perfectae quae? / Les choses parfaites, lesquelles sont-elles? 244. *Unde emanent* / D'où émanent-elles? *ib. Earum perfectio in vita particulari et tempore universali appare[n]t* / Leur perfection apparaît dans la vie particulière et le temps universel 245

Respectiva differentia quae? / La différence relative, qu'est-ce que c'est? 209

Revivificatio Protoplastae qualis et quomodo? / Revivivification du Premier homme, quelle est-elle et comment? 254

Ros quid et unde? / La rosée, qu'est-ce que c'est et d'où vient-elle? 117. *Quando et quomodo fit?* / Quand et comment se produit-elle? 125

Ruinae restauratio non per sensum sed per intellectum repetenda / Après l'effondrement, la restauration doit être tentée non par les sens mais par l'intellect, 24

Rumor de aevo, et cae. / La rumeur au sujet de la perpétuité, et ainsi de suite, 188

S

Sacra Scientia describitur / Il est décrit la Science Sacrée, 16. *Ad sensus mortificandum data* / Elle est donnée afin de mortifier les sens, 19. *Consolatur Intellectum quod morbos sensus medicabitur* / Il est apporté du réconfort par le fait que l'intellect soignera les maladies des sens, 20. *Ipsi fideliter praestandum* / L'on doit lui être fidèle, *ib. Oceanum sapientiae tute adnatat* / Flotte sans danger vers l'Océan de la sagesse, 23. *Eam qui adipisci possunt* / Ceux qui peuvent l'atteindre, 40. *Sacram profanae miscentium opinio de tempore tandem perituro* / Opinion de ceux qui mélangent la Science sacrée et la science profane au sujet du temps qui finira par périr, 190

Sacrae Scientiae imaginem profanis coloribus depingere conans fallitur / Celui qui essaie de dépeindre l'image de la Science Sacrée au moyen des couleurs profanes se trompe, 26. *Eius doctor non docendus, sed audiendus* / Le docteur de celle-ci ne doit pas enseigner, mais écouter, 158. *Doctores eius qui?* / Les docteurs de celle-ci, qui sont-ils? 248. *Iidem eius testes fidele* / Les mêmes en sont les témoins fidèles, *ib.*

Sagitta quid significet? / La flèche, que signifie-t-elle? 246

Sal marinum arcet fermenta eteroclita / Le sel marin tient éloignés les ferments irréguliers, 121

Sal et Sulphur chimicorum quid? / Le sel et le soufre des chimistes, que sont-ce?

Salsedinis maris causa potissima / Cause principale de la salure marine, 120

Sancta doctrina sapienter usus quid assequatur? / S'il utilise sagement l'enseignement saint, [le sage] qu'atteindra-t-il? 271 *Si secus quid* / S'il ne le fait pas, que s'ensuivra-t-il? *ib.*

Sancti Evangelii doctrina totus orbis plenus / Tout l'Univers est plein de la doctrine de l'Évangile Saint, 271

Sapientiae divinae effectus quomodo intelligantur / Les effets de la Sagesse divine, comment sont-ils entendus? 281

Sapiens adhuc Heva elenchum refutat seductoris / Encore sage, Ève réfute l'argument du séducteur, 68

Sapientes Scholastici ad Splendorem Veritatis caecutiunt / Les sages scolastiques voient trouble dans la splendeur de la vérité, 241

Sapiens humanae scientiae quis / Les sages de la science humaine, qui sont-ils? 263

Sathan paenitentiae inscius / Satan ignore la pénitence, 93

Sceptrum Sacrae Scripturae / Le sceptre des Écritures Saintes, 162. *Arcus, sagitta, vestimentum* / L'arc, la flèche, le vêtement, *ib.*

Sceptrum Sacrae Scientiae quid significat? / Le sceptre de la Science Sacrée, que signifie-t-il? 246, 252, 260

Scholastica physica in toto Universo praeter 4. elementa nihil habet / La physique scolastique n'a dans tout l'Univers rien d'autre que les quatre éléments, 112. *Negat Solem esse calidum* / Elle affirme que le Soleil n'est pas chaud, 136

Scholae contra proprium axioma infiniti finitas esse partes ostendere conantur / Les Écoles, contre leur propre axiome, essaient de montrer les parties de l'infini, 173 *Sensitiva ratione ad temporis essentialem notitiam pertingere non potuerunt* / Ils n'ont pas pu atteindre, par la raison sensitive, la connaissance essentielle du temps, 174. *Monstrose asserunt[1], in rerum natura necessario dari deberi primum movens necessa-*

---

[1] *asserunt scr.* : esserunt M //

rio immobile / Ils affirment, de façon monstrueuse, qu'il doit y avoir nécessairement dans la nature un premier moteur, nécessairement immobile, 175

Scholasticorum de aeternis tremula vacillansque opinio / Opinion tremblante et vacillante au sujet des choses éternelles, 194

Scientia humana tenebris non absimilis / La science humaine semblable aux ténèbres, 6. *Atra et ras[s]a tabula* / Elle est une table sombre et rase, *ib. Cachino digna* / Digne de la risée, 9

Scientia intellectualis repellit sensum / La Science intellectuelle écarte les sens, 12 */319/*

Scientia pagana mortificatio intellectus / La science païenne est la mortification de l'intellect, 23. *Sensitiva per obliquos vagatur tramites* / La science sensitive erre par des chemins de traverse, 25. *Eadem vitium* / Elle est le vice, 101. *Eius incrementi modus* / Sa façon d'augmenter, *ib. Sensitiva biceps* / La science senitive est bicéphale, 144

Scientiae sensitivae avarorum mercatorum deceptio / La tromperie des avares trafiquants de la science sensitive 183 *Fructus* / Le fruit, 144

Scientiae animae doctor, nullus nisi Spiritus Veritatis / Il n'y a nul autre docteur de la science de l'âme, hormis l'Esprit de Vérité, 236

Scientia Veritatem amantium qualis ? / La science des amants de la Vérité, quelle est-elle ? 296 *Spes, fides* / L'espérance, la foi, *ib. Inter sensum et intellectum neutra substantia* / Entre le sens et

l'intellect, il y a une substance neutre, 31

Scintillationis aereae causa / Cause de la scintillation de l'air, 129

Secundae diei Creatio / La création du second jour, 41

Seipsum nihil movet excepto archeo seminali / Rien ne se meut soi-même à l'exception de l'archée séminal, 124

Sensus dementes imaginationes distribuuntur / Les imaginations insensées des sens se répartissent, 14, 15 *Eius stimulationes nunquam cessant* / Les aiguillons de ceux-ci ne cessent jamais, 13

Sensui horribilia intellectui placida / Les choses qui horrifient les sens plaisent à l'intellect, 18. *Sensu cognoscere est intellectualiter ignorare* / Connaître par les sens est ignorer intellectuellement, 19

Sensus ad principia indemonstrabilia recipitur / Le sens se renferme dans les principes indémontrables, <24>

Sensus quomodocumque rejiciatur, tandem intellectus visibilia, ad sua visibilia reducit / De quelque manière que le sens est rejeté, il finit par réduire les choses visibles de l'intellect à ce qui est visible pour lui, 29

Sensu detento, intellectualia insulsa videntur / Ayant perdu la tête, les choses intellectuelles lui semblent insipides, 31

Sensus mortis praecursor / Les sens sont les précurseurs de la mort, 95. *Creatione per se omnia bona, per sensum secundum quid in mala conversa* / Les choses, qui du fait de la Création sont toutes bonnes par soi, se transforment, du fait des sens, en mauvaises par accident, *ib. Causa relativa contrarietatum secundum quid* / Cause relative des contrariétés par accident, 96

Sensuum praecipitatione scientiae humanae excogita<n>tur / Du fait de la chute des sens, les sciences humaines sont inventées, 142

Sensibiliter nihil bonum vel perfectum, nisi prius intellectus hoc, ut tale deliberet / Nulle chose n'est connue, par les sens, comme étant bonne et parfaite, que l'intellect n'ait d'abord décidé qu'elle est ainsi, 248

Sensibiliter de Deo quid affirmative dicere audendum? / Qu'est-ce que l'on ose dire d'affirmatif, au moyen des sens, au sujet de Dieu? 251

Sensitivis oculis, Veritatis vestimentum nunquam videri potest / Avec les yeux des sens, on ne peut jamais voir le vêtement de la Vérité, 27

Sensitivae tyrannicum imperium / L'empire tyrannique de l'âme sensitive, 100. *Ab ipsa pullulantia mala, eo{rum}que grassatio in totum hominem* / Les maux qui se multiplient du fait de celle-ci et le brigandage qu'ils font dans tout l'homme, *ib.*

Sensitivis praeter sensitiva nihil aliud patet / Pour les scientifiques sensitifs, rien d'autre n'est donné que les choses sensitives, 190

Sententia S(acro-)S(anctae) Scientiae de terrae tremore / Opinion de la Science sacro-sainte au sujet du tremblement de terre, 139.

S. Augustini de Tempore / Opinion de Saint Augustin au sujet du temps, 163 *Explicatur* / Elle est expliquée, *ib.*, 193

Sententia Arist(otelis) de tempore motu definito trifariam refutatur / L'opinion d'Aristote au sujet du temps défini par le mouvement est réfutée en trois parties.

Sententia Ipse dixit, utrum vera an falsa? / La sentence «Lui-même l'a dit», est-elle vraie ou fausse? 181

Senten[ten]tia pagana de Sapientia, Veritati ex<e>crabilis / La sentence païenne au sujet de la Sagesse est odieuse à la Vérité, 280

Semen verae Sapientiae reservatum in quibusdam / La semence de la vraie Sagesse réservée dans certains, 106

Serenum Caelum / Le ciel serein, 126

Sexta dies Creationis / Le sixième jour de la Création, 55

Siccitas in frigidissimo aere / La sécheresse par l'air très froid, 111

Signum a Sole et Luna / Signe du Soleil et de la Lune, 60

Signum quod homines divinam misericordiam impetraturi essent, est, non concessa diaboli apologia, maledicitur / Le signe que les hommes allaient obtenir la miséricorde divine est que Dieu, ne permettant pas au diable de se défendre, maudit ce dernier, 81

Signa et indicia vitae sensitivae / Les signes et les indices de la vie sensitive, 142, 143

Signum quo alumni Veritatis et Saeculi Sapientes discernuntur / Le signe par lequel les disciples de la Vérité se distinguent des sages du siècle, 267. *Improbae animae* / Le signe des âmes méchantes, 292

Silentium ante motum et quietem / Le silence d'avant le mouvement et le repos, 34

Silentii quantitas impercepta / La quantité du silence n'est pas perçue, 37

Simplex intellectus quare multifarie sentit 293 / L'intellect simple, pourquoi sent-il de plusieurs façons? 293

Simplici aere nihil purius / Il n'y a rien de plus pur que l'air simple, 41

Sol inter Stellas, homo inter reliquas creaturas / Le Soleil parmi les étoiles, l'homme parmi les autres créatures, 39, 65

Sol quare natura ferventissimus / Le Soleil, pourquoi est-il par nature bouillonnant de chaleur? 49. *Cum caeteris non authores, sed fautores et servitores* / Avec les autres [étoiles], ils ne sont pas auteurs, mais protecteurs et serviteurs, 56

Solis Iustitiae aversio animae aeterna mors / Le détournement du Soleil de Justice est la mort éternelle de l'âme, 233

Sol absque lumine concipi potest, anima autem hominis absque divina imagine minime / Le Soleil peut être conçu sans lumière, mais l'âme de l'homme ne peut l'être sans l'image divine, 233

Solis motus et constantia / Le mouvement et la constance du Soleil, 284, 285 *Eius triplex operatio* / Sa triple activité, 284 *Caloris*

eius efficacia / L'efficace de sa chaleur, *ib. Eius luminis participatio qualis?* / La participation à sa lumière, quelle est-elle? ib. */320/ Caloris eius penetratio, et moderatio* / La pénétration et la modération de sa chaleur, 245

Solis apparentia in oculis qualis / L'apparence du Soleil dans les yeux, quelle est-elle? 28 *Eius ministeria* / Les ministères de celui-ci, 48

Solis Iusititiae Imago, in medio hominis expressa / L'image du Soleil de Justice gravée au milieu de l'homme, 64, 65

Solis motus Divinae Providentiae comparatus / Le mouvement du Soleil comparé à la divine Providence, 289. *Calor, divinae dispositioni* / La chaleur du Soleil, à la divine Disposition, *ib. Lumen divinae praescientiae* / La lumière du Soleil, à la divine Prescience, 290

Sola Simplex Sapientia de Simplici Veritate praedicare, et ipsam patefacere potest / Seule la Sagesse simple peut prédire au sujet de la Vérité simple et la dévoiler, 31

Solidae blasphemiae de Creatoris, et creaturae aeternitate / Blasphèmes proprement contre l'éternité du Créature et de la créature, 192

Solvitur quaestio, quare maritus tam facile seductus fuerit a Co<n>junge? / Il est résolu la question, pourquoi le mari fut-il aussi facilement séduit par son épouse? 73

Solvitur quaestio de abundantia aquarum in diluvio / Il est résolu la question de l'abondance des eaux lors du déluge, 116, 117

Solvitur dubitatio, quare libera voluntas tanta polleat facultate, ut sensitivae scientia<e> appareat, ipsam, divinam praescientiam praecedere / Il est résolu le doute pourquoi la libre volonté jouit-elle d'une possibilité d'action aussi grande, qu'il apparaît à la science sensitive qu'elle trace le chemin à la Prescience Divine? 260

Sophistices primus excogitator, diabolus / Le premier inventeur de la sophistique est le diable, 67

Sophistices et dialecticae differentia fere nulla / Entre la sophistique et la dialectique il n'y a presque nulle différence, 68

Sophistica consequentia ad ludibria, ludibrio invehitur / Il est apporté aux mystifications, par moquerie, une conséquence sophistique, 178

Sophistice causa pro non causa, in Dei imagine Astrorum ministerium, accepta / Prendre de façon sophistique pour cause ce qui n'est point cause, le ministère des astres dans l'image de Dieu, 220

Sophisma Ethnicorum, de aeternitate causa pro non causa accepta / Le sophisme des païens au sujet de l'éternité, c'est prendre pour cause ce qui n'est point cause, 192

Sopor, Creatura neutra / La torpeur, créature neutre, 63

Species luminum quae? / Les espèces de la lumière, quelles sont-elles? 223

Speculum Veritatis in pectore Sacrae Scientiae / Le miroir de la Vérité dans la poitrine de la Science Sacrée, 30

Speculum Sacrae Scripturae / Le miroir des Écritures Saintes, 162

Speculum aenigmaticum, qua ratione praesentia, praeterita et futura, in eodem nunc repraesentat / Le miroir énigmatique, pour quelle raison représente-t-il les choses présentes, passées et futures dans le même maintenant? 248

Sphaera actualis, Caelum a Deo appellata / La Sphère actuelle, appelée Ciel par Dieu 41

Sphaera Caelestis, quia circulariter mobilis non potest esse a<e>terna / La Sphère céleste, pour autant qu'elle se meut circulairement, ne peut être éternelle, 194

Spiritus separator aquarum permanens / L'esprit, séparateur permanent des eaux, 33

Spiritus D(omi)ni quid? / L'Esprit du Seigneur, qu'est-ce? 36. *Super aquas ferebatur, quid?* / Il était porté sur les eaux, qu'est-ce? *ib.*

Spiritus D(omi)ni in Sacris Spirantem temporis mentionem neglexisse non putandum / Il ne faut pas croire que l'Esprit du Seigneur qui souffle dans les Saintes Écritures a négligé de faire mention du temps, 164

Spiritualem Substantiam, si vellet, a sensitivis rapi non posse / La substance spirituelle, si elle voulait, ne pourrait être réduite [en esclavage] par les choses sensitives, 230

Stellae quare nobis in signa / Les étoiles, pourquoi nous servent-elles de signes? 50[1] *In Tempora* / Pourquoi marquent-elles les temps? 50. *Dies* / Les Jours? 51. *Et in annos* / Et les années? *ib.* *Blas motivum ciendo, quid operentur?* / Mettre en mouvement le *blas* moteur, qui le fait? 56. *Earum vis enormotica, ad per se movendum* / Leur puissance de mettre en branle, de mouvoir par soi, 124

Stellae in Tempora, non tempus / Les étoiles qui marquent les temps ne sont pas le temps, 164[2]

Status intellectus in copore morantis / État de l'intellect séjournant dans le corps, 1

Status primigeniorum Elementorum ante primum diem / État des éléments premiers avant le premier jour, 34

Status restauratae naturae primo nobilior / L'état de la nature restaurée est plus noble que le premier, 39

Status humani ante lapsum obumbratio / Protection de l'état de l'homme avant la chute, 64

Status Luciferi post lapsus / État de Lucifer après la chute, 67

Status innocentiae perfectissima vita / L'état de l'innocence était la vie la plus parfaite, 94

Status scientiae per fidem / État de la science par la foi, 232

Stratagema quo usus Sathan ad decipiendum hominem / Le stratagème dont Satan usa afin de tromper l'homme, 67. *Quo usus,*

ad persuadendum sibi de hominis morte / Dont il usa afin de se persuader soi-même de la mort l'homme, 90

Stylus verae Scientiae apud antiquos quare oblitus? / Le style de la vraie Science chez les Anciens, pourquoi est-il oublié? 155

Subiectum non subsistens / Un sujet qui ne subsiste pas, 58. *Materiale, quod?* / Le sujet matériel, qu'est-ce? 59

Sublunaria cuncta ex unico aquae Elemento / Tous les corps sublunaires sont composés du seul élément de l'eau, 46, 47

Subsecu[ti]tio rei in rem unde? / La substitution d'une chose par une autre, d'où vient-elle? 254

Substantiarum penetratio quando / La pénétration des substances, quand est-elle arrivée? 43

Substantia formalis, id est anima hominis quare nunquam interi/321/ tura? / La substance formelle, c'est-à-dire l'âme de l'homme, pourquoi est-elle vouée à ne jamais périr? 227. *Eiusdem explicatio* / Explication de celle-ci, *ib.*

Suffocatis sensitivis spiritibus, libari veram Scientiam / Si l'on perd les forces sensitives, on goûte à la vraie Science, 28

Supremae belluae pabulum / La nourriture des bêtes suprêmes, 187

Sydera a Sole lumen participant / Les étoiles participent de la lumière du Soleil, 48

---

[1] *In margine attentionis signaculum sine aliquo complemento relictum extat.*
[2] *In margine alter attentionis signaculum sine aliquo complemento relictum extat.*

T

Tabula humanae capacitatis, quid ? / La table de l'esprit humain, qu'est-ce ? 6

Tempus, et vita humano non subjiciuntur dominio / Le temps et la vie ne sont pas assujettis à la maîtrise de l'homme, 160, 161. *Soli divinae providentiae subjici* / Ils sont soumis à la seule divine Providence, *ib.*

Tempus continuum, pro aeterno / Le temps continu est pris pour l'éternel, 188. *Apud Scholasticos adhuc caret propria definitione* / Chez les scolastiques, il n'a pas encore de définition, *ib.*

Tempus ad sui existentialem perfectionem non indiget aliquo motu / Le temps n'a pas besoin d'un mouvement quelconque pour la perfection de sa propre existence, 199. *Aliquando sine motu Caelesti perstitisse, ex Sacris probatur* / Il est prouvé, par les Écritures Saintes, qu'il a persisté quelquefois sans mouvement céleste, 201 *Etiam ex profanis* / Et aussi, par les profanes, *ib. Tam ante motum, quam post motum per se constare posse* / Tant avant le mouvement qu'après le mouvement il peut subsister par soi, *ib.*

Tempus [a] *Paganice definitum aliquando deficiat necesse est* / Le temps défini à la façon des païens viendra nécessairement une bonne fois à faire défaut, 201

Tempus extra predicamenta / Le temps est en dehors des prédicaments, 202

Tempus nullo modo, et nunquam succes<s>ionem admittere potest / Le temps ne peut admettre en aucune façon et jamais de succession, 203. *Non refertur ad motum et quietem* / Il ne se réfère pas au mouvement et au repos, *ib. Nec ad mensuram, vel mensurabile* / Ni à la mesure ou au mesurable, *ib. Commensurationi, quare non potest servire* / Pourquoi ne peut-il servir à mesurer ? 204

Tempus aliquid abstractius, et aeternitati propinquius / Le temps est quelque chose de plus abstrait et de plus voisin à l'éternité, 204. *Ab aeternitate emanative dependet* / Il dépend de façon émanative de l'éternité, *ib. Probatur nec substantiam esse, nec accidens* / Il est prouvé qu'il n'est ni substance, ni accident, 205

Tempus quomodo in Creatore, et quomodo in creatura accipiendum ? / Le temps, comment doit-il être compris dans le Créateur et comment dans la créature ? 207

Tempus aeternitatis emanans Splendor / Le temps est la splendeur émanant de l'éternité, 211. *Intra, citra, extra aeternitatem, ut lux intra, citra, extra Solem* / Le temps est à l'intérieur, autour et en dehors de l'éternité de même que la lumière à l'intérieur, autour et en dehors du Soleil, *ib.*

Tempus, manuductio ad Superintellectuale Unum, Aeternum et Infinitum Deum / Le temps est le guide vers le Dieu Supraintellectuel, Un, Éternel et Infini, 211

Tempus causa in qua / Le temps est cause dans laquelle, 225

Temporis vera definitio / Vraie définition du temps, 161. *Eius vera cognitio, gladius contra atheistas* / La vraie connaissance de celui-ci est un glaive contre les athéistes, 163, 164, 202

Temporis translativum nomen pro Caeli Gyratione / Le nom du temps utilisé par figure pour désigner la révolution du Ciel, 164

Temporis[1] vetus definitio frivola comparatione refutatur / Il est réfuté la vieille définition sans valeur du temps, par une comparaison, 165. *Eadem quare frivola* / Pourquoi elle est sans valeur, 168

Temporis attributa non esse tempus / Les attributs du temps ne sont pas du temps, 170. *Iis negatis, latet adhuc temporis cognitio* / Si l'on nie ces attributs, la connaissance du temps demeure encore cachée, *ib.*

Temporis deceptiva observatio in umbra Solis, et chalybe / L'observation trompeuse du temps dans l'ombre du Soleil et dans l'acier, 172

Temporis sacer et pius sensus / Le sens sacré et pieux du temps, 191

Temporis sempiternitas et sempiternitatis tempus[2] unum et i[d]dem / La sempiternité du temps et le temps de la sempiternité sont une et la même chose, 202. *Eius duratio, plane divina meditatio* / La durée de celui-ci, méditation entièrement divine, 203

Temporis descriptiva illatio / Assertion descriptive au sujet du temps, 207. *Attributa univoce in*

aeternitate comprehendi / Les attributs sont compris de façon univoque dans l'éternité, 208

Temporis quidditatem non per positionem, sed per ablationem mobilium esse assequendam / La quiddité du temps doit être comprise non par position, mais par enlèvement des mobiles, 210

Temporis universalis quidditas quare sensitivis ignota? / La quiddité universelle du temps, pourquoi est-elle inconnue aux scientifiques sensitifs? 212

Tenebrae apud Deum positivae / Les ténèbres, posées autour de Dieu de façon positive, 35. *In Sacris quales* / Dans les Saintes Écritures, quelles sont-elles? *ib.* *Quare referantur ad Catalogum creaturarum* / Pourquoi sont-elles référées au catalogue des créatures? 36

Tenebrarum differentia a luce Increata, et a luce creata emanantium / Différence des ténèbres émanant de la lumière incréée et des ténèbres [dépendant] de la lumière créée, 36

Tenebrae creationem antecipantes quid interpretentur? / Les ténèbres précédant la Création, qu'est-ce qu'elles signifient? 250

Tentorium divinae maiestatis, in anima hominis extensum / La tente de la majesté divine plantée dans l'âme de l'homme, 65

Terminus exhalationum / Limite des exhalaisons, 129

---

[1] Temp*oris scr.*: Tempus M //
[2] sempiternitatis tempus *scr.*: sempiternitas temporis M //

Terra virgo fermentorum localium vi, suscepto humore, et instar gravidae uberrimam edidit prolem / La Terre vierge, sous le pouvoir des ferments locaux, recueillit l'humidité, et, à l'instar d'une femme enceinte, mit au jour une progéniture très riche, 55 */322/*

Terra rerum nutrix non gen< e > trix / La Terre est nourricière, non génératrice des choses, 56

Terrae teres figura necessaria / La figure nécessairement arrondie de la Terre, 119

Terrae non motus, sed tremor / Non mouvement, mais tremblement de terre, 135 *Idem probatur* / Il est prouvé cette chose, 136

Terrae facultas ad propaganda vegetativa unde? / La faculté de la Terre de propager les espèces végétales, d'où vient-elle? 252

Tertia dies Creationis / Le troisième jour de la Création, 41

Tertium rerum naturalium principium, Ens negativum / Le troisième principe des choses naturelles, l'être négatif, 59

Tertium S(acro) S(anctae) Trinitatis consilium / Le troisième Conseil de la Trinité Sacro-sainte, 151

Tertium impietatis Caput omnium impiissimum, caret figura / La troisième tête de l'impiété, la plus sacrilège, est dépourvue de figure, 271. *Idem Deus terrenus et Dei caelestis vicegerens dici vult* / La même veut dire qu'il y a un Dieu terrestre et un lieutenant du Dieu céleste, 272

Testamentum divinum ubi[1] *depositum*[2] *?* / L'Alliance divine, où est-elle déposée? 65

Theogoniae Gentilismi origo, et nefanda nobilitas / Origine et célébrité abominable de la Théogonie païenne, 104

Theologiae doctrina audacibus pericolosa / La doctrine de la Théologie est dangereuse pour les gens audacieux, 262

Theologo-ethicus qualis esse debet? / L'athlète de la Théologo-éthique, lequel doit-il être? 298

Timor Dei Initium Sapientiae, et introductio ad vitae fontem / La crainte de Dieu est le commencement de la Sagesse et l'introduction à la source de vie, 267

Tonitru causa materialis / Cause matérielle du tonnerre, 132

Traditiones scientiae humanae labyrinthi / Les traditions du labyrinthe de la science humaine, 8

Tremor terrae localis, causis et effectibus naturalibus constat / Le tremblement de terre local consiste en des causes et des effets naturels, 142

Tres gravissimae proponuntur quaestiones, quo modo potuerit homo peccare in statu simplicitatis / Il est proposé trois questions très graves au sujet de la façon dont l'homme a pu pécher dans l'état de simplicité, 70

---

[1] *ubi scr.* : obi M //
[2] *depositum scr.* : depositus M //

Tres prodigiosi effectus in rerum natura / Trois effets prodigieux dans la nature des choses, 131

Tres dies motum Caelestem praecedentes magnum mysterium / Les trois jours précédant le mouvement céleste sont un grand mystère, 208

Tria naturae anomala / Trois irrégularités de la nature, 131

Tria consideranda in tonitru et fulmine contra naturam fieri / Dans le tonnerre et la foudre l'on doit considérer trois choses qui se font contre la nature, 132

Tria sunt, quae a Deo non posse fieri dicuntur / Trois sont les choses que l'on dit que Dieu ne peut faire, 259

Trinus Sempiternus radius, Erat, Est, esse / Le rayon trin de la Sempiternité : « il était » « il est » et « être ».

Tristis corruptionis Imago / Image triste de la corruption, 93

Tum adverbium subsequens Dum, Creatori, et Creaturae quo modo applicandum? / Comment l'adverbe « alors » et « quand » s'applique au Créateur et à la créature, 209

Turris Babel constructio / Construction de la Tour de Babel, 145. *Eius historia explicatur* / L'histoire de celle-ci est expliquée, 151, 152

V

Vacuum naturae quomodo apparuerit? / Quand le vide de la nature est-il apparu? 42. *Eius speculatio apprime necessaria* /

L'examen de celui-ci est extrêmement nécessaire, 43. *In Sacris appellatur inanitas* / Dans les Écritures Saintes, il s'appelle vacuité *ib*. *Ante Solem praeparatum* / Il fut préparé avant le Soleil, *ib*.

Vacuo negato, quot sequantur naturae impossibilia? / Si l'on niait le vide, combien de choses impossibles à la nature s'ensuivraient? 44. *Ethnicis* ἐκ τῶν ἀδυνάτων, *naturae necessarissimum* / Ce qui pour les païens est *une chose impossible* est absolument nécessaire à la nature, *ib*.

Vacuo negato, vastae Caeli ambitus capacitatis repletio quare non est determinata? Si l'on niait le vide, le contenu qui remplit la vaste capacité du Ciel, pourquoi n'est-il pas déterminé? 114

Valvae Caelestes, et regiones eaedem / Les battants et les régions célestes elles-même, 124

Ubi aer, ibi vacuum / Où il y a de l'air, là il y a du vide, 44

Ubi aqua, ibi separator eius, aer / Où il y a de l'eau, là il y a le séparateur de celle-ci, l'air, 117

Venite descendamus, quid? / « Venez, descendons », qu'est-ce? 152

Venti definitio / Définition du vent, 130. *Vento exsiccantur diluvii undae* / Les flots du déluge sont séchés par le vent, 111

Vera de Tempore doctrina unde expetenda? / La vraie doctrine du temps, où doit-on la chercher? 196

Vera verae fidei confessio / Vraie confession de la vraie foi, 113

Verae imaginis scientiae veros colores in officinis S(acrae) Scrip(turae) reperiri / Les vraies couleurs de l'image de la vraie science se trouvent dans les réserves de l'Écriture Sainte, 11

Verae Sapientiae exordium / Commencement de la vraie Sagesse, 101

Verbum, FIAT, quid ? / Le verbe « Que cela soit ! », qu'est-ce ? 37. *Quid prius creatum sit* / Qu'est-ce qui a été créé d'abord ? *ib. Idem sensibiliter dictum, Natura* / La même chose, désignée sensiblement, par le mot de Nature, *ib. Eo omnia complecti* / Le verbe « que cela soit » embrasse toutes les choses, 97. *Ipsi pagana scientia contradicere, NEFIAT, non valet* / L'École Païenne n'est pas en mesure de lui opposer un « que cela ne soit pas », ib.

Verbum, IN PRINCIPIO, expli<c>atur / Le verbe « Au Commencement » est expliqué, 207

Verbum simplex, quare multifariam interpretatur ? / La Parole simple, pourquoi est-elle interprétée de plusieurs façons ? 292

Veritas, Unum Totum / La Vérité est un tout, 28. *Non admittit rationes conjecturales* / Elle n'admet pas de raisons fondées sur des conjectures, 178. *Suos Sapientes quales esse vult ?* / Quels veutelle que soient ses sages ? 280

Veritatem non ferentes interdicto silentio, mendacium occultant / Ceux qui ne portent pas la Vérité, sans communiquer les signes propices, cachent le mensonge, 296

Veritatis Prototypon, latuit paganos / Le prototype de la Vérité demeure caché aux païens, 25. *Nullibi inveniri, nisi in Sacra Scientia* / Il ne se retrouve nulle part ailleurs que dans la Science Sacrée, 213

Veritati nihil contrarium / Rien n'est contraire à la Vérité, 268 */323/*

Vestimentum nudae veritatis a sensu non cognoscitur / Le vêtement de la vérité nue n'est pas connu aux sens, 27. *Expers est suturae, quia simplex* / Il est sans couture, parce qu'il est simple, *ib.*

Vestimentum Sacrae Scripturae / Le vêtement de l'Écriture Sainte, 162

Vestimento nuptiali carentes quid patiuntur ? / Ceux qui sont privés de vêtement de noces, que subissent-ils ? 294

Vestis incognita materia quid ? / Le vêtement d'une matière inconnue, qu'est-ce ? *Multiformis tinctura quid ?* / La teinture multiforme, qu'est-ce ? *ib.*

Veteri et perversa consuetudine fallax decipitur opinio / L'opinion fausse est abusée par l'habitude ancienne et vicieuse, 8

Veterum physices professorum opinio, de triplici anima / Opinion des anciens professeurs de physique au sujet de l'âme triple, 223. *Eorundem de forma substantiali* / Opinion des mêmes au sujet de la forme substantielle, *ib. De eadem quorundam defecatior opinio* / Opinion au sujet de l'âme de certains plus purs, ib. *Iidem de formis male tractarunt* / Les mêmes ont traité mal des formes, 224

Vetustatis scientiae humanae bassys, Poetarum fabulae / Fondement de l'antiquité de la science humaine, fables des poètes, 102

Via ad mysterium confessionis intelligendum quomodo apert[art]a est / La voie vers le mystère de la confession, comment doit-on entendre qu'elle a été ouverte? 80

Via Arist(otelis) ad vade visum ducens / La voie d'Aristote conduit là où l'on voit de ses yeux, 183

Via qua S(acro-) S(ancta) Scientia docet hominem Deo uniri / La voie à travers laquelle la Science Sacro-sainte enseigne que l'homme s'unit à Dieu, 246

Via virtutis omnibus eadem / La voie de la vertu est la même pour tous, 291

Virtus increata. Potentia et opus eius / La Force Incréée. Puissance et ouvrage de celle-ci, 37

Virtus universalis ad Superiora recepta, sublunaria sensui servire reliquit / La Force universelle, repliée aux choses d'en haut, abandonna les choses sublunaires en pâture aux sens, 99

Virtus alumnorum veritatis / La vertu des disciples de la vérité, 291
Virtuosi eius quales? / Les vertueux de celle-ci, quels sont-ils? *ib.*

Virtutem supernaturalem supernaturaliter operata fuisse / La Force surnaturelle avait opéré de façon surnaturelle, 42

Vis salvum fieri, explicatur / « Voulez-vous être guéri? », explication, 293

Visiva facultas qualis, et quomodo fit? / Faculté de la vue, quelle est-elle et comment fonctionne-t-elle? 287. *Eadem invisibilis animae quasi imago* / Elle est comme une image de l'âme invisible, *ib.*

Varia in variis subiectis, ac obiectis / Elle est différente dans différents sujets et objets, 288

Vita aeterna quae? / La vie éternelle, qu'est-ce? 28, 213, 265

Vita humana partim subjicitur perceptioni, partim non / La vie humaine est soumise en partie à la perception, en partie non, 247

Vitae aeternae Inventio quomodo / Trouver la vie éternelle, comment? 213

Vita mundi lex diabolica / La vie de ce monde est une loi diabolique, 229

Vita omnia comprehendit et a nullo comprehenditur / La vie comprend toutes les choses et n'est comprise par rien, 161. *Cum tempore Entium repraesentativa* / Avec le temps, la vie est représentative des êtres, 214

Vitae actus ad rem informandam / L'acte de la vie doit informer la chose, 214

Vitae universalitatem abstracte intelligentes, eius particularitatem in viventibus sentimus / Tout en entendant l'universalité de la vie de façon abstraite, nous en sentons la particularité dans les êtres vivants, 214

Vita universalis et particularis / La vie universelle et la vie particulière, 215. *De vita, et vivente tres conditiones* / Trois conditions à la vie et au vivant, *ib.*

Vitae et temporis differentia ethnicos latens, in iis accidentia, pro eorum substantia crediderunt / La différence du temps et de la vie est cachée aux païens, qui, dans ceux-ci, ont pris les accidents pour leur substance, 216

Vitae splendor et formalis lumen, quomodo dignoscenda / La splendeur de la vie et la lumière formelle, comment doit-on les discerner ? 221

Vita universalis Ethnicis ignota / La vie universelle est inconnue au païens, 221. *Eius impassibilitas, et sempiternitas* / L'impassibilité et la sempiternité de celle-ci, ib. *Pro lumine universali debet accipi* / Elle doit être entendue comme étant la lumière universelle, *ib.*

Vita universalis, magis et minus, luminosam particularem largitur formam / La vie universelle fait don d'une forme particulière plus ou moins lumineuse, 222

Vita contra Arist(otelem) quid sit et quid non sit / Ce que la vie est et ce qu'elle n'est pas, contre Aristote, 222. *Non elementalis, nec materialis* / Elle n'est ni élémentale, ni matérielle, 222. *Non rei substantia, sed ipsissima rei luminosa forma* / Elle n'est pas la substance, mais la forme lumineuse même de la chose, *ib.*

Vita particularis rei viventis forma / La vie particulière est la forme de la chose vivante, 222. *Eius definitio* / Définition de celle-ci, *ib. Non ab universali materia, sed ab universali vita producitur* / Elle est produite non par la matière universelle, mais par la vie universelle, 225

Vita causa, qua / La vie est la cause « par laquelle », 225. *Eius definitio* / Définition de celle-ci, 161

Vitiosae virtutes humanae / Les vertus humaines son vicieuses, 156. *Earundem fructus* / Fruit de celles-ci, *ib.*

Unde cognoscimus aquam esse elementum ? / D'où savons-nous que l'eau est un élément ? 116

Universitas, vel Universum, non posse esse aeterna / L'universalité, ou Univers, ne peut être éternelle, 194

Universalis rerum vita, quae ? / La vie universelle des choses, qu'est-ce que c'est ?

Universalia quomodo dicantur semper eodemmodo se habere / Les universaux, en quel mode sont-ils dit se comporter toujours de la même façon ? 246

Unius labii mortales quid ? / Les mortels d'une seule langue, qu'est-ce ? 152, 153

Uno et eadem fonte quomodo poterat universa rigari terra / Comment la terre pouvait-elle être arrosée par une et la même source ? 42

Vox efficacissima, crescite, et multiplicamini / Les paroles très efficaces : « Croissez et multipliez-vous », 57. *Eius potestas et efficacia* / Pouvoir et efficace de celles-ci, *ib. Eius finis ad quem respicit* / Fin de celles-ci, à quoi regarde-t-elle ? 57

Utrorumque Schol(arum) opinio de duplici forma substantiali / Opinion des deux Écoles au sujet de la double forme substantielle, 225.

FINIS

FIN

INDEX GÉNÉRAL ET GLOSSAIRE[1]

A

Abrahamus 105 (III, 10)

accidens = accident 2 (I, 1), 18 (I, 11), 20 (I, 12), 30, 31 (II, 1), 53 (II, 14), 63 (II, 19), 108 (III, 11), 161 (IV, 1), 169 (IV, 6), 174 (IV, 8), 192, 193 (IV, 16), 193 (IV, 17), 204 (IV, 22), 204-206 (IV, 23), 212 (V, 1), 215 (V, 2), 217 (V, 3), 219 (V, 5), 241 (V, 14), 300, 302, 303, 306, 308, 309, 317, 321, 323 (Index rerum)

Adam 61, 62, 63, (II, 19), 65, 66 (II, 20), 77 (II, 27), 78, 79 (II, 28), 80, 81 (II, 29), 82, 83 (II, 30), 83, 84, 85 (II, 31), 86, 87 (II, 33), 88 (III, 1), 90, 93 (III, 2), 94, 95 (III, 4), 145 (III, 25), 151, 152, 153 (III, 28), 255 (VI, 6)

Abazii = Abkhazes 146 (III, 26)

Abel 90, 92, 93 (III, 2)

abyssus = abîme 12 (I, 7), 14, 15 (I, 8), 18 (I, 11), 18, 19 (I, 12), 32, 33 (II, 3), 36 (II, 5), 116 (III, 15)

actus = acte 22 (I, 13), 58 (II, 18), 62 II, 19), 102 (III, 8), 143 (III, 24)

admiranda = admirable : *admiranda spectacula* 15 (I, 9) ; *admiranda Sacra Scientia* 158 (III, 30)

aër = air 32, 33 (II, 3), 34, 35 (II, 4), 41 (II, 8), 43, 44 (II, 10), 46, 47 (II, 12), 53, 54 (II, 15), 55, 56 (II, 16), 60 (II, 18), 61 (II, 19), 108, 109 (III, 11), 111-113 (III, 13), 116-118 (III, 15), 123-127 (III, 19), 127-130 (III, 20), 134 (III, 21), 136 (III, 22), 155 (III, 29), 199 (IV, 19), 208 (IV, 24), 235 (V, 11), 285, 286 (VI, 22), 291 (VI, 23), 300, 302, 303 (Index rerum)

aeternitas = éternité 2 (I, 1), 37, 38 (II, 6), 51 (II, 14), 85 (II, 32)

aeternus = éternel : Epître dédicatoire, Iv Lettre, 1 (I, 1), 7 (I, 4), 12 (I, 7), 16 (I, 10), 19 (I, 12), 21 (I, 13), 36, 37 (II, 5), 47 (II, 12), 49 (II, 14), 78 (II, 28), 82 (II, 30), 85 (II, 32), 86 (II, 33), 88 (III, 1), 95 (III, 4), 106 (III, 11), 135 (III, 21)

Aeternus Deus 16 (I, 10), 37 (II, 6), 49 (II, 14), 87 (II, 33), 124 (III, 19), 152 (III, 28)

Aeterna Charitas 15 (I, 9), 79 (II 29), 83 (II, 31), 106 (III, 11)

Aeterna Sapientia 34 (II, 3)

Aeternus Primogenitus 152 (III, 28)

aevum = *aevum* 188 (IV, 14), 190 (IV, 15), 207 (IV, 24)

---

[1] L'index reprend les termes et les noms de lieux et de personnes du texte de Cantemir. Les chiffres renvoient à la page du manuscrit, suivie entre parenthèses du numéro du livre et du chapitre.

Albanii = Géorgiens (Albains) 146 (III, 26)

alteratio = altération (ἀλλοίωσις) 50, 52, 53 (II, 14), 98 (III, 6), 99 (III, 7), 123 (III, 19), 164 (IV, 3), 183 (IV, 12), 190 (IV, 15), 203 (IV, 22), 253 (VI, 16), 284 (VI, 22), 289 (VI, 23), 318 (*Index*)

alterativus = altératif, voir *Blas alterativum*

alumnus = élève 91 (III, 2); nourrisson 103 (III, 8); 155 (III, 29); 158 (III, 29)

anima = âme Epître dédicatoire, 15 (I, 9), 32 (II, 3), 38, 40 (II, 7), 74 (II, 26), 77 (II, 27), 78 (II, 28), 86 (II, 32), 98 (III, 6), 104 (III, 9), 111 (III, 13); *anima intellectualis* = âme intellectuelle 3 (I, 1), 99, 100 (III, 7); *anima sensitiva* = âme sensitive 95 (III, 4), 98 (III, 6); *anima vegetativa* = âme végétative 59 (II, 18)

animata = êtres vivants 59 (II, 18), 187 (IV, 13)

Anteriora Dei = la Face de Dieu 62 (II, 19), 239 (V, 13)

antesignanus = désigné avant tout 61 (II, 19), 163 (IV, 2), 237 (V, 12),
– de première ligne 298 (VI, 24)

antitypus = antitype 64 (II, 20)

antonomasia = antonomase 58 (II, 18), 104 (III, 9), 171 (IV, 7)

apostata = l'apostat 72 (II, 25), 76 (II, 27), 80 (II, 29), 83 (II, 30), 92 (III, 2), 93 (III, 3)

apprehensio = appréhension (gr. katalepsis) 234, 235 (V, 11), 241 (V, 14)

aptitudo = aptitude III, 21

aqua = eau 4, 5 (I, 2), 32, 33 (II, 3), 34, 35 (II, 4), 36 (II, 5), 41 (II, 8), 41 (II, 9), 43, 44 (II, 10), 45 (II, 11), 46, 47 (II, 12), 48, 49 (II, 13), 53, 54 (II, 15), 55, 56 (II, 16), 57 (II, 17), 59 (II, 18), 61, 63 (II, 19), 96 (III, 4), 104 (III, 9), 107, 110 (IV, 11), 111 (III, 12), 111, 112, 113 (III, 13), 116 (III, 14), 116-119 (III, 15), 119 (III, 16), 120, 121 (III, 17), 124-126 (III, 19), 127-130 (III, 20), 197 (IV, 19), 208 (IV, 24), 225 (V, 7), 250 (VI, 5), 252, 253 (VI, 6), 267 (VI, 13), 286 (VI, 22), 300-303, 305-310, 312-315, 318, 320, 322 (*Index rerum*)
– *fructus aquae* = le fruit de l'eau (la terre) 63 (II, 19)

aqueus globus = le globe aquatique 41 (II, 8), 41 (II, 9)
– voir aussi *globaqueus*

arbor vitae = arbre de vie 85 (II, 32), 86 (II, 33), 95 (III, 4), 153 (III, 28)

archealis = archéal 45 (II, 11)

archeus = archée 45 (II, 11), 48, 49 (II, 13), 53, 54 (II, 15), 55, 56 (II, 16), 57 (II, 17), 59, 60 (II, 18), 110, 111 (III, 12), 124 (III, 19), 140 (III, 23)

archeus localis = l'archée local 48 (II, 13), 53 (II, 15), 301 (*Index rerum*)
– voir aussi τὸ ἔνορμον

arida = la terre 35 (II, 4), 42 (II, 9), 53 (II, 15)

Aristoteles 58 (II, 18), 140 (III, 23), 164, 166 (IV, 4), 167 (IV, 5), 179 (IV, 11), 182 (IV, 12), voir aussi *claviger naturae*; *Filius tenebrarum*; *falsus monedarius naturae*; *Princeps Philosophorum*; *praeceptor antiquus, praeceptor paganus*; *praeceptor ethnicus*; *sapientissimus ille*; *magnus Thesaurarius naturae*; *nummularius*; *Stagirita*

aristotelicus 7, 8 (I, 4), 122 (III, 18), 200 (IV, 20), 226 (V, 8)

Atheismus = athéisme 112 (III, 13), 131 (III, 21), 137 (III, 22)

Atheista = athée 111 (III, 13), 135 (III, 21), 150 (III, 27)

Atomistae = atomistes 108 (III, 11)

atomum = atome 42 (II, 9), 98 (III, 6), 109 (III, 11), 117, 118 (III, 15), 125 (III, 19), 126 (III, 19)
– avec le sens de chose individuée 180 (IV, 11), 206 (IV, 23)
– individu 187 (IV, 13), 235 (V, 11), 241, 242 (V, 14)

aversatio (*Divina*) = détournement (de Dieu) 93 (III, 3), 260 (VI, 10)

B

beatitudo = béatitude 94 (III, 4)

benedictio = bénédiction 56 (II, 17), 90 (III, 2), 122 (III, 18)

Blas = blas 125, 126 (III, 19)

Blas alterativum = blas altératif 33 (II 3), 123, 124 (III, 19)

Blas motivum = blas moteur 33 (II 3), 55 (II, 16), 118 (III, 15), 123 (III, 19)

Blas humanum = blas humain 124 (III, 19)

Blas stellarum = le blas des étoiles 118 (III, 15), 122 (III, 18), 123, 124 (III, 19), 126, 127 (III, 19), 128, 130 (III, 20)

brabium = prix 157 (III, 29), 298 (VI, 23)

C

Cacodaemon = Malin génie, 238 (V, 12)

Cain 90, 91, 92, 93 (III, 2)

calor = chaleur : Epître dédicatoire, 38 (II, 6), 43, 44 (II, 10), 48, 49 (II, 13), 50, 52 (II, 14), 53, 54 (II, 15), 56 (II, 16), 60 (II, 18), 96 (III, 4), 111 (III, 13), 117, 118 (III, 15), 120, 121 (III, 17), 122 (III, 18), 124, 125, 126 (III, 19), 127, 128, 129, 131 (III, 20), 136 (III, 22)

caro = chair 40 (II, 7), 63 (II, 19), 71 (II, 24), 72 (II, 25), 78 (II, 28), 84 (II, 31), 86 (II, 33), 89 (III, 1), 99 (III, 6), 99, 101 (III, 7), 103, 104 (III, 9), 105, 106 (III, 10), 123 (III, 18), 154 (III, 24)

casus = hasard 4 (I, 2), 25 (I, 15), 249 (VI, 11), 264 (VI, 12), 273, 274 (VI, 17), 275, 276 (VI, 18), 276, 278, 279, 280 (VI, 19), 280 (VI, 20)

causa = cause 8 (I, 5), 19, 20 (I, 12), 25 (I, 15), 26 (I, 16), 30 (I, 2), 38 (II, 7), 42 (II, 9), 58 (II, 18), 65 (II, 20), 81 (II, 19), 86 (II, 33), 92 (III, 2), 94 (III, 3), 98 (III, 6), 99 (III, 7), 103 (III, 8), 103 (III, 9), 109 (III, 11), 118 (III, 15), 120, 121 (III, 17), 122 (III, 18), 123, 125 (III, 19), 130 (III, 20), 132 (III, 21), 138, 139, 140 (III, 23), 159 (III, 30)

causa concurrens = cause concourante 278, 279 (VI, 19)

causa confluens = cause convergente 278, 279 (VI, 19)

causa corruptiva = cause corruptive 98 (III, 6)

causa efficiens = cause efficiente 134 (III, 21), 135 (III, 22)

causa naturalis = cause naturelle 101 (III, 8), 123 (III, 19), 109 (III, 11), 116, 118, 119 (III, 15), 140 (III, 23)

causa materialis = cause matérielle 132 (III, 21), 135 (III, 22)

causa motiva = cause motrice 124 (III, 19)

causa primaria = cause primaire 98 (III, 6), 120 (III, 17)

causa secundaria = cause secondaire 34 (II, 3), 38 (II, 6), 48 (II, 13), 55, 56 (II, 16)

Causa Unica (et Prima) omnium = l'unique (et première) Cause universelle Epître dédicatoire, 61 (II, 19), 116 (III, 14)

Circassii = Circassiens III, 26

Chalybs = acier 172 (IV, 7), 174 (IV, 8)

Chaos = chaos 22, 34 (II, 4), 300, 306 (*Index rerum*)

circumferentia = circonférence

claviger naturae (Aristoteles) = porte-clefs de la nature 176 (IV, 9)

coaevus = du même âge 167 (IV, 4), 209 (IV, 24)

coalescentia fermentorum = coalescence des ferments 128 (III, 20)

coalesco, -ere = s'incorporer 171 (IV, 7), 225 (V, 7)

cochlea = spirale 172 (IV, 7), 174 (IV, 8)

compositura = 32 (II, 2), 46, 47 (II, 12), 62 (II, 19), 114 (III, 13), 122 (III, 18), 146 (III, 25), 223 (V, 7)

compressio = compression 139 (III, 23)

concedo :

concedere penetrationem corporum/substantiarum = accepter la pénétration des corps/substances II, 10 ; III, 22 ; III, 23

concedere exemplum = admettre l'exemple III, 23

condensatio = condensation 42 (II, 9), 136 (III, 22), 139 (III, 23)

connexio causarum = enchaînement de causes 275 (VI, 18), 279 (VI, 19)

consilium = conseil

concitato consilio SS Trinitatis = le conseil de la Trinité Sacro-Sainte s'étant réuni 61 (II, 19), 82 (II, 30), 151 (III, 28)

- *Patris/Aeterni Decreti consilium* = dessein du Père/du Commandement Eternel 61 (II, 19), 289 (VI, 23)

Constantinopolis 129 (III, 20)

contremiscere = faire trembler III, 23

corpusculum = corpuscule 42 (II, 9)

corruptio = corruption 6 (I, 2), 73 (II, 25), 89 (III, 1), 94, 95, 96 (III, 4), 97, 98 (III, 5), 98, 99 (III, 6), 99 (III, 7), 105 (III, 10)

Creatio = la Création 3 (I, 1), 88 (titre du Livre III), 30 (titre du Livre II), 34 (II, 3), 34 (II, 4), 37 (II, 6), 39, 40 (II, 7), 40, 41 (II, 8), 43 (II, 10), 47 (II, 12), 56 (II, 16), 58 (II, 18), 60 (II, 18), 61, 62 (II, 19), 82 (II, 30), 88 (III, 1), 95 (III, 4), 111 (III, 12), 116, 117 (III, 15), 121 (III, 17), 158 (III, 30)

Creator = le Créateur : Epître dédicatoire, 2 (I, 1), 32 (II, 2), 36 (II, 4), 37 (II, 6), 48 (II, 12), 49 (II, 13), 50, 52 (II, 14), 56 (II, 16), 57 (II, 17), 76 (II, 27), 78 (II 28), 79 (II 29), 96 (III, 4), 99 (III, 7)

creatura = créature 2, 3 (I, 1), 20 (I, 12), 32 (II, 2), 34 (II, 3), 34, 35, 36 (II, 4), 36, 37 (II, 5), 37 (II, 6), 38 (II, 7), 39 (II, 7), 41 (II, 8), 42 (II, 9), 43, 44 (II, 10), 48 (II, 12), 50 (II, 14), 54 (II, 15), 57 (II, 17), 59 (II, 18), 62, 63 (II, 19), 65 (II, 20), 78 (II 28), 99 (III, 7), 104 (III, 9), 106, 110 (III, 11), 154 (III, 29)

creatura neutra = créature neutre 63 (II, 19), 320 (*Index rerum*)

D

David 77 (II, 27), 83 (II, 31), 105 (III, 10), 154 (III, 28)

definitio = définition 88 (III, 1), 90, 93 (III, 2)

desperatio = désespoir 12 (I, 7), 23 (I, 13), 90, 92 (III, 2)

Deus, noms divins :
– *Author formarum* = Auteur des formes 57 (II, 17)
– *Creator existentiae rei* = Créateur de l'existence des choses 57 (II, 17)
– *Dator vitae* = Donneur de vie 57 (II, 17)
– *Pater luminum* = Père des lumières 57 (II, 17)

Diabolus = le Diable 78 (II, 28), 83 (II, 31), 90, 93 (III, 2), 93 (III, 3), 152 (III, 28)

discipulus = disciple 78 (II, 28), 89 (III, 1), 90, 91 (III, 2), 153, 154 (III, 28), 158 (III, 30)

Dispensatio = le Plan de Dieu 76 (II, 27), 82 (II, 30), 220 (V, 5), 244 (VI, 1), 254 (VI, 6), 255 (VI, 7)

dispensatio salutis = l'économie du salut 90 (III, 2), 82 (II, 30)

dispositio = disposition 162 (IV, 2), 252 (VI, 6), 276 (VI, 18), 279 (VI, 19), 280, 281 (VI, 20), 283 (VI, 21)

Sacra Doctrina = la Doctrine Sacrée 98 (III, 6), 115 (III, 14), 116, 117 (III, 15), 142 (III, 24)

Dominium = domination, empire

E

Eden 95 (III, 4)

effigies = effigie 30 (II, 1), 309 (Index rerum)

elatio animi = arrogance 24 (I, 14), 91 (III, 2), 104 (III, 9), 143 (III, 24)

elementalis =

élémental 32, 33 (II, 3), 45 (II, 11), 48 (II, 13), 116 (III, 15), 136 (III, 22)

Elementum, -a = élément 33 (II, 3), 46, 47 (II, 12), 55 (II, 16), 57 (II, 17), 58-60 (II, 18), 61, 63 (II, 19), 96 (III, 4), 104 (III, 9), 112-114 (III, 13), 116 (III, 14), 117 (III, 15), 127, 128, 130 (III, 20), 146 (III, 26), 148, 149 (III, 27), 222 (IV, 6), 223 (IV, 7), 280 (VI, 20), 303, 304-307, 309, 313, 316-318, 320, 323 (*Index rerum*)
– *primigenia Elementa* = 32 (II, 3), 34 (II, 4), 56 (II, 16), 306, 311, 315, 320 (*Index rerum*)

ens neutrum = être neutre 207 (IV, 23), 308 (*Index rerum*)

Enoch 93 (III, 2)

τό ἐνορμον = Archeus 45 (II, 11)

Ethica = la Morale 90, 91 (III, 2)

Europa = Europe 139 (III, 23)

Exemplar = Modèle Épître, 100 (III, 7), 230, 233 (V, 10)
– portrait 25 (I, 15)

essentia neutra = essence neutre 31 (II, 1),

exsecrandus = maudit *exsecrandum ludibrium* 105 (III, 10) ; *exsecranda Theogonia* 156 (III, 29)

exhalatio = exhalaison 44 (II, 10), 56 (II, 16), 120 (III, 17), 122, 123 (III, 18), 127, 129, 130 (III, 20), 135, 136 (III, 22), 137, 138, 139, 140 (III, 23)

F

fabula = fable 22 (I, 13), 34, 35 (II, 4), 102 (III, 8), 131, 135 (III, 21), 155, 156 (III, 29)

facultas = faculté IIIr, IVr Lettre, 6 (I, 3), 12 (I, 7), 28 (I, 17), 41 (II, 8), 44, 45, 46 (II, 11), 48 (II, 13), 52 (II, 14), 67 (II, 21), 71 (II, 24), 72 (II, 25), 75, 77 (II, 27), 96 (III, 4), 98 (III, 6), 100 (III, 7), 111 (III, 12), 129 (III, 20), 180 (IV, 11)
– *visiva facultas* = faculté de la vue 6 (I, 3), 127 (III, 19), 287 (VI, 22)

falsus monedarius naturae (*Aristoteles*) = faux-monnayeur de la nature 181 (IV, 11)

famulus = serviteur Epître, 267 (VI, 12)

fatuitas = sottise 168 (IV, 5), 233 (V, 11), 263 (VI, 12), 279 (VI, 19)

Fatum = le Destin 273, 274 (VI, 17), 279 (VI, 19)

fermentum = ferment 129 (III, 20)
– *localis* = ferment local 48 (II, 13), 53, 54 (II, 15), 57 (II, 17), 121 (III, 17), 128 (III, 20), 132 (III, 21), 140 (III, 23), 321 (*Index rerum*)
– *resolutivum* = dissolvant 129 (III, 20)
– *coagulativum* = coagulant 129 (III, 20)

«*fiat*» = que cela soit 37 (II, 6), 61 (II, 19), 97 (III, 5), 97 (III, 6), 115 (III, 14), 131 (III, 21), 198 (IV, 19)

Filius tenebrarum (*Aristoteles*) = le fils des ténèbres 164 (IV, 4), 301 (Index rerum)

finale propositum Diaboli = le dessein final du Diable 152 (III, 28)

firmamentum = firmament

fissura = crevasse 138, 142 (III, 23)

flatus aeris = souffle de l'air 124 (III, 19)

flatus Tubicenis = 130 (III, 20)

Fortuna = fortune 13 (I, 8), 249 (VI, 4), 264 (VI, 12), 273, 274 (VI, 17), 279 (VI, 19)

fruitio Summae Felicitatis = jouissance du Bonheur Suprême 298 (VI, 23)

fruitio Summi Boni = jouissance du Souverain Bien 245, 246 (VI, 2)

fructus = fruit 41, 42 (II, 9), 53 (II, 15), 60 (II, 18), 61, 63 (II, 19), 65 (II, 20), 68 (II, 21), 69 (II, 22), 73 (II, 25), 76 (II, 27), 82 (II, 29), 85 (II, 32), 95 (III, 4), 104 (III, 9), 143 (III, 24)

fucatus = feint 25 (I, 15), 246, 248 (VI, 3), 295 (VI, 23)

fundamentum inconcussum = fondement inébranlable (165 (IV, 4)

fundum aereus = fond de l'air 124, 125, 126 (III, 19), 128 (III, 20)

                          G

Gas aquae 33 (II, 3), 116, 118 (III, 15), 126 (III, 19), 129, 130 (III, 20)

Gas aquarum = Gaz des eaux 34, 35 (II, 4), 123, 125 (III, 19)

Gas aqueus 43 (II, 10), 128 (III, 20)

globaqueus = globe aquatique 43 (II, 10), voir aussi *aqueus globus*

globus = globe 24

Goliath 105 (III, 10)

Gnomon = cadran solaire 172, 173 (IV, 7), 174 (V, 8)

gratia = la grâce : Épître dédicatoire, 12 (I, 7), 25 (I, 15), 67 (II, 12), 73 (II, 25), 76 (II, 27), 78 (II, 28), 79, 81 (II, 29), 83 (II, 30), 84 (II, 31), 99 (III, 7)

gyratio = révolution 36 (II, 5)

- *Caeli* = la révolution du Ciel 164 (IV, 3)
- *rotarum* = rotation des roues 172 (IV, 7)
- cycle 45 (II, 11)

H

halitus = souffle 127, 129, 130 (III, 20), 139 (III, 23)

Habitus = apparence 119 (III, 16), 162 (IV, 2)

Habitus (Scientiae) = apparence Page de titre, 242 (V, 14), 243, 244 (VI, 1), 248 (VI, 4)

habitus situalis = relations de position 179 (IV, 10)

habitus = possession de 238 (V, 12)

Heva 68 (II, 21), 74 (II, 26), 76, 77 (II, 27), 79 (II, 28), 86 (II, 33), 90 (III, 2)

homo = homme 96 (III, 4), 98 (III, 6), 99, 100, 101 (III, 7), etc.

homo internus = l'homme intérieur 95 (III, 4)

homo externus = l'homme extérieur 95 (III, 4)

homo extrinsecus = l'homme extérieur 61 (II, 19)

humida = la mer 35 (II, 4), 42 (II, 9)

I

ignis = feu 41 (II, 8), 47 (II, 12), 60 (II, 18), 95 (III, 4), 112, 113 (III, 13), 124 (III, 19), 128, 129 (III, 20), 132 (III, 21), 136 (III, 22), 137, 139 (III, 23), 145 (III, 25), 197 (IV, 19)

ignitio = 122 (III, 18), 134 (III, 21)

ignitus = 66 (II, 20), 137 (III, 23)

imaginatio = vision 75 (II, 26)

imago = image 6 (I, 3), 10, 11 (I, 6), 16 (I, 10), 21 (I, 13), 30 (II, 1), 31 (II, 2), 48 (II, 13), 65 (II, 20), 71 (II, 24), 72 (II, 25), 90, 92 note 9 (III, 2), 95 (III, 4), 98 (III, 6), 100 (III, 7)

immundus (Tyrannus) = impur 101 (III, 7)

- *spiritus immundus* = esprit impur 103, 104 (III, 9), 105, 106 (III, 10), 295 (VI, 23)

anima immunda = âme impure 104 (III, 9)

impermiscibilis = pur 56 (II, 16), 211 (IV, 24), 221 (V, 6)

impermiscibilitas = pureté 200 (IV, 20), 211 (IV, 24), 246 (VI, 3)

Impetus = impulsion 136 (III, 22)

Inanitas = vacuité 36 (II, 4), 43, 44 (II, 10), 249 (VI, 4)

Incarnatio = Incarnation 83, 84 (II, 31), 85 (II, 32), 105, 106 (III, 10), 152, 154 (III, 28)

Inclinatio = Inclination

indepingibilis = infigurable : *Theologo-Physices indepingibilis imago* 10 (I, 6) ; *indepingibilis humana imago* 155 (III, 29)

indeterminatus = indéterminé 34 (II, 4)

infinitum = infini 115 (III, 14) ; 158 (III, 30)

Inimicus = l'Ennemi Épître dédicatoire ; 68 (II, 22), 70 (II, 23), 71 (II, 24), 83, 84 (II, 31), 88 (III, 1), 92 (III, 2), 97 (III, 5), 156 (III, 29)

intellectualis = intellectuel Titre, Lettre VII, 3 (I, 1), 4 (I, 2), 9 (I, 5), 20 (I, 12), 38 (II, 7), 50 (II, 14), 63 (II, 19), 66 (II, 20), 68 (II,

21), 69 (II, 22), 71 (II, 24), 72, 73 (II, 25), 74, 75 (II, 26), 93 (III, 2), 96 (III, 4), 97 (III, 5), 98 (III, 6), 99, 100 (III, 7), 189 (IV, 15), 230, 232 (V, 10), 234, 235 (V, 11), 237 (V, 12), 239 (V, 13), 269 (VI, 14), 293 (VI, 23)

intelligentia = intelligence Épître dédicatoire X, 12 (I, 7), 18 (I, 12), 231 (V, 10), 249 (VI, 4), 295 (VI, 23)
– *Caelestae Intelligentiae* = les Intelligences célestes, 73 (II, 25)

intelligere = entendre Épître dédicatoire X, 3 (I, 1), 5 (I, 2), 15 (I,9), 34 (II, 3), 34 (II, 4), 35 (II, 4), 37 (II, 6), 42 (II, 9), 49, 52 (II, 14), 55 (II, 16), 59 (II, 18), 61, 62 (II, 19), 64 (II, 20), 83 (II, 31), 85 (III, 32), 86 (III, 33), 88 (III, 1), 92 (III, 2, note), 95 (III, 4), 97, 98 (III, 5), 98 (III, 6), 105 (III, 10), 153, 154 (III, 28), 163 (IV, 3), 168 (IV, 5), 176 (IV, 9), 177, 178, 179 (IV, 10), 184, 185, 187 (IV, 13), 190 (IV, 15), 192, 193 (IV, 16), 197 (III, 18), 197 (III, 19), 200, 201 (IV, 20), 204 (IV, 22), 205 (IV, 23), 208 (IV, 24), 210 (IV, 24), 214, 215 (V, 2), 221, 22 (V, 6), 226 (V, 8), 230 (V, 9), 232 (V, 10), 233 (V, 11), 236 (V, 12), 242 (V, 14), 255, 256, 257 (VI, 7), 260, 261 (VI, 10), 265 (VI, 12), 273 (VI, 17), 279 (VI, 19), 283 (VI, 20), 293 (VI, 23), 298 (VI, 24)

intentio = intention, dessein 28 (I, 17), 30 (II, 1), 83 (II, 31), 96 (III, 4), 131 (III, 21), 148 (III, 27), 151 (III, 28), 201 (IV, 20), 273 (VI, 17), 278, 279 (VI, 19)

invidia = envie 64, 66 (II, 20), 67, 68 (II, 21), 75 (II, 27), 83 (II, 31), 91 (III, 2)

– *praepotens invidiosus* = un envieux très puissant 148 (III, 26) (cf. malin génie)

(*Iudas*) *Iscariotes* 90 (III, 2)

Iussum Divinum = l'ordre divin 35 (II, 4), 37, 38 (II, 6), 41 (II, 8), 127 (III, 20), 197, 198 (IV, 19), 215 (V, 2), 225 (V, 7), 313 (*Index rerum*)

Iustitia = Justice 38, 39, 40 (II, 7), 64, 65 (II, 20), 79, 81 (II, 29), 85 (II, 32), 86 (II, 33), 94 (III, 4)

L

lapsus = chute 24 (I, 14), 73 (II, 25), 88 (III, 1), 96 (III, 4), 98 (III, 6)

larva = le masque

larva fabularum = le masque des fables 131 (III, 21)

larva inscitiae = le masque de l'ignorance 114 (III, 13)

larva silentii = le masque du silence 28 (I, 17), 269 (IV, 16)

larva nefandi mendacii = le masque d'un mensonge abominable, Lettre

lex = loi

lex naturae = loi naturelle Épître dédicatoire, IIr (lettre)

lex diabolica = loi diabolique 75 (II, 26), 90, 91, 92 (III, 2), 100 (III, 7)

locus = lieu 5 (I, 2), 10 (I, 5), 16 (I, 9), 21 (I, 13), 27, 29 (I, 17), 34-36 (II, 4), 34 (II, 4), 37, 38 (II, 6), 43, 44 (II, 10), 45 (II, 11), 76 (II, 27), 81 (II, 29), 103 (III, 9), 108, 109 (III, 11), 112, 113 (III, 13), 117, 118 (III, 15), 124, 126 (III, 19), 129 (III, 20), 131, 132, 134,

135 (III, 21), 136 (III, 22), 139, 140 (III, 23), 143 (III, 24), 145 (III, 25), 152 (III, 28), 160 (IV, titre), 164 (IV, 3), 177-179 (IV, 10), 180 (IV, 11), 183, 184 (IV, 12), 186, 187 (IV, 13), 235 (V, 11), 253 (VI, 6), 278 (VI, 19), 289, 292 (VI, 23), 300-302, 304, 306, 310-312, 314, 317 (*Index rerum*)

ludibrium = mystification, divertissement 105, 106 (III, 10), 178 (IV, 10), 264 (VI, 12)

lumen = lumière X (*Epistola dedicatoria*), 7 (I, 4), 9 (I, 5), 38 (I, 6), 39 (I, 7), 49 (II, 13), 65 (II, 20), 123 (III, 18), 221, 222 (V, 6), 222-274 (V, 7), 232, 233 (V, 10), 264, 265 (V, 12), 283, 284 (VI, 21), 285-288 (VI, 22), 290 (VI, 23), 311, 320, 321, 323 (*Index rerum*)
– *immateriale lumen* 1 (I, 1),
– *ineffabile lumen* = lumière ineffable 15 (I, 9)

lumen intellectuale = lumière intellectuelle 4 (I, 2), 235 (V, 11)

lumen stellarum 124 (III, 19)
– *originale lumen* 228 (V, 9)
– *Verum Lumen, Lumen de Lumine* 213 (V, 1)

Luna = la Lune 48, 49 (II, 13), 51, 52 (II, 14), 55, 56 (II, 16), 112, 113 (III, 13), 124 (III, 19), 201 (IV, 20), 311, 319 (*Index rerum*)

luna = mois 170 (IV, 6)

Lux = lumière 36, 37 (II, 5), 37, 38 (II, 6), 39, 40 (II, 7), 46 (II, 12), 48, 49 (II, 13), 208 (III, 24), 150 (III, 27), 208 (IV, 24), 211 (IV, 24), 216 (IV, 3), 223 (V, 7), 250 (VI, 5), 267 (VI, 12), 288 (VI, 22), 295 (VI, 23), 302, 303, 311, 312, 321 (*Index rerum*)

Lux inaccesa 189 (III, 14)
– *Filli Lucis* 154 (III, 28), 206 (IV, 23), 267 (VI, 12), 297 (VI, 23), 307 (*Index rerum*)

M

magnanimitas = magnanimité 91 (III, 2)

magnificentia = magnificence 91 (III, 2)

magnus Thesaurarius naturae (*Aristoteles*) = le grand Trésorier de la nature 183 (IV, 12)

Malevolus = le Malveillant 72 (II, 25), 78 (II, 28), 88 (III, 1)

maledictio = malédiction 72 (II, 24), 79, 81 (II, 29), 90 (III, 1), 100 (III, 7), 143 (III, 24)

malum privativum = le mal privatif 257, 258 (VI, 8), 280, 311 (Index rerum)

mandatum = ordre 20 (I, 12), 41 (II, 9), 56 (II, 16)
– = commandement 69 (II, 22), 71 (II, 24), 82 (II, 30), 93 (III, 2) 122, (III, 18)

materia = matière 8 (I, 4), 8 (I, 5), 11 (I, 6), 27 (I, 17), 30 (II, 1), 35 (II, 4), 36 (II, 5), 45 (II, 11), 58-60 (II, 18), 62 (II, 19), 98 (III, 6), 102 (III, 8), 110 (III, 11), 116 (III, 15), 122 (III, 18), 127, 128, 130 (III, 20), 132, 132 (III, 21), 137-139, 141(III, 23), 212 (V, 1), 222 (V, 6), 223-225 (V, 7), 227 (V, 8), 234 (V, 11), 242 (V, 14), 247 (VI, 3), 254 (VI, 6), 285-287 (VI, 22), 302, 307, 308, 311, 312, 314, 323 (*Index rerum*)

Mathesis = science mathématique (*quadrivium*) 155 (III, 29), 176 (IV, 9)

mens = pensée 236, 237 (V, 12)

mensuratio = mesure 174 (IV, 9), 179 (IV, 10), 199 (IV, 20)

methodus = méthode 24 (I, 15), 30 (II, 1), 150 (III, 27), 214 (V, 2), 254 (VI, 6)

Misericordia = miséricorde Épître dédicatoire, 79, 80, 81 (II, 29), 85 (II, 32), 86, 87 (II, 33), 92 (III, 2), 94 (III, 4), 100 (III, 7)

ministerium = charge 48 (II, 13)

motivus = moteur (v. *blas motivum*)

molis = masse 103 (III, 9), III, 23

monarchia = monarchie 31 (II, 1), 111 (III, 12), 130 (III, 20), 143 (III, 24), 154, 156, 157 (III, 29)

mors = mort 2, 3 (I, 1), 14 (I, 8), 15 (I, 9), 37 (II, 6), 40 (II, 7), 60 (II, 18), 65 (II, 20), 68, 69 (II, 22), 75 (II, 26), 78 (II, 28), 81 (II, 29), 83 (II, 30), 88 (III, 1), 90, 92 (III, 2), 94, 95 (III, 4), 98 (III, 6), 99 (III, 7), 144 (III, 24), 152 (III, 28), 158 (III, 29)

motus = mouvement 44 (II, 10), 48 (II, 13), 49-54 (II, 14), 55 (II, 15), 71 (II, 23), 103 (III, 8), 118 (III, 15), 121 (III, 17), 123, 124 (III, 19), 130 (III, 20), 135-137 (III, 22), 138, 139 (III, 23), 160 (IV, titre), 165-167 (IV, 4), 167-169 (IV, 5), 169, 170 (IV, 6), 171-173 (IV, 7), 174 (IV, 8), 174-176 (IV, 9), 177-179 (IV, 10), 179-181 (IV, 11), 182, 183 (IV, 12), 184-187 (IV, 13), 194, 195 (IV, 17), 197, 199 (IV, 19), 199-202 (IV, 20), 203, 204 (IV, 22), 204 (IV, 23), 208, 209 (IV, 24), 216 (V, 3), 220 (V, 5), 227 (V, 8), 235 (V, 11), 253 (VI, 6), 261 (VI, 10), 275, 276 (VI, 18), 281, 282 (VI, 20), 283, 284 (VI, 21), 284 (VI,

22), 289 (VI, 23), 300-306, 310-314, 317, 319-322 (*Index rerum*)

motus localis = mouvement local 204 (IV, 22), 312 (*Index rerum*)

Moyses (*a*) 108 (III, 11); 155 (III, 29), 196 (IV, 18)

Musae = Muses : *alumni Mussarum* 155 (III, 29)

mutatio = mouvement 164 (IV, 3)

mysterium = mystère 31 (II, 2), 38, 40 (II, 7), 61, 62 (II, 19), 78 (II, 28), 79 (II, 29), 82, (II, 30), 83, 84 (II, 31), 89 (III, 1), 146 (III, 26), 148 (III, 27), 151, 152 (III, 28)

N

Natura = la Nature III, V, XI (*Epistola dedicatoria*), 37 (II, 6), 43, 44 (II, 10), 49 (II, 13), 54 (II, 15), 57 (II, 17), 63 (II, 19), 88 (III, 1), 94, 95 (III, 4), 99, 101 (III, 7), 101, 102 (III, 8), 112-114 (III, 13), 115 (III, 14), 116 (III, 15), 124 (III, 19), 127, 128 (III, 20), 131, 132, 134 (III, 21), 136, 137 (III, 22), 138 (III, 23), 144 (III, 25), 150 (III, 27), 158 (III, 30), 160 (IV, 1), 164-167 (IV, 4), 167-169 (IV, 5), 169-170 (IV, 6), 171-172 (IV, 7), 173 (IV, 8), 174-176 (IV, 9), 177, 178 (IV, 10), 181 (IV, 11), 182, 183 (IV, 12), 195 (IV, 17), 196 (IV, 18), 197, 198 (IV, 19), 208 (IV, 24), 228 (V, 9), 248 (VI, 3), 276 (VI, 18), 284, 285, 287, 292 (VI, 22), 300-306, 308-320, 322 (*Index rerum*)

– *progressus naturae* = le cours de la nature 90 (III, 2), 144 (III, 25), 154 (III, 29), 158 (III, 30)

natura Adamica 63 (II, 19)

natura humana 78 (II, 28), 98 (III, 6), 99, 101 (III, 7), 254 (VI, 6)
- *belluina natura* 100 (III, 7)
- *prolapsa natura* = la nature déchue 89 (III, 1), 99 (III, 7), 154 (III, 29)
- *sensitiva natura* 99 (III, 7)
- *adamanatina natura* 139 (III, 23)

natura aëris 130 (III, 20)

natura Venti 130 (III, 20)

natura sulphurea 129 (III, 20), 141 (III, 23)

nebulo = scélérat 93 (III, 3), esprit faux 102 (III, 8), 201 (IV, 20), 258 (VI, 9), 269 (VI, 14)

nexus = lien ; *nexus inenarrabilis* = lien inexplicable 254 (VI, 6) ; *nexus connaturalis* 73 (II, 25) = lien connaturel ; *nexus coexistentialis* = lien coexistentiel 100 (III, 7)
- *merum nihil privativum atque negativum* = le pur rien privatif et négatif 171 (IV, 7)

Noë, Noah 93 (III, 2), 105 (III, 10) 110 (III, 11)

non plus ultra = pas au-delà 23 (I, 13), 195 (IV, 17), 308, 309 (*Index*)

norma = règle Épître

norma Sanctae Creationis = la règle de la Sainte Création 56 (II, 16)

norma Sacrae Scientiae = la règle de la Science Sacrée 214 (V, 2), 242 (V)

norma (Sacrae) Veritatis = la règle de la Vérité 7, 8 (I, 4), 131 (III, 21), 179 (IV, 10), 189 (IV, 14)

norma artis = les règles de l'art 25 (I, 15)
- *ad normam rectificatus/rectus* = rigoureusement rectifié/droit 29 (I, 17), 260 (VI, 10)
- *Supremum Numen* = Pouvoir Suprême 103 (III, 9), 164 (IV, 3), 174 (IV, 8), 207 (IV, 23), 267 (VI, 13), 269 (VI, 14)

nummularius (*Aristoteles*) = le banquier 184 (IV, 13)

O

Oceanus orientalis = l'Océan oriental (Pacifique) 147 (III, 26)

obumbro = distribuer les ombres 27 (I, 16),

couvrir de son ombre 77 (II, 27),

dévoiler 88 (III, 1), 243 (VI, 1), 280 (VI, 20)

obumbratio = allégorie 116 (III, 15)

Ombius fluvius = le fleuve Obi 147 (III, 26)

opacitas = épaisseur 40 (II, 7), 285 VI (22)

operatio naturae = ouvrage de la nature 131 (III, 21)

operatio naturalis = ouvrage (soustitre du Livre III)

opus naturae = le travail de la nature 88 (III, 1), 137 (III, 22), 172 (IV, 7), 287 (VI, 22)

ordo = (parfois) règle 61, 62 (II, 19) (parfois) ordre

ordo intentionalis = ordre intentionnel 112 (III, 13)

ordo naturalis = ordre naturel 281 (VI, 20)

ordinatio = (parfois) disposition 249 (VI, 4), 255 (VI, 7)

originalis = primitif 21

Orthodoxa Scientia = la science orthodoxe 228 (V, 9)

orthodoxe = de façon orthodoxe 283 (VI, 21) ; 297 (VI, 23) *orthodoxo-physica* = orthodoxo-physique 214 (V, 2) (adverbial); 222 (V, 6)

P

paenitentia = pénitence 79 (II, 28), 79, 81 (II, 29), 90, 91 et note 9, 93 (III, 2), 93 (III, 3), 106 (III, 10)

peccatum = péché 38, 39 (II, 7), 70 (II, 22), 72 (II, 25), 74 (II, 26), 78 (II, 28), 79, 80, 81 (II, 29), 83 (II, 30), 91, 92 note 9 (III, 2)

penetralia = entrailles

penetratio = pénétration 42 (II, 9), 43, 44 (II, 10), 136 (III, 22), 138 (III, 22), 315, 320 (*Index rerum*)

perceptio = perception 18 (I, 12), 31 (II, 2), 37 (II, 6), 65 (II, 20), 86 (II, 32), 173 (IV, 8), 247 (VI, 3)

percipere = s'emparer 57 (II, 17), percevoir 12 (I, 7), 18 (I, 12), 31 (II, 1), 31 (II, 2), 37 (II, 5), 49 (II, 13), 114 (III, 13), 204 (IV, 22), 247 (VI, 3), 286 (VI, 22), saisir 196 (IV, 17), 228 (V, 9), 289 (VI, 22), comprendre 256 (VI, 7)

periodus = période 38 (II, 6), 45 (II, 11), 50 (II, 14), 53 (II, 15), 57 (II, 17), 95 (III, 4), 111 (III, 12), 142 (III, 24)

permissio, gr. παραχώρησιν = permission 99 (III, 6), 260 (VI, 10), 262 (VI, 11)

Peroledus, -i = fond de l'air 128 (III, 20)

philosophia = philosophie 62 (II, 19), 91 (III, 2), 156 (III, 29)

philosophus = philosophe IIIr (Lettre), 35 (II, 4), 58 (II, 18)

physica = la physique IIv Lettre, 99 (III, 7), 102 (III, 8), 111, 112, 114 (III, 13), 156 III, 29)

physicus = le physicien IIIv, IVv Lettre, 102 (III, 8)

porus = pore

porositas = pore III, 23

posteriora Dei = les choses postérieures à Dieu, les créatures 61 (II, 19), 159 (III, 30), 163 (IV, 3), 237 (V, 12), 239 (V, 13), 250, 251 (VI, 5)

potentia = puissance : Epître dédicatoire, 40 (II, 8), 44 (II, 10), 45 (II, 11), 62 (II, 19), 102 (III, 8), 115 (III, 14), 135 (III, 22), 138 (III, 23), 269 (VI, 14)

potestas = pouvoir 22 (I, 13), 39 (II, 7), 53, 54 (II, 15), 57 (II, 17), 93 (III, 3), 138 (III, 23)

praeceptor = maître Iv, IIr Lettre, Épître dédicatoire, 78 (II, 28), 91, 92 (III, 2), 139 (III, 23), 153 (III, 28)

antiquus praeceptor (*Aristoteles*) = le maître antique 177 (IV, 10)

paganus praeceptor (*Aristoteles*) = le maître païen 139 (III, 22)

ethnicus praeceptor (*Aristoteles*) = le maître païen 188 (IV, 14), 197 (IV, 19), 201 (IV, 20)

praeceptum = commandement : 24 (I, 14), 50 (II, 14), 64, 65, 66 (II, 20), 70 (II, 22), 71 (II, 24), 73 (II, 25), 74 (II, 26), 76 (II, 27), 84 (II, 32), 94 (III, 4), 291 (VI, 23)
— = précepte Épître dédicatoire, 83 (II, 30)

praeeminentia = excellence 246 (VI, 6), 269 (VI, 14)

praerogativa = privilège 3 (I, 1), 34 (II, 3), 47 (II, 12), 164 (IV, 3)

praescientia Dei = la prescience de Dieu

primigenia Elementa = éléments premiers

Princeps Philosophorum (Aristoteles) = le Prince des Philosophes 187 (IV, 13)

Princeps (Tyrannus) mundi = le Prince (Tyran) du monde 99 (III, 6), 100, 101 (III, 7), 103 (III, 9)

Princeps Caelestium ordinum, Luciferus 66 (II, 20)

Princeps Prophetarum, David 154 (III, 28)

principatus = domination 78 (II, 28), 93 (III, 2)

Principauté Iv, IIr Lettre

privatio = privation 8 (I, 4), 11 (I, 6), 35 (II, 4), 58-60 (II, 18), 282 (VI, 20), 308, 315 (*Index rerum*)

privatio nihilitatis = privation du rien 196, 197 (IV, 18), 303 (*Index rerum*)
– *boni privatio* = 261 (VI, 10)

privativus, e = privatif 35 (II, 4), 197 (IV, 19), 257, 258 (VI, 8), 282 (VI, 20), 311, 313, 315 (Index rerum)

progenitor [humanis] generis simul atque peccati = ancêtre du genre humain et du péché (Adam) 78 (II, 28), 254 (VI, 6)

progressus = cours 246 (VI, 2), 281 (VI, 20)

progressus creationis = cours de la création (titre du Livre III), 88 (III, 1)

progressus naturae = le cours de la nature 90 (III, 2), 144 (III, 25), 154 (III, 29), 158 (III, 30)

Propheta = Prophète 82 (II, 30), 98 (III, 6), 106 (III, 10), 154 (III, 28)

prototypicus = prototypique 40 (II, 7)

prototypus = prototype 15 (I, 9), 25 (I, 15), 241 (V, 13), 241 (V, 14)
– *Divina Providentia* = La Divine Providence Iv Lettre, 83 (II 31), 85 (II, 32), 93 (III, 2)

pubertas = l'adolescence Lettre, 142 (III, 24)

pulvis pyreus/pyrius = poudre à canon III, 23

punctum indivisibile = point indivisible, instant 170 (IV, 6), 171, 172, 173 (IV, 7)

punctum intellectuale = instant intellectuel 4 (I, 2)

punctum temporis = point du temps 216 (V, 3), 255 (VI, 7)
– *negativum punctum temporis* = moment négatif 216 (V, 3)

R

ratio = raison IIIv lettre, Épître dédicatoire, 8 (I, 4), 10 (I, 6), 27 (I, 17), 61 (II, 19), 91 (III, 2), 99 (III, 7), 102 (III, 8), 140 (III, 23), 146 (III, 25)

regeneratio = résurrection 38 (II, 7), 83, 84 (II, 31), 88 (III, 1), 96 (III, 4)

renitentia 172 (IV, 7) = résistance

repletio = ce qui remplit l'espace supralunaire entre les corps célestes 113, 114 (III, 13)

retrocedere ab Deo = s'écarter de Dieu 261 (VI, 10), 262 (VI, 11)

S

Sabbatismus = le Sabbat 94 (III, 4)

sabbatizare = observer le sabbat 96 (III, 4)

sal = sel 128 (III, 20)

salsedo = salure, ou saveur salée 120, 121 (III, 17), 130 (III, 20)

salinus = 120, 121 (III, 17)

Sapientia Dei = la Sagesse de Dieu 82 (II, 30), 142 (III, 24), 314 (Index rerum)

– *Aeterna Sapientia* = la Sagesse Eternelle 34 (II, 3)

– *Divina Sapientia* = la Sagesse Divine 32 (II, 2), 43 (II, 10), 84 (II, 31), 209 (IV, 24), 266 (VI, 12), 281 (VI, 20)

– *Infinita Sapientia* = l'Infinie Sagesse 38 (II, 6), 50 (II, 14), 82 (II, 30),

– *Pura Sapientia*, 271 (VI, 15)

– *Simplex Sapientia* = la Sagesse simple 31 (II, 2), 320 (Index rerum)

– *Vera Sapientia* = la Sagesse vraie 24 (I, 14), 34 (II, 3), 313, 319, 322 (Index rerum)

– *antiqua sapientia* = l'antique sagesse 156 (III, 29),

– *humana sapientia* = la sagesse humaine 4 (I, 2), 155 (III, 29), 263, 264 (VI, 12)

– *Ethnica sapientia* = la sagesse païenne 165 (IV, 4)

– *pagana sapientia* = la sagesse païenne 102 (III, 8),

– *sensitiva sapientia* = la sagesse sensitive 7 (I, 3), 263 (VI, 12)

Sathan ou *Satan* 88 (III, 1), 90 (III, 2), 93 (III, 3)

Schamaijm = 35 (II, 4), 310 (Index rerum)

schola = école 90 (III, 2), 110 (III, 11), 114 (III, 14), 120 (III, 17), 130 (III, 20), 135 (III, 22), 136 (III, 22)

– *Gentilitia Schola* = l'École des Gentils 97 (III, 5)

– *Pagana Schola* = l'École Païenne 57 (II, 17), 97 (III, 5), 116 (III, 14)

– *Ethnica Schola* = l'École Païenne 111 (III, 13), 136 (III, 22),

– *peripatetica schola* = l'école péripatéticienne 120 (III, 17)

– *sensitiva schola* = l'école sensitive 35 (II, 4), 49 (II, 14), 58 (II, 17), 63 (II, 19), 108 (III, 11)

scholasticus = scolastique 105 (III, 10), 111, 112, 114 (III, 13), 129 (III, 20), 135 (III, 21), 136, 137 (III, 22), 137, 140 (III, 23), 150 (III, 27)

Ethnica Scientia = Lettre à Cacavélas IIIr, 150 (III, 27)

Sacra Scientia = Science Sacrée 1 (I, 1), 8 (I, 5), 10 (I, 6), 18 (I, 12)

sapientissimus ille (*Aristoteles*) = ce grand sage 167 (IV, 4)

scientia boni et mali = la science du bien et du mal 69 (II, 22), 71 (II, 24), 73 (II, 25), 74, 75 (II, 26), 99 (III, 7), 142 (III, 24)

scientia Gentilismi = science des Gentils 97 (III, 5)

scientia humana = science humaine 6, 7 (I, 3), 7 (I, 4), 101 (III, 7), 147 (III, 26), 157 (III, 29)

scientia infusa = science infuse IVr (lettre), 148 (III, 26), 150 (III, 27)

scientia intellectualis = science intellectuelle 68 (II, 21), 69 (II, 22), 74, 75 (II, 26), 93 (III, 2), 96 (III, 4)

scientia profana = science profane 21 (I, 13), 23 (I, 14), 25, 26 (I, 16), 145 (III, 25)

scientia sensitiva = science sensitive 4 (I, 2), 13 (I, 8), 15 (I, 9), 16 (I, 10), 17 (I, 11), 24 (I, 14), 37 (II, 6), 47 (II, 12), 65 (II, 20), 69 (II, 12), 75 (II, 26), 79 (II, 28), 89 (III, 1), 96 (III, 4), 97 (III, 5), 142, 144 (III, 24) *scopum* (gr. σκοπός) = but 8 (I, 4), 83 (II, 31), 162 (IV, 2), 253 (VI, 6), 267 (VI, 13)

sensatio = sensation 28 (I, 17), 94, 95 (III, 4)

sensualitas = sensualité Épître dédicatoire, IVr Lettre, 20 (I, 12), 98, 99 (III, 6)

sensus (sg. ou pl.) = les sens : Épître dédicatoire, IVr Lettre, 1, 3 (I, 1), 10 (I, 6), 12 (I, 7), 13 (I, 8), 15 (I, 9), 24 (I, 14), 27 (I, 17), 30, 31 (II, 1), 31, 32 (II, 2), 36 (II, 5), 40 (II, 7), 48 (II, 13), 50 (II, 14), 60 (II, 18), 61, 63 (II, 19), 67 (II, 21), 68, 69 (II, 22), 70 (II, 23), 73 (II, 25), 73, 74 (II, 26), 78 (II, 28), 91 (III, 2), 95, 96 (III, 4), 97 (III, 5), 114 (III, 13), 114 (III, 14), 122 (III, 18), 128 (III, 20), 142 (III, 24)

Divina Sententia = Parole Divine 290 (VI, 23)

series Vniuersi = enchaînement de l'univers 196 (IV, 18)

situs localis = position locale, situation locale 33 (II, 3), 119 (III, 16), 125 (III, 19), 129, 130 (III, 20)

Sol = le Soleil 38-40 (I, 7), 43 (II, 10), 46 (II, 12), 48, 49 (II, 13), 51, 52 (II, 14), 55, 56 (II, 16), 60 (II, 18), 64 (II, 20), 98 (III, 6), 102 (III, 8), 107 (III, 10), 108, 109 (III, 11), 114 (III, 13), 118 (III, 15), 120 (III, 17), 124, 125 (III, 19), 128, 129 (III, 20), 136 (III, 22), 154 (III, 28), 171, 173 (IV, 7), 174 (IV, 8), 197 (IV, 19), 201 (IV, 20), 206 (IV, 23), 208, 211 (IV, 24), 233 (V, 10), 240 (V, 13), 245 (VI, 2), 269 (VI, 14), 281, 283 (VI, 20), 283, 284 (VI, 21), 284-286, 288 (VI, 22), 289 (VI, 23), 303, 304, 309, 310, 312, 314-316, 318-322 (*Index rerum*)

Sol Iustitiae = Soleil de la Justice 38-40 (I, 7), 64, 65 (II, 20), 233 (V, 10), 240 (V, 13), 265 (VI, 12), 297 (VI, 23), 303, 312, 317 (*Index rerum*)

somnium = sommeil 61 (II, 19)

sopor = torpeur Épître dédicatoire X, 12 (I,7), 53 (II, 15), 61-63 (II, 19)

speculatio = recherche 10 (I, 6), 14 (I, 8), 15 (I, 9), 17 (I, 11), 31 (II, 2), 36 (II, 4), 38, 40 (II, 7), 53 (II, 14), 58 (II, 17), 60 (II, 18), 70 (II, 23), 78 (II, 28), 102 (III, 8), 111 (III, 12), 114 (III, 13), 158 (III, 30), 160 (IV, 1), 167 (IV, 4), 212 (V, 1), 220 (V, 5), 222 (V, 6), 244 (VI, 1)

speculor = rechercher 18 (I, 11), 31 (II, 2), 41 (II, 8), 43 (II, 10), 57, 58 (II, 17), 59 (II, 18), 88 (III, 1), 98 (III, 6), 102 (III, 8), 107, (III, 10), 123 (III, 18), 127 (III, 20), 127 (III, 20), 132 (III, 21), 146 (III, 25), 158 (III, 30), 212 (V, 1), 251 (VI, 5), 283 (VI, 21)

speculum = miroir 30 (II, 1)
– *aenigma speculi* 94 (III, 3); *vice speculi* 110 (III, 11); *Veritatis speculum* 142 (III, 23), 148 (III, 26), 160 (IV, 1), 269 (VI, 14); *aenigmaticum speculum* 158 (III, 30), 196 (IV, 18), 224 (V, 7), 236 (V, 12)

Sphera = La Sphère

spiraculum = souffle 221 (V, 6)

Spiritus = esprit 28 (I, 17), 33 (II, 3), 66 (II, 20), 80 (II, 29), 83, 84 (II, 31), 85 (II, 32), 86 (II, 33), 96 (III, 4), 103, 104 (III, 9), 111 (III, 13), 135 (III, 22), 153, 154 (III, 28), 230, 232 (V, 10), 235 (V, 11), 241 (V, 13), 250, 255 (VI, 5), 254 (VI, 6) *spiritus immundus* = esprit impur 103 (III, 9), 105, 106 (III, 10), 111 (III, 13), 295 (VI, 23)

spiritus nefandus = esprit abominable 104 (III, 9)

spiritus abstractus = esprit séparé 227 (V, 8), 255 (VI, 6)

Spiritus Domini = 36 (II, 5), 164 (IV, 3), 241 (V, 13)

Spiritus Sanctus = L'Esprit Saint, Epître, 61 (II, 19), 213 (V, 1), 238 (V, 12)

Spiritus Veritatis = 58 (II, 17), 123 (III, 18), 236 (V, 12)

Splendor veritatis = splendeur de la vérité 3 (I, 1); 162 (IV, 2); 165 (IV, 4); 197 (IV, 19); 209 (IV, 24); 228 (V, 9); 293 (VI, 23)

Stagirita = le Stagirite 35 (II, 4), 113 (III, 13), 277 (VI, 19)

stratum aeris = strate de l'air III, 19

subiectio = esclavage 230 (V, 10)

subiectum (nom) = substrat (ὑποκεί-μενον) 276 (VI, 18), 225 (V, 7), 285, 287 (VI, 22), 205 (IV, 23)
– = sujet d'inhérence 57 (II, 17), 205 (IV, 23)
– = sujet 169 (IV, 6), 206 (IV, 23), 221 (V, 6), 231 (V, 10)
– = individu 270 (VI, 15), 274 (VI, 17)

subiectum (participe passé) = assujetti 3 (I, 1), 229 (V, 9) soumis 18 (I, 11), 56 (II, 16), 186 (IV, 13) supposé 275 (VI, 18)

sublunaris = sublunaire 9

subsecutio = remplacement 254 (VI, 6)

substantia = substance 31 (II, 1), 42 (II, 9), 45 (II, 11), 48 (II, 13), 61, 63 (II, 19), 113 (III, 13), 121 (III, 17), 128 (III, 20), 134 (III, 21), 138 (III, 23), 143 (III, 24), 191 (IV, 16), 194, 195 (IV, 17), 204, 205 (IV, 23), 222 (V, 6), 225, 227 (V, 8), 230 (V, 10), 236 (V, 12), 300, 301, 303, 307, 308, 319-321, 323 (*Index rerum*)

substantia neutra = substance neutre 319 (*Index rerum*)

successio = succession 254 (VI, 6)

sulphur = soufre 128 (III, 20)

sulphureus = sulfureux 128, 129 (III, 20), 132, 134 (III, 21)

superbia = la superbe 22 (I, 13), 25 (I, 15), 67 (II, 21), 75, 76 (II, 27), 91 (III, 2), 104 (III, 9), 143 (III, 24)

T

Tanais fluvius = le fleuve Tanaïs (Don) III, 26

temperies = climat tempéré, équilibre climatique 50 (II, 14), 56 (II, 16), 164 (IV, 3), saisons = 253 (VI, 6)

tenebrae = ténèbres IX (*Epistola dedicatoria*), 6, 7 (I, 3), 9 (I, 5), 32 (II, 3), 34, 35 (II, 4), 36, 37 (I, 5), 37, 38 (I, 6), 38, 39 (I, 7), 67 (II, 21), 73 (II, 25), 78 (II, 28), 150 (III, 27), 156 (III, 29), 189 (IV, 14), 197 (IV, 19), 208 (IV, 24), 222 (V, 6), 223 (V, 7), 250, 251 (VI, 5), 267 (VI, 12), 267 (VI, 13), 288 (VI, 22), 295, 296 (VI, 23), 300, 309, 311, 318, 321 (*Index rerum*)

tenor divinus = ordre divin 285 (VI, 22)

terra virgo = terre vierge 42 (II, 9)

terraemotus = tremblement de terre 122 (III, 18), 130 (III, 20), 135, 136 (III, 22), 306 (*Index rerum*)

terraqueus globus = le globe composé de terre et d'eau 41 (II, 9) *testudo* = voûte 41 (II, 8), 285 VI (22)

Theologo-Ethice = Théologo-Ethique 155 (III, 29), 234 (V, 11), 241, 242 (V, 14), 280 (VI, 19), 298 (VI, 24)

Theologo-Metaphysice = Théologo-Métaphysique 158 (III, 30), 241, 242 (V, 14)

Theologo-Physice = Théologo-Physique 1 (titre de l'ouvrage) ; 10 (I, 6) ; 158 (III, 30) (adverbial), 236 (V, 12), 276 (VI, 18)
– v. aussi orthodoxo-physice

theorema = spectacle 14 (I, 8), 30 (II, 1), 32 (II, 2), 131 (III, 21)

theoria = théorie 136 (III, 22) ; méditation 283 (VI, 20)

timor Dei = crainte de Dieu 101 (III, 7), 105 (III, 10), 106 (III, 11), 135 (III, 21), 155 (III, 29)

transgressio = transgression 94 (III, 4)

transgredior = transgresser 20 (I, 12), 74 (III, 26), 80 (II, 29)

transmutabilis = transmutable 35 (II, 4), 223 (V, 7) ; susceptible de changer 292 (VI, 23)

Transylvania 139 (III, 23)

Sacro-Sancta (/Sanctissima) Trinitas = la Trinité Sacro-Sainte 61 (II, 19), 82 (II, 30), 83 (II, 31), 84 (II, 32), 89 (III, 1), 93 (III, 2), 151 (III, 28)

typicus = typologique 38 (II, 7)

typus Deificus = figure mystique déifiante 230 (V, 10)

V

vacuum = vide 42 (II, 9), 43, 44 (II, 10), 112, 113 (II, 13), 178 (IV, 10), 322 (Index rerum)

ventus = vent 94 (III, 3), 111 (III, 13), 118 (III, 15), 122, 123 (III, 18), 123, 124, 125 (III, 19), 127, 129, 130 (III, 20), 132 (III, 21), 139 (III, 23)

via corruptionis = chemin de la corruption 89 (III, 1), 96 (III, 4), 105 (III, 10)

vicissitudo = succession 50 (II, 14), 123 (III, 19), 164 (IV, 3),
– changement successif 122 (III, 18), 170 (IV, 6), 241 (V, 14)
– changement 203 (IV, 22)
– vicissitude Lettre

virtus = force
– acte de force 156 (III, 29)

Virtus Increata Creatrix = Force Incréée 37 (II, 6), 45 (II, 11) ; 99 (III, 6), 99 (III, 7)

Virtus Coagulatrix = Force formatrice 42 (II, 9)

virtus pulsiva = force pulsante III, 19

vis = puissance 45 (II, 11)

vis caloris solaris = force de la chaleur solaire 117 (III, 15), 122 (III, 18)

vis enormotica = la force de mettre en branle 124 (III, 19)

vis fermentorum = l'action des ferments 129 (III, 20), 132, 134 (III, 21), 140 (III, 23)

vis ignifica = 132 (III, 21) = force ignée

vis sensus = la force du sens 273 (VI, 17)

vis resistendi = force de résistance 139 (III, 23)

vis retractiva = force de retrait en arrière 172 (IV, 7)

Vniversum = Univers 6 (I, 3), 30 (titre du Second Livre) 42 (II, 9), 43 (II,

10), 50 (II, 14), 56 (II, 16), 88 (III, 1), 94 (III, 3), 106 (III, 11), 112, 113 (III, 13), 151 (III, 28)

Vnigenitus
– *Filius Vnigenitus* = Fils Unique 39 (II, 7), 265 (VI, 11)

voluntas = volonté Epître dédicatoire, 50 (II, 14), 75, 76, 77 (II, 27), 82 (II, 30), 91, 92 (III, 2)

INDEX SCRIPTURAIRE

Ancien Testament[1]

Genèse

1, 1 : 207 (IV, 24)
1, 2 : 33 (II, 3), 36 (II, 5), 116 (III, 15)
1, 3-5 : 38 (II, 6)
1, 3-25 : 115 (III, 14)
1, 6-7 : 34 (II, 4), 117 (III, 15)
1, 9-10 : *38 (II, 7)*
1, 14 : 50 (II, 14), 123 (III, 19), 163, 164 (IV, 3), *200 (IV, 20)*, 219 (V, 5)
1, 20-21 : *53 (II, 15)*
1, 22 : 111 (III, 12)
1, 24-25 : *55 (II, 16)*
1, 26 : 82 (II, 30), *236 (V, 12)*
1, 26-27 : 61 (II, 19)
1, 28 : 57 (II, 17)
1, 26 : Épître dédicatoire
1, 28 : 90 (III, 2)
2, 2 : 115 (III, 14)
2, 7 : *61 (II, 19)*
2, 6, 10-14 : *119 (III, 16)*
2, 17 : 65 (II, 20), 69 (II, 22)
2, 20 : *62 (II, 19)*
2, 21-22 : *63 (II, 19)*
2, 23 : 63 (II, 19)
2, 25 : *69 (II, 22)*
3, 1 : *70 (II, 22)*
3, 2-3 : 68 (II, 21)
85 (II, 32), 86 (II, 33)
3, 4 : 68 (II, 22)
3, 5 : 68-69 (II, 22), 74 (II, 26), *83 (II, 31)*, 3, 3 : 85 (II, 32)

3, 6 : 69 (II, 22)
3, 7 : *79 (II, 29)*
3, 8 : *79 (II, 29)*
3, 9 : 79 (II, 29)
3, 10 : *79 (II, 29)*
3, 11 : 80 (II, 29)
3, 12 : *79 (II, 28)*, 80 (II, 29)
3, 13 : *79 (II, 28)*, 81, 82 (II, 29)
3, 14-15 : 81 (II, 29)
3, 16 : 72 (II, 24)
3, 17-19 : *81 (II, 29)*
3, 18 : *89 (III, 1)*
3, 19 : *63 (II, 19)*, *78 (II, 28)*
3, 22 : 82 (II, 30), 84-85 (II, 32), 86 (II, 33), 88 (III, 1)
3, 24 : 87 (II, 33)
4, 1-2 : *90 (III, 2)*
4, 6 : 91 (III, 2)
4, 7 : 91 (III, 2)
4, 9 : 92 (III, 2)
4, 10-13 : 93 (III, 2)
4, 14 : 92 (III, 2)
5, 1 : *236 (V, 12)*
6, 1-2 : 101 (III, 7)
6, 3 : 241 (V, 13)
6, 12 : *101 (III, 7)*, *104 (III, 9)*
7, 11 : *117 (III, 15)*
7, 19 : *118 (III, 15)*
7, 20 : *111-112 (III, 13)*
8, 1 : *111 (III, 13)*
8, 10 : *111 (III, 12)*
8, 14 : *112 (III, 13)*
9, 1 : 122 (III, 18)

---

[1] Les citations scripturaires sont marquées par des caractères droits ; les allusions scripturaires, signalées par « cf. » dans les notes, sont marquées par des italiques.

9, 8-16 : 108 (III, 11)
11, 1-9 : 145 (III, 25)
11, 2 : *151 (III, 28)*
11, 4 : *151 (III, 28)*
11, 5 : *151 (III, 28)*
11, 6 : 151 (III, 28)
11, 7 : 152 (III, 28)
11, 9 : *152 (III, 28)*
20, 11 : *106 (III, 11)*

Exode
3, 14 : 163 (IV, 3), 210 (IV, 24)
33, 18-23 : 61 (II, 19), *239 (V, 13)*

Lévitique
26, 11 : *64, 65 (II, 20)*

Nombres
16, 28 : 258 (VI, 9)

Deutéronome
10, 17 : *Épître dédicatoire, 104 (III, 9)*
32, 4 : 24 (VI, 2)

Josué
10, 12-14 : 201 (IV, 20)

1 Samuel (=1 Règnes Vg)
17, 4 et 8 : 105 (III, 10)

2 Rois (=4 Règnes Vg)
20, 9-11 : 201 (IV, 20)

Job
4, 4 : Épître dédicatoire
4, 18 : 66 (II, 20)
15, 15 : 66 (II, 20)
27, 2 : 221 (V, 6)
33, 22 : *98 (III, 6)*

Psaumes
1, 5 : 176 (IV, 9)
11, 9 : 242 (V, 14)
13, 1 : 190 (IV, 15)
17, 12 : *35 (II, 4)*
19 (18), 3 : 12 (I, 7), 154 (III, 28)
19 (18), 4-5 : 154 (III, 28)
19 (18), 6 : 154 (III, 28)
23, 3-4 : 195 (IV, 17)
23, 7 : 87 (II, 33)
35, 7 : *82 (II, 30)*
35, 10 : 65 (II, 20), 123 (III, 18), 266 (VI, 12)

41 (40), 8 : 18, 19 (I, 12), 260 (VI, 10)
45, 7 : Épître dédicatoire
46, 2-3 : 154 (III, 28)
50, 18 : Épître dédicatoire
72, 28 : Épître dédicatoire
84, 11 : 81 (II, 29)
84, 12 : *82 (II, 29)*
84, 13 : 81 (II, 29)
96, 1 : 154 (III, 28)
103, 33 : 132 (III, 21)
106, 16 : 87 (II, 33)
109, 1-2 : Épître dédicatoire, 82 (II, 30)
109, 4-5 : 82 (II, 30)
110, 2 : 82 (II, 30)
110, 7-8 : 82 (II, 30)
110, 9 : 82 (II, 30), 155 (III, 29)
110, 10 : *267 (VI, 13)*
115, 1 : Épître dédicatoire
117, 27 : Épître dédicatoire
138, 6 : 87 (II, 33)
138, 11 : 191 (IV, 15)
143, 6 : 135 (III, 21)
146, 12 : Épître dédicatoire

Proverbes
1, 31 : *76 (II, 27)*, 244 (VI, 1), 258 (VI, 9)
8, 29-30 : 209 (IV, 24)
8, 31 : 245 (VI, 2)
9, 10 : 101 (III, 7)
14, 27 : *267 (VI, 13*

Sagesse
8, 1 : 253 (VI, 6), 275 (VI, 18)

Sagesse de Sirach (Ecclésiastique)
1, 16 : 101 (III, 7)
41, 11 : 295 (VI, 23)
43, 18 : 131-132 (III, 21)

Isaïe
5, 20 : 150 (III, 27), 295 (VI, 23)
14, 12 : 67 (II, 21)
14, 13 : *78 (II, 28)*
14, 13-14 : 66 (II, 20) ; *72 (II, 25), 78 (II, 28)*
51, 22 : Épître dédicatoire

Lamentations
2, 1 : Épître dédicatoire

Ézéchiel
28, 14-15 : 66-67 (II, 20)
33, 11 : 294 (VI, 23)

Daniel
7, 18 : *190 (IV, 15)*
7, 22 : *16 (I, 10)*
13, 42 : *290 (VI, 23)*

Sophonie
1, 14-18 : *1 (I, 1)*

Nouveau Testament

Matthieu
3, 7 : 93 (III, 2)
5, 26 : 297 (VI, 23)
6, 10 : 256 (VI, 7)
8, 22 : 258 (VI, 9)
11, 10 : 87 (II, 33)
11, 11 : 92 (III, 2)
11, 28 : *292 (VI, 23)*
11, 29-30 : *292 (VI, 23)*
12, 33 : 73 (II, 25)
13, 3-8 : *292 (VI, 23)*
13, 45 : Épître dédicatoire, *291 (VI, 23)*
15, 14 : 157 (III, 29)
16, 24 : 260 (VI, 10)
17, 1-6 : *240 (V, 13)*
17, 4 : 240 (V, 13)
19, 9 : 242 (V, 14)
22, 1-14 : *294 (VI, 23)*
22, 39 : 155 (III, 29)
24, 43 : 295 (VI, 23)
25, 13 : 294 (VI, 23)
25, 14-28 : *291 (VI, 23), 297 (VI, 23)*
25, 18 : Épître dédicatoire
25, 21 et 23 : 294 (VI, 23)
25, 30 : Épître dédicatoire
27, 46-50 : *79 (II, 29)*

Marc
8, 34 : 260 (VI, 10)
9, 4 : 240 (V, 13)
9, 5-7 : 240 (V, 13)

6, 3 : *77 (II, 27)*
12, 31 : 242 (V, 14)

Luc
1, 35 : *77 (II, 27)*
6, 44 : 73 (II, 25)
9, 23 : 260 (VI, 10)
9, 33 : 240 (V, 13)
9, 34-35 : 240 (V, 13)

23, 43 : 87 (II, 33)

Jean
1, 3 : *61 (II, 19)*
1, 5 : *223 (V, 7)*, 267 (VI, 12)
1, 9 : *39 (II, 7) ;* 221 (V, 6)
5, 5-9 : 293 (VI, 23)
6, 64 : 61 (II, 19)
8, 31-32 : Épître dédicatoire
9, 7 : 293 (VI, 23)
12, 26 : 260 (VI, 10)
14, 6 : Épître dédicatoire, 215 (V, 2)
15, 1-3 : 104 (III, 9)
16, 7 : *152 (III, 28)*
19, 30 : 85 (II, 32)

Actes
17, 28 : *215 (V, 2)*

Romains
2, 11 : *271 (VI, 16)*
7, 4 : Épître dédicatoire
8, 8-9 : Épître dédicatoire
8, 15 : Épître dédicatoire
8, 27 : Épître dédicatoire
10, 11 : Épître dédicatoire
11, 33 : 82 (II, 30)
13, 8 : 242 (V, 14)

1 Corinthiens
8, 2 : *297 (VI, 23)*
9, 21 : Épître dédicatoire
9, 24 : 157 (III, 29)
12, 5 : 202 (IV, 21)
13, 9 : *99 (III, 7)*
13, 12 : *94 (III, 3)*
15, 28 : 202 (IV, 21)
15, 53 : *83 (II, 31)*

Galates
4, 4 : 85 (II, 32)

Éphésiens
1, 5 : Épître dédicatoire
1, 10 : 85 (II, 32)
2, 7 : Épître dédicatoire
4, 6 : 202 (IV, 21)

1 Timothée
6, 15 : *Épître dédicatoire, 104 (III, 9)*

Hébreux
11, 10 : Épître dédicatoire

Jacques
I, 17 : 150 (III, 27)

1 Pierre
5, 4 : 297 (VI, 23)

2 Pierre
3, 15 : *93 (III, 3)*

Jude
11 : 295 (VI, 23)

Apocalypse
4, 5 : 269 (VI, 14)
19, 17 : *Épître dédicatoire, 104 (III, 9)*
22, 13 : 192 (IV, 16).

BIBLIOGRAPHIE

I. Le texte

1. L'original latin

A. Le manuscrit autographe

1. Bibliothèque Russe d'État, Moscou, Section des manuscrits slaves, Collection fondamentale de livres manuscrits de l'Académie Théologique de Moscou « Собрание рукописных книг Московской духовной академии (фундаментальное)». РГБ ф. 173.I. Nr. 256.
2. Bibliothèque de l'Académie Roumaine, Bucarest, Cabinet des manuscrits : Tocilescu, Gr. G., *Originale şi copii de documente diverse*, mss. rom., N. II varia 3, feuillets 131r-138v, 140r-143v, 144v-145v et 139r.

B. Copie de l'original latin

Sacro-sanctae scientiae indepingibilis imago, microfilm noir et blanc, Bibliothèque de l'Académie Roumaine, Bucarest, Cabinet des microfilms, Mm 3.

Sacro-sanctae scientiae indepingibilis imago, copie manuscrite figurée par Gr. Tocilescu, Bibliothèque de l'Académie Roumaine, Bucarest, Cabinet des manuscrits, mss. lat. 76.

2. Traduction roumaine publiée

Cantemir, Dimitrie, *Metafizica*, traducere de Nicodim Locusteanu, prefaţă de Em. Grigoraş, Bucureşti, 1928.

3. Traduction italienne publiée

Cantemir, Dimitrie, *L'immagine irraffigurabile della Scienza Sacro-Sancta*, a cura di Vlad Alexandrescu, traduzione di Igor Agostini e Vlad Alexandrescu, introduzione e note di Vlad Alexandrescu, edizione critica del testo latino di Dan Sluşanschi e Liviu Stroia, Le Monnier Università, Mondadori Education, Milano, 2012.

II. AUTRES DOCUMENTS D'ARCHIVES

Tocilescu, Gr. G., *Originale şi copii de documente diverse*, Bibliothèque de l'Académie Roumaine [B.A.R.], Bucarest, Cabinet des manuscrits, mss. rom., N. II varia 3.

Tocilescu, Gr. G., B.A.R., *mss. rom.*, N. 5148-I; 5148-II, feuillets 433-453.

Tocilescu, Gr. G., *Note şi documente istorice*, B.A.R. mss. rom., N. 5151.

Tocilescu, Gr. G., *Documente istorice. Cópii şi traduceri*, B.A.R., mss. rom., N. 5152.

Historia incrementarum atque decrementarum Aulae Othomanicae, Cambridge, Mass., Université Harvard, Bibliothèque Houghton, MS Lat 224, 3 livres, 1064 pages.

III. OUVRAGES IMPRIMÉS DE CANTEMIR

1. ÉDITIONS DES MANUSCRITS

Creşterile şi descreşterile Imperiului Otoman. Edition fac-simile du manuscrit Lat-124 [i.e., 224] de la Bibliothèque Houghton, Université de Harvard, Cambridge, Mass., with an introduction by Virgil Cândea, Bucarest, 1999.

Demetrii Principis CANTEMIRII *Incrementorum et Decrementorum Aulae Othman(n)icae sive Aliothman(n)icae Historiae a prima gentis origine ad nostra usque tempora deductae libri tres*. Praefatus est Virgil Cândea; critice edidit: Dan Sluşanschi, Timişoara, 2001.

2. ŒUVRES COMPLÈTES

Operele Principelui Dimitrie CANTEMIR publicate de Academia Română, vol. I-VIII, Bucureşti, 1872-1901.

CANTEMIR, Dimitrie, *Divanul*, ediţie îngrijită, studiu introductiv şi comentarii de Virgil Cândea, text grecesc de Maria Marinescu-Himu, Bucureşti, Editura Academiei Republicii Socialiste România, coll. "Dimitrie Cantemir, Opere complete, I", 1974.

CANTEMIR, Dimitrie, *Istoria ieroglifică*, text stabilit şi glosar de Stela Toma, prefaţă de Virgil Cândea, studiu introductiv, comentarii, note, bibliografie şi indici de Nicolae Stoicescu, Bucureşti, Editura Academiei Republicii Socialiste România, coll. "Dimitrie Cantemir, Opere complete, IV", 1973.

CANTEMIR, Dimitrie, *Vita Constantini Cantemyrii, cognomeno senis, Moldaviae Principis*, cuvânt înainte de acad. Virgil Cândea, studiu introductiv de Andrei Pippidi, ediție critică, traducere și anexe de Dan Slușanschi și Ilieș Câmpeanu, note și comentarii de Andrei Pippidi, indici de Ilieș Câmpeanu, București, Editura Academiei Române, coll. "Dimitrie Cantemir, Opere complete, VI, tome I", 1996.

CANTEMIR, Dimitrie, *Scurtă povestire despre stârpirea familiilor lui Brâncoveanu și a Cantacuzinilor. Memorii către Petru cel Mare (1717 și 1718)*, cuvânt înainte de acad. Virgil Cândea, ediție critică, cu studiu introductiv, note și comentarii de Paul Cernovodeanu, în colaborare cu Alvina Lazea, Emil Lazea și Mihai Caratașu, București, Editura Academiei Române, coll. "Dimitrie Cantemir, Opere complete, VI, tome II", 1996.

CANTEMIR, Dimitrie, *Sistemul sau întocmirea religiei muhammedane*, traducere, studiu introductiv, note și comentarii de Virgil Cândea, text rus îngrijit de Anca Irina Ionescu, București, Editura Academiei Republicii Socialiste România, coll. "Dimitrie Cantemir, Opere complete, VIII, tome II", 1987.

3. OUVRAGES INDÉPENDANTS

The history of the growth and decay of the Othman empire, written originally in Latin, by Demetrius CANTEMIR, late prince of Moldavia, tr. into English, from author's own manuscript, by N. Tindal, adorn'd with the heads of the Turkish emperors, ingraven from copies taken from originals in the grand seignor's palace, by the late sultan's painter, London, Knapton, 1734-35 ; seconde édition [en fait la même, avec une autre page de titre] : Londres, 1756.

Histoire de l'empire othoman, où se voyent les causes de son aggrandissement et de sa décadence. Avec des notes très-instructives. Par S. A. S. Demetrius CANTIMIR, prince de Moldavie. Trad. M. de Joncquières, Paris, 1743.

Geschichte des osmanischen Reiches nach seinem Anwachsen und Abnehmen, beschrieben von Demetrie KANTEMIR, aus dem Englischen übersetzt, Hamburg, 1745.

«Beschreibung der Moldau», in A. F. Büching's Magazine für die neue Histoire und Geographie, vol. 3 (1769); vol. 4, (1770); Demetrii KANTEMIRS ehemaligen Fürsten in der Moldau, *Historisch-Geographische und Politische Beschreibung der Moldau*, nebst dem leben des Verfassers und eine Landcharte, Frankfurt und Leipzig, 1771.

Demetrii CANTEMIRII Moldaviae Principis, *Descriptio antiqui et hodierni status Moldaviae – Descrierea Moldovei*, traducere dupa originalul latin de Gh. Guţu, introducere de Maria Holban, comentariu istoric de N. Stoicescu, studiu cartografic de Vintilă Mihăilescu, indice de Ioana Constantinescu, cu o nota asupra ediţiei de D.M. Pippidi, Bucureşti, Editura Academiei R.S.R., 1973.

Demetrii CANTEMIRII Principis Moldaviae, *Descriptio antiqui et hodierni status Moldaviae* – Dimitrie Cantemir, Principele Moldovei, *Descrierea stării de odinioară şi de astăzi a Moldovei*, ediţie critică întocmită de Dan Sluşanschi, Bucureşti, Institutul Cultural Român, 2006.

Dimitrie CANTEMIR, Principele Moldovei, *Descrierea stării de odinioară şi de astăzi a Moldovei*, Studiu introductiv, notă asupra ediţiei şi note de Valentina şi Andrei Eşanu, traducere din limba latină şi indici de Dan Sluşanschi, Bucureşti, Institutul Cultural Român, 2007.

CANTEMIR, Dimitrie, *Hronicul vechimii a Romano-Moldo-Vlahilor*, ediţie îngrijită, studiu introductiv, glosar şi indici de Stela Toma, 2 vol., Bucureşti, Editura Minerva, 1999.

CANTEMIR, Dimitrie, *Mic compendiu asupra întregii învăţături a logicii*, traducere de Dan Sluşanschi, note de Alexandru Surdu, studiu introductiv, note şi indice de Alexandru Surdu, Bucureşti, Editura ştiinţifică, 1995.

CANTEMIR, Demetrius, *The Collection of Notations*, volume 1 : Text, transcribed and annotated by O. Wright, School of Oriental and African Studies, University of London, 1992 ; volume 2 : Commentary by Owe Wright, Aldershot, Ashgate, 2000.

La lettre au comte Golovkine sur la conscience, version russe publiée par Andrei Titov, « Pismo kniazia Dimitriia Kantemira k grafu Gavriilu Golovkinu », in *Citeniia v imperatorskom obøcestve istorii i drevnostei rossiiskih*, Moscou, 1909, p. 25-27 ; [traduction roumaine de la version russe et introduction par Nicolae Gogoneaţă,] in *Revista de filozofie*, 17, 1, 1970, p. 107-110.

Loca obscura [traduction en roumain et commentaire par Teodor Bodogae] : « Locuri obscure în catehismul tipărit în slavoneşte de un autor anonim sub titlul "Prima învăţătură pentru prunci", iar acum clarificate de Principele Dimitrie Cantemir », in *Biserica Română Ortodoxă*, XCI, 9-10, septembre-octobre 1973, p. 1063-1111.

CANTEMIR, D. : *Monarchiarum physica examinatio*, traduction française par E. Lozovan, Romansk Instituts Duplikerede Småskrifter (RIDS), Romansk Institut, Københavns Universitet (1983), nr. 113, p. 1-39.

IV. DICTIONNAIRES

BAILLY, Anatole, *Dictionnaire Grec-Français*, rédigé avec le concours de E. Egger, édition revue par L. Séchan et P. Chantraine, Paris, Hachette, 2000.

BLAISE, Albert, *Dictionnaire latin-français des auteurs chrétiens*, revu spécialement pour le vocabulaire théologique par Henri Chirat, Turnhout, Brepols, 1954.

BLAISE, Albert, *Dictionnaire latin-français des auteurs du Moyen Âge*, coll. "Corpus Christianorum. Continuatio Mediaevalis", Turnhout, Brepols, 1975.

BLAISE, Albert, *Le vocabulaire latin des principaux thèmes liturgiques*, ouvrage revu par Dom Antoine Dumas O.S.B., Turnhout, Brepols [1966].

GAFFIOT, Félix, *Dictionnaire Latin-Français*, nouvelle édition revue et augmentée sous la direction de Pierre Flobert, Paris, Hachette-Livre, 2000.

GOCLENIUS, Rodolphus, *Lexicon philosophicum, quo tanquam clave philosophiae fores aperiuntur*, Francfort, 1613.

GOCLENIUS, Rodolphus, *Lexicon philosophicum graecum, opus sane omnibus philosophiae alumnis valde necessarium cum perspicientia philosophysici sermonis plurimum etiam ad cognitionem rerum utile*, Marchioburgi, 1615.

HOVEN, René, *Lexique de la prose latine de la Renaissance*, Leiden, Brill, 1994.

LAMPE, G.W.H., *A Patristic Greek Lexicon*, Oxford, At Clarendon Press, 1961.

LE VER, Firmin, *Dictionnaire latin-français*, édité par Brian Merrilees et William Edwards, Turnholt, Brepols, coll. "Corpus Christianorum. Continuatio Medievalis", 1994.

LIDDEL, Henry George, SCOTT, Robert, *A Greek-English Lexicon*, a new edition revised nd augmented by Henry Stuart Jones, 2 vol., Oxford, At Clarendon Press, s.d.

NIERMEYER J.F. & VAN DE KIEFT, C., *Mediae Latinitatis Lexicon minus*, édition remaniée par J.W.J. Burgers, 2 vol., Leiden, Boston, Brill, 2002.

PAULY, August, WISSOWA, Georg, KROLL, Wilhelm, WITTE, Kurt, MITTELHAUS, Karl, ZIEGLER, Konrat (eds.), *Paulys Realencyclopädie der classischen Altertumswissenschaft*: neue Bearbeitung, Stuttgart, J. B. Metzler, 1894-1980.

Oxford Latin Dictionary, 2 vol., Oxford, At the Clarendon Press, 1968.

SOPHOCLES, E.A., *Greek Lexicon of the Roman and Byzantine Periods*, 2 vol., New York, Frederick Ungar, s. a.

SOUTER, Alexander, *A Gossary of Later Latin to 600 A.D.*, Oxford, At Clarendon Press, 1949.

CANCIK, Hubert, SCHNEIDER, Helmuth (eds.), *Der neue Pauly. Enzyklopädie der Antike. Das klassische Altertum und seine Rezeptionsgeschichte*, Stuttgart, J.B. Metzler, 1996-2003.

V. TEXTES

AMBROISE de Milan, *Exaemeron. I sei giorni della Creazione*, recensuit Carolus Schenkl, introduzione, traduzione, note e indici di Gabriele Banterle, edizione bilingue a cura della Biblioteca Ambrosiana, Milano, Roma, 1979.

ARISTOTE, *Topiques*, texte établi et traduit par Jacques Brunschwig, Paris, Les Belles Lettres, «Collection des Universités de France», tome 1, 1967.

ARISTOTE, *La Métaphysique*, traduction et commentaire par J. Tricot, nouvelle édition entièrement refondue, Paris, J. Vrin, collection «Bibliothèque des textes philosophiques», tome 1, 1991, tome 2, 1992.

ARISTOTELE, *Metafisica*, saggio introduttivo, testo greco con traduzione a fronte et commentario a cura di Giovanni Reale, edizione maggiore rinnovata, 3 vol., Milano, Vita e Pensiero, 1993.

ARISTOTE, *Physique*, texte établi et traduit par Henri Carteron, Paris, Les Belles Lettres, «Collection des Universités de France», 2 vol., 1973 et 1969.

ARISTOTE, *Du ciel*, texte établi et traduit par Paul Moraux, Paris, Les Belles Lettres, «Collection des Universités de France», 1965.

ARISTOTE, *De la génération et de la corruption*, texte établi et traduit par Charles Mugler, Paris, Les Belles Lettres, «Collection des Universités de France», 1966.

ARISTOTE, *Météorologiques*, texte établi et traduit par Pierre Louis, 2 vol., Paris, Les Belles Lettres, «Collection des Universités de France», 1982.

ARISTOTE, *De l'âme*, texte établi par A. Jannone, traduction et notes par E. Barbotin, Paris, Les Belles Lettres, «Collection des Universités de France», 1966.

ARISTOTE, *Les parties des animaux*, texte établi et traduit par Pierre Louis Paris, Les Belles Lettres, «Collection des Universités de France», 1956.

ARISTOTE, *De la génération des animaux*, texte établi et traduit par Pierre Louis, Paris, Les Belles Lettres, «Collection des Universités de France», 1961.

ARISTOTE, *Histoire des animaux*, texte établi et traduit par Pierre Louis, 3 vol., Paris, Les Belles Lettres, «Collection des Universités de France», 1964-1969.

ARISTOTE, *Petits traités d'historie naturelle*, texte établi et traduit par René Mugnier, Paris, Les Belles Lettres, «Collection des Universités de France», 1953.

ARNAULD, Antoine, NICOLE, Pierre, *La Logique ou art de penser, contenant, outres les règles communes, plusieurs observations nouvelles, propres à former le jugement*, [dite *Logique de Port-Royal*], troisième édition, revue et augmentée, Paris, Charles Savreux, 1668.

AUGUSTIN, Saint, *Les Confessions*, édition publiée sous la direction de Julien Jerphagnon, traduction par Patrice Cambronne, Paris, Gallimard, Bibliothèque de la Pléiade, 1998.

AUGUSTINUS, Aurelius, *De Genesi ad litteram libri duodecim,* recensuit Iosephus Zycha, Praga, coll. «Corpus scriptorum ecclesiasticorum latinorum», 1894; *Über den Wortlaut der Genesis*, zum erstenmal in deutscher Sprache von Carl Johann Perl, 2 Bände, Paderborn, Schöning, 1961.

BASILE de Césarée, *Homélies sur l'Hexaéméron*, texte grec, introduction et traduction de Stanislas Giet, Paris, Cerf, coll. «Sources chrétiennes», 1949.

BASILE de Césarée, *Sur l'origine de l'homme*, introduction, texte critique, traduction et notes par Alexis Smets et Michel Van Esbroeck, Paris, Cerf, coll. «Sources chrétiennes», 1970.

BERNIER, François, *Abrégé de la philosophie de Gassendi*, seconde édition, Lyon, 1684, 7 tomes.

La Sainte Bible [dite *Bible de Port-Royal*], traduite en françois, avec des notes littérales tirées des Saints Pères et des meilleurs interprètes, pour l'intelligence des endroits les plus difficiles..., nouvelle édition... divisée en deux tomes, Anvers, 1717.

BOÈCE, *La Consolation de Philosophie*, introduction, traduction et notes par Jean-Yves Guillaumin, Paris, Les Belles Lettres, 2002.

Christophori CLAVII Bambergensis ex Societate Iesu, *In Sphaeram Ioannis de Sacro Bosco Comentarius*, Lugduni, ex officina Q. Hug. a Porta, sumpt. Io. de Gabiano, 1607.

CLÉMENT d'Alexandrie, *Les Stromates*, introduction, texte critique, traduction et notes par Patrick Descourtieux, Paris, Cerf, coll. «Sources chrétiennes», 1999.

COSTIN, Nicolae (?), *Letopiseţul Ţării Moldovei de la Istratie Dabija până la domnia a doua a lui Antioh Cantemir, 1661-1705*, éd. C. Giurescu, Bucureşti, Socec, 1913.

CROLL, Oswald, *Basilica chymica continens philosophicam propria laborum experientia confirmatam descriptionem et usum remediorum chymicorum selectissimorum e lumine gratiae et naturae desumptorum. In fine add. est autoris eiusdem tractatus novus designaturis rerum internis*, Frankfurt, Tampach, 1608.

NICOLAS de Cues, *De visione Dei sive de icona*, in *Philosophisch-Theologische Schriften*, Vienne, éd. L. Gabriel Herner, Bd. III, 1967; version française: *Le Tableau ou la vision de Dieu*, traduction, présentation, notes et glossaire par Agnès Minazzoli, Paris, Cerf, 1986.

DESCARTES, René, *Œuvres*, publiées par Charles Adam & Paul Tannery, Paris, Vrin, I-XI, nouvelle présentation, 1996.

DUPLEIX, Scipion, *La Physique*, reproduction en fac-similé de l'édition de Rouen, Louys du Mesnil, 1640, texte revu par Roger Ariew, Paris, Fayard, coll. «Corpus des œuvres de philosophie en langue française», 1990.

ERASMUS Roterodami, *Adagiorum Epitome*, Lugduni, Seb. Gryphius, 1544.

EUSTACHIO a Sancto Paolo, Fr., *Summa Philosophiae Quadripartita de rebus dialecticis, ethicis, physicis et metaphysicis*, Cantabrigiae, 1648.

GALENUS, Claudius, *Opera omnia*, editionem curavit C.G. Kühn, Leipzig, 1824, reprografischer Nachdruck, Hildesheim, Olms, 20 vol., 1964-1965.

GRÉGOIRE de Nysse, St., *La Création de l'homme*, introduction et traduction par Jean Laplace, s.j., notes par Jean Daniélou, s.j., réimpression de la première édition revue et corrigée, Paris, Éditions du Cerf, Collection «Sources chrétiennes», n° 6, 2002.

GREGOR von Nyssa, *Die drei Tage zwischen Tod und Auferstehung unseres Herrn Jesus Christus*, eingeleitet, übersetzt und kommentiert von Hubertus R. Drobner, Leiden, Brill, coll. «Philosophia Patrum», 1982.

JOANNIS Philoponi, *In cap. I Geneseos, de Mundi Creatione libri VII*, interprete Balthasare Corderio, Viennae Austriae, Gregorii Gelbhaar, 1630.

Johannis Baptistae VAN HELMONT, *Opera omnia*, additis his de novo Tractatibus aliquot posthumis ejusdem authoris, maxime curiosis pariter ac perutilissimis, antehac non in lucem editis; una cum Indicibus rerum ac verborum locupletissimis, ita et accuratissimis, Francofurti, sumtibus Johannis Justi Erythropili, Typis Johannis Philippi Andreae, MDCLXXXII.

Johannis Baptistae VAN HELMONT, *Opera omnia*, novissima hac editione ab innumeris mendis repurgata et indice rerum ac verborum locupletiori instructa, una cum intriductione atque clavi Michaelis Bernhardi Valentini, haereditarii in Dirshrot, etc., 1707.

VON HELMONT, Johann Baptista, *Aufgang der Artzney-Kunst*, das ist: noch nie erhörte Grund-Lehren von der Natur, zu einer neuen Beförderung der Artzney-Sachen, so wol die Krankheiten zu vertreiben als ein langes Leben zu erlangen, etc., Schulzbach, 1683, traduction allemande de Christian Knorr von Rosenroth, 2 vol., édition fac-similée avec une postface de Walter Pagel, München, Kösel-Verlag, 1971.

VAN HELMONT, Johann Baptista, *De Tempore*, cap. 1-46, traduction anglaise par Walter Pagel, in «J.B. van Helmont, *De Tempore*, and Biological Time», *Osiris*, 8, 1949, p. 356-376.

HIERONYMUS Presbyterus, *Hebraicae Quaestiones in libro Geneseos*, Turnholti, coll. «Corpus Christianorum. Series Latina», Brepols, 1959.

HIPPOCRATE, *Des vents, De l'art*, texte établi et traduit par Jacques Jouanna, Paris, Les Belles Lettres, «Collection des Universités de France», 1988.

HIPPOCRATE, *Des chairs*, texte établi et traduit par Robert Joly, Paris, Les Belles Lettres, «Collection des Universités de France», 1978.

JAMBLIQUE, *Theologumena arithmeticae*, edidit Victorius de Falco (1922), editionem addendis et corrigendis adiunctis curavit Vdalricus Klein, Stuttgart, Teubner, 1975; *The Theology of Arithmetic. On the Mystical, Mathematical and Cosmological Symbolism of the First Ten Numbers*, translated from the Greek by Robin Waterfield, with a Foreword by Keith Critchlow, Gand Rapids, Phanes Press, 1988.

JEAN Chrysostome, *Sermons sur la Genèse*, introduction, texte critique, traduction et notes par Laurence Brottier, Paris, Cerf, coll. «Sources chrétiennes», 1998.

LUCRÈCE, *De rerum natura*, texte établi et traduit par A. Ernout, Paris, Belles Lettres, «Collection des Universités de France», 1935.

MAXIME le Confesseur, *Ambigua*, introduction par Jean-Claude Larchet, avant-propos, traduction et notes par Emmanuel Ponsoye, commentaires par le Père Dumitru Staniloae, Paris, Editions de l'Ancre, coll. «L'arbre de Jessé», 1994.

MOGHILA, Pierre, *La Confession orthodoxe*, texte latin inédit, publié avec introduction et notes critiques par Antoine Malvy et Marcel Viller, Paris, Beauchesne, 1927.

NECULCE, Ion, *Opere. Letopisețul Țării Moldovei și O samă de cuvinte*, ediție și studiu introductiv de Gabriel Ștrempel, Minerva, București, 1982; et aussi *Idem, Letopisețul Țării Moldovei și O samă de cuvinte*, ediția a doua revăzută, text stabilit, glosar, indice și studiu introductiv de Iorgu Iordan, București, Editura de Stat Pentru Literatură și Artă, 1959.

ORIGÈNE, *Homélies sur la Genèse*, nouvelle édition, introduction de Henri de Lubac et Louis Doutreleau, texte latin, traduction et notes de Louis Doutreleau, Paris, Cerf, coll. «Sources chrétiennes», 1976.

ORIGÈNE, *Traité des principes*, introduction, texte critique de la version de Rufin, traduction par Henri Crouzel et Manlio Simonetti, Paris, Cerf, coll. «Sources chrétiennes», 5 vol., 1978-1984.

PARACELSUS, *Sämtliche Werke*, ed. Karl Sudhoff und Wilhelm Matthiessen, 15 vol., München, Berlin, Oldenbourg, 1922-1933.

PHILON d'Alexandrie, *De opificio mundi*, introduction, traduction et notes par R. Arnaldez, Paris, Cerf, 1961.

PHILO, *De gigantibus*, text and english translation by F.H. Colson and G.H. Whitaker, London, The Loeb Classical Library, 1929.

PHILO, *Quod Deus immutabilis sit*, text and english translation by F.H. Colson and G.H. Whitaker, London, The Loeb Classical Library, 1930.

PLINE l'Ancien, *Histoire naturelle*, Paris, Les Belles Lettres, «Collection des Universités de France», vol. I-XXXVII, 1961.

PLOTIN, * Énnéades*, texte établi et traduit par Émile Bréhier, Paris, Belles Lettres, Collection des Universités de France, 1924-1938, 7 vol.

PROCLUS, *Théologie platonicienne*, texte établi et traduit par H.D. Saffrey et L.G. Westerink, Paris, Les Belles Lettres, «Collection des Universités de France», vol. I-VI, 1978-1997.

PSEUDO-DENYS l'Aréopagite, *Oeuvres complètes*, traduction, préface et notes par Maurice de Gandillac, Paris, Aubier Montaigne, coll. «Bibliothèque philosophique», 1943.

SCHEUCHZER, Johannes Jacob, *Physica Sacra*, iconibus aeneis illustrata, procurante & sumptus suppeditante Johanne Andrea Pfeffel, 4 tomes, Augsburg, Ulm, 1731 ; édition française : *Physique sacrée ou histoire naturelle de la Bible*, traduite du latin, enrichie de figures en taille-douce, gravées par les soins de Jean-André Pfeffel, Amsterdam, chez Pierre Schenk, Pierre Mortier, 1732, 6 tomes.

Francisci SUÁREZ *Disputationes metaphysicae*, in *Opera omnia*, editio nova a Carolo Berton, tomes 21 et 22, Paris, L. Vives, 1877.

R. Patris Francisci SUAREZ e Societate Iesu, *Metaphysicarum disputationum*, tomus posterior, s.l., 1614.

VI. ÉTUDES

ALEXANDRESCU, Vlad, *Croisées de la Modernité. Hypostases de l'esprit et de l'individu au XVIIe siècle*, Bucarest, Zeta Books, 2012.

BĂDĂRĂU, Dan, *Filozofia lui Dimitrie Cantemir*, Bucarest, Editions de l'Académie de la République Populaire de Roumanie, 1964.

BÎRSAN, Cristina, *Dimitrie Cantemir and the Islamic World*, with a preface by Mihai Maxim, translated from Romanian by Scott Tinney, Istanbul, The Isis Press, 2004.

BOYER, Carl B., *The Rainbow from Myth to Mathematics*, New York, London, Thomas Yoseloff, 1959.

DAVIES, Gordon L., *The Earth in Decay. A History of British Geomorphology. 1578-1878*, London, Macdonald, 1969.

DEBUS, Allen G., *The Chemical Philosophy. Paracelsian Science and Medicine in the Sixteenth and Seventeenth Centuries*, New York, Science History Publications, 2 vol., 1977.

EŞANU, Andrei (éd.), *Dinastia Cantemireştilor. Secolele XVII-XVIII*, Chişinău, Ştiinţa, 2008.

DANIÉLOU, Jean, *Platonisme et théologie mystique. Essai sur la doctrine spirituelle de saint Grégoire de Nysse,* Paris, Aubier Montaigne, 1944.

DUHEM, Pierre, *Le système du monde, Histoire des doctrines du monde de Platon à Copernic*, Paris, Hermann, 10 vol., 1913-1959.

FELFE, Robert, *Naturgeschichte als kunstvolle Synthese. Physikotheologie und Bildpraxis bei Johann Jakob Scheuchzer*, Berlin, Akademie Verlag, 2003.

GRANT, Edward, *Planets, Stars, and Orbs. The Medieval Cosmos, 1200-1687*, Cambrige, New York, Cambridge University Press, 1994.

GIGLIONI, Guido, *Imaginazione et malattia. Saggio su Jan Baptiste van Helmont*, FrancoAngeli, coll. «Filosofia e scienza nel cinquecento e nel seicento», 2000.

KOYRÉ, Alexandre, *Du monde clos à l'univers infini*, Paris, Presses Universitaires de France, 1962.

LEMNY, Stefan, *Les Cantemir: l'aventure européenne d'une famille princière au XVIIIᵉ siècle*, Paris, Editions Complexe, 2009.

MAXIM, Mihai, *Romano-Ottomanica. Essays and Documents from the Turkish Archives*, Istanbul, 2001, p. 173-201.

MEHL, Édouard, *Descartes en Allemagne. 1619-1620*, Strasbourg, Presses Universitaires de Strabourg, 2001.

OSIER, Jean-Pierre, *Faust Socin, ou le christianisme sans sacrifice*, Paris, Cerf, coll. «Patrimoines. Christianisme», 1996.

PAGEL, Walter, *Joan Baptista Van Helmont, Reformer of Science and Medicine*, Cambridge, Cambridge University Press, coll. «Cambridge Monographs on the History of Medicine», 1982.

PAGEL, Walter, *Paracelsus. An Introduction to Philosophical Medicine in the Era of the Renaissance*, Basel, New York, Karger, 1958.

PAGEL, Walter, *The Smiling Spleen. Paracelsianism in Storm and Stress*, Basel, S. Karger, 1984.

PANAITESCU, P.P., *Dimitrie Cantemir. Viața și opera*, București, Editura Academiei R.P.R., 1958.

PIPPIDI, Andrei, *Hommes et idées du Sud-Est européen à l'aube de l'âge moderne*, Bucarest, Paris, Éditions de l'Académie, Éditions du C.N.R.S., 1980.

POPESCU-JUDETZ, Eugenia, *Prince Dimitrie Cantemir, Theorist and Composer of Turkish Music*, Istanbul, Pan, 1999.

PORRO, Pasquale (ed.), *The Medieval Concept of Time. Studies on the Scholastic Debate and its Reception in Early Modern Philosophy*, Leiden, Brill, Köln, Brill, coll. «Studien und Texte zur Geistesgeschichte des Mittelalters», LXXV, 2001.

ROBIN, Léon, *Aristote*, Paris, Presses Universitaires de France, coll. «Les Grands Philosophes», 1944.

ROSS, W.D., *Aristote*, Paris, Payot, 1930.

SCHMITT, Charles B., *Aristotle and the Renaissance*, Cambridge (Mss.), London, Harvard University Press, 1983; trad. fr. *Aristote et la Renaissance*, Paris, P.U.F., coll. «Epiméthée», 1992.

TSOURKAS, Cléobule, *Les débuts de l'enseignement philosophique et de la libre pensée dans les Balkans. La vie et l'oeuvre de Théophyle Corydalée (1570-1646)*, deuxième édition révisée et complétée, Institute for Balkan Studies, Thessalonique, 1967.

VAIDA, Petru, Dimitrie Cantemir şi Umanismul, Bucarest, Editions Minerva, 1972.

VII. ARTICLES OU SECTIONS DE LIVRES

ALEXANDRESCU, Vlad, «Un manuscrit inédit et inconnu de Démètre Cantémir», in *ARCHAEVS, Etudes d'histoire des religions*, Bucarest, VII (2003), 3-4, pp. 245-269.

BĂDĂRĂU, Dan, «Cantemir şi Van Helmont», in *Cercetări filozofice* VIII (1961), 1, p. 143-165.

BAGDASAR, Nicolae, «Dimitrie Cantemir», in BAGDASAR, Nicolae, HERSENI, Traian, BÂRSĂNESCU, S. S., *Istoria filosofiei moderne*, Bucureşti, 1941, vol. V, *Filosofia românească de la origini până astăzi*, p. 3-20.

BLAGA, Lucian, «Dimitrie Cantemir», in *Izvoade (eseuri, conferinţe, articole)*, Bucureşti, ediţie îngrijită de Dorli Blaga şi Petre Nicolau, prefaţă de George Gană, Minerva, 1972, p. 142-168.

BLAIR, Ann, «Mosaic Physics and the Search for a Pious Natural Philosophy in the Late Renaissance», *Isis*, 91, 2000, p. 32-58.

BROWNE, Alice, «J.B. van Helmont's Attack on Aristotle», in *Annals of Science*, 36 (1979), p. 575-591.

CAMARIANO, Nestor, *Alexandre Mavrocordato, le grand drogman: son activité diplomatique, 1673-1709*, Thessaloniki, Institute for Balkan Studies, 1970.

CAMARIANO-CIORAN, Ariadna, «Jérémie Cacavela et ses relations avec les Principautés roumaines», in *Revue des études sud-est européennes*, t. III, 1-2 (1965).

CÂNDEA, Virgil, «Les intellectuels du sud-est européen au XVIIᵉ siècle», *Revue des études sud-est européennes*, VIII (1970), 2, p. 181-230 et 4, p. 623-688.

CÂNDEA, Virgil, «La diffusion de l'œuvre de Dimitrie Cantemir en Europe du sud-est et au Proche-Orient», *Revue des études sud-est européennes*, X, 2 (1972), p. 345-361.

CÂNDEA, Virgil, «Quelques notes sur la pensée de Démètre Cantemir», in *Dacoromania. Jahrbuch für östliche Latinität*, 2 (1974), p. 16-20.

CÂNDEA, Virgil, «Cunoaşterea apofatică în gândirea lui Dimitrie Cantemir», in *Academica* V, 1 (49), 1994.

CÂNDEA, Virgil, «La Vie du prince Dimitrie Cantemir écrite par son fils Antioh. Texte intégral d'après le manuscrit original de la Houghton Library», *Revue des études sud-est européennes* (Bucarest), XXIII (1985), 3, p. 203-221.

CERNOVODEANU, Dan, «Stema Moldovei în armele Cantemireştilor», in *Buletinul Societăţii Numismatice Române*, 67-69 (1973-1975), p. 277-294.

CERNOVODEANU, Paul, «Dimitrie Cantemir la Constantinopol (1700-1710). Activitatea politică şi culturală», in *Omagiu Virgil Cîndea la 75 de ani*, Paul H. Stahl (éd.), Bucureşti, 2002, p. 143-152.

CERNOVODEANU, Paul, LAZEA, Alvina, CARATAŞU, Mihai, «Din corespondenţa inedită a lui Dimitrie Cantemir», *Studii*, 26 (1973), 5, p. 1023-1049.

CERNOVODEANU, Paul, «Jérémie Cacavela et le protestantisme», *Revue des études sud-est européennes* (Bucarest), XVIII (1980), 2, p. 311-324.

CIORANESCO, Georges, «Le "Hospodar de Valachie" du Musée de Rouen», Revue des études roumaines, 15 (1975), p. 85-96.

CZAMAŃSKA, Ilona, «Stemele Moldovei şi Ţării Româneşti în iconografia poloneză (secolele XV-XVII)», in *Arhiva Genealogică* (Iaşi), V (1998), 3-4, p. 275-318.

EMERTON, Norma E., «Creation in the Thought of J.B. van Helmont and Robert Fludd», in Piyo Rattansi ans Antonio Clericuzio (eds.), *Alchemy and Chemistry in the 16th and 17th Centuries*, Dordrecht, Kluwer, 1994, p. 85-101.

GEMIL, Tahsin, «Ştiri noi din arhivele turceşti privitoare la Dimitrie Cantemir», in *Anuarul Institutului de istorie şi arheologie «A.D. Xenopol»*, Iaşi, X, 1973, p. 435-443.

LOHR, Charles H., «Jesuit Aristotelianism and 16th century metaphysics», in H.G. Fletcher and M.B. Scheute (eds.), *Paradosis. Studies in Memory of E.A. Quain*, New York, Fordham University Press, 1976, p. 203-220.

LOHR, Charles H., «Metaphysics and Natural Philosophy as Sciences: the Catholic and the Protestants views in sixteenth and seventeenth Centuries», in Constance Blackwell and Sachiko Kusukawa (eds.), *Philosophy in the Sixteenth and Seventeenth Centuries. Conversations with Aristotle*, Aldersot, Ashgate, 1999, p. 280-295.

LOSSKY, Vladimir, « La notion des *analogies* chez Denys le Pseudo-Aréopagite », in *Archives d'histoire doctrinale et littéraire du Moyen Age*, 5, 1930, p. 279-309.

MĂNESCU, Ioan N., « Stemele lui Dimitrie Cantemir şi locul lor în heraldica Ţărilor Române », *Revista arhivelor*, 1973, 35, 3, p. 465-480.

MUSICESCU, Maria-Ana, « Démètre Cantemir et ses contemporains vus à travers leurs portraits. Simple mise en page du problème », in *Revue des études sud-est européennes*, XI (1973), 4, p. 611-636.

NOICA, Constantin, « Aristotelismul în Principatele Române în sec. XVII-XVIII », *Studii clasice*, IX, 1967, p. 253-266 (un manifeste en faveur de l'édition et de la connaissance des ouvrages de Th. Chorydalée).

PAGEL, Walter, « J.B. van Helmont, *De Tempore*, and Biological Time », in *Osiris*, VIII, 1949, p. 346-417.

PANAITESCU, P. « Le Prince Démètre Cantemir et le mouvement intellectuel russe sous Pierre le Grand », *Revue des Études Slaves*, VI (1926), 3-4, p. 245-262.

PAPACOSTEA, V., « Originile învăţământului superior în Ţara Românească », *Studii*, XIV (1961), 5, p. 1139-1167.

PIPPIDI, Andrei, « Politică şi istorie în Proclamaţia lui Dimitrie Cantemir din 1711 », *Studii*, 26 (1973), 5, p. 923-946.

SCRIMA, André, « Le maître spirituel selon les traditions d'Occident et d'Orient », in *Hermès*, 3, Paris, 1983.

SLUŞANSCHI, Dan, CÂMPEANU, Ilieş, « Cantemiriana latina », in *Studii şi cercetări lingvistice*, 36 (1985), 3, p. 254-261.

SLUŞANSCHI, Dan, « Cantemiriana latina (II) », in *Antiqua et Medievalia*, I (éd. Dan Sluşanschi), Bucarest, Editura Universităţii Bucureşti, 1994, p. 19-26.

SLUŞANSCHI, Dan, « Le latin du Prince Démètre Cantemyr. Les nombres dans la *Vita Constantini Cantemyrii, Moldaviae Principis* », in vol. *Latin vulgaire, latin tardif, Actes du 4ᵉ Colloque international sur le latin vulgaire et tardif*, Caen, 2-5 septembre 1994, Hildesheim, Olms-Weidmann, 1998, p. 561-567.

STEPHANOU, E., « La coexistence initiale du corps et de l'âme chez saint Grégoire de Nysse et saint Maxime l'homologète », *Échos d'Orient*, (31) 1932, p. 304-315.

TEODOR, Pompiliu, « Dimitrie Cantemir şi preiluminismul sud-est european », *Anuarul Institutului de istorie*, Cluj-Napoca, 19 (1976), p. 299-314.

TOCILESCU, Grigore, « Raport asupra cercetărilor istorice făcute în bibliotecile din Russia, citit în şedinţa Societăţii Academice Române din 24 august 1878 », *Monitorul oficial al României*, Bucureşti, 193, 1/13 sept. 1878, p. 5040-5046.

TOMA, Dolores, « Le livre noir sur noir », *Cahiers roumains d'études littéraires*, 1986, 4, p. 69-76.

VAIDA, Petru, « Dimitrie Cantemir », in D. Ghişe, N. Gogoneaţă (éds.), *Istoria filozofiei româneşti*, vol. I, seconde édition, Bucarest, Editions de l'Académie de la République Socialiste de Roumanie, 1985, p. 182-224.

TABLE DES MATIÈRES

INTRODUCTION   7
   1. Le texte 10
   2. Le milieu intellectuel 46
   3. La date de la rédaction de *Sacro-sanctae scientiae*
      indepingibilis imago 51
   4. La fortune du texte 64
   5. Quelques mots sur la première traduction en roumain 73
   6. Lectures de Cantemir 74
   7. Structure et analyse de l'ouvrage 80

NOTE SUR L'ÉTABLISSEMENT DU TEXTE 125

SYMBOLES CRITIQUES ET ABRÉVIATIONS 127

SACRO-SANCTAE SCIENTIAE INDEPINGIBILIS IMAGO

Sacro-sanctae scientiae indepingibilis imago /
   L'image infigurable de la Science Sacro-Sainte 130

Lettre à Jérémie Cacavélas 132

(*Epistola*) *dedicatoria : Deo Patri* /
   Épître dédicatoire : À Dieu le Père 142

Liber primus : Theologo-physices principia sacra. Praefiguratio
   Scientiae sacrae /
   Livre Premier : Principes sacrés de la Théologo-physique.
   Préfiguration de la Science sacrée 150

Liber secundus : Sacra Universi Creatio /
   Livre Second : La Création sacrée de l'Univers 196

Liber tertius : Progressus Creationis, id est Operatio Naturalis /
Livre Troisième : Le Cours de la Création, c'est-à-dire
l'Ouvrage de la Nature 310

Liber quartus : De tempore, in quo de Motu, Loco,
Duratione atque Aeternitate /
Livre *Quatrième* : Du Temps, où il est question du Mouvement,
du Lieu, de la Durée et de l'Éternité 426

Liber quintus : De Vita, in quo de Quadruplici Rerum Forma /
Livre Cinquième : De la Vie, où il est question de la forme
quadruple des choses 514

Liber sextus : Explicatio habitus sacrae Scientiae, in qua Rerum
Conservatio et Liberae Animae Operatio declaratur /
Livre Sixième : Explication de l'apparence de la Science
sacrée, où l'on montre la conservation des choses
et le fonctionnement de l'âme libre 566

Index rerum notabilium /
Index des matières remarquables 647

INDEX GÉNÉRAL ET GLOSSAIRE 709

INDEX SCRIPTURAIRE 727

BIBLIOGRAPHIE 731

Achevé d'imprimer en 2016
à Genève (Suisse)